繁荣发展新时代
中国特色哲学社会科学

中国社会科学院直属机关党委 主编

中国社会科学出版社

图书在版编目（CIP）数据

繁荣发展新时代中国特色哲学社会科学/中国社会科学院直属机关党委主编.
—北京：中国社会科学出版社，2018.10
ISBN 978 – 7 – 5203 – 3308 – 5

Ⅰ.①繁… Ⅱ.①中… Ⅲ.①哲学社会科学—学科建设—中国 Ⅳ.①C12

中国版本图书馆 CIP 数据核字（2018）第 233037 号

出 版 人	赵剑英
责任编辑	孔继萍
责任校对	郝阳洋
责任印制	李寡寡

出　　版	中国社会科学出版社
社　　址	北京鼓楼西大街甲 158 号
邮　　编	100720
网　　址	http：//www.csspw.cn
发 行 部	010 – 84083685
门 市 部	010 – 84029450
经　　销	新华书店及其他书店

印刷装订	环球东方（北京）印务有限公司
版　　次	2018 年 10 月第 1 版
印　　次	2018 年 10 月第 1 次印刷

开　　本	710×1000　1/16
印　　张	38
插　　页	2
字　　数	603 千字
定　　价	156.00 元

凡购买中国社会科学出版社图书，如有质量问题请与本社营销中心联系调换
电话：010 – 84083683
版权所有　侵权必究

编 委 会

主 任　王京清

委 员　崔建民　王晓霞　高京斋　刘　祎

目 录

马克思主义是不断发展的理论 …………………………… 谢伏瞻（ 1 ）
旗帜鲜明地坚持以习近平新时代中国特色社会主义
　　思想为指导 ………………………………………… 王京清（25）
用新思想指导新时代的社会治理创新 ………………… 李培林（34）
十九大报告中的提高人民收入水平 …………………… 蔡　昉（40）
思想建党、纪律强党和制度治党齐发力　推动全面
　　从严治党向纵深发展 ……………………………… 邓中华（46）
新时代中国经济学研究面对的重大问题 ……………… 高培勇（51）
努力做好新时代科研服务工作 ………………………… 韩大川（60）

文哲学部

文化自信的发展观 ……………………………………… 张伯江（69）
新时代中国特色社会主义文化发展的纲领性文献 …… 刘跃进（74）
加强文化自信　搞好民族语言文学研究事业 ………… 朝　克（80）
会通视域中的马克思主义与传统文化关系问题辨析 … 党圣元（86）
文化自信与"二为方针" ………………………………… 陈众议（93）
落实全面从严治党关键在基层党的建设 ……………… 刘晖春（102）
党的事业征程上的不变和变 …………………………… 刘丹青（108）
建设中国特色社会主义必须始终坚持以人民为中心 … 孙海泉（113）
坚持我国宗教学研究的初心 …………………………… 赵文洪（121）

努力开创21世纪中国宗教研究新局面 …………………… 卓新平(127)

历史学部

深入学习贯彻党的十九大精神　建设风清气正的
　　良好政治生态 …………………………………………… 刘　政(135)
始终不渝地坚持和发展中国特色社会主义 ………………… 夏春涛(141)
开启中国与世界关系的
　　新时代 ………………… 世界历史研究所党委理论学习中心组(149)
"一带一路"建设的新起点、新征程 ………………………… 李国强(155)
丝绸之路经济带建设与我国沿边合作 ……………………… 邢广程(161)
为推动郭沫若研究和博物馆事业新发展而不懈奋斗 ……… 赵笑洁(173)

经济学部

新时代孕育新使命　新使命托起新时代 …………………… 王立胜(183)
以新发展理念为指引　补齐工业供给的绿色短板 ………… 史　丹(195)
必须坚持以人民为中心的创新发展理念 …………………… 黄群慧(200)
新时代：我国发展新的历史方位 ……………………………… 闫　坤(206)
乡村振兴之路如何走 ………………………………………… 魏后凯(212)
以新理论解决新时代的社会主要矛盾 ……………………… 杜志雄(220)
新时代中国金融改革与发展的新方略 ……………………… 何德旭(230)
深化金融体制改革　增强金融服务实体经济能力 ………… 王立民(234)
落实"两步走"发展战略要求　提高我国经济发展
　　质量与效率 ……………………………………………… 李　平(245)
以苦励行　以学做础　以民为本 …………………………… 钱　伟(251)
理解中国的创新和创新经济 ………………………………… 张车伟(256)
全球生态安全的中国方案 …………………………………… 潘家华(263)

社会政法学部

科学建构中国特色的法治人才与知识形成机制 …………… 陈 甦(271)
新时代要有新气象 更要有新作为 …………………………… 赵岳红(280)
新时代中国政治学发展的两个趋势 …………………………… 房 宁(285)
加强文化建设 推动民族文化产业快速发展 ………………… 方 勇(291)
努力完成以人民为中心发展观的四大社保任务 ……………… 王延中(297)
牢记使命担当 开启党的建设新的伟大工程 ………………… 穆林霞(304)
新时代需要社会学有新作为 …………………………………… 陈光金(310)
民生福祉是一切工作的出发点和落脚点 ……………………… 张 翼(316)
不忘初心 牢记使命 坚定弘扬文化自信 …………………… 赵天晓(322)
搭建"四梁八柱"营造亿万网民的精神家园 ………………… 唐绪军(329)

国际研究学部

吸取西方国家反分裂的经验教训 坚决维护祖国统一 …… 陈国平(337)
新时代呼吁更高水平的开放实践 ……………………………… 张宇燕(344)
牢记新思想 把握新时代 明确新任务 ……………………… 李进峰(353)
新时代如何构建稳定均衡的大国关系 ………………………… 孙壮志(361)
学习贯彻党的十九大精神 促进党建工作和科研工作 …… 周云帆(367)
共商共建共享 推动建设人类命运共同体 …………………… 黄 平(373)
以十九大精神为指引 加快构建中国特色哲学
　　社会科学 ……………………………………………………… 王 正(378)
当代中国最鲜活的马克思主义 ………………………………… 王立峰(385)
践行新发展理念 跨越"中等收入陷阱" ……………………… 王灵桂(390)
人类命运共同体理念为全球治理改革指明方向 ……………… 李向阳(396)
再学《矛盾论》理解新矛盾 …………………………………… 吴白乙(404)
"构筑人类命运共同体"是新时代的最强音 ………………… 高 洪(410)

马克思主义研究学部

坚定不移全面从严治党　不断提高党的执政能力和
　　领导水平 ··· 邓纯东（419）
全面落实新时代党的建设总要求 ······················· 张星星（428）
引领新时代指导新实践的21世纪中国马克思主义 ········ 姜　辉（434）
中国新时代与世界社会主义的未来 ···················· 张树华（441）
国际评价发展趋势与对策 ······························· 李传章（447）
中国新时代的新思考 ······································ 荆林波（453）

中央纪委国家监委驻院纪检监察组

前所未有的发展思想新境界 ····························· 胡乐生（463）

职能部门

21世纪中国马克思主义宣言 ···························· 方　军（471）
党的十九大报告话语创新及其基本原则 ··············· 马　援（485）
认清新使命　树立新理念　展示新形象 ··············· 高京斋（494）
努力提升中国学术的国际话语权和影响力 ············ 王　镭（502）
找准定位、开拓创新　实现新时代财务工作新作为 ······ 曲永义（506）
深入学习贯彻党的十九大精神　推动新时代离退休干部
　　工作新发展 ·· 刘　红（514）
新时代中国特色社会主义的理论华章 ·················· 崔建民（521）
全面从严治党的四重考量 ······························· 王晓霞（529）
创新方法、联系实际　努力提高基建工作的品质 ······ 吕令华（535）

直属单位、代管单位

新时代背景下中国高等教育事业的发展要求和总体趋势 ······ 张政文（543）

深入学习十九大报告　进一步做好能源研究 ·················· 黄晓勇(549)
学习贯彻落实党的十九大精神　扎实做好我院文献
　　资源和信息化工作 ······································· 王　岚(554)
理解新时代　迎接新挑战 ······································· 王利民(560)
新时代中国共产党人的历史新坐标 ························ 蔡　林(566)
新时代中国共产党的自我革命与破解历史周期率 ·········· 赵剑英(572)
不忘初心、牢记使命　努力担当繁荣发展中国学术
　　出版的崇高使命 ··· 谢寿光(581)
以学促干　不断开创工作新局面 ····························· 冯　林(586)
迈着自信步伐走进新时代的中国方志文化 ················· 冀祥德(592)

后　记 ··· (598)

马克思主义是不断发展的理论

谢伏瞻

2018年，是全世界无产阶级和劳动人民的革命导师、近代以来最伟大的思想家卡尔·马克思诞辰200周年。

5月4日，党中央隆重举行纪念大会，习近平总书记发表重要讲话，深切缅怀了马克思的伟大人格和历史功绩，高度评价了马克思的崇高精神和光辉思想，精辟地分析了马克思主义的鲜明品格，特别是结合新时代中国特色社会主义的伟大实践，深刻地阐述了学习和实践马克思主义的一系列重大理论观点和实践要求。讲话高屋建瓴、视野宏大、内容丰富、思想深刻，是马克思主义的纲领性文献。

习近平总书记指出："理论的生命力在于不断创新，推动马克思主义不断发展是中国共产党人的神圣职责。我们要坚持用马克思主义观察时代、解读时代、引领时代，用鲜活丰富的当代中国实践来推动马克思主义的发展，用宽广视野吸收人类创造的一切优秀文明成果，坚持在改革中守正出新、不断超越自己，在开放中博采众长、不断完善自己，不断深化对共产党执政规律、社会主义建设规律、人类社会发展规律的认识，不断开辟当代中国马克思主义、21世纪马克思主义新境界！"[1] 这是我们今天对马克思的最好纪念。

---

[1] 习近平：《在纪念马克思诞辰200周年大会上的讲话》，《人民日报》2018年5月5日。

一 马克思主义的理论贡献和世界意义

170年前，马克思主义宣告诞生。由此，人类思想的发展，人类社会的发展、世界社会主义的发展，发生了革命性的变革。

马克思主义是人类思想史上的伟大变革，深刻地改变了人类文明发展进程。它创立了唯物史观，破天荒发现了人类社会的发展规律。在马克思主义诞生以前，思想家们无一例外地用观念的因素、精神的力量来解释人类社会发展的动因，从而也就不能正确地找到社会变革发展的真正力量。而马克思主义的唯物史观揭示了人类社会的"奥秘"：人们的劳动，人类物质资料的生产，才是社会变革的物质力量，进而揭示了人类社会的发展规律，即历来为繁芜丛杂的意识形态所掩盖着的一个简单事实：人们首先必须吃、喝、住、穿，然后才能从事政治、科学、艺术、宗教等；所以，直接的物质生活资料的生产，从而一个民族或一个时代的一定的经济发展阶段，便构成基础，一切国家设施、法律、艺术、宗教等，就是从这个基础上发展起来的，因而也必须由这个基础来解释，而不是像过去那样做得相反。因此，"一切社会变迁和政治变革的终极原因，不应当到人们的头脑中，到人们对永恒的真理和正义的日益增进的认识中去寻找，而应当到生产方式和交换方式的变革中去寻找；不应当到有关时代的哲学中去寻找，而应当到有关时代的经济中去寻找"。① 唯物史观的创立，打破了历史观领域长时期受唯心主义统治的局面，唯心主义从其"最后一个避难所"中被彻底清除出去，人类对自身历史发展的认识，由此踏上了科学的大道。它创立了剩余价值理论，破天荒揭示了资本的"秘密"，资本家剥削工人的"秘密"——剩余价值。在马克思主义诞生以前，思想家们要么充当资本主义、资本家的辩护士，将资本、财富的积累看作是资本家节俭的美德所致或管理有方或技术进步，而工人阶级反倒是受资本家施舍才有了工作和工资；要么只是道义上谴责资本"血淋淋的罪恶"，将工人阶级的贫困看作是资产阶级的"为富不仁"。而马克思的剩余价值理论科学地揭示了资本家雇佣工人，强使工人创造

---

① 《马克思恩格斯选集》第3卷，人民出版社1995年版，第741页。

剩余价值,不可遏制地追逐并剥夺工人创造的剩余价值——这是资本家剥削工人的"秘密",也是资本主义一切财富的"终极秘密"。这就彻底打破了资本家靠节俭积累财富、用工资养活工人的"神话",彻底打破了资本主义"自由、平等、博爱"的"神话"。正如恩格斯所说:"由于剩余价值的发现,这里就豁然开朗了,而先前无论资产阶级经济学家或者社会主义批评家所做的一切研究都只是在黑暗里摸索。"[1] 它创立了科学社会主义,破天荒使社会主义由空想变成了科学。社会主义的理想——建立一个人人平等,没有剥削、没有压迫的社会——由来已久,但在马克思主义诞生以前,这种理想只是空想,即使是最成熟、影响最大的法国空想社会主义,由于找不到实现这种理想的物质力量和现实途径,只是寄希望于正义、平等的观念和个别资本家的良心发现,因而也只能是空想。而正是由于唯物史观和剩余价值理论这"两大发现",马克思主义科学地揭示了资本主义社会的特殊规律,揭示了资本主义固有的不可克服的内在矛盾——这种矛盾不仅表明资本主义社会必然灭亡,而且还表明资本主义同时为其灭亡培养了"掘墓人",这就是觉悟了的团结起来的无产阶级——从而科学揭示了资产阶级必然灭亡无产阶级必然胜利、社会主义共产主义必然代替资本主义的客观规律和社会发展总趋势。由此,社会主义真正奠立在科学的基础上,告别了狭小的相对封闭的小团体圈子,成为一种世界性的思潮,成为世界无产阶级和劳动人民争取自身解放的现实的运动和实践。

人的一生中能有这样两三个发现,就很了不起了;即使只是作出一个这样的发现,也已经是很幸福的了。但是,马克思在他所研究的每一个领域都有独到而伟大的贡献。列宁指出:"马克思学说具有无限力量,就是因为它正确。它完备而严密,它给人们提供了决不同任何迷信、任何反动势力、任何为资产阶级压迫所作的辩护相妥协的完整的世界观。"[2] 马克思主义科学地揭示了自然界、人类社会、思维发展的普遍规律,为人类社会发展指明了前进方向。马克思主义深刻地揭示了客观事物的本质、内在联系和运动规律,为人们观察世界、分析问题提供了"伟大的

---

[1] 《马克思恩格斯选集》第3卷,人民出版社1995年版,第776页。
[2] 《列宁选集》第2卷,人民出版社1995年版,第309页。

认识工具",提供了科学的世界观和方法论。马克思主义不是游离于人类文明大道之外的孤立封闭的宗派主义学说,恰恰相反,它批判地吸收了19世纪人类三个最先进国家的三种主要思潮——德国古典哲学、英国古典政治经济学和法国空想社会主义——的合理养分和积极成果,并基于对当时时代和世界的深入考察,对人类社会发展规律的深刻把握,升华为近代以来最具创造性和影响力的思想,是哲学社会科学的最高成就。它既来源于当时的时代又超越了那个时代,既是那个时代精神的精华又是整个人类精神的精华。马克思主义是人类文明史上空前的思想大解放。从诞生之日起,马克思主义就是一个开放的体系。它不是教义,而是方法;不是教条,而是行动指南。它没有结束真理,而是为后人不断地探索未知发现真理、不断地丰富发展它留下了无比广阔的空间。马克思主义诞生后170年的发展历程表明,它是极其彻底而严整的科学体系,具有强大生命力,具有无与伦比的真理力量。这一点,无论是马克思主义的学生和朋友,还是马克思主义的对手和敌人,都不得不承认。当代法国著名思想家德里达说:"不能没有马克思;没有马克思,没有对马克思的记忆,没有马克思的遗产,也就没有将来。"[①] 当代英国著名学者特里·伊格尔顿说:"很少有思想家能真正改变历史的进程,而《共产党宣言》的作者恰恰在人类历史的发展进程中发挥了决定性的作用。历史上从未出现过建立在笛卡尔思想之上的政府,用柏拉图思想武装起来的游击队,或者以黑格尔的理论为指导的工会组织。马克思彻底改变了我们对人类历史的理解,这是连马克思主义最激烈的批评者也无法否认的事实。"[②] 在21世纪来临前夕的1999年,马克思被英国广播公司等评为"千年最伟大的思想家"之首。他是当之无愧的。

马克思主义是最具实践性、人民性和革命性的科学,深刻地改变了人类历史进程。马克思主义不是停留于书斋里的学问,而是实践的科学,是在实践中不断发展的科学。镌刻在马克思墓碑上的名言:"哲学家们只

[①] [法]雅克·德里达:《马克思的幽灵》,何一译,中国人民大学出版社2008年版,第217页。

[②] [英]特里·伊格尔顿:《马克思为什么是对的》,李扬等译,新星出版社2011年版,第2页。

是用不同的方式解释世界,而问题在于改变世界",道出了马克思主义的真谛。马克思主义不是为少数剥削阶级服务的理论,而是人民的科学,是以人民为主体、维护人民利益、实现人的自由而全面的发展和全人类解放为己任的科学。它深刻地揭示了人民群众在历史活动中的主体地位、作用和解放条件,使无产阶级和劳动人民的精神状态,实现了由被动走向主动、由自在走向自为的伟大转变。列宁曾形象地将《资本论》称为"工人阶级的圣经"。马克思主义不是墨守成规的理论,而是充满革命精神的科学。马克思首先是一个革命家。他毕生献身于无产阶级的解放事业,献身于为全人类解放而奋斗的崇高事业,"斗争是他的生命要素"。[①] 他多次强调,辩证法"按其本质来说,它是批判的和革命的"。[②] 在马克思主义指导下,从19世纪中叶开始,世界工人阶级和被压迫民族被压迫人民的革命斗争风起云涌,深刻地改变了世界历史。

马克思主义是共产党人的伟大旗帜,深刻地改变了世界社会主义的发展进程。马克思主义诞生后的170年间,一代又一代马克思主义者前赴后继,不懈探索,为坚持和发展马克思主义作出了重大贡献。1917年,列宁领导俄国布尔什维克党成功地进行了"十月革命",建立了世界上第一个社会主义国家,创立了列宁主义,将马克思主义发展到新的阶段。在中国革命和建设时期,毛泽东同志领导中国共产党人把马克思主义基本原理同中国革命和建设的具体实际结合起来,团结带领人民成功地进行了新民主主义革命和社会主义革命,建立了社会主义制度,实现了中华民族从东亚病夫到站起来的伟大飞跃,创立了毛泽东思想。在改革开放时期,邓小平同志领导中国共产党人把马克思主义基本原理同中国改革开放的具体实际结合起来,团结带领人民成功地开辟了中国特色社会主义道路,实现了中华民族从站起来到富起来的伟大飞跃,创立了邓小平理论。在新时代,习近平总书记领导中国共产党人把马克思主义基本原理同新时代中国具体实际结合起来,团结带领人民进行伟大斗争、建设伟大工程、推进伟大事业、实现伟大梦想,推动党和国家事业取得全方位、开创性历史成就,发生

[①] 《马克思恩格斯选集》第3卷,人民出版社1995年版,第777页。
[②] 《马克思恩格斯选集》第2卷,人民出版社1995年版,第112页。

深层次、根本性历史变革，中华民族迎来了从富起来到强起来的伟大飞跃，创立了习近平新时代中国特色社会主义思想。170年来的历史证明，正是由于马克思主义的传播、运用和不断发展，共产主义从一个游荡在欧洲上空的"幽灵"，成为一种世界性的思潮，社会主义理想、科学社会主义理论在世界上广大的地域内成为现实；特别是中国这样原来落后的东方大国，不仅成功地建立了社会主义制度，而且成功地走上了中国特色社会主义光明大道，社会主义在当代中国展现出强大生命力和广阔发展前景，极大地壮大了世界社会主义力量，深刻地改变了世界社会主义的发展进程。

二 习近平新时代中国特色社会主义思想是当代中国马克思主义、21世纪马克思主义

马克思主义是不断发展的理论，而不是封闭僵化的教条，这是马克思主义创始人反复申明的真理。2018年是马克思诞辰200周年，是《共产党宣言》发表170周年，是改革开放40周年，也是真理标准大讨论40周年。回顾这些重大历史事件，学习领悟习近平新时代中国特色社会主义思想，我们更加清晰深刻地感受到这一点。

恩格斯说，我们的理论"是一种历史的产物，它在不同的时代具有完全不同的形式，同时具有完全不同的内容"。[①] 习近平新时代中国特色社会主义思想是马克思主义中国化最新成果，是当代中国马克思主义、21世纪马克思主义，是新时代最鲜活生动的马克思主义，是视野宏阔、思想深邃、理论完备、内容丰富、逻辑严密的科学体系。这一重要思想创造性地坚持和发展马克思主义，创造地坚持和发展中国特色社会主义，对丰富发展马克思主义理论宝库作出了许多具有原创性的重要贡献，在马克思主义发展史上、世界社会主义发展史上具有划时代的意义。

---

① 《马克思恩格斯选集》第4卷，人民出版社1995年版，第284页。

(一) 创造性地提出中国特色社会主义进入新时代的思想，丰富发展了科学社会主义

马克思主义创始人科学地揭示了社会主义、共产主义代替资本主义的历史必然性，从而使社会主义由空想变成了科学。但囿于时代条件的限制，社会主义社会究竟是什么样子，如何建设，他们只是提出了一般性的设想和原则，至于在社会主义制度框架下是否以及如何实现现代化，则基本上没有涉及。恩格斯在1890年8月写给奥托·伯尼克的信中说："所谓'社会主义社会'不是一种一成不变的东西，而应当和任何其他社会制度一样，把它看成是经常变化和改革的社会。"[①] 话虽如此，但要在实践中建设和发展社会主义，却是极不容易的。1917年，列宁领导俄国十月革命，建立了世界上第一个社会主义国家，社会主义从理论变成了实践，成为一种现实的社会制度。由于十月革命胜利的巨大影响，由于苏联社会主义建设一段时期内的巨大成就，使得人们在很长一段时间里，将社会主义看成一种模式，即苏联式社会主义。这种状况在20世纪下半叶由于中国的改革开放，才逐步改变。

20世纪50年代，毛泽东同志领导中国共产党和中国人民成功地完成了新民主主义革命和社会主义革命，在一个半殖民地半封建社会的东方大国，建立了社会主义制度，实现了中华民族从东亚病夫到站起来的伟大飞跃。80年代，邓小平同志领导中国共产党和中国人民进行改革开放新的伟大革命，成功地开辟了中国特色社会主义道路，使中国大踏步地赶上时代，实现了中华民族从站起来到富起来的伟大飞跃。党的十八大以来，习近平总书记领导我们党和全国各族人民，统筹推进"五位一体"总体布局、协调推进"四个全面"战略布局，中国特色社会主义进入新时代，社会主义在中国呈现出勃勃生机和活力，中华民族迎来了从富起来到强起来的伟大飞跃。当代中国的一切进步都归功于这三座里程碑。

中国特色社会主义进入新时代，这是我国发展新的历史方位，是党领导人民不懈奋斗的结果。我国经济实力、科技实力、国防实力、综合国力进入并稳居世界前列，国际地位实现前所未有的提升，党的面貌、国家的面貌、人民的面貌、军队的面貌、中华民族的面貌发生了前所未

[①] 《马克思恩格斯选集》第4卷，人民出版社1995年版，第693页。

有的变化，中华民族正以崭新姿态屹立于世界的东方。

中国特色社会主义进入新时代，开启了建设社会主义现代化强国、实现中华民族伟大复兴的新征程。习近平新时代中国特色社会主义思想，明确了坚持和发展中国特色社会主义，总任务是实现社会主义现代化和中华民族伟大复兴，战略目标和战略步骤是"两个一百年"奋斗目标，分"两步走"在本世纪中叶建成富强民主文明和谐美丽的社会主义现代化强国；明确了中国特色社会主义事业总体布局是"五位一体"，战略布局是"四个全面"。

毛泽东同志当年曾经豪迈地说："我们中华民族有同自己的敌人血战到底的气概，有在自力更生的基础上光复旧物的决心，有自立于世界民族之林的能力。"[①] 邓小平同志创造性地提出了"小康社会"的构想，领导我们党制定了"三步走"发展战略。习近平总书记将科学社会主义基本原则运用于解决当代中国实践问题，在总结历史经验、继承前贤的基础上，创造性地提出中国特色社会主义进入新时代的思想，极大地丰富发展了马克思主义关于社会主义建设尤其是社会主义现代化建设的理论宝库。由此，马克思主义关于社会主义现代化建设的科学，告别了雏形和不成熟状态，真正走向了成熟和体系化，不再停留于一种理论设想，而是变成了具有强大生命力的实践创造。这是习近平新时代中国特色社会主义思想对马克思主义的一个极其重要的贡献。

（二）创造性地提出新时代中国经济发展的思想，丰富发展了马克思主义政治经济学

马克思主义创始人批判地吸收近代英国古典政治经济学的合理成分，通过对资本主义社会中经济关系的深刻剖析，科学地揭示了商品、货币、资本等物的关系对人的关系的奴役性质、虚幻性质，破天荒揭示了资本的"秘密"，资本家剥削工人的"秘密"——剩余价值，创立了马克思主义政治经济学。这是人类思想史上的伟大革命。当然，社会主义社会中的经济关系怎样？他们只是提出了一般的设想和原则。列宁由于领导社会主义的时间短暂，关于这方面也没有系统的思想。一个明显的事实是：

---

① 《毛泽东选集》第 1 卷，人民出版社 1991 年版，第 161 页。

无论是马克思恩格斯还是列宁都坚持社会主义只能实行计划经济，不能搞商品经济，更不可能搞市场经济。这就造成了马克思主义阵营长时间里一种根深蒂固的观念，即在市场经济和资本主义经济之间画全等号，以为只有在资本主义社会中，才能实行市场经济；实行市场经济就是私有制，就是资本主义。这种观念为几代马克思主义者所坚持，而且西方资产阶级理论界、舆论界也这样认为。在社会主义社会中排斥商品、排斥市场经济，实行在国家计划支配下的产品经济，被认为是抵制资本主义影响必须采取的方法。

打破对计划经济的迷信，打破对市场经济的禁忌，认为市场和计划都只是手段，资本主义可以用，社会主义也可以用，这是邓小平同志的历史性贡献。从党的十四大确立社会主义市场经济的改革目标以来，社会主义与市场经济在我国已经深度融合并逐步发展壮大起来。改革极大地解放和发展了我国的社会生产力，改善了人民生活，使中国特色社会主义焕发出勃勃生机。

在继承邓小平同志改革思想的基础上，习近平总书记带领我们党和人民继续坚定不移地全面深化改革，并根据新的时代条件和国情实际，创造性地提出：使市场在资源配置中起决定性作用，更好地发挥政府作用，坚持和完善我国社会主义基本经济制度和分配制度，毫不动摇地巩固和发展公有制经济，毫不动摇地鼓励、支持、引导非公有制经济的发展。这是新时代改革理论和实践的重大发展。

不仅如此，着眼于我国经济由高速增长阶段转向高质量发展阶段的深刻变化，提出积极适应引领经济发展新常态，提出并实施创新、协调、绿色、开放、共享的新发展理念，坚持质量第一、效益优先，以供给侧结构性改革为主线，推动经济发展质量变革、效率变革、动力变革，建设现代化经济体系。这一系列新的思想、理念和论断，创造性地坚持和发展了马克思主义政治经济学基本原理，书写了当代中国社会主义政治经济学、21世纪马克思主义政治经济学的最新篇章，打破了国际经济学领域许多被奉为教条的西方经济学的理论、概念、方法和话语，这是习近平新时代中国特色社会主义思想对马克思主义政治经济学、对人类思想发展的重大贡献。

（三）创造性地提出新时代党的建设总要求、持之以恒全面从严治党的思想，丰富发展了马克思主义的政党建设学说

如何把党建设得更加坚强有力，成为无产阶级的先锋队，成为马克思主义的先进政党，始终是各国共产党人面临的重大课题。总结世界社会主义的历史，这方面成功的经验很多，失败的教训也不少。20世纪90年代，苏联解体、苏共垮台、东欧剧变，世界社会主义遭受严重挫折。习近平总书记在总结这段历史时，以振聋发聩的语言警醒共产党人：苏联解体、苏共垮台，在重大的危机面前，拥有2000万党员的苏联共产党，竟无一人是男儿，没什么人出来抗争。这是何等的令人痛心！他强调，我们党执政正反两方面的经验，世界上一些社会主义国家和政党演变的教训，充分揭示了一个道理：马克思主义政党夺取政权不容易，巩固好政权更不容易；只要马克思主义执政党不出问题，社会主义国家就出不了大的问题，我们就能跳出"其兴也勃焉，其亡也忽焉"的历史周期率。

为了把党建设得更加坚强有力，习近平新时代中国特色社会主义思想提出了新时代建设新的伟大工程的一系列新思想、新论断、新要求，明确中国特色社会主义最本质的特征是中国共产党的领导，中国特色社会主义制度的最大优势是中国共产党的领导，党是最高政治领导力量；提出新时代党的建设总要求，突出政治建设在党的建设中的重要地位。其重大的特色和贡献是：其一，坚持党对一切工作的领导，强调党政军民学，东西南北中，党是领导一切的。必须增强"四个意识"，自觉维护党中央权威和集中统一领导，完善坚持党的领导的体制机制，确保党始终总揽全局、协调各方。其二，统揽伟大斗争、伟大工程、伟大事业、伟大梦想，强调它们之间紧密联系、相互贯通、相互作用，其中起决定性作用的是党的建设新的伟大工程。其三，持之以恒推进全面从严治党，以党的政治建设为统领，把党建设成为始终走在时代前列、人民衷心拥护、勇于自我革命、经得起各种风险考验、朝气蓬勃的马克思主义执政党。其四，以零容忍的态度惩治腐败，坚定不移"打虎""拍蝇""猎狐"，扎紧制度的笼子，建立完善不敢腐、不能腐、不想腐的体制机制。其五，抓住"关键少数"，坚持"三严三实"，严肃党内政治生活，严明党的纪律，发展积极健康的党内政治文化，全面净化党内政治生态。其六，坚持小切口、大突破，出台中央八项规定，严厉整治"四风"，坚决反对特权，着力解决人民群众反映强烈、对党的执政基础威胁最大的突出问题。

应该说,在世界社会主义发展史上,如此系统、严格、完整、彻底地提出党的建设的思想,是前所未有的,它从理论和实践相结合、历史和现实相贯通、国际和国内相关联、党内和党外相融汇的宏阔视野,科学地解答了马克思主义执政党长期执政面临的一系列重大问题:如何始终保持党同人民群众的血肉联系;如何使权力不被腐化;如何始终不忘初心,保持党的先进性、纯洁性;等等,从而大大深化了对共产党执政规律的认识。这是习近平新时代中国特色社会主义思想对马克思主义政党建设学说的一个极其重要的贡献。

(四)创造性地提出坚持和完善中国特色社会主义制度、不断推进国家治理体系和治理能力现代化的思想,丰富发展了马克思主义的国家学说

马克思主义创始人及其伟大后继者列宁关于国家的学说十分丰富,但主要是着眼于通过暴力革命夺取政权的理论,而如何治理社会主义这样全新的社会,马克思恩格斯没有遇到这方面的实践,当然也就不可能作出系统的论述,他们关于未来社会的原理更多是预测性的;列宁在俄国十月革命后不久就过世了,没来得及深入探索这个问题。换言之,在马克思主义的理论宝库中,在世界社会主义的实践中,如何治理社会主义国家,是一个全新的重大理论和实践问题。毕竟,治理一个国家同夺取一个政权是性质大为不同的两件事。夺取政权是在社会动乱中发生,而治理国家则要求社会安定,以便发展经济,改善民生。在这两种不同的历史条件下,马克思主义政党领导人民进行伟大斗争的特点、规律和方式,当然也不相同,正如习近平总书记反复强调的,全党必须进行具有许多新的历史特点的伟大斗争。

20世纪90年代初,苏联解体、东欧剧变,社会主义制度在这些国家中解体,这是世界社会主义历史上所遭遇到的最大挫折。这一方面的教训表明,社会主义是有可能被颠覆和逆转的。社会主义制度的建立是很不容易的,而社会主义制度的巩固,通过改革实现社会主义的自我完善、制度成型乃至成熟,更为艰难、更为复杂、更具挑战性。正如习近平总书记反复告诫全党的那样,必须避免犯根本性颠覆性错误,必须保持忧患意识，毫不动摇地坚持和发展中国特色社会主义，不断推进国家治理体系和治理能力现代化。这是坚持和完善中国特色社会主义制度的必然要求，是实现社会主义现代化的应有之义，也是社会主义制度优越性的重要体现。

1992年，邓小平同志提出，再有30年的时间，我们才会在各方面形成一整套更加成熟更加定型的制度。习近平新时代中国特色社会主义思想在总结我们党和国家历史经验的基础上，在总结世界社会主义实践正反两方面经验教训的基础上，围绕坚持和完善中国特色社会主义制度、不断推进国家治理体系和治理能力现代化，创造性地提出了马克思主义经典作家没有论及或没有展开的一系列新思想、新论断和新战略：强调国家治理体系和治理能力是一个国家制度和制度执行能力的集中体现。国家治理体系是在党领导下管理国家的制度体系，包括经济、政治、文化、社会、生态文明和党的建设等各领域体制机制、法律法规安排，也就是一整套紧密相连、相互协调的国家制度。国家治理能力则是运用国家制度管理社会各方面事务的能力，包括改革发展稳定、内政外交国防、治党治国治军等各方面。国家治理体系和治理能力是一个整体，相辅相成。马克思主义执政党要保持长期执政，实现社会和谐稳定、国家长治久安，还是要靠制度，靠党的各级干部在国家治理上的高超能力；强调只有社会主义才能救中国，只有改革开放才能发展中国、发展社会主义、发展马克思主义。必须坚持和完善中国特色社会主义制度，不断推进国家治理体系和治理能力现代化，坚决破除一切不合时宜的思想观念和体制机制弊端，突破利益固化的藩篱，吸收人类文明成果，构建系统完备、科学规范、运行有效的制度体系，充分发挥我国社会主义制度的优越性；强调坚持党的领导、人民当家作主、依法治国有机统一，坚持中国特色社会主义政治发展道路，坚持和完善人民代表大会制度、中国共产党领导的多党合作和政治协商制度、民族区域自治制度、基层群众自治制度，健全民主制度，丰富民主形式，拓宽民主渠道；强调必须把党的领导贯彻落实到依法治国全过程和各方面，坚定不移地走中国特色社会主义法治道路，不搞西方所谓的"三权分立"、议会制和多党制那一套。要完善以宪法为核心的中国特色社会主义法律体系，建设中国特色社会主义法治体系，建设社会主义法治国家，发展中国特色社会主义法治理论，坚持依法治国、依法执政、依法行政共同推进，坚持法治国家、法治政府、法治社会一体化建设，坚持依法治国和以德治国相结合，依法治国和依规治党有机统一；强调文化自信是一个国家、民族发展中更基本、更深沉、更持久的力量，必须坚持马克思主义，牢固树立共产主义远大理想和中国特色社会主义共同理想，坚定"四个自信"，培育和践行社会主义核心价值观，不断增强意识形态领域主导权和话语权，推动中华优秀传统文化创造性转化、创新型发展，继承革命文化，发展社会主义先进文化，不忘本来、吸收外来、面向未来，更好地构筑中国精神、中国价值、中国力量；强调增进民生福祉是发展的根本目的，必须多谋民生之利、多解民生之忧，在发展中补齐民生短板、促进社会公平正义，在幼有所育、学有所教、劳有所得、病有所医、老有所养、住有所居、弱有所扶上不断取得新进展，深入开展脱贫攻坚，加强和创新社会治理，维护社会和谐稳定，保证全体人民在共建共享发展中有更多获得感，不断促进人的全面发展、全体人民共同富裕，确保国家长治久安、人民安居乐业；强调建设生态文明是中华民族永续发展的千年大计，必须树立和践行绿水青山就是金山银山的理念，坚持人与自然和谐共生，坚持节约资源和保护环境的基本国策，实行最严格的生态环境保护制度，形成绿色发展方式和生活方式，坚定走生产发展、生活富裕、生态良好的文明发展道路，建设美丽中国；强调坚持总体国家安全观，统筹发展和安全，增强忧患意识，居安思危，坚持国家利益至上，以人民安全为宗旨，以政治安全为根本，统筹外部安全和内部安全、国土安全和国民安全、传统安全和非传统安全、自身安全和共同安全，完善国家安全制度体系，加强国家安全能力建设，坚决维护国家主权、安全、发展利益；强调建设党对军队的绝对领导，建设一支听党指挥、能打胜仗、作风优良的人民军队，贯彻新时代党的强军思想，坚持政治建军、改革强军、科技兴军、依法治军；强调坚持"一国两制"，严格依照宪法和基本法办事，确保"一国两制"方针不会变、不动摇，确保"一国两制"实践不变形、不走样。坚持"一个中国原则"，坚决反对一切分裂国家的活动，为实现祖国完全统一而奋斗；强调坚持走和平发展道路，奉行互利共赢的开放战略，坚持正确义利观，推动建设相互尊重、公平正义、合作共赢的新型国际关系，积极推动"一带一路"国际合作，积极参与全球治理体系改革和建设，推动构建人类命运共同体，建设持久和平、普遍安全、共同繁荣、开放包容、清洁美丽的世界；等等。这些新思想、新论断和新战略，创建了科学社会主义关于国家治理体系和治理能力现代化的崭新理论，是习近平新时代中国特色社会主义思想对马克思主义国家学说的创造性发展，是对马克思主义理论宝库的极其重大的贡献。

（五）创造性地将辩证唯物主义和历史唯物主义运用于党的一切工作中，丰富发展了马克思主义哲学

辩证唯物主义和历史唯物主义是马克思主义的世界观、方法论，是马克思主义全部理论的基石。马克思有一句名言："哲学家们只是用不同的方式解释世界，而问题在于改变世界。"① 实践性是马克思主义的本质特征。习近平总书记高度重视马克思主义哲学及其灵活运用，贯穿习近平新时代中国特色社会主义思想的灵魂，就是辩证唯物主义和历史唯物主义。不仅如此，这一重要思想，还在新的时代条件下，立足解决中国实际问题，光大了马克思主义哲学的实践性品格，从而将马克思主义哲学基本原理、基本立场、基本方法的创造性运用提升到一个新的境界。马克思主义哲学本来就区别于一切书斋里、象牙塔中的学院派哲学，对马克思主义哲学的创造性运用过程，实质上也就是丰富发展马克思主义哲学的过程。

譬如，关于新时代我国社会主要矛盾深刻变化的思想。马克思恩格斯创立的唯物史观，科学地揭示了人类社会的基本矛盾——生产力与生产关系、经济基础与上层建筑之间的矛盾，其矛盾运动是人类社会变革发展的根本动力；揭示了这种基本矛盾在资本主义社会的具体表现，即资本主义社会的主要矛盾——生产的社会化和生产资料的资本主义私人占有之间的矛盾，这一矛盾在资本主义制度下又是难以克服的，进而科学地揭示了社会主义、共产主义代替资本主义的历史必然性。至于在社会主义、共产主义社会中有无矛盾及矛盾的具体表现形式，马克思恩格斯并没有论述，时代也没有给他们提出这样的任务。列宁领导苏联社会主义建设的时间短暂，对此也没有论述。斯大林一度认为社会主义社会

---

① 《马克思恩格斯选集》第 1 卷，人民出版社 1995 年版，第 57 页。

中没有生产力与生产关系这方面的矛盾，直到1952年在《苏联社会主义经济问题》中才勉强承认。从我们党的情况看，党的八大正确地分析了我国社会的主要矛盾。但是，八大的判断及制定的路线、方针并未得到很好的贯彻和保持，不久，"以阶级斗争为纲"逐渐占据上风，进而发生了"文化大革命"这样的"严重内乱"，社会主义建设出现严重曲折和失误。1981年，党的十一届六中全会恢复并进一步规范了党的八大关于我国社会主要矛盾的表述："在社会主义改造基本完成以后，我国所要解决的主要矛盾，是人民日益增长的物质文化需要同落后的社会生产之间的矛盾。"此后，党的十三大、十四大、十五大、十六大、十七大、十八大都重申了这一判断。从党的八大到今天，60多年过去了，中国经济社会发生了翻天覆地的变化。习近平总书记以马克思主义政治家、思想家的战略眼光，敏锐而深刻地揭示了我国社会主要矛盾的变化：人民日益增长的美好生活需要和不平衡不充分的发展之间的矛盾已经成为我国社会的主要矛盾。这是一个重大的关系全局的历史性变化，也是中国特色社会主义进入新时代的重要标志和根据。诚然，我国社会主要矛盾的变化，没有改变我国仍处于并将长期处于社会主义初级阶段的基本国情，没有改变我国是世界上最大发展中国家的国际地位。但"不变中有大变"，新时代我国社会主要矛盾的内涵更丰富，外延更广泛，方式更多样，处理起来更复杂，更考验社会主义建设者的智慧。这是习近平新时代中国特色社会主义思想对马克思主义关于社会矛盾运动学说的重大贡献。

再譬如，关于尊重人民主体地位、以人民为中心作为党和国家全部工作的出发点和落脚点，将人民对美好生活的向往作为党和党的各级组织、各级干部的奋斗目标的思想。突出人民性是习近平新时代中国特色社会主义思想的鲜明特质。其思想渊源，可以上溯到马克思恩格斯"历史活动是群众的活动，随着历史活动的深入，必将是群众队伍的扩大"的观点，可以直接来自毛泽东同志"为人民服务"的观点和群众路线的观点，来自邓小平同志将"人民拥护不拥护""人民高兴不高兴""人民赞成不赞成""人民答应不答应"作为党制定政策的重要依据的观点。习近平新时代中国特色社会主义思想的人民性观点，不仅继承了前贤和党的光荣传统，而且结合新时代得到了升华和光大，这就是将人民不仅作为历史活动的主体予以肯定，而且作为最高价值主体予以确立。换言之，以人民为中心的发展思想、群众观点、群众路线不仅是一种思想方法、工作方法，不仅是认识论，而且是价值观，是哲学历史观。以人民为中心的发展思想，是真理观与价值观的高度统一，是价值观与历史观的高度统一，这就把马克思主义的群众观点、群众路线提升到一个前所未有的新境界。

又譬如，习近平总书记反复强调的要坚持战略思维、辩证思维、创新思维、法治思维、底线思维、历史思维，坚持问题导向，强化问题意识、忧患意识、风险意识；"实干兴邦，空谈误国"，强化责任和担当精神，不仅是马克思主义哲学方法论的灵活运用，而且丰富发展了马克思主义哲学方法论体系。

（六）习近平新时代中国特色社会主义思想不仅是中国的，而且是世界的

习近平新时代中国特色社会主义思想的形成和发展，在我们党和国家的发展史上，在中华民族的发展史上，在世界社会主义发展史上，在人类社会发展史上，具有重大的意义。

1. 这一重要思想的形成和发展，极大地增强了我们党、国家和人民的"四个自信"，使我们的精神由被动变为主动，深刻地影响了当代中国的发展进程。中华人民共和国成立近70年来，改革开放40年来，我们品尝过巨大成功的喜悦，也咀嚼过挫折和失误的苦涩。改革开放是决定党和国家前途命运的关键一招，必须始终不渝地坚持。但不可否认，一段时间里，伴随着国门大开，西方思潮、理论、文化蜂拥而至，鱼龙混杂，泥沙俱下，在思想理论界、舆论界以至于民众心理层面，"外国的月亮都比中国的圆"，西方的概念、理论、话语，西方社会的制度、道路、价值，等等，几乎成为"先进""前沿"的代名词。而习近平新时代中国特色社会主义思想的形成和发展，从根本上改变了这种状况，我们党、国家和人民对中国特色社会主义的道路、理论、制度、文化，从来没有像今天这样自信，这一重要思想汇聚了强大的精神力量，激励并引领着我们党、国家和人民阔步前进。这是我们党和国家发展中具有深远历史意义的大事件！

2. 这一重要思想的形成和发展，凝聚起中华民族实现伟大复兴的磅礴力量，深刻地影响了中华文明的发展进程。习近平总书记深刻地指出："落后就要挨打，贫穷就要挨饿，失语就要挨骂。"① 从1840年鸦片战争以来，无数仁人志士为了中华民族的伟大复兴前赴后继，不懈奋斗，只是在中国共产党领导下，中华民族才实现了从东亚病夫到站起来、富起来，进而强起来的伟大飞跃。纵观170多年的历史，我们今天比历史上任何时期都更接近、更有信心和能力实现中华民族伟大复兴的目标。中国不仅大踏步地赶上了时代，而且日益走近世界舞台的中央。这是中华民族发展史上具有深远影响的大事件！

3. 这一重要思想的形成和发展，大大改变了世界范围内马克思主义与反马克思主义，社会主义与资本主义的力量对比，深刻地影响了马克思主义、世界社会主义的发展进程。世界社会主义运动500年来，马克思主义诞生170年来，社会主义制度诞生100多年来，社会主义经历了从空想到科学、从理论到实践、从一国到多国的胜利前进，并在20世纪50年代达到高峰。鼎盛时期，社会主义国家人口、领土和工业总产值都大体占世界总量的1/3。毛泽东同志曾形象地比喻："东风压倒西风。"但20世纪90年代，苏联解体、苏共垮台、东欧剧变，共产党政权垮掉了11个，世界社会主义遭到前所未有的挫折。一时间，西方的思想理论界、舆论界弹冠相庆，企图把马克思主义、社会主义送进"历史博物馆"。当年，布热津斯基的"大失败"之说，弗朗西斯·福山的《历史的终结》风靡一时。但是，社会主义并没有沉寂，马克思主义并没有被打倒。今天，中国特色社会主义进入新时代，科学社会主义在21世纪的中国焕发出强大生机与活力，习近平新时代中国特色社会主义思想成为科学社会主义在21世纪的伟大旗帜，马克思主义基本原理与时代特征和中国实践相结合实现了新的伟大飞跃。科学社会主义的基本原则不仅得到了继承，而且得到了创造性的升华；不仅在中国大地上生根开花结果，而且在世界上产生了广泛的影响力、感召力。这就使得马克思主义与反马克思主义、社会主义与资本主义的较量在苏联解体、苏共垮台、东欧剧变后，首次在世界范围内出现了有利于马克思主义、社会主义的积极变化。这是马克思主义发展史上、世界社会主义发展史上具有深远影响的大事件！

---

① 《求是》2016年5月1日第9期，在全国党校工作会议上的讲话。

4. 这一重要思想的形成和发展，大大增强了广大发展中国家的信心、勇气和力量，深刻地影响了人类社会的文明进程。中国是个大国，是爱好和平、主持正义、代表人类进步力量的负责任的大国。中国特色社会主义的成功，习近平新时代中国特色社会主义思想的形成和发展，拓展了发展中国家走向现代化的途径，打破了对西方资本主义国家现代化之路的"路径依赖"，打破了"西方中心论"的现代化理论和话语的教条，给世界上那些既希望加快发展又渴望保持自身独立性的国家和民族提供了全新选择，为解决人类问题贡献了中国思想、中国智慧和中国方案。这是人类社会发展史上具有深远影响的大事件！

必须申明，习近平新时代中国特色社会主义思想是博大精深的科学体系，本文所述，仅是个人的初步认识体会，概括不是全面的，理解也还是肤浅的。权作抛砖引玉，目的是希望引起理论界同志对习近平新时代中国特色社会主义思想的深入思考和研究。

三 以习近平新时代中国特色社会主义思想为指导，加快构建中国特色哲学社会科学

马克思主义传入中国以后不久，1921年，以马克思主义为指导的中国共产党诞生。实践证明，马克思主义的命运早已同中国共产党的命运、中国人民的命运、中华民族的命运紧紧联系在一起，它的科学性和真理性在中国得到了充分检验，它的人民性和实践性在中国得到了充分贯彻，它的开放性和时代性在中国得到了充分彰显。在21世纪的今天，在新时代，人们思考和谈论马克思主义的前途命运，就不能不特别关注它在当代中国的新发展。从这个意义上说，系统深入地研究阐发习近平新时代中国特色社会主义思想，是我国理论界的重大责任，是中国社会科学院的重大责任；以习近平新时代中国特色社会主义思想为指导，加快构建中国特色哲学社会科学，是哲学社会科学界和中国社会科学院的崇高使命。

一要提高政治站位，不断增强"四个意识"。从根本上说，就是要自觉地在思想上政治上行动上同以习近平同志为核心的党中央保持高度一

致，坚决拥护习近平总书记作为党中央的核心、全党的领袖和核心地位。总结国际共产主义正反两方面的经验教训，总结我们党的历史正反两方面的经验教训，能否形成一个雄才伟略、坚强有力的核心领袖，是一个马克思主义政党政治上成熟与否的根本标志。毛泽东同志曾经形象地说："一个桃子剖开来有几个核心吗？不，只有一个核心。"邓小平同志指出："任何一个领导集体都要有一个核心，没有核心的领导是靠不住的。"[①] 习近平同志作为党中央的核心、全党的核心和领袖，是经过历史证明、实践检验的，是群众公认、全党认同的，是实至名归、当之无愧的，具有深厚的政治基础、思想基础、实践基础、群众基础。确立习近平同志为党中央的核心、全党的核心，是关系党和人民根本利益的大事，是关系党中央权威和全党集中统一的大事，是关系党和国家长远发展的大事。所以，确立习近平同志为我们党的领袖和核心，是党和国家之幸、中国人民之幸、中华民族之幸。坚决维护习近平总书记的领袖和核心地位，是党和国家的根本利益所在，是中国人民和中华民族的根本利益所在，是当代中国最大的政治。在这个问题上，我们必须毫不含糊、毫不动摇。

二要强化理论武装，坚定不移地用习近平新时代中国特色社会主义思想武装头脑，指导实践。这一重要思想是马克思主义在新时代的旗帜，是马克思主义在21世纪的旗帜，是中国共产党和中国人民的思想旗帜，是中华民族伟大复兴的精神旗帜。在当代中国，只有这一思想，而没有什么别的思想理论，能够解决我们党和国家的前途命运问题。坚持和发展习近平新时代中国特色社会主义思想，就是真正坚持和发展马克思主义；高举习近平新时代中国特色社会主义思想伟大旗帜，就是真正高举马克思主义伟大旗帜。

对哲学社会科学事业而言，对哲学社会科学工作者来说，用习近平新时代中国特色社会主义思想武装头脑、指导研究工作，具有特别重要的意义。习近平新时代中国特色社会主义思想是全党全国人民的指导思想，哲学社会科学作为党和国家工作全局中的组成部分，坚持以这一重要思想为指导，是我们做好一切工作的根本保证。这一重要思想是我们党领导人民坚持和发展中国特色社会主义实践的经验总结，是党通过艰

[①] 《邓小平文选》第3卷，人民出版社1993年版，第310页。

辛理论探索取得的重大理论创新成果，是经过实践证明了的科学理论，是新时代的真理，也可以说是新时代哲学社会科学的最高成果。只有以这一重要思想为指导，我们才能辨别什么是真正的马克思主义，如何在新时代坚持和发展马克思主义，从而保证哲学社会科学研究坚持正确的政治方向和学术导向不出偏差；只有以这一重要思想为指导，我们才能做到用马克思主义观察时代、解读时代、引领时代，用鲜活丰富的社会实践来推动马克思主义发展，进一步丰富发展当代中国马克思主义、21世纪马克思主义，不断开辟马克思主义的新境界；也只有以这一重要思想为指导，我们才能与时代同步伐、与人民齐奋进，紧紧抓住新时代党和国家发展面临的重大理论和实践问题，深入研究，大胆探索，提出有说服力的新回答、新概括、新观点，从而实现新时代哲学社会科学的大繁荣和大发展。

三要深入学习领会习近平新时代关于哲学社会科学的思想。这是习近平新时代中国特色社会主义思想的重要组成部分，其主要内容包括以下几方面。

（一）关于哲学社会科学的地位和作用。习近平总书记指出，哲学社会科学是人们认识世界、改造世界的重要工具，是推动历史发展和社会进步的重要力量。一个没有发达的自然科学的国家不可能走在世界前列，一个没有繁荣的哲学社会科学的国家也不可能走在世界前列。坚持和发展中国特色社会主义，哲学社会科学具有不可替代的重要地位，哲学社会科学工作者具有不可替代的重要作用。统筹推进"五位一体"总体布局和协调推进"四个全面"战略布局，实现"两个一百年"奋斗目标，实现中华民族伟大复兴，我国哲学社会科学可以也应该大有作为。

（二）关于坚持马克思主义在哲学社会科学领域的指导地位。习近平总书记指出，坚持以马克思主义为指导，是当代中国哲学社会科学区别于其他哲学社会科学的根本标志。坚持以马克思主义为指导，首先要解决真懂真信的问题，核心要解决好为什么人的问题，最终要落实到怎么用上来。要从根本上解决马克思主义在哲学社会科学研究和教学中"失语""失踪""失声"的问题。要以科学的态度对待科学，以真理的精神追求真理，不断赋予马克思主义以新的时代内涵。要继续推进马克思主义中国化时代化大众化，继续发展21世纪马克思主义、当代中国马克思主义，续写马克思主义中国化新篇章。

（三）关于加快构建中国特色哲学社会科学。习近平总书记指出，哲学社会科学的特色、风格、气派，是成熟的标志，是实力的象征，也是自信的体现。要按照立足中国、借鉴国外，挖掘历史、把握当代，关怀人类、面向未来的思路，着力构建中国特色哲学社会科学，在指导思想、学科体系、学术体系、话语体系等方面充分体现中国特色、中国风格、中国气派。要体现继承性、民族性，体现原创性、时代性，体现系统性、专业性。要加强马克思主义学科建设，加快完善对哲学社会科学具有支撑作用的学科，注重发展优势重点学科，加快发展具有重要现实意义的新兴学科和交叉学科，重视发展具有重要文化价值和传承意义的"绝学"、冷门学科，努力构建一个全方位、全领域、全要素的哲学社会科学体系。理论的生命力在于创新。创新是哲学社会科学发展的永恒主题。理论创新的过程就是发现问题、筛选问题、研究问题、解决问题的过程。

（四）关于坚持以重大理论和实践问题为主攻方向。习近平总书记指出，当代中国的伟大社会变革，不是简单延续我国历史文化的母版，不是简单套用马克思主义经典作家设想的模板，不是其他国家社会主义实践的再版，也不是国外现代化发展的翻版，不可能找到现成的教科书。我国哲学社会科学应该以我们正在做的事情为中心，以研究我国发展和我们党执政面临的重大理论和实践问题为主攻方向，立时代潮头，通古今变化，发思想先声，繁荣中国学术，发展中国理论，传播中国思想。要不断根据新的实践推出新的理论，为我们制定各项方针政策、推进各项工作提供科学指导。从我国改革发展的实践中，提炼出有学理性的新理论，概括出有规律性的新实践。要建设一批国家急需、特色鲜明、制度创新、引领发展的高端智库，重点围绕国家重大战略需求开展前瞻性、针对性、储备性政策研究。

（五）关于增强我国哲学社会科学国际影响力。习近平总书记指出，既要立足本国实际，又要开门搞研究。对国外的理论、概念、话语、方法，要有分析、有鉴别，适用的就拿来用，不适用的就不要生搬硬套。发挥我国哲学社会科学作用，要注意加强话语体系建设，增强我国哲学社会科学研究的国际影响力。要善于提炼标识性概念，打造易于为国际社会所理解和接受的新概念、新范畴、新表述，引导国际学术界展开研究和讨论。要围绕我国和世界发展面临的重大问题，着力提出能够体现中国立场、中国智慧、中国价值的理念、主张、方案。要讲好中国故事、传播好中国声音、阐发中国精神。要让世界知道"学术中的中国""理论中的中国""哲学社会科学中的中国"，让世界知道"发展中的中国""开放中的中国""为人类文明作贡献的中国"。

（六）关于贯彻"双百"方针和树立优良学风。习近平总书记指出，百花齐放、百家争鸣，是繁荣发展我国哲学社会科学的重要方针。要鼓励大胆探索，开展平等、健康、活泼和充分说理的学术争鸣。要正确区分学术问题和政治问题，不要把一般的学术问题当成政治问题，也不要把政治问题当作一般的学术问题，既反对打着学术研究旗号从事违背学术道德、违反宪法法律的假学术行为，也反对把学术问题和政治问题混淆起来、用解决政治问题的办法对待学术问题的简单化做法。必须树立为人民做学问的理想，自觉把个人学术追求同国家和民族发展紧紧联系在一起，努力多出经得起实践、人民、历史检验的研究成果。要有"板凳要坐十年冷，文章不写一句空"的执着坚守，耐得住寂寞，经得起诱惑，守得住底线，立志做大学问、做真学问。要推动形成崇尚精品、严谨治学、注重诚信、讲求责任的优良学风，营造风清气正、互学互鉴、积极向上的学术生态。要把社会责任放在首位，自觉践行社会主义核心价值观，以高尚的人格魅力引领风气。

（七）关于加强哲学社会科学人才队伍建设。习近平总书记指出，构建中国特色哲学社会科学，要从人抓起，久久为功。要实施哲学社会科学人才工程，着力发现、培养、集聚一批有深厚马克思主义理论素养、学贯中西的思想家和理论家，一批理论功底扎实、勇于开拓创新的学科带头人，一批年富力强、锐意进取的中青年学术骨干，构建种类齐全、梯队衔接的哲学社会科学人才体系。要完善哲学社会科学领域职称评定和人才遴选制度，建立规范的奖励体系。要形成培养哲学社会科学人才的良好激励机制，促进优秀人才不断成长。

（八）关于加强和改善党对哲学社会科学工作的领导。习近平总书记指出，加强和改善党对哲学社会科学工作的领导，是繁荣发展我国哲学社会科学事业的根本保证。各级党委要把哲学社会科学工作纳入重要议事日程，加强政治领导和工作指导，一手抓繁荣发展、一手抓引导管理。

要深化管理体制改革,形成既能把握正确方向又能激发科研活力的体制机制,统筹管理好重要人才、重要阵地、重大研究规划、重大研究项目、重大资金分配、重大评价评奖活动。

四要努力推出系统性与学理性并重、说理透彻与文风活泼兼备的高水平研究成果。习近平新时代中国特色社会主义思想,既是指导思想,也是研究对象,这两个方面是有机统一的。中国社会科学院作为党中央直接领导的国家哲学社会科学研究机构,在学习研究阐发习近平新时代中国特色社会主义思想方面理应有新的更大作为,在学习的广度和深度上大大地提升一步,在研究阐发的广度和深度上大大地提升一步,在用以指导科学研究的能力和水平上大大地提升一步;要充分发挥学科众多、人才荟萃的特色和优势,结合各学科、各专业领域,或组织跨学科协同攻关,在全面、准确、系统、深入地理解上下更大功夫,在学懂弄通做实上下更大功夫,在增强学理性深度阐发上下更大功夫,在让群众喜闻乐见、改进文风上下更大功夫,不断推出体现中国社会科学院实力和水平的研究成果。

坚持以习近平新时代中国特色社会主义思想为指导,加快构建中国特色哲学社会科学,就要充分认识哲学社会科学面临的形势和任务。中国特色社会主义进入新时代,我国哲学社会科学事业的发展也进入了新时代,面临难得的战略机遇。首先,以习近平同志为核心的党中央高度重视哲学社会科学的发展。习近平新时代中国特色社会主义思想,习近平总书记在哲学社会科学工作座谈会上的重要讲话和致中国社会科学院建院40周年贺信,党的十九大对哲学社会科学作出的战略部署,为加快构建中国特色哲学社会科学和我院的发展,指明了前进方向,提供了强大动力。其次,建设社会主义现代化强国,实现中华民族伟大复兴,为加快构建中国特色哲学社会科学,提供了无比丰富的研究素材,开辟了无比广阔的发展空间,也提出了复杂多样的研究课题。再次,中华人民共和国成立以来特别是改革开放40年来,我国哲学社会科学取得了很大成就,积累了宝贵经验,为新时代加快构建中国特色哲学社会科学,奠定了坚实基础。

中国特色社会主义进入新时代,我国社会的主要矛盾发生了深刻变化。哲学社会科学必须主动适应这种深刻的社会变革,进而实现自身的发展。一个明显的事实是,进入新时代,人民日益增长的美好生活需要,不仅体现在物质方面,而且体现在精神方面;不仅体现在量的层面,而且体现在质的层面，在精神生活的丰富性、多样化方面都是日益扩大的。这就给哲学社会科学如何满足人民的需要、为人民做学问提出了更高更迫切的要求。习近平总书记深刻指出："社会大变革的时代，一定是哲学社会科学大发展的时代。"① "这是一个需要理论而且一定能够产生理论的时代，这是一个需要思想而且一定能够产生思想的时代。我们不能辜负了这个时代。"② 不可否认，同新时代的迫切要求相比，同党和人民的殷切期望相比，同我国作为一个社会主义大国的国际地位相比，我们的哲学社会科学还面临许多挑战和问题。例如，马克思主义理论研究滞后于马克思主义中国化的实际发展，一些领域中既存在马克思主义被边缘化的问题，也存在标签化的问题；哲学社会科学不少领域还存在有数量缺质量、有专家缺大师的现象，学科体系、学术体系、话语体系建设落后于时代发展，理论创新能力不足等等。解决存在的问题，加快构建中国特色哲学社会科学，必须坚持正确的政治方向和学术导向；必须以研究新时代重大理论和实践问题为主攻方向，推动基础研究与对策研究融合发展，处理好基础研究和应用研究的关系，国内研究和国际研究的关系，个人研究和团队研究的关系，指令性课题研究和自选性课题研究的关系，全局性的、综合性的、长远性的研究与短期性的、专题性研究的关系；必须尊重哲学社会科学发展规律，千方百计多出顶尖成果、多出拔尖人才；必须加强和改进党对哲学社会科学工作的领导。

新时代呼唤新作为。中国社会科学院作为党中央直接领导的国家哲学社会科学研究机构，作为党的重要思想理论阵地，将坚定不移地以习近平新时代中国特色社会主义思想为指导，立时代潮头，通古今变化，发思想先声，繁荣中国学术，发展中国理论，传播中国思想，在加快构建中国特色哲学社会科学的历史进程中实现更大作为，为发展当代中国马克思主义、21世纪马克思主义作出应有的贡献，以朝气蓬勃的新姿态前进在新时代13亿多中国人民的奋斗行列中。

（作者为中国社会科学院院长、党组书记）

---

① 习近平：《在哲学社会科学工作座谈会上的讲话》，人民出版社2016年版，第8页。
② 同上。

旗帜鲜明地坚持以习近平新时代中国特色社会主义思想为指导

王京清

时代是思想之母，实践是理论之源。任何科学理论都不是凭空产生的，都是时代精神的精华，是社会实践的产物，是历史经验的总结和升华。党的十八大以来，国内外形势变化和我国各项事业发展都给我们提出了一个重大时代课题，这就是必须从理论和实践的结合上，系统回答新时代坚持和发展什么样的中国特色社会主义、怎样坚持和发展中国特色社会主义。围绕这个重大时代课题，我们党进行了艰辛的理论探索，取得了重大理论创新成果，形成了习近平新时代中国特色社会主义思想。党的十九大最重要的成果和最大的贡献，就是将习近平新时代中国特色社会主义思想确立为我们党必须长期坚持的指导思想。我们要深刻认识习近平新时代中国特色社会主义思想的重大意义，深刻领会习近平新时代中国特色社会主义思想的丰富内涵，切实用习近平新时代中国特色社会主义思想武装头脑、指导科研。

一 深刻认识习近平新时代中国特色社会主义思想的重大意义

习近平新时代中国特色社会主义思想，作为当代中国最鲜活的马克思主义，从理论和实践上系统回答了新时代坚持和发展什么样的中国特色社会主义，怎样坚持和发展中国特色社会主义这个重大时代课题，为发展马克思主义作出了中国的原创性贡献，在马克思主义发展史、中华民族复兴史、科学社会主义运动史、人类文明进步史上都具有重大而深远的意义。

第一，开辟了马克思主义中国化的新境界。中国共产党的历史，既是我们党团结带领全国各族人民，实现中华民族伟大复兴的奋斗史，更是我们党不断推进马克思主义中国化、不断开拓马克思主义新境界的理论创新史。在中国革命、建设、改革各个历史时期，我们党坚持运用马克思主义立场、观点、方法，研究解决各种重大理论和实践问题，不断推进马克思主义中国化，产生了毛泽东思想、邓小平理论、"三个代表"重要思想、科学发展观等重大成果，指导党和人民取得了新民主主义革命、社会主义革命的胜利和社会主义建设、改革开放的伟大成就。党的十八大以来，党和国家事业发生了历史性变革，我国发展站到了新的历史起点，中国特色社会主义迈进了新的时代，中华民族伟大复兴处于关键时期，全面建成小康社会进入决胜阶段。13亿中国人民在中国共产党领导下，朝着中华民族伟大复兴的宏伟目标奋进，从最大的发展中国家向富强民主文明和谐美丽的社会主义现代化国家跃升。这种前无古人的伟大实践，必将给马克思主义中国化、时代化、大众化提供强大的动力和广阔的空间。

以习近平同志为主要代表的中国共产党人，坚持以马克思列宁主义、毛泽东思想、邓小平理论、"三个代表"重要思想、科学发展观为指导，紧密结合新的时代条件和实践要求，紧紧围绕时代重大课题，以全新的视野深化对共产党执政规律、社会主义建设规律、人类社会发展规律的认识，取得重大理论创新成果，形成了习近平新时代中国特色社会主义思想。习近平新时代中国特色社会主义思想是马克思主义中国化的最新成果，是中国特色社会主义理论体系的重要组成部分，实现了马克思主义中国化的最新飞跃，成为21世纪马克思主义最具创新特色、最具时代价值、最具指导意义的重大理论成果，充分彰显了马克思主义强大的生命力、创造力、感召力，在马克思主义发展史上具有重大意义。

第二，为实现中华民族伟大复兴中国梦提供行动纲领。一百多年前，西方列强用坚船利炮打开中国大门，从那时起，中国人民为实现国家富强探索各种方案，中华民族伟大复兴成为中国人民近代以来最伟大的梦想。今天，我国经济实力、科技实力、国防实力、综合国力进入世界前列，中华民族正以崭新的面貌屹立于世界的东方。然而，中华民族伟大复兴绝不是轻轻松松、敲锣打鼓就能实现的，既需要党团结带领全国人民一件事情接着一件事情办、一年接着一年干，更需要高瞻远瞩的顶层设计和战略部署。习近平新时代中国特色社会主义思想，把中国特色社会主义和实现社会主义现代化、实现中华民族伟大复兴有机贯通起来，深刻回答了新时代坚持和发展中国特色社会主义的总目标、总任务、总体布局、战略布局和发展方向、发展方式、发展动力、战略步骤、外部条件、政治保证等基本问题，根据新的实践对经济、政治、法治、科技、文化、教育、民生、民族、宗教、社会、生态文明、国家安全、国防和军队、"一国两制"和祖国统一、统一战线、外交、党的建设等各方面作出了科学的理论分析和政策指导，为中华民族伟大复兴指明了奋斗方向、提供了奋斗指南和行动纲领。

第三，为科学社会主义在21世纪的振兴提供了强大动力。党的十九大报告明确指出，中国特色社会主义进入新时代，意味着科学社会主义在21世纪的中国焕发出强大生机活力，在世界上高高举起了中国特色社会主义伟大旗帜；意味着中国特色社会主义道路、理论、制度、文化不断发展，拓展了发展中国家走向现代化的途径，给世界上那些既希望加快发展又希望保持自身独立性的国家和民族提供了全新选择，为解决人类问题贡献了中国智慧和中国方案。这深刻指出了习近平新时代中国特色社会主义思想对于科学社会主义的重大意义。国际金融危机之后，西方国家经济持续低迷、复苏乏力，内部矛盾进一步暴露，一些照搬西方制度的国家"玫瑰色梦幻如朝露般消散"；选择走自己路的社会主义中国，经济社会保持了平稳发展，人民生活迈向全面小康，成为世界经济发展的重要引擎。全球公共政策研究所奥利弗·施廷克尔在《中国之治终结西方时代》书中指出，中国之治的巨大成功，标志着后西方时代真正到来，在"逆全球化"暗流涌动的当下，"中国之治"给世界提供了巨大的稳定性。也有媒体提出，中国已经"八个明确""十四个坚持"了，西方还在迷茫之中。委内瑞拉统一社会主义党副主席亚当·查韦斯指出，中国的发展道路对中国人民和世界各地的人民都是非常重要的，特别是针对那些在不断地奋斗来争取国家解放和自主的国家。在世界进入"世界历史"的时代，"中国方案"打破了西方主导现代化模式的神话，开创了社会主义现代化的中国模式，拓展了发展中国家走向现代化的途径，为科学社会主义在21世纪的振兴提供了强大动力。

第四，为开辟人类更加美好发展前景指明了方向。党的十九大报告明确指出，中国共产党是为中国人民谋幸福的政党，也是为人类进步事业而奋斗的政党，中国共产党始终把为人类作出新的更大的贡献作为自己的责任担当，这深刻指出了习近平新时代中国特色社会主义思想对人类发展的重大意义。当前，世界多极化、经济全球化、社会信息化、文化多样化深入发展，新兴市场国家和发展中国家快速崛起，西方的治理理念、体系和模式越来越难以适应新的国际格局和时代潮流，国际社会迫切呼唤新的全球治理理念，构建新的更加公正合理的国际体系和秩序。以习近平同志为核心的党中央，站在人类历史发展的高度，以大国的责任担当，明确提出构建人类命运共同体，建设持久和平、普遍安全、共同繁荣、开放包容、清洁美丽的世界，这深刻回答了"建设一个什么样的世界、如何建设这个世界"等关乎人类前途命运的重大课题，为人类更加美好发展前景指明了方向。构建人类命运共同体，顺应了历史潮流，回应了时代要求，凝聚了各国共识，为人类社会实现共同发展、持续繁荣、长治久安绘制了蓝图，受到国际社会的高度评价和热烈响应，产生日益广泛而深远的国际影响。

二 深刻领会习近平新时代中国特色社会主义思想的丰富内涵

习近平新时代中国特色社会主义思想，以全新的历史站位、宏阔视野、战略眼光，反映了时代发展变化的丰富内涵，以逻辑严密、系统完整、相互贯通的思想体系回应了坚持和发展中国特色社会主义的实践要求，主题鲜明、思想深邃、博大精深，为新时代推进党和国家事业提供了基本遵循和行动指南。

第一，突出强调了坚持和发展中国特色社会主义这一鲜明主题。坚持和发展中国特色社会主义，是改革开放以来我们党全部理论和实践的鲜明主题，也是习近平新时代中国特色社会主义思想的鲜明主题。党的十八大以来，我们党的全部理论和实践探索都是围绕这个主题来展开、深化和拓展的。习近平总书记指出，坚持和发展中国特色社会主义是一篇大文章，邓小平同志为它确定了基本思路和基本原则，以江泽民同志为核心的党的第三代中央领导集体、以胡锦涛同志为总书记的党中央在这篇大文章上都写下了精彩的篇章。现在，我们这一代共产党人的任务，就是继续把这篇大文章写下去。习近平总书记从理论渊源、历史根据、本质特征、独特优势、强大生命力等多方位多角度，深刻回答中国特色社会主义的重大理论问题，强调中国特色社会主义是既坚持科学社会主义基本原则，又具有鲜明实践特色、理论特色、民族特色、时代特色的社会主义，是中国特色社会主义道路、理论、制度、文化四位一体的社会主义，是统揽伟大斗争、伟大工程、伟大事业、伟大梦想的社会主义，是根植于中国大地、反映中国人民意愿、适应中国和时代发展进步要求的社会主义。习近平新时代中国特色社会主义思想，在邓小平理论、"三个代表"重要思想、科学发展观基础上，创造性地续写了中国特色社会主义这篇"大文章"的精彩篇章，深刻展现了习近平新时代中国特色社会主义思想的时代性、实践性的鲜明特质。

　　第二，深刻阐述了新时代中国特色社会主义思想的核心要义。习近平总书记以一系列战略性、前瞻性、创造性的观点，深刻回答了新时代坚持和发展中国特色社会主义的总目标、总任务、总体布局、战略布局和发展方向、发展方式、发展动力、战略步骤、外部条件、政治保证等基本问题，明确了发展中国特色社会主义的总任务是实现社会主义现代化和中华民族伟大复兴，明确必须坚持以人民为中心的发展思想，不断促进人的全面发展、全体人民共同富裕；明确全面深化改革的总目标，明确"五位一体"总体布局和"四个全面"战略布局，明确全面推进依法治国总目标，明确党在新时代的强军目标，明确中国特色大国外交要推动构建新型国际关系，明确中国特色社会主义最本质的特征。这"八个明确"，紧紧围绕坚持和发展中国特色社会主义、实现"两个一百年"奋斗目标和中华民族伟大复兴的中国梦，把马克思主义基本原理同当代中国发展的具体实际紧密结合，形成了系统完整、逻辑严密的科学理论体系，进一步完善了坚持和发展中国特色社会主义的顶层设计，标志着我们党对执政规律、社会主义建设规律、经济社会发展规律的认识和把握达到了一个新的高度。这"八个明确"，从理论层面高度凝炼了习近平新时代中国特色社会主义思想的主要内容和精神实质,构成了习近平新时代中国特色社会主义思想的"四梁八柱"。

第三,明确提出了新时代中国特色社会主义的基本方略。围绕贯彻落实习近平新时代中国特色社会主义思想,报告提出了新时代中国特色社会主义基本方略,将其概括为"十四个坚持",包括:坚持党对一切工作的领导、坚持以人民为中心、坚持全面深化改革、坚持新发展理念、坚持人民当家作主、坚持全面依法治国、坚持社会主义核心价值体系、坚持在发展中保障和改善民生、坚持人与自然和谐共生、坚持总体国家安全观、坚持党对人民军队的绝对领导、坚持"一国两制"和推进祖国统一、坚持推动构建人类命运共同体、坚持全面从严治党。这"十四个坚持",涵盖坚持党的领导和"五位一体"总体布局、"四个全面"战略布局,涵盖国防和军队建设、维护国家安全、对外战略,是对党的治国理政重大方针、原则的最新概括,体现了理论与实践相统一,是实现"两个一百年"奋斗目标、实现中华民族伟大复兴中国梦的"方法论"。"方法论"不同于宏观层面的"思想理论",也不同于实践层面的"具体措施",它是连接两者的中介。深刻领会习近平新时代中国特色社会主义思想的精神实质和丰富内涵,必须在各项工作中全面准确贯彻落实这十四条基本方略。

三 切实用习近平新时代中国特色社会主义思想武装头脑、指导实践

习近平总书记在"1·5"重要讲话中明确提出,必须要提高政治站位、树立历史眼光、强化理论思维、增强大局观念、丰富知识素养、坚持问题导向,从历史和现实相贯通、国际和国内相联系、理论和实际相结合的宽广视角,对一些重大理论和实践问题进行思考和把握,做到坚持和发展中国特色社会主义要一以贯之,推进党的建设新的伟大工程要一以贯之,增强忧患意识、防范风险挑战要一以贯之。这是对党的十九大精神更高层面、更深层次、更宽视野的解读,对我们学习领会习近平新时代中国特色社会主义思想,提出了更新的要求、更高的标准。

第一,提高政治站位。政党的本质是有着共同政治纲领、政治路线、

政治目标的政治组织，旗帜鲜明地讲政治是马克思主义政党的根本属性，也是党的领导干部必须具备的基本素质。习近平总书记在党的十九大上作的报告指明了新时代中国共产党人的政治路线、政治目标，是新时代中国共产党人团结、带领全国各族人民夺取中国特色社会主义伟大胜利、实现中华民族伟大复兴中国梦的政治纲领和政治宣言。中国共产党人必须要从政治上看，从政治上学，深刻把握其政治意义、政治考量、政治要求，这样才能在思想上认识更深刻，行动上执行更到位。要通过深入学习，提高把握政治大局和政治方向的能力和水平，牢牢把握党和国家事业发展的大方向、大原则、大战略，增强政治定力、政治判断力、政治执行力，在政治立场、政治方向、政治原则、政治道路上坚决同以习近平同志为核心的党中央保持高度一致。

第二，树立历史眼光。历史眼光是习近平新时代中国特色社会主义思想的一个鲜明特点。习近平总书记所作的十九大报告，充分彰显了新时代共产党人的大格局、大境界、大担当，习近平总书记在十九届中央政治局常委同中外记者见面时指出，"中国共产党是世界上最大的政党，大就要有大的样子"。之所以能有这样的大气魄，主要源于习近平总书记的大历史观，从长远的社会、经济结构发展观察历史的脉动，从古今中外的比较提示历史和未来的问题，运用理念与制度的差异联系来对事件和现象作出合理判断。世界历史上，任何一个国家、民族在复兴过程中，都有一个关键时期，要能够把握历史机遇，顺应历史潮流。葡萄牙、西班牙依靠新航路的开辟，使"以前在世界的边缘，现在在它的中央了"，实现国家复兴；英国则凭借工业革命，生产力得到突飞猛进的发展；美国在1898年GNP超过英国，两次世界大战后建立布雷顿森林体系，成为当时的世界强国。正是在这个意义上，习近平总书记在"1·5"讲话中指出，要把中国特色社会主义放在改革开放40年、新中国成立近70年、中国共产党成立97年中来领会，放在近代以来中华民族由衰到盛的170多年、中华民族5000多年的文明的历史长河中来领会，放在世界社会主义500年、人类社会发展几千年的历史长河中来领会。唯有此，才能深刻体会成果之不易、任务之艰巨，才能进一步增强历史自觉，担当历史使命。

第三，强化理论思维。理论思维是领导干部必须具备的核心素质，是透过现象看本质，把握事物发展规律的能力。恩格斯说，一个民族要想站在世界之巅，就一刻也离不开理论思维①。习近平新时代中国特色社会主义思想，之所以能够对中国特色社会主义有深刻的观察、深刻的判断、深刻的理解、深刻的结论，在于有强大的科学的理论思维能力，能够由表及里、由此及彼，认识客观事物的内在联系和本质属性，把握事物发展演进的历史脉络和错综复杂的现实依据。我们学习习近平新时代中国特色社会主义思想，就要从提高理论思维能力的角度，深刻把握"八个明确""十四个坚持"的科学体系和丰富内涵，深刻把握贯穿习近平新时代中国特色社会主义思想的立场观点方法，不断提高运用马克思主义立场观点方法分析问题解决问题的能力，不断增强工作的原则性、系统性、预见性、创造性。

第四，增强大局观念。大局观是中国文化和哲学区别于西方文化和哲学的一个鲜明的特点，也是我们共产党人的优良革命传统和政治优势。大局观念，本意是指下棋的人要有全盘的概念，要能通盘考虑问题，现在大局观念强调的是从整体、全局出发，对事态进行综合考量和谋划，做到认识大局、把握大局、服从大局。习近平总书记多次强调，领导干部要"善于观大势、谋大事，自觉在大局下想问题、做工作"，习近平新时代中国特色社会主义思想，布下的就是一盘新时代坚持和发展中国特色社会主义的大棋局，是我们每一位共产党人都要时刻牢记的大局。只有这样，才能领会深刻，才能自觉在大局下思考、在大局下行动，才能找到坐标、找准定位，做到服从服务于党和国家大局不错位、党和人民需要时不缺位。

第五，丰富知识素养。知识素养是对知识的掌握与运用的能力，丰富知识素养是新时代中国特色社会主义向党员领导干部提出的迫切要求。当今时代，知识更新周期大大缩短，各种新知识、新情况、新事物层出不穷，有资料表明，近50年来，人类社会创造的知识比过去3000年的总和还要多。新时代中国特色社会主义越向前发展，面临的问题越多、挑战越大，这是事物发展的客观规律，习近平总书记在党的十九大报告中，

---

① "一个民族要想登上科学的高峰，究竟是不能离开理论思维的。"《马克思恩格斯选集》第4卷，人民出版社1995年版，第285页。

提出要坚持党对一切工作的领导，提高党把方向、谋大局、定政策、促改革的能力和定力，确保党始终总揽全局、协调各方，这对党员领导干部提出了更高的要求。非学无以广才，非志无以成学，这就要求党员领导干部要增强学习的主动性、自觉性，打牢全面的、系统的、专业的知识根底，做到不仅政治理论水平高，还要专业知识素养强，努力在专业领域成为"复合型人才"，在综合领域成为"专业型人才"，只有这样，才能真正实现党始终总揽全局、协调各方。

第六，坚持问题导向。问题是时代的声音，读懂一个时代需要读懂这个时代的问题，改变一个时代需要解决这个时代的问题。习近平新时代中国特色社会主义思想提出的重要思想、重要观点、重大判断、重大举措，都是着眼于破解难题、攻克难关、解决经济社会发展深层次矛盾和问题来展开的，不坚持问题导向就难以深入理解。习近平总书记在"1·5"讲话中，再一次用"木桶原理"，强调了补齐短板、加固底板的重要性，并从8个方面列举了16个需要高度重视的风险，充分体现了我们党的强烈的问题导向和风险意识。建设社会主义是人类对理想社会的探索，在东方大国建设社会主义是亘古未有的事业，面对波谲云诡的国际形势、复杂敏感的周边环境、艰巨繁重的改革发展稳定任务，坚持问题导向，发现问题、直面问题、解决问题，是我们新时代共产党人必须要有的责任与担当。我们党员领导干部要像习近平总书记要求的那样，既充分了解党和国家面临的重大问题和风险挑战，又充分了解本地区本部门工作面临的重大问题和风险挑战，汇聚各方力量，积极推动问题的解决，做好各项工作的落实。

（作者为中国社会科学院副院长、党组副书记）

用新思想指导新时代的社会治理创新[*]

李培林

习近平同志在党的十九大报告中围绕建设平安中国、加强和创新社会治理作出一系列重要部署，提出一系列重要举措。其中一项重要任务，是加强和创新社会治理，维护社会和谐稳定。完成好这项任务，需要认真分析我国社会治理形势发生的新变化，弄清社会治理面临的新问题、新挑战，以习近平新时代中国特色社会主义思想指导新时代的社会治理创新，打造共建共治共享的社会治理格局。

一 我国社会治理形势发生新变化

改革开放 40 年来，我国改革发展实践取得的一条非常重要的经验，就是在改革和发展的同时保持社会和谐稳定。没有和谐稳定的社会秩序，什么事都干不成。40 年来，伴随深刻的经济体制变革和社会结构巨变，我国不断加强和创新社会治理，在保证社会和谐稳定的同时也不断激发社会活力。特别是党的十八大以来，我国坚定不移走中国特色社会主义社会治理之路，善于把党的领导和社会主义制度优势转化为社会治理优势，不断完善中国特色社会主义社会治理体系，把平安中国建设放在重要的位置上，强调发展是硬道理、稳定也是硬道理，社会治理形势出现

---

[*] 本文发表在《人民日报》2018 年 2 月 6 日第 7 版。

一系列积极变化。

社会治理形势出现根本性好转。近五年来，我国打破了犯罪率随着现代化推进必然升高的西方"魔咒"，严重暴力犯罪案件、群体性事件、信访总量、非正常上访量等社会秩序的关键性指标同时出现下降趋势，特别是成为世界上命案发案率最低的国家之一。同时，互联网依法治理初见成效，虚拟社会不再是法外之地。根据中国社会科学院全国社会状况综合调查的结果，2013—2017年，我国城乡居民的总体社会安全感有所上升，特别是个人和家庭财产安全感、人身安全感明显提升。我国社会总体安全的好局面，在国际社会乱局交织、一些国家内乱不断和恐怖袭击时常发生的背景下，在我国社会结构和利益格局继续发生深刻变化的进程中，实属来之不易，也为经济社会发展创造了必要的良好环境。

新的社会治理体制基本形成。我国已基本建成党委领导、政府负责、社会协同、公众参与、法治保障的社会治理体制，提高了社会治理社会化、法治化、智能化、专业化水平，形成了预防和化解社会矛盾机制、社会治安防控体系、安全生产责任制、社区治理体系和国家安全体系，增强了全社会防范和抵御安全风险的能力。

初步形成共建共治共享的社会治理格局。在现代社会治理中，政府是社会治理的主导力量，但已不是社会治理的唯一主体，企事业单位、社会组织、城乡社区居民组织、社会公众等都成为参与社会治理的力量。社会治理的广泛社会参与，有效降低社会治理的行政成本，提高了社会治理效益，初步形成共建共治共享的社会治理格局。

在多个社会治理领域出现积极的重要转折点。中国特色社会主义进入新时代，我国经济社会发展也进入新时代，在城镇化进程、人口结构、职业结构、劳动力供给、收入分配、消费方式等领域都出现了一些积极的重要转折点，对社会治理形势产生深刻影响。比如，随着国有企业改革的深入和各项社会政策的完备，20世纪90年代末国企改革引发的职工下岗潮已不会再出现；随着以人为核心的新型城镇化大力推进，因征地拆迁引发的群体性事件频发时期也已基本结束。在社会治理形势出现积极变化的同时，社会治理面对的问题呈现出复杂化、多样化、网络化以及利益诉求和价值追求交织化等一系列新特征。

二 新时代社会治理面临的新问题、新挑战

习近平同志在党的十九大报告中指出，中国特色社会主义进入新时代，我国社会主要矛盾已经转化为人民日益增长的美好生活需要和不平衡不充分的发展之间的矛盾。我国社会主要矛盾的变化是关系全局的历史性变化，对党和国家工作提出了许多新要求，使我国社会治理面临一系列新问题、新挑战。

深刻的经济社会变革对社会治理提出新问题、新挑战。改革开放以来，随着经济体制变革和经济持续增长，我国社会也发生巨变，主要表现在：阶层结构和利益格局复杂化，财富和收入差距较大；职业选择和劳动就业市场化，社会流动加快；处于原有单位体制之外的"社会人"成为就业主体；社区社会化，在原有的熟人街道社区、单位大院社区之外，出现大量商品房陌生人社区，还有城乡接合部的杂居社区；家庭小型化，单身家庭、单亲家庭、空巢家庭等不断增多，家庭的教化功能有所弱化；价值观念发生深刻变化，需要重塑道德约束和社会信用；等等。这些深刻的社会变化加大了社会治理难度，对社会治理体系和治理能力提出新问题、新挑战。

人民日益增长的美好生活需要对社会治理提出新问题、新挑战。随着基本物质生活需要得到满足，人们对生活质量有了更高的要求。比如，更需要多样化、个性化、高性价比的消费产品，不再满足于大批量、排浪式的大众消费；更加重视与健康有关的食品安全和医疗安全，食品安全感和医疗安全感已经成为影响总体安全感的重要因素；更加渴望看得见蓝天、呼吸清新的空气、饮用清洁的水，生态环境污染和恶化成为社会关注的焦点问题；等等。这些社会生活层面的新变化，也对以解决民生问题为重点的社会治理提出新问题、新挑战。

人们对主观感受和价值追求的重视对社会治理提出新问题、新挑战。随着物质需要逐步得到满足，人们有了更高的社会心理需要。面对快节奏、工作压力大、存在未知风险、由陌生人构成的现代社会，人们的心理孤独、抑郁、压力、焦虑需要疏导和释放渠道，也更希望有获得感、幸福感、安全感、公平感。而且，随着经济发展和社会进步以及教育文

化水平普遍提高，人们的民主意识、法治意识、权利意识、社会参与意识都在日益增强。这些社会心态层面的变化，也对社会治理提出新问题、新挑战。

网络社会的兴起对社会治理提出新问题、新挑战。互联网的快速发展造成无限扩展的虚拟社会空间，在给人们生活带来无数方便的同时也带来新的社会治理问题和挑战。特别是以手机为基本平台的网络社会，使人们的生活步入实时、交互、快捷、高频的"微时代"，自主开放的自媒体话语权，隐蔽性的信息源，交互快速的传播方式，碎片化、泛娱乐化、真假难辨的海量信息，等等，使网络社会与现实社会高度互动。这使社会舆论、社会情绪甚至社会行为以新的机制形成，传统的社会管理已难以奏效。尤其是网络犯罪已成为第一大犯罪类型，"暗网"成为毒品、色情、暴力泛滥的黑色空间。网络社会治理成为考验社会治理体系和治理能力的热点、焦点和难点问题。

新型社会风险对社会治理提出新问题、新挑战。当今世界，现代化的推进特别是新科技不断产生，在推动经济社会发展的同时，也使人类社会进入现代"风险社会"。现代风险不同于传统风险的最大特征就是不确定性和难以预测性，其迅速而广泛的传播可能造成大范围社会恐慌。比如，恐怖主义袭击带来的普遍社会紧张和社会不安；未知流行病和生态环境危机引发的社会恐慌；股灾、银行倒闭、债务危机等金融风险可能导致的大规模社会恐慌传导；等等。新型社会风险带来的新问题、新挑战，考验着各国的社会治理。

在新时代加强和创新社会治理，必须把握这些新趋势，研究这些新问题，积极应对新挑战，采取稳妥、有效、管用的措施，建立保证长治久安的机制和制度，大力提高社会治理体系和治理能力现代化水平。

三 以习近平新时代中国特色社会主义思想为指导加强和创新社会治理

面对我国社会治理形势的新变化以及出现的新问题、新挑战，我们要以习近平新时代中国特色社会主义思想为指导，按照党的十九大的部署和要求，加强和创新社会治理，打造共建共治共享的社会治理格局，把社会治理的新任务、新要求、新举措落实到具体工作中，维护社会和谐稳定，确保国家长治久安、人民安居乐业。

完善社会治理体制。党委领导、政府负责、社会协同、公众参与、法治保障的社会治理体制，是中国特色社会主义国家治理体系的重要组成部分，是我国社会治理的基本体制，要在实践中不断加强和完善。要善于把党的领导和我国社会主义制度优势转化为社会治理优势，同时也要注重动员各种社会力量参与社会治理，发挥社会组织作用，实现政府治理和社会调节、居民自治良性互动，形成有效、管用、节约行政成本的社会治理机制，努力打造共建共治共享的社会治理格局，增强社会治理的预见性、精准性和高效性。

积极回应人民的新期待。适应人民群众对平安生活的新要求，加快社会治安防控体系建设，依法打击和惩治黄赌毒黑拐骗等违法犯罪活动，依法保护人民人身权、财产权、人格权。弘扬生命至上、安全第一的思想，健全公共安全体系，完善安全生产责任制，坚决遏制重特大安全事故。维护国家法制统一、尊严、权威，加强人权法治保障，保证人民依法享有广泛权利和自由。适应人民日益增长的美好生活需要，不断促进社会公平正义，形成有效的社会治理、良好的社会秩序、和谐稳定的社会环境，使人民的获得感、幸福感、安全感更加充实、更有保障、更可持续。

推动社会治理重心向基层下移。加强社区治理体系建设，推动社会治理重心向基层下移。围绕乡村振兴战略"产业兴旺、生态宜居、乡风文明、治理有效、生活富裕"的总要求，加强农村基层基础工作，健全自治、法治、德治相结合的乡村治理体系。巩固基层政权，完善基层民主制度，保障人民知情权、参与权、表达权、监督权，推进基层协商以及社会组织协商。

大力推进依法社会治理。把全面依法治国基本方略落实到社会治理实践中。社会治理的主体要遵法学法守法用法，依法进行社会治理，保证人民依法通过各种途径和形式管理国家事务，管理经济文化事业，管理社会事务。善于运用法治思维、法治方式解决社会治理问题、社会矛盾和社会冲突，保证人民依法享有广泛权利和自由。在加强依法治理的同时，也要发挥德治的作用，更好引领和规范社会生活，努力实现法安天下、德润人心。

营造清朗的互联网空间。维护国家互联网主权,加强互联网内容建设,建立网络综合治理体系。依法加强网络社会治理,加强对网络新技术新应用的管理,确保互联网可管可控。健全基础管理、内容管理、行业管理以及网络违法犯罪防范和打击等工作联动机制,健全网络突发事件处置机制。建立法律规范、行政监督、行业自律、技术保障、公众监督、社会教育相结合的互联网管理体系。推动互联网全球治理体系变革,深化网络空间国际合作,携手构建网络空间命运共同体。

(作者为中国社会科学院副院长、党组成员)

十九大报告中的提高人民收入水平[*]

蔡　昉

坚持以人民为中心，把人民对美好生活的向往作为奋斗目标，保证全体人民在共建共享发展中有更多获得感，不断促进人的全面发展、全体人民共同富裕，是习近平新时代中国特色社会主义思想的精神实质，体现在新时代坚持和发展中国特色社会主义的基本方略之中，也是破解不平衡不充分的发展的关键。如同诸多涉及民生领域的问题一样，提高收入水平是人民最关心、最直接、最现实的利益问题，也是紧扣我国社会主要矛盾变化，需要常抓不懈的工作。党的十九大把提高人民收入水平放在十分突出的地位，确定了明确的目标，部署了切实可行的战略，提出了扎实有力的措施。

一　十九大报告把提高人民收入水平作为逐步实现全体人民共同富裕时代目标的重要内容

我国在过去近40年里取得的发展奇迹，得到了人民群众广泛的拥护和积极的参与，根本原因就在于，改革开放的伟大变革带来了国力增强和人民生活水平的提高。特别是党的十八大以来，一系列民生政策扎实

---

[*] 本文发表在《光明日报》2017年11月1日。

落地,人民生活得到明显改善,人民群众在改革开放发展中的获得感显著增强。讲到党的十八大以来取得的经济社会发展成就时,人们常常使用这样一个表述——风景这边独好。这里的"独好"并不仅仅指我国经济保持了其他国家无法媲美的中高速增长,更体现在广大人民群众从改革开放发展中得到了实惠。当今世界许多国家,或者发展停滞徘徊,或者经济增长、科技进步的成果未能被广泛而均等地分享,这成为一些国家或地区经济社会政治矛盾激化的重要原因。

随着我国经济社会持续快速发展,人民生活需要日趋多样化、多方面、多层次,对美好生活的向往更加强烈。与此同时,我国仍然是一个发展中国家,按照人均国内生产总值排位,在国际上尚处于中等偏上收入国家行列。党的十九大把新时代我国社会主要矛盾概括为人民日益增长的美好生活需要和不平衡不充分的发展之间的矛盾,有针对性地提出提高人民收入的目标,将其作为逐步实现全体人民共同富裕这个时代目标的重要内容,作出了全面的战略和策略部署。

党的十八大确立的一个具体目标是:到 2020 年,GDP 总量和城乡居民平均收入在 2010 年基础上分别翻一番。在两个翻番目标可期的情况下,党的十九大在描述 2020 年全面建成小康社会时,指出要让"人民生活更加殷实",这是一个比收入翻番内涵更丰富的目标。

党的十九大报告把 2020 年实现全面建成小康社会目标之后的第二个百年奋斗目标,按照 2035 年基本实现社会主义现代化和本世纪中叶建成社会主义现代化强国,分两步或两个阶段进行安排。在描述第一步目标时,报告指出,"人民生活更为宽裕,中等收入群体比例明显提高,城乡区域发展差距和居民生活水平差距显著缩小,基本公共服务均等化基本实现,全体人民共同富裕迈出坚实步伐"。报告描述的第二步目标,是到本世纪中叶,富强民主文明和谐美丽的社会主义现代化强国建成时,"全体人民共同富裕基本实现,我国人民将享有更加幸福安康的生活"。

值得注意的是,对于 2035 年基本实现社会主义现代化和本世纪中叶建成社会主义现代化强国,党的十九大报告没有提出 GDP 增长或者翻番类的目标要求。这固然反映了经济发展进入新常态,高速增长已不再是中国经济特征的现实,以及强调改变片面追求增长速度政绩观的要求,更重要的是,这样可以把宏伟目标更直接、更鲜明地指向发展目的本身,把提高人民收入和提高人民生活水平更加突出出来，立足于围绕在发展中保障和改善民生，让改革发展成果更多、更公平地惠及全体人民。只有这样，全面建成小康社会才能得到人民的认可，才能经得起历史检验。

二 十九大报告强调在"同时"和"同步"中提高人民收入

党的十九大报告指出，坚持在经济增长的同时实现居民收入同步增长、在劳动生产率提高的同时实现劳动报酬同步提高。既讲"同步"也讲"同时"，使十九大报告的表述丰富了以前"两个同步"的含义。这实际上是明确强调，既要防止收入增长跟不上经济增长、劳动报酬提高滞后于劳动生产率提高的情形，也要避免相反的情形，即收入增长过度超前于经济增长、劳动报酬提高脱离劳动生产率提高的情形，不致使收入增长和劳动报酬提高成为无源之水、无米之炊，缺乏可持续性。

在整个改革开放时期，随着经济的高速增长，城乡居民收入也以前所未有的速度增长，并且得到劳动生产率提高的支撑。自1978年以来，我国GDP总量增长了29倍，人均GDP增长了20倍。与此同时，城乡居民消费水平提高了16倍，而劳动生产率（每个劳动力平均创造的GDP）提高了16.7倍。然而，在不同时期，劳动生产率提高与工资提高以及收入增长之间的关系不尽相同，相应导致了不一样的收入分配结果。

例如，在20世纪90年代和21世纪第一个十年，工资提高和居民收入增长滞后于劳动生产率的提高，其中农民收入增长的滞后程度更为明显，造成这一时期城乡收入差距扩大、居民收入基尼系数上升以及劳动报酬在国民收入中的份额下降等不利于收入分配改善的结果。在此之后，城乡居民收入增长实现了与劳动生产率提高的同步，甚至一些群体的收入还略快于劳动生产率提高速度。相应地，收入分配状况也开始得到改善。2016年，城乡收入差距缩小到2.36，基尼系数下降为0.465。

在决胜全面建成小康社会和开启全面建设社会主义现代化国家的过程中，坚持在"同时"和"同步"中提高人民收入，既是更加注重协调发展和共享发展理念的题中应有之义，也是保持经济可持续增长的现实要求。

首先,扩大由居民消费水平支撑的国内需求。与经济增长同时且同步的收入稳定增长,以及社会保障的不断完善,是不断改善人民生活水平,扩大居民消费需求的基本保障。一方面,有利于培育新的需求对经济增长的牵引动力,使供给和需求在更高水平上实现动态平衡。另一方面,有利于发挥居民消费的基础性作用,降低经济增长对出口需求和投资需求的过度依赖,实现需求因素"三驾马车"的内部良性平衡。

其次,助力我国经济从高速增长阶段向高质量发展阶段转变。依靠不断提高收入形成的消费需求,可以为提高供给体系质量、扩大优质供给提供市场信号和牵引动力。建设现代化经济体系,要让市场在资源配置中发挥决定性作用,更好发挥政府作用。伴随人民收入水平提高而形成的丰富多样的消费需求,需要通过具体的价格信号才能得到反映,进而转化为供给侧产业结构调整和产品质量提高的市场动力。

最后,把收入增长和报酬提高建立在更加牢固坚实和可持续的基础上。单位劳动成本是反映一个国家产业竞争力的指标之一,其与工资水平成正比,与劳动生产率成反比。就是说,如果工资上涨过快,超过了劳动生产率的支撑,就会导致单位劳动成本的上升,从而降低产业的国际竞争力,结果会因经济增长过快下行和就业机会的减少制约工资上涨,使收入增长的势头难以为继。由于非熟练劳动力工资上涨过快,超过了劳动生产率的提高速度,2011年至2014年我国制造业的单位劳动成本上升了25.8%。而同期其他主要制造业大国如德国、日本、美国、韩国的单位劳动成本则没有明显的变化,这就导致了我国制造业比较优势的相对降低,这是不利于经济增长从而实现收入增长的。

三 党的十九大部署的提高人民收入的主要途径

保障和改善民生、提高人民收入水平,既是政府的责任,政策部署要尽力而为、量力而行;也要充分激发人民群众自身的努力,在公共政策搭建的平台下,努力实现人人尽责、人人享有。只有通过上下合力,形成促进居民收入提高的有效宏观政策体系和微观激励机制,才能实现十九大确定的目标,满足人民群众的迫切期待。

首先，把就业当作最大民生举措来促进。随着经济发展进入新常态，就业问题的新特征也日趋明显，即在总量性就业矛盾趋于缓解的同时，摩擦性和结构性的就业矛盾愈显突出，提高就业质量的任务更具挑战。解决摩擦性就业矛盾的关键在于完善劳动力市场机制，增强劳动力供需双方的匹配性。解决结构性就业矛盾的关键在于改善劳动者的技能，增强人力资本禀赋与经济发展方式转变和产业结构优化升级的适应性。提高就业质量的关键则在于劳动力市场制度的建立和完善，形成和谐劳动关系。政府应该从促进经济增长、创造就业岗位为主的政策手段，转向更加着眼于提高劳动力市场匹配水平和就业质量，着力于提供全方位的公共就业服务上来。

其次，把提高劳动生产率作为增加收入的根本手段。我国城乡居民收入增长在经历了一段反超劳动生产率增速的"补课"阶段之后，由于工资上涨超越了劳动生产率的支撑，过去一两年已开始略有减速。为了确保实现2020年翻番目标乃至更长期、更可持续的收入提高要求，必须进一步提高劳动生产率。提高劳动生产率通常有三条途径。一是资本替代劳动，即以机器或机器人替代人工，这个过程的节奏需要与劳动者素质提高相匹配，否则会导致资本报酬下降和排斥就业的不利结果。二是提高作为劳动生产率组成部分的全要素生产率。十九大报告中提出了提高全要素生产率的要求，这在党的全国代表大会报告中尚属首次。三是提高人力资本水平。这是资本替代劳动和提高全要素生产率的前提条件和重要保障。

再次，把扩大中等收入群体作为提高人民收入的抓手。2020年实现我国现行标准下农村贫困人口全部脱贫之后，保持人民收入持续提高的关键，在于脱贫之后这些群体的收入能够保持继续上升的状态。党的十九大报告首次提出破除妨碍劳动力、人才社会性流动的体制机制弊端，这包括三个方面的含义：一是保持劳动者横向流动的势头，按照生产率从低到高的顺序，在区域、城乡、产业和企业之间流动，微观上增加个人和家庭收入，宏观上提高劳动生产率；二是政府创造良好的政策环境和公共服务平台，促进劳动者实现纵向流动，使人人都有通过辛勤劳动实现自身发展的机会，打破社会身份的固化，阻断贫困的代际传递；三是深化相关领域的改革，消除阻碍劳动者横向和纵向流动的体制性障碍。

最后，把履行好再分配职能作为政府促进收入提高的着力点。国际经验和我国现实都表明，实现全体人民收入水平提高这一目标，分好蛋糕与做大蛋糕同等重要。在分好蛋糕的过程中，初次分配和再分配同等重要，都需要政府履行一系列不可或缺的职能。在初次分配领域，政府应该着眼于创造政策环境，让每个人享有公平的培育人力资本、从事就业创业和获得公共服务的机会。在再分配领域，政府以改革措施和法律手段，通过税收、劳动立法和执法、转移支付、社会保障和其他基本公共服务供给等公共政策途径，合理规范收入分配秩序并调节初次分配结果，承担体制改革和结构调整中的转型成本，保护弱势群体的劳动力市场权益。

（作者为中国社会科学院副院长、党组成员）

思想建党、纪律强党和制度治党齐发力推动全面从严治党向纵深发展[*]

邓中华

实践证明，思想建党、纪律强党和制度治党既自成一脉又相互关联，共同构成中国共产党人解决自我革命、自我监督的世界性难题的"看家本领"。

党的十九大提出了党的建设新的总体布局，强调全面推进党的政治建设、思想建设、组织建设、作风建设、纪律建设，把制度建设贯穿其中，深入推进反腐败斗争。2017年12月27日，中央政治局会议指出，以党的政治建设为统领，思想建党、纪律强党、制度治党同向发力，增强全面从严治党的系统性、创造性、实效性。这就要求，必须以政治建设为统领，加快健全完善思想建党、纪律强党和制度治党同向聚力的工作格局，进一步释放全面从严治党向纵深推进的强大动力和整体合力。

一 深刻领会思想建党、纪律强党和制度治党齐发力的重要意义

党的建设是一项与时俱进的系统工程，必须综合协调、统筹推进，

---

[*] 本文发表在《中国纪检监察》2018年第3期。

不断提高质量和实效。回顾党史可以看到，"主义譬如一面旗帜"所昭示的思想建党之感召力，"加强纪律性，革命无不胜"所彰显的纪律强党之战斗力，"制度面前人人平等，执行制度没有例外"所体现的制度治党之约束力，是中国共产党从小到大、由弱到强，不断从胜利走向胜利的重要保障。党的十九大站在新的历史起点上，发出坚定不移推动全面从严治党向纵深发展的动员令，为推进党的建设新的伟大工程指明了方向。思想建党、纪律强党和制度治党同推进、齐发力，是贯彻落实党的十九大精神的关键"落点"，具有十分重要的战略性意义和全局性影响。

这是新时代党的建设总体布局的重要支撑。在新时代党建总体布局中，思想建设是基础性建设，必须教育引导全党学习并自觉运用习近平新时代中国特色社会主义思想，筑牢信仰之基、补足精神之钙、把稳思想之舵，更加自觉地为实现新时代党的历史使命不懈奋斗；纪律建设是新时代党的建设的重大理论和实践创新，是全面从严治党的治本之策，必须把纪律挺在管党治党的最前面，为其他各项建设提供保障；制度建设是贯通新时代党的建设的一条主线，必须建章立制、狠抓执行，使遵守制度成为自觉追求，达到管根本、利长远的效果。在思想建党、纪律强党和制度治党的共同作用下，才能完成新时代党的建设的总体任务和历史使命。

这是加强党的全面领导的内在要求。党的十九大提出的新时代坚持和发展中国特色社会主义基本方略，第一条就是坚持党对一切工作的领导。这是中国特色社会主义最本质的特征，也是夺取新时代中国特色社会主义伟大胜利的根本保证。加强党的全面领导，首先必须把我们党建设成为一个思想先进、纪律严明、制度完备的党。通过思想建党保持全党的认识统一和行动一致，通过纪律强党确保党中央的决策部署落到实处，通过制度治党唤醒制度敬畏、扎牢制度笼子，并确保这三个方面的工作彼此呼应，增强整体功能，落实到各级党组织和领导班子的日常工作之中，有利于把牢思想"总开关"，划清纪律"警戒线"，打造制度"防护网"，把新时代坚持和加强党对一切工作的全面领导落到实处。

这是全面从严治党向纵深推进的必由之路。习近平总书记强调，必须把管党治党的"螺丝"拧得更紧，推动全面从严治党向纵深发展。全面从严治党永远在路上，不能有任何喘口气、歇歇脚的念头。当前，党风廉政建设和反腐败斗争形势依然严峻复杂，滋生腐败的土壤依然存在，消除存量、遏制增量的任务依然艰巨繁重，全面从严治党依然任重道远。在全面从严治党向纵深发展、向基层延伸的新阶段，必须着眼于不断增强党自我净化、自我完善、自我革新、自我提高的能力，进一步强化思想建党，推动解决"不想腐"的难题；进一步强化纪律强党，继续保持"不敢腐"的高压；进一步强化制度治党，切实巩固"不能腐"的堤坝，不断以新气象、新作为推动全面从严治党走向深入。

二 准确把握思想建党、纪律强党和制度治党齐发力的新要求

实践证明，思想建党、纪律强党和制度治党既自成一脉又相互关联，共同构成中国共产党人解决自我革命、自我监督的世界性难题的"看家本领"。三者并重、三效并举，是党的十八大以来全面从严治党取得历史性成就和根本性变化的重要前提。当前，必须按照党的十九大的战略部署和十九届中央纪委二次全会部署的工作任务，准确把握思想建党、纪律强党和制度治党一体建设的新部署新要求。

一是同向发力，协调推进。通过思想建党，推动解决目标宗旨、理想信念等问题，进一步增强全体党员特别是党员领导干部的思想"内力"；通过纪律强党，推动解决约束监督、震慑惩治等问题，进一步对违纪行为施加执纪"压力"；通过制度治党，推动解决规则建构、行为规范等问题，进一步督促全党同志加强党性锻炼，形成遵规守矩的制度"引力"。在实际工作中，要注重克服三者"脱节、松套"等问题，坚持一起部署、一体推进，确保取得"一加一加一大于三"的效果。

二是提高效力，精准施策。在坚持问题意识和问题导向的基础上攻坚克难、"靶向治疗"，注重动态分析判断，盯紧找准问题，三"箭"齐发，精准施治。切实增强思想建党的针对性，教育党员干部牢记党的宗旨，挺起共产党人的精神脊梁，解决好世界观、人生观、价值观这个"总开关"问题，自觉做共产主义远大理想和中国特色社会主义共同理想的坚定信仰者和忠实践行者。开展深刻的纪律教育，把握运用监督执纪"四种形态"，让党员干部知敬畏、存戒惧、守纪律。始终以党章为根本

遵循，紧扣实际需要，推进制度改革创新，补齐制度短板，把管用有效的创新成果固化提升为法规制度，把管党治党的制度篱笆扎得更密更牢。

三是保持定力，久久为功。全面从严治党决不能半途而废，必须以永远在路上的韧劲和执着，把"严"字长期坚持下去，一以贯之、坚定不移。正确的政策方针落到"最后一公里"，必须靠长期的坚持来保证效果。思想建党、纪律强党和制度治党必须持之以恒，不松劲、不停步，把住理想信念的"高线"，盯住纪律规矩的"底线"，守住典章制度的"红线"，以思想建党为纪律强党和制度治党夯实内生动力，以纪律强党为思想建党和制度治党提供纪律"助力"，以制度治党为思想建党和纪律强党凝聚长效"耐力"，确保各级党组织和党员领导干部自觉以新时代党的理论思想、纪律要求、制度规范推动工作，始终在思想上政治上行动上同党中央保持高度一致。

三 努力开创新时代全面从严治党的新局面

思想建党贵在深入持久，纪律强党贵在较真碰硬，制度治党贵在管用有效。下一步，要结合十九届中央纪委二次全会部署的重点任务，联系实际、抓住关键，把思想建党、纪律强党和制度治党发力起效的要求落实到位。

着力解决理想信念缺失问题。从执纪审查和巡视工作情况看，一些党员领导干部理想信念的"总开关"常年失修，世界观、人生观、价值观发生蜕变，导致作风和廉洁等方面出现严重问题。要通过思想建党，紧盯"关键少数"，督促党员干部特别是各级领导干部自觉加强党性锻炼，牢固树立"四个意识"，坚持"四个自信"，自觉用习近平新时代中国特色社会主义思想约束自己，带好队伍，推动工作；通过纪律强党，把政治纪律放在首位，重点查处背弃理想信念宗旨、丧失政治立场等方面的问题，抓早抓小、防微杜渐；通过制度治党，推动"两学一做"常态化制度化，为加强党员思想教育提供制度保证，并监督推动党员领导干部遵规守矩、敬法畏纪，不断增强政治定力、纪律定力、道德定力、抵腐定力。

着力解决基层党组织政治功能和组织功能弱化问题。当前，一些基层党组织"三会一课"走过场，党内组织生活随意化、平淡化、娱乐化、庸俗化问题突出。为纠偏返正，在思想建党上，要根据党员个性特点和组织结构变化，探索更易入脑、入心的思想教育方式手段，提升基层党组织的教育、管理和监督功能，增强基层党组织的凝聚力和战斗力；在纪律强党上，要加强对党内政治生活状况、党的路线方针政策执行情况、民主集中制等各项制度执行情况的监督检查；在制度治党上，要与时俱进地修订完善各项制度规定，强化责任落实和考核评价，重点解决基层党组织政治、组织功能弱化等方面的突出问题。

着力解决全面从严治党压力传导不到位问题。当前，"微腐败"和"蝇贪"屡禁不止，显示出全面从严治党的压力传导不到位、不深入。要进一步推进思想建党，更好地发挥"关键少数"的"头雁效应"，教育引导"绝大多数"增强群众感情，切实做到思想上尊重群众、感情上贴近群众、工作上凝聚群众、行动上服务群众；进一步推进纪律强党向基层延伸，把惩治基层腐败、黑恶势力背后的"保护伞"与扫黑除恶等专项工作联系起来，紧盯群众反映的突出问题，加大集中整治和督查督办力度，以实实在在的成效取信于民；进一步推进制度治党向纵深推进，完善密切联系群众的相关制度，推进巡视巡察、党建工作责任制等制度落实，推动全面从严治党在基层见到实效、落地生根。

（作者为中央纪委国家监委驻中国社会科学院纪检监察组组长、中国社会科学院党组成员）

新时代中国经济学研究面对的重大问题

高培勇

中国特色社会主义进入新时代，给我们提出了一系列重大的经济学时代命题。作为一门致用之学，从理论与实践的结合上系统回答这些命题，不仅事关党和国家事业发展全局，而且直接牵动社会主义经济建设和中国特色哲学社会科学建设。因而，立足于我国发展新的历史方位，针对这些命题作出与之相匹配的经济学思考并给予系统的回答，意义极其深远。

一 全面总结中国经济建设实践，讲好中国经济故事

中国特色社会主义进入新时代，是经过长期努力的结果。这种努力当然是多方面、多角度的。其中就包括经济建设。从新中国成立到实行改革开放，再到进入新时代，在我们为社会主义经济建设取得的辉煌成就而倍感自豪、荣耀的同时，一个躲不开、绕不过且必须回答的问题是，中国经济是怎样一步步走到今天的？

经济学是一门实践性很强的学科，对于实践的总结是其最基本的来源。中国经济学当然要关注中国经济建设实践，对中国经济建设的实践进行理性分析和规律性总结，从总体上把握中国经济建设的进程。

从常识来看，中国经济建设实践之所以是成功的，一定是因为我们

做对了什么。即便是摸着石头过河,也要摸准了石头。这些做对了的东西,既不可能在西方经济学教科书中直接找到,也不可能从马克思主义经典作家那里照抄照搬,而只能来自中国的实践,只能在扎根于中国国情土壤的基础上产生。把实践中做对了的东西总结出来,把中国经济建设的历程讲清楚,本身就是理论创新,就是对经济学的理论贡献。

应当说,对于中国社会主义经济建设实践的总结,迄今为止,我们做得很不够或不够好。正因为我们做得很不够或不够好,不仅中国经济故事在世界上的传播与中国经济建设实践的成功不相匹配,中国经济学在世界经济学领域的话语权也与中国经济在世界经济中的地位不相匹配。在以往这或许无碍大局,但是在进入新时代的今天,能否讲好中国经济的故事、能否让中国经济学在世界上拥有足够的话语权,就已经不再是可做可不做,可多做可少做,而是必须要做且非做好不可的事情了。问题是该如何去做?

首先要梳理好中国经济建设的基本轨迹。这显然需要做历史分析。在广泛占有改革开放40年以及新中国近70年经济建设史料的基础上,从历史的本来面目出发,全面而客观地认识历史、再现历史,从中提炼出最直接、最核心、最实质的内容,把中国经济建设的基本轨迹和来龙去脉说清楚、讲明白。

其次要概括好中国经济建设的基本经验。以中国经济建设实践的基本轨迹为线索,对改革开放40年以及新中国近70年经济建设实践进行全面而客观的历史分析,从历史分析出发得出有事实依据的判断,就中国经济建设的基本经验及其教训作出实事求是的总结。

再次要提炼好中国经济建设的基本规律。经济学作为一门科学,其成果最终要凝练于客观规律的提炼和理论体系的形成。因而,在梳理、总结中国经济建设基本轨迹、基本经验的基础上,还要将其提升至规律层面加以认识,从而作出创新性的理论概括。否则,中国奇迹就只能停留在经验层面而达不到理论的高度。

基本轨迹、基本经验、基本规律,构成了我们总结中国经济建设实践,讲好中国经济故事的三部曲。

二 深刻认识社会主要矛盾的变化，做好经济学意义上的解释

随着中国特色社会主义进入新时代，我国社会主要矛盾已经由"人民日益增长的物质文化需要同落后的社会生产之间的矛盾"转化为"人民日益增长的美好生活需要与不平衡不充分的发展之间的矛盾"。对于这一关系全局的历史性变化，当然可以从多方面、多角度加以解释。其中，站在社会主义经济建设的立场上，给出经济学意义上的解释，既是一条主线索，也是一项非做好不可的工作。以经济学的视野看待社会主要矛盾的变化，可以将其归结为需求和供给之间关系发生的变化。

从需求意义看，人民对于美好生活的需要，其实就是人民对美好生活的需求。既然是需求，那么，它就不仅是抽象的，而且是具体的，甚至是有明确载体的。立足于新时代，人民日益增长的美好生活需要，至少可以区分为两个不同层面。

其一，物质文化需要。这无疑是传统意义上的需要。这一层面的需要在新时代所发生的主要变化，在于层次提升——对于物质文化生活提出了新的更高的要求。具体到与之对应的载体——物质产品和文化产品，"上层次"的需要，也可以表述为对于更高水平、更高质量的物质产品和文化产品的需要。

其二，民主、法治、公平、正义、安全、环境等方面的需要。这一层面的需要在现实中的具体表现，就是人民群众民主意识、公平意识、法治意识、参与意识、监督意识、维权意识的不断增强。毫无疑问，这是在传统意义需要的基础上逐步凸显且日益增长的需要。它在新时代发生的主要变化在于范围扩展。与之对应的载体主要是制度安排和政策设计，也可以表述为对于制度产品和政策产品的需要日益增长。

进一步看，"上层次"的物质和文化产品也好，"扩范围"的制度和政策产品也罢，按照其所对应的物品和服务性质，又可区分为私人物品和服务与公共物品和服务。常识告诉我们，私人物品和服务的供给系统主要是市场，公共物品和服务的供给系统主要是政府。因而，与满足人民美好生活需要的两大系统相对应，人民对于美好生活的需要，亦可进

一步表述为对于主要通过市场提供的私人物品和服务的需要以及主要通过政府提供的公共物品和服务的需要。

由物质文化需要到民主、法治、公平、正义、安全、环境等方面的需要，从物质和文化产品到制度和政策产品，再从提供私人物品和服务的市场系统到提供公共物品和服务的政府系统，随着社会主要矛盾变化而带来的表现在需求领域的这一系列变化，是我们围绕社会主要矛盾变化作出经济学意义解释的主要观察点。

从供给意义看，不平衡不充分的发展，其实就是不平衡不充分的供给。既然是供给，那么，它是可以从抽象走向具体的，甚至也是有明确的行为主体的。立足于新时代，不平衡不充分的发展，至少可以区分为两个不同层面。

其一，物质和文化产业发展的不平衡不充分。其主要的表现是，产业结构失衡与产能过剩相交织，先进生产力与传统、相对落后甚至原始的生产力共存，生产力水平布局不均匀。

其二，制度和政策发展的不平衡不充分。其主要的表现是，社会法治化水平不高，社会建设存在不少短板，文化建设相对滞后，生态文明建设问题很多，区域和城乡之间发展水平差距较大，收入分配差距较大。

进一步说，物质和文化产业发展的不平衡不充分以及制度和政策发展的不平衡不充分，按照其所对应的物品和服务性质，可以区分为私人物品和服务发展的不平衡不充分与公共物品和服务发展的不平衡不充分。同时注意到私人物品和服务发展主要对应的是市场，公共物品和服务发展主要对应的是政府，也可以将其相应表述为通过市场系统提供的私人物品和服务的不平衡不充分以及通过政府系统提供的公共物品和服务的不平衡不充分。由此可以认定，表现在私人物品和服务发展上的不平衡不充分，市场系统是主要约束因素。表现在公共物品和服务发展上的不平衡不充分，政府系统是主要制约因素。

也可以说，面对人民日益增长的美好生活需要，无论是市场系统还是政府系统，均负有解决或矫正不平衡不充分的发展问题的责任。不仅市场要发挥资源配置的决定性作用，政府也要更好地发挥作用。

由物质和文化产品发展的不平衡不充分到制度和政策产品发展的不平衡不充分，从私人物品和服务发展的不平衡不充分到公共物品和服务发展的不平衡不充分，再由通过市场系统提供的私人物品和服务的不平衡不充分到通过政府系统提供的公共物品和服务的不平衡不充分，随着社会主要矛盾变化而带来的表现在供给领域的这一系列变化，是我们在围绕社会主要矛盾变化作出经济学意义解释的主要观察点。

围绕社会矛盾变化作出经济学意义上的解释，绝非限于学术研究的需要，除此之外，其更重要的意义还在于，通过它，第一，有助于找准现阶段影响满足人民对美好生活向往、期盼和需要的主要因素；第二，有助于厘清市场和政府系统在满足人民美好生活需要问题上的责任；第三，有助于探求构建有效解决发展不平衡不充分问题的体制机制的通道；第四，有助于揭示由物质文化需要到美好生活需要，从落后的社会生产到不平衡不充分的发展的客观经济规律；第五，有助于理解继续以经济建设为中心同注重提高发展质量、注重抓全面发展之间的辩证统一关系。

三 从调整宏观调控体系入手，探索现代化经济体系建设规律

我国社会主要矛盾发生的重大变化，对党和国家工作提出了许多新的要求。它在经济领域的主要体现，就是亟待建设起有效满足人民美好生活需要的现代化经济体系。

建设现代化经济体系是一项复杂的系统工程，牵涉领域广、影响范围大。党的十九大报告围绕供给侧结构性改革这条主线，从创新驱动、乡村振兴、区域协调发展、经济体制改革和对外开放等几个方面作出了战略部署。对于现代化经济体系的建设，无论是将其视作跨越关口的迫切要求，还是将其定位于我国发展的战略目标，都意味着党和政府领导经济工作的理念、思想和战略的重大调整。其中，具有基础和支撑作用的调整，就是宏观调控体系。宏观调控体系调整的主线和方向，当然是匹配在坚持质量第一、效益优先前提下的供给侧结构性改革。

对于供给侧结构性改革，习近平总书记指出：党中央提出推进供给侧结构性改革，是在综合分析世界经济长周期和我国经济发展新常态的基础上对我国经济发展思路和工作着力点的重大调整……"要把推进供

给侧结构性改革作为当前和今后一个时期经济发展和经济工作的主线。"①既然涉及的是我国经济发展思路和工作着力点的重大调整而非一般意义上的调整，这种调整便不仅是深刻的，而且是具有根本性的。既然是在综合分析世界经济长周期和我国经济发展新常态基础上作出的决策而非根据短期或局部分析作出的决策，这种调整便不是一个短期概念，而要管相当长的历史时期。它所触动的，绝不仅仅是宏观经济政策配置层面，而且延伸到了宏观经济理论层面。因而，相对于我们颇为熟悉甚至烂熟于心的宏观经济理论以及宏观调控体系而言，以供给侧结构性改革为主线的宏观调控体系以及现代化经济体系的建设，是一场前所未有的严峻挑战。

概括起来讲，在这一领域，中国经济学面临的挑战至少有如下几个方面。

第一，变化了的分析视角。在以往，经济形势分析的基本视角是周期性因素和总量性因素。不是将其归结于周期性因素的影响，就是将其视作总量性因素作用的结果。经济总要在周期性下行和过热中前行，下行和过热的病因，又源于需求总量和供给总量的失衡。

然而，随着经济发展步入新常态，我国经济运行面临的突出矛盾和问题，虽然有周期性、总量性因素，但其根源在于重大结构性失衡，导致经济循环不畅。既然突出矛盾和问题已经发生变化，基于周期性和总量性因素的分析，便显得力不从心而有局限性了。既然突出矛盾和问题的根源在于重大结构性失衡所导致的经济循环不畅，经济形势分析的聚焦点自然要转到以产业结构失衡、区域发展失衡等为代表的一系列重大结构性失衡上。

第二，变化了的发展理念。在以往，GDP 增速的快与慢，往往被当作判断经济形势好与坏的唯一标尺。增速快了，就是形势好。增速慢了，就是形势不好。增速快一点，就是工作有成绩。增速慢一点，就是工作有问题。可以说，围绕 GDP 的规模和速度指标做文章，追求高速增长，以 GDP 论英雄，是一种普遍现象。

---

① 《习近平在青海考察时强调：尊重自然顺应自然保护自然　坚决筑牢国家生态安全屏障》，《人民日报》2016 年 8 月 25 日第 1 版。

然而，面对我国经济由高速增长阶段转向高质量发展阶段这一历史性的变化，当下我们所秉持的经济发展理念，是创新、协调、绿色、开放、共享，目标亦定位于实现更高质量、更有效率、更加公平、更可持续的发展。既然经济发展的理念已经发生变化，对于经济形势和经济工作的评价，GDP增速便不是唯一的标尺。除此之外，质量和效益指标不仅要引入，而且要作为中心线索。既然经济发展的目标已经发生变化，为短期经济增长而实行刺激政策、透支未来增长便不再是我们注重的选项。取而代之的是引领经济持续健康发展，将着重点和着力点转到提升经济发展的质量和效益上来。

第三，变化了的政策主线。在以往，宏观经济政策的主线索是需求管理。立足于需求侧并紧盯需求，随着经济的周期性波动和需求总量的增减变化，针对社会总需求，实施立足于短期稳定的"对冲性"逆向调节。

然而，当下宏观经济政策的主线索是供给侧结构性改革。既然宏观经济政策的立足点由需求侧转到了供给侧，其作力对象虽不排除需求，但主要战场已经让位于供给。注重激发经济增长活力，努力实现供求关系新的动态平衡，便是其作力的基本出发点。既然宏观经济政策的着力点是解决结构性而非总量性问题，其操作方法虽不排除需求总量收放，但主攻方向已经让位于结构性调整，短期的"对冲性"逆向操作也不再是其主要选项。既然宏观经济政策的主要目标锁定于提高供给质量和优化供给结构，周期性波动和供求总量失衡虽仍须纳入调节范围，但以产业结构失衡、区域发展失衡等为代表的一系列重大结构性失衡已成为调节的重点。推动经济发展质量变革、效率变革、动力变革，更是其重心所在。

第四，变化了的施策途径。在以往，宏观调控主要依托于或体现为政策层面的操作。通过各种政策性安排实现宏观调控的目标，而基本上无须牵动体制机制。

然而，当下的宏观调控，必须摆脱政策操作的局限而伸展至体制机制层面，主要依托于改革性行动，将政策调整与制度安排巧妙结合。既然突出矛盾和问题已由总量失衡变身于结构失衡，短期的"对冲性"逆向操作便不再如以往那般有效，只能将着力点和着重点转向结构性调整。

既然造成供给侧结构性矛盾的根本原因在于体制机制性障碍，政策层面的操作便肯定力不从心，只能实行体制机制变革，将根本途径放在以改革的办法突破体制机制性障碍上，放在以推进各种基础性改革为供给侧结构性改革创造条件上。

正是基于上述这些已经发生并正在经历的变化，党的十九大报告提出了"创新和完善宏观调控体系"的任务。认识到创新和完善宏观调控体系的前提是创新和完善宏观经济理论，同时注意到当前围绕宏观调控体系和现代化经济体系建设所出现的一些"新瓶装旧酒"现象，其主要的成因在于理论上未说清楚，或者理论上未能说到让多数人足够明白的地步，可以立刻作出的一个判断是，在探索建设以供给侧结构性改革为主线的宏观调控体系和现代化经济体系规律问题上，中国经济学面临的任务十分繁重。

四 立足新时代，构建中国特色社会主义政治经济学

中国特色社会主义进入新时代，不仅表现在实践成果上，而且也体现在理论成果上。作为中国特色社会主义一个整体的道路、理论、制度、文化四个方面，理应在不断发展的同时，实现全面发展。从这个意义上讲，新时代中国经济学研究面向的一个更加重要而紧迫的任务，就是围绕我国和世界经济发展面临的重大问题，构建在指导思想、学科体系、学术体系、话语体系等方面充分体现中国特色、中国风格、中国气派的中国特色社会主义政治经济学。正如习近平总书记所讲过的，"我们不仅要让世界知道'舌尖上的中国'，还要让世界知道'学术中的中国''理论中的中国''哲学社会科学中的中国'，让世界知道'发展中的中国''开放中的中国''为人类文明作贡献的中国'"。[①]

举凡理论体系的构建，一要有合理的框架，二要有足够的构件。对于进入中国特色社会主义新时代的中国，尽管这并非易事，但基本的条件已经具备。

[①] 习近平：《在哲学社会科学工作座谈会上的讲话》，《人民日报》2016年5月19日。

就前者而言，中国特色社会主义政治经济学的"特色"二字，其最根本的要义，就是以马克思主义为指导，立足中国实践，解决中国问题。因而，在新的历史起点上构建中国特色社会主义政治经济学，就要"以我们正在做的事情为中心"。这意味着，从我国经济改革与发展的实践中发现和挖掘关乎党和国家事业发展全局的重大议题，让中国特色社会主义政治经济学的研究与实践层面关注的实际问题相合拍。以此为基础，提出并形成有用、能用、管用的研究成果，实现经济理论与经济实践的良性互动，应当也必须成为构建中国特色社会主义政治经济学理论构架的主线索。

就后者来说，我们更不缺乏。改革开放40年和新中国近70年经济建设的丰富实践，以及事实上对这一丰富实践发挥了理论支撑作用的观点、主张、理念、思路等，就是中国特色社会主义政治经济学的基本构件。换言之，尽管中国经济建设实践是循着与西方国家不一样的路子走过来的，尽管中国经济学界作出的理论贡献是循着与西方主流经济学和马克思主义经典作家不大一样的研究范式生成的，但它们是"接地气"且有用、能用、管用的，已为实践证明是做对了的东西。只不过，我们需要对这些构件加以全面而系统的总结、整理。在全面而系统的总结、整理基础上，提炼出有学理性的新理论，概括出有规律性的新实践。

对于中国经济学界来说，这不仅是构建中国特色社会主义政治经济学的必由之路，也是对世界经济学作出自己应有贡献的必由之路。

（作者为中国社会科学院副院长、党组成员）

努力做好新时代科研服务工作

韩大川

党的十九大是在我国全面建成小康社会决胜阶段、中国特色社会主义进入新时代的关键时期召开的一次非常重要的大会，取得了令人瞩目的成果。特别是习近平总书记所作的十九大报告，大气磅礴、内容深邃，浓缩了五年来中国共产党治国理政的经验与启示，描绘了从现在到本世纪中叶，我国发展的宏伟蓝图，是习近平新时代中国特色社会主义思想的集中体现。我们要深入学习贯彻党的十九大精神，以习近平新时代中国特色社会主义思想为指导，引领我院各项工作步入新时代、开创新局面。

一 习近平新时代中国特色社会主义思想的历史性

习近平总书记所作的报告，首次向世人宣示，我国发展已进入中国特色社会主义新时代，开启了社会主义现代化强国建设的新征程。中国特色社会主义新时代这一重大历史方位和重大时代命题的提出，是我们党从党和国家事业发展的全局视野、基于改革开放40年的历程，特别是十八大以来取得的历史性成就和深刻变革的时代背景下所作出的科学判断；充分体现了我国历史发展的必然趋势和当代形势的迫切要求。为我们党在新的历史条件下，承前启后、继往开来、继续夺取中国特色社会主义伟大胜利，确定了新的时代坐标和新的前进起跑线。从此以后，我们党就翻开了中华民族永续发展的新的、伟大的历史篇章。这就是党的十九大划时代的历史意义。

习近平总书记所作的报告首次全面阐释并确立了我们党最新理论成果，即习近平新时代中国特色社会主义思想。没有思想的时代，就像没有舵的船。我国发展已进入了中国特色社会主义新时代，那么，新的历史方位，必然要有新的使命担当和新的时代要求，也必然要产生新的理论和新的思想。党的十九大顺应时代要求，提出了"习近平新时代中国特色社会主义思想"并写入党章，成为新时代中国共产党人的行动纲领。

习近平总书记所作的报告首次准确定义了新时代我国社会的主要矛盾发生的新变化。十九大报告提出了我国社会主要矛盾的历史性新变化：即新时代我国社会的主要矛盾已转化为"人民日益增长的美好生活需要和不平衡不充分的发展之间的矛盾"。这是我们党基于对中国社会发展现实的准确判断得出的科学结论，明确了新时代的工作重点、主攻方向和目标任务。

习近平总书记所作的报告明确提出了提前实现第二个百年目标，制定了今后五年直至本世纪中叶，我国经济社会发展的时间表和路线图。十九大报告提出，从党的十九大到二十大，是实现"两个一百年"奋斗目标的历史交汇期，这五年既要全面建成小康社会、实现第一个百年奋斗目标，又要乘势而上开启全面建设社会主义现代化国家新征程，向第二个百年奋斗目标进军。新的奋斗目标是：到2020年要全面建成小康社会，实现第一个百年奋斗目标；到2035年要基本实现社会主义现代化，提前十五年，实现原来制定的第二个百年奋斗目标；到本世纪中叶要建成富强民主文明和谐美丽的社会主义现代化强国。体现了我们党对自身执政能力的高度自信，也体现了对党的事业和对人民的高度负责！

二 习近平新时代中国特色社会主义思想的世界性

习近平新时代中国特色社会主义思想，得到了世界各国普遍关注和赞誉，充分说明中国已经走近世界舞台的中心，我国国际地位和国际影响力空前提升。

一是我国改革开放取得显著成效、对世界经济发展贡献率日益增大。党的十八大以来，我们党在以习近平同志为核心的党中央坚强领导下，坚定不移贯彻新发展理念、端正发展观念、转变发展方式，使我国经济发展的质量和效益不断提升。经济始终保持中高速增长，在世界主要国家中经济增长一直名列前茅，国内生产总值从54万亿元增长到80万亿元，稳居世界第二，对世界经济增长贡献率超过30%。据联合国报告：2017年全球经济增速达3%，中国的贡献占1/3强，大大超出了预期。近年来，我国经济结构也在不断优化，数字经济等新兴产业蓬勃发展，高铁、公路、桥梁、港口、机场等基础设施建设快速推进；"一带一路"建设成效显著，对外贸易、对外投资、外汇储备（3.14万亿美元）稳居世界前列；我国产业形态也发生了新的变化，出现了新的"四大发明"。我国经济所取得的这些成效，都直接或间接地对世界经济发展产生了积极的推进和拉动作用，也从而使我国和世界各国的相互依存度越来越高。

二是我们党治国理政的理念得到世界普遍认同，并在深度影响世界。比如，我们历经40年，行之有效并取得巨大成果的改革开放政策，在亚洲和拉美地区被一些国家纷纷效仿；我们党全面从严治党、坚决惩治腐败的战略举措，也得到世界各国的普遍认可和响应。在过去几年间，我国积极参与全球治理体系建设，推动国际秩序向更为公正合理的方向发展；我们提出的创新、协调、绿色、开放、共享的发展理念，为其他国家和人民谋求发展提供了可选择、可借鉴的思想资源；我们提出的"一带一路""构建人类命运共同体""共商、共建、共享"的构想，先后被写入联合国决议。2017年在达沃斯论坛，习近平主席全面阐述经济全球化的实质与规律，为世界经济走出迷途提供解决方案。习近平总书记辩证通达的全球视野，知行合一的中国智慧和"以天下为己任"的情怀，赢得国际社会广泛尊重。英国《金融时报》高度评价："如果要想知道自己应该走哪条路，未来在哪里，那么就请看一看中国。"原来都是我们国家学习和复制别人的东西，现在在更多的是被别人学习、拷贝和复制，充分表明国际社会对我们党治国理政的理念的深度认同，表明我们提出的中国主张、中国方案与世界各国人民的发展愿望是高度契合的，从而极大地提升了我国的国际威望和地位。

三是我们党的治国理政的能力举世公认，赢得普遍赞誉。改革开放以来，特别是党的十八大以来，在以习近平同志为核心的党中央坚强领导下，我们党"解决了许多长期想解决而没有解决的难题，办成了许多过去想办而没有办成的大事，推动党和国家事业发生历史性变革"，充分体现了我们党卓越的执政能力。首先是我国经济建设取得巨大成就，国内生产总值从54万亿元增长到80万亿元，对世界经济贡献率超过30%。其次是我们党领导的反腐败斗争压倒性态势已经形成并巩固发展。五年来，全国共立案查处省军级以上党员干部及其他中管干部440人，其中十八届中央委员、候补委员43人。再次是自然生态治理成效显著。积极倡导"绿水青山就是金山银山"的发展理念，狠抓生态环境整治，过去的五年，我国共完成燃煤电厂超低排放改造6.4亿千瓦，占煤电机组总装机容量的68%，减少了83%的二氧化硫、50%的氮氧化物和67%的烟尘排放，建成了世界最大的煤炭清洁发电体系。在联合国召开的全球环境治理大会上，中国获得三个奖项，占奖项总数的一半。最后是脱贫攻坚持续推进，创造奇迹。1978—2016年我国共减少贫困人口7.3亿人。特别是党的十八大以来，中央总动员，全国上下齐心协力，五年脱贫6000多万人，贫困发生率从10.2%下降到4%以下。中国创造了世界减贫史上的奇迹，中国共产党的责任感、行动力和治理能力，为各国执政党都树立了典范。

四是我们国家在国际组织和国际外交中的主导作用日益凸显。主要是近年来，我国在国际事务和国际舞台上扮演着越来越重要的角色。我们不仅在主导的上海经合组织、金砖五国会议、博鳌亚洲论坛、亚投行以及前面提到的中国共产党与世界政党高层对话会等组织和会议中发挥积极作用；同时，我们在联合国、二十国集团峰会、APEC峰会、中国—中东欧"16+1"等组织合作中，也在积极贡献中国智慧和中国方案。

五是中国共产党让马克思主义旗帜高高飘扬，让世界社会主义发扬光大。一方面在马克思主义的旗帜下，中国共产党人领导中国人民创造一个又一个奇迹，给世人带来惊喜、带来启迪，让世人仰慕；另一方面中国共产党人坚定地继承、捍卫和发展马克思主义，让社会主义这一绵延500多年的进步思想，经过几轮高潮和低谷的交替，在世界的东方、在中国展现出强大生命力。这是当代中国共产党人，特别是习近平新时代中国特色社会主义思想，对马克思主义、对世界社会主义、对人类发展的重要贡献。

三　习近平新时代中国特色社会主义思想的人民性

习近平新时代中国特色社会主义思想充分体现了党的宗旨，始终把人民利益放在首位。纵观中国共产党96年成长、发展、奋斗的历史，就是与人民风雨同舟、生死与共，始终保持血肉联系，带领人民创造美好生活的历史。习近平总书记在十九大报告开篇就明确指出："不忘初心，方得始终。中国共产党人的初心和使命，就是为中国人民谋幸福，为中华民族谋复兴。这个初心和使命是激励中国共产党人不断前进的根本动力。""必须始终把人民利益摆在至高无上的地位，让改革发展成果更多、更公平惠及全体人民，朝着实现全体人民共同富裕不断迈进。"十九大报告通篇3万多字，有205处提到人民或是围绕实现人民的利益进行论述的。如，在报告中将"坚持以人民为中心、坚持人民当家作主、坚持在发展中保障和改善民生"，作为我们党未来必须坚持的十四项"基本方略"的重要组成部分；提出了要"幼有所育、学有所教、劳有所得、病有所医、老有所养、住有所居、弱有所扶"的新部署和新要求；提出了建设生态文明是中华民族永续发展的千年大计，必须树立和践行"绿水青山就是金山银山"的理念，坚定走生产发展、生活富裕、生态良好的文明发展道路，建设美丽中国，为人民创造良好生产生活环境；包括宣布农民土地承包继续延长30年，向全国人民庄严承诺到本世纪中叶要实现新的奋斗目标；等等。可以说，人民的主体地位贯穿于整个十九大报告的始终，贯穿于新时代的重大战略举措、重大方针政策、重大工作任务之中，始终处于以习近平同志为核心的党中央治国理政的中心位置。让人民过上好日子，是党和国家一切工作的出发点和落脚点。

四 提高政治站位,做好本职工作

党的十九大是全国人民,特别是我们8900万共产党员政治生活中的一件大事,习近平新时代中国特色社会主义思想是我们全体共产党员的指导思想和行动纲领。作为一名党员,一名党的科研工作者,特别是在座的党员领导干部,我们学习贯彻十九大精神,最重要的也是第一位的,就是要进一步坚定政治立场、坚定理想信念,自觉在思想上、政治上、行动上同以习近平同志为核心的党中央保持高度一致,坚决维护习近平总书记的核心地位,维护党中央权威和集中统一领导,坚决贯彻落实中央的决策部署,自觉同以习近平同志为核心的党中央对标、看齐。要坚定"四个自信",进一步强化政治意识、大局意识、核心意识、看齐意识,要把"四个意识"转化为在党爱党、在党言党、在党忧党、在党为党的切实行动,转化为敢于担当、敢于碰硬、敢于攻坚、敢战能胜的力量源泉。

新时代、新要求、新期待,我们必须有新的面貌和新的作为。后勤服务部门一定要立足本职岗位,结合工作实际,真正把党的十九大精神转化为鼓舞人心、提振士气、强化能力、促进工作的实际行动。一定要紧紧围绕党的十九大报告提出的"转变政府职能,深化简政放权,创新监管方式"的总要求,继续做好、做实简政放权,放管结合,优化服务这篇大文章,在管理权限上要做"减法",在提高服务质量上要做"加法",为保障科研、促进科研贡献力量。核心是转变观念、找准定位,解放思想、开拓创新。

一是财计局要进一步专业化。要把工作的重点放在财政预算的编制和资金的管理和使用上,要在科学编制预算、促进提高科研院所预算执行率上动脑筋、下功夫。当前存在的预算执行率低的问题,核心是预算编制不准确、不细致。要进一步规范职能,聚焦主业,寓管理于服务,提高工作质量和水平。二是服务局要进一步社会化。要以居民小区物业目标管理为切入点,逐步探索后勤保障服务功能社会化路子;要通过整合职能,进一步优化内部结构;要通过队伍瘦身和强化管理,进一步增加效益,严格控制职工的录用和聘用。三是基建办要进一步规范化。基建工作一直是在高压线上行走，特别是当前我院基本建设任务比较繁重的情况下，一定要依法办事、严格管理，建立风险防控机制，层层压实廉政责任。四是人文公司要进一步市场化。一定要解放思想、大胆探索，有效利用和盘活现有资源；尽快实现财务的独立核算，进一步提高经济效益，为科研发展、队伍建设提供服务和支持。

就科研人员而言，贯彻落实十九大精神，我想最重要的、摆在第一位的，就是一定要坚持正确的科研方向和学术导向——党政军民学，东西南北中，党是领导一切的，我们的科研工作必须服务、服从于党的中心工作，服务、服从于党的工作大局。就是要以马克思主义为指导，以习近平新时代中国特色社会主义思想为重要遵循，围绕十九大报告提出的新时代、新目标、新任务，结合自身的学科领域，为党、为祖国和人民做好学问。切实增强决策影响力、社会影响力、学术影响力和国际影响力。一方面要高举马克思主义旗帜，针对意识形态领域里的大是大非问题，要敢于发声、敢于亮剑，要当斗士、不当绅士，充分展示我国知识分子民族气节和马克思主义思想品格。另一方面，要不唯西方是从，坚定"四个自信"，要善于研究和总结我国的制度优势、理论优势、道路优势和文化优势；善于研究和总结我国经济的发展特点和发展规律，建立我们的标识、制定我们的标准，提出我们的经济理论和学说。我坚信在这个哲学社会科学大繁荣、大发展的时代，我们应该有所作为，我们必须有所作为。

（作者为中国社会科学院副秘书长）

文哲学部

文化自信的发展观

张伯江

党的十九大新修订的党章将改革开放以来我们取得一切成绩和进步的根本原因归结为："开辟了中国特色社会主义道路，形成了中国特色社会主义理论体系，确立了中国特色社会主义制度，发展了中国特色社会主义文化。"这说明，中国特色社会主义道路是前无古人的，中国特色社会主义理论是在改革实践中逐渐实现体系化的，中国特色社会主义制度是我们坚定的选择，而中国特色社会主义文化则既非无源之水，也是在持续发展中的。

如何理解中国特色社会主义文化的"发展"特性？习近平总书记做了如下阐释："源自于中华民族五千多年文明历史所孕育的中华优秀传统文化，熔铸于党领导人民在革命、建设、改革中创造的革命文化和社会主义先进文化，植根于中国特色社会主义伟大实践。发展中国特色社会主义文化，就是以马克思主义为指导，坚守中华文化立场，立足当代中国现实，结合当今时代条件，发展面向现代化、面向世界、面向未来的，民族的科学的大众的社会主义文化，推动社会主义精神文明和物质文明协调发展。"[①] 这里有以下几个要点。

[①] 本书中除另外注明出处的，习近平总书记强调的内容均引自2017年10月18日习近平总书记《决胜全面建成小康社会 夺取新时代中国特色社会主义伟大胜利——在中国共产党第十九次全国代表大会上的报告》，《人民日报》2017年10月28日。以下不再一一注明。

一 全面、准确理解中国特色社会主义文化

要全面、准确理解中国特色社会主义文化，不能把传统和现代割裂开，不能把中国和世界割裂开。首先是要认识到中华优秀传统文化与中国特色社会主义文化之间的发展关系，以探求深层次的民族精神为任务，而不能狭隘地把精力用在简单地复兴传统文化的一些表现形式；其次是要认识到百年来革命和建设实践中民族精神的熔铸过程，不仅仅从政治和经济的角度认识百年来的奋斗史，还要更多地思考其背后的文化力量；再次是要认识到中国特色社会主义道路的进程中新时代文化精神的成长过程，总结中国智慧和中国方案的先进性。

1983年邓小平同志为景山学校题词："教育要面向现代化，面向世界，面向未来。""三个面向"是邓小平以学校的文化教育为切入点，系统论述改革开放时期中国文化发展态度的精辟论述，是邓小平理论最重要的组成部分之一。代表着老一辈革命家在历史转折时期立足中国、放眼世界、展望未来的自信和胸怀，为中国特色社会主义文化一锤定音。其后党中央进一步发展了邓小平同志开创的中国特色社会主义理论，提出了"三个代表"重要思想，其中"始终代表先进文化的发展方向"这一点，江泽民同志在纪念中国共产党成立八十周年的讲话中作出过明确的阐释，那就是"面向现代化、面向世界、面向未来的，民族的、科学的、大众的社会主义文化"。党的十七届六中全会通过了改革开放以来最为详尽的文化发展纲领《中共中央关于深化文化体制改革推动社会主义文化大发展大繁荣若干重大问题的决定》（以下简称《决定》）。《决定》对社会主义文化的发展方向的表述中重申了"以改革创新为动力，发展面向现代化、面向世界、面向未来的，民族的科学的大众的社会主义文化，培养高度的文化自觉和文化自信，提高全民族文明素质，增强国家文化软实力，弘扬中华文化，努力建设社会主义文化强国"。习近平总书记更是不止一次谈到"要使中华民族最基本的文化基因与当代文化相适应、与现代社会相协调，以人们喜闻乐见、具有广泛参与性的方式推广开来，把跨越时空、超越国度、富有永恒魅力、具有当代价值的文化精神弘扬起来，把继承传统优秀文化又弘扬时代精神、立足本国又面向世

界的当代中国文化创新成果传播出去"。① 为中国特色社会主义文化的发展拓展了广阔的空间。

马克思主义主张的超越国界的新型世界文化从来不是与民族文化相对立的,列宁就曾说过,"各民族共同的文化不是非民族的"②。在抗日战争如火如荼,民族文化也面临胜败存亡的命运选择时,毛泽东同志不仅把马克思主义关于革命斗争夺取政权的理论在中国革命实践中成功地实现中国式转化,也对中国文化的前途和命运做了深刻的思考。他明确提出"新民主主义的文化是民族的",是"主张中华民族的尊严和独立的","中国文化应有自己的形式,这就是民族形式。民族的形式,新民主主义的内容——这就是我们今天的新文化"。他同时冷静地看到,"中国的长期封建社会中,创造了灿烂的古代文化。清理古代文化的发展过程,剔除其封建性的糟粕,吸收其民主性的精华,是发展民族新文化提高民族自信心的必要条件;但是决不能无批判地兼收并蓄"。尊重历史是一种科学的态度,尊重民众则是文化发展生生不息的保障。毛泽东说:新民主主义文化"应为全民族中百分之九十以上的工农劳苦民众服务,并逐渐成为他们的文化"。"民众就是革命文化的无限丰富的源泉"。③ 因此我们看到,不管是革命时期还是建设时期,从"三个代表"重要思想到科学发展观再到习近平新时代中国特色社会主义理论,无不把毛泽东同志"民族的科学的大众的"这一论断作为文化主张的最后一个定语,也就意味着这是中国特色社会主义文化最核心的属性。

二 改革开放 40 年文化自信的发展与确立

40 年的改革开放,既是经济建设一路高歌的历程,也是一部思想理论建设史,是文化自信的成长历程。绵延数千载的文化传统自古以来就是中国人内心深处的一种信念支撑,40 年间,它经历了我们国家从闭锁

---

① 习近平:《在哲学社会科学工作座谈会上的讲话》,《人民日报》2016 年 5 月 19 日。
② 《列宁选集》第 2 卷,人民出版社 2012 年 9 月版,第 336 页。
③ 《毛泽东选集》第 2 卷,人民出版社 1991 年版,第 706—708 页。

转向开放时期西方文化的大幅冲击，经历了在前沿文化面前观念的扭转，经历了世界格局大变动时期的动摇与困惑，经历了多元文化时期自信的回归，直至在建党95周年之际我们自豪地把它作为与道路自信、理论自信和制度自信并列的基本信念加以确认。在这个过程中，中国特色的社会主义是贯穿始终的主题，我们没有在学习西方先进经验时抛弃自己的文化，没有在世界社会主义运动经受考验时动摇过我们的方向。中国特色社会主义是改革开放以来的全部主题，我们的文化自信，正是在这个主题上一步步走向成熟，成长为根本的自信之一。

40年间，党和国家发生了全方位的历史性变革，这些变革无一不是凝聚着中国文化精神、以中国式的文化方式发生的。从农村改革中的土地情怀，城市改革中的人文关怀，环境保护中的自然关切，到国际事务中的运筹韬略，无不体现着民族文化的精髓。而我们的文化传统，也在时代的巨变中经历了全方位的洗礼，锤炼出以社会主义核心价值观为代表的新的人文精神。40年前，我们党从历史和现实、理论和实践、国内和国际多角度认识国情，得出社会主义初级阶段的判断，使社会主义的实践深深植根在民族文化的土壤中。40年实践的推进，理论认识也不断深化，我们对中国先进生产力的发展要求、中国先进文化的前进方向和中国最广大人民根本利益的认识，对科学发展的认识，都是在我国社会主义初级阶段不断变化的现实中得出的具有指导意义的新的理论，它的底蕴，就是中国文化中实事求是、审时度势和高瞻远瞩的精神。

党的十八大以来，党和国家事业发生历史性的变革，经济建设、政治建设、文化建设、社会建设和生态文明建设的新成就标志着中国特色社会主义进入了新的发展阶段。"文化自信"日益成为民族精神的根本支撑，中华文明作为软实力成为国家实力的重要组成部分。"五位一体"的提法凸显着厚重的中华民族历史经验和民族智慧，凸显着中华文化对人类文明的融通能力，昭示着中华文明具有解决人类问题、贡献中国智慧、提供中国方案的能力。学习、吸收、借鉴不再是最大的主题，融通、创造、贡献成为我国发展站到新历史起点上的重要标志。

在实现"两个一百年"的奋斗目标中，决胜全面小康社会的时刻就在眼前。小康从来不是一组简单的经济指标，文化建设也从未缺位，全面实现小康之时，也是中华文化全面复兴并且闪耀在世界文明之林的时刻。习近平总书记在十九大报告中描绘2020年以后第一个十五年奋斗目标时，谈到"社会文明程度达到新的高度，国家文化软实力显著增强，中华文化影响更加广泛深入"是重要的现代化指标。我们在全面建成小康社会之际贡献给世界的，既有一个文明古国民族精神的历史提炼，也有一个快速发展的大国独特道路的经验汇总。

（作者为中国社会科学院文学研究所党委书记）

新时代中国特色社会主义文化
发展的纲领性文献

刘跃进

党的十九大报告突出强调了文化自信问题,这是习近平新时代中国特色社会主义思想的重要组成部分。习近平总书记强调指出,文化自信是一个国家、一个民族发展中更根本、更深沉、更持久的力量。文化是一个国家、一个民族的灵魂,文化兴国运兴,文化强民族强。他在十九大报告中再次强调,没有高度的文化自信,没有文化的繁荣兴盛,就没有中华民族的伟大复兴。因此,我们要坚定文化自信,坚持走中国特色社会主义文化发展道路,激发全民族文化创新创造活力,推动社会主义文化繁荣兴盛,建设社会主义文化强国。

一 文化自信的三个来源一脉相承,不能割裂

习近平总书记用自信与坚守、创新与进步这两组关键词来概括新时代社会主义文化的本质及其丰富内涵。自信,是因为中国文化源远流长,它有三个来源:一是中华优秀传统文化;二是中国革命、建设和改革中创造的革命文化;三是当代中国特色社会主义的伟大实践。这是中国文化的血脉,必须坚守。创新是社会主义文化发展的根本动力,只有创新,才会有进步。自信与坚守,是我们的初心,创新与进步,是我们的目标。

两者相辅相成，缺一不可。

长期以来，我们形成一种误区，把新文化运动与传统文化对立起来，将改革开放以来的文学与十七年文学割裂开来。其实，三者的文化精神一脉相承。譬如，孙犁的小说，写的是当代故事，用的却多是传统的手法。洗练、精致、含蓄、优美，这些词句都可以用来概括孙犁的创作。白洋淀的芦苇是非常有名的。孙犁的《白洋淀纪事》主要表现的就是冀中儿女保家卫国的坚强意志和淳朴秀美的心灵世界。他的小说多与芦苇有关，铅华落尽，冰清玉洁。如《荷花淀》："这女人编着席。不久在她的身子下面，就编成了一大片。她就像坐在一片洁白的雪地上，也像坐在一片洁白的云彩上。她有时望望淀里，淀里也是一片银白世界。水面笼起一层薄薄透明的雾，风吹过来，带着新鲜的荷叶荷花香。"

又如《嘱咐》，描写一个士兵回家的故事。主人公日夜兼程往回赶，但到了村口，却不敢再往前走了，坐下来，抽了一袋烟，抚平一下心情。多年的战乱，他不知道家里的境况如何。待心情略微安定一些，才慢慢走到他熟悉的家门口，刚一推门，他的妻子正往外走。俩人猛一对视，都愣住了。过了片刻，妻子才说"你"，便转过身去，眼泪下来了。在那烽火连天的岁月，普通百姓的悲欢离合，竟都浓缩在这"你"字上。20世纪80年代，中国人有一种浓郁的诺贝尔文学奖情结。有人曾质疑这篇小说，认为这种描写过于小气，无法叫西方人理解。在某些人看来，只有轰轰烈烈的爱情，才叫爱情。孙犁笔下的平凡男女，没有海誓山盟，没有天崩地裂。千言万语，就浓缩为一个"你"字，也许外国人不懂，但我相信，中国人都懂。这才是传统中国人的情感表达。

宋之问《渡汉江》："岭外音书断，经冬复历春。近乡情更怯，不敢问来人。"其中，"近乡情更怯，不敢问来人"，不正是孙犁所写的这种场面吗？多年音信渺然，多年牵肠挂肚，多想马上就见到亲人。但是，谁又能料到会发生什么变故呢？杜甫《述怀》："自寄一封书，今已十月后。反畏消息来，寸心亦何有？"兵荒马乱之际，亲人的消息断了，自从寄出那封信，已经过去十个月，现在反而怕接到来信，就怕凶多吉少。再看杜甫，与妻子儿女分别三个年头后，他终于可以去探望妻小，到家里写下著名的《羌村三首》。第一首写道："峥嵘赤云西，日脚下平地。柴门鸟雀噪，归客千里至。妻孥怪我在，惊定还拭泪。世乱遭飘荡，生还偶然遂。邻人满墙头，感叹亦歔欷。夜阑更秉烛，相对如梦寐。"战争年代，死，也许是一种常态，而活着，哪怕苟且偷安，也不容易，反成偶然。"妻孥怪我在，惊定还拭泪。"夜深人静，这对饱受磨难的老夫老妻，执手相看泪眼，依然感觉像是梦一样。"夜阑更秉烛，相对如梦寐。"简单的十个字，蕴藏着多么深厚的情感。司空曙诗："乍见翻疑梦，相悲各问年。"陈师道诗："了知不是梦，忽忽心未稳。"皆由此出。

这样的笔触，写出中国人美好的心灵、崇高的情感。这样美好的心灵与崇高的情感，不是外在的，而是体现在微不足道的细节中的，体现在琐碎的生活中的。杜甫和孙犁都擅长描写战争中的人情、人性、人格，让热爱和平的人们看到，中华民族虽历尽沧桑，饱受苦难，但从来没有失去自信心。《在文化传承中彰显家国情怀》(《中国文化报》2017年9月20日)一文中，我曾引鲁迅的话说："我们从古以来，就有埋头苦干的人，有拼命硬干的人，有为民请命的人，有舍身求法的人。"鲁迅称他们是中国的脊梁。古往今来，那些为中华民族崛起而奋斗的普通民众，没有豪言壮语，没有高头讲章，而他们的苦干实干，他们的朴素平凡，他们的勇敢顽强，还有他们的深明大义，都在生动地诠释着一个古老民族的家国情怀和不屈品格。

孙犁的小说，还有许许多多红色经典，尽管冠以"红色"，标明是现代作品，却多是从我们民族文学的传统中走出来的，并不断地丰富着中华民族的文学宝库，成为当代文学典范。所以，十九大报告提出的中华优秀文化有三个重要来源，强调的就是这种文化自信，渊源有自，血脉相通，气韵相同，都在充分展现着中华民族特有的精神气质。正是这种精气神，是我们民族不断发展壮大的永恒的动力。

二 "二为"方向、"双百"方针与"两创"原则

十九大报告中还特别强调指出："发展中国特色社会主义文化，就是以马克思主义为指导，坚守中华文化立场，立足当代中国现实，结合当今时代条件，发展面向现代化、面向世界、面向未来的，民族的科学的大众的社会主义文化，推动社会主义精神文明和物质文明协调发展。"这里的关键两句话是"坚守中华文化立场，立足当代中国现实"，在此基础

上发展面向现代化、面向世界、面向未来，民族的、科学的、大众的社会主义文化。可以看出，新时代中国特色社会主义文化的根本目标是推动中华优秀传统文化创造性转化、创新性发展，继承革命文化，发展社会主义先进文化，不忘本来，吸收外来，面向未来，更好构筑中国精神、中国价值、中国力量，为人民提供精神指引。

习近平总书记提出的"创造性转化、创新性发展"，与我们党倡导的"二为"方向、"双百"方针一脉相承，一以贯之，是新形势下我们党的最新理论成果。报告具有新意地将"两创"原则置于这样一个历史脉络中加以考察，认为"二为"方向深刻回答了文化发展的目标方向问题，"双百"方针与"两创"原则深刻回答了文化发展的路径方法问题。这就为"两创"原则赋予新的时代内涵，是我们正确对待传统文化的总开关。如何继承，如何转化，报告坚持实践标准，将过去常用的"批判继承"改为"扬弃"继承。表面看只是两个字的变动，其背后体现出我们文化立场的变化。扬弃，是不忘中华文化本根，辩证取舍，根本目的是推动实现中华文化的现代化。报告特别指出，无论是继承还是创新传统文化，都要着眼文化现代化、提出时代标准，主要看能不能解决今天中国的问题和需要，能不能回应时代的课题和挑战，能不能转化为国家富强、民族振兴、人民幸福的有益财富。推动中华文化的现代化，目的是要使传统文化成为有利于解决现实问题的文化，有利于助推社会发展的文化，有利于培育时代精神和时代新人的文化。三个"能不能"和三个"有利于"是我们做好传统文化传承发展的根本标准。

三 文化发展必须要有正确的指导思想

为实现上述目标，我们必须坚持以马克思主义为指导，坚持为人民服务、为社会主义服务，坚持百花齐放、百家争鸣，坚持创造性转化、创新性发展，不断铸就中华文化新辉煌。这是新时代中国特色社会主义文化的本质要求，决定了中国的社会主义文化具有鲜明的政治性。

从上层建筑领域说，我们必须牢牢掌握意识形态工作领导权，必须推进马克思主义中国化时代化大众化，建设具有强大凝聚力和引领力的社会主义意识形态，使全体人民在理想信念、价值理念、道德观念上紧紧团结在一起。要加强理论武装，推动新时代中国特色社会主义思想深入人心。深化马克思主义理论研究和建设，加快构建中国特色哲学社会科学，加强中国特色新型智库建设。高度重视传播手段建设和创新，提高新闻舆论传播力、引导力、影响力、公信力。加强互联网内容建设，建立网络综合治理体系，营造清朗的网络空间。落实意识形态工作责任制，加强阵地建设和管理，注意区分政治原则问题、思想认识问题、学术观点问题，旗帜鲜明地反对和抵制各种错误观点。

从社会层面来说，我们必须积极培育和践行社会主义核心价值观，这是当代中国精神的集中体现。要以培养担当民族复兴大任的时代新人为着眼点，强化教育引导、实践养成、制度保障，发挥社会主义核心价值观对国民教育、精神文明创建、精神文化产品创作生产传播的引领作用，把社会主义核心价值观融入社会发展各方面，转化为人们的情感认同和行为习惯。坚持全民行动、干部带头，从家庭做起，从娃娃抓起。深入挖掘中华优秀传统文化蕴含的思想观念、人文精神、道德规范，结合时代要求继承创新，让中华文化展现出永久魅力和时代风采。

从公民角度来说，我们必须加强对全体公民的思想道德教育，人民有信仰，国家有力量，民族有希望。要提高人民思想觉悟、道德水准、文明素养，提高全社会文明程度。广泛开展理想信念教育，深化中国特色社会主义和中国梦宣传教育，弘扬民族精神和时代精神，加强爱国主义、集体主义、社会主义教育，引导人们树立正确的历史观、民族观、国家观、文化观。深入实施公民道德建设工程，激励人们向上向善、孝老爱亲，忠于祖国、忠于人民。加强和改进思想政治工作，深化群众性精神文明创建活动。弘扬科学精神，普及科学知识，开展移风易俗、弘扬时代新风行动，抵制腐朽落后文化的侵蚀。推进诚信建设和志愿服务制度化，强化社会责任意识、规则意识、奉献意识。

繁荣发展社会主义文艺，提高审美品质，则是实现上述目标的重要途径。要繁荣文艺创作，坚持思想精深、艺术精湛、制作精良相统一，加强现实题材创作，不断推出讴歌党、讴歌祖国、讴歌人民、讴歌英雄的精品力作。发扬学术民主、艺术民主，提升文艺原创力，推动文艺创新。倡导讲品位、讲格调、讲责任，抵制低俗、庸俗、媚俗。加强文艺队伍建设，造就一大批德艺双馨的名家大师，培育一大批高水平创作人才。

　　推动文化事业和文化产业发展，满足人民过上美好生活的新期待，是新时代文化建设的重要举措，包括健全现代文化产业体系和市场体系，创新生产经营机制，完善文化经济政策，培育新型文化业态；广泛开展全民健身活动，加快推进体育强国建设；加强中外人文交流，以我为主、兼收并蓄；推进国际传播能力建设，讲好中国故事，展现真实、立体、全面的中国，提高国家文化软实力。

　　当今世界是开放的世界，当今中国是开放的中国。中外文化交流以前所未有的广度和深度展开。在这样的历史背景下，如何把握好"中"和"外"、"古"与"今"的关系，就成为迫在眉睫的问题。十九大报告既立足本土，不忘本来，始终保持对自身文化的自信、耐力、定力，始终保持中华文化的主体性；同时又面向世界，吸收外来，强调在汲取各种文明养分中实现创新发展，努力构建人类文明共同体，是新时代中国特色社会主义文化发展的纲领性文件。

（作者为中国社会科学院文学研究所所长）

加强文化自信
搞好民族语言文学研究事业

朝 克

习近平总书记在十九大报告中强调指出,要坚定文化自信和理论自信,推动社会主义文化繁荣兴盛和哲学社会科学事业的繁荣发展。他在报告中语重心长地要求我们,一定要牢牢把住意识形态关,牢牢掌握意识形态工作的引领权、指导权、领导权。要我们坚定不移地培育和践行社会主义核心价值观,同时还要求我们不断强化思想道德修养和思想道德建设。要不断繁荣发展社会主义文艺和哲学社会科学研究事业,更有力、更有效、更健康、更理想地推动文化事业和哲学社会科学研究事业。

一 为新时代搞好民族语言文学研究事业

民族语言和民族文学研究工作是我国哲学社会科学研究领域不可或缺的重要内容,也是民族问题研究的重要组成部分。新时代做好民族语言文学研究工作,要着重把握好以下几个方面。

一是要深刻认识新时代民族语言文学研究事业的使命。为了更好地贯彻落实十九大精神,从事哲学社会科学研究的专家学者,包括从事民族语言文学研究的科研人员,应该在更高层面、更加深刻、更加全面认识新时代习近平总书记对我们科研工作提出的更高要求、更重要的使命,必须把新时代中国特色社会主义思想理论，不折不扣地落实到科研工作实践，拿出代表新时代中国民族语言文学思想、中国民族语言文学理论、中国民族语言文学话语权、世界领先的精品力作和登峰成果。

　　二是要在新时代更加坚定道路自信、文化自信。正如习近平总书记精辟论断，没有高度的文化自信和思想理论，就没有以马克思主义引领的优秀文化和科学思想的繁荣兴盛，就没有中华民族的伟大复兴。我们要按照习近平总书记的指示精神，坚定不移地夯实中国特色社会主义优秀文化和先进思想的发展道路，用优秀科研成果，不断激发全国各族人民的文化自信，以及文化创新精神和文化创造活力，不断加强建设社会主义文化强国的历史使命。

　　三是坚定不移地发展中国特色社会主义先进文化。习近平总书记强调指出的中国特色社会主义思想文化，包括少数民族语言文学及文化，都源自我们悠久而辉煌的文明历史，是这一厚重而经久不衰的文明历史孕育了中华优秀传统思想文化，熔铸到伟大、光荣、正确的中国共产党领导各族人民开创的中国特色全新革命道路、革命实践、革命建设中。同样引领各族人民坚定不移、义无反顾、信心百倍地迈进了改革开放、迈进了新时代。在改革发展中创造的先进思想和社会主义先进文化，已经深深植根于中国特色社会主义伟大实践，成为中国特色社会主义的本质特征，也是中国特色社会主义建设的本质要求和重要保障，更是成为中国特色社会主义的光辉道路。我们讲的坚定不移地发展中国特色社会主义先进思想文化，就是以马克思主义思想理论为指导，坚定地站在中华民族优秀思想文化的沃土与立场，从当代中国发展所需的现实出发，充分发挥新时代发展所需的一切有利因素和有利条件，向社会的进步、向世界的发展、向人类更加美好的未来，不断奉献中国各民族的伟大智慧和优秀科研成果，不断丰富我国社会主义优秀思想文化，强有力地推动社会主义精神文明和物质文明协调共进。在此基础上，描绘出富强民主文明和谐美丽的社会主义现代化强国的美好蓝图。所有这些，我们的文化自信变得更加坚定、更加牢固、更加强大，也给搞好民族语言文学研究事业注入了强盛活力，使我国民族语言文学研究事业走入了新时代繁荣发展、灿烂辉煌的道路。

二 为人民搞好民族语言文学研究事业

习近平总书记在十九大报告中明确指出，要坚持为人民服务、为社会主义服务，坚持百花齐放、百家争鸣，坚持创造性转化、创新性发展，不断铸就中华优秀思想文化的新辉煌。对于从事民族语言文学及文化研究的专家学者来讲，必须用马克思主义思想理论全面指导科研工作，使我们能够拿出人民需要、人民欢迎、人民赞成，代表人民思想、代表人民意志、代表人民愿望的人民化、中国化、时代化的科研成果，建构一个具有强大生命力、凝聚力和引领力的社会主义意识形态学术阵地，让各族人民在理想信念、价值理念、道德观念上紧紧团结在一起。

一是要不断强化对于新时代马克思主义思想理论的认识。不断强化对新时代中国特色社会主义思想理论更有深度、高度、广度，更为全面、系统、完整的认识。进而不断强化自身的理论研究能力和水平，打牢理论研究基础，提高大是大非面前准确把握正确的思想理论、正确的科研道路、正确的研究方向的本领和功底。在具体的科研工作实践中，我们要不断深化马克思主义思想理论中国化的研究力度，加快构建中国特色哲学社会科学体系，加强中国特色民族语言与民族文学的研究水平和思想理论。

二是要广泛宣传民族语言文学研究的优秀成果。要充分利用现代一切先进的传播手段和平台，不断宣传马克思主义思想理论和新时代中国特色社会主义思想理论引领民族语言文学研究取得的优秀科研成果和创新理论，进而不断提升国内外民族语言文学研究领域的话语权、主导权和影响力。就如习近平总书记在十九大报告中所说，不断加强以正确的思想理论为导向的新型互联平台交流建设，建立健全网络宣传综合能力和科技手段，通过网络平台不失时机地不断宣传我们的优秀科研成果、先进思想和全新理论，努力营造风清气正、传播正能量、弘扬正气的学术氛围和网络空间世界。我们要像习近平总书记所说的那样，在具体的科研工作实践中，实事求是、求真务实地落实党的意识形态工作责任制，不断加强意识形态阵地意识及其掌控能力。要学会科学有效地解决政治思想与学术理论、政治学习与科研工作的关系，要牢固树立哲学社会科学工作者必备的政治自觉、政治觉悟、政治意识、政治思想、政治原则、政治立场、政治纪律，必须要旗帜鲜明地反对和抵制各种错误思想观点。

三是要充分发挥社会主义核心价值观的引领作用。习近平总书记在十九大报告中强调指出，要培育和践行社会主义核心价值观，要以培养担当民族复兴重任的时代新人为着眼点，强化理论引导、实践培养，充分发挥社会主义核心价值理念在精神文明创建、思想文化建设中具有的引领作用。我们通过深入扎实、求真务实的学习讨论，把社会主义核心价值观不折不扣地融入我们的民族语言文学研究工作，融入科研工作的各项成果，转化为我们思想认同和行为准则。我们要把新时代中国特色社会主义和社会主义核心价值观这一强大的思想理念作为步调一致的共同行动，各级科研干部和科研骨干要亲自带头，走在队伍的前头，充分发挥引领表率作用。

四是要传承发展利用好传统文化。我们在科研工作实践中，要不断深入挖掘、整理、分析、研究我国少数民族语言文学中蕴含的优秀文化内涵及思想理念、伦理道德、人文精神，紧密结合新时代发展要求进行创新型继承，让我国民族语言文学展现出特有的、特殊的、特定的魅力和时代风采。习近平总书记在十九大报告中强调指出，要不断加强思想道德建设，要把思想道德建设作为重要工作来抓。也就是说，只有坚定不移地树立马克思主义信仰，用马克思主义的思想理论武装自己，才能够建设好我国民族语言文学研究事业，我国民族语言文学研究事业的发展才真正有希望。毫无疑问，我国民族语言文学研究事业能否走向辉煌，能否拿出世界一流的登峰造极的优秀科研成果，跟我们是否对党的事业忠诚、对人民的事业忠诚密切相关，跟我们是否站在党和人民的立场、从党和人民的利益出发、从党和人民的角度从事科研工作密切相关，也和我们不断提高政治思想觉悟、道德水准、文明素养、治学态度及民族语言文学研究理论水平紧密相关，同我们不断提高科研队伍的爱岗敬业、无私奉献精神有必然的和内在联系。

三 为社会主义中国搞好民族语言文学研究事业

我们要紧密结合习近平总书记十九大报告精神和思想理论，不断提升和强化对党和人民负责任，对哲学社会科学科研工作使命负责任的正确的思想理论和理想信念。

一是要通过民族语言文学研究成果坚定弘扬社会主义精神。通过科研工作和优秀科研成果，不断宣传新时代中国特色社会主义思想理论和中国梦的宏伟蓝图，弘扬我们伟大的民族精神和新时代精神，宣传和弘扬融入我们生命之血与思想之魂的爱国主义、集体主义、社会主义精神，呼唤和鼓励人们培育正确的历史观、民族观、国家观、文化观、思想观。我们要通过民族语言文学及其文化研究的优秀科研成果，激励我国各族人民与人为善、精诚团结、和睦相处、积极向上、忠于祖国。作为新时代的哲学社会科学科研人员，特别是作为新时代民族语言文学文化研究的科研团队，我们要不断强化和改进思想政治觉悟，强化马克思主义思想理论水平，弘扬走进人民、走入基层、深入社会实践的优良工作作风，从中汲取丰富的思想理论营养回报社会，同时把党的十九大精神和优秀而先进的民族政策与民族理论宣传到农村牧区和千家万户。

二是要以民族语言文化研究为契机，深入宣传中国特色社会主义理论。我们要坚定不移地遵循十九大报告精神，不断弘扬新时代中国特色社会主义思想理论，以及中国特色哲学社会科学创新精神，不断普及马克思主义科学知识，不断优化马克思主义中国化的思想理论体系，扎实有效地开展新时代中国特色社会主义思想理论学习热潮，不断强化抵制腐朽落后文化的侵蚀能力。习近平总书记在十九大报告中明确指出，要繁荣发展社会主义文艺。我们认为繁荣社会主义文艺，就和社会主义文艺思想、社会主义文艺理论、社会主义文艺创作必然相关，同样离不开思想文化和哲学社会科学研究事业。因为，人们的艺术创作离不开正确的思想理论的指导，有了正确的思想理论才会拿出有精深思想、精湛艺术、精良制作相统一的好作品，才能拿出讴歌党、讴歌祖国、讴歌人民、讴歌英雄的精品力作。从事民族语言文学及其文化研究的专家学者，通过自己的科研工作和科研成果更多、更广泛、更深入地宣传新时代中国特色社会主义思想理论，使这一全新的思想理论能够入心入脑，倡导人们讲品位、讲格调、讲责任，自觉抵制低俗、庸俗、媚俗思想作品的干扰和影响。

三是要着力推动中国特色社会主义民族语言文学事业的发展。就如习近平总书记在十九大报告中所说，我们要下大力气，培养一大批德艺双馨的民族语言文学研究名家大师和大专家，培育一大批思想理论水平高的民族语言文学研究人才和科研队伍，不断向深度、高度和广度推动民族语言文化研究事业，以及哲学社会科学事业的繁荣发展。而且，要以满足各民族人民日益增长的精神文化需求为准绳，让各族人民获得更多精神文化生活的享受与快乐，不断提升他们生活的幸福感，为此我们必须责无旁贷地提供丰富多彩、和谐文明、进步向上、鼓舞正气、催人奋进的精神文化食粮。正因为如此，我们的民族语言文学科研工作，要把思想文化效益和社会效益紧密相连，不断丰富、提升和完善各族人民的思想文化生活。与此同时，我们要通过艰苦卓绝的科研工作实践及其优秀科研成果，不断强化优秀思想文化、精神文化遗产的保护、开发、利用、传承与弘扬，建立健全新时代民族语言文学研究系统工程，不断强化民族语言文学研究国际交流功能、作用和地位，不断推进我国优秀思想文化在国际的传播，我们要着力夯实各民族语言文学研究理论创新，进而实事求是、客观实在、全面系统地讲好我们中国各民族语言文学的故事，为提高我国文化软实力作出新的更大贡献。习近平总书记在十九大报告中胸有成竹地指出，当代中国共产党人和中国人民一定能够担负起新的文化使命，在具体实践和伟大的创造中进行新时代的文化创新，在历史的进步中实现新时代的文化进步。对此，我们应该百倍珍惜这一千载难逢的新时代，用强大的责任意识、使命意识、奉献意识，在新时代中国特色社会主义思想理论引领下，为我国民族语言文学及哲学社会科学研究事业，为祖国繁荣昌盛作出新的更大更突出更辉煌的贡献。

（作者为中国社会科学院民族文学研究所党委书记）

会通视域中的马克思主义与传统文化关系问题辨析

党圣元

坚持以马克思主义为指导，运用马克思主义的立场、观点与方法，科学地把握马克思主义与以儒家思想文化为主体的中华传统文化之间的关系，准确定位中华优秀传统文化在当代中国思想文化体系构建中的意义与作用，通过会通方法、当代眼光、文化通识，推动中华文化创新发展，积极地促进当代中国哲学社会科学核心价值和话语体系构建，是当前思想文化领域和哲学社会科学研究中的一项主要的任务，是每一位哲学社会科学工作者所应该承担的责任与使命。这里围绕如何以习近平总书记提出的"以马克思主义为指导，坚守文化中华立场"为指导，准确认识和处理马克思主义与中华传统文化的关系问题，谈一谈自己的一得之见，不足之处，祈请批评指正。

一 深入学习领会、认真贯彻落实习近平总书记关于传承发展中华优秀传统文化的思想

习近平总书记在十九大报告中指出："文化是一个国家、一个民族的灵魂。文化兴国运兴，文化强民族强。没有高度的文化自信，没有文化

的繁荣兴盛，就没有中华民族伟大复兴。要坚持中国特色社会主义文化发展道路，激发全民族文化创新创造活力，建设社会主义文化强国。"又指出："中国特色社会主义文化，源自于中华五千多年文明历史所孕育的中华优秀传统文化，熔铸于党领导人民在革命、建设、改革中创造的革命文化和社会主义先进文化，植根于中国特色社会主义伟大实践。发展中国特色社会主义文化，就是以马克思主义为指导，坚守中华文化立场，立足当代中国现实，结合当今时代条件，发展面向现代化、面向世界、面向未来的，民族的科学的大众的社会主义文化，推动社会主义精神文明和物质文明协调发展。要坚持为人民服务、为社会主义服务，坚持百花齐放、百家争鸣，坚持创造性转化、创新性发展，不断铸就中华文化新辉煌。"习近平总书记的这些论析，为我们正确地认识和处理中华优秀传统文化创新转化与新时代中国特色社会主义文化建设之间的关系，提供了思想指南和科学方法论。

关于优秀中华传统文化与文化自信的关系，优秀中华传统文化的根脉作用与传承发展，中华优秀传统文化的创造性阐释、创新性转化，以及中华优秀传统文化在中华民族伟大复兴"中国梦"征程、新时代中国特色社会主义文化建设中的战略性意义，除了上面所引而外，习近平总书记还在多次重要会议、多种重要场合进行过论析和强调，这些论述形成了一个完整的关于中华优秀传统文化传承发展的思想体系，充满了历史唯物主义的思想智慧和对中国文化发展走向的高瞻远瞩，业已成为习近平新时代中国特色社会主义思想的重要组成部分，需要我们在理论层面深入学习领会，在实践层面贯彻落实。

习近平总书记上述所言，为新时代中国特色社会主义文化建设和发展指明了方向，提供了路标。结合习近平总书记系列讲话中对于中国特色社会主义文化建设、坚持马克思主义为指导、传承发展中华优秀传统文化等方面问题的强调与精义阐发，我们认为，习近平总书记关于文化问题的讲话，已经形成了一个具有思想光辉、理论深度、逻辑严密、新义迭出的思想体系，因而成为习近平新时代中国特色社会主义思想的重要组成部分。研究和阐发习近平新时代中国特色社会主义文化建设思想是人文研究领域的一项重要的学术任务，其间所涉及的一系列思想、理论方面的问题，需要我们进行深入的学习和思考。

二 新世纪中国思想文化发展的两个关键性问题

在中华民族的历史演进过程中，文化始终发挥着兴发意志、激奋人心、熔铸民族精神的巨大作用。中华文化具有数千载的传承发展历史，既古老而又活力永驻。在中华民族创生、融合壮大、发展演进的历程中，既有真力弥漫、强盛进取的年代，也有升平风顺、物华满眼的时期，更有生死危亡、黍离之悲的关头。然而，无论是繁荣昌盛之时，还是艰险困顿之际，中华民族在其发展演进的每一个历史阶段，无不体现出一种或修文进德、光泽四海，或坚毅刚勇、不惧强暴的内力。这种内力，积淀为中华优秀传统文化之深沉底蕴，闪耀为中华民族精神之夺目辉光，并在几千年历史行程中相续相承、通变流转、延绵不断，故而根脉坚固、枝繁叶茂。因此，习近平总书记讲道："中华民族生生不息延绵发展、饱受挫折又不断浴火重生，都离不开中华文化的有力支撑。中国文化独一无二的理念、智慧、气度、神韵，增添了中国人民和中华民族内心深处的自信和自豪。"①

当下中国的思想文化建设，正处在一个新的历史起点上，强调文化自信与文化自为，已经成为一种具有时代标识性意义的思想文化共识；坚持马克思主义的指导地位，发展创新21世纪中国马克思主义，通过创造性阐释与创新性转化积极推进中华优秀传统文化的传承发展，培植中华文化本根，增强文化实力，实现中华民族伟大复兴"中国梦"，既关乎中华国脉国运，又关乎中华文脉文运，因此实质上是当前我国思想文化建设的一个大命题，需要我们深思之、践行之。

为此，我们应该秉持一种会通融合、综合创新的文化通变观，深入领会习近平总书记关于中华优秀传统文化传承发展系列讲话的精义，以及贯彻落实两办《关于中华优秀传统文化传承发展的意见》，科学认识马克思主义与以儒家文化为主体的中华传统文化之间的关系，准确定位中

---

① 习近平：《在中国文联十大、中国作协九大开幕式上的讲话》，《人民日报》2016年12月1日。

华优秀传统文化在当代中国思想文化体系构建中的意义与作用，坚持以马克思主义为指导，运用马克思主义的立场、观点与方法，通过会通方法、当代选择眼光、文化通识意识，认识、践行、推进中华优秀传统文化的传承发展。

我们知道，21世纪中国思想文化的发展，面对两个关键性问题：一是马克思主义中国形态化、当代形态化问题；二是中华优秀传统思想文化的当代价值和意义的再发现问题。这两个问题，所涉及的深层次问题就是作为指导思想的马克思主义，与作为21世纪中国马克思主义建构性发展的重要资源的以儒家文化为主体的中华传统文化，如何对话、如何会通的问题。笔者认为，这两个问题应该也完全可以结合在一起，作为一个统一的思想过程来进行思考，并付诸理论话语实践。其原因有二：其一，马克思主义中国形态化、当代形态化，除了依据现实需要，以及在总结提炼当代中国社会发展实践经验的基础上，拓展21世纪中国马克思主义新范畴、新概念，建构21世纪中国马克思主义新的解释学方法之同时，需要进一步加大研究传统文化尤其是儒家思想精华的力度，以之作为弘扬传承民族文化精神、促进马克思主义中国化的重要思想资源。其二，以儒家文化为核心的中华传统文化确实有部分内容由于历史的发展而失去了存在的合理性，甚至变成了历史包袱，但其中的许多精华成分则具有潜在的当代价值与意义，需要我们重新对其进行发现、开掘、回采。正因为如此，便需要我们以马克思主义立场、观点和方法为指导，以会通的思想姿态，以开放的现代科学和人文眼光，对其进行创造性转化，使之转化成为培育、创新当代中华民族文化精神的有效营养成分。

以此出发，就需要我们打通马克思主义与以儒家文化为核心的中华传统文化之间的对话途径，通过创造性阐释消除相互之间曾经存在的文化隔阂，力求以一种会通的理论眼光科学地认识和处理马克思主义与传统文化、与儒家文化之间的关系，在始终不渝地坚持以马克思主义为指导、以创新发展21世纪中国马克思主义为目标之前提下，将以儒家文化为核心的优秀传统文化视为当代中国文化发展需要认真汲取的重要思想话语资源。

三 准确处理马克思主义与以儒家为主体的传统文化的关系

在会通视域中认识与处理马克思主义与以儒家文化为核心的传统文化的关系，需特别强调以下三个方面。

第一，借助当代眼光和现代阐释，充分吸收中国哲学智慧和优秀传统文化精华。中国改革和现代化建设的伟大实践除了马克思主义的指导外，更有中国哲学和传统文化大智慧的支持和运用，二者的成功结合构成了中国特色社会主义的实践逻辑，不理解这一点就无法完整准确地理解中国的成功经验。因此，21世纪中国马克思主义的发展需要继续吸收中国哲学智慧和传统文化精华，这不仅要求中国化的马克思主义应该具有中国作风和中国气派，更为重要的是要始终突出实践逻辑，运用中国哲学和文化智慧来解决实践中出现的新问题。

第二，赋予当代中国社会发展实践过程中产生的中国经验深厚的马克思主义哲学底蕴。自觉地将中国经验马克思主义哲学化是当前我们学科性研究的一个重大问题，而始终直接面向中国经验进行哲学层面的提炼和升华，则应该是马克思主义中国形态化研究中提问方式转型的一项基本原则，也是其最直接的理论资源和内容。

第三，中国与世界互为方法。中国与世界互为方法的现实发展趋势是21世纪中国马克思主义发展的现实基础：一方面，当代中国受到西方世界的普遍关注，这使得以中国为方法看世界成为现实的可能；另一方面，中国作为新兴的发展中大国仍旧需要世界眼光，这就要求我们将中国问题放在世界发展的历史背景下进行思考，以开放、平等的姿态进行学习和借鉴。在今天，全球的对话，不同文化价值体的共存是人类共同的认识，在比较对话和交流沟通的过程中创造出文化交融的胜景，乃是当代文化在全球化时代的主题。21世纪中国马克思主义的理论建设应该置于这种语境之中，新时代中国特色社会主义文化和核心价值体系构建，不畏惧在各种思想文化价值的相互碰撞过程中发展壮大自身。我们相信，作为一个思想育化和创生过程，通过与中国传统文化的对话与会通，当代中国马克思主义、新时代中国特色社会主义文化的现实生命力、思想生命力必将得到进一步的强化，而中华优秀传统文化的当代价值意义亦将进一步得到发现和彰显，并且通过积极介入当下中国的社会生活和思想理论话语实践而获得新的生长点。

四 传承创新中华优秀传统文化的思想立场

对于如何传承创新和弘扬中华优秀传统文化问题，在认知态度和思想立场上亦存在着非科学、民族文化虚无主义、历史虚无主义、反历史理性等一系列事关重大思想理论倾向的问题。主要体现为：一是从政治异见的立场出发，借古讽今，将弘扬中华优秀传统文化攻击为"强化集权政治""实行思想文化专制"，或者攻击为是一种思想文化上的大倒退。二是从"普世价值""全盘西化"的政治思想和文化立场出发，在古今中西文化关系上制造二元对立，否定中华优秀传统文化对于当代中国思想文化建设的价值意义，动辄将弘扬中华优秀传统文化视为"复古"。三是颠倒错置"马""儒"关系，从"新儒学"的立场观念出发，将弘扬优秀传统文化视为"以儒治国""以儒兴国"，而肆意提倡尊孔读经，并且借此而否定中国现当代革命历程中所形成的新传统，以及否定中国共产党在马克思主义指导下在思想文化建设方面所取得的历史性成就。四是用西方的所谓"普世价值"来否定、排斥中华优秀传统文化对于21世纪中国思想文化建设的战略性资源价值意义，认为当下中国思想文化发展的主要路径是绝对应该走西方"宪政"道路和全盘照搬西方的"普世价值"观念，而不应该提倡什么传承创新和弘扬中华优秀传统文化。五是将20世纪初以来中国在现代化过程中的所有失误原因全归结为是传统文化在作祟，在意识形态方面继续制造现代化与传统文化之间的文化敌意和思想阻隔。六是蔑视中华优秀传统文化在人类思想文化史上所具有的普遍性价值意义，并且动辄通过声讨、抹杀传统来掩饰、影射对当下中国现实的反对立场。七是否定和奚落、攻击中国共产党领导思想文化和文艺建设的成就，攻击中国共产党的文化和文艺政策与制度，宣扬只有西方式的"民主""自由""宪政"制度，才是中国今后唯一可选择的发展道路。八是攻其一点而不及其余,利用一些历史细节或枝节性问题,抹黑、攻击中国共产党领导中国革命和社会主义建设所取得的历史性成就和进步意义,质疑中国共产党文化领导权的合法性,主张只有西方所谓的"普世价值"才是唯一的合法性依据。九是或从极"左"或从极右的角度,煽动、挑起思想文化事件、事端,撕裂大众的思想文化共识,或者说唯恐大众在思想文化方面达成共识,从而达到削弱中国共产党在思想文化方面的领导力量和建构力量的目的。

历史告诉我们,一个民族、一个国家,在文化方面仅仅靠守成是不可能始终保持国力强盛、文化兴盛的,国力强盛和文化兴盛的活水源头在于创新。"传统文化"是一个历史性概念,它在历史的过程中积淀,并且需要随着社会的前行而不断地创新发展自身;没有历史积淀,自然谈不上传统,而没有创新性发展,传统最终必将会中断。因此,根据现实的需要,融合时代主题,在传承的基础上创新,通过创新来传承,是我们在此所讲的在会通视域中处理好马克思主义与儒家思想关系问题的根本目的所在。这就要求我们深入思考和勇于探索如何进一步激活优秀传统文化资源的问题与路径,使其在现实社会中获得新的生长点,从而在传承的过程中得到创新性的发展。只有这样,才能使中华优秀传统文化与当代社会相适应、与现代文明相协调、与世界文化发展趋势相符合、与人类优秀文化相汇通,当代中国文化发展的路径和新的思想文化形态育化之可能性也正在于此。①

(作者为中国社会科学院外国文学研究所党委书记)

---

① 本文为中国社会科学院专项重大项目"中华优秀传统文化创新转化与新时代中国特色社会主义文化建设"阶段性研究成果。

文化自信与"二为方针"

陈众议

文化自信作为道路自信、理论自信和制度自信的基础，自然广受学界关注。但同时，某些偏狭的理解也随之产生，譬如将优秀传统文化简单等同于"国学"，从而偏离了马克思主义的基本原理。本文拟从一远一近两种文艺现象出发，辩证文化自信的一个维度："古为今用""洋为中用"。后者无疑是马克思主义中国化的重要成果之一，而且历久弥新。

一 不忘本来、吸收外来、面向未来，文化自信的基本出发点

先说"国学"，根据百度百科的说法，它"是以先秦经典及诸子百家学说为根基，涵盖了两汉经学、魏晋玄学、隋唐道学、宋明理学、明清实学和同时期的先秦诗赋、汉赋、六朝骈文、唐宋诗词、元曲与明清小说并历代史学等一套完整的文化、学术体系。中国历史上'国学'是指以'国子监'为首的官学，自'西学东渐'后相对西学而言泛指'中国传统思想文化学术'"。根据《现代汉语词典》的说法，它"称我国传统的学术文化，包括哲学、历史学、考古学、文学、语言文字学等"。以上是目前比较概括的说法，也是比较普遍的认知。然而，考"国学"一词的由来，则要追溯到晚清民初的反清复明思想，它延赓了传统意义上的华夷或夏夷之辨。"五四"以后，这种狭义的"国学"遭到重创，以至于

出现了彻底否定传统文化,乃至汉字的极端倾向。作为反弹,"国学"在20世纪20年代再度"复兴";但迅速遭到第二次围剿。郑振铎先生是其批判者之一,称"国学"是不分文理的胡子眉毛一把抓,或者不知深浅地回到四书五经一类的劳什子。在他看来,后者所指涉的国学无非是中学国文课的夸大和对国文老师的抬举。①

总之,以上所说的这个"国学"主要指汉学,而且是以儒学为核心的汉学。但是,我们现在所说的文化自信当然不能局限于汉学。首先,我们有56个民族,而少数民族文化自然是中华文化的有机组成部分。其次,在新全球化时代,并且狭隘的民族主义开始在美欧日渐抬头的前提下,复数的"国学"才更加符合中华民族复兴诉求和人类命运共同体理念。所谓复数的"国学",则既包括上述传统意义上的、狭义的"国学",也包括指向整个中华文化的大复数"国学",甚至还应包括中国与不同国家关系的更大的复数"国学"。这也是文化比较、文学比较赖以存在的根本因由。

此外,习近平同志在党的十九大报告中所说的"优秀传统文化、革命文化和社会主义先进文化"理应包括中华民族吸收并转化的优秀外来文化。其中,马克思主义的化入至关重要,盖因它是我党的指导思想。而狭隘的"国学"无疑是文化不自信的表现;或者反之,即故步自封的夜郎自大。历史上,中华民族最强盛的时代,往往也是文化最自信、最开放、最包容的时代,譬如从文景之治到开元盛世再到咸平之治、永乐之治和康乾盛世。但机会也是稍纵即逝的,如果没有足够的政治定力和文化自信,几十年得来的盛世有可能毁于一旦。

文化自信固非简单的从古,自然也不是简单的从洋。一切盲目的传承和拿来都不可取。且说由于40年的改革开放,外国文学界在解放思想、推动变革的伟大实践中功不可没,但其中泥沙俱下、来者不拒的鲸吞现象也确实存在。这里本应有一个了解的需要(多多益善)和拿来的慎重(取舍有度)问题。它决定了文化比较、文学比较的基本策略,即如何以我为主、为我所用,取利驱弊、进退中绳。而事实是,近几十年

---

① 郑振铎:《且慢谈所谓"国学"》,《小说月报》20卷,1929年1号,第9—10页。

来，马克思主义经典作家所推崇的文学经典在不知不觉、有意无意中淡出了我们的视域。于是，当代比较文学的天平明显倾斜：左拉战胜了巴尔扎克，陀思妥耶夫斯基战胜了托尔斯泰，张爱玲、徐志摩、周作人、林语堂、穆时英、废名战胜了鲁郭茅巴老曹。这是显而易见的。同样，村上春树战胜了大江健三郎，阿特伍德战胜了门罗，郭敬明战胜了莫言。这里既有市场因素、资本的作用，也有学术的偏颇。

因此，重估经典，也许是当前比较文学和整个文学研究的首要任务。盖因现代主义和后现代主义以降，片面的深刻性和深刻的片面性（袁可嘉指现代主义语），以及绝对的相对主义使文学批评明显转向了重器轻道。换言之，所谓的"文学性"追寻掩盖了一个简单的事实，即加引号的"反政治"和"淡化意识形态"所彰显或蕴含的另一种政治、另一种意识形态。只消看看夏志清的《中国现代小说史》，我们便不难窥见其政治偏见，譬如认为鲁迅、茅盾们是意识形态化的，而张爱玲、周作人们才是注重文学性的。当然，后者以及左拉们、陀思妥耶夫斯基们，甚至村上们自有其存在的价值和合理性，尤其是在和平年代、全球化和市场经济年代。但我的问题是，如果后者主导了一国、一族的文学史，那会有什么后果呢？

答案不言自明。但是，诸如此类并不是要回到过去那种非此即彼的二元对立，而是如何保持足够清醒的甄别能力，足够明智的比较方法。我国古来崇尚"穷则独善，达则兼济"。无论我们对曾经的全球化和中国主导的新全球化持何种态度，在国家消亡之前，国家利益高于一切的基本准则不会改变，也不应改变。这也是文化比较、文学比较的基本出发点。

在此，我不妨援引厉以宁先生在谈到如何规避中等收入陷阱时说到的三大要素，即制度创新、科技创新和缩小贫富差距。在此，需要补充的一个要素是文化思想。它决定了中国文化、中国学术能否心系国运，并努力构建人类命运共同体的同心圆。毫无疑问，人类需要同心圆，国家需要最大公约数，比较文学也需要有内核，有外延；有主次，有交叉。如是，我们会不由得想起习近平同志"不忘本来，吸收外来，面向未来"之谓——我称之为"三来主义"。

二 "古为今用""东为西用"为西方的崛起奠定了文化的和物质的双重基础

回到外国文学本体,众所周知的西方文艺复兴运动和拉美魔幻现实主义也许是我们反证文化自信和复数"国学"的两个适例。且不说西方文艺复兴运动对我国维新变法以降的文化和文学有多大影响,即使拉美魔幻现实主义这个小小的文学思潮在我国当代文坛所产生的影响也毋庸忽视。然而,这里所讨论的主要不是这些人类文明或文化成果对我们的影响,而是其中所蕴藏的"古为今用""东为西用"。

作为马克思主义中国化的重要成果之一,毛主席提出的"二为方针"正在为新时代所发扬光大,但它也曾极大地受惠于西方文艺复兴运动。[①] 正如马克思主义有三大来源,并鉴于学界对此关注、讨论较多,我不妨就较为遥远的文艺复兴运动及其悠远的由来和我较为熟识的、近前的拉美魔幻现实主义的两个源头评骘一二。

首先,西方文艺复兴运动直接受惠于东学,具体说来是借助了阿拉伯人"百年翻译运动"的东学西渐。阿拉伯帝国形成伊始,伍麦叶王朝和阿拔斯王朝便致力于经济振兴和文化复兴。作为丝绸之路的中转环节,他们大量引进东方各国的先进科学技术,其中就有我国的"四大发明",尤其是对文明传播起到重大作用的造纸术和印刷术。造纸术源自中国。据考古发现,纸的发明是中国对世界文化的重大贡献之一。早在公元前2世纪初,西汉就出现了土麻纸。今新疆、敦煌出土的文物表明,公元4世纪初的西域地区已经开始使用古纸,特别是一些粟特文书可

[①] 毛泽东同志于1964年正式提出"古为今用、洋为中用"方针时虽然没有直接提到西方文艺复兴运动,但梁启超等维新派先贤关于后者"托古喻今"或"托古改制"的说法众所周知。这种托古托洋思想正是他们取法西方文艺复兴运动的一个见证。梁启超同时还要"以古证今""以中证洋",也就是说不能直接照搬古人和洋人,因为那样会食古不化、食洋不化,也难使国人接受,而是要借古人之名以证今学、借中学之名以证西学。其所谓的"为体""为用"亦基于此。而这与马克思在《路易·波拿巴的雾月十八日》中关于文艺复兴运动的说法如出一辙。同理,毛主席概括马克思主义的"实事求是"同样既取法古人,其最直接的由来为岳麓书院的朱熹匾;也取法苏联,即列宁领导十月革命的成功经验。这些都是马克思主义中国化的最佳注脚。

以见证其广泛应用程度。据考,怛逻斯之役使大批中国俘虏集中在撒马尔罕和库法两地,其中在撒马尔罕的中国战俘就曾将造纸术和印刷术传到了阿拉伯世界,并由阿拉伯人于公元8世纪将其引入阿拔斯王朝。后者当即在巴格达创建了中东第一座造纸厂和第一座印刷厂。穆斯林书商蜂拥而至,图书馆也相继涌现。这些都使得文化的迅速传播成为可能。

这种传播最集中的体现就是"百年翻译运动"。其实自伍麦叶王朝起,阿拉伯人就已经开始着手翻译古波斯、古叙利亚和古希腊罗马典籍,及至阿拔斯王朝形成规模。阿拔斯王朝哈里发曼苏尔(754—775年在位)、哈伦·拉希德(786—809年在位)时期,巴格达当局投入大量财力、物力,组织学者翻译各国典籍,内容涉及语言、文学、星相学、宗教学、哲学、历史、艺术、数学、医学、几何学、天文学等人文和自然科学。著名的寓言故事集《卡里来和笛木乃》便是这一时期从梵文(《五卷书》)移译和改编成阿拉伯语的。许多至今仍在沿用的技术词汇,也是阿拉伯人传承给世界的宝贵遗产,如阿拉伯数字、代数和零的概念。公元9世纪初,阿拔斯哈里发麦蒙(813—833年在位)建立"智慧宫",更是将翻译运动推向了高潮。"智慧宫"类似于中国古代大型的佛经翻译场或翰林院,负责组织和领导全国的智者们进行图书编纂、写作、研究或翻译。一时间,各方学者、翻译家辐辏云集,学术活动盛况空前。他们注重收集和翻译被征服民族和周遭民族的文化典籍,肩负起了拯救和传播古典文明的任务。古希腊哲学在欧洲中世纪几乎被西方遗忘,却被大马士革(伍麦叶王朝首都)、巴格达(阿拔斯王朝首都)、科尔多瓦等伊斯兰都市大量收藏,并被移译至阿拉伯语和拉丁文。同时,阿拉伯人的翻译不是简单的复制和传播,他们还掺入了自己的哲学思考和宗教思想,进而为中世纪后半叶西方新柏拉图主义和新亚里士多德主义的生发奠定了基础,并且形成了独具一格的"巴格达学派",以取代"亚历山大学派"。"巴格达学派"与科尔多瓦和开罗学术形成东西互动,从而激活了沉睡的古典学术,点燃了西方文艺复兴运动的导火线、成为西方文艺复兴运动的最初引擎。因此,文艺复兴运动从一度被阿拉伯人局部或大部占领的意大利和西班牙发端也就不足为奇了。①

对意大利文艺复兴运动时期的但丁、薄伽丘或达·芬奇、米开朗基罗、拉斐尔等巨匠,人们耳熟能详,但对西班牙早期文艺复兴运动的情况却知之甚少。这一方面是因为西班牙作为近代欧洲最早的帝国,其崛起之后的保守姿态一定程度上抵消了它的作用;另一方面,它的盛极而衰和阿拉伯人的东方基因又使它一度游离于西方。然而,倘使我们翻检历史,便能轻易发现,不仅以哥伦布为代表的航海大发现大都由西班牙天主教双王资助,② 而且连明朝晚期的早期来华传教士如利玛窦、汤若望、庞迪我等也是由西班牙直接或间接支持的。③ 在文学领域,伊塔大司铎的《真爱之书》、胡安·马努埃尔的《卢卡诺尔伯爵》等显然也因西班牙的没落而被低估了。它们对薄伽丘、莎士比亚乃至安徒生等诸多西方作家的贡献也被有意无意地忽略了。

但是,20世纪20年代以降,但丁、伊塔大司铎、胡安·马努埃尔、薄伽丘,乃至塞万提斯等西方文艺复兴运动巨匠同阿拉伯文化的关系越来越受到东西方学界的关注,这就给西方崛起的东方因缘提供了不可或缺的鲜明注解。也就是说,西方文艺复兴运动不仅受惠于阿拉伯翻译运动,从而"以古证今";而且借助于阿拉伯人和航海大发现,展开了大规模的"以西证东"。这种"古为今用""东为西用"曾实实在在地为西方的崛起奠定了文化和物质的双重基础。或可说,没有东方贡献、东方智慧,西方的文艺复兴运动是不可想象的。

三 拉美文学魔幻现实主义恰是多元文化的集中反映

至于拉美魔幻现实主义,同样可以说是建立在"古"和"洋"两大

---

① 参见宗笑飞《阿拉伯安达卢斯文学与西班牙文学之初》,当代中国出版社2017年版,第3页。
② 在此,指南针和火药(及西方早期热兵器)发挥了重要作用。
③ 这背后自有西班牙觊觎我中华的狼子野心。事实上,自16世纪初17世纪末,西班牙(及其驻菲律宾历任总督)从未放弃觊觎我中华大地。Torre Villar, *La expansion hispanoamericana en Asia XVI – XVII*, México: Fondo de Cultura Económica, 1980, pp. 768–879.

基础之上的。换言之,古印第安文学文化资源和西方文学文化资源是拉美魔幻现实主义赖以产生并发展壮大的两大基石。

首先,魔幻现实主义是拉美作家从集体无意识,尤其是从印第安文化中发现的神奇。用阿斯图里亚斯的话说,魔幻现实是这样的:"一个印第安人或混血儿,居住在偏僻的山村,叙述他如何看见一朵彩云或一块巨石变成一个人或一个巨人……所有这些都不外是村人常有的幻觉,谁听了都觉得荒唐可笑、不能相信。但是,一旦生活在他们中间,你就会意识到这些故事的分量。在那里,尤其是在宗教迷信盛行的地方,譬如印第安部落,人们对周围事物的幻觉印象能逐渐转化为现实。当然那不是看得见摸得着的现实,但它是存在的,是某种信仰的产物……又如,一个女人在取水时掉进深渊,或者一个骑手坠马而死,或者任何别的事故,都可能染上魔幻色彩,因为对印第安人或混血儿来说,事情就不再是女人掉进深渊了,而是深渊带走了女人,它要把她变成蛇、温泉或者任何一件他们相信的东西;骑手也不是因为多喝了几杯才坠马摔死的,而是某块磕破他脑袋的石头在向他召唤,或者某条置他于死地的河流在向他召唤……"[1]

其次,魔幻现实主义又是超现实主义的翻版,一定程度上是对超现实主义的借鉴与背叛:"超现实主义是一种反作用……它最终使我们回到了自身:美洲的印第安文化。谁叫它是一个耽于潜意识的弗洛伊德主义流派呢?我们的潜意识被深深埋藏在西方文明的阴影之下,因此一旦我们潜入内心的底层,就会发现川流不息的印第安血液。"[2] 用卡彭铁尔的话说,"对我而言,超现实主义有着十分重要的意义。它启发我观察以前从未注意的美洲生活的结构与细节……帮助我发现了神奇的现实"。[3] 说得更为明白一点,阿斯图里亚斯和卡彭铁尔的所谓魔幻或神奇现实其实是美洲印欧混血人种的集体无意识。而这种集体无意识的发现不仅受惠

---

[1] G. W. Lawrence, "Entrevista con Miguel Angel Asturias", *Nuevo Mundo*, I (1970), pp. 17–23.

[2] Carpentier, *Confesiondes sencillas de un escritor barroco*, La Habana: Editorial Letras Cubanas, 1964, p. 32.

[3] López Alvarez, Luis, *Conversaciones con Migual Angel Asturias*, Guatemala: Ed. Article, 1974, p. 81.

于超现实主义的刺激,而且是拉美文化寻根运动的直接衍生物之一。早在20世纪20年代,围绕墨西哥作家巴斯康塞洛斯的《宇宙种族》,拉美文坛展开了旷日持久的争鸣。以巴斯康塞洛斯、博尔赫斯、雷耶斯为代表的欧化知识分子(姑且名之)鉴于美洲的种族和文化混杂,津津于无边的世界主义(或为宇宙主义),从而致力于淡化民族意识,对一切文化采取兼收并蓄、来者不拒的包容姿态。反之,以雷布埃尔塔斯、里维拉和土著主义作家为代表的左翼阵营则针锋相对,指宇宙主义或世界主义是掩盖社会问题和阶级矛盾的虚无主义。有关争鸣在拉美文学史上被泛称为"寻根运动",而魔幻现实主义正是在这场论争中脱颖而出的,它基本上取法折中,既关注印第安传统,也不排斥欧洲文学文化,通古今而化异同:异中求同,同中见异。当然,其所呈现的恰恰是两种,甚至多种文化积淀的集体无意识。顺便说一句,拉美"寻根运动"颇使人联想到20世纪20年代我国文坛的潮起潮落和鼓角争鸣。也正因为如此,从拉美"寻根运动"到改革开放伊始我国文坛由心化境、一呼百应的"寻根文学"是那么的顺理成章。只不过,后者囿于历史和政治原因而来得晚了一些。

四 结 语

钱锺书先生在《谈艺录》序言中借南宋陆九渊之意,谓"东海西海,心理攸同;南学北学,道术未裂"[①]。诚哉斯言!需要补充的是,这里至少还应有化与变的区别。相对于一个"变"字,钱先生显然更倾向于一个"化"字,譬如他关于文学翻译的化境说[②]和关于文学比较的会通说[③]流布甚广。但事实上现代文学有许多人为的变易或断裂,譬如西方现代派的种种极端做法。这一点无须多言。好在20世纪末至今,现实主义的回归又恰恰证明刻意的、片面的求变求新并未将文学引向康庄大道,相

---

① 钱锺书:《谈艺录》,中华书局1993年版,序言第5页。
② 钱锺书:《林纾的翻译》,《中国翻译》1985年第11—12期。
③ 钱锺书认为文学影响学的空间非常有限。因此,在他看来,比较文学理应更多地关注那些在缺少时空关联的情况下产生的文学现象,并对其进行平行研究;是谓人同此心、心同此理的"通门户而化町畦"。参见《七缀集》,上海古籍出版社1994年版,第68页。

反倒是喝住了不少读者。而这其中的否定之否定也是人为的，而且引人深思。当然，历史和现实永远不会完全重合，就像赫拉克利特的二律背反，即"人不能两次踏进同一条河流"；但文学可以同时面对二重，甚至多重资源：南北西东，古往今来。这才是大化世界需要的同心圆，反之亦然。

（作者为中国社会科学院外国文学研究所所长）

落实全面从严治党关键在基层党的建设

刘晖春

党的十九大报告提出的新时代党的建设总要求和8个方面重点任务，对推进党的建设新的伟大工程作出了顶层设计、战略部署。中国特色社会主义最本质的特征是中国共产党的领导，中国特色社会主义制度的最大优势是中国共产党的领导。习近平总书记指出"办好中国的事情，关键在党"，党的执政地位和肩负的历史使命，要求我们治国必先治党，治党务必从严。党要管党、从严治党，既是我们党的优良传统和宝贵经验，也是我们党的一贯方针。

作为基层单位党委书记，如何贯彻落实中央全面从严治党的战略方针，通过深入学习十九大报告精神，结合我的实际工作，我认为可以从以下几个方面加强党的建设。

一 加强党性教育，坚定理想信念

理想信念是一个政党的精神旗帜。中国共产党之所以具有先进性和战斗力，首先是因为它具有崇高的理想信念，运用科学理论武装自身。坚定共产主义理想信念、坚守共产党人精神追求，始终是共产党人安身立命的根本。在我们党90多年的历史中，无数共产党人无私奉献，甚至不惜流血牺牲，为的就是这个理想，靠的就是这种信仰。有对共产主义的美好憧憬，就会让自己望得更高、看得更远。在新的时代，思想建设面临的最大问题是部分党员干部的信仰缺失。没有坚定的理想信念，就不会去坚持和奋斗，就会虚伪甚至堕落。对党员干部来说，理想信念滑坡是最严重的病变。党员干部如果没有坚定的理想信念，就难以抵制各种腐朽思想的侵蚀，就不能正确处理公私关系，会缺乏正确的是非观、义利观、权力观，难免会犯错误。因此，主动开展形式多样、内容丰富多彩的理想信念教育、党性教育，是每个基层党组织肩负的责任和义务，思想政治教育是党组织工作的第一要务。

为贯彻落实中央全面从严治党战略，推进"两学一做"专题教育活动常态化、制度化，以实际行动迎接中国共产党建党96周年，2017年6月19—21日，语言研究所党委组织全体党员和入党积极分子赴重庆"红岩联线党性教育基地"举办党性教育培训班，在红岩革命烈士墓前重温入党誓词，学习老一辈革命家和革命英烈，为党和人民的事业，勇于牺牲个人利益甚至生命。举办此次培训班的意义在于增强党员意识，提高党员党性修养，把贯彻中央全面从严治党精神和院党组加强党建工作的部署落到实处。

二 严明政治纪律，坚定看齐意识

党的政治纪律是维护党的政治方向和政治原则的纪律，是党的组织和党员在政治言论、政治行动方面同党的路线方针政策保持一致的行为规范。从严加强组织建设，关键是要用铁的纪律维护党的团结统一。全党必须在思想上政治上行动上同党中央保持高度一致。面对高速发展的信息时代和复杂多变的国际环境，任何组织观念薄弱、组织领导涣散都会面临亡党亡国的重要危险，因此，必须严明党的组织纪律，个人必须服从组织，全党必须服从中央。要强化党的意识，强化组织意识，增强责任感和使命感。要严格执行民主集中制和党内组织生活制度。党内政治生活是党组织教育管理党员和党员进行党性锻炼的重要平台，从严治党必须从党内政治生活入手。要敢于和善于运用批评和自我批评这个有力武器，开展积极健康的思想斗争，帮助广大党员干部明辨是非、坚持真理、修正错误、统一意志、增进团结。严明政治纪律,最核心的是坚持党的领导,最根本的是同党中央保持高度一致,坚定看齐意识,牢固树立大局观念和全局意识,防止和克服地方和部门保护主义、本位主义,不搞"上有政策、下有对策",杜绝有令不行、有禁不止。要牢固树立党章意识,自觉用党章规范言行,做到政治信仰不变、政治立场不移、政治方向不偏。全党同心,其利断金,只要我们党思想统一、步调一致,就能引领中国巨轮攻坚克难、乘风破浪。

三 践行为人民服务,坚持以人民为中心

党的十九大报告指出:"全面从严治党永远在路上。一个政党,一个政权,其前途命运取决于人心向背。"我们要坚持以人民为中心,始终同人民想在一起、干在一起。作为研究所党委书记,主要工作就是跟科研人员打交道,解决科研人员最迫切关心、最切身的利益,想群众所想,解群众所急。习近平总书记指出:"如果管党不力、治党不严,人民群众反映强烈的党内突出问题得不到解决,那我们党迟早会失去执政资格,不可避免被历史淘汰。这决不是危言耸听。"[①] 人民群众是通过自己身边的党组织和党员的作风来了解一个党、认识一个党,进而选择自己的政治态度和政治立场。从历史发展角度看,执政时间越长的政党,越要从严治党,越要加强作风建设,这样才能赢得群众拥护,获得群众支持。实践证明,没有良好群众基础的政党难以维系政权。人心向党,党必然生机勃勃;人心背党,党必然凋零败落。政党作为一种为实现特定目标而组织起来的政治组织,自身建设和管理的好坏,决定着其生存和发展。20世纪后期,以苏联为首的东欧国家共产党政权相继垮台,究其原因就是执政党脱离群众,没有把人民的福祉作为执政党的奋斗目标,没有坚持以人民为中心的工作理念。

我们党之所以能走过近百年的历史道路,取得革命和建设巨大成就,从而得到人民的拥护,究其原因是我们党工作的根本出发点和落脚点就

[①] 习近平:《在全国组织工作会议上的讲话》,《十八大以来重要文献选编》(上),中央文献出版社2014年9月版,第350页。

是一切为了群众,我们所有动力的来源是一切依靠群众。我们党根本的领导方法和工作方法是从群众中来,到群众中去,这就要求我们平时工作中多走、多看、多听,时刻保持与人民群众的深厚情感。"作风建设永远在路上",在工作作风上,要端正工作态度,增进对工作的感情,投入更多的精力、更大的勇气和更高的热情,时刻保持党同人民群众的血肉联系,自觉践行"三严三实",踏踏实实为人民服务。

四 牢记使命,敢于担当

2014年1月22日,习近平总书记主持召开中央全面深化改革领导小组第一次会议时强调:"要强化改革责任担当,看准了的事情,就要拿出政治勇气来,坚定不移干。"① 一个好的干部,讲真理不讲面子,讲原则不和稀泥,敢于正视问题不回避、承担责任不推诿、直面矛盾不上交。2016年1月18日,习近平总书记在省部级主要领导干部学习贯彻党的十八届五中全会精神专题研讨班上指出:"一些干部'为官不为'已成了一个突出问题,各级党委就要不等不拖、辩证施策,争取尽快扭转。""综合各方面反映,当前'为官不为'主要有3种情况:一是能力不足而'不能为',二是动力不足而'不想为',三是担当不足而'不敢为'。"② 我到语言所任职以后,心中牢记总书记的教导和院党组的嘱托,带领所党委,认真履行党风廉政建设和意识形态工作主体责任,牢记使命,敢于担当,主动作为,努力为所办实事,为所的长远发展谋篇布局,做好顶层设计。

党的十九大报告指出:"不断增强意识形态领域主导权和话语权,推动中华优秀传统文化创造性转化、创新性发展。"我所编纂的《现代汉语词典》和《新华字典》几十年来为社会提供精神产品,传播思想信息,担负文化传承使命,已经成为国家文化事业发展的重要部分,在国家意识形态建设中发挥着重要作用。辞书产品具有特殊性,需要坚持正确导

---

① 《把握大局审时度势 统筹兼顾科学实施 坚定不移朝着全面深化改革目标前进》,《人民日报》2014年1月23日。

② 习近平:《在省部级主要领导干部学习贯彻党的十八届五中全会精神专题研讨班上的讲话》,《人民日报》2016年5月10日。

向，提高政治站位，坚守意识形态领域重要阵地，这是哲学社会科学工作者义不容辞的责任。我院建院之初，胡乔木院长曾有建立辞书研究所的动议。最近十多年来，语言研究所也一直有建立辞书中心的想法，但一直没能如愿建成。2016年10月以来，根据辞书事业需要适应时代发展和社会需求的迫切形势，我多次主持党委会，研究推动辞书中心设立，并做好顶层设计，克服了各种困难，在院党组的支持下，于2017年7月19日获院批准，正式成立了"中国社会科学院辞书编纂研究中心"，给我所辞书编纂与研究搭建了更高平台。作为辞书事业发展的科学管理平台，辞书中心整合了中国社会科学院语言研究所以及院内外相关单位的优势资源，以《现代汉语词典》《新华字典》为依托，将切实担负起辞书编纂领域国家队的文化责任、社会责任和历史责任。在成立辞书中心的同时，还新设立了《新华字典》编辑室和新型辞书编辑室，扩充了语言所内部机构设置。为配合这些辞书中心和新设机构，全所进行了办公用房大调整，按照各处室的工作相近性划分为辞书中心、期刊编辑部、职能处室、研究室等不同区域，把6间办公室划定为"共享空间"，设立多功能活动室，为科研工作提供更合理更美丽的办公环境。

在选人用人工作中，有时容易陷入为选干部而选干部、为培养干部而培养干部的误区。我们通过学习党的十九大精神，在选拔任用干部上所党委思想认识方面有了提高，选拔任用干部坚持以对党和人民事业高度负责的精神，坚持党的事业第一、人民利益第一、工作需要第一，把事业发展、工作需要、岗位要求与合理培养选拔干部、促进干部健康成长、充分调动广大干部积极性有机结合起来，着重选拔那些条件优势能很好转化为实践优势的干部。大胆选拔勇于改革、善于创新，静下心来想问题、扑下身子干实事，具有强烈事业心、责任感的干部。对那些因用人风气不正和某种客观因素影响迟迟没有得到重用的优秀干部，大胆提拔。在辞书中心的室主任配置上大胆使用中青年业务骨干，着眼于培养人才、做好后备干部储备，充分发挥年轻干部的主人翁精神和骨干作用。

五　加强学习，掌握过硬本领

党的十九大报告指出："领导十三亿多人的社会主义大国，我们党既要政治过硬,也要本领高强。"重点指出要增强学习本领、政治领导本领、改革创新本领、科学发展本领、依法执政本领、群众工作本领、狠抓落实本领和驾驭风险本领。这是站在新时代推进中国特色社会主义伟大事业高度,对提高党的执政能力和领导水平提出的要求。政治过硬、本领高强,是辩证统一的。政治过硬是灵魂、是方向。本领高强是基础、是保证。新征程不可能是一帆风顺的,更不会都是平坦大道,还有许多"雪山""草地"需要跨越,有许多"娄山关""腊子口"需要征服。领导干部不仅要有担当的宽肩膀,还得有攻坚克难的真本领。

随着生活阅历和工作实践的积累,作为党员领导干部,对自己的要求也要不断提高,不能因为工作和生活的"安稳"就放松警惕、降低要求,要时刻保持积极向上的学习和工作状态,不松懈、不懈怠,不断提升工作素养和处理具体问题的能力。有了能力,就有了做事的"底气",有了前进的自信。坚定了信心,就能更加从容地应对遇到的风雨、困难和挑战。面对新形势新任务新要求,我们要真正增强本领不足、本领恐慌、本领落后的危机感,聚焦中心任务,立足主责主业,不断夯实专业底子,补齐能力短板,遵照党的十九大报告所提出的要求,注重培养专业能力、专业精神,增强干部队伍适应新时代中国特色社会主义发展要求的能力。

全面从严治党的根本出路在于以制度管党治党,通过科学严密的制度安排,实现党的建设常态化。必须增强制度执行力,做到用制度管权管事管人,强化制度建设和监督管理,确保制度面前没有特权、制度约束没有例外,切实推进全面从严治党。推进党的建设新的伟大工程,必须按照党的十九大提出的党的建设总要求和重点任务,牢固树立全面从严治党永远在路上的理念,继续保持从严从紧从实的战略定力,认真履行管党治党政治责任。在研究所党建工作中也必须用制度管好干部管好党员,以实际行动落实好党的十九大提出的全面从严治党的战略目标和党的建设总要求。

(作者为中国社会科学院语言研究所党委书记)

党的事业征程上的不变和变

刘丹青

党的十九大将习近平新时代中国特色社会主义思想确立为党的指导思想,开启了中国特色社会主义的新时代。习近平总书记所作的十九大报告,就新时代坚持和发展中国特色社会主义的一系列重大理论和实践问题阐明了大政方针,是我们党在新时代的政治宣言和行动纲领。这篇具有巨大现实意义和深远历史意义的政治报告,理论博大精深,内容全面系统,值得我们认真反复地学习,并结合工作实际不断深化认识。这里结合个人的感受,集中围绕党的事业征程中的变和不变的问题谈一下初步学习之后的体会。

一 永恒不变的我党初心

习近平总书记的报告,开篇部分就指明了大会的主题。

大会的主题是:不忘初心,牢记使命,高举中国特色社会主义伟大旗帜,决胜全面建成小康社会,夺取新时代中国特色社会主义伟大胜利,为实现中华民族伟大复兴的中国梦不懈奋斗。

我体会,"不忘初心、牢记使命"是其主题词。"不忘初心"是习近平总书记于2016年7月1日在庆祝建党95周年大会上响亮提出的口号,从此成为响遍华夏大地、洞彻亿万人内心的召唤。到十九大报告中,这一口号进入大会主题的核心词,发展为"不忘初心、牢记使命"。自十九大召开和闭幕以来,这 8 个字更加成为涌动在全党全国人民口中和心上的热潮,化为激励全党和全国人民为实现中国梦而奋勇前进的强大能源。

"不忘初心",将全党同志的思绪一下子拉回到建党之初,一群怀抱共产主义理想和救国救民壮志的革命先驱,在艰难危险的条件下建立中国共产党,自觉担负起"为中国人民谋幸福,为中华民族谋复兴"的使命,开始了在艰苦卓绝征程上的顽强奋斗。正是这份不变的初心,陪伴和激励着数千万先进分子坚定不移地走在为国为民勇往直前不惜牺牲的道路上,在难以列数的艰难困苦中取得了一个又一个伟大胜利。中国人民从站起来、富起来到今天的强起来,所有这些历史性成就,都是在不忘初心的中国共产党的领导下通过全国人民的团结奋进而取得的。只要这份初心永存心头,我们党就能拥有不断向前的力量源泉。"不忘初心",代表了党的宗旨不变,党的力量源泉也就因此而长流不歇。

二 变和不变的我党使命

与"不忘初心"呼应的是"牢记使命"。"牢记"就是"不忘","记"就是"忘"的反义词。这个"使命",与"初心"既相同,又不同,既不变,又有变。中国共产党人在今天的使命,仍然围绕着"为中国人民谋幸福,为中华民族谋复兴"的宗旨。但是,十九大主题里还给使命列出了更加具体明确的内容,包括"高举中国特色社会主义伟大旗帜,决胜全面建成小康社会"。"中国特色社会主义"是我党改革开放之后总结几十年革命建设经验提出来的,这是建党之初乃至中华人民共和国成立以后很长时间内尚没有的观念,而"决胜全面建成小康社会"也是针对改革开放取得举世瞩目成就之后的今天所提出的工作目标,具有很强的时代性。十九大报告中提出的大部分目标任务,包括五位一体建设及其具体内容,如社会建设所涉及的国家治理的现代化,生态文明建设所涉及的污染防治和环境保护,都是党和国家的事业在今天的发展状况下面临的现实任务,这些,跟革命战争年代进行苏区武装斗争、白区地下斗争、红色根据地建设、群众运动等工作使命,跟中华人民共和国成立初期的土地改革、公私合营等城乡工作任务,跟改革开放初期的土地承包联产责任制、发展乡镇企业等,都有着显著的时代差异。正是因为党能够与时俱进地提出适合不同历史时期的目标任务，所以才能带领全国人民不断取得进步和胜利。因此，不同时期党的使命所包含的具体工作任务，总是会随着时代和环境的变化而变化，"牢记使命"就包含了一层变化的意思：要清楚地了解和记住变化中的使命。

因此，"不忘初心"和"牢记使命"，包含了不变和变的高度辩证统一。如果我们在不断变化的环境和条件下忘记了当初的使命，忘记了我们党从建党之初就怀抱的对国家和人民的责任，那我们就会脱离人民、丢失民心；如果我们不能及时地认清复杂变化的国内外形势，不能清楚地认识国家社会当前所处的发展阶段和即将到来的前景，只将思维永远停留在某个阶段，我们也会跟不上时代的进步，错过发展的机遇、失去领导力。因此，正确把握好事业征程中不变和变的关系，是我们学习十九大报告可以得到的一点深切体会。

三　变和不变的辩证关系

变和不变的辩证关系，还表现在十九大精神的许多方面。

第一，习近平新时代中国特色社会主义思想，本身也包含了变与不变的辩证统一。经过40年的改革开放，中国特色社会主义进入了新时代。"新时代"当然有一系列新的特征，中国特色社会主义建设与改革开放初期相比，已经发生了非常大的发展和飞跃，社会的主要矛盾也发生了变化，由"人民日益增长的物质文化需求同落后的社会生产之间的矛盾"转化为"人民日益增长的美好生活需要和不平衡不充分的发展之间的矛盾"。习近平新时代中国特色社会主义思想，就是这些新的历史背景下的马克思主义中国化的最新成果，是在毛泽东思想、邓小平理论、"三个代表"重要思想和科学发展观的基础上进一步的发展，包含了以习近平同志为核心的党中央治国理政的新理念新思想新战略。这一系列的"新"，自然包含了变化的成分，包含了对国际国内总体形势的科学判断和我国社会主义发展道路的深刻思考。但是，这一思想的精神实质，仍然是改革开放以来我党一贯坚持、道路越走越坚定、越走越宽广的"中国特色社会主义"。这是习近平新时代中国特色社会主义思想的不变的要义，是党和国家始终沿着正确发展道路前进、不走偏、不转向的根本保证。

第二,"中国特色社会主义"本身也是变和不变的辩证统一。一方面"中国特色"表明了我国的社会主义道路是马克思主义和中国实际相结合的产物,它既不等同于以前仅仅存在于理论书本上的社会主义,也不等同于其他国家曾经有过的社会主义,更不同于我们曾经经历的"封闭僵化的老路",而是改革开放以来我们党探索出来的最适合中国国情的发展道路,因此自然包含了"变"的成分。另一方面,必须充分认识到,"中国特色社会主义"的本质是社会主义,是在马克思主义指导下建立和形成的代表最广大人民群众利益的制度和道路,这是绝对不能丢弃的本质。一旦离开了社会主义的轨道,社会主义建设成就就会丧失殆尽。我们学习领会习近平新时代中国特色社会主义思想,既要看到其是马克思主义中国化的发展和创新,又要看到其本质上是对社会主义方向的坚守和共产主义长远目标的追求,要将"变"和"不变"辩证统一起来。

第三,中国共产党章程也体现了变与不变的辩证统一。从建立之初的近百年来,既保留了它最核心的精神实质,坚定地表达了对共产主义远大理想的追求,又在大部分党代会上做了适当的修改,包括十九大对党章的诸多修改,从而让党章与时俱进地成为所在时代规范每个党员行为的最高准则。这也生动地体现了不变和变的辩证统一。

第四,党的建设方面也包含了这种变和不变的辩证统一。

党的建设、党的纪律,是我们党强有力的政治生命力的根本保证。中国共产党对自身组织性、纪律性的强调和坚持,是近现代以来中国任何其他政党和政治组织所无法相比的,这也是中国共产党历史地成为中国的领导力量的重要因素。一方面,从党的成立之日起,党的纪律就成为重要的议程和党的制度建设不可或缺的重要内容。另一方面,党建党纪的具体内容和方法,又随着时代的变化而不断有所变化。如中华人民共和国成立以前的战争年代,对于在白区斗争的地下党员来说,保守秘密、包括自己的党员身份,成为头等重要、与党和人民的利益休戚与共的纪律约束。在改革开放取得巨大成果、社会主义市场经济欣欣向荣的今天,无度的物质追求、奢侈生活和贪污受贿成为党员领导干部违纪、违规、违法犯罪的常见诱因,也是人民群众最能感受到的消极腐败现象。在出现了一系列党内野心家阴谋家的严重案例后,我们党也再次认识到政治纪律对于党的生命的头等重要的作用。我们党制定的"四个全面"战略布局，把"全面从严治党"纳入其中，视为实现其他三个全面——全面建成小康社会、全面深化改革、全面依法治国的根本保证，制定了比以往版本更加精准细致的有关六项纪律的各项党内法规，使党风廉政建设在新时代有了更加明晰的制度遵循，包括在全国推开的国家监察体制的改革，在国家层面成立监察委员会，组建由国家、省、市、县监察委构成的全覆盖监察体系，同党的纪律检查机关合署办公。这一举措，将使全面从严治党和全面依法治国更加统一起来，建起适合时代需要的全党全国反腐倡廉的牢固防线。

因此，不同的时代、不同环境下，对党内纪律的强调和严格执行是永远不变的，其中涉及党纪的核心内容也是不会改变的；而纪律约束的某些具体内容和执行纪律的方法，则可能随着时代的变化而有所调整。在党建党纪方面，我们也要很好地把握不变和变的辩证关系，永远重视党建工作不放松，永远做严守党的纪律的模范，同时又及时学习和掌握了解党建党纪的各种新规定，确保自己在党建党纪方面成为一个合格的和优秀的中共党员，也只有这样的党员，才能得到群众的信任。

从变和不变的辩证关系思考，是我在学习十九大精神的过程中获得的一个特定的角度，从这个角度，能够更加体会到党的宗旨、党的指导思想，是我们党的永恒灵魂，是我们事业发展须臾不能离开的东西；同时，也体会到党的力量，来自与时俱进、不断创新的理论勇气和实践勇气，只有这样，党才能具备不会枯竭的领导力，才能有效地带领全国人民不断走向胜利和辉煌，永远把人民对美好生活的向往作为奋斗目标，实现中华民族伟大复兴的中国梦。

（作者为中国社会科学院语言研究所所长）

建设中国特色社会主义必须始终坚持以人民为中心

孙海泉

习近平总书记在党的十九大报告中指出,"中国共产党人的初心和使命,就是为中国人民谋幸福,为中华民族谋复兴"。不忘初心,牢记使命,深刻阐明了中国共产党全心全意为人民服务的根本宗旨,深刻反映了中国共产党 90 多年来为人民幸福和民族复兴不懈奋斗的光辉历程,也深刻指明了中国共产党继续领导新时代中国特色社会主义事业的前进方向。不忘初心要求我们始终坚持人民的主体地位,坚持以人民为中心的发展思想。

一 坚持以人民为中心是历史唯物主义的必然要求

人民群众是社会历史的主体,是历史的创造者,这是历史唯物主义的基本观点。马克思主义认为,"生产物质生活本身"是一切历史的基本前提,劳动不仅创造了人,而且人们创造历史的最基本活动也是生产劳动。因此,基于自身和社会需要而从事一定实践活动的、处在一定社会关系中的现实的人及其活动才是社会历史存在和发展的前提。"历史活动是群众的活动,随着历史活动的深入,必将是群众队伍的扩大。"① 人民群众不仅是物质财富和精神财富的创造者，而且是社会历史发展与变革中的决定性力量。在社会历史发展进程中，在社会变革、制度更替的重大历史时刻，人民群众往往是最终的决定性力量。正如毛泽东所说："人民，只有人民，才是创造世界历史的动力。"② 在现实中的人是一切社会关系的总和，不同的历史时期，人民群众包含着不同的阶级、阶层，但人民群众最稳定的主体部分始终是从事物资料生产的劳动群众及其知识分子，是社会中的绝大多数人群。

马克思主义政党从来都是为大多数人民谋利益的政党，马克思、恩格斯在《共产党宣言》中指出："过去的一切运动都是少数人的，或者为少数人谋利益的运动，无产阶级的运动是绝大多数人的，为绝大多数人谋利益的独立的运动。"③ 马克思主义政党是为绝大多数人民群众谋利益的无产阶级政党，必须尊重人民群众的主体地位，时刻与人民群众保持紧密联系，紧紧把人民群众的利益放在首位。这也是无产阶级政党区别于其他一切政党的重要标志。正如列宁指出的，"无产阶级政党的义不容辞的责任就是和群众在一起"。④ 马克思主义基本原理和马克思主义政党学说都表明，只有尊重人民群众的主体地位，始终坚持为无产阶级和最广大人民争取解放，谋求幸福，无产阶级政党才能实现自己的理想，永远立于不败之地。

二　坚持以人民为中心是中国共产党人的优良传统

坚持以人民为中心，为人民群众谋幸福，是我们党的光荣使命和优良传统。中国共产党从一诞生就把自己定义为无产阶级政党，宣布要"以无产阶级革命军队推翻资产阶级，由劳动阶级重建国家，直至消灭阶级差别"⑤（中共一大党纲，英文本）。"由劳动阶级重建国家"体现了中

---

① 《马克思恩格斯文集》第1卷，人民出版社2009年版，第287页。
② 《毛泽东选集》第3卷，人民出版社1991年版，第1031页。
③ 《马克思恩格斯选集》第1卷，人民出版社2012年版，第411页。
④ 列宁：《论立宪幻想》，《列宁全集》第32卷，人民出版社1985年版，第28页。
⑤ 《中国共产党章程汇编》（从一大到十七大），中共中央党校出版社2007年11月版，第3页。

国共产党的马克思主义的阶级观和群众观。党的老一辈革命家在创立新中国的革命战争中始终强调要为人民谋解放谋幸福。在艰苦的1934年,毛泽东同志在第二次全国工农兵代表大会上就指出,真正的铜墙铁壁"是群众,是千百万真心实意地拥护革命的群众"。"我们应该深刻地注意群众生活问题,从土地、劳动问题,到柴米油盐问题。"① 他还多次强调:"我们的责任,是向人民负责。每句话,每个行动,每项政策,都要适合人民的利益。"② 1944年9月8日,他在张思德同志追悼会上做了著名演讲《为人民服务》,明确提出:"我们这个队伍完全是为着解放人民的,是彻底地为人民的利益工作的。"③ 1947年,刘邓大军跃进大别山,在极其艰苦的情况下,邓小平同志非常重视群众工作、群众纪律,要求部队严格执行党的三大纪律八项注意,他曾指出,坚持大别山斗争"最根本的只有依靠群众"。④ 在邓小平同志的讲话和论著中对群众观点有很深刻的论述,如,他指出"每一个党员都必须理解党的利益与人民利益的一致性","党员站在人民群众之中,而不是站在群众之外,更不是站在群众之上,所以群众认为党员是他们最忠实的好朋友"。他还强调:"联系群众是我党党员品质的标准之一。"⑤ 1956年他在《关于修改党章的报告》中指出,共产党"它之所以成为先进部队,它之所以能够领导人民群众,正因为,而且仅仅因为,它是人民群众的全心全意的服务者"。⑥ 这些论述深刻阐释了中国共产党全心全意为人民服务的根本宗旨,表明了中国共产党人在马克思主义理论指导下树立的科学的历史观和人民观,也深刻诠释了中国共产党为人民谋幸福的初心和使命。

改革开放以来,党中央和历代中央领导都高度重视人民群众工作,始终强调要坚持"为人民服务"的宗旨。邓小平同志指出,"党的组织、党员,都要永远站在人民一边,同人民在一起"。⑦ "三个代表"重要思

---

① 《毛泽东选集》第1卷,人民出版社1991年版,第138—139页。
② 《毛泽东选集》第4卷,人民出版社1991年版,第1128页。
③ 《毛泽东选集》第3卷,人民出版社1991年版,第1004页。
④ 参见《邓小平在大别山根据地的群众工作》,《百年潮》2014年第9期。
⑤ 参见《邓小平关于党的建设重要论述摘编》,《党的文献》2014年增刊。
⑥ 《邓小平文选》第一卷,人民出版社1994年版,第218页。
⑦ 《邓小平同中央负责同志的谈话》,《邓小平年谱1975—1997》(上),中央文献出版社2004年版,第685页。

想鲜明强调,我们党要代表最广大人民的根本利益。江泽民同志曾指出,"要在全党范围内进行马克思主义唯物史观的教育,批判各种否定、贬低人民群众在社会发展中的地位和作用的历史唯心主义观点,牢固树立推动历史前进的决定性力量是人民群众的科学观点"。① 他把是否能够掌握和实践群众观点和群众路线,看作是否真正"懂政治"的标准,指出"真正掌握和实践了群众观点、群众路线,也就能真正掌握和实践历史唯物主义和党的实事求是的思想路线,也就从根本上懂得了政治"。② 科学发展观强调要坚持以人为本,把实现好维护好发展好最广大人民根本利益作为一切工作的出发点和落脚点。胡锦涛同志指出,"相信谁、依靠谁、为了谁,是否始终站在最广大人民的立场上,是区分唯物史观和唯心史观的分水岭,也是判断马克思主义政党的试金石"。③ 他强调,"全党必须牢记,只有植根人民、造福人民,党才能始终立于不败之地"。④

确立为人民服务的宗旨,一贯坚持为人民谋幸福,是中国共产党立党之本和执政之基,也是中国共产党的初心和使命。我们党之所以能够始终坚持这一宗旨,不断为人民谋幸福,是因为我们党是以马克思主义理论武装起来的无产阶级政党,中国共产党人牢固树立了历史唯物主义的人民观和科学的历史观。我们党从革命战争年代到领导中国特色社会主义建设事业的长期实践过程中,正是很好地坚持了为了人民、依靠人民的正确方向,并形成了优良的党的群众路线,才能率领人民不断取得革命和建设事业的伟大胜利;也正是为中国人民谋幸福,为中华民族谋复兴的初心和使命,不断激励中国共产党人艰苦奋斗,砥砺前行。

---

① 《江泽民文选》第 1 卷,人民出版社 2006 年版,第 98 页。
② 江泽民:《深入进行群众观点和群众路线的教育》,《论党的建设》,中央文献出版社 2001 年版,第 194 页。
③ 《十六大以来重要文献汇编》(上),中央文献出版社 2005 年版,第 369 页。
④ 胡锦涛:《坚定不移沿着中国特色社会主义道路前进 为全面建成小康社会而奋斗》,《人民日报》2012 年 11 月 18 日。

三 坚持以人民为中心是习近平新时代中国特色社会主义思想的核心与基石

习近平总书记在党的十九大报告中，开篇即鲜明提出不忘初心，牢记使命。深刻论述了新时代中国共产党的历史使命和新时代中国特色社会主义基本方略，深刻阐述了新时代中国特色社会主义思想。这个思想的一个重要核心观点就是以人民为中心。

党的十八大以来，在以习近平同志为核心的党中央领导下，中国特色社会主义事业取得了巨大成就，进入了新时代。在这一过程中，始终贯穿着以人民为中心的思想。习近平总书记在党的十九大报告中论述新时代中国特色社会主义思想时就明确指出，"必须坚持以人民为中心的发展思想，不断促进人的全面发展、全体人民共同富裕"。他强调，"人民是历史的创造者，是决定党和国家前途命运的根本力量。必须坚持人民主体地位，坚持立党为公、执政为民，践行全心全意为人民服务的根本宗旨，把党的群众路线贯彻到治国理政全部活动之中，把人民对美好生活的向往作为奋斗目标，依靠人民创造历史伟业"。习近平总书记以人民为中心的思想把我们党对"人民群众是社会历史发展动力"的历史唯物主义观点，提到一个新的高度，并努力践行在治国理政的实践中。

第一，以人民为中心的思想体现在践行党的宗旨上。习近平总书记多次强调，"我们的党是全心全意为人民服务的政党"，"人民群众始终是我们党的坚实执政基础"。他要求全党要坚持为人民服务的"根本宗旨"，"根本"两个字充分体现了他对我们党的宗旨的深刻认识。他把能否坚持以人民为中心提高到共产党员党性的高度，看作是衡量当下一名共产党员的理想信念的标准。他曾指出，"衡量一名共产党员、一名领导干部是否具有共产主义远大理想，是有客观标准的，那就要看他能否坚持全心全意为人民服务的根本宗旨"。[①] 说到党性问题，习近平总书记指出，"我

[①] 《论群众路线——重要论述摘编》，中央文献出版社、党建读物出版社2013年版，第129页。

们讲宗旨,讲了很多话,但说到底还是为人民服务这句话。我们党就是为人民服务的"。① 他还指出,"党性说到底就是立场问题。共产党人无论是想问题、搞研究,还是做决策、办事情,都必须站在党和人民的立场上,而不能把个人利益放在第一位。这就是共产党人的党性原则"。② 从践行党的根本宗旨和加强共产党员党性修养的高度,从立场问题的高度来认识以人民为中心的思想,对于加强党的思想建设和作风建设具有重要意义。

第二,以人民为中心的思想体现在治国理政的各个方面。以人民为中心不是一句空话,体现在治国理政上,就是要坚持以人民为中心发展思想,坚持新发展理念。2013年党的十八大刚开过不久,习近平总书记就强调,"为人民服务是我们党的根本宗旨,也是各级政府的根本宗旨。不论政府职能怎么转,为人民服务的宗旨都不能变"。党的十八大以来,党中央在推动经济社会发展,全面深化改革取得了巨大成就,尤其在改善民生,提高人民生活水平方面更是着力最大,下大力气实施脱贫攻坚战,使6000多万人口稳定脱贫。教育、就业、卫生事业等大幅进步造福于民。他强调我们共产党人对人民群众的疾苦要有"一枝一叶总关情"的情怀,要千方百计帮助困难群众排忧解难。他要求各级干部要经常问问自己,我们是不是在忙着与党的宗旨毫不相关的事情?有没有一心一意在为老百姓做事情?是不是在围绕当前国家中心任务而工作?在民主法治建设、思想文化建设、生态文明建设等方面的成就也都贯穿着以人民为中心、为人民服务的思想。例如,关于民主法治建设,习近平总书记强调:"要依法公正对待人民群众的诉求,努力让人民群众在每一个司法案件中都能感受到公平正义,决不能让不公正的审判伤害人民群众感情、损害人民群众权益。"③ 又如,他强调"良好的生态环境是最公平的公共产品,是最普惠的民生福祉",④ 提出要建设"美丽中国"。他对于不断改善和提高人民群众生活水平更是放在我们党的奋斗目标的高度来

---

① 《习近平论扶贫工作——十八大以来重要论述摘编》,《党建》2015年第12期。
② 《十八大以来重要文献选编》(上),中央文献出版社2014年版,第766页。
③ 习近平:《在首都各界纪念现行宪法公布施行30周年大会上的讲话》,《人民日报》2012年12月5日。
④ 《习近平总书记系列重要讲话读本》,学习出版社、人民出版社2014年版,第123页。

强调。在 2012 年十八届中央常委同中外记者见面会上，习近平总书记就曾指出，"我们的人民热爱生活，期盼有更好的教育、更稳定的工作，更满意的收入、更可靠的社会保障、更高水平的医疗卫生服务、更舒适的居住条件、更优美的环境，期盼孩子们能成长得更好、工作得更好、生活得更好。人民对美好生活的向往，就是我们的奋斗目标"。① 这些朴实的话语讲出了人民群众最关心的实实在在的问题，也道出了我们党为人民服务的根本宗旨。在治国理政中树立以人民为中心的思想，为我们做好各项工作明确了方向，确定了立场。

第三，以人民为中心的思想体现在全面从严治党和进一步加强党的建设上。党的十八大以来，以习近平同志为核心的党中央紧抓全面从严治党，大力加强党的建设，先后在全党开展了以为民务实清廉为主要内容的党的群众路线教育实践活动，以及"三严三实"专题教育活动和"两学一做"学习教育。习近平总书记把群众路线概括为"党的生命线和根本工作路线"，他指出，密切联系群众，是党的性质和宗旨的体现，是中国共产党区别于其他政党的显著标志。他把能否坚持好党的群众路线，视为能否巩固党的执政地位的重要因素，谆谆告诫全党"人民拥护和支持是党执政的最牢固根基，人心向背关系党的生死存亡"。② 党的十八大以来，以习近平同志为核心的党中央进一步加强党的廉政建设，出台了"八项规定"，出重拳大力打击腐败行为，赢得了党心民心。习近平总书记指出，"领导干部的一言一行、一举一动，群众都看在眼里、记在心上"，他要求"既坚决查处领导干部违纪违法案件，又切实解决发生在群众身边的不正之风和腐败问题"。③ 进入中国特色社会主义新时代，深入推进党的建设新的伟大工程，是我们推进伟大事业、实现伟大梦想的"起决定性作用的"重要保证。党的十九大报告强调要坚定不移全面从严治党，指出"一个政党，一个政权，其前途命运取决于人心向背。人民群众反对什么、痛恨什么，我们就要坚决防范和纠正什么"。全面从严治

---

① 习近平：《人民对美好生活的向往，就是我们的奋斗目标》，《人民日报》2012 年 11 月 16 日。

② 《十八大以来重要文献选编》（上），中央文献出版社 2014 年版，第 307—310 页。

③ 习近平：《在第十八届中央纪律检查委员会第二次全体会议上的讲话》，《人民日报》2013 年 1 月 23 日。

党，不断加强党的建设，最根本的是要坚持我们党全心全意为人民服务的根本宗旨，坚持以人民为中心的发展思想。

以人民为中心是贯穿着党的十九大报告的一条主线，也是习近平新时代中国特色社会主义思想的核心与基石。以人民为中心，是坚持历史唯物主义，建设中国特色社会主义必须一贯坚持的重要思想。

（作者为中国社会科学院哲学研究所党委书记、副所长）

坚持我国宗教学研究的初心

赵文洪

党的十九大主题的前四字就是"不忘初心",习近平同志对中国共产党的"初心"的解释是"为人民谋幸福,为民族谋复兴"。初心就是宗旨、目的。中国特色的哲学社会科学事业,是中国共产党领导下的国家、人民、民族的社会主义现代化事业的一个不可缺少的组成部分。因此,它的初心与党的初心相同。宗教学研究,是中国哲学社会科学事业的组成部分,它的初心当然也与党的初心相同。

这个逻辑绝非虚构出来的。中国共产党,包括宗教学在内的中国哲学社会科学的历史实践、现实实践以明确的事实证明了它。中国共产党领导下的新中国宗教学研究,起源于毛泽东同志的指示。中国社会科学院世界宗教研究所就是根据他的指示于1964年成立的。他提出要组织学者研究宗教,目的就是为社会主义服务,为国家和人民的事业服务。几十年来我国绝大多数宗教学研究者,也都是从人民利益立场出发研究宗教的,他们的成果为国家和人民的事业作出了重要贡献。

但是,关于宗教学研究如何不忘初心、实践初心,却还存在着一些理论和实际的问题,需要解决。

一 宗教学的理论研究与坚守初心的关系

第一,有人认为,宗教学研究者应该为宗教信徒的宗教信仰幸福做研究。

如果我们把幸福定义为一种快乐的主观感受的话，那么，不可否认，宗教信仰给信徒带来某种幸福。因此，有人就会说：既然宗教信仰是信教公民的幸福，而我们宗教学研究的宗旨又是为人民谋幸福，那么，把促进宗教的繁荣发展作为我们研究的目的，是天经地义、应该鼓励的。

这个命题，貌似逻辑严密，理由充分，而且笔者的确听到过个别宗教学者在会议上这样对我说；但是，在今天的中国，它是不成立的。

近代以来在追求现代化过程中或者实现了现代化的绝大多数国家，都坚守政教分离原则。这个原则对于政府来说，就是只管公民非宗教信仰的事情，而宗教信仰属于公民私人的事情。就与宗教的关系而言，政府仅仅是通过依法管理宗教来保障公民的信仰宗教和不信仰宗教的自由，防止和制止宗教组织和信徒干扰破坏世俗社会生活，引导作为公民的信徒同社会和谐相处。执政党、政府的执政目标，都是关于公民的非宗教福祉的，至于公民通过宗教获得的幸福感的多少，与政府无关。没有任何一个实现了现代化的国家的政府会把增加宗教信徒在宗教的祈祷、默想中的幸福感受作为它们的执政目标。中国是一个实行政教分离的国家，而且作为社会主义国家，其意识形态包含了马克思主义无神论，政府和包括事业单位职工在内的国家工作人员，绝不为作为个人私事的宗教信仰服务。当政府为宗教信徒服务的时候，那只是为作为国家公民的他们服务，而绝不是为宗教信徒的宗教信仰服务。当政府斥资维护和修缮一些宗教场所时，那只是对作为文化遗产、国家文物的建筑的保护。所以，作为国家工作人员的事业单位宗教学研究人员，不能把为宗教信徒的信仰幸福服务作为研究的目的。

第二，有人疑惑：绝大部分宗教信徒都属于人民，如果宗教学研究不能为宗教信徒的信仰服务的话，那么，为人民谋幸福，对于他们是谋什么幸福？

答案是清楚确定的：谋与非宗教信徒一样的非宗教的幸福。

世界上绝大多数宗教信徒，作为在现实社会中生活的人，都渴望非宗教的人间幸福，他们的主要时间、主要精力、主要活动都用在追求本人和家人非宗教的幸福上。基督教徒如此，佛教徒如此，即使每天做5次礼拜的虔诚的伊斯兰教信徒也是如此。有一个最简单的事实可以证明这点：绝大多数成年宗教信徒都有职业，都上班下班挣钱，这就意味着他们最主要的时间、精力、活动都花在追求世俗幸福上了（把积蓄主要用在宗教上的信徒极少）。还有许多信徒实际上是用宗教来追求人间幸福的。比如许多佛教信仰者用烧香磕头求人间利益，许多基督教信徒通过进入信徒行列获得人脉关系、群体的帮助。历史上和现实中许多宗教都是以治病、济贫、给予小利益等方式开始传教的。当然，更加重要的是，马克思主义经典作家早已正确地指出：宗教是人的本质在幻想中的实现。这反过来正好证明了人是渴望世俗幸福的，只是得不到或者得不到全部，才在宗教的虚幻中去寻找。

我国经济社会的发展已经极大地改善了广大宗教信徒的生活，也极大地激发了他们追求人间幸福的热情，他们中间的许多人都是整个社会追求人间幸福大潮中的弄潮儿。笔者在西藏和其他几省藏区调研时发现，广大僧人对政府把他们纳入低保人群范围，以及改善他们的交通、用水、用电、医疗条件，充满感激。在一个寺庙附设的诊所，笔者见两位喇嘛在打点滴。至于广大藏族信教群众，对于这些年生活的巨大改善，充满了喜悦和对政府的感激。如果说宗教信徒不向往美好的人间生活，那真是睁眼说瞎话。中国进入小康社会，一个人都不能少，广大宗教信徒当然不能少了。

第三，有人主张：带着宗教信仰做宗教学研究也可以为人民谋幸福，为民族谋复兴。

宗教信徒在无数的行业里，都可以和非宗教信徒一样为人民谋幸福，为民族谋复兴，这点是确定的。但是，在宗教学研究领域里，问题就不这么简单了。学术研究，尤其作为国家工作人员的学者的学术研究，其途径一定是科学、理性的，这是学术的基本属性。但是，宗教信仰是非理性的。不可否认，一个宗教信徒可能理性地研究某些宗教问题；但是，同样不可否认，他也可能用非理性的眼光去看待某些学术问题。在涉及宗教与宗教之间、宗教与社会之间、宗教与科学之间的一些历史的和现实的纠葛时，宗教信徒对本人信仰的宗教以及与之纠葛的其他宗教和社会不持客观、公允的立场的情况，我们在现实中并不少见。比如，要一个虔诚的基督教信徒用理性的生物进化观点去批判《圣经》中上帝造人的观点，恐怕难以做到；要一个虔诚的佛教徒持科学立场否定六道轮回，也是不容易的；要两个历史上或者现实中彼此发生过尖锐冲突的宗教的信徒对于它们之间冲突的原因、性质得出一致的结论，恐怕也不容易。这里的原因就在于信仰、感情代替了理性。而只要用非理性的眼光看待学术问题，就不容易产生科学的研究成果。非科学的学术研究，很难为最广大的人民谋幸福。

有人会说：研究宗教，就要感受、体验宗教，否则，难以真正了解宗教，难以真正研究宗教；因此，带着宗教研究宗教是必要的。笔者认为，一个暂时"悬置"了宗教信仰的学者，是可以利用其原来的宗教体验加深对宗教的理解的，因此，他的宗教信仰，对他的宗教学研究是可以有助益的。但是，在持有宗教信仰的同时研究宗教学，既然在某些问题上连理性、科学意义上的"研究"都做不到，当然也就谈不上其宗教信仰体验对宗教学"研究"的帮助了。毛泽东同志在谈到我国宗教学研究的方法时，明确指出研究宗教的人要是宗教的外行，也就是不信教的人。这是精辟见解。所以，尽管带着宗教信仰的人可能通过某些宗教问题研究造福社会，但是，也完全可能在一些情况下因为难以提供科学的学术成果，或者提供非科学的"学术成果"而不能造福社会，极个别情况下，甚至不利于社会。尤其需要指出的是，宗教信徒学者往往都是以本人信仰的宗教为主要的研究对象，要做到态度客观理性，就必须"悬置"信仰。而这绝非易事。

所以，这个问题，还需要讨论。笔者还不能就此作出明确的结论。

二 宗教学研究实践与坚守初心的关系

在宗教学研究领域，存在着三种妨碍研究初心的主要错误思想。尽管它们没有形成主流，绝大多数宗教学者不认同它们，但是其危害性不可低估。

第一，个人主义。有两种表现。一种是只为个人名利做研究，而不考虑国家和人民的需要。笔者认为，就个人名利与国家利益的关系而言，正确的态度应该是：为国家利益做研究；同时，通过这种研究工作为自己带来正当的名利收获。

另一种是只凭个人兴趣爱好做研究，而不考虑国家和人民的需要。

有人还以学术自由为理由为此辩护：既然学术无禁区，我研究什么都行。笔者认为，这不是学术自由问题，而是责任、义务问题。其一，在中国，如前所述，所有作为国家事业单位的科研院所、高等学校，其目的、责任都是服务国家和人民的利益，一个宗教学研究者和这些单位签订聘用合同时，就已经承诺了这些目的、责任。承诺了就要践诺。否则就是对契约和自己人格的背叛。其二，在这些单位工作的宗教学研究者，拿的是国家、人民给予的薪酬和福利，必须回报国家、人民。这难道不是天经地义的事情吗？其三，在学术研究的正常方式上，学者应该有充分的自由，任何人都不得加以限制；但是，在学术研究的目的上，学者的选择自由是必须受严格限制的，具体说，你不能抱着违法乱纪、祸国殃民、违背公理良知的目的去做研究。比如，你研究如何发展壮大宗教极端势力，如何鼓励宗教恐怖活动，这种自由可以享有吗？当然不可以。

第二，片面主义。主要表现是只讲宗教信仰自由，只看宗教积极面，不讲积极引导宗教与社会主义相适应，不看宗教消极面；或者只讲引导宗教与社会主义社会相适应，只看宗教消极面，不讲宗教信仰自由，不看宗教积极面。这两种态度都失之片面，不符合党的宗教政策，不符合我国宗教的实际情况。

三 宗教学研究要坚持为人民谋幸福为民族谋复兴

第一，坚持马克思主义的指导。马克思主义的立场是人民的立场，在中国就是为最广大人民根本利益服务的立场，这就是我国宗教学研究的初心。马克思主义观察世界、分析世界的基本观点、基本方法都是科学、理性的，是指导宗教学者用科学理性的方式进行研究的法宝。因此，坚持马克思主义指导，是我国宗教学研究保持初心、实践初心、实现初心的根本前提。

第二，为国家和社会正确处理宗教问题提供知识、理论、建议。研究历史上和现实中宗教产生、发展的原因，宗教与宗教的关系，宗教与社会的关系，为当代和后代人正确认识宗教，为国家和社会正确处理宗教问题提供知识、理论、建议，直接和间接地为社会稳定、人民团结、国家统一服务。比如，研究历史上宗教产生的原因，可以有助于对今天新兴宗教产生原因的了解；研究中国历史上外来宗教中国化，可以有助于今天的宗教中国化；研究历史上的宗教战争，可以有助于今天防范因宗教原因产生的社会冲突；研究宗教极端主义、利用宗教分裂国家的行为，可以直接为社会稳定、国家统一服务。

第三，为今天中国的文化建设提供精神资源。研究宗教教义、宗教历史、宗教艺术中包含的有利于道德昌明、社会和谐、人民团结、国家统一、文化繁荣、世界和平、人类友爱的哲理性和伦理性元素，为今天中国的文化建设提供精神资源。比如佛教的慈悲观念、基督教的博爱观念、伊斯兰教的中道观念，都值得研究。我们要辩证地看待宗教，在不否定宗教包含着消极因素的同时，也不否认宗教包含着积极因素，不否定人类精神文明的起源、发展同宗教之间密切的关系。

第四，研究引导宗教与社会主义社会相适应，坚持宗教中国化方向问题，为社会稳定和谐、国家发展进步、人民团结友爱、信徒爱国守法提供智力支持。诸如宗教与政治分离，宗教与教育分离，宗教服从国家，教法服从国法，公民身份高于信徒身份，宗教文化融入中华文化，不信教公民与信教公民同心协力为中国特色社会主义事业、为中华民族伟大复兴而奋斗，把信教群众紧紧地团结在党和政府周围，抑制宗教的消极作用，防止宗教成为导致文化分裂、社会分裂、政治分裂、国土分裂，危害社会、威胁政权的因素等问题的研究，都可以有益于国家和人民。

综上所述，我国宗教学研究只要不忘初心，实践初心，就一定能够沿着正确的轨道前进，为国家和人民作出应有的贡献。

（作者为中国社会科学院世界宗教研究所党委书记）

努力开创 21 世纪中国宗教研究新局面

卓新平

党的十九大将习近平新时代中国特色社会主义思想确立为党的指导思想，具有重大的理论意义和非常独特的时代意义。在时代背景的分析上，十九大明确指出，中国特色社会主义经过几十年来改革开放的飞速发展，取得了巨大成就，已经进入了一个"新时代"。这是我国发展新的历史定位，体现出我们的自知和自信。"新时代"的表述具有非常丰富的含义，其本质是指我们党和国家的伟大事业要"承前启后、继往开来、在新的历史条件下继续夺取中国特色社会主义伟大胜利"。"新时代"昭示着党的十八大以来我们党和国家出现的巨大历史性变革，揭示出我们的社会主要矛盾发生了明显变化，即已经转化为人民日益增长的美好生活需要和不平衡不充分发展之间的矛盾，展示出我们党的理论创新取得了重大突破，特别是理解这一方面的理论突破至关重要，其核心要点就是自觉意识到，以习近平同志为核心的党中央在如何坚持和发展中国特色社会主义、实现中华民族伟大复兴上提出了对于治国理政极为关键的新理念新思想新战略，而其根本标志就是习近平新时代中国特色社会主义思想的创立，这代表着马克思主义在当代发展的新飞跃，体现出当前马克思主义中国化的最典型特征。

一 "新时代"中国共产党理论
成熟及升华的重要标志

"新时代"这一表达要求我们对当前的时情、国情有科学而正确的判断和认识，这个"新时代"标志着中华民族在历经磨难、艰苦奋斗之后迎来了从站起来、经富起来而到达强起来的伟大飞跃，让我们看到了中华民族全面而伟大复兴的光辉前景，而这一成功则进而表明科学社会主义在21世纪的中国取得了重大进展，中国以其强大的生机活力在全世界高高扛起了社会主义的大旗，使当代世界社会主义发展有着鲜明的中国特色，中国为人类的健康发展、为世界发展中国家的现代化走向提供了中国道路、中国智慧和中国方案。面对"新时代"的特点及要求，我们的主要目标和根本任务就是"决胜全面建成小康社会，进而全面建设社会主义现代化强国"，就是积极推动"全国各族人民团结奋斗、不断创造美好生活、逐步实现全体人民共同富裕"；这对于中华民族命运共同体的建设而言就是要求"全体中华儿女勠力同心、奋力实现中华民族伟大复兴中国梦"，而对于共同构建人类命运共同体来说，则是使"我国日益走近世界舞台中央、不断为人类作出更大贡献"。

"新时代"中国共产党理论成熟及升华的标志，就是习近平新时代中国特色社会主义思想的奠立。这一思想体系蕴含丰赡、博大精深，代表着马克思主义在当代的最新发展，体现出我党指导思想的又一次与时俱进、继往开来。这一思想内容是党和人民改革开放、建设发展之实践经验和集体智慧的结晶，具有改革开放以来中国社会主义发展的时代意义和时代特色，因而不仅为我们在新时代努力推进党和国家伟大事业发展提供了思想指南，而且在世界范围内开辟了马克思主义的新境界，推动了马克思主义的新飞跃。

习近平新时代中国特色社会主义思想是在中国改革开放的实际中积累发展而来，特别是体现出习近平同志在党的十八大以后所提出来的新思想、新观点和新论断，其思想体系从理论与实践的有机结合上系统阐述了我们在新时代应该如何坚持及发展中国特色社会主义的问题，系统提出了我们在新时代坚持和发展中国特色社会主义的总目标、总任务和总布局,科学说明了实现这一总目标、完成这一总任务的战略布局、发展方向、发展方式、发展动力、外部条件、政治保证等问题,从而为中国特色社会主义理论思想充实了新的内容、注入了科学蕴涵,彰显出这一中国特色社会主义思想体系的时代特色、理论特色、实践特色、民族特色。所以说,习近平新时代中国特色社会主义思想体态完备、涵括广泛、目标明确、路线清晰、方法科学、理论深邃、高屋建瓴、高瞻远瞩,突出展示出其时代之"新"以及中华民族之鲜明"特"色。

二 坚持新时代宗教学研究与中国特色社会主义相适应

在这一博大精深的科学理论体系中,当然包含着习近平新时代中国特色社会主义思想的宗教观。这是我们从事宗教研究工作的重要指南和根本性指导思想。在过去一段时间中,我国学术界、理论界乃至扩大到整个社会层面曾有过关于如何评价宗教、进行宗教工作和宗教学研究的复杂讨论,引起普遍关注,甚至一度出现了主张排挤、否定、打压宗教、抵制对宗教积极引导的错误观点。而十九大的胜利召开,习近平总书记十九大报告的发表,使这些问题都得以澄清,宗教工作及宗教研究的目标、方向亦得以确定。这一积极发展对于我们今后宗教工作及研究的顺利推进也提供了重要指引、方向和动力。

在党的十九大报告中,习近平总书记对我国改革开放新时代所开展的民族宗教工作给予了充分肯定,给出了"爱国统一战线巩固发展,民族宗教工作创新推进"的积极评价,并强调"要根据新的实践"对包括"宗教"在内的各方面工作"作出理论分析和政策指导,以利于更好坚持和发展中国特色社会主义"。而特别值得一提的,则是习近平同志对新时代宗教工作提出了明确要求,即"全面贯彻党的宗教工作基本方针,坚持我国宗教的中国化方向,积极引导宗教与社会主义社会相适应"。党的宗教工作的基本方针由下述四句话所涵括,即"全面贯彻党的宗教信仰自由政策,依法管理宗教事务,坚持独立自主自办的原则,积极引导宗教与社会主义社会相适应"。显然,习近平总书记在宗教工作上突出和强调了积极引导宗教与社会主义社会相适应的基本思路和原则立场。习近平总书记还曾特别指出,做好党的宗教工作、把这一基本方针坚持好,关键是要在"导"上想得深、看得透、把得准,做到"导"之有方、"导"之有力、"导"之有效,牢牢掌握宗教工作主动权。

根据习近平新时代中国特色社会主义思想的宗教观,宗教问题始终是我们党治国理政必须处理好的重大问题。正因为如此,宗教工作在党和国家工作全局中才具有特殊的重要性。习近平总书记深刻地洞见到宗教工作的独特意义,指明这一问题能否正确处理,关系到中国特色社会主义事业发展,关系到党同人民群众的血肉联系,关系到社会和谐、民族团结,关系到国家安全和祖国统一。宗教工作从其面对的信教群众而言,其实质是群众工作。在十九大新修订的党章中,非常明确地阐述了党和群众的关系问题,指出:"我们党的最大政治优势是密切联系群众,党执政后的最大危险是脱离群众。党风问题,党同人民群众联系问题是关系党生死存亡的问题。党在自己的工作中实行群众路线,一切为了群众,一切依靠群众,从群众中来,到群众中去,把党的正确主张变为群众的自觉行动。"为此,"共产党员必须同党外群众亲密合作,共同为建设中国特色社会主义而奋斗"。这里,新党章同样要求"全面贯彻党的宗教工作基本方针,团结信教群众为经济社会发展作贡献"。

三 坚持我国宗教的中国化方向

宗教工作从其接触到的文化传承来看,其关键在于文化理解。习近平总书记指出,"文化是一个国家、一个民族的灵魂。文化兴国运兴,文化强民族强。没有高度的文化自信,没有文化的繁荣兴盛,就没有中华民族伟大复兴"。正确对待中国传统宗教文化,也涉及文化自信的问题,我们不能把宗教文化从中华文明发展中彻底剥离出去,这一反思也非常重要。习近平总书记在十九大报告中重申,"人民有信仰,国家有力量,民族有希望。要提高人民思想觉悟、道德水准、文明素养,提高全社会文明程度"。而我们今天中国特色的社会主义文化,正是"源自于中华民族五千多年文明历史所孕育的中华优秀传统文化,熔铸于党领导人民在革命、建设、改革中创立的革命文化和社会主义先进文化,植根于中国特色社会主义伟大实践"。在这种文化建设上,我们则必须"坚持百花齐放、百家争鸣,坚持创造性转化、创新性发展,不断铸就中华文化新辉煌"。对待宗教文化,我们同样应持正确的态度,认识到其文化传承、文化象征、文化符号、文化品牌、文化遗产和文化精神的价值与意义,"深入挖掘中华优秀传统文化蕴含的思想观念、人文精神、道德规范,结合时代要求继承创新,让中华文化展现出永久魅力和时代风采"。

根据改革开放以来宗教发展的综合分析,我国宗教工作形势总体而言是好的,这就突出表现在党的宗教工作基本方针得到贯彻,公民宗教信仰自由得到保障,党同宗教界的爱国统一战线不断得到巩固,宗教工作法治化也明显加强等各个方面,由此使我国宗教活动总体平稳有序。当然,也应该承认局部地区因受境外影响还存在个别负面影响。为此,习近平总书记在十九大报告中也特别强调要"严密防范和坚决打击各种渗透颠覆破坏活动、暴力恐怖活动、民族分裂活动、宗教极端活动"。

实践证明,我们党关于宗教问题的理论和方针政策是正确的。十九大报告重申,做好宗教工作,必须坚持党的宗教工作基本方针。党的宗教工作基本方针是我们党坚持马克思主义宗教观,从我国国情和宗教具体实际出发,汲取正反两方面经验制定出来的。所以,新党章在如何正确贯彻党的基本路线时也强调要"全面落实党的基本路线,反对一切'左'的和右的错误倾向,要警惕右,但主要是防止'左'"。

实行宗教信仰自由政策,出发点和落脚点是要最大限度地把广大信教和不信教群众团结起来。而评价我们宗教工作的标准就是看是否能最大限度地将信教群众团结到党和政府身边来。我们应该高度关注信教群众,必须把信教群众拉过来,使之明确意识到自己是中华民族大家庭的当然成员,而绝不允许将信教群众推出去,不能容忍那些故意伤害信教群众宗教感情的言行。我们积极引导宗教与社会主义社会相适应,就是要引导信教群众热爱祖国、热爱人民、热爱共产党,自觉维护祖国统一,维护中华民族大团结,服从服务于国家最高利益和中华民族整体利益。所以,在价值观、意识形态上,我们同样应该积极引导广大信教群众拥护中国共产党领导、拥护社会主义制度,坚持走中国特色社会主义道路,积极践行社会主义核心价值观,弘扬中华文化,努力把宗教教义同中华文化相融合,而不可使其宗教信仰及教义思想与这种社会主义核心价值观、中华主体文化相脱离,防止其分道扬镳的负面发展。这里,也理应积极引导我国宗教遵守国家法律法规，自觉接受国家依法管理，走"中国化"道路，投身改革开放和社会主义现代化建设，为实现中华民族伟大复兴的中国梦贡献力量。

应该特别强调的是，习近平新时代中国特色社会主义思想的宗教观中凸显出其两大亮点，这就是突出积极引导宗教与社会主义社会相适应，以及突出坚持我国宗教的中国化方向。这里，习近平总书记提出并强调的"中国特色社会主义宗教理论"就为积极引导宗教与社会主义社会相适应提供了重要理论和实践策略：这就是要坚持用马克思主义立场、观点、方法认识和对待宗教，遵循宗教和宗教工作规律，深入研究和妥善处理宗教领域各种问题，结合我国宗教发展变化和宗教工作实际，突出积极引导，推动积极转化。我们要不断丰富和发展这一中国特色社会主义宗教理论，用以更好地指导我国的宗教工作实践。

而强调"我国宗教坚持中国化方向"则是积极引导宗教与中国社会主义社会相适应的一个重要任务。我们必须大力倡导和积极支持我国宗教坚持中国化方向。为此，则要用社会主义核心价值观来引领和教育宗教界人士和信教群众，弘扬中华民族优良传统，用团结进步、和平宽容等观念引导广大信教群众，支持各宗教在保持基本信仰、核心教义、礼仪制度的同时，深入挖掘教义教规中有利于社会和谐、时代进步、健康文明的内容，对教规教义作出符合当代中国发展进步要求、符合中华优秀传统文化的阐释。

在习近平新时代中国特色社会主义思想的指导下，我们的宗教研究工作也要集中精力学习研究中国特色社会主义宗教理论，探究积极引导宗教与社会主义社会相适应的理论与实践，总结我国宗教坚持中国化方向的经验教训，以回顾历史来审视当代处境，努力促成宗教工作及宗教研究在未来的积极发展，创立并完善中国特色社会主义的宗教学学科体系、学术体系和话语体系，奋力开创21世纪中国宗教研究的全新局面。

（作者为中国社会科学院世界宗教研究所所长）

历史学部

深入学习贯彻党的十九大精神
建设风清气正的良好政治生态

刘 政

党的十九大是在全面建成小康社会决胜阶段、中国特色社会主义进入新时代的关键时期召开的一次十分重要的大会，也是党领导人民开启全面建设社会主义现代化国家新征程的一次大会，是党团结带领全国各族人民奋力夺取新时代中国特色社会主义伟大胜利、实现中华民族伟大复兴的重要时代标志，在党和国家事业发展进程中具有划时代的里程碑意义。党的十九大报告进一步指明了党和国家事业的前进方向，是我们党团结带领全国各族人民在新时代坚持和发展中国特色社会主义的政治宣言和行动纲领。深入学习贯彻落实十九大精神，就要深刻学习领会习近平新时代中国特色社会主义思想，深刻学习领会我国社会主要矛盾发生变化的新特点，深刻学习领会分两步走全面建设社会主义现代化国家的新目标，深刻学习领会党的建设的新要求，用十九大精神和习近平新时代中国特色社会主义思想指导我们各项工作。

一 不忘初心，牢记使命，进一步增强"四个意识"

党的十九大报告深刻指出，十八大以来的五年，是党和国家发展进程中极不平凡的五年。五年来，我们党以巨大的政治勇气和强烈的责任担当，提出一系列新理念新思想新战略，出台一系列重大方针政策，推出一系列重大举措，推进一系列重大工作，特别是"解决了许多长期想解决而没有解决的难题，办成了许多过去想办而没有办成的大事"，这短短 35 个字，字字千钧，意味深长。人人都切身感受到了这五年来经济社会的发展、人民物质精神生活水平的极大改善，以及国家正在向现代化强国迈进的步伐，"打虎拍蝇"反腐败工作的力度更是赢得广泛民心。正如报告指出的，五年来的成就是全方位的、开创性的，五年来的变革是深层次的、根本性的。所有这些成就的取得，根本在于习近平总书记对坚持党的领导旗帜鲜明、立场坚定，树立起党中央集中统一领导的权威，真正体现出中国特色社会主义最本质的特征，校正了党和国家前进的航向；在于以习近平同志为核心的党中央的坚强领导，以巨大的政治勇气和强烈的责任担当，推动党和国家事业发生历史性变革，使得我国发展站到了新的历史起点上，中国特色社会主义进入了新时代。习近平总书记不愧为英明领袖，不愧为新时代改革开放和现代化建设的总设计师，不愧为党的一代核心。

以习近平同志为主要代表的中国共产党人，顺应时代发展，从理论和实践结合上系统回答了新时代坚持和发展什么样的中国特色社会主义、怎样坚持和发展中国特色社会主义这个重大时代课题，创立了习近平新时代中国特色社会主义思想。习近平新时代中国特色社会主义思想是对马克思列宁主义、毛泽东思想、邓小平理论、"三个代表"重要思想、科学发展观的继承和发展，是马克思主义中国化的最新成果，是党和人民实践经验和集体智慧的结晶，是中国特色社会主义理论体系的重要组成部分，是被实践证明了的科学真理，是我们进行伟大斗争、建设伟大工程、推进伟大事业、实现伟大梦想的实践指南和行动指南，是中国共产党人新时代的精神支柱和力量源泉，是我们必须长期坚持的指导思想。这是党的十九大最大的亮点，是对党的发展的历史性贡献。

所党委一定要在思想上政治上行动上同以习近平同志为核心的党中央保持高度一致，自觉维护党的集中统一领导，切实增强政治意识、大局意识、核心意识、看齐意识，让习近平新时代中国特色社会主义思想在广大干部群众心中落地生根。

二 宏伟蓝图催人奋进，进一步坚定"四个自信"

习近平同志所作的十九大报告，站在历史和时代的高度，紧紧抓住坚持和发展中国特色社会主义这条主线，科学判断中国特色社会主义进入新时代，提出了新时代我国社会主要矛盾，阐明了基本方略，描绘了宏伟蓝图。报告通篇展示了以习近平同志为核心的党中央引领新时代中国特色社会主义的理论成果、实践成果、创新成果，通篇激励着全党全国各族人民决胜全面建成小康社会、夺取新时代中国特色社会主义的伟大胜利、实现中华民族伟大复兴中国梦的坚定信心。

党的十九大为我们描绘了新时代的宏伟蓝图。这个"新时代"具有十分丰富的内涵，一是承前启后、继往开来、在新的历史条件下继续夺取中国特色社会主义伟大胜利的时代，表明新时代的中国要举什么样的旗、走什么样的路的问题；二是决胜全面建成小康社会，进而全面建设社会主义现代化强国的时代，表明新时代要完成什么样的历史任务、进行什么样的战略安排的问题；三是全国各族人民团结奋斗、不断创造美好生活、逐步实现全体人民共同富裕的时代，是讲新时代要坚持什么样的发展思想、达到什么样的发展目的的问题；四是全体中华儿女勠力同心、奋力实现中华民族伟大复兴中国梦的时代，是讲新时代要以什么样的精神状态、实现什么样的宏伟目标的问题；五是我国日益走近世界舞台中央、不断为人类作出更大贡献的时代，是讲新时代的中国处于什么样的国际地位、要对人类社会作出什么样的贡献的问题。中国特色社会主义不断取得的重大成就，意味着近代以来久经磨难的中华民族实现了从站起来、富起来到强起来的历史性飞跃，意味着社会主义在中国焕发出强大生机活力并不断开辟发展新境界，意味着中国特色社会主义拓展了发展中国家走向现代化的途径，为解决人类问题贡献了中国智慧、提供了中国方案。中华民族迎来了从站起来、富起来到强起来的伟大飞跃。

报告指出，我们既要全面建成小康社会、实现第一个百年奋斗目标，又要乘势而上开启全面建设社会主义现代化国家新征程，向第二个百年奋斗目标进军。报告综合分析国际国内形势和我国发展条件，从 2020 年到本世纪中叶可以分两个阶段来安排。第一个阶段，从2020年到2035年，在全面建成小康社会的基础上，再奋斗15年，基本实现社会主义现代化。第二个阶段，从2035年到本世纪中叶，在基本实现现代化的基础上，再奋斗15年，把我国建成富强民主文明和谐美丽的社会主义现代化强国。到那时，我国人民将享有更加幸福安康的生活，中华民族将以更加昂扬的姿态屹立于世界民族之林。从全面建成小康社会到基本实现现代化，再到全面建成社会主义现代化强国，是新时代中国特色社会主义发展的战略安排。决胜全面建成小康社会，开启全面建设社会主义现代化新征程。立足新的时代条件，从新的历史起点出发，习近平总书记对实现"两个一百年"奋斗目标作出新阐述、赋予新内涵、提出新要求，目标明确的战略安排鼓舞人心，雄心擘画的宏伟蓝图催人奋进。

实现第一个百年奋斗目标，是中华民族伟大复兴征程上的一座重要里程碑。紧接着还要乘势而上，开启全面建设社会主义现代化新征程，向第二个百年目标进军。这是一个接续奋斗的过程。当前，我们既要看到成绩和机遇，也要看到问题和不足、困难和挑战，看到新的时代条件下社会主要矛盾发生的变化，牢牢把握社会主义初级阶段这个基本国情，牢牢立足社会主义初级阶段这个最大实际，牢牢坚持党的基本路线这个党和国家的生命线、人民的幸福线，以经济建设为中心，坚持四项基本原则，坚持改革开放，进一步坚定中国特色社会主义道路自信、理论自信、制度自信、文化自信，以时不我待、只争朝夕的精神，奋力走好新时代的长征路。在把我国建设成为富强民主文明和谐美丽的社会主义现代化强国的过程中，贡献自己的一份光和热。

三 落实全面从严治党责任，努力建设研究所风清气正的良好政治生态

十九大提出新时代党的建设总要求是：坚持和加强党的全面领导，坚持党要管党、全面从严治党，以加强党的长期执政能力建设、先进性和纯洁性建设为主线，以党的政治建设为统领，以坚定理想信念宗旨为根基，以调动全党积极性、主动性、创造性为着力点，全面推进党的政治建设、思想建设、组织建设、作风建设、纪律建设，把制度建设贯穿

其中，深入推进反腐败斗争，不断提高党的建设质量，把党建设成为始终走在时代前列、人民衷心拥护、勇于自我革命、经得起各种风浪考验、朝气蓬勃的马克思主义执政党。

习近平总书记在党的十九大报告中强调，中国特色社会主义进入新时代，我们党一定要有新气象新作为，打铁必须自身硬。党要团结带领人民进行伟大斗争、推进伟大事业、实现伟大梦想，必须毫不动摇地坚持和完善党的领导，毫不动摇地把党建设得更加坚强有力。我们注意到从"打铁还需自身硬"到"打铁必须自身硬"，不变的是"打铁自身硬"，五年来，对党面临的重大风险考验和党内存在的突出问题，以习近平同志为核心的党中央，全面加强党的领导和党的建设，全面从严治党成效卓著，党内政治生活气象更新，党内政治生态明显好转，为党和国家事业发展提供了坚强的政治保证。变化的是从"还需"到"必须"，显示出党中央全面从严治党更加坚定的决心和更加鲜明的态度，自我革命的勇气和底气越发充足。"打铁必须自身硬"体现着我们党对执政规律认识的不断深化，展现了以习近平同志为核心的党中央强烈的使命意识和担当精神。所党委担负着本单位落实全面从严治党的主体责任，党委书记是班长和"领头羊"，我们必须时刻牢牢记住"打铁必须自身硬"的道理，要切实加强自身建设，锤炼过硬自身素质，真正做到了自身硬，才能肩负起这份沉甸甸的责任，不辜负上级党组织的重托和全所同仁的期望，才能带领全所同志完成组织交给我们的各项工作任务。

旗帜鲜明讲政治是我们党作为马克思主义政党的根本要求。坚持和维护党中央权威和集中统一领导，是党的政治建设的首要任务。所党委要教育党员干部必须严格遵守政治纪律和政治规矩，严格执行新形势下党内政治生活若干准则，自觉抵制社会上的不正之风对党内生活的侵蚀，营造研究所风清气正的良好政治生态。无数事实证明，一个科研所内部政治生态清明，党委班子成员之间团结，重大决策公开公正透明，班子成员个人做事公道正派、不谋私利，群众就会心齐气顺，就会有利于人才的成长、有利于做事，也就有利于多出成果；相反，如果这个单位政治生态不清，就会出现单位内部搞团团伙伙拉帮结派等一系列问题，更为严重的是一旦出现党政领导不团结、正副职之间闹矛盾，其结果往往是既导致该单位党组织威信丧失殆尽，也对这个单位、这个学科，甚至其中一代人（学者）的发展带来长久的负面影响。这也启示我们，净化政治生态既是全面从严治党的重要任务，也是创造良好发展环境的重要基础。严肃党内政治生活，建设研究所良好的政治生态，就是要以党章为根本遵循，认真落实《关于新形势下党内政治生活的若干准则》等制度，要完善和落实民主集中制的各项制度。党员领导干部要加强党性锻炼，不断提高政治觉悟和政治能力，永葆共产党人政治本色，既要从自身做起，廉洁用权，做遵纪守法的模范，发挥表率作用，又要坚持原则、敢抓敢管，立"明规矩"、破"潜规则"。所党委要坚持按院党组新修订的《党委会工作条例》和《所长工作条例》管所治所，要把纪律和规矩挺在前面，把权力关进制度的笼子里。

大力加强研究所基层支部组织建设。党的十九大新修订的《党章》中专门增加了第三十四条，明确要求作为基层组织的党支部要"担负直接教育党员、管理党员、监督党员和组织群众、宣传群众、凝聚群众、服务群众的职责"。研究所党支部建设长期以来一直是基层组织建设的相对薄弱环节，我们要在相继完成行政领导调整、研究所党委换届和研究室主任换届调整后，认真做好支部换届工作，一是确保"支部建在室上"，坚持以研究室为单位组建党支部；二是选好配强支部书记，坚持由政治素质好工作责任心强的党员研究室主任（或副主任）兼任支部书记；三是充分发挥好基层支部的战斗堡垒作用，要认真开展好"不忘初心、牢记使命"主题教育，把党支部建设成为团结带领广大科研人员凝心聚力、团结奋进、开拓创新的战斗集体。

总之，研究所党委要把学习贯彻十九大精神，作为今后长期的首要政治任务来抓，用十九大精神和习近平新时代中国特色社会主义思想指导我们各项工作，更加扎实地把党中央和院党组的战略决策和部署落到实处，为实现党的十九大确立的伟大目标和任务而努力奋斗！

（作者为中国社会科学院考古研究所党委书记）

始终不渝地坚持和发展中国特色社会主义

夏春涛

党的十九大报告最大的亮点，是将近 5 年来党的理论创新成果概括为"习近平新时代中国特色社会主义思想"。党的十九大的最大成果、最大贡献，是将这一马克思主义中国化最新成果写进党章，实现党的指导思想的又一次与时俱进。坚持和发展中国特色社会主义是习近平新时代中国特色社会主义思想的主题。中国特色社会主义是经过千辛万苦探索出来的复兴之路，是改革开放以来党的全部理论和实践的主题。深入学习贯彻习近平新时代中国特色社会主义思想，就必须结合历史与现实，深刻领会、牢牢把握坚持和发展中国特色社会主义这个主题。

一 中国特色社会主义是经过千辛万苦探索出来的复兴之路

雄关漫道真如铁。鸦片战争落败是中国陷入半殖民地深渊的开端，也是中国人民探寻民族复兴之路的起点。西方列强入侵、国内政治黑暗，导致国力孱弱、民生凋敝、山河破碎。无数仁人志士投袂而起，苦苦探索拯救民族危机的途径。例如，早在 19 世纪 50 年代，太平天国后期的总理大臣洪仁玕便倡言"与番人并雄"，呼吁"乘此有为之日，奋为中地倡"。广大民众在一次次反对外国侵略斗争中殊死作战，充分展示了中国人民不屈不挠的反抗精神。但一次次探索、抗争，最终都归于失败。维新思想家谭嗣同悲愤不已，慨叹"四万万人齐下泪，天涯何处是神州"。作为近代中国提出"振兴中华"口号的第一人，孙中山先生领导辛亥革命，结束在中国延续几千年的君主专制制度，打开了中国发展进步的闸门，但"无量头颅无量血，可怜购得假共和"。

中国共产党自诞生之日起就以实现中华民族伟大复兴为己任，给黑暗迷茫中的中国带来光明和希望。我们党敏锐地看准中国问题的病根，高举反帝反封建大旗，历经28年艰辛探索和浴血奋战，带领人民走出农村包围城市、武装夺取政权这条中国革命新路，终于推翻压在中国人民头上的帝国主义、封建主义、官僚资本主义这三座大山，建立了新中国，实现了民族独立、人民解放和国家高度统一，彻底结束了旧中国饱受屈辱的历史和一盘散沙的局面，中国人民从此当家作主站了起来。这开创了中国历史新纪元，为实现国家富强、民族振兴、人民幸福确立了前提条件。

新中国成立后，走什么样的发展道路？我们党选择了社会主义。这与中国革命分两步走的党的既定战略相吻合，与新中国的国体相吻合，也与基本国情相吻合——中国人口众多、一穷二白，只有走社会主义道路，才能避免因严重的两极分化导致社会动荡，才能充分调动全体人民建设祖国的积极性主动性创造性。党领导人民创造性地对生产资料私有制进行改造，终结了在中国有几千年历史的阶级剥削制度，建立了社会主义基本制度，完成由新民主主义革命向社会主义革命的转变，完成中国历史上最为广泛而深刻的社会变革。这为当代中国一切发展进步奠定了根本政治前提和制度基础，开启了沿着社会主义道路实现民族复兴的壮丽征程。

党带领人民筚路蓝缕发愤图强，掀起社会主义建设热潮，建立起独立的比较完整的工业体系和国民经济体系，其他领域也有长足进步，包括成功研制作为大国标志的"两弹一星"，使一穷二白百废待兴的中国面貌一新，巍然屹立在世界东方，彰显了社会主义制度的优越性。不过，在中国建设社会主义是党面临的一个崭新课题，独立探索适合中国国情的发展道路不可能一帆风顺，难免会有失误、走弯路，主要表现为脱离国情，生搬硬套马克思主义经典著作的个别论断，急于求成，片面追求"一大二公三纯四平均"，经济体制僵化。随着指导思想上"左"的错误的发展，片面强调以阶级斗争为纲、反修防修，乃至发生"文化大革命"，耽误了发展机遇。而严格划清社会主义与资本主义的界限、大讲"兴无灭资"，冷战的背景以及中苏关系恶化，则使我们处在一个几乎与世界隔绝的环境下搞建设，严重束缚了发展。尽管如此，这一历史时期的探索实践，仍为随后的接力探索提供了宝贵经验、理论准备和物质基础。

党的十一届三中全会开启了改革开放历史新时期，引导人民满怀豪情地踏上民族复兴新征程。面对飞速发展变化的世界，我们党既不走封闭僵化的老路，也不走改旗易帜的邪路，毅然决然地带领人民披荆斩棘奋力探索，成功开辟并捍卫了中国特色社会主义道路。沿着这条新路，党和人民战胜无数艰难险阻和风险挑战，高歌猛进。我国经济总量在改革开放之初位列世界第十一位，2009年超过日本跃居世界第二位。近5年来，中国对世界经济增长贡献率超过30%。"日出江花红胜火，春来江水绿如蓝。"短短40年间，中国走完西方发达国家几百年才走过的发展历程，取得举世瞩目的发展成就，创造了令世界惊叹的发展奇迹，进而大踏步赶上时代，迎来实现中华民族伟大复兴的光明前景。

道路决定命运。习近平总书记深刻指出："历史和现实都告诉我们，只有社会主义才能救中国，只有中国特色社会主义才能发展中国，这是历史的结论、人民的选择。"① 96年峥嵘岁月，见证了我们党筚路蓝缕砥砺前行的光辉历程。没有党带领人民在千回百转千难万险中开辟新路，民族复兴就会成为镜花水月。

二 中国特色社会主义是改革开放以来党的全部理论和实践的主题

人间正道是沧桑。坚持和发展中国特色社会主义是当代中国不可阻

---

① 《毫不动摇坚持和发展中国特色社会主义在实践中不断有所发现有所创造有所前进》，《人民日报》2016年1月6日第1版。

遏的大势，是党心民心所向。习近平总书记在党的十九大报告中精辟指出："中国特色社会主义是改革开放以来党的全部理论和实践的主题，是党和人民历尽千辛万苦、付出巨大代价取得的根本成就。"40年来，世情、国情、党情不断发生深刻变化，党的几代中央领导集体团结带领全党全国人民接力探索，将理论与实践、坚持与发展、继承与创新相结合，始终紧紧围绕中国特色社会主义来谋划和部署工作，不断把中国特色社会主义伟大事业推向前进。

从发展战略设计和工作推进看，中国特色社会主义是新时期党的历次全国代表大会始终不变的主题。党的十二大响亮地提出走自己的路、建设有中国特色的社会主义。党的十三大报告题为"沿着有中国特色的社会主义道路前进"，指出我国正处在社会主义初级阶段，并正式将"一个中心、两个基本点"确立为党在社会主义初级阶段的基本路线。初级阶段是明确以经济建设为中心的依据，也是建设中国特色社会主义的总依据。认清这一最大国情，有助于纠正超越阶段、脱离国情的错误。坚持四项基本原则这一立国之本可以有效抵御右的干扰，坚持改革开放这一总方针可以有效抵御"左"的影响，两者统一于中国特色社会主义伟大实践。这条基本路线是党和国家的生命线，为我们沿着正确方向前进提供了根本遵循。党的十四大报告题为"加快改革开放和现代化建设步伐，夺取有中国特色社会主义事业的更大胜利"。党的十五大报告题为"高举邓小平理论伟大旗帜，把建设有中国特色社会主义事业全面推向二十一世纪"。党的十六大报告题为"全面建设小康社会，开创中国特色社会主义事业新局面"。党的十七大报告题为"高举中国特色社会主义伟大旗帜，为夺取全面建设小康社会新胜利而奋斗"。党的十八大报告题为"坚定不移沿着中国特色社会主义道路前进 为全面建成小康社会而奋斗"，将建设中国特色社会主义的总任务概括为实现社会主义现代化和中华民族伟大复兴。党的十九大报告题为"决胜全面建成小康社会 夺取新时代中国特色社会主义伟大胜利"，郑重宣布中国特色社会主义进入新时代，吹响新的进军号角，号召全党夺取新时代中国特色社会主义伟大胜利，为实现中华民族伟大复兴的中国梦不懈奋斗。由此可以清晰地看出中国特色社会主义事业的递进轨迹和强劲发展势头。

从实践层面看，改革首先从经济领域入手，在农村展开，随后转入城市，逐步扩大为涵盖各个领域的全面改革，致力于更好地推动人的全面发展、促进社会全面进步，即统筹推进经济、政治、文化、社会、生态文明建设，形成中国特色社会主义事业"五位一体"总体布局。党的十八大以来，又形成"四个全面"战略布局。对外开放也不断打开新局面，实行全面开放，致力于统筹国内国际两个大局。在发展步骤上，先是提出我国现代化建设"三步走"发展战略；考虑到第三步50年的时间跨度太长，党的十六大提出在本世纪头20年全面建设小康社会，十八大正式提出"两个一百年"奋斗目标。党的十九大又加以细化，以2035年为时间节点，将2020年实现第一个百年奋斗目标后的30年分为两个15年。原先设计到本世纪中叶"基本实现现代化"，现在明确到2035年"基本实现社会主义现代化"。这就把实现第二个百年目标的时间提前了15年。现在第二个百年奋斗目标的表述，是"把我国建成富强民主文明和谐美丽的社会主义现代化强国"，加了"美丽"二字，5个关键词分别对应"五位一体"总体布局中的五大建设；"社会主义现代化国家"改为"社会主义现代化强国"——实现"强国"目标，也就是实现了中华民族伟大复兴。由此可以清晰地看出，建设中国特色社会主义的认识与实践在不断深化，中国特色社会主义的内涵越来越丰富，中国特色社会主义道路越走越宽广。

从理论层面看，我们党不断推进实践基础上的理论创新，在理论上不断拓展新视野、作出新概括，相继创立邓小平理论、"三个代表"重要思想、科学发展观，开辟了马克思主义中国化的新境界，既不丢老祖宗，同时又讲出新话，系统回答了前进中遇到的一系列重大理论和现实问题，以发展着的马克思主义指导新的实践。这个理论体系被直接命名为"中国特色社会主义理论体系"。党的十八大以来，以习近平同志为核心的党中央带领全党全国人民积极进行具有许多新的历史特点的伟大斗争，取得重大理论创新成果，形成习近平新时代中国特色社会主义思想，实现党的指导思想的又一次与时俱进。在理论创新和实践创新不断推进的同时，科学社会主义原则始终没有丢，共同富裕这一中国特色社会主义的根本原则始终没有动摇。党的十八届五中全会明确提出牢固树立以人民为中心的发展思想，"共享"是五大新发展理念之一。近5年来，六千多万贫困人口稳定脱贫，贫困发生率从10.2%下降到4%以下。党的十九大报告六次提到"全体人民共同富裕",强调"中国共产党人的初心和使命,就是为中国人民谋幸福,为中华民族谋复兴";"不忘初心,牢记使命"构成大会主题的前八个字。"中国特色社会主义"是个完整概念,"社会主义"这四个字是定性的。在当代中国,坚持中国特色社会主义,就是坚持社会主义。指导思想正确,为增进全党全体人民团结统一提供了坚实思想基础,为实现中华民族伟大复兴提供了科学的行动指南。

从制度层面看,经过长期的改革创新,我国形成涉及政治、经济、文化、社会等各个领域,由一整套不同层次、相互衔接和联系的制度构成的中国特色社会主义制度。其中,人民代表大会制度是我国的根本政治制度,中国共产党领导的多党合作和政治协商制度、民族区域自治制度、基层群众自治制度是基本政治制度,体现了党的领导、人民当家作主和依法治国有机统一,反映了我国民主政治建设所取得的巨大成绩,具有强大生命力和显著优越性。党的十八届三中全会提出全面深化改革,总目标是完善和发展中国特色社会主义制度,推进国家治理体系和治理能力现代化。十八届四中全会提出全面依法治国,总目标是建设中国特色社会主义法治体系,建设社会主义法治国家。制度建设持续推进,为当代中国发展进步提供了根本制度保障。

从文化层面看,我们党高度重视意识形态工作,着力巩固马克思主义在意识形态领域的指导地位,积极推动精神文明和物质文明协调发展,大力培育和践行社会主义核心价值观,大力弘扬民族精神和时代精神,传承中华优秀传统文化,继承革命文化,发展社会主义先进文化,努力推动文化大发展大繁荣,着力提高国家文化软实力。中国特色社会主义文化的发展,为当代中国发展进步提供了强大精神动力。

从党建角度看,我们党深知治国必先治党、治党务必从严。以20世纪80年代整党为嚆矢,在全党一再开展集中教育活动。90年代把新时期党的建设提到"新的伟大工程"高度,明确提出党的建设两大历史性课题,即提高党的领导水平和执政水平,提高党的拒腐防变和抵御风险能力。进入21世纪后,面对"四大考验""四种危险",全面推进党的建设新的伟大工程。十八大以来,全面从严治党成为党中央抓党的建设的鲜明主题,被纳入"四个全面"战略布局,成效卓著。党的十九大报告深刻阐释了新时代中国共产党的历史使命,分析了"四个伟大"之间的关系,指出伟大斗争、伟大工程、伟大事业、伟大梦想紧密联系,相互贯通、相互作用,其中起决定性作用的是党的建设新的伟大工程。报告第十三部分题为"坚定不移全面从严治党,不断提高党的执政能力和领导水平",第一句话就是"中国特色社会主义进入新时代,我们党一定要有新气象新作为"。报告提出了新时代党的建设总要求,就推动全面从严治党向纵深发展作了具体布置。党的领导成为中国特色社会主义最本质的特征、中国特色社会主义制度的最大优势。

旗帜就是方向。改革开放以来,我们党始终高举中国特色社会主义伟大旗帜,始终走在时代前列,带领人民谱写了中华民族自强不息、顽强奋进的新的壮丽史诗。光荣属于伟大的中国共产党,属于伟大的中国人民。

三 续写新时代中国特色社会主义这篇大文章

长风破浪会有时。习近平总书记一再强调,坚持和发展中国特色社会主义是一篇大文章,我们这一代共产党人的任务,就是继续把这篇大文章写下去。现在,中国特色社会主义已经进入新时代,我们比历史上任何时期都更接近、更有信心和能力实现中华民族伟大复兴的目标。

继续写好新时代中国特色社会主义这篇大文章,当务之急是认真学习、深刻领会、坚决贯彻党的十九大精神。全党同志要自觉地用习近平新时代中国特色社会主义思想武装头脑、指导新的实践,推进"两学一做"学习教育常态化制度化,坚决破除一切不合时宜的思想观念,着力解决党内存在的思想不纯等问题,继续毫不动摇地坚持、与时俱进发展中国特色社会主义。各级领导干部特别是高中级干部要以上率下,努力做学习践行习近平新时代中国特色社会主义思想的表率,保持政治定力,大力弘扬马克思主义学风,在真学真懂真信真用上下功夫,牢固树立"四个意识",坚定"四个自信",更加自觉地在思想上政治上行动上同以习近平同志为核心的党中央保持高度一致。要积极摸索新时代增强党的思想引领力的工作规律,重视传播手段建设和创新,坚持正确舆论导向,努力在全社会营造学习宣传的良好氛围,努力增强宣传工作的实效性、时代性，推动习近平新时代中国特色社会主义思想深入人心。

要积极推动全面从严治党向纵深发展，把党的政治建设摆在首位，全面净化党内政治生态，始终保持党同人民群众的血肉联系，确保党始终成为中国特色社会主义事业的坚强领导核心。要继续保持艰苦奋斗、戒骄戒躁的作风，不为任何风险所惧，不为任何干扰所惑，勇于变革创新，永不僵化停滞，全党全体人民勠力同心，奋力决胜全面建成小康社会，奋力夺取新时代中国特色社会主义伟大胜利，以时不我待、只争朝夕的精神走好新时代的长征路。

（作者为中国社会科学院近代史研究所党委书记）

开启中国与世界关系的新时代

世界历史研究所党委理论学习中心组

党的十九大报告是中国特色社会主义进入新时代的政治宣言，是实现中华民族伟大复兴的行动指南。报告作出"新时代"的重要战略判断，意味着近代以来久经磨难的中华民族迎来了从站起来、富起来到强起来的伟大飞跃，迎来了实现中华民族伟大复兴的光明前景。报告中提出的"在本世纪中叶建成富强民主文明和谐美丽的社会主义现代化强国"的总任务，对于中国和世界都具有十分重大而深远的意义，不仅鼓舞和提升了全中国人民的信心，也有力地激荡着世界，极大地提高了社会主义中国在世界的影响力，前所未有地助推中国与世界的关系进入新时代。这在中华人民共和国发展史、世界社会主义发展史，以及人类社会发展史上，都具有十分重大的意义。

一 中国对世界经济增长的贡献越来越大

经济发展水平及其影响力是决定一个国家世界地位的重要因素。经过近70年的探索与努力，中国经济稳步快速发展，目前已稳居世界第二大经济体，且体量还在不断扩大，对世界经济增长的贡献越来越大。习近平总书记在党的十九大报告中充满信心地宣布："今天，我们比历史上任何时期都更接近、更有信心和能力实现中华民族伟大复兴的目标。"

从现实物质基础和发展成就来看，中国的经济实力、科技实力、国防实力、综合国力已进入世界前列，国际地位迅速提升，中华民族及整个国家的面貌发生了前所未有的变化。十九大描绘的到本世纪中叶全面建成社会主义现代化强国的宏伟蓝图，不但鼓舞着中国人民，对于目前经济发展缺乏动力、社会问题复杂缠身、难于制定长远发展战略的诸多其他国家来说，也是发展的推动，并且是新的选择，给世界各国人民带来了希望和信心。

中国经济在自身健康发展的同时，对世界经济增长的贡献率稳步提高，影响越来越大。中国在2009年首次成为世界经济增长第一大贡献国，十八大以来的5年里对世界经济增长的贡献率一直保持在30%以上。毫无疑问，当今中国已成为世界"经济成长的信心源泉"和强大动力。随着对世界经济增长贡献率的不断提升，中国在全球经济治理体系中的制度性话语权也在显著提高。

中国的发展离不开世界，强大起来后也会回馈世界，作出自己应有的贡献。十九大报告向世界宣告，中国愿意向各国提供中国机遇、中国智慧、中国方案、中国经验和中国借鉴。中国改革开放的实践和十九大擘画的宏伟蓝图，正在让世界上越来越多的人看好中国的未来，相信中国将为世界和平与发展作出新的更大贡献。海外舆论认为，十九大表明，中国共产党将继续带领更加开放的中国实现历史性变革，中国将更加全面发展，成为国际社会更为强大的正能量。目前，世界上几乎所有重要的跨国企业都已进入中国市场，都期待着中国市场的利益，从而也都在关注中国还将日益扩大的市场和发展的光明前景。一个强大、自信的中国将为世界带来更多机遇。

中国特色社会主义道路取得的巨大成功，也让西方一度盛行的"历史终结论""中国崩溃论"等不攻自破，也给国际社会特别是广大发展中国家提供了重要启示：各国应立足自身，寻找适合本国国情的发展道路。

尤为重要的是，中国的发展对于世界的发展具有无可替代的重要作用，这也是世界各国都在高度关注中共十九大的原因所在。当今世界，在不少国家的经济发展遭遇诸多困难、保护主义抬头的重要历史时刻，面临美国等西方大国的"逆全球化"和保护主义给世界带来的疑惑甚至恐慌，中国义无反顾、不负众望地扮演了引导全球经济发展的角色，推动经济全球化朝着更加开放、包容、普惠、平衡、共赢的方向发展。在经济全球化的时代大潮中,中国与世界各国共同担起责任,命运更加紧密地联系在一起。中国勇于担当、无所畏惧的气魄和胸怀,成为世界经济健康发展尤为需要的精神动力。

二 "人类命运共同体"凝聚世界各国共同利益

在各国国情不一、文化多元、利益既相连又重叠甚至冲突、发展极不平衡、问题复杂难解的当今世界,中国用"一带一路"和"人类命运共同体"给出了迄今为止最能凝聚各国共同利益的"济世良方"。

2013年9月和10月,习近平主席分别提出建设"新丝绸之路经济带"和"21世纪海上丝绸之路"的战略构想,强调相关各国要协力打造互利共赢的"利益共同体"和共同发展繁荣的"命运共同体"。

"一带一路"建设是我国扩大对外开放、让自身经济发展的红利惠及世界、促进世界各国协调发展的重大战略举措,是世界历史上的创举。中国不是靠外在的强制力改变世界,而是通过内在利益交汇点实现利益共享,构建人类命运共同体。这一构想对发展中国家和发达国家都产生了极其重大的影响。西方媒体指出,中国倡导的"一带一路"是一个具有史无前例的"包容性"的发展平台,是世界历史上前所未有的大工程;中国在这个平台上发挥着中坚作用,并作为援助方将"温暖有力的双手"伸向诸多经济发展水平不高的国家和地区;其他国家通过自愿参与就可以从中获益,而无须像过去那样,在经济关系中受制于种种他国外在的附加条件。

特别重要的是,随着"一带一路"建设项目的落地、实施,沿线国家和地区及其民众,享受到的实惠越来越多,这些国家和地区与中国互利共赢的局面愈益牢固、扩大,双边和多边贸易、政治、文化、外交等方面的关系自然会更加密切,共同利益会越来越多,分歧则相应地会越来越少。2014—2016年,我国与"一带一路"沿线国家进出口额达3.1万亿美元,对其直接投资近500亿美元,为沿线国家增加就业岗位接近18万个。十九大报告再次强调构建"人类命运共同体",以"一带一路"倡议促进各国间经贸、人文、创新、安全等领域交流,加强国际合作,增添共同发展新动力。"一带一路"建设的实施，无疑将加强中国与沿线国家发展战略的对接，增进战略互信，寻求合作的最大公约数，"一带一路"必将建成和平之路、繁荣之路、开放之路、创新之路和文明之路。这完全符合目前和平与发展的世界潮流，大顺世界民意民心，必将得到世界上越来越多的国家和人民的拥护和支持，进而进一步提升中国的综合实力。有国外政要和学者评论说，中国是当今"世界和地区和平的捍卫者，是众多国家的真诚伙伴"，"中国走向世界经济政治秩序中心，将有助于缩小全球不平等，这将是具有重大历史意义的变化"。

三 中国的自信增强了世界对中国的信心

我们党在实践中不断发展完善深化了"四个自信"的理论。2002年11月，党的十六大提出"一个自信"；2007年10月，党的十七大提出"两个自信"；2012年11月，党的十八大提出"三个自信"；2016年7月1日，习近平总书记在庆祝中国共产党成立95周年大会上的重要讲话中，第一次把道路自信、理论自信、制度自信和文化自信这"四个自信"并列在一起，作为一个整体思想提了出来，使其成为内涵更丰富、内容更精深的系统化理论。此后，习近平总书记在2016年10月21日纪念红军长征胜利80周年大会上的讲话，2016年11月30日中国文联十大、中国作协九大开幕式上的讲话，以及2017年7月26日省部级主要领导干部专题研讨班上的重要讲话中，对坚持"四个自信"的基本内涵作了高度概括，对坚持"四个自信"的重要地位和作用予以深刻论述。在十九大报告中，习近平总书记又强调，坚定"四个自信"对于进一步推动中国特色社会主义伟大事业、实现"两个一百年"奋斗目标和实现中华民族伟大复兴的中国梦具有十分重大的意义。

中国的自信是中国自己的社会主义实践和世界历史发展的结果。中国的自信，来源于中国特色社会主义的长期探索及其伟大成就，也是世界资本主义和社会主义两种制度并存、发展、力量消长的必然结果。中国特色社会主义取得的巨大成功，打破了此前占主导地位的"华盛顿共识"等资本主义发展路径的神话，提高了"四个自信"的感染力和深远而广泛的影响力，不仅进一步提升了中国特色社会主义发展对全球发展的重要意义,而且拓展了亚非拉广大发展中国家实现现代化的途径,给那些既希望保持自身独立性又想加快发展的国家和民族提供了一种"替代经验"和现实的全新选择,"对许多国家来说是鼓舞人心的榜样"。

中国的发展道路,是中国共产党领导中国人民,经过艰辛探索、努力奋斗而开创的,其成功实践当之无愧地是世界历史上的创举。与数百年来传统大国通过建立殖民体系、对外武力扩张实现其强大截然不同,中国的发展壮大、强国之路和大国地位,完全是通过和平发展的方式,通过中国共产党领导千百万中国人民的奋斗苦干实现的,这在人类发展史上开创了新纪元,具有划时代的意义。从世界历史来看,已经实现现代化的国家和地区,大多经历了产业革命以来近300年的时间才逐步完成,而我国要用100年时间走完这些国家几百年走过的现代化路程,这种转变速度、规模、广度、深度和难度均超乎寻常,前所未有。中国的成功,必将大大增强外部世界对中国的信心,也会使中国更加自信,在与世界的互动中更为积极主动。

四 中国对世界的影响越来越大

十九大的召开和世界的反应充分表明,中国对世界的影响越来越大。十九大的世界影响在于,一个具有96年历史的政党,既能适时自我更新和不断完善,更能不断推动整个国家的发展、复兴和人民生活安康。这在世界政党史和任何一个国家的历史上都实属罕见。中国共产党和中国的成功经验,正在为越来越多的国家所关注,产生了越来越深远、广泛的启示意义,成为诸多政党和国家研究、学习,乃至仿效的宝贵历史财富。

中国经验对世界的冲击,所引发的思考,正在体现出中国对世界的巨大影响。主要表现在:一是对于中国共产党和中国的成功,现有的西方知识和话语体系,已难于进行解释和评价,这无疑增强了中国思想、理论和经验在世界上的话语权;二是在中国不断取得成功的同时,曾经占据世界主导地位的西方体系暴露出的问题却越来越多,且难觅解药良方,这无疑使其原先的价值大打折扣。因此,中国的发展模式在世界上得到的积极评价越来越多,感染力和示范效应日益增强。中国的发展和崛起，特别是十八大以来5年间发生的巨大变化，以及十九大描绘的未来30年的宏伟蓝图，与西方社会问题层出不穷和越发严重的失衡形成鲜明对比。

中国对世界影响力的增强还体现在中美互动关系上。十九大闭幕后，当今世界头号资本主义国家，也是唯一超级大国的美国，其总统特朗普在第一时间致电祝贺世界最大的社会主义国家的共产党总书记习近平。这在美国历史、中美关系史，乃至世界历史上，都是史无前例的，中国的世界影响于此可见一斑。

在中国与世界的关系史上，十九大无疑是一个里程碑，标志着中国与世界的互动关系发生了重要的变化。此次盛会表明，正在强大起来的中国已然改变了此前主要向发达国家学习，主要由外部世界设置议题、自己作出反应的趋势，在国际事务中更加积极主动，更多地在世界事务中设置主题，成为各国公认的影响力与日俱增的世界大国，但是，强大起来的中国也永不称霸，永远为世界的和平发展贡献自己的正能量。进入新时代的中国特色社会主义，一定能更好地凝聚起全体中国人民共筑中国梦的磅礴力量，接续奋斗，砥砺前行，一定能实现中华民族的伟大复兴，以更加昂扬的姿态屹立于世界民族之林，为世界的和平与发展、人类的繁荣与进步作出新的更大贡献。

"一带一路"建设的新起点、新征程

李国强

党的十九大是在全面建成小康社会决胜阶段、中国特色社会主义进入新时代的关键时期召开的一次十分重要的大会。习近平总书记所作的党的十九大报告，提出了一系列新的重要思想、重要观点、重大判断、重大举措，通篇闪耀着马克思主义真理的光芒，具有很强的思想性、战略性、前瞻性和指导性，是21世纪科学社会主义的纲领性文献，是我们党迈进新时代、开启新征程、续写新篇章的政治宣言和行动纲领。

一 "一带一路"建设取得瞩目成就

经过40年改革开放实践，我国经济社会取得了令世人瞩目的成就，积累了巨大优势、巨额资产，不仅为世界经济发展提供了物美价廉的商品、廉价的劳务和巨大市场，而且成长为世界第二大经济体，我国经济和世界经济高度关联。

改革开放40年后的今天，中国站在了全面深化改革、增加经济社会发展新动力的新起点；站在了推进供给侧结构性改革、转变经济发展方式的新起点；站在了同世界深度互动、向世界深度开放的新起点。历史新起点，带来发展新机遇。正是在这样的时代背景下，2013年习近平总书记提出了"一带一路"倡议。"一带一路"倡议是着眼于世界大格局的重要谋篇布局，是习近平新时代中国特色社会主义思想的有机组成部分。

习近平总书记基于对国际和地区形势深刻变化的科学判断，以及对我国经济社会发展面临的新形势、新任务的准确评估，从维护全球自由贸易体系和开放型经济体系、促进区域合作、共谋社会发展、促进全球共同繁荣、打造人类命运共同体的高度提出"一带一路"倡议这一宏大构想，从而为全球治理提出了中国方案、贡献了中国智慧。

经过几年的实践，"一带一路"倡议已经从理念转化为行动、从愿景转变为现实，不仅受到国际社会高度关注，得到沿线各国广泛支持，形成具有广泛影响的国际合作框架，而且在贸易、投资、产能、人文等各个领域都取得了令人瞩目的成就，"一带一路"建设的进展和成果均超出预期。

二 深入推进"一带一路"建设的行动指南

习近平总书记在党的十九大报告中明确提出："要以'一带一路'建设为重点，坚持引进来和走出去并重，遵循共商共建共享原则，加强创新能力开发合作，形成陆海内外联动、东西双向互济的开放格局。"习近平总书记的这一重要论述，既是对"一带一路"倡议最深刻的阐释，也是推进"一带一路"建设最全面的行动指南。牢牢把握好习近平总书记关于"一带一路"倡议的新理念，深刻领会好习近平总书记关于"一带一路"倡议的新思想，贯彻落实好习近平总书记关于"一带一路"倡议的新部署，是确保"一带一路"建设顺利实施的基本前提，是"一带一路"建设持续深化的重要保障。

值得注意的是，"一带一路"建设还成为党的十九大通过的《中国共产党章程（修正案）》总纲的内容之一。这不仅反映出我们党对"一带一路"建设的高度重视，而且展示出我们党坚定推进"一带一路"建设的决心和信心；不仅表明我们党为持续深化"一带一路"建设、致力于打造人类命运共同体注入强劲动力，而且为"一带一路"建设提供了更加坚实的政治保障和组织保障。

"一带一路"建设写进十九大报告和党章，具有重大而深远的历史意义，这标志着"一带一路"建设将在新时代决胜全面建成小康社会、开启全面建设社会主义现代化国家新征程中继续发挥开放的引领作用，为实现"两个一百年"奋斗目标和中华民族伟大复兴的中国梦作出新贡献。

三 深刻诠释"一带一路"倡议的科学内涵

习近平总书记在党的十九大报告中,用61个字论述"一带一路"建设,这61个字蕴含着十分丰富的思想内涵,它清晰地阐述了"一带一路"建设的定位、方向、任务、原则和目标,对我们全面认识"一带一路"倡议的科学内涵,具有重要的指导意义。

第一,"一带一路"是促进沿线国家经济贸易投资合作,共享发展机遇的倡议。"一带一路"倡议是中国给世界提供的公共产品,其重要的特征之一就是"合作"。一是"区域性合作"。从区域经济一体化入手,不断深化我国与沿线国家在经济、贸易、投资等多领域的互利合作,进一步打通亚欧经济动脉,将中国、东南亚、南亚、西亚、中亚、北非乃至欧洲联结起来,构建起一个"连通各大经济板块市场链,形成覆盖数十亿人口的共同市场"的格局。二是"开放性合作"。"一带一路"建设面向沿线所有国家,甚至沿线之外的国家,不论来自亚洲、欧洲,还是非洲、美洲,都是"一带一路"建设国际合作的伙伴。除了中国和各国之间的合作,沿线国家之间也要展开相互合作,甚至还要与第三方国家开展合作。中国的角色是要努力做一个贡献者、引领者。

第二,"一带一路"是我国全面深化改革开放、深度融入世界的倡议。我国的繁荣发展源于改革开放,中华民族的伟大复兴有赖于改革开放。"一带一路"倡议最显著的特征,也是我们要把握的核心要素,就是"开放"。

首先,"一带一路"倡议就是要通过重点领域的建设,不断扩大开放,倒逼深层次改革,创新开放型经济体制机制,全面推动经济转型升级,加大科技创新力度,形成参与和引领国际合作竞争新优势。因此,"一带一路"倡议是新时期我国对外开放的新引擎,是我国经济社会发展的新载体。

其次,通过"一带一路"建设,进一步推动我国区域协调发展向纵深挺进,形成陆海统筹、内外联动、东西互济、面向全球的开放新格局;

进一步促进国内国际要素有序流动、资源高效配置、市场深度融合，在更大范围、更宽领域、更深层次上构建有利于国际合作的开放型经济新体制。

再次，通过"一带一路"建设，把我国与沿线国家经济社会发展的需求紧密联系在一起、结合在一起，促进沿线欠发达国家和地区的经济社会发展，推进和深化区域经济一体化，共同打造国际合作经济带。

最后，通过"一带一路"建设，进一步积极参与全球经济治理和公共产品供给，引导全球经济议程，形成广泛的利益共同体，实现中国发展与世界发展的良性互动。

习近平总书记指出："中国开放的大门永远不会关上。""一带一路"倡议，就是新时代我国敞开对外开放大门的重要标志。开放的中国有助于世界和平稳定，有助于汇集各方合力引领世界经济实现新一轮增长，有助于深化普惠金融、绿色金融领域合作，共同维护国际金融市场稳定；有助于提振国际贸易与国际投资；有助于推动创新型、开放型、联动型、包容型世界经济，夯实共赢基础，让增长和发展惠及所有国家和人民。

第三，"一带一路"是以打造人类命运共同体为最终目标的倡议。古代丝绸之路的形成与发展揭示出这样一个道理：没有共同需求和共同利益就没有丝绸之路；有了共同需求和共同利益没有共同目标，丝绸之路就没有发展方向。"一带一路"立足于沿线各国谋求经济社会发展利益诉求而提出，为打造互利共赢人类命运共同体提供了可能。

共同体是一个有多层次内涵的概念。第一层次的共同体是基于共同利益形成的，称为利益共同体。第二层次的共同体强调权责对等，在实现利益的同时承担相应责任，称为责任共同体。第三层次的共同体强调政治上讲信修睦、经济上合作共赢、安全上守望相助、文化上心心相印、对外关系上开放包容，这就是人类命运共同体。通过"一带一路"建设，致力于打造"人类命运共同体"，表达了中国希望与沿线国家携手同行，实现互惠互利、共同发展的良好意愿。

2017年1月18日，习近平主席在日内瓦万国宫出席"共商共筑人类命运共同体"高级别会议，并发表题为"共同构建人类命运共同体"的主旨演讲，深刻阐述了人类命运共同体理念。2017年2月10日，"构建人类命运共同体"理念首次写入联合国决议中，不仅显示了国际社会对这一理念的高度认同，而且成为我国对全球治理作出的又一重要贡献。在党的十九大报告中，习近平总书记再次全面、系统阐述了人类命运共同体的丰富内涵，指出"建设持久和平、普遍安全、共同繁荣、开放包容、清洁美丽的世界"，而"一带一路"建设为实现人类命运共同体提供了重要的实践载体。

通过"一带一路"建设打造人类命运共同体不是搞同盟、不是搞集体对抗，也不是搞零和博弈，更不是搞霸权，其核心要义是合作、发展、共赢，"有福同享，有难同当"，携手共建、同舟共济，它包含的是丝路沿线国家相互依存的国际权力观、共同利益观、可持续发展观和全球治理观。

第四，"一带一路"是以互联互通为基石的倡议。"一带一路"建设是沿线各国开放合作的宏大经济愿景，实现这一愿景需要有精准的发力点。为此，我国政府提出政策沟通、设施连通、贸易畅通、资金融通、民心相通的"五通"思路。

在"五通"中之所以强调基础设施连通的重要性，既是历史的有益启迪，也是现实的客观要求。习近平总书记指出：互联互通是"一带一路"的血脉经络，决定着"一带一路"建设的成效和可持续发展。因此，道路互联互通和基础设施建设，被确定为实施"一带一路"倡议的优先领域，同时将关键通道、关键节点视为重中之重。

"一带一路"建设立足于从互联互通入手，致力于推动沿线各国建立起互联互通伙伴关系，构建全方位、多层次、复合型的互联互通网络，补齐制约沿线国家经济发展的短板，盘活沿线国家的市场互动，带动沿线国家的金融投资，全面提升沿线国家合作的能力和水平，从而实现沿线各国多元、自主、平衡、永续的发展。

第五，"一带一路"是以人文交流为支撑的倡议。文化是连接沿线国家和谐友好的精神纽带和精神基石，建立在文化交融和民心相惜基础上的合作关系，更加坚固、更加美好，也更加持久。

夯实"一带一路"建设的民意基础，要做到三个必须：一是必须倡导文明宽容，尊重彼此发展道路和模式的选择，加强不同文明之间的对话，求同存异、兼容并蓄、和平共处、共生共荣。二是必须秉持开放的区域主义精神，反对封闭和排他。三是必须以开放包容之胸怀，海纳百川之气魄，欢迎各种力量、多方资源共同参与到"一带一路"建设中，协力打造开放、包容、均衡、普惠的区域经济合作体系。实现"一带一路"建设的宏大目标，要特别注重文化交流与人文合作，积极发挥多元文明的桥梁和引领作用，与沿线各国政府和人民一道共谋文化发展，共促文明互鉴。人员交流越频繁，彼此了解就越多；文化越交融，友谊就越深，相互间的友好关系就能够全面持久稳定发展。因此，在"一带一路"建设中，要把文化交流、交融置于更加突出的地位，充分发挥文化纽带的作用，增强沿线各国人民的文化共鸣和情感联系，拉近各国人民思想交流、文明互鉴的距离，让各国人民相逢相知、互信互敬，共同创造和平、富强、进步的光荣与梦想。

"一带一路"倡议是时代的重大命题，"一带一路"建设是一项伟大的事业。十九大报告为"一带一路"建设进一步确立了发展方向，谋划了推进路径，描绘了未来蓝图。在习近平新时代中国特色社会主义思想指引下，根植于深厚历史积淀、立足于谋求人民福祉、致力于人类美好愿景的"一带一路"建设，终将书写出人类文明史上的新篇章。

（作者为中国社会科学院中国边疆研究所党委书记）

丝绸之路经济带建设与我国沿边合作[*]

邢广程

"一带一路"是中国与世界深度互动的链接范式，是中国向世界提出的泛区域合作的重大倡议。以习近平同志为核心的党中央提出"一带一路"倡议后，引起了国际社会的积极回应，并取得了早期收获。2017年5月在北京举办了"一带一路"国际合作高峰论坛。"一带一路"倡议具有泛欧亚性质，所涉空间和领域非常宽泛。本文将研究视点置于丝绸之路经济带建设与沿边合作这个范围，旨在将丝绸之路经济带与中国沿边合作关联起来。需要强调的是，这里的"沿边合作"概念有两层含义，一是指中国边疆地区在丝绸之路经济带建设中所起的作用和扮演的角色；二是指在丝绸之路经济带视域下中国边疆地区如何与周边国家和地区进行合作。

一 丝绸之路经济带的构建离不开中国边疆地区

丝绸之路经济带的构建与中国边疆地区具有重大的关联性。事实上，中国边疆地区是构建丝绸之路经济带的重要区域，决不能忽视中国边疆地区在构建丝绸之路经济带进程中所起的作用。

---

[*] 本文原载于《国际问题研究》2017年第3期，此次进行了部分修订。

第一，中国沿边地区是我国构建丝绸之路经济带的国内国际两个大局的契合线。我国陆地边疆由9个省区组成，具有独特的区位优势。中国丝绸之路经济带的构建空间包括泛欧亚大陆，是中国与世界进行多领域和多层次合作的重要载体，而中国与世界深度合作的重要契合地区就是沿边地区，更明确地说，中国边疆地区是中国与周边国家和地区构建丝绸之路经济带建设愿景的重要地理和人文衔接区。中国陆地边疆9省区是中国实现丝绸之路经济带的重要区域，是中国与周边国际环境进行合作和融合的重要契合区域。中国沿边地区与周边国家和地区山水相连，这种独特的地缘环境和区位优势决定了沿边地区必定要在丝绸之路经济带的构建中承载独特的重要责任，肩负重要的合作使命。中国在构建丝绸之路经济带进程中应更多地和恰当地运用中国边疆地区的独特区位优势，以其独特的地理和人文区位优势来撬动周边国家和地区参与到丝绸之路经济带的重大倡议中来。

第二，通过沿边地区的开放与合作，中国完全能够实现与周边国际环境的良性互动与全方位的利益融合，构建利益共同体。40年来，中国改革开放已经完全超越了局部区域的空间特性，从沿海开放逐步发展到沿边开放，沿边开放又拓展到沿边全方位开放，逐步形成全方位改革开放的大格局。沿边地区全方位开放的战略布局和深入发展，为丝绸之路经济带在周边地区的区域合作奠定了非常坚实的基础，形成了充分的进一步改革开放的现实条件。没有这40年的发展和全方位开放，就不可能实现中国与周边国家和地区的深度合作模式的构建。换句话说，丝绸之路经济带的构建是中国沿边地区全方位开放的又一个重要载体和新的、有效的合作形式。中国的改革开放为国际社会的发展作出了很大的贡献，中国乐见国际社会尤其是周边国家和地区分享中国发展所带来的红利，而周边国家和地区的发展又进一步给中国的发展提供了新的空间和条件。中国与周边国家和地区构建利益共同体是历史的必然，而中国沿边地区的发展和全方位开放为中国与周边国家地区构建利益共同体提供了重要的地缘政治条件和便利，因此，中国沿边地区是中国与周边国家和地区构建利益共同体和责任共同体的重要地区。中国沿边地区的全方位开放战略为丝绸之路经济带的构建提供了良好的合作前提和铺垫。

中国边疆地区是中国与周边国家和地区构建利益共同体、责任共同体,也是中国与世界构建"人类命运共同体"的重要组成部分。

第三,构建丝绸之路经济带为中国沿边地区的发展和稳定提供了重要的战略契机。中国在迅猛发展,中国边疆地区顺应全国发展态势也在快速发展。但应该看到,因历史和自然环境等综合因素的影响和制约,中国边疆地区还与内地发展程度有很大的差别,有的地区还比较落后。丝绸之路经济带的提出和构建不仅要解决中国与世界的关系,更重要的是要解决中国内地和边疆地区的发展差距问题,解决中国东西部发展不平衡问题。这是一项非常重要的战略任务。在构建丝绸之路经济带的重要进程中,如果中国边疆地区被边缘化,中国边疆地区得不到应有的发展,分享不到其红利,则会进一步加剧东西部经济发展不平衡问题,给中国边疆地区的社会稳定和长治久安带来消极影响。因此,丝绸之路经济带的构建与中国边疆地区发展和稳定紧密关联,是一个事关国家安全、稳定和发展的重要举措。中国应将丝绸之路经济带的构建与其他治理边疆的战略、政策统合起来,以释放最大的综合性效应。在丝绸之路经济带构想提出之前,中国政府对边疆地区的发展和稳定提出了一系列战略方针和政策,比如西部大开发战略、振兴东北老工业基地战略等。中国政府和各级边疆地区政府应将这些战略和政策统合起来,科学谋划,因地制宜,明确各边疆省区的发展规划和路线图,最大限度地发挥我国发展一盘棋的优势,增强中国边疆地区在丝绸之路经济带构建中的功效。

二 沿边地区在丝绸之路经济带中的定位与作用

从历史上看,中国西北地区在中国安全、稳定和发展中占有非常重要的地位,扮演着重要的角色。"西域"在古代丝绸之路承载的重要使命并未因时代变化而消磨,在丝绸之路经济带的构建中,新疆等西部地区必将发挥独特的纽带作用。

中国西北5省区包括陕西、新疆、甘肃、宁夏、青海,均属于欠发达地区。新疆维吾尔自治区具有独特的区位优势,面向8个国家,与中亚和南亚等多个国际区域相关联,是我国向西开放的重要窗口和前沿地区。因此,新疆被定义为丝绸之路经济带核心区当之无愧。党中央和国务院将其定位为重要的交通枢纽、商贸物流中心和文化科教中心,即一个枢纽和两个中心。

在讨论新疆核心区建设时,有一个问题不能回避,也无法回避,即新疆还存在一些不稳定因素,暴力恐怖事件频繁发生,反分裂斗争和反暴恐斗争形势依然严峻和复杂。一方面新疆需要发展,需要构建核心区,另一方面要加大反恐力度,这是新疆面临的两个最重要的任务。而这两个任务的完成需要统一协调和战略部署。既不能因反恐斗争而冲击新疆核心区的构建,又不可只专心于新疆核心区的构建而忽视反恐斗争的加强。事实上,新疆社会稳定和长治久安总目标的实现就需要抓好上述两方面任务的统一协调,新疆反分裂反暴恐斗争是新疆构建核心区和对外开放的必要条件,不实现新疆社会稳定就谈不上真正意义上的发展,不清除新疆暴恐事件频繁发生的根源就不可能带来新疆的长治久安。而做好新疆反分裂和反暴恐斗争任务的经济基础就是要大力发展经济,着力改善民生,让新疆各民族都能够享受到改革开放和丝绸之路经济带构建的红利。2014 年,在第二次中央新疆工作座谈会上,习近平总书记非常明确地阐述了这个问题,新疆治理的总目标是社会稳定和长治久安,要着力推进新疆治理体系和治理能力现代化,而发展经济和改善民生是新疆实现总目标的基础,加强民族团结、遏制宗教极端思想蔓延应成为新疆工作的重点和抓手。[①] 新疆被确定为丝绸之路经济带的核心区不是偶然的。事实上,新疆与丝绸之路经济带关系密切,丝绸之路经济带的 6 条走廊中的 4 条与新疆有密切关系。新疆是中国向西向南向欧亚腹地发展与合作的重要接续区和核心区。因此,新疆的安全、稳定与发展问题需要从战略的高度加以通盘考量。

我们在讨论新疆核心区构建时还要将视野放大到整个西部地区加以考量,陕西、甘肃、宁夏和青海是新疆构建丝绸之路经济带核心区的重要支撑区域。西安市古称长安,是丝绸之路的东方端点和起点,当前,西安市被定位为内陆型改革开放的"新高地",承载着我国向西开放的重要任务,是中国走向欧亚腹地的重要枢纽型城市,成为新疆核心区构建

---

① 《习近平在第二次中央新疆工作座谈会上发表重要讲话》,新华网,2014 年 5 月 30 日,http://www.xj.xinhuanet.com/zt/2014-05/30/c_1110932196.htm。

的重要支撑节点。新疆离不开与陕西省的深度战略协作。从西部区域战略定位上看，新疆应将陕西省视为构建核心区的重要支撑省份，而陕西省也应将自己塑造成为中国向西开放的"轴区"，将中国的东南西北四个方面的能量和资源在陕地加以聚集和分散，调配和转换。毫无疑问，甘肃省是新疆通向内地的咽喉要道。自古以来河西走廊扮演着我国通向西域的必经之路的角色。在构建丝绸之路经济带的战略中，河西走廊的咽喉要道作用一点都没有降低。甘肃是新疆和陕西的有效连接线和通道，兰州市是这个连接线和通道的重要节点城市。宁夏回族自治区和青海省虽然在经济规模等方面不具有战略优势，但其民族人文优势不可低估。中国西北地区成为统一整体，面向欧亚腹地，加强与欧亚腹地的区域合作，必将对自身的发展和社会稳定带来重要的正面效应。

中国的北部和东北边疆地区是构建丝绸之路经济带、与周边国家和地区进行深度合作的重要区域。从地理位置上看，内蒙古自治区呈东西走向的狭长形状，与俄罗斯和蒙古国接壤。在构建中蒙俄经济走廊进程中缺少内蒙古自治区的参与是不可想象的。内蒙古自治区独一无二的区位优势决定了其与蒙古国和俄罗斯联邦进行地区合作的重要衔接作用，内蒙古自治区提出了建设草原丝绸之路的设想，而蒙古国则提出了"草原之路"构想与中国丝绸之路经济带相对接，内蒙古自治区还需要与俄罗斯在加速发展远东地区方面进行多层面的合作。中国东北地区毗邻俄罗斯的远东地区，与朝鲜半岛接壤，其战略位置无论从国家安全还是区域发展等各个层面都占据着非常重要的地位。在构建丝绸之路经济带的框架下，黑龙江省应与俄罗斯相邻地区进行比较紧密的互联互通，尤其是在基础设施方面的互联互通。事实上，黑龙江省与俄罗斯远东地区的铁路线路的互联互通方案很早以前就提出来了，中国与俄罗斯共建的同江铁路大桥中方一侧已经完成，俄方一侧也将于2017年完成，这标志着中俄在沿边地区的互联互通方面取得了重要进展。此外中俄黑河公路大桥的建设也将启动。为配合中央政府所提出的丝绸之路经济带建设方案，黑龙江省制定了构建东部陆海丝绸之路的设想，旨在通过黑龙江与俄罗斯的水路合作打造黑龙江省陆海多面的区域合作格局。受朝鲜半岛局势的影响，吉林省在推进大图们江合作计划方面进展不大，存在很多障碍性因素，这就需要吉林省借助"一带一路"倡议来推进对外开放。辽宁省是陆海兼备的省份，需要在丝绸之路经济带构建中发挥重要引导作用。

中国东北地区和内蒙古自治区的发展离不开与俄罗斯的区域合作。远东地区是俄罗斯非常重要的地区，尚未得到充分开放，是俄罗斯重要的资源"仓库"。一方面，我国东北边疆地区需要破解"新东北现象"，深挖国内潜力；另一方面，也要进一步加强对外开放力度，加强与俄罗斯等国的合作，把对外开放的潜力化为实际的经济发展的动力。

我国的西南边疆地区包括广西壮族自治区、云南省和西藏自治区。广西在丝绸之路经济带中的基本定位非常明确：加快北部湾经济区和珠江—西江经济带开放发展，构建面向东盟的国际大通道，打造西南中南地区开放发展新的战略支点，形成21世纪海上丝绸之路经济带有机衔接的重要门户。[①] 这说明广西在着力发挥陆地边疆和海疆的复合型区位优势。云南省的区位优势不如广西，但也有自身的优势和特点，其在丝绸之路经济带中的地位是：推进与周边国家的国际运输通道建设；成为大湄公河次区域经济合作新高地；成为面向南亚、东南亚经济发展的辐射中心。

在我国内陆地区开放进程中，从渝新欧到苏满欧都说明建立中欧通道铁路运输模式势在必行，具有很大的潜力和合作空间，应加大口岸通关协调机制的沟通与构建，着力打造"中欧班列"品牌，使之成为沟通境内外、连接东中西的重要运输通道和洲际运输模式。2013年11月28日，陕西省首班国际货运班列"长安号"正式通往中亚和欧洲国家。陕西省正在谋求打造丝绸之路经济带新起点。

在丝绸之路经济带构建中，要时时刻刻遵守一个规则，即最大限度地关注沿线国家和地区的利益关切和利益诉求，这是构建利益共同体的最重要的行为规则；同样，丝绸之路经济带构建中涉及中国边疆地区时也要最大限度地考虑其利益关切和利益诉求，考虑中国边疆地区的特殊性和例外规则。在实施丝绸之路经济带的进程中，一方面必须强调国家利益高于一切，突出国家整体利益的完全实现和国家战略布局的完成落实；另一方面也要兼顾中国边疆地区积极性，充分发挥其特有的作用。

---

① 《不负总书记厚望和重托 新常态下要交出新答卷》，《广西日报》2015年3月10日第1版。

在构建丝绸之路经济带国内区域空间时要特别关注三个方面，一是中央与地方的关系；二是内地与边疆的关系；三是边疆之间关联性。把握中国边疆地区与内地地区利益的融汇点，比较娴熟地运用市场规律，充分发挥市场在资源配置中的决定性作用，与此同时，还要发挥全国一盘棋的作用，充分发挥党中央和国务院的领导、组织和协调作用，让中国边疆地区能够与其他省区一起为丝绸之路经济带的构建贡献力量。

三　六大经济走廊与沿边地区的开放

根据愿景，丝绸之路经济带共有六条走廊，构成了基本网络和骨架。而这六条走廊的起点都在中国边疆地区。

中蒙俄经济走廊穿越中国北部和东北边疆地区。中蒙关系是全面战略伙伴关系，两国经济关系的主要支柱是贸易、投资和经济互利合作。中国的"一带一路"倡议与蒙古国的"草原之路"方案实现了对接。中蒙在"一带一路"框架内的合作主要体现在：第一，借助亚洲基础设施投资银行、丝路基金等进行融资；第二，确定两国贸易合作的实现目标，到 2020 年两国的贸易额达到 100 亿美元；第三，形成矿产资源开发、基础设施建设、金融合作"三位一体、统筹推进"共识，实施两国经贸大项目合作；第四，发挥中蒙政府间经贸科技联委会、中蒙矿能和互联互通合作委员会等合作机制的作用；第五，双方研究适时启动二连浩特—扎门乌德跨境经济合作区建设。中国与蒙古国还着重强调中蒙边境地区合作的重要性和必要性，提出了两国边境地区合作的三个主要指标及合作涵盖范围、贸易量、公民互访数。中蒙形成了促进地方和边境地区合作的机制，以便加强两国边境地区的深度合作。在中蒙两国合作方案中有两点值得注意，一是两国合作发展经蒙古国的中欧过境运输；二是中方向蒙古国提供过境运输便利并向蒙方开放港口。[①]

[①] 《中华人民共和国和蒙古国关于深化发展全面战略伙伴关系的联合声明（全文）》，外交部网，2015 年 11 月 11 日，http://www.fmprc.gov.cn/web/gjhdq_676201/gj_676203/yz_676205/1206_676740/1207_676752/t1314028.shtml。

实施丝绸之路经济带与"草原之路"和欧亚经济联盟建设、倡议的对接，三方共同编制《中蒙俄经济走廊合作规划纲要》，以提升三方贸易便利化水平，探讨建立经贸主管部门合作机制。中蒙俄在互联互通方面给予了很大的关注，三方交通运输部门和机构工作组定期会晤，研究共同参与蒙古国境内新的铁路线建设项目，以便提高经乌兰巴托铁路过境运输量，研究联合对乌兰巴托铁路现代化改造，探讨组建中俄蒙铁路运输物流联合公司的可能性。中蒙俄还将继续推动制定并签署《中蒙俄国际道路运输发展政府间协定（草案）》。① 中蒙俄三方还强调"边境和地方合作"的必要性，提出定期举办地方和边境合作论坛（研讨会）的建议，将中蒙俄经贸合作洽谈会（在中国内蒙古自治区二连浩特举办）作为主要品牌支持。这就给内蒙古自治区提供了很好的与俄罗斯和蒙古国推进区域合作的机遇。今后5年内，中方将向蒙方提供1000个培训名额，增加提供1000个中国政府全额奖学金名额，为蒙军培训500名留学生，邀请500名蒙方青年访华，邀请250名蒙方记者访华，并向蒙方免费提供25部中国优秀影视剧译作。相信这将对增进两国人民的相互了解和友好感情发挥重要促进作用。②

"欧亚经济联盟和丝绸之路经济带的对接过程是推动合作、推进全球化发展的局部方案之一。'一带一路'不但是基础设施运输走廊，而且从更广义来说是参与项目的国家的联合共同发展，在运输走廊、投资、人道主义、银行间和旅游合作方面的共同发展。"③

周边国家是中国谋求共同发展的重要合作伙伴，目前中国与绝大多数邻国建立了各种类型的伙伴关系。中国与邻为善、以邻为伴，实行睦邻、安邻、富邻的基本政策，党的十八大以来，中国又提出了周边外交框架中的亲、诚、惠、容的理念。中国在快速发展，中国改革开放所取得的成果，应该与周边国家和地区分享，中国的发展也确实为周边国家

---

① 《中华人民共和国、俄罗斯联邦、蒙古国发展三方合作中期路线图》，新华网，2015年7月10日，http://news.sinhuanet.com/world/2015—07/10/c_128004481.html。
② 《守望相助，共创中蒙关系发展新时代——在蒙古国家大呼拉尔的演讲》，外交部网，2014年8月22日，http://www.fmprc.gov.cn/web/gjhdq_676201/gj_676203/yz_676205/1206_676740/1209_676750/t1184896.shtml。
③ 《专家谈"一带一路"项目国家领导人会晤的好处》，俄新社莫斯科2017年3月6日电。

提供了共同发展的机遇。正如习近平总书记所言,"中国欢迎大家搭乘中国发展的列车,搭快车也好,搭便车也好,我们都欢迎"。中国在与发展中国家发展关系时坚持正确义利观,不搞我赢你输、我多你少,在一些具体项目上将照顾对方利益。①

中国与吉尔吉斯斯坦毗邻地区包括中国新疆维吾尔自治区(含新疆生产建设兵团),吉尔吉斯共和国阿克苏地区和杰季—奥古兹斯基地区(伊塞克湖州)、阿特巴希地区(纳伦州)、阿莱地区和卡拉库尔地区(奥什州)。中国与吉尔吉斯斯坦谋求扩大"跨境运输能力",畅通"跨境运输通道",增强"边境口岸基础设施和服务功能"。中吉共同建设"比什凯克—吐尔尕特—喀什"公路(吉方),加强两国毗邻地区公路、铁路、桥梁等基础设施项目的合作。中吉还讨论共建"各边境经济合作区"的问题。发挥毗邻地区产业优势,加强毗邻地区经济贸易合作是中吉重要的合作内容。在新疆与中亚国家毗邻地区合作时应更加突出区域特色,加强新疆喀什经济开发区与吉尔吉斯斯坦纳伦自由贸易区的合作,改善投资环境是新疆与中亚国家合作的重要方面,只有完善投资环境,促进相互投资,才能保护投资人权益,才能对毗邻地区产生积极的经济影响。② 2015 年,中国国家发展和改革委员会公布《关于印发中华人民共和国政府与吉尔吉斯共和国政府关于两国毗邻地区合作规划纲要(2015—2020 年)的通知》,请新疆维吾尔自治区人民政府、新疆生产建设兵团与吉尔吉斯共和国相关地方政府加强衔接沟通,共同推动落实《规划纲要》。③

2015 年 12 月 14 日,中华人民共和国政府和哈萨克斯坦共和国政府发布联合公报,强调丝绸之路经济带倡议和"光明之路"新经济政策对

---

① 《守望相助,共创中蒙关系发展新时代——在蒙古国家大呼拉尔的演讲》,外交部网,2014 年 8 月 22 日,http://www.fmprc.gov.cn/web/gjhdq_676201/gj_676203/yz_676205/1206_676740/1209_676750/t1184896.shtml。

② 《中华人民共和国政府与吉尔吉斯共和国政府关于两国毗邻地区合作规划纲要(2015—2020 年)》,国家发改委,2015 年 10 月 8 日,http://www.ndrc.gov.cn/zcfb/zcfbghwb/201510/W020151012366637683466.pdf。

③ 《国家发展改革委关于印发中华人民共和国政府与吉尔吉斯共和国政府关于两国毗邻地区合作规划纲要(2015—2020 年)的通知》,国家发改委网,2015 年 10 月 8 日,http://www.ndrc.gov.cn/zcfb/zcfbghwb/201510/t20151012_754234.html。

接,加强新亚欧大陆桥经济走廊建设。中哈还成立了丝绸之路经济带建设与"光明之路"新经济政策对接联合工作组。中方牵头单位是国家发展和改革委员会,哈方牵头单位是国民经济部,上述两个部门负责丝绸之路经济带建设与"光明之路"新经济政策对接合作规划的联合编制工作。2015 年 8 月 31 日,签署了中哈关于加强产能与投资合作的框架协议,配套签署了关于在产能与投资合作框架内便利双方人员办理商务签证的协定,建立了工作机制,确定了包括 52 个项目的早期收获项目清单,总金额达 241 亿美元。2015 年启动了汽车组装和聚丙烯生产项目,2016 年在能源、机械制造、化工、农业综合体、交通、冶金、建筑材料等领域的十余个项目相继开工。

此外,中方丝路基金有限责任公司与哈方出口投资署也形成工作对接,启动中哈产能合作专项基金。中哈产能合作是两国战略对接的重要合作领域。提升贸易和投资水平,使中哈经贸合作"提质扩容",完善两国贸易和投资领域合作的法律基础。中国还支持哈方的建设阿斯塔纳国际金融中心的方案。

中哈合作的最富有成效的方面是共建"富有竞争力的物流机制",这个机制最重要的载体就是中哈(连云港)物流合作基地,通过该基地,哈萨克斯坦可以从海路到铁路过境,提高亚欧商品货运量。这是中哈共同打造的陆海联运新型通道,极大地方便了哈萨克斯坦从欧亚内地走向海洋,也是中亚其他国家走向海洋的重要通道。加强海关合作是中哈合作的重要方面,中哈应加强口岸基础设施,逐步提高中哈间铁路过货量和口岸通行能力,通力发展中哈过境铁路和快速集装箱运输,建立健全中哈间铁路口岸运用货物预先通报制度,以便加快货物通关速度。中哈双方也在积极准备《中哈 2015 年至 2020 年毗邻地区合作规划纲要》等文件,推动建立中哈地方合作论坛。当务之急是建立中哈霍尔果斯国际边境合作中心联合协调机制并实际发挥作用。①

除向西、向北以外,孟中印缅经济走廊建设也取得进展,缅方支持

---

① 《中华人民共和国政府和哈萨克斯坦共和国政府联合公报(全文)》,外交部网,2015 年 12 月 14 日,http://www.fmprc.gov.cn/web/gjhdq_676201/gj_676203/yz_676205/1206_676500/1207_676512/t1324209.shtml。

"一带一路"倡议，支持中方办好"一带一路"国际合作高峰论坛。加强中缅双边经贸联合委员会、农业合作委员会、电力合作委员会等政府间合作机制的建设，在经贸、农业、电力、交通、产能等领域进行合作。①

四 结 论

中国边疆地区是丝绸之路经济带构建的重要区域，是中国实现与外部世界深度互动的重要利益契合地区，是中国与周边国家和地区构建利益共同体的重要地区，是中国影响外溢的重要地区。中国完全可以通过沿边地区持续地对周边国家和地区施加经济影响，达到双方利益的高度融合和契合，实现利益的共融与捆绑，从而达到互利共赢。因此，不能忽视和轻视沿边地区在丝绸之路经济带构建中的作用和角色，应该充分发挥沿边地区的独特区位优势并以沿边地区为杠杆，撬动周边国家和地区。

中国边疆地区需要借助丝绸之路经济带实现发展，中国边疆地区需要在沿海地区和内地的带动下进行整合，这是其摆脱落后的重要依托因素。边疆地区发展起来以后，会更好和有效地整合带动周边欠发达国家和地区，实现区域利益共同体的构建。这就是双"整合"的样式。如果丝绸之路经济带没有给中国边疆地区带来社会发展和稳定，则会给中国整体崛起带来非常严重的迟滞性消极影响。因此，中国边疆地区的发展和繁荣是丝绸之路经济带构建的重要标志和衡量因素。

中国边疆地区与周边国家和地区实现深度的、多方面的合作是构建丝绸之路经济带的必由之路，也是中国与周边国家和地区构建利益共同体的重要途径。中国应充分借助边疆地区与周边国家和地区山水相连的独特区位优势，实现中国经济影响的积极和主动的外溢；中国应充分借助边疆地区各跨界民族的文化优势，讲好丝绸之路经济带的故事，增强中国的软实力和国际话语权；中国应借助中国边疆地区为我国新时代新格局和丝绸之路经济带筑起反分裂和反暴恐的安全防护屏障，为我国边

---

① 《中华人民共和国和缅甸联邦共和国联合新闻公报（全文）》，中国政府网，2017年4月10日，http://www.gov.cn/xinwen/2017-04/10/content_5184712.htm。

疆地区的全方位开放筑牢防止各种危害国家安全、稳定和发展因素侵蚀的"防火墙"。

中国边疆地区可以借助中国崛起的整体力量，更加有效地、更有针对性地进行开放并展开区域合作；借助丝绸之路经济带的重要合作平台，与周边国家和地区进行基础设施方面的互联互通和制度方面的互联互通；进一步推动贸易投资便利化与国际产能合作；积极探索与周边相关国家和地区进行自由贸易区、经济合作区等各种形式的合作，以实现各自的利益。

在充分梳理中国边疆地区参与丝绸之路经济带构建的有利因素时，也要看到一些不利因素和风险。中国边疆地区是中国与外部世界进行能量交换最密切、最频繁、最直接、最深入的区域，也是各种外部消极甚至危险因素试图影响中国安全、稳定和发展的最前沿的区域。因历史等各种原因，中国边疆地区总体上还处于欠发达状态，容易成为各种外部消极因素直接攻击的对象。因此，中国在推进丝绸之路经济带构建时更应该充分考虑到中国边疆地区的各种不利因素，补齐短板，逐步摆脱中国边疆地区欠发达状态，尽可能减少丝绸之路经济带构建进程中的各种消极因素所带来的不利影响。

学习党的十九大精神，就是要将其精神实质落实到科研工作中去，在边疆问题研究中始终自觉地贯彻党的十九大精神，将我国边疆建设成为安全、稳定和繁荣的新时代社会主义现代化边疆。

（作者为中国社会科学院中国边疆研究所所长）

为推动郭沫若研究和博物馆事业
新发展而不懈奋斗

赵笑洁

党的十九大报告提出了很多新观点、新判断、新举措、新思想、新目标,具有很强的政治性、思想性、指导性和实践性,是一篇马克思主义的纲领性文献,对于在中国特色社会主义发展关键节点统一全党思想认识、带领全国各族人民夺取全面建成小康社会新胜利、深化改革开放、加快转变经济发展方式、开创中国特色社会主义新局面,实现社会主义现代化和中华民族伟大复兴都将产生重要而深远的影响。

一 党中央高度重视文物保护利用和博物馆建设工作

十九大报告指出:"十八大以来的五年,是党和国家发展进程中极不平凡的五年。"我们坚持稳中求进工作总基调,迎难而上,开拓进取,取得了改革开放和社会主义现代化建设的历史性成就。对照十九大报告,回顾这五年郭沫若纪念馆在十八大精神的指引和院党组的关怀下,取得了一系列成就,同时也为未来发展奠定了坚实的基础。

习近平总书记的报告旗帜鲜明、催人奋进,其中还特别提出了关于加强文物的保护利用和文化遗产保护传承。作为长期从事文物保护和利用的工作者来讲,既受鼓舞又感责任重大。以习近平同志为核心的党中央非常重视文物保护利用和博物馆建设工作,近5年来,习近平同志对文物工作的重要批示就有40次之多,考察博物馆也有30次之多,许多重要讲话和构想都是在参观博物馆时阐释的。这5年间,国家的文物保护利用和博物馆事业得以全面飞速发展,与党中央的重视密不可分。

二 确立办馆方针,加强博物馆公共文化服务机构的职能

文物是人类文明和进步的历史见证,也是人类文化遗产的结晶。文物连接着人类的历史与未来,正因为文物具有不可再生性,所以文物就成为世界各民族关注和守护的对象。在文物保护的前提下,对文物进行合理开发利用,也是提升国家文化软实力,为国家经济社会、文明发展服务的重要手段。郭沫若纪念馆作为全国重点文物保护单位,这5年也发生了很大的变化,在可移动文物和不可移动文物的保护和利用上加大了力度和措施,在学术研究、资料搜集、文物保护、展览展示、公众教育、对外交流、环境整治、后勤保障等诸方面都引起了社会的广泛关注和互动,对于坚定文化自信、推动中国特色社会主义文化繁荣发展作出了我们的努力。

第一,确立科研立馆、人才立馆、管理立馆的办馆方针。我馆以进入创新工程为契机,重申周扬同志在我馆成立之初在发展方向上的定位:建设成为郭沫若研究中心、宣传中心和资料中心。2013年,王伟光同志到我馆调研,提出"研究立馆、人才立馆、管理立馆"的办馆方针。近年来,我们正是按照周扬同志和王伟光同志的指示精神,加强我馆的科研、文物和展览展示工作,加大人才引进力度,健全规章制度,顺利进入创新工程,为我馆的发展奠定了坚实基础。

第二,和同类型名人故居联手,在全国各地推动中华名人展,出版系列图书,共建社会实践教育教学基地。5年来,我们继承优良传统,与鲁迅博物馆、茅盾纪念馆等其他名人故居联手,在博物馆界打造8家名人故居联盟,联合开展系列展览宣传活动,被誉为博物馆界的"乌兰牧

骑"。近年来，我们将8家名人故居联盟发展成为"8+"联盟，连续3年出版关于名人故居的系列图书，走进学校、图书馆、机关开展系列展览，在博物馆界产生了很大影响。我馆与中国社会科学院大学、北京交通运输职业学院、北京师范大学历史学院、北京语言大学阿拉伯研究中心、北京理工大学管理与经济学院等16所教育机构建立了社会教育教学实践基地，加强了博物馆作为公共文化服务机构的职能。

第三，恢复出版《郭沫若研究》，连续出版《郭沫若研究年鉴》，引领郭沫若研究发展。《郭沫若研究》1985年创刊，出版12辑后，于1998年停刊，在学界的强烈要求下，我们在2017年恢复出版《郭沫若研究》，以此为阵地，引领郭沫若研究方向。我们连续出版了6卷《郭沫若研究年鉴》，院领导亲自担任编委会主任，并接受专访，提出《郭沫若研究年鉴》的发展方向，对我们的工作进行了肯定和支持，这对我们继续推动郭沫若研究工作是很大的鼓励。

第四，承担《郭沫若全集补编》编撰工程，科研工作迈上新台阶。2014年，我馆以《郭沫若全集·补编》（翻译编、佚文编、书信编）编注工程为拳头项目进入院创新工程。我馆前身为郭沫若著作编辑出版委员会，其重要使命是整理、编辑郭沫若著作，主要工作是编辑出版了《郭沫若全集》（文学编、历史编、考古编共38卷）。但这只是整理出版郭沫若作品的第一步。《郭沫若全集补编》就是在《郭沫若全集》38卷之后，继续收集整理郭沫若的翻译作品、散在佚作和书信作品，这些作品共计约27卷。经过4年的努力，目前这一工作已经按计划大部分完成，进入最后审校、统稿阶段。我馆科研人员在参与这一工作的同时，出版学术专著4部，发表学术论文上百篇，是建馆以来科研成果较为丰富的时期。同时，无论从论文数量还是质量来看，我馆的郭沫若研究成果均具有一定的影响力。

第五，文物清点工作进展顺利，加强文物和故居建筑及陈设的保护，固定资产全盘清理完毕。我们按照国家文物行政管理部门和院里的相关文件精神，对我馆可移动文物清点清查、建立台账，进行数字化管理，有效地加强了馆藏文物的保护力度。对故居建筑即不可移动文物进行了局部整修，确保故居古建筑和原状陈设不被破坏。建立了汛期、重要节假日等特殊时期的安全巡查制度，更新了全馆的安防监控系统，确保馆藏文物无外借、无丢失损坏等重大责任事故的发生。对图书资料、办公家具、电脑照相器材等固定资产进行了全面清点，做到心中有数，账面清晰。

第六，坚持文化"走出去"战略，在海外建立"郭沫若中国研究中心"。5年来，我馆坚持文化"走出去"战略，积极扩大对外交往。选派学者连续参加第三届至第五届国际郭沫若研究会学术年会，加强和世界各地郭沫若研究者的学术交流，先后到美国、加拿大、法国、哈萨克斯坦、土耳其、巴基斯坦、肯尼亚、埃及、罗马尼亚等国家举办郭沫若与中国名人展览，扩大郭沫若在海外的影响力。在埃及创办"郭沫若中国研究中心"，得到院领导和国内外学术界的大力支持，成为率先在海外创办的中华名人研究中心之一，研究和了解中华民族和现当代中国从中华名人入手是非常直观和快捷的，"郭沫若中国研究中心"的设立为我国文化"走出去"及"一带一路"倡议贡献了力量。

第七，充分发挥中国郭沫若研究会的作用，凝聚全国郭沫若研究力量。中国郭沫若研究会为我馆代管的全国性学术团体，在学术界发挥着重要的学术影响力，每年召开全国性学术会议，推动郭沫若研究向前发展。2014年中国郭沫若研究会换届后，发起中国郭沫若研究会青年论坛，迄今已经连续举办三届，推动了郭沫若研究的持续升温。通过这些学术活动，我馆凝聚了全国郭沫若研究力量，将郭沫若研究质量提升到一个新高度。

第八，实现新老交替，健全规章制度。过去5年，我馆先后经历了4任馆长，现任职工中60%是在这5年新进的。经过这一系列人事更替，我馆顺利实现了新老交替，进入平稳发展期。这5年尤其是近两年来，我馆进行修章立制，对不符合形势和我馆发展需要的规章制度进行了大规模修改，并新制定了包括议事制度、人事制度、科研制度、文物制度、财经制度在内的一系列新的规章制度，用制度管馆，体制更加健全，决策更加科学。

三　担负起文物保护和利用的光荣使命

十九大是我党在进入社会主义建设新时代，在实现"两个一百年"宏伟目标的关键时期所召开的重要会议,会议提出了习近平新时代中国特色社会主义思想,提出了现阶段我国社会的主要矛盾已经转变为"人民日益增长的美好生活需要和不平衡不充分的发展之间的矛盾"。习近平总书记在十九大报告中指出:"文化是一个国家、一个民族的灵魂。文化兴国运兴,文化强民族强。没有高度的文化自信,没有文化的繁荣兴盛,就没有中华民族伟大复兴。要坚持中国特色社会主义文化发展道路,激发全民族文化创新创造活力,建设社会主义文化强国。"十九大报告还指出:"满足人民过上美好生活的新期待,必须提供丰富的精神食粮。""完善公共文化服务体系,深入实施文化惠民工程,丰富群众性文化活动。加强文物保护利用和文化遗产保护传承。"十九大报告为郭沫若研究和我馆的文物保护、展览展示、名人宣传工作指明了新方向。

下一步,我们将围绕习近平总书记的报告,按照院党组的统一部署深入学习和认真领会,并将学习贯穿到全馆的各项工作中,与党中央保持高度一致,以十九大会议精神为指引,以"研究中心、资料中心、宣传中心"为定位,按照院领导"科研立馆、人才立馆、管理立馆"的要求,担负起文物保护和利用的光荣使命,培育人才,服务社会,为实现中华民族伟大复兴的中国梦坚定文化自信,践行科研、文物工作者的使命担当作出我们的努力。

在未来5年中,我馆要在以下几个方面加强工作,为建设文化强国尽力。

第一,进一步学习十九大报告和习近平新时代中国特色社会主义思想,提高理论水平和思想觉悟。我馆是从事文化工作的单位,文化自信、文化繁荣是民族强盛的重要标志。长期以来受到各种敌对势力和所谓公知"大V"的抹黑,给郭沫若造成了一定的负面影响,我们应该站在维护社会主义核心价值观和制度自信、理论自信的高度看待这一问题的严重性,充分认识到这实际上是意识形态斗争的一种表现形式,树立打赢这场战争的决心。

在接下来的5年中,我馆党总支要进一步完善理论中心组的学习制度,加强学习十九大报告、新修改的党章和习近平新时代中国特色社会主义思想,及时传达院党组关于意识形态工作和文化工作的最新指示，提高理论修养和思想觉悟，让全体同志自觉用习近平新时代中国特色社会主义思想武装自己，把郭沫若研究工作和博物馆工作做得更好。

第二，用习近平新时代中国特色社会主义思想指导郭沫若研究工作。郭沫若是中国20世纪最伟大的政治家、文学家、史学家和社会活动家。新中国成立后，他紧跟党中央，在科学文化教育战线和人民外交等各个方面都作出了巨大贡献。我们从事郭沫若研究工作，就是要充分树立文化自信，通过举办论坛、办好《郭沫若研究》和《郭沫若研究年鉴》、组织学者发表学术文章等方式，大张旗鼓地彰显郭沫若参与建设的社会主义文化的巨大价值，要和不正确的思想、抹黑社会主义文化、贬低郭沫若的学术行为进行坚决斗争。

第三，用习近平新时代中国特色社会主义思想指导展览展示工作。郭沫若和中华名人的流动展览、出国展览，是我们工作的重点。我们要继续提高展览质量、增加展览次数，在更多的地方举办展览。在展览的主题设计、内容展示上，贯彻落实十九大报告精神，弘扬主旋律，传播正能量。加强讲解人员培训，提高讲解水平，增强服务意识，通过主题展览提升博物馆质量和活力，让文化惠及更多的人民大众，满足人民日益增长的对美好生活的向往和需求。

第四，用习近平新时代中国特色社会主义思想指导我馆的全面工作。我们要在全面清点文物，建立文物台账，完成文物定名定级的基础上，加强对文物的保护工作，对文物开展合理的利用，以求惠及学界和大众。努力完成对郭沫若故居这一全国重点文物保护单位的维修工程，保证故居建筑和原状陈设不能有丝毫损伤。要在人事工作、财经工作上遵守组织纪律，培养郭沫若研究和博物馆研究人才，让人尽其才，使之获得劳动的尊严感和成就感。进一步健全我馆的规章制度，提高我馆的管理水平，增强在学术界和博物界的影响力，为我国的文化自信、文化繁荣贡献力量。

新时代、新理念、新征程。我们一定要在习近平新时代中国特色社会主义思想的指导下，脚踏实地认真学习贯彻十九大精神，努力提升郭沫若研究和博物馆研究的质量和水平，加大展览宣传力度，加强制度建设和自身管理，加强文物和故居建筑的保护维修工作，为繁荣社会主义文化，增强文化自信贡献我们应有的力量。我们坚信，在习近平新时代中国特色社会主义思想的指引下，我们一定能够顺利开展各项工作，把文物保护利用及博物馆工作提升到一个新台阶。

（作者为中国社会科学院郭沫若纪念馆馆长）

经济学部

新时代孕育新使命　新使命托起新时代[*]

王立胜

党的十九大报告指出，中国特色社会主义进入新时代。这一重大政治判断，深刻揭示了我国发展新的历史方位和时代坐标，对于更准确地把握我国社会主义初级阶段新特点、不断开辟中国特色社会主义发展新境界，具有重大的理论意义和实践意义。党的十九大的主题是：不忘初心，牢记使命，高举中国特色社会主义伟大旗帜，决胜全面建成小康社会，夺取新时代中国特色社会主义伟大胜利，为实现中华民族伟大复兴的中国梦不懈奋斗。中国共产党人的初心和使命，就是为中国人民谋幸福，为中华民族谋复兴。这个初心和使命是激励中国共产党人不断前进的根本动力。新时代孕育新使命，新使命托起新时代。如何从时代的更新中把握历史方位，牢记历史使命，勇敢地承担历史责任，是摆在每一个共产党人面前的试卷。

一　习近平总书记对时代、责任和使命的新认识、新思考、新判断

1962 年 1 月，毛泽东同志指出："从现在起，五十年内外到一百年内

---

[*] 本文发表于紫光阁网，http://www.zgg.org.cn/xwdd/201710/t20171025_669801.html，2017 年 10 月 25 日。

外,是世界上社会制度彻底变化的伟大时代,是一个翻天覆地的时代,是过去任何一个历史时代都不能比拟的。处在这样一个时代,我们必须准备进行同过去时代的斗争形式有着许多不同特点的伟大的斗争。"①

毛泽东同志的这段讲话值得反复回味,他既提出了"伟大时代",也预见了"伟大时代"的时间节点就是到中华人民共和国成立100周年,更为重要的是,他提出处在"伟大时代"必须准备进行同过去时代的斗争形式有着许多不同特点的伟大的斗争。他惊人地准确预判了新时代和历史使命。

早在1960年6月,邓小平同志就指出:"一切问题的关键在对时代的分析。"② 党的十一届三中全会之后,国际形势与国际关系特别是大国关系发生重大变化与调整,邓小平同志对战争与革命的时代主题进行了思考,得出了和平与发展的时代主题判断,是对世界各种矛盾的普遍性和规律性的深刻认识,是具有划时代意义的理论创新,是我们党新时期基本路线和国家外交战略的重要理论依据,对于我们坚定地走和平发展道路,具有重大的指导作用和现实意义。

党的十九大报告指出:"世界正处于大发展大变革大调整时期,和平与发展仍然是时代主题。"

2015年10月,习近平主席在对英国进行国事访问时说:"我们今天所处的时代,是以和平与发展为主题的时代,也是各国同舟共济、携手共进的时代。在这样伟大的时代,站在全面战略伙伴关系的新起点,中英两国携手,恰逢其时。"③ 在这里,他明确了两点:一是我们处于以和平与发展为主题的时代,二是现在是一个"伟大的时代"。

2014年,习近平同志在文艺工作座谈会上讲道:"每个时代都有每个时代的精神。"④ 2016年5月,习近平同志在哲学社会科学工作座谈会上指出:"当代中国正经历着我国历史上最为广泛而深刻的社会变革,也正进行着人类历史上最为宏大而独特的实践创新。这种前无古人的伟大实

---

① 《毛泽东文集》第8卷,人民出版社1999年版,第302页。
② 《邓小平年谱(1904—1974)》(下),中央文献出版社2009年版,第1562页。
③ 《习近平在英国议会发表讲话:推动中英两国合作再上新台阶》,《人民日报》(海外版)2015年10月21日第1版。
④ 习近平:《在文艺工作座谈会上的讲话》,《人民日报》2015年10月15日第2版。

践，必将给理论创造、学术繁荣提供强大动力和广阔空间。这是一个需要理论而且一定能够产生理论的时代，这是一个需要思想而且一定能够产生思想的时代。"①"一切有理想、有抱负的哲学社会科学工作者都应该立时代之潮头、通古今之变化、发思想之先声，积极为党和人民述学立论、建言献策，担负起历史赋予的光荣使命。"② 这些讲话虽然是对哲学社会科学工作者、文艺工作者所说，但鲜明地提出了时代和使命的课题。

2012年11月15日，刚刚当选中共中央总书记的习近平在同中外记者见面时，就提到了"使命"这个词："我们一定不负重托，不辱使命！"③ 他说，全党同志的重托，全国各族人民的期望，是对我们做好工作的巨大鼓舞，也是我们肩上的重大责任。

2012年11月29日在参观"复兴之路"展览时，习近平同志指出：全党同志一定要牢记党肩负的执政兴国、振兴中华、坚持和发展中国特色社会主义的历史使命，树立坚定的理想信念，坚信党和人民事业的正义性和远大前途，毫不动摇地为之奋斗，贡献自己全部的力量。

习近平同志强调的责任和使命，分为三个方面。

一是对民族的责任。习近平同志指出，中华民族伟大复兴展现出前所未有的光明前景。我们的责任，就是要团结带领全党全国各族人民，接过历史的接力棒，继续为实现中华民族伟大复兴而努力奋斗，使中华民族更加坚强有力地自立于世界民族之林，为人类作出新的更大的贡献。

2014年9月3日，习近平同志在纪念中国人民抗日战争暨世界反法西斯战争胜利69周年座谈会上发表重要讲话时指出：在内忧外患中诞生和成长起来的中国共产党，自成立之日起就把实现中华民族伟大复兴作为自己的历史使命，捍卫民族独立最坚定，维护民族利益最坚决，反抗外来侵略最勇敢。

2016年7月，习近平同志在银川市郊的宁东能源化工基地考察时强调，社会主义是干出来的。展望未来，实现第一个百年奋斗目标胜利在

---

① 习近平：《在哲学社会科学工作座谈会上的讲话》，《人民日报》2016年5月19日第2版。

② 同上。

③ 《人民对美好生活的向往，就是我们的奋斗目标》，《人民日报》2012年10月16日第4版。

望。中华民族积蓄能量太久了,要爆发出来去实现伟大的中国梦。这是我们这一代人的历史使命,我们每一个人都在自己的岗位上为实现这个目标而奋斗。

二是对人民的责任。"人民对美好生活的向往,就是我们的奋斗目标。"① 2015年11月中央扶贫开发工作会议上,习近平同志又谈到"使命":"消除贫困、改善民生、逐步实现共同富裕,是社会主义的本质要求,是我们党的重要使命。"②

三是对党的责任。坚持党要管党、从严治党,切实解决自身存在的突出问题,切实改进工作作风,密切联系群众,使我们党始终成为中国特色社会主义事业的坚强领导核心。

2014年10月8日,习近平同志在党的群众路线教育实践活动总结大会上发表重要讲话指出:历史使命越光荣,奋斗目标越宏伟,执政环境越复杂,我们就越要增强忧患意识,越要从严治党,使我们党永远立于不败之地。

2016年1月12日,习近平同志在第十八届中央纪律检查委员会第六次全体会议上发表重要讲话指出:党肩负着带领全国各族人民实现"两个一百年"奋斗目标、实现中华民族伟大复兴的历史使命,同时也面临着"四大考验""四种危险"。完成历史使命,战胜风险挑战,必须管好党、治好党,确保党始终成为中国特色社会主义事业的坚强领导核心。

习近平同志所说的历史使命包含着强烈的忧患意识,顽强的意志品质,百折不挠、一往无前的勇气,不忘初心、砥砺前行的责任担当,爱民为民的真挚情怀,高瞻远瞩、面向未来的气魄。

2012年11月8日,习近平同志在参加党的十八大上海代表团讨论时指出,党的十八大主题,简明而又鲜明地向党内外、国内外宣示了我们党将举什么旗、走什么路、以什么样的精神状态、朝着什么样的目标继续前进这4个关系党和国家工作全局的重大问题。5年之后,习近平同志

---

① 《人民对美好生活的向往,就是我们的奋斗目标》,《人民日报》2012年10月16日第4版。

② 《脱贫攻坚战冲锋号已经吹响 全党全国咬定目标苦干实干》,《人民日报》2015年11月29日第1版。

在"7·26"讲话中强调,即将召开的党的十九大,我们党要明确宣示举什么旗、走什么路、以什么样的精神状态、担负什么样的历史使命、实现什么样的奋斗目标。在之前4个关系党和国家工作全局的重大问题上增加了"担负什么样的历史使命",格外突出而引人注目。在党的十九大报告中,习近平总书记鲜明提出党的十九大的主题是:不忘初心,牢记使命。

二 中国特色社会主义进入了新时代的依据和意义

习近平同志在党的十九大报告中指出:"经过长期努力,中国特色社会主义进入了新时代,这是我国发展新的历史方位。"

第一,新时代的到来,是一代又一代的共产党人和中国人民长期努力的结果。

一代人有一代人的历史使命和责任担当。

以毛泽东同志为代表的中国共产党人,团结带领人民找到了一条以农村包围城市、武装夺取政权的正确革命道路,进行了28年浴血奋战,完成了新民主主义革命,1949年成立了中华人民共和国,实现了中国从几千年封建专制政治向人民民主的伟大飞跃,接着又团结带领人民完成社会主义革命,确立社会主义基本制度,推进社会主义建设,完成了中华民族有史以来最为广泛而深刻的社会变革,为当代中国一切发展进步奠定了根本政治前提和制度基础,实现了中华民族由近代不断衰落到根本扭转命运、持续走向繁荣富强的伟大飞跃。中华人民共和国的成立,特别是1956年社会主义制度在中国的建立,使中国人民彻底摆脱了挨打的境地,从此站起来了。

党的十一届三中全会以来,以邓小平同志为代表的中国共产党人,合乎时代潮流、顺应人民意愿,勇于改革开放,为中国特色社会主义注入强大动力。改革开放,成为最鲜明的时代特征。我们党团结带领人民进行改革开放新的伟大革命,破除阻碍发展的一切思想和体制障碍,开辟了中国特色社会主义道路,使中国大踏步赶上时代。改革开放,让中华民族找到了一条奔向富裕的康庄大道,逐渐摆脱挨饿的境地。改革开放以来，中国经济基本保持了中高速增长态势，国内生产总值由1978年的3678.7亿元增至2015年的676708亿元。根据世界银行的数据，1978—2015年，中国经济总量在世界经济中的比重由1.7%升至14.8%，落后第一名美国9个百分点，领先第三名日本9个百分点，稳居世界第二大经济体。1978—2015年，中国的外汇储备从1.67亿美元增至33304亿美元，从2010年起一直位居世界第一。由于经济实力的增强，中国在世界经济中的地位实现了由追随者到参与者再到引领者的跨越。

党的十八大以来，以习近平同志为核心的党中央以巨大的政治勇气和强烈的责任担当，提出一系列新理念新思想新战略，出台一系列重大方针政策，推出一系列重大举措，推进一系列重大工作，解决了许多长期想解决而没有解决的难题，办成了许多过去想办而没有办成的大事，推动党和国家事业发生历史性变革。这些历史性变革，对党和国家事业发展具有重大而深远的影响。我们党带领全国各族人民迈上实现中华民族伟大复兴的强国之路，从而开启了中国特色社会主义发展强起来的新时代。

改革开放以来，我们党团结带领全国各族人民不懈奋斗，推动我国经济实力、科技实力、国防实力、综合国力进入世界前列，推动我国国际地位实现前所未有的提升，党的面貌、国家的面貌、人民的面貌、军队的面貌、中华民族的面貌发生了前所未有的变化，中华民族正以崭新姿态屹立于世界的东方。

第二，中国特色社会主义进入新时代，我国社会主要矛盾已经转化为人民日益增长的美好生活需要和不平衡不充分的发展之间的矛盾。

1981年，党的十一届六中全会指出，社会主义初级阶段主要矛盾是人民日益增长的物质文化需要同落后的社会生产之间的矛盾。这一主要矛盾的表述契合当时的经济发展水平和社会发展阶段。改革开放以来，经过全党全国各族人民40年的共同努力，我国稳定解决了十几亿人的温饱问题，总体上实现小康，不久将全面建成小康社会，人民美好生活需要日益广泛，不仅对物质文化生活提出了更高要求，而且在民主、法治、公平、正义、安全、环境等方面的要求日益提高。同时，我国社会生产力水平总体上显著提高，社会生产能力在很多方面进入世界前列，更加突出的问题是发展不平衡不充分，这已经成为满足人民日益增长的美好生活需要的主要制约因素。

进入新时代的重要标志，是社会主要矛盾的转化。作出中国特色社会主义进入新时代的重大判断，正是基于对党的十八大以来的历史性飞跃、中国特色社会主义的世界性意义的准确认识，基于对新的伟大实践的正确反映，基于对我国社会主要矛盾转化的高度概括。

在中国特色社会主义进入新时代的关键时期，我们既要准确把握我国社会主要矛盾的这一变化，也要准确把握我国社会主要矛盾的一些不变因素，那就是党的十九大报告指出的：必须认识到，我国社会主要矛盾的变化，没有改变我们对我国社会主义所处历史阶段的判断，我国仍处于并将长期处于社会主义初级阶段的基本国情没有变，我国是世界最大发展中国家的国际地位没有变。

习近平同志曾经指出："我国仍处于并将长期处于社会主义初级阶段的基本国情没有变，人民日益增长的物质文化需要同落后的社会生产之间的矛盾这一社会主要矛盾没有变，我国是世界上最大发展中国家的国际地位没有变。这是我们谋划发展的基本依据。"[①] 很长一段时间以来，我们一直讲"三个没有变"，而党的十九大报告表述为"一变两不变"，基本国情依然没有变，国际地位依然没有变，但是，社会主要矛盾转变了。这一新判断，彰显了"变"与"不变"的唯物辩证关系。"不变"体现了时代的延续性，"变"则体现了新时代之"新"。

第三，中国特色社会主义进入新时代的意义。

一是意味着近代以来久经磨难的中华民族迎来了从站起来、富起来到强起来的伟大飞跃，迎来了实现中华民族伟大复兴的光明前景。

1960年毛泽东同志在会见斯诺时说："在我国，要建设起强大的社会主义经济，我估计要花一百多年。"毛泽东对"强大的社会主义经济"建成的时间判断，与现在我们所说的第二个一百年完全吻合；"强大的社会主义经济"与我们现在说的"强起来"完全吻合。新时代的历史使命，就是实现强起来的伟大飞跃，实现中华民族伟大复兴。习近平同志多次指出：今天，我们比历史上任何时期都更接近、更有信心和能力实现中华民族伟大复兴的目标。

---

① 《在庆祝中国共产党成立95周年大会上的讲话》，人民出版社2016年版，第15页。

二是意味着科学社会主义在 21 世纪的中国焕发出强大的生机活力，在世界上高高举起了中国特色社会主义的伟大旗帜。

20 世纪八九十年代，苏联解体、东欧剧变，曾经引起人们对科学社会主义的动摇、质疑和否定，一些西方政治家和学者甚至断言"历史的终结"，认为科学社会主义终结了，中国特色社会主义也遇到空前挑战。乱云飞渡仍从容。邓小平在南方谈话中指出：我坚信，世界上赞成马克思主义的人会多起来的，因为马克思主义是科学。一些国家出现严重曲折，社会主义好像被削弱了，但人民经受锻炼，从中吸收教训，将促使社会主义向着更加健康的方向发展。因此，不要惊慌失措，不要认为马克思主义就消失了，没用了，失败了。哪有这回事！[①] 中国特色社会主义进入新时代，完全证明了邓小平同志的判断，完全证明了科学社会主义在中国和世界的生命力，完全证明了中国特色社会主义的强大生机活力。

三是意味着中国特色社会主义道路、理论、制度、文化不断发展，拓展了发展中国家走向现代化的途径，给世界上那些既希望加快发展又希望保持自身独立性的国家和民族提供了全新选择，为解决人类问题贡献了中国智慧和中国方案。

1956 年 11 月，毛泽东同志在《纪念孙中山先生》一文中曾指出："中国应当对于人类有较大的贡献。而这种贡献，在过去一个长时期内，则是太少了。这使我们感到惭愧。"一代又一代的中国共产党人带领中国人民，不懈努力，历经千辛万苦，逐渐摆脱贫穷落后，在改革开放加快自身发展的过程中，又坚持了毛泽东思想活的灵魂之一——独立自主，成功保持了国家和民族独立性，不仅有力地回击了那些认为现代化必然是西方化、资本主义化的习惯看法和习惯势力，而且树立了中国特色社会主义的道路自信、理论自信、制度自信和文化自信，并让发展中国家从中国的发展中，看到了独立自主实现国家富强、社会发展的前途和希望。

习近平总书记曾谈到 1985 年 4 月邓小平同志说的一段话："现在我们干的是中国几千年来从未干过的事。这场改革不仅影响中国，而且会影响世界。"[②] 中国特色社会主义进入新时代的意义之一，就是向世界贡

[①] 《邓小平文选》第 3 卷，人民出版社 1993 年版，第 382—383 页。

[②] 同上书，第 118 页。

献了中国的智慧和方案。

党的十九大报告进一步指出：这个新时代，是承前启后、继往开来、在新的历史条件下继续夺取中国特色社会主义伟大胜利的时代，是决胜全面建成小康社会，进而全面建设社会主义现代化强国的时代，是全国各族人民团结奋斗、不断创造美好生活、逐步实现全体人民共同富裕的时代，是全体中华儿女勠力同心、奋力实现中华民族伟大复兴中国梦的时代，是我国日益走近世界舞台中央、不断为人类作出更大贡献的时代。

三　新时代与"四个伟大"的历史使命

党的十九大报告指出："中华民族伟大复兴，绝不是轻轻松松、敲锣打鼓就能实现的。全党必须准备付出更为艰巨、更为艰苦的努力。"中国特色社会主义进入新时代，必须推进、完成"四个伟大"的历史使命。

第一，实现伟大梦想，必须进行伟大斗争。

1962年1月，毛泽东同志在扩大的中央工作会议（史称"七千人大会"）上讲话指出：从现在起，五十年内外到一百年内外，是世界上社会制度彻底变化的伟大时代，是一个翻天覆地的时代，是过去任何一个历史时代都不能比拟的。处在这样一个时代，我们必须准备进行同过去时代的斗争形式有着许多不同特点的伟大的斗争。

50年过去后，伟大斗争，引人注目地出现在党的十八大报告中。习近平同志后来曾谈道：党的十八大报告有一句话，我主持起草工作时就主张要写上去，就是"发展中国特色社会主义是一项长期的艰巨的历史任务，必须准备进行具有许多新的历史特点的伟大斗争"。这句话的含义是很深的。

2013年8月19日，在全国宣传思想工作会议上，习近平同志强调，"我们正在进行具有许多新的历史特点的伟大斗争，面临的挑战和困难前所未有"[①]。"我多次讲过，中华民族伟大复兴绝不是轻轻松松就能实现的，我国越发展壮大，遇到的阻力和压力就会越大。"

伟大的时代蕴含着伟大斗争，中国特色社会主义进入新时代，必然

[①] 《指导新时期宣传思想文化工作的纲领性文献》，学习出版社2013年版，第3页。

会面临"许多新的历史特点"。党的十九大报告指出:"当前,国内外形势正在发生深刻复杂变化,我国发展仍处于重要战略机遇期,前景十分光明,挑战也十分严峻。"① 我们"也面临不少困难和挑战。主要是:发展不平衡不充分的一些突出问题尚未解决,发展质量和效益还不高,创新能力不够强,实体经济水平有待提高,生态环境保护任重道远;民生领域还有不少短板,脱贫攻坚任务艰巨,城乡区域发展和收入分配差距依然较大,群众在就业、教育、医疗、居住、养老等方面面临不少难题;社会文明水平尚需提高;社会矛盾和问题交织叠加,全面依法治国任务依然繁重,国家治理体系和治理能力有待加强;意识形态领域斗争依然复杂,国家安全面临新情况;一些改革部署和重大政策措施需要进一步落实;党的建设方面还存在不少薄弱环节"。社会是在矛盾运动中前进的,有矛盾就会有斗争。我们党要团结带领人民有效应对重大挑战、抵御重大风险、克服重大阻力、解决重大矛盾,必须进行具有许多新的历史特点的伟大斗争,而且要充分认识这场伟大斗争的长期性、复杂性、艰巨性,发扬斗争精神,提高斗争本领,不断夺取伟大斗争新胜利。

第二,实现伟大梦想,必须建设伟大工程。

在世界政党史、科学社会主义史上,最让人扼腕叹息的,是这样一个事实:苏联共产党前身的俄国共产党在拥有35万多名党员的时候,取得了十月社会主义革命的胜利并执掌了全国政权;苏联共产党在拥有554万多名党员的时候,领导人民打败了不可一世的德国法西斯,为结束第二次世界大战立下了不朽功勋。但在拥有近2000万名党员的时候,苏联共产党却丧失了执政地位,亡党亡国。残酷的事实,让人警醒、催人反思。

如今中国共产党拥有8900多万名党员,在进行具有许多新的历史特点的伟大斗争时面临的形势同样是严峻的,随着世情、国情、党情的发展变化,我们党面临着许多前所未有的新考验,党的建设任务比以往任何时候都更加繁重。党的十八大以来,以习近平同志为核心的党中央作出全面从严治党的重大战略部署,全面从严治党成为"四个全面"战略

---

① 《十八大以来重要文献选编》(中),中央文献出版社2016年版,第21页。

布局的重要组成部分，也是全面建成小康社会、全面深化改革、全面依法治国顺利推进的根本保证。

习近平同志在"7·26"重要讲话中强调，党要团结带领人民进行伟大斗争、推进伟大事业、实现伟大梦想，必须毫不动摇地坚持和完善党的领导，毫不动摇地推进党的建设新的伟大工程，把党建设得更加坚强有力。在这一讲话中，他还深刻地指出，全面从严治党永远在路上。一个政党，一个政权，其前途命运取决于人心向背。全党要坚持问题导向，保持战略定力，推动全面从严治党向纵深发展，把全面从严治党的思路举措搞得更加科学、更加严密、更加有效，确保党始终同人民想在一起、干在一起，引领承载着中国人民伟大梦想的航船破浪前进，胜利驶向光辉的彼岸。党的十九大报告指出：不断增强党的政治领导力、思想引领力、群众组织力、社会号召力，确保我们党永葆旺盛生命力和强大战斗力。

第三，实现伟大梦想，必须推进伟大事业。

1954年，毛泽东同志在第一届全国人民代表大会第一次会议上致开幕词时指出："我们的事业是正义的。正义的事业是任何敌人也攻不破的。我们正在做我们的前人从来没有做过的极其光荣伟大的事业。我们的目的一定要达到。我们的目的一定能够达到。"[①]

中国特色社会主义既是我们必须不断推进的伟大事业，又是我们开辟未来的根本保证。

中国特色社会主义是改革开放以来党的全部理论和实践的主题，是党和人民历尽千辛万苦、付出巨大代价取得的根本成就。我们要牢牢把握我国发展的新的时代特征，牢牢把握人民群众对美好生活的向往，继续统筹推进"五位一体"总体布局、协调推进"四个全面"战略布局，决胜全面建成小康社会，夺取中国特色社会主义伟大胜利，为实现中华民族伟大复兴的中国梦不懈奋斗。

"四个伟大"相互关联、相辅相成，以中华民族伟大复兴的中国梦为归宿，以中国特色社会主义的伟大事业为基础，以党的建设新的伟大工

[①]《人民代表大会制度重要文献选编》（一），中国民主法制出版社、中央文献出版社2015年版，第190页。

程为保障，以具有许多新的历史特点的伟大斗争为抓手，构成具有内在逻辑关联的有机整体，是以习近平同志为核心的党中央治国理政的大格局、大战略、大逻辑。正如党的十九大报告指出的："伟大斗争，伟大工程，伟大事业，伟大梦想，紧密联系、相互贯通、相互作用，其中起决定性作用的是党的建设新的伟大工程。"

（作者为中国社会科学院经济研究所党委书记）

以新发展理念为指引
补齐工业供给的绿色短板

史 丹

如何处理人与自然的关系,如何在人与自然和谐共处中实现中华民族永续发展是党在新时代所要面对的主要矛盾之一。习近平总书记在十九大报告中提出坚持人与自然和谐共生及绿水青山就是金山银山的理论,是新时代中国特色社会主义新思想的重要组成部分,充分体现了"以人民为中心""实现人的全面发展"的马克思主义的核心价值观和辩证唯物主义,是党在新时代抓经济发展基本规律和主要矛盾,领导中国经济与社会发展的基本方略之一,也是在全面建设小康社会的基础上开启全面建设社会主义现代化国家新征程,指引工业经济发展的方向标。

一 坚持在发展中解决工业发展中的环境问题

工业既是能源资源消耗部门、污染物和温室气体排放的主要部门,也是提升资源能源利用、在提高人民生活水平条件下解决和改善生态环境的技术提供部门和实践部门。习近平总书记指出,发展是解决我国一切问题的基础和关键,在发展中解决问题是中国改革开放以来的重要经验。十八大以来,针对中国经济发展过程中出现的环境问题,我国以创新、协调、绿色、开放、共享的发展理念为指导，出台了史上最严格的一系列环保政策与措施，生态环境明显改善。一方面经济结构不断优化，实现了经济平稳发展；另一方面，全党全国践行绿色发展理念的自觉性和主动性显著增强，驱动工业增长的主要行业力量发生积极变化。2016年，装备制造业对工业增长的贡献率达到50%，比2012年提高22.7个百分点；高技术制造业的贡献率达到21.6%，提高10.5个百分点。电子和汽车产业已成为拉动我国工业经济发展的主要力量，2016年两个行业对工业增长的贡献率高达27.9%，比2012年提高16.6个百分点。随着供给侧结构性改革不断深化，淘汰落后产能不断深入，钢铁、煤炭、石化、建材等传统行业的过剩产能减量调整不断推进，市场供需关系得到改善，企业生产经营环境改观，盈利能力增强。传统产业转型升级不断推进，产品结构进一步优化。传统产业中如合成材料制造、专用化学产品制造、稀有稀土金属冶炼等细分行业，以及与居民生活和消费密切相关的医药类和消费品类行业大部分实现两位数的增长。通过转型升级，中国传统产业在国际产业链中的分工地位逐步提高，关键装备、核心零部件严重依赖进口的状况逐步改善。工业内部结构优化带来明显的节能成效，对整个社会节能的推动作用十分明显。2016年，全国规模以上工业单位增加值能耗比2012年累计降低24%，高于单位GDP能耗降低幅度6.1个百分点，年均下降6.6%。按照单位工业增加值能耗计算，规模以上工业累计节能约7.9亿吨标准煤，占全社会节能量绝大部分（90%以上），全国单位GDP能耗的降低主要是由工业贡献的。十八大以来，我国加大节能降耗投入，推广使用节能新工艺、新技术，加强重点行业能效管理，推动重点企业能源管理体系建设。2016年，单位国内生产总值能耗、用水量分别比2012年下降17.9%和25.4%。主要污染物减排效果显著。2015年，全国化学需氧量排放量比2012年下降8.3%，氨氮排放量下降9.3%，二氧化硫排放量下降12.2%，氮氧化物排放量下降20.8%，超额完成主要污染物排放等约束性指标。2016年，在监测的338个城市中，城市空气质量达标的城市占24.9%，比上年提高3.3个百分点；细颗粒物（PM2.5）未达标地级及以上城市年平均浓度52微克/立方米，比上年下降8.8%。海洋环境改善。近岸海域海水水质监测点中，达到国家一、二类海水水质标准的监测点占73.4%，比2012年提高4个百分点；

四类、劣四类海水占16.3%，比2012年下降7.6个百分点。

二 增加工业的绿色供给,解决发展不平衡不充分的问题

习近平总书记指出，在新的历史时期，人民对美好生活需要日益广泛，不仅对物质文化生活提出了更高要求，而且在民主、法治、公平、正义、安全、环境等方面的需求日益增长，在这些方面发展的不平衡不充分日益凸显，成为制约人民对美好生活需求的主要因素。我国是世界第一工业大国，中国工业产品供给十分丰富，但清洁绿色的生态产品供给不足。有人把工业发展与生态文明对立起来，认为工业化是破坏绿水青山的根源。从局部地区或者某个事项来看，可能是这样的，但是从历史发展的角度来看，工业发展与生态环境的矛盾不是要不要发展工业的问题，而是走什么样的工业化道路的问题。解决好绿水青山与金山银山之间矛盾的出路是走区别于传统工业化的新型工业化道路；保护好绿水青山需要加快建立健全主体功能区制度和生态文明制度体系，实现工业的绿色低碳发展；把绿水青山变成金山银山的基础和途径是工业化、信息化、城镇化、农业现代化的协调发展。以旅游业为例，如果没有大飞机，很难想象在几天假期内到数千公里以外的地区旅游，吃住娱乐行背后都是以工业发展为支撑，人口的增加与生活水平的提高更是工业化的结果。习近平总书记指出，我们要建设的现代化是人与自然和谐共生的现代化，既要创造更多的物质财富和精神财富以满足人民日益增长的美好生活需要，也要提供更多优质生态产品以满足人民日益增长的优美生态环境需要。我们要深入理解习近平总书记的重要论述。工业的绿色发展不平衡、不充分问题需要高度重视。为此，要加快建设绿色生产和消费的法律制度和政策导向，建立健全绿色低碳循环发展的经济体系；构建市场导向的绿色技术创新体系，发展绿色金融，壮大节能环保产业、清洁生产产业、清洁能源产业；推进能源生产和消费革命，构建清洁低碳、安全高效的能源体系；推进资源全面节约和循环利用。

三 工业要在全面建设社会主义现代化国家新征程中再立新功

习近平总书记指出，从现在到 2020 年是全面建成小康社会的决胜期，其路线方针和措施已经十分明确，要紧扣我国社会主要矛盾变化，统筹推进经济建设、政治建设、文化建设、社会建设、生态文明建设，实施科教兴国、人才强国、创新驱动发展、乡村振兴、区域协调发展、可持续发展、军民融合发展七大战略，补短板、强弱项，防范化解重大风险，精准脱贫，污染防治的攻坚战，使全面建成小康社会得到人民认可，经得起历史检验。从 2020 年到 2035 年，再奋斗 15 年，基本上建成社会主义现代化，到那时，我国经济实力、科技实力将大幅跃升，跻身创新型国家前列，从 2035 年到 2050 年再奋斗 15 年，把我国建成富强民主文明和谐美丽的社会主义现代化强国。过去 30 多年里，工业为中国经济保持 30 多年的高速及中高速增长，建设小康社会发挥了关键作用。在未来的现代化建设中，工业仍是不可或缺的重要支撑。观察早已完成工业化的发达国家的产业结构可以发现，其制造业仍然保持一定的比例，工业创新仍是创新主战场。习近平总书记指出，我国实体经济水平有待提高，发展质量和效益不高，创新能力不强。目标与实际的差距就是发展空间，就是发展动力。改革开放 40 年的实践证明，要促进人的全面发展，实现全体人民的共同富裕，没有产业支撑是难以实现的。国际金融危机及拉美国家的经验说明，实体经济是保证国家经济稳定发展的基石，缺乏实体经济发展的国家，难以抵消经济发展的各种风险，更不会有强大的国防和经济自信。

当前，我国经济已由高速增长阶段转向高质量发展阶段。现代化强国建设，久久为功。要实现建设社会主义现代化强国、中华民族复兴的伟大梦想，必须坚定不移地把发展作为党执政兴国的第一要务，坚持解放和发展社会生产力，坚持把经济发展的着力点放在壮大实体经济上，建设现代化的经济体系。随着科技发展，工业生产方式与模式正在发生巨大的变化，创新成为工业发展的核心要素。人民对美好生活的需要对工业发展提出了更高的要求。中国工业要由过去的中国制造向中国质量、中国品牌、中国标准方向发展，强化工业质量发展，打造世界级工业品牌，引导工业技术发展方向，只有这样，才能支撑中国走向世界舞台中央，才能实现社会主义现代化强国的伟大目标。

（作者为中国社会科学院工业经济研究所党委书记）

必须坚持以人民为中心的创新发展理念

黄群慧

党的十九大报告提出中国特色社会主义进入新时代，我国社会主要矛盾是人民日益增长的美好生活需要与不平衡不充分的发展之间的矛盾。而要解决这个主要矛盾，一定要坚持以人民为中心的创新发展理念，依靠创新促进中国发展得更加平衡、更加充分，通过平衡和充分发展满足人民日益增长的美好生活需求。

一 创新是引领发展的第一动力，是解决我国发展不平衡不充分问题的根本手段

十九大报告指出，发展是解决我国一切问题的基础和关键，发展必须是科学发展，必须坚定不移贯彻创新、协调、绿色、开放、共享的发展理念。应该说，无论是理论层面还是实践层面，创新对经济社会发展的重要意义已毋庸置疑，世界各国也纷纷出台政策积极推进创新。但是，将创新的意义提高到"创新是引领发展的第一动力"这样的高度，中国则是独树一帜的。把创新作为引领发展的第一动力的核心动力观，是马克思主义政治经济学关于解放和发展社会生产力的思想在中国现有的历

史条件和国情下的具体应用和发展。

经过40年改革开放，中国的生产力取得了巨大的发展，一个拥有十几亿人口的大国，保持了30多年经济高速增长，经济总量、人均国民收入得到了巨大的提高，重大基础设施建设成效显著，产业结构逐步升级，高精尖制造业复杂性生产能力不断取得突破，成为世界第一的制造业产出和进出口货物贸易量大国。但是，中国的发展是不平衡不充分的，这表现在以下几个方面。一是区域发展不平衡，一些区域发展水平不充分。由于梯度发展战略，以及各个区域资源禀赋、工业发展基础差异等原因，中国的经济发展在不同地区发展极不平衡，总体上呈现出东部、中部和西部逐步降低的梯度差距。二是产业发展的结构不平衡，创新能力和高端产业发展不充分。由于长期的低成本出口导向经济发展战略主导，中国自主创新能力还有待提升，这导致我国产业结构高端化水平不够。三是实体经济与虚拟经济发展不平衡，高质量实体经济供给不充分。这主要体现在产品档次偏低，标准水平和可靠性不高，高品质、个性化、高复杂性、高附加值的产品的供给不足，制造产品总体处于价值链的中低端，缺乏世界知名品牌。四是发展速度与资源环境承载力不平衡，绿色经济发展不充分。而这些发展不平衡不充分问题的关键原因就在于中国的创新发展能力不足。习近平总书记指出："虽然我国经济总量跃居世界第二，但大而不强、臃肿虚胖体弱问题相当突出，主要体现在创新能力不强，这是我国经济大块头的'阿喀琉斯之踵'。"[①] 因此，当前中国特色社会主义进入新时代，经济发展的根本出路在于不断推进创新，通过全面创新解决中国发展不平衡不充分的问题，不断解放和发展社会生产力。

二 创新是经济增长的驱动力，是现代化经济体系的战略支撑

党的十九大指出，从十九大到二十大，是"两个一百年"奋斗目标

[①] 《在省部级主要领导干部学习贯彻党的十八届五中全会精神专题研讨班上的讲话》，《人民日报》2016年5月10日第2版。

的历史交汇期，我们既要全面建成小康社会、实现第一个百年奋斗目标，又要乘势而上开启全面建设社会主义现代化国家新征程，向第二个百年奋斗目标进军。建设社会主义现代化强国，需要贯彻新发展理念，建设现代化经济体系。所谓现代化经济体系是具有现代性的经济系统，当今时代现代性标准应该体现为是以创新作为经济增长的驱动力，具有集聚高水平要素和高效配置要素的体制机制，产业、区域、城乡各经济子系统相互协调，经济系统动态开放，实现高质量可持续经济发展目标等几个方面。因此，一个现代化经济体系一定是一个具有创新力的体系，通过创新适应科技发展趋势，促进现代化产业体系发展，确保现代产业在经济体系中占据主导地位。当今世界正步入新一轮科技革命和产业革命的新阶段，以大数据、云计算、物联网、机器人、人工智能、虚拟现实、新材料、生物科技等为代表的新技术蓄势待发，重大颠覆性技术不断涌现，将对传统产业的产品、商业模式和业态产生深刻的影响，并催生出许多新的产业领域，新的科技革命和产业变革给我国提供了"弯道超车"的机会，而这更是需要大力推进创新发展，顺应世界发展和变革趋势，通过创新驱动抓住这个千载难逢的历史机遇。

也正是在这种背景下，2015年5月国务院颁发了《中国制造2025》，该战略是着眼于国内国际经济社会发展、产业变革的大趋势制定的一个长期的战略性规划和高端产业、技术进步的路线图。该规划以应对新一轮科技革命和产业变革为重点，以促进制造业创新发展为主题，以提质增效为中心，以加快新一代信息技术与制造业融合为主线，以推进智能制造为主攻方向，以满足经济社会发展和国防建设对重大技术装备需求为目标，坚持市场主导、政府引导原则，通过实施国家制造业创新建设、智能制造、工业强基、绿色发展、高端装备五大工程，促进产业转型升级，实现我国从工业大国向工业强国的转变。十九大报告指出，建设现代化经济体系，必须把发展经济的着力点放在实体经济上，把提高供给体系质量作为主攻方向。制造业是实体经济的核心，这意味着《中国制造2025》是建设中国现代化经济体系的一个关键着力点。

三 以人民为中心的创新发展理念，一方面要求依靠人民推进创新发展，另一方面要求创新发展满足人民日益增长的美好生活需要

十九大报告指出，必须坚持以人民为中心的发展思想，不断促进人的全面发展、全体人民共同富裕。必须坚持人民主体地位，坚持发展为了人民、发展依靠人民、发展成果由人民共享，既把增进人民福祉，实现好、维护好、发展好最广大人民根本利益作为发展的出发点和落脚点，又把调动人民的积极性、主动性、创造性作为发展的根本动力。而创新发展作为新发展理念的首位，必然是坚持以人民为中心。一方面实施创新的主体是人民，也就是创新依靠人民；另一方面强调创新发展的目的是增加人民福祉，为了满足人民日益增长的美好生活的需要，也就是创新为了人民。

从创新发展的主体看，十九大报告强调，人民是历史的创造者，是决定党和国家前途命运的根本力量，要依靠人民创造历史伟业。十八大以来，以习近平同志为核心的党中央一再强调，要激发创新创业活力，推动大众创业、万众创新，释放新需求，创造新供给，推动新技术、新产业、新业态蓬勃发展，加快实现发展动力转换；要充分尊重群众的首创精神，着眼于解放和发展生产力，放手支持群众大胆实践，大胆探索，大胆创新，及时发现、总结和推广群众创造的成功经验，把群众的积极性和创业精神引导好、保护好，充分发挥人民群众在改革开放和现代化建设中的主体作用，为改革发展创造一个宽松的环境。通过制度创新，努力全面调动人的积极性、主动性和创造性，为各行业各方面的劳动者、企业家、创新人才、各级干部创造发挥作用的舞台和环境。十九大报告专门提出，既要激发和保护企业家精神，又要弘扬劳模精神和工匠精神，正是以人民为创新发展主体的重要体现。

从创新发展的目的看，创新发展的目标也正是为了人民美好的生活，是满足人民日益增长的美好生活的需要。十九大报告指出要把人民对美好生活的向往作为奋斗目标。按照十九大提出的新时代中国特色社会主

义的战略部署，我国到 2020 年全面建成小康社会，到 2035 年基本实现现代化，到本世纪中叶全面建成社会主义现代化强国，人民生活将更加美好，将从全面小康生活向现代化生活发展。创新发展的成果，理应由人民共享，使全体人民在发展中有更多获得感，发展成果普惠人民群众。创新发展搞得成功不成功，最终的判断标准是人民是不是享受到了创新发展成果。

四 坚持以人民为中心的创新发展理念，是中国特色社会主义政治经济学的重要内涵，是与西方经济学创新理论的本质区别

为什么人的问题是哲学社会科学研究的根本性、原则性问题？习近平总书记指出："要坚持以人民为中心的发展思想，这是马克思主义政治经济学的根本立场。"[①] 这一重要论述揭示了马克思主义政治经济学的本质，为坚持和发展中国特色社会主义政治经济学指明了方向。十九大报告提出以人民为中心的创新发展理念，明确了创新发展为了人民，创新发展依靠人民，继承了马克思主义政治经济学的基本原理，同时结合了我国的国情，从根本上区别于西方经济学的创新发展理论，实现了发展观的新突破。

虽然西方经济学某些学派的观点中，也能够引申出一些关于强调创新发展依靠大众的思想，如创新生态系统理论强调创新主体的相互联系，新增长理论强调人力资本外溢、社会学习互动是经济增长的重要源泉等，以及强调经济增长的包容性等内容。但是，最有影响力的熊彼特的创新理论更多强调企业家是创新的主体，甚至将企业家精神等同于创新精神和冒险精神。而马克思主义政治经济学早就指出，虽然资本家为追求超额剩余价值不断努力创新，但工人在技术创新过程中发挥了重要的作用，工人为了改善自身状况、在"干中学"不断实现技术进步。第一次产业

[①]《立足我国国情和我国发展实践　发展当代中国马克思主义政治经济学》，《人民日报》2015 年 11 月 25 日第 1 版。

革命的开端，珍妮纺纱机的发明者哈格里夫斯就是英国的纺织工人，而蒸汽机的发明者纽克曼则是苏格兰的一名铁匠，这些发明对工业发展和人类进步的意义重大。所以，马克思认为的创新主体更具有广泛性，包括工人、资本家和职业创新者等。十九大报告中强调要激发和保护企业家精神，鼓励更多社会主体投身创新创业。建设知识型、技能型、创新型劳动者大军，弘扬劳模精神和工匠精神，无疑是对马克思创新理论的继承和发展。

（作者为中国社会科学院工业经济研究所所长）

新时代：我国发展新的历史方位

闫 坤

正确认识我国发展的阶段性特征是我们做好各项工作，有序推进改革与发展，实现阶段性发展任务和历史使命的重要基础。当前，随着我国社会主要矛盾转化为人民日益增长的美好生活需要和不平衡不充分的发展之间的矛盾，以新时代为标志的阶段性特征，已经成为我国发展新的历史方位，并统领各方力量，提升创造力、凝聚力和战斗力，实现新时代的中华民族复兴的伟大历史使命。

一 新时代：以新的主要矛盾标识新的历史方位

事物的发展主要表现为主要矛盾的变动或矛盾主要方面的飞跃性变化。而新时代之所以成为新的历史阶段，最关键的理论基础和实践要件就是我国社会主要矛盾的转化。十九大报告指出，我国社会主要矛盾已经转化为人民日益增长的美好生活需要和不平衡不充分的发展之间的矛盾。这一表述明确标识了我国发展新的历史方位，从1981年十一届六中全会的"人民日益增长的物质文化需要同落后的社会生产之间的矛盾"[1]

---

[1] 《中国共产党中央委员会关于建国以来党的若干历史问题的决议》，人民出版社1981年版，第54页。

到"人民日益增长的美好生活需要和不平衡不充分的发展之间的矛盾",在矛盾的主要方面上表现为以下三点变化:一是人民需要的内涵大大扩展,从物质文化的领域向包括物质文明、精神文明、社会文明、制度文明和生态文明在内的全面美好生活的跃升和转变;二是社会生产能力的水平明显提高,从"落后的社会生产"发展到现代化的经济大国和制造强国,并成为全球第一出口大国和增长最快的投资来源国,我国告别了短缺时代,也告别了规模、速度和总量满足阶段,社会生产向形态更高级、结构更复杂、分工更合理的水平上提升和发展;三是发展重心和抓手转向结构性改革,"不平衡不充分"成为我国当前的短板和发展的关键,向平衡要效益和效率,向充分要空间和质量,坚持去产能、去库存、去杠杆、降成本和补短板,推动发展理念迈向创新、协调、绿色、开放、共享的新阶段。

而进一步来看,解决"不平衡不充分发展"也成为我国创新发展思路,构建新发展模式,形成新发展动力的重要基础,并形成新时代发展的重要特征。"不平衡不充分发展"的落点对应着"美好生活需要",因此其所涉及的领域和构成的范围是广义的、全面的。

"不平衡"包括经济不平衡、制度不平衡、社会不平衡和理念不平衡等重要领域,并相互影响、彼此牵连、形成整体,解决起来难度大、风险大、影响大,当然,意义和作用也更为巨大。经济不平衡主要包括产业不平衡、区域不平衡和动力不平衡,是"不平衡"的基础;制度不平衡则主要包括准入制度、分配制度、管理制度和产权制度上的不平衡,是"不平衡"的条件;社会不平衡指向了阶层不平衡、流动不平衡、权利不平衡等深层次问题,是"不平衡"的深化;理念不平衡指出了经济与生态、民生与社会、积累与消费、先富与后富之间的不平衡理念关系,是"不平衡"的显化。

而"不充分"则主要包括要素不充分、产业不充分、竞争不充分、模式不充分和形态不充分等,要完善机制,强化治理,形成有序、稳定、活力、创新的良好局面。要素不充分是指新要素的开发、闲置要素的使用和低效要素配置优化上的不足,其改变是走向"充分"的前提;产业不充分是指新产业的培育、传统产业转型升级和新旧动能联动发展上的不足,其改变是走向"充分"的支撑;竞争不充分是指垄断的破除、竞争机制的优化和竞争环境的保障上的不足,其改变是走向"充分"的保障;模式不充分是指新模式的落地程度不够、融合程度不好、对传统经营模式的整合范围和深度不足,其改变是走向"充分"的动力;形态不充分是指技术形态、产品形态和产业形态上的单一和缺失,从而使模块化、分布式、共享经济等新思维、新业态的发展不足,其改变是走向"充分"的效率和延伸。

党的十九大报告明确指出,我们要在继续推动发展的基础上,着力解决好发展不平衡不充分问题,大力提升发展质量和效益,更好满足人民在经济、政治、文化、社会、生态等方面日益增长的需要,更好地推动人的全面发展、社会的全面进步。

二 新时代:以新的阶段性特征展示新的历史使命

中国特色社会主义进入新时代,意味着近代以来久经磨难的中华民族迎来了从站起来、富起来到强起来的伟大飞跃,迎来了实现中华民族伟大复兴的光明前景;意味着科学社会主义在 21 世纪的中国焕发出强大生机活力,在世界上高高举起了中国特色社会主义伟大旗帜;意味着中国特色社会主义道路、理论、制度、文化不断发展,拓展了发展中国家走向现代化的途径,给世界上那些既希望加快发展又希望保持自身独立性的国家和民族提供了全新选择,为解决人类问题贡献了中国智慧和中国方案。这些重要的历史意义和伟大作用成为新时代阶段性特征的内在基础,并与世情国情相融合,承前启后,形成了鲜明的时代精神和历史使命。

第一,社会主义初级阶段的基本国情没有变,但主要矛盾的内涵和外延形成了重要创新。十九大报告明确指出,"我国仍处于并将长期处于社会主义初级阶段的基本国情没有变,我国是世界最大发展中国家的国际地位没有变"。但面对我国社会主要矛盾的变化,我们要牢牢把握社会主义初级阶段这个基本国情,牢牢立足社会主义初级阶段这个最大实际,牢牢坚持党的基本路线这个党和国家的生命线、人民的幸福线,坚持中国共产党的领导,以经济建设为中心,坚持四项基本原则,坚持改革开放,自力更生,艰苦创业,为把我国建设成为富强民主文明和谐美丽的社会主义现代化强国而奋斗。

第二,党的建设的新的伟大工程的决定性作用没有变,但进一步提升为"伟大斗争,伟大工程,伟大事业,伟大梦想"的战略体系。十九大报告指出,伟大斗争,伟大工程,伟大事业,伟大梦想,紧密联系、相互贯通、相互作用,其中起决定性作用的是党的建设新的伟大工程。推进伟大工程,要结合伟大斗争、伟大事业、伟大梦想的实践来进行,确保党在世界形势深刻变化的历史进程中始终走在时代前列,在应对国内外各种风险和考验的历史进程中始终成为全国人民的主心骨,在坚持和发展中国特色社会主义的历史进程中始终成为坚强领导核心。

第三,积极推进全球化,主动参与全球治理的信心没有变,但共建、共治、共享的人类命运共同体的理念成为新的战略主导。十九大报告指出,要坚持推动构建人类命运共同体。中国人民的梦想同各国人民的梦想息息相通,实现中国梦离不开和平的国际环境和稳定的国际秩序。必须统筹国内国际两个大局,始终不渝走和平发展道路、奉行互利共赢的开放战略,坚持正确义利观,树立共同、综合、合作、可持续的新安全观,谋求开放创新、包容互惠的发展前景,促进和而不同、兼收并蓄的文明交流,构筑尊崇自然、绿色发展的生态体系,始终做世界和平的建设者、全球发展的贡献者、国际秩序的维护者。

第四,全面建成小康社会的理念和决心没有变,但面向现代化规划了"两个十五年"更新更美的蓝图。十九大报告指出,从现在到2020年,是全面建成小康社会决胜期。要统筹推进经济建设、政治建设、文化建设、社会建设、生态文明建设,突出抓重点、补短板、强弱项,打好防范化解重大风险、精准脱贫、污染防治的攻坚战,使全面建成小康社会得到人民认可、经得起历史检验。以此为基础,从2020年到2035年,在全面建成小康社会的基础上,再奋斗15年,基本实现社会主义现代化;从2035年到本世纪中叶,在基本实现现代化的基础上,再奋斗15年,把我国建成富强民主文明和谐美丽的社会主义现代化强国。到那时,我国物质文明、政治文明、精神文明、社会文明、生态文明将全面提升,实现国家治理体系和治理能力现代化,成为综合国力和国际影响力领先的国家,全体人民共同富裕基本实现,我国人民将享有更加幸福安康的生活，中华民族将以更加昂扬的姿态屹立于世界民族之林。

三 以习近平新时代中国特色社会主义思想为行动指南，实现社会主义现代化和中华民族伟大复兴

习近平新时代中国特色社会主义思想是以马克思列宁主义、毛泽东思想、邓小平理论、"三个代表"重要思想、科学发展观为指导，坚持解放思想、实事求是、与时俱进、求真务实，坚持辩证唯物主义和历史唯物主义，紧密结合新的时代条件和实践要求，以全新的视野深化对共产党执政规律、社会主义建设规律、人类社会发展规律的认识，进行艰辛理论探索，取得重大理论创新成果。习近平新时代中国特色社会主义思想是马克思主义中国化最新成果，是党和人民实践经验和集体智慧的结晶，是中国特色社会主义理论体系的重要组成部分，是全党全国人民为实现中华民族伟大复兴而奋斗的行动指南，必须长期坚持并不断发展。

十九大报告用"八个明确"阐述了习近平新时代中国特色社会主义思想的精神实质和丰富内涵，即：第一，明确坚持和发展中国特色社会主义，总任务是实现社会主义现代化和中华民族伟大复兴，在全面建成小康社会的基础上，分两步走在本世纪中叶建成富强民主文明和谐美丽的社会主义现代化强国；第二，明确新时代我国社会主要矛盾是人民日益增长的美好生活需要和不平衡不充分的发展之间的矛盾，必须坚持以人民为中心的发展思想，不断促进人的全面发展、全体人民共同富裕；第三，明确中国特色社会主义事业总体布局是"五位一体"、战略布局是"四个全面"，强调坚定道路自信、理论自信、制度自信、文化自信；第四，明确全面深化改革总目标是完善和发展中国特色社会主义制度、推进国家治理体系和治理能力现代化；第五，明确全面推进依法治国总目标是建设中国特色社会主义法治体系、建设社会主义法治国家；第六，明确党在新时代的强军目标是建设一支听党指挥、能打胜仗、作风优良的人民军队，把人民军队建设成为世界一流军队；第七，明确中国特色大国外交要推动构建新型国际关系，推动构建人类命运共同体；第八，明确中国特色社会主义最本质的特征是中国共产党领导，中国特色社会

主义制度的最大优势是中国共产党领导,党是最高政治领导力量,提出新时代党的建设总要求,突出政治建设在党的建设中的重要地位。

今天,我们已步入这个伟大的新时代。我们将在中国共产党的领导下,在十九大精神的指引下,承前启后、继往开来,在新的历史条件下继续夺取中国特色社会主义伟大胜利,决胜全面建成小康社会,进而全面建设社会主义现代化强国,奋力实现中华民族伟大复兴中国梦。

(作者为中国社会科学院农村发展研究所党委书记)

乡村振兴之路如何走

魏后凯

党的十九大首次提出了乡村振兴战略，并把它列为决胜全面建成小康社会需要坚定实施的七大战略之一。实施乡村振兴战略，加快推进农业农村现代化，是决胜全面建成小康社会的重中之重，也是实现中华民族伟大复兴和全面建成社会主义现代化国家的一项基础性工程。

一 为什么要实施乡村振兴战略

实施乡村振兴战略是党中央根据当前中国国情和发展阶段变化作出的一项重大战略决策，符合新时代的要求。党的十九大报告明确指出："中国特色社会主义进入新时代，我国社会主要矛盾已经转化为人民日益增长的美好生活需要和不平衡不充分的发展之间的矛盾。"这是对新时代我国社会主要矛盾转化的重要科学判断。经过40年的改革开放实践，我国经济社会获得了持续快速发展，已经从根本上改变了社会生产落后的状况。到2016年，我国人均GDP超过8000美元，达到8127美元，处于世界银行划分的上中等收入经济的中间水平，其中，天津、北京、上海超过1.7万美元，江苏超过1.4万美元，已稳定进入高收入经济行列。同时，我国工业化进程快速推进，目前已经整体进入工业化后期阶段；城镇化水平显著提升，2016年全国城镇化率达57.4%，已经稳定进入城镇化中期快速推进的减速阶段。

进入新时代，面对人民日益增长的美好生活需要，我国面临的主要问题不再是生产落后而是发展不平衡不充分的问题。这种不平衡不充分的发展体现在诸多方面，但主要集中体现在乡村发展方面。我国城乡发展的不平衡是不平衡的发展的突出表现。自2009年以来，尽管我国城乡收入差距在持续缩小，但直到2016年城乡居民人均可支配收入之比仍然高达2.72∶1，仍高于改革开放初期的水平，更远高于1983年的水平。目前，中国依然是世界上城乡差距较大的国家之一。2016年，我国农村居民消费水平仅有城镇居民的36.8%。同时，农村发展严重滞后也是最大的发展不充分。农村地区不仅居民收入和消费水平低，而且基础设施和公共服务也十分薄弱，尤其在一些贫困地区，农民生产生活条件仍相当艰苦。在当前决胜全面建成小康社会的关键时期，农村地区已经成为全面小康的最大短板；而在推进中国现代化建设的进程中，农业现代化始终是一条短腿，农村现代化则是薄弱环节。因此，实施乡村振兴战略，加快推进农业农村现代化，将是加快破解发展的不平衡不充分难题的重要举措和根本途径。

实施乡村振兴战略，促进农村全面发展和繁荣，使广大农村居民能够与全国人民一道同步实现小康，最终实现城乡共同繁荣和农业农村现代化，也是中国特色社会主义的本质要求。在新时代，中国能否如期全面建成小康社会，能否如期建成富强民主文明和谐美丽的社会主义现代化强国，重点和难点都在农村地区。2016年，我国仍有5.9亿人口常住在乡村。即使到2050年，中国城镇化达到较高的水平，城镇化率接近"天花板"，仍将有相当数量的人口常住在乡村。据联合国经社理事会人口局的预测，到2035年和2050年中国城镇化率将分别达到71.1%和75.8%，届时乡村常住人口仍将分别达到4.19亿和3.35亿。如果不从根本上解决乡村人口的小康和农业农村现代化问题，那么中国的小康和现代化将是不全面的。可以说，没有农民农村的小康，就不可能全面建成小康社会。同样，没有农业农村的现代化，就不可能全面实现全国的现代化。

城市与乡村是一个相互依存、相互融合、互促共荣的生命共同体。城市的发展和繁荣绝不能建立在乡村衰败的基础上，城乡共荣是实现全面小康和全面现代化的重要前提。实施乡村振兴战略，其最终目标就是要全面促进农村经济、社会、文化振兴和生态文明进步，建设繁荣富强、宜居美丽的现代化新乡村。因此，在新时代，要促进乡村全面振兴，推动农村大发展、大繁荣，全面实现农业农村现代化，将是一项长期的战略任务，需要下大力气分阶段扎实推进。从总体上看，实施乡村振兴战略大体可以分三步走：第一步，从现在起到2025年，力争用8年左右的时间，建成产业兴旺、生态宜居、乡风文明、治理有效、生活富裕的美丽新乡村；第二步，从2026年到2035年，再用10年左右的时间，基本实现农业农村现代化和基本公共服务均等化，城乡差距大幅度缩小；第三步，从2036年到2050年，再用15年左右的时间，全面实现农业农村现代化，将我国建成农业现代化强国。

二 实施乡村振兴战略要突出重点

所谓乡村振兴，就是通过大力发展，使乡村逐步兴盛和繁荣起来。在人民日益向往美好生活的新时代，我们所需要的乡村振兴不单纯是某一领域、某一方面的振兴，而是既包括经济、社会和文化振兴，也包括治理体系创新和生态文明进步在内的全面振兴。因此，乡村振兴是一个综合的概念，其内涵十分丰富。当前，中央提出的乡村振兴战略是新时期推进"三农"工作的总抓手。党的十六届五中全会提出了建设社会主义新农村的总体要求，即"生产发展、生活宽裕、乡风文明、村容整洁、管理民主"的20字方针。① 这次中央提出的乡村振兴战略，又根据发展阶段的变化和面临的新形势，确立了新的总要求，即"产业兴旺、生态宜居、乡风文明、治理有效、生活富裕"的新20字方针。这一总要求内涵更加丰富，领域更为广泛，充分体现了中国特色社会主义新时代的特征和全面建成小康社会的基本要求。现阶段，实施乡村振兴战略，重点是按照中央提出的总要求，扎实抓好以下工作。

一是推动产业振兴。乡村振兴的核心和关键是产业振兴。产业兴旺，则经济兴旺。如果缺乏产业支撑，或者产业凋敝，乡村振兴将成为空中楼阁。加快振兴农村产业，首先要坚守耕地红线，严格划定和永久保护

---

① 《十六大以来重要文献选编》（中），中央文献出版社2006年版，第1050页。

基本农田，谨防借"改革""振兴"之名，违法占用甚至非法批准占用耕地和基本农田，大搞"非粮化""非农化"，由此影响国家粮食安全。其次，大力发展现代高效农业，加快转变农业生产方式，优化农业供给结构、质量和效率，全面推进农业现代化的进程。最后，充分挖掘和拓展农业的多维功能，促进农业产业链条的前后向延伸和农业与第二、第三产业尤其是手工艺品、文化、旅游、康养、电商等产业的深度融合，着力发展农产品精深加工和农村新兴服务业。

二是优化人居环境。按照生态宜居的要求，全面改善农村人居环境，建设功能完备、服务配套、美丽宜居的新乡村，是实现乡村振兴的重要前提。应当注意的是，农村基础设施建设和公共服务配套，一定要考虑到未来农村人口的城镇化趋势，实行城乡统筹规划和科学布局。为此，要从城乡融合与一体化的视角，大力推进城市基础设施和公共服务向农村延伸；实行数量与质量并重，在进一步增加农村基础设施和公共服务供给数量的基础上，着力改善供给结构，提高供给效率和质量；按照全面小康的要求和更高的标准，加强农村生态建设和环境综合治理，尤其要加大农村面源污染、农村垃圾污水治理力度。

三是促进乡村文明。振兴和繁荣乡村文化，促进乡村文明，是乡村振兴的重要根基。如果乡村文化衰败，不文明乱象滋生，即使一时产业旺盛，也难以获得持续的繁荣。要全面振兴乡村，还应按照乡风文明的要求，加强村风民俗和乡村道德建设，倡导科学文明健康的生活方式，传承和弘扬农村优秀传统文化，健全农村公共文化服务体系，促进农耕文明与现代文明有机结合，实现乡村文化振兴。

四是强化乡村治理。乡村治理现代化是推进国家治理体系和治理能力现代化的重要内容。近年来，我国农村经济社会结构发生的深刻变化，给乡村治理机制创新带来多方面挑战。在新形势下，加强农村基层基础工作，进一步完善村级民主选举、民主决策、民主管理、民主监督机制，充分发挥村规民约的教育、引导、约束、惩戒作用，加快推进乡村治理法治化，依法保障农民权益，建立更加公正有效、多元共治的新型乡村治理体系，将是实现乡村振兴的重要保障。

五是改善农民生活。生活富裕是实现乡村振兴的重要标志。实施乡村振兴战略，就是要通过乡村经济振兴和强农惠农富农政策，不断提高农民收入和消费水平，进一步增进农民福祉，大幅度提升农民生活品质，使农民的获得感、幸福感和安全感更加充实。生活富裕的核心是农民增收问题。从乡村振兴和可持续发展的角度看，农民增收的最根本源泉应该是来自农业和农村，而不是农业农村之外的城市产业支撑。因此，未来农民的增收要在进一步减少农民的基础上，通过农村产业振兴和资源激活更多地依靠农业和农村，逐步建立一个可持续的农业农村导向型农民增收长效机制。

三　振兴乡村需要破解三大难题

据我们研究，在2033年之前，我国仍将处于城镇化快速推进的时期。随着城镇化的快速推进，农村人口将继续向城镇大规模迁移，这是一个不可阻挡的历史趋势。在快速城镇化的背景下，大量农村青年甚至整户迁往城市，带来了农村人口老龄化和村庄"空心化"，如果缺乏强有力的有效措施，很容易导致农村凋敝甚至衰败。实施乡村振兴战略，就是要防止农村凋敝，促进城乡共同繁荣。在实施这一战略的过程中，需要破解人才短缺、资金不足和农民增收难这三大难题。

第一，要破解乡村人才短缺的难题。近年来，随着城镇化的快速推进，大批有知识、有文化的农村青年不断向城镇迁移，农村人口老龄化现象日益严重。2015年，全国乡村65岁及以上老龄人口占总人口的比重高达12.0%，分别比城市和镇高2.8个和2.6个百分点。农民素质和科学文化水平也远不能适应乡村振兴的需要。2015年，全国乡村6岁及以上人口平均受教育年限仅有7.7年，文盲人口占15岁及以上人口的比重高达8.6%。实施乡村振兴战略，急需一大批有文化、懂技术、会管理、善经营、爱农村的实用型人才，尤其是现代农业、农产品加工、公共服务、公共管理、新兴服务业等领域的技术和管理人才。因此，如何采取积极有效的政策措施，加快培养和吸引各种急需人才，将是实施乡村振兴战略亟待破解的难题所在。

第二，要破解建设资金不足的难题。目前，我国农村基础设施和公共服务还严重滞后，远不能适应农民日益增长的美好生活需要。2016年年末，我国仍有31.3%的行政村未进行集中供水，有80%的行政村未对生活污水进行处理,有35%的行政村未对生活垃圾进行处理。农村医疗卫生、文化教育、社会保障等公共服务也不能满足需要。实施乡村振兴战略,从产业振兴、文化发展到人居环境改善,都需要投入大量的资金。而农村自我积累能力有限,投融资渠道不畅,资金有效供给严重不足。2016年,虽然我国仍有42.6%的人口常住在乡村,但农户和农林牧渔业投资仅占全社会固定资产投资的5.7%。大力促进乡村振兴,必须坚持农业农村优先发展,把政府掌控的各种公共资源优先投向农业农村。然而,在当前全国经济增速逐步放缓,政府财政支出压力日益加大并呈刚性增长的情况下,单纯依靠政府资金只能是杯水车薪。因此,能否充分发挥财政资金的引导作用,撬动社会资本尤其是城市资本大规模进入,将成为乡村振兴的难点所在。

第三,要破解农民持续增收的难题。近年来,虽然我国农民收入增长持续多年快于城镇居民,但应该看到,农民增收越来越依靠工资性收入尤其是外出打工的工资性收入,农业和财产性收入对农民增收的贡献较低。2014—2016年,全国第一产业净收入对农民增收的贡献只有14.7%,财产净收入的贡献率只有2.6%,而工资性收入的贡献率高达46.7%。显然,这种建立在农业农村之外的城市导向型农民增收模式是难以持续的,而且很容易导致农村的凋敝和衰败。随着发展阶段和国内环境的变化,目前支撑农民增收的务农、务工这两大传统动力已经逐渐减弱,而转移净收入也将会受到"天花板"的制约,未来农民增收的难度日益加大。要从根本上解决农民的增收问题,首先应该依靠新型城镇化大规模地减少农民。在此基础上,如何通过加快发展现代高效农业、促进农村第一、第二、第三产业融合和激活农村资源等多元化措施,建立农业农村导向型的农民持续增收长效机制,将是实施乡村振兴战略需要破解的第三个难题所在。从本质上讲,这种农民持续增收机制也是一种乡村振兴导向的农民增收机制。

四 实行多措并举促进乡村振兴

乡村振兴是一项巨大的系统工程,涉及农村经济、社会、文化以及乡村治理和生态文明建设各个领域。在新形势下,要全面促进乡村振兴,必须多措并举，充分调动全社会资源和力量，全面激活要素、主体和市场，从而激发农村发展的活力和新动能。

一是切实做好乡村振兴规划。促进乡村振兴，规划必须先行。尽快编制出台《国家乡村振兴战略规划》，对实施乡村振兴战略进行总体部署和安排，明确实施乡村振兴战略的重要意义、指导原则、总体要求、发展目标和实施阶段，提出促进乡村振兴的重点任务、实现路径、支持政策和保障措施。该规划的期限可以考虑设为2018—2022年，远景目标可展望到2035年和2050年。各级地方政府也需要从本地实际出发，抓住重点难点，找准突破口，制定科学的乡村振兴规划或实施方案。

二是研究制定乡村振兴的标准。设计科学合理、适宜可行的乡村振兴标准和指标体系，是乡村振兴战略得到有效实施的重要前提。如果标准定得过高，投入量过大，近中期将不易见效；如果标准定得过低，将难以解决根本问题，达不到真正振兴的效果。建议有关部门尽快组织研究力量，汇集相关领域人员，按照产业兴旺、生态宜居、乡风文明、治理有效、生活富裕的总要求，研究制定符合我国现阶段实际的乡村振兴标准和指标体系，作为各地实践和评价的依据。

三是实行差别化的推进策略。我国乡村地域辽阔，村庄数量众多，各地自然条件和社会经济特点千差万别，发展水平更是悬殊。截至2015年，我国有54.21万个行政村，有264.46万个自然村，村庄户籍人口高达7.65亿人。实施乡村振兴战略，一定要坚持因地制宜、分类施策。要针对城郊型、平原型、山区型、边境型等不同类型村庄，并根据其发展水平和所处的地理位置，实行差别化的政策和推进策略，鼓励各地积极探索多种形式的乡村振兴模式。同时，要鼓励有条件的地区先行先试、超前探索，率先实现乡村振兴，充分发挥其示范、引领和标杆作用。当前，可以考虑在不同类型地区以乡镇为单位建立一批国家级乡村振兴示范区。每个示范区要从本地实际出发，突出重点和特色，编制好科学的振兴规划和实施方案。此外，还要及时总结各地经验，加强交流和推广示范。

四是进一步加大政策支持力度。促进乡村振兴，需要各级政府在资金和政策等方面，进一步加大支持力度。当前，可以考虑设立中央财政乡村振兴专项资金，重点支持乡村公共设施、公共服务、乡村文化建设、生态环境治理以及乡村振兴示范区建设。鼓励各地建立乡村振兴产业引导基金，重点支持乡村产业振兴和创新创业，引导乡村新兴产业发展，中央财政可以给予一定补助。同时，要集中力量开展村镇生活污水治理行动，因地制宜采取多元化建设模式，加强农村污水治理。要实施农村优秀民俗文化抢救、保护工程，高度重视农村古村落、老建筑的保护，把乡村文化、地方文化融入村镇规划和村镇风貌中，建设一批体现社会主义核心价值观的优秀传统文化示范村。

五是引导全社会参与乡村振兴。振兴乡村离不开社会各界的支持，要广泛引导全社会资源和各方力量参与乡村建设。要组织开展乡村振兴科技行动，加大科技普及和推广力度，鼓励和引导科技人员下乡，为乡村振兴提供强大的科技支撑。同时，要加强农村干部、农民和新型主体培训，鼓励大学生和城市各类人才下乡创业，大力支持"城归"群体和外出农民工回乡创业就业，为乡村振兴提供强有力的人才保障。充分发挥财政资金的作用，引导社会民间资本和外商投资进入，广泛参与乡村振兴。大力发展农村普惠金融，鼓励各金融机构创新模式，为乡村振兴提供金融支持和服务。

（作者为中国社会科学院农村发展研究所所长）

以新理论解决新时代的社会主要矛盾

杜志雄

1982年9月1日,党的十二大召开。这次会议最重大的历史意义是首次提出了中国特色社会主义的概念。邓小平同志在大会开幕词中指出:"把马克思主义的普遍真理同中国的具体实际结合起来,走自己的道路,建设有中国特色的社会主义,这就是我们总结长期历史经验得出的基本结论。"[①] 在此之后的35年,中国特色社会主义理论体系日趋完善,并成功指导中国的改革实践,走出了一条有中国特色的社会主义道路,推动中国成为世界上发展最快的国家之一,经济总量跃升世界第二。党的十九大最重大的理论与改革创新成果是习近平新时代中国特色社会主义思想。这一思想究竟新在何处?需要我们在深刻理解"新时代"内涵的基础上,全方位、多角度地分析。

一 "新时代"是一个怎样的时代

习近平新时代中国特色社会主义思想是十九大报告的精髓,而理解这一思想的关键是要对"新时代"有一个全面深入的认识。我们认为,"新时代"的内涵主要体现于它是国家治理的主线索。

十九大报告所涵盖的内容非常丰富,涉及国家治理的方方面面,既

[①] 《邓小平文选》第3卷,人民出版社1993年版,第3页。

有理论层面的抽象概括，也有实践层面的具体部署，大到全人类的发展，小到自然人的需求，广到政治、经济、社会、文化、生态、党建各个领域，深到理想和信念、使命和担当……如何让这些发散的内容结合成为一个有机的整体，并且让整个报告气势磅礴、发人深省、富有感染力，必须有一个鲜明的线索将所有内容贯穿起来，这份重任最终是由"新时代"来完成的。"新时代"作为这篇宏大报告的基本线索，贯穿始终，报告中所有的新判断、新思想、新理念、新目标、新任务均基于"新时代"的背景得出。

十九大报告开篇即指出："经过长期努力，中国特色社会主义进入了新时代，这是我国发展新的历史方位。"历史方位是指客观事物在历史发展中所处的位置，准确认识国家发展的历史方位是国家治理最重要的环节。只有在精准的历史坐标上开展国家治理，才能确保国家治理过程中的理论、路线、方针、政策的正确性和高效性，才能确保国家发展和民族复兴的力度和速度。反之，如果历史方位确定有误或者不够精确，那么基于历史方位所确定的理论、路线、方针、政策也会有偏差，国家发展和民族复兴之路就会受阻或者崎岖不平。因此，正确认识国家发展的历史方位，关系到党、国家和民族事业的兴衰成败，这一点已经由中华民族的全部历史经验所证实。新时代中国特色社会主义思想正是认识到这一点，对"新时代"的历史方位做了准确的判断，并将其作为主线索贯穿十九大报告始终。

十九大报告对"新时代"的重要意义表述为"三个意味着"：一是意味着近代以来久经磨难的中华民族迎来了从站起来、富起来到强起来的伟大飞跃，迎来了实现中华民族伟大复兴的光明前景；二是意味着科学社会主义在21世纪的中国焕发出强大生机活力，在世界上高高举起了中国特色社会主义伟大旗帜；三是意味着中国特色社会主义道路、理论、制度、文化不断发展，拓展了发展中国家走向现代化的途径，给世界上那些既希望加快发展又希望保持自身独立性的国家和民族提供了全新选择，为解决全人类问题贡献了中国智慧和中国方案。特别值得强调的是，目前我国的方方面面都进入了"新时代"，但中国特色社会主义进入新时代的意义更为重大。十九大报告指出："中国特色社会主义进入新时代在中华人民共和国发展史上、中华民族发展史上具有重大意义，在世界社会主义发展史上、人类社会发展史上也具有重大意义。"

十九大报告对"新时代"所要实现的历史使命做出了五个方面的概括：一是承前启后、继往开来、在新的历史条件下继续夺取中国特色社会主义伟大胜利；二是决胜全面建成小康社会，进而全面建设社会主义现代化强国；三是全国各族人民团结奋斗、不断创造美好生活、逐步实现全体人民共同富裕；四是全体中华儿女勠力同心、奋力实现中华民族伟大复兴中国梦；五是日益走近世界舞台中央、不断为人类作出更大贡献。

二 社会主要矛盾变化的意义如何重大

十九大报告指出："中国特色社会主义进入新时代，我国社会主要矛盾已经转化为人民日益增长的美好生活需要和不平衡不充分的发展之间的矛盾。"事实上，社会主要矛盾的变化是习近平新时代中国特色社会主义思想的核心要义，是这一思想的各个方面和一切工作的出发点和落脚点。

2017年恰逢毛泽东同志《实践论》《矛盾论》发表80周年，其中，《矛盾论》要解决的正是在面对纷繁复杂充满矛盾的世界，如何行动和怎样作为的问题。在这样一个特殊的时点，对我国社会主要矛盾的变化做出新的历史判断，其重大意义不言而喻。可以说，正是社会主要矛盾的变化把国家和人民的发展、治国理政的理论和实践推进到了"新时代"。

唯物辩证法的三大规律——对立统一规律、质量互变规律、否定之否定规律揭示了事物的发展变化。其中，对立统一规律即矛盾规律，其基本观点是：矛盾具有普遍性和特殊性，任何事物内部以及事物之间都包含着矛盾，不同矛盾以及矛盾的各个方面都有不同的特点；矛盾具有统一性与斗争性，正是事物矛盾双方的统一与斗争，推动着事物的运动、变化和发展；矛盾具有不平衡性，即有主要矛盾与次要矛盾、矛盾的主要方面与次要方面之分，主要矛盾在事物发展过程中处于支配地位、对事物发展起决定作用，矛盾的主要方面在矛盾的两个方面中处于支配地位、起主导作用。也就是说，无论是在自然、社会领域，还是在思维领域，矛盾是推动其发展的基本动力，矛盾分析法是认识世界和改造世界的根本方法。

这样强有力的理论基础足以证明，对社会主要矛盾作出正确的判断对于国家发展和社会进步至关重要。因为正是社会矛盾双方的对立与统一，不断推动着国家发展和社会进步，而社会主要矛盾在国家发展和社会进步过程中处于支配地位、起决定性作用，只要社会主要矛盾不断被化解，国家发展和社会进步就会不断地前进。这里内含着一个社会主要矛盾运动的过程，即随着旧的社会主要矛盾的解决，整个国家和社会进入新时代，而在新时代需要解决新的社会主要矛盾。

对社会主要矛盾作出正确的判断，是矛盾能够获得解决的根本前提。习近平新时代中国特色社会主义思想完成了对社会主要矛盾作出正确判断的重大历史任务，并充分运用矛盾分析方法，为新的社会主要矛盾的解决作出十四项战略谋划和部署。十九大报告指出："我国社会主要矛盾的变化是关系全局的历史性变化，对党和国家工作提出了许多新要求。我们要在继续推动发展的基础上，着力解决好发展不平衡不充分问题，大力提升发展质量和效益，更好满足人民在经济、政治、文化、社会、生态等方面日益增长的需要，更好推动人的全面发展、社会全面进步。"同时提出，在2020年以前的全面建成小康社会决胜期，要"紧扣我国社会主要矛盾变化，统筹推进经济建设、政治建设、文化建设、社会建设、生态文明建设，坚定实施科教兴国战略、人才强国战略、创新驱动发展战略、乡村振兴战略、区域协调发展战略、可持续发展战略、军民融合发展战略，突出抓重点、补短板、强弱项，特别是要坚决打好防范化解重大风险、精准脱贫、污染防治的攻坚战，使全面建成小康社会得到人民认可、经得起历史检验"。因此，习近平新时代中国特色社会主义思想是在新的时代条件和实践要求下，我党进行创新性理论探索所取得的重大理论创新成果，它以全新的视野深化了对共产党执政规律、社会主义建设规律、人类社会发展规律的认识。

三 习近平新时代中国特色社会主义思想新在何处

习近平新时代中国特色社会主义思想体现着我们党在举什么旗、走什么路上的承前启后、一脉相承，其中国特色社会主义的思想内核并未改变。但新时代中国特色社会主义的思想也并非简单地继承，其发展了什么，新在何处？主要体现在以下六个方面。

第一，发展新起点。根据前文的分析，社会主要矛盾在国家发展和社会进步过程中处于支配地位、起决定性作用，社会主要矛盾的变化能够把国家发展和社会进步引领进入新的历史时期。回望前一个阶段社会主要矛盾的确定和解决，更能够证实新时代中国特色社会主义思想是立足于发展的新起点。

在社会主义改造基本完成之后，需要对社会主要矛盾作出新的判断，并据其确定新的发展目标，进而提出新的理论、路线、方针、政策。因此，1981年的十一届六中全会对当时社会主要矛盾作出了新的判断，即"人民日益增长的物质文化需要同落后的社会生产之间的矛盾"。随后，在1982年党的十二大上，邓小平同志即基于社会主要矛盾的判断指出："八十年代是我们党和国家历史发展上的重要年代，加紧社会主义现代化建设，争取实现包括台湾在内的祖国统一，反对霸权主义、维护世界和平，是我国人民在八十年代的三大任务。"[①] 并进一步指出经济建设是三大任务的核心，是解决国际国内问题的基础。对于怎样进行现代化建设，他指出：必须从中国的实际出发，照抄照搬别国经验、别国模式，从来不能得到成功。最终提出"走自己的道路，建设有中国特色的社会主义"这样一条已经被历史证明是正确的思路。与此同时，邓小平同志对中国特色社会主义理论的长期探索之路也随之开启，最终形成的邓小平理论成功地指导了我国改革开放的实践，促进中国经济发展步伐不断加速。

在此后的35年间，我国社会主要矛盾随着经济发展水平的提高而不断缓解，而中国特色社会主义理论也陆续由"三个代表"重要思想、科学发展观而充实、完善，最终形成中国特色社会主义理论体系。在这一理论体系的指导下，产生了一系列行之有效的改革方略和宏观调控政策，国家综合国力和人民生活水平同步跃升，人民日益增长的物质文化需要同落后的社会生产之间的矛盾得到彻底化解。

在党的十九大上，习近平同志对社会主要矛盾作出新的判断后，中国已然站在新的历史起点上，需要确定与社会主要矛盾相适应的发展目标和指导理论，据以确定新阶段的改革方略和宏观调控政策。在这样的

---

① 《邓小平文选》第3卷，人民出版社1993年版，第3页。

历史坐标上，习近平新时代中国特色社会主义思想应运而生。

第二，发展新需求。从 1956 年党的八大第一次对社会主要矛盾作出判断开始，矛盾的主要方面都落脚于人民的需求，包括：人民对于建立先进的工业国的要求，人民对于经济文化迅速发展的需要，人民日益增长的物质文化需要，人民日益增长的美好生活需要。而矛盾的次要方面，则是与人民需求最不相适应的问题，包括：落后的农业国，经济文化不能满足人民需要的状况，落后的社会生产，不平衡不充分的发展。从中可以充分体会到社会主要矛盾双方之间的关系：人民的需求是矛盾的主要方面，处于支配地位，起到决定性作用，而矛盾的次要方面则处于从属地位，是化解社会主要矛盾的突破口，采取措施让其达到与人民需求相适应后，矛盾即得以化解。

化解社会主要矛盾，虽然在理论上看似容易，但在实践中却实属不易。从 1956 年到 1981 年，第一阶段的社会主要矛盾化解历经 25 年；而从 1982 年到 2017 年，第二阶段的社会主要矛盾化解历经 35 年。这是因为人民的需求是动态变化且不断提高的，满足人民需求的各项举措也需要不断调整，包括能够改善供给的体制机制的建立健全，能够提升经济主体供给质量的刺激政策的制定实施，还需要体制机制、政策措施发挥实效，在生产力的层面体现出来，在生产力的不断发展下，最终带动生产关系的变革。

社会主要矛盾发生转变，说明前一阶段的人民需求基本满足，国家各方面也由此得到了长足的发展。在新的时代背景下，要面对人民新的需求，着力化解新的社会主要矛盾。十九大报告指出："人民美好生活需要日益广泛，不仅对物质文化生活提出了更高要求，而且在民主、法治、公平、正义、安全、环境等方面的要求日益增长"，"要在继续推动发展的基础上，着力解决好发展不平衡不充分问题，大力提升发展质量和效益，更好满足人民在经济、政治、文化、社会、生态等方面日益增长的需要，更好推动人的全面发展、社会全面进步"。

第三，发展新关注。对于前一阶段的社会主要矛盾来说，中国特色社会主义理论体系已经足够完备，足以指导实践，走出一条有中国特色的社会主义道路，彻底解决社会生产落后于人民日益增长的物质文化需要的问题。但是，在社会主要矛盾的主要方面转变为人民日益增长的美好生活需要的时候，原来仅面向满足人民物质文化需要的理论及其指导下的改革方略和政策措施便不再充分，不足以指导实践化解新的社会主要矛盾。因此，需要在继承的基础上，发展中国特色社会主义理论体系，也就是说，随着人民需要的升级，理论也要随之升级。

新时代中国特色社会主义思想即体现了理论的升级，为了与新的社会主要矛盾相适应，新理论增加了很多新的关注点，除了对社会主要矛盾作出新判断外，还包括：将"实现社会主义现代化"的总任务拓展为"实现社会主义现代化和中华民族伟大复兴"；将第二个百年奋斗目标的内容进一步丰富、力度进一步加强、实现时间进一步提前；将"以人为本"的发展核心提升为"以人民为中心的发展思想"；将包括经济、政治、文化、社会建设在内的全面协调可持续发展的总体布局扩展为"五位一体"的总体布局和"四个全面"的战略布局；将"三个自信"扩展为"四个自信"。

第四，发展新目标。除了上述五个方面的发展新关注外，习近平新时代中国特色社会主义思想还包括一项重要的理论升级内容，即发展目标的升级——将"建设富强民主文明和谐的社会主义现代化国家"的目标升级为"建成富强民主文明和谐美丽的社会主义现代化强国"；将现代化建设"三步走"战略中的第三步进一步细化，对从2020年到本世纪中叶的这段时间作出了两个阶段的安排，提出了两个阶段性目标。

追溯历史，我们可以发现，社会主义现代化目标随社会主要矛盾的变化而阶段性地发展着。1964年12月召开的第三届全国人民代表大会提出了实现四个现代化目标的"两步走"战略构想，主要是针对社会主要矛盾中落后的农业国、经济文化不能满足人民需要的状况等问题，提出：第一步，用15年时间，建立一个独立的、比较完整的工业体系和国民经济体系，使中国工业大体接近世界先进水平；第二步，力争在20世纪末，使中国工业走在世界前列，全面实现农业、工业、国防和科学技术的现代化。1987年10月党的十三大根据社会主要矛盾的转变，主要针对社会主要矛盾中落后的社会生产问题，将"两步走"细化为"三步走"：第一步，从1981年到1990年，国民生产总值翻一番，解决人民温饱问题；第二步，从1991年到20世纪末，国民生产总值再翻一番，人民生活达到小康水平；第三步，到21世纪中叶，国民生产总值达到中等发达国家水平,人民生活比较富裕,基本实现现代化。

此后,虽然社会主要矛盾没有发生实质性的变化,但是根据人民需求的发展变化,社会主义现代化的发展目标也进行了三次调整。第一次是1997年党的十五大把第三步战略进一步具体化,提出三个阶段性目标:21世纪第一个10年,实现国民生产总值比2000年翻一番,使人民的小康生活更加富裕,形成比较完善的社会主义市场经济体制;再经过10年的努力,到建党100周年时,使国民经济更加发展,各项制度更加完善;到21世纪中叶建国100周年时,基本实现现代化,建成富强、民主、文明的社会主义国家。第二次是2012年党的十八大对四个现代化目标进一步作出调整,提出了"新四化":即中国特色新型工业化、城镇化、信息化、农业现代化。第三次是2013年在党的十八届三中全会上习近平总书记提出了"第五个现代化"——国家治理体系和治理能力现代化。

当前,在2017年党的十九大上,随着习近平新时代中国特色社会主义思想形成并对社会主要矛盾作出新判断,社会主义现代化的发展目标也得到了升华,"美丽"的内容被加入其中,基本实现现代化的时间被提前到2035年,而2035年到本世纪中叶将着力实现新目标——建成社会主义现代化强国。

第五,发展新动力。十九大报告的主题是"不忘初心,牢记使命",并在开篇即诠释了中国共产党人的初心和使命,就是"为中国人民谋幸福,为中华民族谋复兴",认为这个初心和使命是激励中国共产党人不断前进的根本动力。

在根本动力的指引下,十九大报告还着重论述了发展的新动力。主要体现在以下四个层面:首先,创新是引领发展的第一动力,要加强国家创新体系建设,强化战略科技力量。其次,强调我国正处在转换增长动力的攻关期,建设现代化经济体系是跨越关口的迫切要求,而创新是建设现代化经济体系的战略支撑。再次,强调以供给侧结构性改革为主线,推动经济发展的质量、效率和动力变革。最后,面向打造国际合作新平台、增添共同发展新动力,提出积极促进"一带一路"国际合作,努力实现政策沟通、设施联通、贸易畅通、资金融通、民心相通。

需要给予足够重视的是,创新要在实现新阶段新目标方面发挥更大作用。以往中国特色社会主义取得的成就,主要体现的是一种市场换技术、国外技术引进消化吸收为特点的技术跟踪型发展的成果。这种发展在今后仍将发挥作用，但要实现新阶段的新任务，仅仅依靠技术跟踪型发展战略是不够的，我们还要转向技术原创型发展的新格局，用中国的原创技术引领发展、实现发展目标，真正实现发展动力的转换。

第六，发展新自信。习近平新时代中国特色社会主义思想强调坚定道路自信、理论自信、制度自信、文化自信。习近平总书记在"七一讲话"中首次将文化自信引入原有的"三个自信"体系，并与之放到并列位置，彰显了对文化自信的高度重视。在"七一讲话"中的相关表述是："坚持不忘初心，继续前进，就要坚持中国特色社会主义道路自信、理论自信、制度自信、文化自信，坚持党的基本路线不动摇，不断把中国特色社会主义伟大事业推向前进。"[①] 十九大报告正式将"四个自信"纳入习近平新时代中国特色社会主义思想，既是对"七一讲话"内容的重申，又包含了新的内容。

"四个自信"源于对中国特色社会主义的坚定信念，这是我们党对中国特色社会主义伟大实践的新表述，具有深刻的内涵。其中：道路自信表明中国特色社会主义是实现党、国家和人民发展目标的唯一途径，理论自信表明中国特色社会主义理论体系是实现党、国家和人民发展目标的行动指南，制度自信表明中国特色社会主义制度是实现党、国家和人民发展目标的根本保障，文化自信表明中国特色社会主义文化是实现党、国家和人民发展目标的精神力量。

十九大报告更着重强调文化自信的重要性，并分三个层次作出了由浅入深的表述：首先，文化是一个国家、一个民族的灵魂，文化兴国运兴，文化强民族强；其次，文化自信是一个国家、一个民族发展中更基本、更深沉、更持久的力量；最后，没有高度的文化自信，没有文化的繁荣兴盛，就没有中华民族伟大复兴。

在新旧社会主要矛盾转换的历史时期，习近平新时代中国特色社会主义思想作为化解新社会主要矛盾的新的理论探索，也要被纳入理论自信的范畴，我们要坚定相信这一思想已经达到人类世界文明思想的一个

---

① 《在庆祝中国共产党成立 95 周年大会上的讲话》，人民出版社 2016 年版，第 12 页。

新的高度，坚定相信在这一思想的指导下，能够制定和实施科学、有效的改革方略和政策举措，早日化解新的社会主要矛盾，早日实现中华民族伟大复兴的中国梦。

（作者为中国社会科学院财经战略研究院党委书记）

新时代中国金融改革与发展的新方略

何德旭

习近平总书记在十九大报告中系统地阐释了新时代坚持和发展什么样的中国特色社会主义、怎样坚持和发展中国特色社会主义这一中国未来发展的根本问题,明确了"新时代我国社会主要矛盾是人民日益增长的美好生活需要和不平衡不充分的发展之间的矛盾"、"以人民为中心"、"以经济建设为中心",为我国经济社会发展描绘了宏伟蓝图,指明了方向。

中国金融是在中国特色社会主义框架下发展起来的带有中国特色社会主义基因的金融理论、金融模式和金融制度。十八大以来党的一系列重大举措,带来了中国金融的繁荣发展,金融科技、互联网金融发展水平世界领先,金融实力和综合竞争力显著提升,解决了许多长期想解决而没有解决的金融难题,中国正在从金融大国向金融强国迈进。

在全面建成小康社会决胜期,为实现社会主义现代化,建成富强民主文明和谐美丽的社会主义现代化强国,必须进行金融理论创新、金融实践创新、金融制度创新,建设符合十九大报告要求的新时代中国特色社会主义金融,实现中国金融在新时代的创新发展。

新时代中国金融的改革与发展,必须深入贯彻"创新、协调、绿色、开放、共享"新发展理念;必须注重自身的创新发展,为经济创新发展服务;必须与社会经济协调发展,服务社会,服务实体经济;必须服务于生态文明,实现自身的绿色低碳发展;必须开放发展,面向全人类,与世界各国共享发展成果。因此，新时代中国特色社会主义金融，既要有独特的现代化金融体系，又要有与之相匹配的宏观调控框架，还要体现人类共同发展、共创未来的大国情怀。

一 建设新时代中国特色社会主义现代金融体系

十九大报告指出，我国经济"正处在转变发展方式、优化经济结构、转换增长动力的攻关期，建设现代化经济体系是跨越关口的迫切要求和我国发展的战略目标"，应"加快建设实体经济、科技创新、现代金融、人力资源协同发展的产业体系"。一方面，作为经济增长的助推器，金融要适应经济发展的新形势和新要求，助力攻关；另一方面，作为经济体系的重要组成部分，现代金融体系的构建也日益重要而迫切。

中国特色社会主义现代金融体系应有助于解决新时代我国社会面临的主要矛盾，应是普惠的，与实体经济、科技创新、人力资源协同发展的，绿色的金融体系。

现代金融体系中，人们拥有享受金融服务的同等机会和权利，能够自由选择更加丰富的金融产品和金融服务类型，享有更多处置金融资产的方式和渠道。现代金融体系的风险与收益配置科学合理，多层次资本市场健康发展，直接融资能够满足市场需求，资金"脱虚向实"，切实服务于实体经济，并从实体经济中获得不竭的利润源泉和发展动力。现代金融体系与科技融合发展，金融助推科技发展，而科技创新助力金融创造出新的业务模式和产品类型，形成新型的金融业态和体系。现代金融作为一个复杂系统，需要更高层次的人力资源投入，对人这一要素提出了更高要求，所以现代金融体系更依赖于人的思考与参与。为实现"把我国建成富强民主文明和谐美丽的社会主义现代化强国"这一奋斗目标，现代金融体系应是"绿色"的，即将环境作为金融业日常运营中关注的常规风险、成本要素，成为其投融资决策的重要一极，金融业本身的运营也是低碳环保的。未来，绿色金融不是一个特殊的金融业务，也不是一个独立的金融业态，而是现代金融体系的一个固有属性，环保标准成为金融体系的标准化程序。

二 健全新时代中国特色社会主义金融宏观调控框架

十九大报告提出健全货币政策和宏观审慎政策双支柱调控框架，进一步细化了宏观调控政策框架，将宏观政策调控目标从货币稳定扩展至货币、金融双稳定，同时强调两种政策的协调与配合。这是我国经济"由高速增长阶段转向高质量发展阶段"，经济增长处于合理区间成为货币政策的首要目标，金融稳定成为影响宏观经济平稳发展的重要因素时，党中央在宏观调控政策方面作出的与时俱进的调整与安排。

宏观审慎政策是防范系统性金融风险、维护金融稳定的重要政策抓手，有助于降低跨市场风险传染。双支柱调控框架有助于解决信贷周期与经济周期不同步、不同幅时，单一货币政策无法解决的货币与金融同时稳定的难题。双支柱调控框架的提出与实施，面临的难题是如何做好两大政策的协调与配合。在政策传导过程中，货币政策在维护币值稳定、促进经济增长时可能造成金融机构无法满足宏观审慎政策要求从而损害宏观审慎政策效果，而宏观审慎政策在资本和杠杆、资产负债、流动性、定价行为、资产质量、跨境融资风险、信贷政策执行情况等方面的硬性要求也有可能削弱货币政策执行效果。因此，在实践过程中，应以矛盾的主要方面、面临的首要问题、达到的第一目标等为线索通过相机抉择来衔接和协调两大政策，使政策效果达到最优。

当前，我国宏观审慎政策对于系统性风险和金融稳定还缺少精准的量化标准和监测指标，而货币政策已有相对成熟的价格稳定和经济增长目标和测量标准。监测指标的缺乏显然不利于宏观审慎政策的实施与执行，也不利于两大支柱政策的密切配合，所以，应尽快研究确定宏观审慎政策的关键指标或一揽子指标。此外，也应在货币政策和宏观审慎政策的微观传导机制中找到两者相互配合、相互影响的机制，从而使两大政策的实施更加精准有效。

三　推进新时代中国特色社会主义金融国际化

新时代，在全面开放的新格局下，在新发展理念指引下，中国应建立面向全球的金融体系、金融网络，以及与人类共享金融开放与发展的中国智慧和中国方案。

十九大报告提出"推动构建人类命运共同体"，与其他国家共享经济发展成果，"促进'一带一路'国际合作，努力实现政策沟通、设施联通、贸易畅通、资金融通、民心相通"。这为新时代中国金融对外开放定下了基调，意味着中国与世界其他国家和地区进行金融合作时，应保持金融自信，应坚持"开放、包容、普惠、平衡、共赢"方向，深化利率和汇率市场化改革，推进人民币国际化，有序推进人民币资本项目可兑换，提升跨境投资和交易便利化。特别是，中国金融国际化应服务于实体经济、国际贸易、外商直接投资和对外直接投资，促进国际经济合作，服务于引进国外先进技术，服务于中国企业和经济形态走出去。在国际合作过程中，中国在遵守既有国际金融规则的同时，也应承担大国责任，在新兴金融业态（如移动支付、P2P网贷、众筹等互联网金融领域）推动建立公平的国际标准，引领国际互联网金融健康发展。中国金融国际化过程中，尤其应注重国家金融安全体系的构建与完善，防范网络金融攻击带来的国家安全隐患。

总之，金融不仅是重要的经济要素，而且是一项复杂的社会系统，不仅影响经济发展，还影响人民的基本生活，在解决新时代我国社会发展不平衡不充分的突出问题、提高发展质量和效益、推进创新发展、实现两个百年目标中将发挥极为重要的作用。新时代中国特色社会主义金融是新时代中国特色社会主义的重要组成部分，其创新发展事关新时代中国特色社会主义的发展成效，需要发挥中国共产党"总揽全局、协调各方"的领导核心作用，以保持有效的系统协调和正确的发展方向。

（作者为中国社会科学院财经战略研究院院长）

深化金融体制改革
增强金融服务实体经济能力

王立民

金融是现代经济的核心,是配置资源要素的枢纽、调节宏观经济的杠杆,金融业的发展水平直接影响着实体经济的兴衰。十八大以来,习近平总书记对金融工作提出了一系列新观点新论断新要求,指明了金融工作重点、工作方法和工作理念。习近平总书记在党的十九大报告中深刻指出要"深化金融体制改革,增强金融服务实体经济能力,提高直接融资比重,促进多层次资本市场健康发展"。习近平总书记在 2017 年全国金融工作会议和中央经济工作会议上发表重要讲话,对金融工作做了一系列重要指示。这些重要论述和指示精神,是做好新时代金融工作的根本遵循,也为我国金融改革发展指明了方向。

一 精准定位:金融是国家重要的核心竞争力

金融发挥着媒介交易、配置资源、发现价格、管理风险等重要功能,金融制度是经济社会发展中重要的基础性制度,关系经济社会发展大局。习近平总书记在全国金融工作会议上深刻指出:金融是国家重要的核心竞争力,金融改革发展是国家改革发展的重要内容,金融安全是国家安全的重要组成部分。

第一，金融业发展助推我国经济高增长。改革开放以来，我国实现了从计划经济向市场经济的转型，实施了以出口导向拉动的工业化、以投资驱动的城镇化、以生产效率提升带动的全球化为代表的经济战略，经济实现了持续35年的两位数高增长，并于2010年成为全球第二大经济体。经济的发展离不开大量的资金支持，金融发展是经济增长的一个必要条件。

第二，金融是实体经济的血脉。实体经济是金融发展的根基，金融则是实体经济的血脉，没有金融"血液"的滋养，实体经济就会死气沉沉、了无生机。习近平总书记多次强调要提高金融服务实体经济的能力和水平。他指出："金融是现代经济的核心，在很大程度上影响甚至决定着经济健康发展"[1]；"保持经济平稳健康发展，一定要把金融搞好。改革开放以来，我们对金融工作和金融安全始终是高度重视的，我国金融业发展取得巨大成就，金融成为资源配置和宏观调控的重要工具，成为推动经济社会发展的重要力量"[2]。为实体经济服务是金融的天职，是金融的宗旨，也是防范金融风险的根本举措。

第三，金融创新具有引领和示范功能。习近平总书记非常注重金融创新的积极作用。在中央农村工作会议上，习近平总书记强调，农村金融仍然是个老大难问题，解决这个问题关键是要在体制机制顶层设计上下功夫，鼓励开展农民合作金融试点，建立适合农业农村特点的金融体系。要在规范运行、严格监管、控制风险的前提下，允许承包土地的经营权向金融机构抵押融资，采取多种方式为农业发展开辟新的融资渠道。新型农民搞规模种养业，风险也加大了，农业保险一定要搞好，财政要支持农民参加保险。习近平总书记在"一带一路"国际合作高峰论坛开幕式上致辞时指出，金融是现代经济的血液。血脉通，增长才有力。我们要建立稳定、可持续、风险可控的金融保障体系，创新投资和融资模

---

[1] 《中国发展新理念：学习贯彻党的十八届五中全会精神》，新华出版社2015年版，第13页。

[2] 《金融活经济活金融稳经济稳　做好金融工作维护金融安全》，《人民日报》2017年4月27日第1版。

式，推广政府和社会资本合作，建设多元化融资体系和多层次资本市场，发展普惠金融，完善金融服务网络。这些重要论述阐明了金融在经济中的重要作用和改革方向。

第四，金融能力是实现中国梦的重要力量。"两个一百年"奋斗目标和中华民族伟大复兴的中国梦离不开强大的金融能力。供给侧结构性改革需要得到各方面支持，特别是金融的助力，同时也对金融业提出了新的更高的要求。

二 问题导向：准确判断当前面临的金融风险

坚持问题导向贯穿习近平总书记治国理政的全过程。问题是开端，既是出发点，也是着眼点。提出问题、发现问题并直面问题才能积极地解决问题。金融业存在问题显而易见。金融风险是金融业本身性质决定的，金融业链条长，市场信息不对称，价值实现过程曲折，又易受外部因素影响，还具有突发性、隐蔽性、传染性等特质。2017年12月18日，习近平总书记在中央经济工作会议上强调要"守住不发生系统性金融风险的底线"。[①] 尽管我国金融发展改革取得了重大成绩，但应清醒地认识到，在当前金融领域还存在不少矛盾和问题。如，虽然我国总体金融机构类型和数量不少，但金融服务总体仍然不够，特别是针对农村和小微企业的基层金融服务不足；银行、证券、保险业发展不协调，城乡、区域金融资源配置不合理；总体金融结构仍以银行间接融资为主，资本市场制度尚不完善，直接融资占比仍然偏低，宏观杠杆率高企的同时经济金融风险集中于银行体系；金融体制机制还不健全，金融创新能力和竞争力不强，金融风险隐患还比较多；等等。对这些问题必须采取有力措施加以解决，才能充分发挥金融效能。

第一，直面金融领域存在的风险和安全隐患。习近平总书记十分重视金融风险，特别强调要格外小心、审慎管理金融风险。在中央财经领导小

---

① 《把抓落实作为推进改革工作的重点　真抓实干蹄疾步稳求实效》，《人民日报》2017年12月21日第1版。

组第十五次会议上,习近平总书记强调了整治金融乱象、防范化解金融风险是当前和今后一个时期的重要工作;在中央政治局第四十次集体学习时,习近平总书记再次指出了十个方面的金融安全隐患。从目前来看,我国面临金融杠杆率和流动性风险高、信用风险高、影子银行风险高、违法犯罪风险高、房地产泡沫风险高、地方政府隐性债务风险高等现实情况。

第二,互联网金融领域中存在诸多的高风险。近些年互联网金融蓬勃发展,由于互联网金融业务更加复杂,产品的关联性和风险传染性更高,也更容易出现风险。一些企业打着互联网金融等幌子进行非法集资、金融诈骗,行为屡禁不止,少数机构违规违法操作,重大案件时有发生。许多互联网金融机构正在向三四线城市布局,而这些地区的金融监管相对薄弱,风险产生的概率增加。

第三,深刻剖析金融风险产生的原因和土壤。尽管多年来我国金融发展改革取得了重大成绩,但金融体系总体上仍不健全,金融发展与金融深化任务十分艰巨,金融体制改革与金融创新任重道远。如何提高金融支持服务实体经济的能力,是推进金融改革的首要因素。关于金融风险产生的原因,习近平总书记指出:在国际金融危机外溢性加大的背景下,我国经济周期性、结构性、体制性矛盾叠加。[①] 从周期性看,我国经济金融经过上一轮扩张期后,进入下行"清算"期。从结构性看,实体经济供需失衡,金融业内部失衡,金融和实体经济循环不畅。从体制性看,一些市场主体行为出现异化,道德风险明显上升,而金融监管很不适应。应对金融问题既要沉着冷静又要积极主动。习近平总书记指出,我国金融形势是良好的,金融风险是可控的。同时,在国际国内经济下行压力因素综合影响下,我国金融发展面临不少风险和挑战,必须冷静面对,积极处置,赢得主动。

三 牢记天职:全面提升金融服务实体经济的效率和水平

为实体经济服务,满足经济社会发展需要,是金融的本分。金融只

[①] 《有效防范金融风险》,《人民日报》2017年7月17日第1版。

有在为实体经济服务中才能实现自身持续健康发展。面对金融和实体经济结构性失衡、房地产泡沫、信用违约风险加大、资本外流仍在继续的严峻形势，习近平总书记深刻指出，实体经济是金融的根基，为实体经济服务是金融的天职，是金融的宗旨，也是防范金融风险的根本举措，要让金融回归本源，服从并服务于经济社会发展，要把为实体经济服务作为金融工作的出发点和落脚点，全面提升服务效率和水平，把更多金融资源配置到经济社会发展的重点领域和薄弱环节，更好地满足人民群众和实体经济多样化的金融需求。

第一，把握好经济和金融的关系至关重要。服务实体经济是金融改革的导向和原则，也是检验金融改革成效的标准和依据。习近平总书记多次指出，金融是现代经济的核心，与人民群众切身利益息息相关，在很大程度上影响甚至决定着经济健康发展。做好金融工作，保障金融安全是推动经济社会又好又快发展的基本条件。唯有把握好经济和金融的关系，才能让金融市场在保持稳定的同时有效服务实体经济。

第二，充分发挥市场在金融资源配置中的决定性作用。效率是效能的集中反映，而市场是提高效率的有效途径。习近平总书记十分关注资本市场的作用，对资本市场的发展提出了具体要求，如防范化解金融风险，加快形成融资功能完备、基础制度扎实、市场监管有效、投资者权益得到充分保护的股票市场，等等。长期以来，间接融资在我国金融体系中居主导地位，直接融资市场发展相对滞后。为此，完善金融市场体系，推进各领域改革，充分发挥市场的作用是我国进一步深化改革的总方向，也是金融体制机制改革的目标方向。

第三，金融要服务于供给侧结构性改革。习近平总书记指出，当前和今后一个时期，我国经济发展面临的问题，供给和需求两侧都有，但矛盾的主要方面在供给侧。推进供给侧结构性改革，是以习近平同志为核心的党中央在综合分析世界经济长周期和我国发展阶段性特征及其相互作用的基础上，集中全党和全国人民智慧，从理论到实践不断探索的结晶。供给侧结构性改革是基于中国实践的理论综合性集成创新，是中国经济和中国模式在新时期的一次探索性改革和调整，其指导思想和理论基础是中国特色社会主义经济理论在新时期的创新发展。习近平总书记多次深入阐述供给侧结构性改革的现实依据、深刻内涵、根本目的、工作要求和科学方法，为推进供给侧结构性改革提供了科学指导和根本遵循。金融既可以在短期需求调控中发挥作用，也是长期结构调整和供给侧管理的关键环节。从需求端看，货币政策是短期需求调控的重要手段之一。通过金融体系创造货币、扩大货币供应量，可以促进消费、投资和出口增加，刺激经济增长。从供给侧看，健全的金融体系有助于增加资本供给、提高全要素生产率，促进产业结构升级调整，进而提高潜在经济增长率。

四 守住底线：防止发生系统性金融风险

近年来，受经济下行压力较大等外部环境影响，以及过度金融创新带来杠杆高企，金融领域的风险隐患也有所增多。金融既是现代经济的核心，也是风险集中高发的领域，一旦发生系统性风险，就可能引发整体经济危机乃至政治危机和社会危机，因而必须切实加强金融风险防范。习近平总书记强调指出，防范化解金融风险，特别是防止发生系统性金融风险，是金融工作的根本性任务，也是金融工作的永恒主题。他在亚太经合组织领导人会议第一阶段会议上、在党的十八届五中全会第二次全体会议上、在2016年中央经济工作会议上、在中央政治局第四十次集体学习时，都强调要切实防止发生系统性金融风险。习近平总书记在党的十九大报告中深刻指出：要"健全金融监管体系，守住不发生系统性金融风险的底线"。当前，我国金融风险集中表现在不良资产风险、流动性风险、债券违约风险、影子银行风险、外部冲击风险、房地产泡沫风险、政府债务风险、互联网金融风险八个方面。防范化解金融风险的核心，就是要处置一批风险点，防止风险由"点"扩散成"面"，酿成重大风险问题，确保不发生系统性金融风险。

第一，加强金融风险防范的极端重要性。做好金融风险防范，是保障经济安全的内在要求，也是经济发展的前提条件。习近平总书记指出，必须充分认识金融在经济发展和社会生活中的重要地位和作用，切实把维护金融安全作为治国理政的一件大事，当作关系我国经济社会发展全局的一件带有战略性、根本性的大事，并指出今后五年可能是我国发展面临的各方面风险不断积累甚至集中显露的时期，要把主动防范化解系统性金融风险放在更加重要的位置，科学防范，早识别、早预警、早发现、早处置，着力防范化解重点领域风险，着力完善金融安全防线和风险应急处置机制，力争不出现重大风险或在出现重大风险时扛得住、过得去。

第二，要借鉴国际经验不断强化金融监管。面对国际金融危机，主要经济体都对其金融监管体制进行了重大改革，主要做法有统筹监管系统重要金融机构和金融控股公司，尤其是负责对这些金融机构的审慎管理；统筹监管重要金融基础设施，包括重要的支付系统、清算机构、金融资产登记托管机构等，维护金融基础设施稳健高效运行；统筹负责金融业综合统计，通过金融业全覆盖的数据收集，加强和改善金融宏观调控，维护金融稳定。这些做法都值得我们研究和借鉴。

第三，金融监管的方向和重点。强化金融监管是防范金融风险的重要保障。习近平总书记指出，要坚持市场化改革方向，加快建立符合现代金融特点、统筹协调监管、有力有效的现代金融监管框架，坚守住不发生系统性风险的底线。同时指出要统筹监管系统重要性金融机构，统筹监管金融控股公司和重要金融基础设施，统筹负责金融业综合统计，确保金融系统良性运转，确保管理部门把住重点环节，确保风险防控耳聪目明，形成金融发展和监管强大合力，补齐监管短板，避免监管空白。决定设立国务院金融稳定发展委员会，就是要强化人民银行宏观审慎管理和系统性风险防范职责，落实金融监管部门监管职责，并强化监管问责，针对突出问题加强协调，强化综合监管，突出功能监管和行为监管。

五　破解之策：坚定不移推进金融改革开放

习近平总书记在党的十九大报告中明确指出要"建设现代化经济体系"，而推进金融改革则是重要举措。近年来，我国金融业发展速度加快，金融领域持续创新，金融体系复杂度、开放度不断提高，迫切需要加快金融改革。为此，习近平总书记指出，要优化金融机构体系，完善现代金融企业制度，完善国有金融资本管理，完善外汇市场体制机制，深化多层次资本市场改革，健全保险市场功能，引导期货市场健康发展。多年来，我国主要是国际规则的跟随者和遵循者，在全球金融治理中缺少话语权。随着我国金融实力和国际影响力的增强，积极参与全球经济金融治理，有助于进一步放大我国的"金融稳定器"作用，增强各国宏观经济政策的协调性，构建新型全球经济稳定机制，形成全球金融安全网。

第一，参与国际金融治理的必要性。习近平总书记强调，过去数十年，国际经济力量对比深刻演变，而全球治理体系未能反映新格局，代表性和包容性很不够。全球产业布局在不断调整，新的产业链、价值链、供应链日益形成，但贸易和投资规则未能跟上新形势，机制封闭化、规则碎片化十分突出。全球金融市场需要增强抗风险能力，不过全球金融治理机制未能适应新需求，难以有效化解国际金融市场频繁动荡、资产泡沫积聚等问题，因此国际经济金融治理亟待改变。

第二，改革国际金融治理的目标。目标是发挥效能的前提。习近平总书记指出，建设公平公正、包容有序的国际金融体系，提高新兴市场国家和发展中国家的代表性和发言权，确保各国在国际经济合作中权利平等、机会平等、规则平等。对于我国而言，参与全球治理的根本目的，就是服从服务于实现"两个一百年"奋斗目标、实现中华民族伟大复兴的中国梦。必须审时度势，努力抓住机遇，妥善应对挑战，统筹国内国际两个大局，推动全球治理体制向着更加公正合理的方向发展，为我国发展和世界和平创造更加有利的条件。

第三，改革国际金融治理的重点。习近平总书记指出，要推动变革全球治理体制中不公正不合理的安排，推动国际货币基金组织、世界银行等国际经济金融组织切实反映国际格局的变化，推进全球治理规则民主化、法治化，努力使全球治理体制更加平衡地反映大多数国家意愿和利益。针对二十国集团改革，他强调，要把二十国集团建设成稳定世界经济、构建国际金融安全网、改善全球经济治理的重要力量。

第四，亚投行在改善国际金融治理中的作用。习近平总书记强调，亚洲基础设施投资银行的主要任务是为亚洲基础设施和"一带一路"建设提供资金支持，将同域外现有多边开发银行合作，相互补充，共同促进亚洲经济持续稳定发展，是在基础设施融资方面对现有国际金融体系的一个补充。亚投行的建立代表了各方团结合作共谋发展的愿望、决心和行动。亚投行同"一带一路"倡议相匹配，是惠泽各方的多赢之举，将同其他多边开发机构一道，为推进亚太经济融合和发展作出贡献。亚投行的成立是国际经济体系改革进程中具有里程碑意义的重大事件，也是近年来中国为推动全球金融治理"存量"和"增量"改革、提升新兴经济体话语权而努力的重要缩影。

六　金融效能：着力营造良好的金融生态环境

金融生态是金融运行的外部环境，也是金融运行的基础条件。金融生态包括法律制度环境、市场体系完善程度、社会信用体系、金融基础设施建设等方面。加强金融生态建设不仅有利于构建完善高效的金融体系，推动金融市场建设、信用建设和制度建设，完善金融运行基础，有效发挥金融支持经济社会发展的作用，而且也为新常态下防范控制金融风险提供了有力的支撑。习近平总书记指出，要健全现代金融企业制度，完善金融市场体系，健全金融法治。因此，在深化金融改革的过程中，必须高度重视金融生态的重要作用，通过深化改革，强化金融基础设施的薄弱环节，保障金融市场安全高效运行和整体稳定。

第一，建立健全符合我国国情的金融法治体系。习近平总书记强调，"凡属重大改革都要于法有据。在整个改革过程中，都要高度重视运用法治思维和法治方式，发挥法治的引领和推动作用，加强对相关立法工作的协调，确保在法治轨道上推进改革"[①]。此后，"重大改革于法有据"的表述见诸习近平总书记的数次讲话中。他强调，要坚决整治严重干扰金融市场秩序的行为，严格规范金融市场交易行为，规范金融综合经营和产融结合，加强互联网金融监管，强化金融机构防范风险主体责任，建立健全符合我国国情的金融法治体系。金融法律是国家法律体系的重要组成部分，金融立法是保证金融改革的目标和方向，促进金融改革和巩固改革成果。经过多年的努力，目前我国金融法制体系已基本建立。

第二，加快社会信用体系建设步伐。习近平总书记十分关注社会信用体系建设。他在中央全面深化改革领导小组第二十五次会议上强调，

[①]《把抓落实作为推进改革工作的重点　真抓实干蹄疾步稳求实效》，《人民日报》2014年3月1日第1版。

要加快推进对失信被执行人信用监督、警示和惩戒建设，有利于促使被执行人自觉履行生效法律文书决定的义务，提升司法公信力，推进社会诚信体系建设。要建立健全跨部门协同监管和联合惩戒机制，明确限制项目内容，增进信息公开与共享，提高执行查控能力建设，完善失信被执行人名单制度，完善党政机关支持人民法院执行工作制度，构建"一处失信、处处受限"的信用惩戒大格局，让失信者寸步难行。2016年12月11日，习近平总书记在主持中央政治局第三十七次集体学习时指出，对突出的诚信缺失问题，既要抓紧建立覆盖全社会的征信系统，又要完善守法诚信褒奖机制和违法失信惩戒机制，使人不敢失信、不能失信。在党中央、国务院的决策部署下，国家发布了社会信用体系建设的系列改革文件，在社会信用体系建设部际联席会议制度的协调下，相关单位狠抓落实，我国社会信用体系建设整体水平大幅提高，为全面深化改革和推动经济社会发展提供了制度保障。

第三，加强党对金融工作的领导。只有始终坚持党中央对金融工作集中统一领导，才能确保金融工作健康良性发展，才能确保金融改革发展正确方向，才能确保国家金融安全。习近平总书记强调，加强党对金融工作的领导，完善党领导金融工作的体制机制，加强制度化建设，完善定期研究金融发展战略、分析金融形势、决定金融方针政策的工作机制，提高金融决策科学化水平。要增强党领导金融工作的能力，努力建设一支宏大的德才兼备的高素质金融人才队伍。习近平总书记在全国金融工作会议上强调指出，要坚持党中央对金融工作集中统一领导，确保金融改革发展正确方向。要加强金融系统党的建设，国有金融机构领导人必须增强党的意识，党的领导要与国有金融机构公司法人治理相结合，促进形成良好的现代公司治理机制。领导干部特别是高级干部要努力学习金融知识，熟悉金融业务，把握金融规律，既要学会用金融手段促进经济社会发展，又要学会防范和化解金融风险，强化监管意识，提高监管效率。

党的十八大以来，以习近平同志为核心的党中央以强烈的历史担当和顽强的意志品格统筹推进"五位一体"总体布局和协调推进"四个全面"战略布局，指引并激励全体中华儿女朝着"两个一百年"的奋斗目标和中华民族伟大复兴的中国梦阔步前进，形成了习近平新时代中国特色社会主义思想。其中"金融活，经济活；金融稳，经济稳"等有关金融工作的各项任务要求既明确具体,又极具前瞻性。我们要集中精力深入研究习近平新时代中国特色社会主义金融思想,加强金融学科体系、话语体系和学术体系建设,尽快形成具有中国特色的现代金融监管框架,进一步加大金融改革创新力度,讲好中国故事,传递中国声音,贡献中国方案,展示中国形象。

(作者为中国社会科学院金融研究所党委书记)

落实"两步走"发展战略要求 提高我国经济发展质量与效率

李 平

2017年10月,党的十九大报告明确提出了新时期"两步走"国家发展战略:在全面建成小康社会的基础上,2035年基本实现社会主义现代化;2050年,把我国建成富强民主文明和谐美丽的社会主义现代化强国。该战略不仅清晰勾画了我国社会主义现代化建设的时间表、路线图,而且把基本实现社会主义现代化的目标提前了十五年,更加完整地表述了"两个一百年"的奋斗目标。如何细化和落实"两步走"发展战略要求的本质内涵,如何结合"两步走"发展战略加强对我国未来中长期经济增长的目标管理,加强阶段成果监督审查机制,从而显著提高我国经济发展的质量和效率,具有重要的理论和现实意义。按照十九大的精神,我们把关于"两个一百年"奋斗目标的研究进行了新的梳理和调整,补充和完善了有关理论体系。

一 "两步走"发展战略的阶段性发展目标预测

根据经济学理论,中长期的潜在经济增长率主要取决于劳动力、资本、环境资源禀赋,以及全要素生产率,这四者构成的生产函数共同决定了供给侧的可能性边界。我们在充分考虑城镇化与劳动力转移、国外技术溢出、人力资本提高、科技进步、市场化进程等全要素生产率诸多子因素的基础上，利用中国宏观经济年度预测模型（2017年版），对我国2017—2050年宏观经济进行预测，主要结论包括：

第一，2020年全面建成小康社会，实现工业化；2023年左右，跨越中等收入陷阱，进入高收入国家行列。2017—2020年，GDP平均增长率仍将保持在6.6%左右，到2020年，我国GDP总量将达到13.5万亿美元（2010年价），人均GDP达到近万美元（2010年价），R&D达到2.4%，城镇化率超过60%，全面建成小康社会。在2023年左右，跨过中等收入陷阱，进入发达国家行列。经过20世纪80年代、90年代以及21世纪前20年共40多年的高速增长，我国经济实力已经得到大大加强，庞大的经济规模将成为影响世界经济发展的重要力量。因此，2016—2020年这一时期既是我国未来经济发展的黄金时期，也是我国经济发展进行量的积累完成时期。

第二，2035年初步实现社会主义现代化，经济总量超过美国，成为世界第一经济大国。2021—2035年，GDP平均增长率将保持5.1%左右（其中2021—2025年平均为5.7%，2026—2030年平均为5.0%，2031—2035年平均为4.6%）。这一时期是我国经济从量的积累到质的改善的重要转折时期，注重经济发展的高技术成分，注重经济和环境的相互协调发展，注重社会经济生活的质量，等等，将成为衡量和判别经济发展的新标准。到2035年，GDP总量将超过27万亿美元（2010年价），超过美国，成为世界第一经济大国。人均GDP接近2万美元（2010年价），R&D达到2.6%，城镇化率达到67%，初步实现社会主义现代化。该阶段突出特点是经济的质的调整，大量采用高新技术，提高经济发展的质量是本阶段的主要目标和动力。

第三，2050年经济规模和实力均迈入世界前列，总量超过美、日、欧盟总和，建成富强民主文明和谐美丽的社会主义现代化强国，实现中华民族伟大复兴。2036—2050年，我国GDP平均增长速度很可能维持在3.8%左右（其中2036—2040年平均为4.2%，2041—2045年平均为3.8%，2046—2050年平均为3.4%），通过前一阶段经济发展量的积累和质的调整，我国社会经济进入一个崭新时期，中国人民从1949年建立新中国开始，经过不懈努力，尤其是1978年改革开放以后70多年的卓越奋斗，到21世纪中叶将得到丰厚的报偿，在本阶段末期，我国将从容迈向世界最先进、最发达国家行列，一个富裕、文明、先进的中国将屹立在世界东方。2050年，我国GDP总量将达到47万亿美元（2010年价），人均GDP将达到3.8万美元（2010年价），R&D达到2.8%，城镇化率超过70%，建成富强民主文明和谐美丽的社会主义现代化强国。该阶段经济发展在继承前两个阶段量和质的积累基础上，脚踏实地地前进，使我国经济规模和实力均迈入世界前列。

第四，三次产业结构产生质的飞跃。2017—2050年，国民经济的增长不仅表现在总量的迅速增加，而且也将使得经济结构发生重大改变，这是由于三次产业的增长速度不同，经长期积累从量变到质变的结果。在未来33年中，三次产业变化趋势大致说明如下：首先，从增速上看，三次产业的增长速度均呈现逐年下降的发展趋势，第三产业的增长率最高，第一产业的增长率最低，第二产业的增长率居中。其次，三次产业结构将随着各产业增长速度的不同而出现根本性变化。2012年第一、第二、第三产业占GDP的比重分别为10.1%、45.3%和44.6%，第二产业在国民经济中占比最高，略为高于第三产业占比。但在2015—2050年期间，产业结构发生根本性转变，2015年，第三产业以50.2%的份额首次超过经济总量的一半，成为我国国民经济的第一大产业，我国产业结构历史性转变为"三二一"。到2050年左右，第三产业份额将超过69%，在国民经济中处于绝对支配地位。2045—2050年期间，第一、第二、第三产业的平均比重分别为2.4%、28.5%和69.1%。

二 "两步走"发展战略下我国经济增长机制优化及政策建议

当前，我国经济已由高速增长阶段转向高质量发展阶段，经济发展方式正从规模速度型粗放增长转向质量效率型集约增长，经济结构正从增量扩能为主转向调整存量、做优增量并存的深度调整，经济发展动力正从要素驱动的传统增长点转向创新驱动的新增长点。但值得注意的是，未来2018—2035年，我国潜在经济增长速度将下降到5%—7%的水平。

根据日本、韩国的经验，该增长率区间将是债务风险与金融风险凸显期和危机爆发期。为此，"十三五"期间需要未雨绸缪，在实施"供给侧结构性改革"的同时，也要控制好财政收支节奏，建立规范的地方政府融资机制，着力提高财政支出绩效，要实施稳健和审慎的货币政策，防止货币政策过度宽松，防止政府和企业债务率大幅攀升。具体建议如下：

第一，深化行政体制改革，积极转变政府职能。推进"供给侧结构性改革"、激活市场和激励企业的关键是处理好政府与市场的关系。由于传统生产要素供给（如资本和劳动力）已经呈现规模收益递减效应，中国未来可持续发展必须依靠以全要素生产率为代表的新要素（信息、技术、创新、管理等），而这些新生产要素的培育、发展和成长需要宽松而自由的市场环境。因此，新一届政府应将职能转变作为深化行政体制改革的核心，通过建立有法律效力的"权力清单""负面清单""责任清单"来确定政府和市场的合理边界，消除不作为和乱作为行为，最大限度地减少政府对微观事务的管理和干涉，同时完善政府决策权、执行权、监督权，建立既相互制约又相互协调的行政运行机制，加大简政放权力度，进一步开放市场，激发市场活力，发挥市场能动性和资源配置的决定性作用，在市场主导下建立价格形成机制、成本传导机制和投资回报机制，使要素投入、成本约束和投资回报相匹配，由市场主导行业、产品、项目的组织和技术路线及方向，让市场自主淘汰落后和过剩产能，通过"大众创业、万众创新"和私人资本市场化运营激发市场发展动力和社会消费市场，严防"把市场关进权力的笼子里"。

第二，打破垄断，营造充分而公平竞争的市场发展环境。无论是世界史还是经济学理论都证明了：垄断不仅会激化市场矛盾，阻碍产业升级和转型，而且也会遏制技术与管理水平的创新，并且会导致激化社会矛盾、阻碍资源配置效率和影响社会财富公平分配。目前，严重阻碍我国企业研发积极性的因素来自两个方面：第一是企业的短期行为；第二是企业的垄断行为。由于研发需要大量的资金和人力长期投入，而且收益很难即刻显现，因此，一个追求短期利益的企业基本没有动力进行研发。此外，当企业利益大量来自政府所给予的特殊垄断地位时，企业也没有足够的激励去进行研发。而追求短期利益和过分依靠政府所给予的垄断和补贴恰恰是中国大多数国有企业的通病。与此同时，由于我国还存在一些垄断性产业政策，加之电信等服务业领域对民间资本放开程度不高，民间资本很难进入这些竞争性领域，这不仅不利于资源的有效配置，而且也不利于发挥民间资本的重要作用，更重要的是这种不公平的发展制度严重阻碍着技术创新和生产者激励机制。因此，对国有企业进行体制改革，消除垄断，引入竞争机制，通过改变国有企业干部任免制度和考核机制，消除国有企业短期行为，进一步放开高端制造业、现代服务业的市场准入等是建设自主研发和创新型经济的重要基础。中国能不能走出中等收入陷阱，能不能转向自主研发和创新型经济，关键之一在于能否完成国有企业体制改革，促使国有企业成为自主研发和技术创新的中坚力量。政府作为社会管理者，其主要职责之一是营造公平竞争的市场环境，因此，政府应努力通过相关法律法规的制定和完善，加快形成统一开放、竞争有序的市场体系，建立公平竞争保障机制，打破地域分割和行业垄断，从而更好地激发市场经济活力和创造力。

第三，增强自主创新能力，改善科技创新的机制和环境。现代企业的竞争核心实质上是技术的竞争，企业唯有重视科研和科技创新，才能拥有自己的核心技术，从而真正掌握自己的命运，才能在各种顺逆环境下长期生存和发展。当前，我国经济发展处于产业结构调整升级的关键时期，出口面临的环境也日益严峻，这种环境下迫切要求加强和依靠科技创新。一方面，结合"供给侧结构性改革"的发展契机，制定和完善提升企业自主创新能力和意愿的相关规划和产业政策，建立健全创新风险投资机制，促进风险投资机构的发展，优化财税改革和企业科技研发管理法律，出台真正能够鼓励、引导企业加大研发投入力度和自主创新意愿的科技政策，切实解决目前困扰企业研发投入的后顾之忧；同时，完善投融资政策，通过对知识产权质押担保，科学和科技保险，高新区债券、风险投资基金来解决融资难的问题，推动企业技术创新。另一方面，强化知识产权保护力度、完善科技成果转化和产业化的支持体系、技术服务体系、技术产权交易体系，真正在我国建立起知识产权保护的企业外部环境，使企业自主创新的经济利益和社会效益得到充分保障。让科技人员富起来，是激发企业和人才投身科研、积极创新的直接而有效的手段。

第四，质量和效率替代数量，提高资本利用率和劳动生产率。在加大科技创新和努力提高全要素生产率的同时,"供给侧结构性改革"也需要着力提升传统生产资源要素的供给效率和供给质量。一方面,基于我国人口增长趋势短期内难以有效改变的事实,以及为适应现代经济发展需求,需要加大人力资本投资,推进人口红利向人才红利转变,提高劳动力素质以抵消基于人力资源意义上"人口红利"之后的负效应。同时,通过构建统一的劳动力市场,优化劳动力配置,降低劳动力自由流动成本,促进劳动力在城乡、企业、高校、科研机构之间有序流动,适当延长科技人才和管理人才的退休年龄,鼓励老龄人口继续发挥余热,挖掘社会劳动力供给潜力,将控制人口增长战略向优化提升人口素质、提高人口质量战略转变,强化教育培训的质量和水平、稳步提升劳动者素质,建议"十三五"时期推广实施十二年制义务教育,推进产学研战略联盟,提升产业核心竞争力,促使我国经济发展阶段平稳有效转换。另一方面,加快实施金融领域改革,提升资本利用效率,改变金融企业垄断暴利行为,加快构建与实体经济相匹配的多层次金融体系,多样化组织体系、立体化服务体系,有效整合各种金融资源,加快推进金融市场化改革,切实降低企业,尤其是中小企业的资金使用成本。

三 结 语

全面实现社会主义现代化"两步走"战略的提出,是基于我们对社会主义现代化目标的全面认识,也是基于建设社会主义现代化国家实践经验的总结。经济工作将秉承稳中求进的总基调,坚持新理念,确立高标准、确保高质量、加强创新、完善宏观调控,从而推动质量变革、效率变革,取得扎实进展和显著成效,促进经济社会持续健康发展。全党全国各族人民将紧跟当前经济发展形势、聚焦新目标,信心满满开启伟大的复兴之门,怀揣雄心壮志努力朝着新目标奋勇前进,以坚忍不拔、锲而不舍的饱满热情谱写社会主义现代化新征程的壮丽篇章。

(作者为中国社会科学院数量经济与技术经济研究所所长)

以苦励行 以学做础 以民为本

钱 伟

在迎接十九大到来之际，笔者参加了中央党校厅局级第69期全面从严治党专题学习班的学习。在走进宿舍时，发现书桌上摆放着一摞学习书籍，其中一本红皮为边的书特别显眼，拿起一看发现是《习近平的七年知青岁月》。前段时间耳闻其深受大众欢迎，故坐定之后捧书而读，贯通而下，一气呵成。后为了更全面了解领袖的心路历程和工作足迹，继而在学习期间又读了另一本教材——《扎根基层 心系群众——习近平同志在地方工作的四篇报道》。现将读书心得汇报如下。

一 艰难困苦玉汝于成的心路历程和工作足迹

《习近平的七年知青岁月》是中共中央党校出版社2017年8月出版发行的，编者通过采访29位受访者，辑成19篇访谈实录、76幅插图照片，共计31万字，并将其分为"知青说""村民说""各界说"三个部分，再现了习近平同志1969年1月至1975年10月在陕北梁家河七年的知青岁月。

《扎根基层 心系群众——习近平同志在地方工作的四篇报道》，是中央党校2015年4月将习近平同志在地方工作的纪实报道辑成，时间跨度从1982年4月到2002年10月，其中正定2篇、福建1篇、福州1篇，作为内部教材向全校各类主体班次学员发放，供学员学习之用。

捧读这两本书籍，深深感到它们递进而成，互为姊妹篇。《习近平的七年知青岁月》告诉我们，领袖是如何从最基层百炼成钢；《扎根基层 心系群众——习近平同志在地方工作的四篇报道》，则是讲领袖起于州部、发于卒伍。两部书、四个地方、五个不同的职务——梁家河大队党支部书记、正定县委书记、宁德地委书记、福州市委书记、福建省长，层级地域等差异万千，但不变的是其一以贯之的主线：实事求是的工作作风和为民情怀。两部书见证了习近平同志成为党中央领导核心，成为深受爱戴的人民领袖的基层工作人生轨迹、成长的心路历程及治党治国理念的发端。

二 如果说别人的人生是从零开始，那么青年习近平的人生则是从负数出发

1969年1月，初中一年级、只有15岁的习近平受父亲习仲勋问题的牵连，在"文化大革命"期间经历被抄家、背负着"坏分子儿子""反动学生"的包袱，在"不走在这儿有命没命我都不知道"的背景下，来到陕西延安梁家河插队。

虽然梁家河被群山阻隔、沟深土瘠、多风少雨、交通落后，每个工日值只有一角二分钱，但对于大多数插队的知识青年来讲，只要肯吃苦，现实表现好，就易被组织接纳，入团入党；或者通过招工、招干、上大学、参军等渠道陆续离开这荒僻之地。而对年龄最小、去的地方最苦的习近平来讲，虽然在经历初期的迷茫彷徨后，在母亲、姨姨和姨夫教育后，吃苦耐劳，努力跟群众打成一片，但因其背负的"家庭问题"，对别人很正常或能办到的事，对他来说则被无端指责或困难重重。如：步行到公社开会，因为中途遇见梁家河队伍而没有跟着扛红旗的大队支部书记走，就被人说成"习仲勋的儿子不跟红旗走"。给朋友写信其中有议论江青的内容，被人私拆威胁要告发，差点被搞成阶级斗争的对象。再以政治上的追求为例，加入共青团，他先后写了8份入团申请书；加入中国共产党，他反反复复写了10份入党申请书。

在梁家河艰苦的岁月里，同来的北京知青陆陆续续都走了。有统计

数据：1966—1969年，到延安插队的北京老三届知青共26601人，到1975年年末，整个延安地区仍在农村的北京知青只有991人，占来时人数的3.7%；而这991名北京知青中，不少人还是因为已与当地农民结婚而留下来的。年轻的习近平是这991人中的一员，不仅成了梁家河大队最后一个插队知青，而且是延川县乃至整个延安地区插队时间最长、离开农村最晚的极少数人之一。

在坎坷磨难面前，人们往往有两种态度：一种是消沉失落，任凭命运的潮水拍打；另一种是得意时纵情高歌，失意时谈佛论道寻求遁世。而年轻的习近平面对人生的沟壑，不坠青云之志、任他风吹雨打，我自俯仰人间千古。他以苦励行，不仅留下了人，更留下了心，成为梁家河人的真正一员，并把这里作为自己人生历练的起点，1974年1月10日终于被批准为中国共产党党员。

三 博览有字书，用精神养分滋补物质上的贫瘠，助行上晋；同时在无字书的大地上挤掉水分，读懂了国情实际

生在国务院副总理之家、长于大城市的首都北京，现实却是来到黄土高原的农村山沟梁家河插队。对刚到农村的年轻习近平及北京知青们而言，要过"四关"，实属不易。跳蚤关，刚来插队的他们，身上被跳蚤咬得起了又红又大的肿包，这是他们面对的第一个生活环境适应性考验；饮食关，主要是粗粮多，又没有油水，肚子总是闹饥荒，以至于要蘸着酱油膏吃生肉，这考验的是长期生存问题；劳动关，刚到生产队尚未养成劳动习惯、不熟悉种地也不适应劳动强度，工分有时连一个婆姨都不如，以至于劳动积极性不高等，考验的是接受再教育、增强劳动本领；思想关，则是长期对农村、对农民、对劳动的认知认同等。

面对生活工作的艰难困苦，在闯"四关"的同时，年轻的习近平从没有放弃读书和思考，白天干农活间歇别人休息时，他埋头读书；夜晚在昏暗的窑洞里，他点着马灯博览群书，用精神养分滋补物质上的贫瘠。他研读马克思列宁主义经典书籍，反复阅读、详记笔记、以求贯通，如《共产党宣言》《法兰西内战》《哥达纲领批判》《反杜林论》《国家与革

命》等，其中啃读《资本论》，记了18本笔记。他读中外古今历史哲学文化名著，领略中华民族及他国的优秀文化，积淀了丰厚的知识文化理论素养。如《史记》《汉书选》《后汉书选》《三国志》《梦溪笔谈》《鲁迅全集》《且介亭杂文》《中国通史简编》《中国古代思想史》《离骚》《李白诗选》《三曹诗选》《中世纪史》《世界通史》《浮士德》《悲惨世界》《九三年》《战争与和平》《静静的顿河》《一九一八》等。他广泛涉猎军事、国际政治的著作，深入领会。如《马克思恩格斯军事文选》《毛泽东军事文选》《战争论》《伟大卫国战争年代苏军战术的发展》《苏联伟大卫国战争的重要战役》《罗斯福见闻秘录》《太平洋战争：岛屿战争》《核武器与对外政策》《选择的必要：美国外交政策展望》等。此外，他还注重对比分析去读书，以从不同的侧面去深入了解问题本源。

读书是学习，实践也是学习，甚至是更重要的学习。在正定担任县委书记的他曾说："我们读了很多书，但书里有很多水分，只有和群众结合，才能把水分蒸发掉，得到真正的知识。"在宁德工作期间，时任地委书记的他，不仅每年都要抽出专门的时间学习，而且还率宁德地委、行署班子成员在屏南县仙山草场举行闭门读书会，就扶贫开发工作共同学理论，谈体会，议发展，制定宁德脱贫致富的一系列措施，形成摆脱贫困的清晰思路。作为总书记的他，号召大家读书学习，号召领导干部"爱读书读好书善读书"，号召全党"好学才能上进。中国共产党人依靠学习走到今天，也必然依靠学习走向未来"。

四 以人民群众为要旨，不仅锤炼出想干事、能干事、干成事、办大事的品格，而且塑造了大国领袖的大视野、大境界和大格局

从梁家河知青岁月到正定、宁德和福州的时光，习近平同志始终把群众放在心中的最高位置，把为人民服务作为终生工作的要旨。书中受访者回忆说："群众需要什么，他就干什么。""近平与群众坐在一条凳子上，一块过，一块苦，一块干。"

在延安梁家河做支书，他做的第一件事就是去四川学习技术，回来

后建成了陕西省第一个沼气池，解决了村民的照明、做饭和肥料等困难；村民吃水困难，就带领大家打了村里第一口吃水井，方便了村里生产生活；村里耕地少，他带领村民在农闲时节打淤地坝，为村里增加了几十亩的耕地；等等。

在河北正定，他跑遍了正定的每一个村，接地气、感受乡亲们的喜怒哀乐；他主动请缨，冒着风险向上级申请把粮食征购基数降下来，缓解了正定百姓的口粮紧张问题；亲自撰写招贤榜，大念人才经，"九条规定"在《河北日报》头版头条刊发，引才助力当地经济腾飞；挖掘历史文化，把"荣国府"建成永久建筑，开创旅游业正定模式；重视智力投资，大力发展文化体育事业，国家乒乓球训练基地落户正定；等等。

在福建宁德，他上任伊始没有急着烧"三把火"，而是先深入全区九个县及毗邻的浙南开展实地调研，提出"弱鸟先飞"的思想观念；倡导开展信访接待、现场办公、调查研究、宣传政策"四下基层"工作制度，全力推动闽东地区百姓摆脱贫困；等等。

在福州任市委书记，他大力推动"进万家门、知万家情、解万家忧、办万家事"，密切了党群干群关系，凝聚了发展合力；担任省长时，他强调，我们要牢记政府面前的"人民"两个字，代表人民的利益，为人民谋利益；等等。

七年的稼穑之苦、七年的衣食之难、七年的农村社会磨炼，三年的主政正定基层，十七年半的宁德、福州沿海地方工作，培植了其深厚的人民情怀，让习近平同志读懂生活、读懂实际；读懂农村、读懂人民、读懂中国。

《习近平的七年知青岁月》及《扎根基层　心系群众——习近平同志在地方工作的四篇报道》，用翔实的历史细节描述了青年习近平的艰苦生活和成长历程，读之感人、思之有悟，它将激励我砥砺前行，努力成为一名"心中有党、心中有民、心中有责、心中有戒"的合格党委书记。

（作者为中国社会科学院人口与劳动经济研究所党委书记）

理解中国的创新和创新经济

张车伟

十九大报告是进入新时代引领中国发展的纲领性文献。报告对建设中国特色社会主义现代化强国进行了精心谋划并作出了战略安排,提出到本世纪中叶把中国建设成富强民主文明和谐美丽的社会主义现代化强国。要实现这一战略目标,就需要贯彻新发展理念,加快建设创新型国家。正如习近平总书记在报告中所指出的那样:"创新是引领发展的第一动力,是建设现代化经济体系的战略支撑。"本文就如何理解中国的创新和创新经济,谈一点学习体会。

一 中国正成为新一轮产业革命的引领者

在几千年的人类文明进程中,创新无时无刻地不在发生着,创新始终是推动社会进步的源头活水。到目前为止,人类社会已经经历了三次产业革命。2016年,世界经济论坛主办的达沃斯论坛将新一轮产业革命称为"第四次产业革命"。人工智能(AI)、机器人、物联网、自动驾驶汽车、3D打印、纳米技术、生物技术、材料科学、能源储存、量子计算机等新技术重新定义了行业,模糊了传统的行业界限,这是在物理世界、数字世界和生物世界不断融合下所引发的一场深入的、全面的、系统的社会变革,它从根本上改变了我们的生活、工作以及相互之间的关系。第四次产业革命将会对当前的工业、商业、政治、社会和国家治理模式等产生颠覆性影响，从而开启以智能生产、创新驱动、数字集成、共享经济、弹性工作和灵活治理等为核心特征的新范式。

为了抓住新一轮技术和产业革命的机遇，多国政府都开始积极采取应对措施。在产业层面，美国提出了"再工业化"的战略；德国提出了"2020 高技术战略"和"工业 4.0"战略，定义"工业 4.0"概念即是以智能制造为主导的第四次产业革命，或革命性的生产方法；我国提出了"中国制造 2025"和"互联网＋"战略，对制造业进行转型升级，以实现从"中国制造"向"中国创造"的跨越。此外，美国和欧盟提出了知识产权密集型产业的概念，并于 2012 年起先后发布了《知识产权和美国经济：聚焦产业》《知识产权密集型产业：对欧盟经济和就业的影响》等系列产业发展报告。

我国改革开放以来的飞速发展、巨大的市场空间为我国参与第四次产业革命提供了坚实的基础，第四次产业革命也给我国的"弯道超车"提供了一个历史机遇。十八大以来，为了推动经济结构快速转型升级，以习近平同志为核心的党中央提出把创新驱动发展战略作为国家重大战略。新一轮技术革命带来了技术系统、生产方式和产业组织等诸多领域的变革，催生出了众多的新产业和新业态。

前三次产业革命，中国都是跟随者和追赶者，而正在发生的第四次产业革命中国则从追随者变成了参与者和领跑者。由于错失了第一和第二次产业革命的机会，中国 GDP 占世界总量的比重，由 1820 年的 1/3 下降至 1950 年不足 1/20，这造成了中国近代积贫积弱的落后局面，而后中国在较低的发展起点上开始工业化，不断追赶世界发展，到了 20 世纪 80 年代以来的信息化革命时，赶上了末班车，追上了时代发展的步伐。在正在开始的第四次产业革命中，我国实现了成功追赶。我国现在已经成为世界最大的 ICT（信息通信技术）生产国、消费国和出口国，并正在成为领先者。与前三次产业革命都有明显的领跑者不同，第四次产业革命并没有明显的领跑者，中国第一次与美国、欧盟、日本等发达国家站在同一起跑线上，共同发动引导着第四次产业革命。

二 创新、创新经济与"新经济"

我们通常所说的创新，最早是由熊彼特定义的。他1912年在德文版的《经济发展理论》中区分了科技发明和创新，认为发明创造只是一种新概念、新设想，或者最多表现为试验品，而创新则是企业家把发明或科技成果引入到生产经营体系中，利用科技原理、方法或手段等制造出市场需要的商品。因此，熊彼特意义上的创新主要是指个人和企业的创新行为。笔者认为，只有当熊彼特意义上的个体创新行为上升到产业层面行为时，创新活动才会成为创新经济。因此，要形成创新经济并引领时代经济发展，就需要规模化、系统性的产业层面和宏观层面的创新。一般来说，当重大科技进步出现时，一批素质优秀、高瞻远瞩的企业家会聚集在某个有前途的产业方向上进行规模化创新，这时创新活动就会从个体行为上升到产业层面和宏观层面，从而会产生"创新经济"。

在当今的中国，我们可以把由新一轮技术革命和产业革命引发的新产业和新业态经济称为"创新经济"。"创新经济"既包括由新知识、新技术、新发明、新创造引领的新产业活动，例如高新技术产业、战略性新兴产业以及国际上最近提出的知识产权密集型产业等；也包括传统经济活动通过业态融合而产生的新业态、新模式，例如顺应多元化、差异化、个性化的产品或服务需求，在互联网和大数据基础之上，对内外要素进行的各种整合重组。因此，新一轮技术革命是当前"创新经济"发展的时代背景，而"创新经济"则是新一轮技术革命在经济和产业上的具体表现形式。

创新是亘古不变的时代发展主题，是国家兴旺、民族进步之魂。而实现创新、承载创新活动需要创新经济。对于任何时代来说，经济活动都可以被分为两种类型，一类是传统经济活动，另一类是创新性经济活动。创新性经济活动因为过去从来没有过，也可以被冠以"新经济"的称谓。新经济在规模上由小到大不断发展，新经济也就慢慢不再"新"，新经济就演变成了传统经济。从新经济到传统经济，再从传统经济孕育出新经济，人类社会就这样不断向前发展。可以说，具有时代特点的创新经济就是那个时代的新经济。

回顾产业革命的历史可以看出，每一次产业革命，都带来了新经济的蓬勃发展。蒸汽机引发了第一次产业革命，机械化生产就是那个时代的新经济。电机和化工引发了第二次产业革命，电气化生产则代表了那个时代的新经济。半导体、计算机、互联网的发明和应用催生了第三次产业革命，使社会生产和消费从工业化向自动化、智能化转变，自动化、智能化生产也代表了当时的新经济。当前，以制造业数字化、网络化、智能化为核心，建立在物联网和务（服务）联网基础上，同时叠加新能源、新材料等方面的技术突破正在创造我们这个时代的新经济。从这个意义上说，创新经济是推动经济增长最可持续的动力。在当今世界，以产业层面创新为标志的创新经济蓬勃发展，建立在创新基础上的新产业、新业态和新模式不断涌现，成为经济发展中最具活力的部分。

目前，新一轮产业革命带来的创新经济正在中国蓬勃发展。基于数字经济、网络大数据和云计算之上的新业态和新商业模式在不断涌现，现在的中国，一部智能手机可以走天下，"扫一扫"成为最便捷的支付方式，方便程度让许多外国人吃惊！说到这里，让我不禁想起21世纪初本人在美国做访问学者时，看到美国人不用现金而用信用卡可以到处刷卡消费时是何等羡慕！当时的中国，交易支付主要还使用纸币，又脏又旧的纸币在消费者手中转来转去，既不方便也不卫生，而信用卡支付还仅是少数高收入人群的专利和身份象征。短短十几年后，中国的微信"扫一扫"已经领先全球！

现在，在谈到中国经济发展前景时，我们常常会听到不同的声音，有人悲观，有人乐观。如果着眼于传统经济视角，很多产业无疑已经产能过剩，不少企业正在消亡或者往其他国家转移，看到这些，当然会觉得中国经济发展前途黯淡。而如果着眼于创新经济角度，则会看到活力和希望。比如说，我们看到，即使在偏远的农村地区，创新经济也在展现发展活力。电商让那些过去走不出大山的绿色农产品很快能摆上城里人的餐桌，农村也正在撕掉只能进行农业生产的标签，一些新业态正在蓬勃兴起。农民可能既从事传统农业生产，也可能开有网店，是一个电商，同时还可能经营农家乐和民宿，提供观光旅游服务，是一个服务提供商，这样的农民，作为一个经营主体已经很难用传统三次产业概念加以区分，代表的是一种新业态。传统经济活动通过业态融合形成的新业态当然也是创新经济的重要组成部分。

当前我国经济的转型升级既需要传统动能,也需要新动能。新动能当然来自创新经济。从总体上看,虽然创新经济在我国经济总量中所占比重还不是很大,但与传统经济相比,创新经济因为具有更高的产出效率而代表了经济转型升级的方向。当我国经济增长的动力转移到主要依靠创新经济来拉动的时候,经济增长也就转移到更加可持续的轨道上了。

三 创新经济有着不同于传统经济的一些特点和规律

与传统经济相比,今天这个时代的创新经济出现了过去从没有过的新特点。这主要是因为建立在当今科技创新之上的创新经济活动有了更加先进的技术支撑,使得传统经济活动中无法调和的矛盾和问题有了可能的解决途径和方法。创新经济正在改变传统经济的一些特点和规律。这里我略举二三点,看一看创新经济如何不同于传统经济。

首先,计划和市场的关系在创新经济中有了新的诠释。在传统经济中,市场和计划是一对难以调和的矛盾,做到计划性就没有办法兼顾市场性,而在创新经济中,却出现了可以兼容的特点。在传统经济中,产品生产和需求需要由市场来调节,而市场并不能事先知道生产多少才能满足需求,结果必然使供求之间出现矛盾,从而产生一些如经济周期和经济危机等难以避免的问题。而创新经济由于有了大数据、云计算和互联网的有力支撑,供求之间可以建立起直接有效联系,生产多少,生产什么,完全可以做到心中有数,传统经济中的生产过剩就可以在一定程度上得以避免。现在看到有一些订单经济,通过互联网订单来安排生产,市场仍然发挥自己的作用,但计划性大大增强,盲目性大大降低。目前流行的"产品众筹",就是典型的订单经济模式。

其次,标准化和差异化的矛盾在创新经济中也可以找到折中的办法。我们知道,工业化企业生产往往选择生产规格一致的产品,追求标准化和规格化生产,这样做的主要目的就在于标准化的产品包含的信息量最少,在无法得知具体的需求信息的情况下,消费者最可能接受标准化的产品。反之,如果企业生产的是差异化的产品,就不容易找到相应的消费者。但创新经济中，生产方和消费方的信息渠道通畅起来，企业可以在标准化和差异化之间作出更有利的选择，很多差异化的需求可以直接得到满足，整体经济效率得到大幅度提高。例如，海尔集团现在已经基本不再生产规格化产品，而是按照市场需求来安排差异化生产，直接满足消费者的不同需求。因此，创新经济正在改变市场选择机制，传统经济通过规模化和标准化产品占领市场，而创新经济通过个性化、差异化和高品质的产品满足消费者需求。

再次，生产和消费在传统经济中是两个相互分割的过程，但在创新经济中二者可以是一个统一的过程。我们知道，在传统物质产品的生产中，生产和消费是相互分割的两个过程，生产对应着供给，消费对应着需求，供给和需求通过产品数量和价格得以联系起来，无论是产品数量还是价格出了问题，都会产生经济问题。比如，通货膨胀的根源就在于总需求不能和总供给在总量上和结构上相匹配，总供给小于总需求必然导致通货膨胀，而总供给大于总需求则会产生产能过剩。由于生产和消费的脱节，生产和消费无法做到完全匹配，不能统一起来。而在创新经济中，生产和消费可以做到时间和空间上的高度融合，从而在全社会实现供求平衡程度的大幅提高。借助信息手段，更多的生产都会按照消费需求进行安排，每一件产品和服务，在生产之前都知道它的消费者是谁；借助新型制造业和物联网，每一笔订单都能够在很短的时间内完成并送达消费者手中。比如，网约车的出现不仅方便了消费者，而且大大降低了出租车因信息不对称而导致的空驶率。精准生产、精准服务的出现和普及是创新经济区别于传统经济的根本之所在。因此，新型供求关系正在形成，有经济学家认为，这甚至将改写经济学教科书。

当然，创新经济展现出的新特点和新规律还有很多，例如，实体经济和虚拟经济在创新经济中得到了更好的关联，竞争和垄断的关系在创新经济中可以有新的诠释，等等。这里我就不一一赘述，归根到底一句话，创新经济正在改变我们对传统经济的一些认识和规律，我们需要深入研究创新经济、理解创新经济。

四 发展创新经济需要制度创新

当前，发展创新经济已成为一些国家抢占新一轮经济和科技发展制高点的重大战略。奥巴马政府在2009年的时候，宣布开始启动"再工业化"战略：想要建立新的、能够支撑未来经济增长的高端产业体系，通过刺激实体经济、发展国内高端制造业、促进出口来提振经济和就业。欧盟在2000年提出的"里斯本战略"，目标之一是到2010年将欧盟建成全球最具竞争力的知识经济体。"欧洲2020战略"提出将欧盟3%的GDP用于研发，发展以知识和创新为主的智能经济。我国也通过对高技术产业、战略性新兴产业、知识产权密集型产业的规划布局谋求新经济的发展。

党的十八大以来，以习近平同志为核心的党中央提出创新发展新理念，用创新驱动发展、引领发展，开创了中国发展的新局面。创新经济在我国方兴未艾。创新经济带来的很多新的经济现象需要我们了解，有很多新的经济规律需要我们认识和掌握。从这个意义上来说，建立在为传统经济服务基础之上的体制机制需要按照创新经济的特点和规律加以改革。谁能够更好地适应创新经济，谁就能更好地推动创新经济发展，从而也就可以引领世界发展趋势。研究创新经济就是要研究创新活动的产业发展规律和经济规律。只有不断加深对创新经济的研究和理解才能推动经济的健康持续发展。以创新理念引领时代发展，必将带来我国发展全局的一场深刻变革，为全面建成小康社会、实现中华民族伟大复兴中国梦注入强劲动力。

（作者为中国社会科学院人口与劳动经济研究所所长）

全球生态安全的中国方案

潘家华

十九大报告明确要求，树立生态文明观，推动形成人与自然和谐发展的现代化建设新格局，为全球生态安全作出贡献。我们要实现的现代化，是人与自然和谐共生的现代化。这对于世界，不仅是一个信号，更是一种承诺，是对人类命运共同体建设的中国方案。

一 为保障全球生态安全提升了信心，强化了决心

改革开放以来，在中国工业化城市化的快速进程中，出现了一些甚至较为严重的生态退化、环境污染和资源耗减的问题，引起国际社会不仅对中国环境问题的担忧，也关切中国发展对全球生态安全的影响。中国推进《巴黎协定》的达成、生效和实施，表现出了高度的责任担当；在《联合国2030年可持续发展议程》的执行进程中，也表现出积极的引领。但对于中国未来的走向，国际社会还是表现出许多疑虑。十九大报告在第一个百年目标实现后关于第二个百年目标愿景中所明确的基本方略和所描绘的宏伟蓝图，不仅是给国际上"中国环境威胁"谬论的一个有力回击，更重要的是，提出了一套系统地保护全球生态实现可持续发展的中国方案，为保障全球生态安全提升了信心，强化了决心。

对于发达国家，尽管历史上曾经出现过严重影响人类健康和生态环

境的污染事件，但是，经过长期治理，蓝天白云青山绿水已经回归，成为常态；中国在发展进程中，节约资源、控制污染、保护生态，一方面作为世界工厂，生产规模巨大；另一方面，中国的发展阶段和责任意识，也不会选择发达国家曾经采用的非常快捷廉价的"污染避风港"途径，将污染转移到其他发展中国家。因而，中国的环境污染治理，还处在攻坚阶段，环境质量还没有得到根本好转。然而，全球生态安全的内涵，超出了中国为改善国民人居环境的对"污染的宣战"，而是对人类未来影响巨大的全球公共资源。《联合国2030年可持续发展议程》所界定的环境，包括气候变化、海洋生态和森林生态系统与生物多样性，概称为"星球"，也就是我们人类所共有的全球尺度的地球生态系统环境。

二 中国对全球生态文明建设贡献显著

中国贡献全球生态安全，面临自身局域环境压力和全球生态保护的双重重任，比发达国家和其他发展中国家需要付出更多更艰巨的努力。中国倡导生态文明，致力于生态文明建设，成效显著，贡献是全方位的。

首先，做好自己的事情，治理自身的环境，是对全球生态安全最为基本的贡献。从系统论的视角看，中国是世界的一部分，没有各组成部分的安全，就不可能有整体的安全。从环境治理的层次和顺序上讲，也有一个由近及远、由简到繁的过程。如果自身的环境得不到治理，国民健康得不到保障，遑论全球环境？贡献全球生态安全，需要能力，需要务实，无力扫除"门前雪"，好高骛远关注他人"瓦上霜"，并不能解决全球环境问题。因此，贡献全球生态安全，第一步，就是要打赢蓝天保卫战。十九大报告要求着力解决突出的环境问题，全民共治、源头防治，管控大气污染，还生灵以蓝天；防治水污染，让碧水回归；修复和控制土壤污染，消除食物链毒害之源；强化处置固体废弃物和垃圾，促使资源再生提升承载力。

其次，确保全球生态安全，必须要有直接的贡献。保护全球生态，需要协力，表现责任担当，是一种付出，也是对自身环境的有效保护。

这是因为，局域环境和全球生态，具有同源性、关联性。中国快速工业化阶段大量化石能源的燃烧，排放的不仅是温室气体，也有二氧化硫、氮氧化合物、粉尘以及汞等重金属元素。消除雾霾釜底抽薪，最为有效的，就是调整能源结构，限煤减煤。2016年印度温室气体排放增长比2015年增长4.7%，"引领"世界；与此同时，新德里等地的空气污染指数屡屡过千爆表，也"称霸"全球。中国2014年以来煤炭消费量稳步下降，尽管石油天然气消费有所增加，但温室气体排放不见增长，PM2.5浓度持续下降。中国青海的三江源、东北虎豹、四川大熊猫等国家公园，保护的不仅是人类共享的生物多样性，也是保护当地的生态与环境。进入21世纪，中国大力发展"风光"能源，风电和光伏装机超过发达国家而雄踞世界第一，减少了化石能源燃烧排放的二氧化碳，也避免了化石能源燃烧排放的各种大气污染物。因而，正如习近平总书记指出的那样，"应对气候变化不是别人要我们做，而是我们自己要做"①。在今后，中国将继续采取行动应对气候变化，"百分之百承担自己的义务"②。

最后，全球生态治理体系的构建，中国是积极的参与者、贡献者和引领者。1972年联合国斯德哥尔摩人居环境会议，中国没有缺席，而且在污染并未引起社会关注的低收入发展阶段，就组建了国家环境保护的专门机构；1992年联合国里约环境与发展会议，中国率先批准了《联合国气候变化框架公约》和《生物多样性公约》，在世界上第一个提出了可持续发展的国家战略。中国对联合国《千年发展目标》的落实，贡献最大。《联合国2030年可持续发展议程》明确的可持续发展目标，消除绝对贫困排在第一位，而且是最为困难的，不仅是发展中国家，而且发达国家也面临挑战。中国政府明确地向世界表明，2020年全面建成小康社会，实现全面脱贫，比联合国议程提前十年实现目标。《巴黎协定》的谈判、达成、生效和实施，中国的贡献不可或缺，世人共睹。十九大报告明确提出"积极参与全球环境治理"，表明中国对全球生态安全的贡献，不仅是在国际制度的落实层面，而且是在国际制度的制定层面。

---

① 《习近平会见美国国务卿克里》，《人民日报》2014年2月15日第1版。
② 《共同构建人类命运共同体》，《人民日报》2017年1月20日第2版。

三 中国正在引领全球环境治理

中国引领世界生态文明建设，参与全球环境治理，贡献全球生态安全，如何理解？面对美国特朗普政府去全球化、退出《巴黎协定》、规避环境责任的实际情况，国际上乃至于国内一些声音认为，美国刻意缺位、俄罗斯无意、欧盟乏力、其他国家观望，国际治理群龙无首，出现真空，是给中国的机会，顺势占据全球生态治理"领导者"的位置。这一将"引领者"界定为"领导者"的解读，内涵是美国霸权式"世界警察"的"舵手"方式。显然，这一理解是错误的。十九大报告分析指出，世界多极化、经济全球化、社会信息化、文化多样化深入发展，国际力量对比更趋平衡。昔日以美国为首的"七国集团"时时处处试图主宰世界走向，这一"单极化"的格局已经为更为扁平化、更为广泛参与式的20国集团所取代。中国反对世界霸权，当然不会去争夺世界霸权，更不会行使世界霸权。

引领者不是"霸主"，也不是"施主"。且不说人均收入高出发展中国家的10倍以上的美国等西方发达国家以"民主"的旗号捂紧自己的钱袋子，动辄因"国（议）会不批准预算"而拒绝"施舍"。中国尽管在总量上已位居世界第二大经济体，但人均收入比世界平均水平仍然低出1/5，国家仍未统一，环境依然较差，我们也做不了"救世主"。况且，美国等西方发达国家也不会让中国充当"舵手"。国际货币基金组织执行董事会2010年11月通过的投票权份额改革方案，直到2015年12月美国国会批准后才生效。这一方案，也只是将中国在国际货币基金组织的投票权份额从3.8%提高至6%，美国的投票权份额从16.7%微幅降至16.5%，同时保留其否决权。2016年，中国的国内生产总值按汇率计超过日本一倍，而投票权份额却低于日本。

中国引领全球环境治理的内涵，"领跑者""示范者"的解读更为合理。中国做好自己的事情，确保自身的生态安全，当然是对全球的贡献；中国自我努力绿色发展的成功实践，为世界作出示范，消除绝对贫困，推动全球低碳转型，显然是引领。作为发展中国家，中国拿出力所能及的资金，开展南南合作，与其他发展中国家一起应对气候变化，更是积极的作为。更为重要的是，中国树立的生态文明观，带动全球发展观念的革命性转型。西方工业革命后形成的工业文明，征服自然，弱肉强食，在以自我为中心的"国家利益"旗号下破坏生态，为害他人。生态文明的价值观，尊重自然，保护自然，顺应自然，人与自然和谐共生，构建人类命运共同体。西方"普世价值"的传道布教，目的是让世界臣服；和谐共生命运共同体的价值理念，旨在合作共赢。

面对世界经济增长动能不足，贫富分化日益严重，以及气候变化等非传统安全的威胁等人类共同挑战，我们不是旁观者，我们要积极贡献。昔日经济技术发展，我们向西方"取经"；今日维系全球生态安全，我们拿出并贡献凝聚东方传统文化和哲学智慧的"中国方案"。

（作者为中国社会科学院城市发展与环境研究所所长）

社会政法学部

科学建构中国特色的法治
人才与知识形成机制

陈 甦

党的十九大报告指出:"全面依法治国是中国特色社会主义的本质要求和重要保障。必须把党的领导贯彻落实到依法治国全过程和各方面,坚定不移走中国特色社会主义法治道路,完善以宪法为核心的中国特色社会主义法律体系,建设中国特色社会主义法治体系,建设社会主义法治国家,发展中国特色社会主义法治理论,坚持依法治国、依法执政、依法行政共同推进,坚持法治国家、法治政府、法治社会一体建设,坚持依法治国和以德治国相结合,依法治国和依规治党有机统一,深化司法体制改革,提高全民族法治素养和道德素质。"这一论断全面而深刻地阐释了新时代全面依法治国的重要意义,体现了习近平新时代中国特色社会主义思想的精神实质和丰富内涵,构成新时代坚持和发展中国特色社会主义的基本方略。

习近平总书记关于全面依法治国、建设社会主义法治国家的思想博大精深,在其一系列重要讲话中予以深刻阐释。在深入学习十九大报告过程中,结合习近平总书记在哲学社会科学工作座谈会上的讲话(以下简称"5·17讲话")、习近平总书记致中国社会科学院建院40周年的贺信(以下简称"习近平总书记贺信")和习近平总书记考察中国政法大学时的重要讲话(以下简称"5·3讲话"),对于习近平总书记关于建设中国特色社会主义法治体系、建设社会主义法治工作队伍和发展中国特色法学的学科体系学术体系话语体系的新理念新思想新战略,有了进一步深刻的领会和认识。

一 法治体系是制度、人才、知识的有机统一体

在四个全面战略布局中,全面依法治国具有重要地位并发挥关键作用。习近平总书记在"5·3讲话"中指出:"全面依法治国是坚持和发展中国特色社会主义的本质要求和重要保障,事关我们党执政兴国,事关人民幸福安康,事关国家事业发展。"[①] 党的十九大报告进一步指出:"全面依法治国是国家治理的一场深刻革命,必须坚持厉行法治,推进科学立法、严格执法、公正司法、全民守法。"《中共中央关于全面推进依法治国若干重大问题的决定》科学地认识到,"全面推进依法治国是一个系统工程"[②]。这些思想与论断科学地揭示了法治的重要性和系统性。尤其是习近平总书记考察中国政法大学时的"5·3讲话",对中国特色社会主义法治建设包括法治人才队伍建设和法治理论建设高度重视,反映出对法学教育研究队伍及其教学科研成果的充分肯定,并对中国特色社会主义法治人才建设与理论建设提出了全面要求。

法治是现代文明社会的普遍实践活动,法治的实践主体是拥有法治信仰、理念、知识和技能的人。中国特色社会主义法治体系是一个机制性的实践过程,是党领导下的掌握了中国特色社会主义法治知识体系的法治人才队伍为主体的实践过程。法治体系是一个系统,制度、人才、知识在其中居于关键性的结构地位。法律制度是法治知识符合法治规律并满足法治需要的规范性表达,法律制度要通过拥有法治知识的人的实践活动才能转化为法治秩序。习近平总书记"5·3讲话"指出:"建设

---

① 《立德树人德法兼修抓好法治人才培养 励志勤学刻苦磨炼促进青年成长进步》,《人民日报》2017年5月4日第1版。
② 《中共中央关于全面推进依法治国若干重大问题的决定》,人民出版社2014年版,第8页。

法治国家、法治政府、法治社会，实现科学立法、严格执法、公正司法、全民守法，都离不开一支高素质的法治工作队伍。法治人才培养上不去，法治领域不能人才辈出，全面依法治国就不可能做好。"① 法治实践活动需要法治理论的指导，"没有正确的法治理论引领，就不可能有正确的法治实践"②。可见，加强中国特色社会主义法治建设，不仅是要加强法律性的制度体制机制建设，更为根本的是要加强法治人才队伍的建设，加强法治理论体系的建设。以习近平同志为核心的党中央在布局全面依法治国战略时，十分重视法治人才队伍建设。《中共中央关于全面推进依法治国若干重大问题的决定》提出："全面推进依法治国，必须大力提高法治工作队伍思想政治素质、业务工作能力、职业道德水准，着力建设一支忠于党、忠于国家、忠于人民、忠于法律的社会主义法治工作队伍，为加快建设社会主义法治国家提供强有力的组织和人才保障。"③ 因此要"推进法治专门队伍正规化、专业化、职业化，提高职业素养和专业水平"④。习近平总书记"5·3讲话"又进一步阐释了法学理论在全面推进依法治国、建设社会主义法治国家中的重要作用，提出了法治人才队伍建设和法治理论建设的目标、内容、要求和路径，抓住了中国特色社会主义法治建设实践中人才和理论这两个关键环节。

习近平总书记"5·3讲话"指出："全面依法治国是一项长期而重大的历史任务，要坚持中国特色社会主义法治道路，坚持以马克思主义法学思想和中国特色社会主义法治理论为指导，立德树人，德法兼修，培养大批高素质法治人才。"⑤ 要确保我国法治建设的道路方向和中国特色长期不变，要实现社会主义法治建设的效果品质不断提升，让法治建设承载更多使命、发挥更为重要的作用，就要不断丰富马克思主义法学思想和中国特色社会主义法治理论，不断培养大批的德法兼修的高素质

---

① 《立德树人德法兼修抓好法治人才培养 励志勤学刻苦磨炼促进青年成长进步》，《人民日报》2017年5月4日第1版。

② 同上。

③ 《中共中央关于全面推进依法治国若干重大问题的决定》，人民出版社2014年版，第30页。

④ 同上书，第31页。

⑤ 《立德树人德法兼修抓好法治人才培养 励志勤学刻苦磨炼促进青年成长进步》，《人民日报》2017年5月4日第1版。

法治人才。这里体现出法治建设的机制性思维，就是法治建设的实践过程，同时就是法治人才的实践活动过程和法治理论的应用过程；法治建设的发展过程，同时就是法治人才的培养过程和法治理论的丰富过程；就机制运行的角度来看，法治建设的发展机制，同时就是法治人才和法治知识的形成机制。

二 法治建设依赖丰富的人才资源与知识供给

长期以来，我国的社会主义法治建设不断取得重大成就。尤其是十八大以来，把依法治国确定为党领导人民治理国家的基本方略，把依法执政确定为党治国理政的基本方式，积极建设社会主义法治，取得了历史性成就。到目前，中国特色社会主义法律体系已经形成，法治政府建设稳步推进，司法体制不断完善，全社会法治观念明显增强。

从法治实践与法治人才、法治理论的关系来看，中国特色社会主义法治建设的成就与我国的法治人才队伍建设的成就和法治理论建设的成就是分不开的。没有法治人才队伍建设的成就，法治建设实践就没有主体资源保障；没有法治理论建设的成就，法治建设实践就没有理论资源支撑。可以说，至今为止的社会主义法治建设取得了历史性成就，同时意味着我国法治人才建设和法治理论建设同样取得了历史性成就。这一结论既符合制度、人才、知识之间关系的内在逻辑，也符合我国法治实践的客观实际。

在法治人才培养机制中，学校教育与实践磨炼交替进行、作用互补。在法治理论发展过程中，学术研究与实践检验交互进行、相得益彰。在2017年五四青年节前夕，习近平总书记选择到中国政法大学进行考察，说明以习近平同志为核心的党中央对法学教育科研成就在总体上肯定，对法学教育科研队伍在整体上信任。我们要重视自己的法学教育科研工作，珍惜党交给我们的任务和历史赋予我们的机遇，全心全意全力做好我们的工作，持续为社会主义法治建设提供人才资源与理论成果。

习近平总书记"5·3讲话"指出，"推进全面依法治国，既要着眼长远，打好基础，建好制度，又要立足当前，突出重点，扎实工作"①。这是对法治人才培养包括法学教育工作、对法学理论发展包括法学研究工作提出的新任务、新方略、新要求，我们必须认真贯彻落实。

我国社会主义法治建设事业要获得持续发展，需要不断强大的法治人力资源的支持，需要不断丰富的法治理论支撑。但是，当前的法治人才培养与法治理论发展仍然存在体制性和机制性缺陷需要弥补，仍然有方向性和方法性问题需要解决。习近平总书记"5·3讲话"蕴含着丰富的政治智慧、深刻的法治精神和精邃的科学方法，是我们今后进行法治人才培养、推进法治理论发展的根本遵循，是我们解决体制性机制性缺陷、方向性方法性问题的各种措施方案的思想来源。

在建设中国特色社会主义法治的实践中，发展繁荣中国特色法学理论也居于重要地位并发挥重要作用。习近平总书记在"5·17讲话"中深刻指出："哲学社会科学是人们认识世界、改造世界的重要工具，是推动历史发展和社会进步的重要力量，其发展水平反映了一个民族的思维能力、精神品格、文明素质，体现了一个国家的综合国力和国际竞争力。"②在提出"要加快完善对哲学社会科学具有支撑作用的学科……打造具有中国特色和普遍意义的学科体系"③时，明确将法学列入其中。既说明了法学在哲学社会科学知识体系中的重要地位，也反映了在中国特色社会主义法治体系建设实践中对法学的期待。

三 法治人才与知识形成机制的建构要点与要求

对于中国特色社会主义法治体系中的人才培养和知识形成，我党从来都要坚持政治标准与专业水准的内在统一。十八届四中全会通过的《中共中央关于全面推进依法治国若干重大问题的决定》要求，"全面推

---

① 《立德树人德法兼修抓好法治人才培养 励志勤学刻苦磨炼促进青年成长进步》，《人民日报》2017年5月4日第1版。
② 《在哲学社会科学工作座谈会上的讲话》，人民出版社2016年版，第2页。
③ 同上书，第22页。

进依法治国，必须大力提高法治工作队伍思想政治素质、业务工作能力、职业道德水准，着力建设一支忠于党、忠于国家、忠于人民、忠于法律的社会主义法治工作队伍，为加快建设社会主义法治国家提供强有力的组织和人才保障"①。

在习近平总书记的"5·3讲话"中，对我国的法治人才与知识形成机制，作出了精准的政治评估，部署了系统的建设任务，指出了科学的建构方法，提出了严格的品质要求，是《中共中央关于全面推进依法治国若干重大问题的决定》的进一步阐释，是习近平总书记"5·17"重要讲话精神向法学专业领域的进一步明确。党的十九大报告中要求，"全党要深刻领会新时代中国特色社会主义思想的精神实质和丰富内涵，在各项工作中全面准确贯彻落实"，进而提出"注重培养专业能力、专业精神，增强干部队伍适应新时代中国特色社会主义发展要求的能力"。这里强调了政治对专业的引领作用，专业对政治的服务作用。

习近平总书记在"5·3讲话"中强调要"坚持以马克思主义法学思想和中国特色社会主义法治理论为指导"②。这是贯穿于法治人才培养和法治理论建设始终的根本指针，也是法治人才和法治理论始终能为社会主义法治事业服务、为法治国家建设服务、为人民服务的核心要素和有效措施。习近平总书记在"5·17讲话"中指出，"坚持以马克思主义为指导，是当代中国哲学社会科学区别于其他哲学社会科学的根本标志，必须旗帜鲜明加以坚持"③。在法学学科建设和法治理论发展上，应当一以贯之地坚持马克思主义的指导地位与作用。

在习近平总书记"5·3讲话"中，一再强调法治与德治相结合、德法兼修，法治建设机制中有机纳入道德建设的要素与功能。在法治人才培养中，德就是政治素质、专业伦理和人品修养的要求；在法治理论发展中，德就是科研政治方向、学术导向和价值取向及学术伦理的要求。德之所及，才能有更好的专业效果。

---

① 《中共中央关于全面推进依法治国若干重大问题的决定》，人民出版社2014年版，第30页。

② 《立德树人德法兼修抓好法治人才培养 励志勤学刻苦磨炼促进青年成长进步》，《人民日报》2017年5月4日第1版。

③ 《在哲学社会科学工作座谈会上的讲话》，人民出版社2016年版，第8页。

在中国特色社会主义法学学科建设上,应当坚持以文化自信为关键要点的法治文化素养。党的十九大报告指出,要"加大全民普法力度,建设社会主义法治文化,树立宪法法律至上、法律面前人人平等的法治理念"。这种文化坚持与理念养成,是中国特色社会主义法治知识形成机制中的关键要素,甚至可以说是新时代法学知识形成机制的成长点。正如习近平总书记在"5·17讲话"中指出的那样:"我们说要坚定中国特色社会主义道路自信、理论自信、制度自信,说到底是要坚定文化自信。文化自信是更基本、更深沉、更持久的力量。"[1]

当前,我院正在建设中国社会科学院大学,以教学相长机制进一步健全了我院以创新工程为重要体现的哲学社会科学知识生产过程。为此院党组还有针对性地提出了"教学强院"战略,进一步丰富和健全了我院的发展理念、建设机制和任务内容。在中国社会科学院大学的教学体系中,法学教育居于其中重要地位。如何做好法学专业的教学工作,不仅是影响学生法治知识的形成过程,首先是要影响法学教育者的知识形成过程。习近平总书记"5·3讲话"的科学系统阐释,为我们提供了指导思想和实践方法。在法学教育的机制建构和系统运行上,习近平总书记要求我们解决好为谁教、教什么、教给谁、怎样教的问题,从而确立正确的符合社会主义法治事业需要的教育目标、教育内容、教育对象和教育方法。在法学学科建设上,习近平总书记认为"法学学科体系建设对于法治人才培养至关重要"[2],强调"要以我为主、兼收并蓄、突出特色"[3],基于中国的体制国情、经验优势,建构中国特色的法学学科体系和法治话语体系,"以中国智慧、中国实践为世界法治文明建设做出贡献"[4]。在法治人才的思维训练上,习近平总书记提出要加强历史思维、辩证思维、系统思维、创新思维的训练和强化,其中特别强调了思考的

---

[1] 《在哲学社会科学工作座谈会上的讲话》,人民出版社2016年版,第17页。
[2] 《立德树人德法兼修抓好法治人才培养 励志勤学刻苦磨炼促进青年成长进步》,《人民日报》2017年5月4日第1版。
[3] 同上。
[4] 同上。

能动作用，要求把"学习同思考、观察同思考、实践同思考紧密结合起来"①，"保持对新事物的敏锐，学会为正确的立场观点方法分析问题，善于把握历史和时代的发展方向，善于把握社会生活的主流和支流、现象和本质"②。这一认识主体和实践主体的养成方法与强化路径，不仅是法学专业的学生需要掌握的，就是我们法学教育研究工作者也必须掌握并不断精练。

在法学教育和法学研究的方法和学风上，习近平总书记"5·3讲话"特别强调实践的意义，指出"法学学科是实践性很强的学科，法学教育要处理好知识教学和实践教学的关系"③。在法学研究上，习近平总书记要求加强对基础性问题进行研究，对复杂现实进行深入分析，从中作出科学总结、提炼规律性认识。

在法治人才共同体建设上，习近平总书记"5·3讲话"也提出要"加强法学教育、法学研究工作者和法治实际工作者之间的交流"④。这不仅是理论与实际相结合的必要链接与互动机制，也是法治人才共同体形成的重要机制。在中国的社会主义法治建设中，法治人才队伍和法学知识体系的各自内部及其相互之间必须有内在的一致性，必须有共同的社会主义核心价值观和法治观，有共通的法治知识体系和法律专业技能，由此才能确保社会主义法治的统一性、协调性、权威性和实效性。

在习近平总书记关于法治人才队伍建设、法治知识形成中的法学研究和法学教学工作，都有十分重要的科学阐释、政治指导和专业要求。习近平总书记"5·3讲话"系统科学地阐释了法治人才与法治知识形成机制的核心要素和重点要求，切合中国法治建设实际，符合法治运行规律，是中国特色社会主义法治建设特别是其中法治人才和法治理论建设的指针。习近平总书记"5·17讲话"中指出"哲学社会科学是人们认识世界、改造世界的重要工具，是推动历史发展和社会进步的重要力量，其发展水平反映了一个民族的思维能力、精神品格、文明素质，体现了

---

① 《立德树人德法兼修抓好法治人才培养　励志勤学刻苦磨炼促进青年成长进步》，《人民日报》2017年5月4日第1版。
② 同上。
③ 同上。
④ 同上。

一个国家的综合国力和国际竞争力"①。我们要"按照立足中国、借鉴国外，挖掘历史、把握当代、关怀人类、面向未来的思路，着力构建中国特色哲学社会科学，在指导思想、学科体系、学术体系、话语体系等方面充分体现中国特色、中国风格、中国气派"②。

习近平总书记在我院建院 40 周年的贺信中期望我们，"紧紧围绕坚持和发展中国特色社会主义，坚持马克思主义指导地位，贯彻'百花齐放、百家争鸣'方针，坚持为人民做学问理念，以研究我国改革发展稳定重大理论和实践问题为主攻方向，立时代潮头，通古今变化，发思想先声，繁荣中国学术，发展中国理论，传播中国思想，努力为发展 21 世纪马克思主义、当代中国马克思主义，构建中国特色哲学社会科学学科体系、学术体系、话语体系，增强我国哲学社会科学国际影响力作出新的更大的贡献"！③ 法学所和国际法研究所既是法学研究机构也是法学教育机构，肩负着发展繁荣法学理论和培养教育法治人才的双重使命。我们作为长期从事法学教育和法学研究的专业人员，要在今后的教学科研实践中，进一步认真学习全面地贯彻落实习近平总书记的重要讲话和党的十九大精神，为法治人才培养和法治理论发展作出我们应有的贡献。

（作者为中国社会科学院国际法研究所所长）

---

① 《在哲学社会科学工作座谈会上的讲话》，人民出版社 2016 年版，第 2 页。
② 同上书，第 15 页。
③ 《习近平致信祝贺中国社会科学院建院四十周年》，《人民日报》2017 年 5 月 18 日第 1 版。

新时代要有新气象
更要有新作为

赵岳红

党的十九大是在全面建成小康社会决胜阶段、中国特色社会主义进入新时代的关键时期召开的一次十分重要的大会，对于党领导全国人民开启全面建设社会主义现代化国家新征程、开创党和国家事业新局面、开辟中国特色社会主义新境界，具有重大的政治意义、理论意义、实践意义。习近平总书记在十九大报告中指出，经过长期努力，中国特色社会主义进入了新时代，这是我国发展新的历史方位。

一 "新时代"是具有丰富内涵的重大实践创新成果

十八大以来，在新中国成立特别是改革开放40年我国发展取得的重大成就基础上，党和国家事业发生历史性变革。十九大报告指出，十八大以来的五年，是党和国家发展进程中极不平凡的五年。面对世界经济复苏乏力、局部冲突和动荡频发、全球性问题加剧的外部环境，面对我国经济发展进入新常态等一系列深刻变化，我们坚持稳中求进工作总基调，迎难而上，开拓进取，取得了改革开放和社会主义现代化建设的历史性成就。五年来，统筹推进"五位一体"总体布局、协调推进"四个全面"战略布局,"十二五"规划胜利完成,"十三五"规划顺利实施,党和国家事业全面开创新局面。在经济建设、全面深化改革、民主法治建设、思想文化建设、人民生活、生态文明建设、强军兴军、港澳台工作、全方位外交布局、全面从严治党等方面都取得了举世瞩目的重大成就。

五年来的成就是全方位的、开创性的,五年来的变革是深层次的、根本性的。五年来,我们党以巨大的政治勇气和强烈的责任担当,提出一系列新理念新思想新战略,出台一系列重大方针政策,推出一系列重大举措,推进一系列重大工作,解决了许多长期想解决而没有解决的难题,办成了许多过去想办而没有办成的大事,推动党和国家事业发生历史性变革。这些历史性变革,对党和国家事业发展具有重大而深远的影响。

我国社会主要矛盾已经转化为人民日益增长的美好生活需要和不平衡不充分的发展之间的矛盾。这一新的表述,是根据中国特色社会主义进入新时代这个我国发展新的历史方位作出的,有充分的现实依据。十九大报告指出,我国稳定解决了十几亿人的温饱问题,总体上实现小康,不久将全面建成小康社会,人民美好生活需要日益广泛,不仅对物质文化生活提出了更高要求,而且在民主、法治、公平、正义、安全、环境等方面的要求日益增长。同时,我国社会生产力水平总体上显著提高,社会生产能力在很多方面进入世界前列,更加突出的问题是发展不平衡不充分,这已经成为满足人民日益增长的美好生活需要的主要制约因素。这段精辟论述,深刻反映了我国社会生产和社会需求发生的新变化。社会主要矛盾的变化是关系全局的历史性变化,对党和国家的工作提出了许多新要求。在继续推动发展的基础上,要着力解决好发展不平衡不充分的问题,大力提升发展质量和效益,更好满足人民在经济、政治、文化、社会、生态等方面日益增长的需要,更好推动人的全面发展、社会全面进步。

中国特色社会主义新时代,我们党治国理政第一位的任务,就是紧紧围绕坚持和发展中国特色社会主义这个主题,团结带领人民奋力实现"两个一百年"奋斗目标。从党的十九大到二十大,是"两个一百年"奋斗目标的历史交汇期,既要全面建成小康社会、实现第一个百年奋斗目标,又要乘势而上开启全面建设社会主义现代化国家的新征程,向第二个百年奋斗目标进军。

二 习近平新时代中国特色社会主义思想是马克思中国化最新理论创新成果

习近平新时代中国特色社会主义思想内涵十分丰富，其中最重要、最核心的内容就是党的十九大报告概括的"八个明确"，即明确坚持和发展中国特色社会主义，总任务是实现社会主义现代化和中华民族伟大复兴，在全面建成小康社会的基础上，分两步走，在本世纪中叶建成富强民主文明和谐美丽的社会主义现代化强国；明确新时代我国社会主要矛盾是人民日益增长的美好生活需要和不平衡不充分的发展之间的矛盾，必须坚持以人民为中心的发展思想，不断促进人的全面发展、全体人民共同富裕；明确中国特色社会主义事业总体布局是"五位一体"、战略布局是"四个全面"，强调坚定道路自信、理论自信、制度自信、文化自信；明确全面深化改革总目标是完善和发展中国特色社会主义制度、推进国家治理体系和治理能力现代化；明确全面推进依法治国总目标是建设中国特色社会主义法治体系、建设社会主义法治国家；明确党在新时代的强军目标是建设一支听党指挥、能打胜仗、作风优良的人民军队，把人民军队建设成为世界一流军队；明确中国特色大国外交要推动构建新型国际关系，推动构建人类命运共同体；明确中国特色社会主义最本质的特征是中国共产党领导，中国特色社会主义制度的最大优势是中国共产党领导，党是最高政治领导力量，提出新时代党的建设总要求，突出政治建设在党的建设中的重要地位。

十九大报告要求全党要深刻领会新时代中国特色社会主义思想的精神实质和丰富内涵，在各项工作中全面准确贯彻落实。主要是"十四个坚持"，即坚持党对一切工作的领导、坚持以人民为中心、坚持全面深化改革、坚持新发展理念、坚持人民当家作主、坚持全面依法治国、坚持社会主义核心价值体系、坚持在发展中保障和改善民生、坚持人与自然和谐共生、坚持总体国家安全观、坚持党对人民军队的绝对领导、坚持"一国两制"和推进祖国统一、坚持推动构建人类命运共同体、坚持全面从严治党。

"八个明确"和"十四个坚持",构成了习近平新时代中国特色社会主义思想的主要内容。开辟了马克思主义新境界,开辟了中国特色社会主义新境界,开辟了治国理政新境界,开辟了管党治党新境界。

三 新时代要有新气象,更要有新作为

在新一届中央政治局常委同中外记者见面会上,习近平总书记宣示使命担当、明确工作坐标,鼓舞和动员全党全国各族人民创造新业绩、书写新辉煌。不忘初心,牢记使命,奋勇向前,中国共产党人以永不懈怠的精神状态和一往无前的奋斗姿态,带领13亿多中国人民奋进在中华民族伟大复兴的新征程上。

党的十九大作出中国特色社会主义进入了新时代的重大判断,提出了习近平新时代中国特色社会主义思想,确定了新时代的新目标新任务,进一步指明了党和国家事业的前进方向。以党的十九大为新起点,我们迈进实现"两个一百年"奋斗目标的历史交汇期。未来5年,第一个百年目标要实现,第二个百年奋斗目标要开篇。一些重要时间节点,清晰标示出工作坐标,激荡起波澜壮阔的奋斗新征程。

前景无比光明,责任重于泰山。实现目标,需要全国各族人民、各行各业共同努力奋斗。作为中国社会科学院的一员,要把学习贯彻十九大精神与学习贯彻"5·17"讲话和贺信精神结合起来,为构建中国特色哲学社会科学作出不懈努力,在打造创新工程升级版上下更大的功夫,拿出担当,拿出勇气,拿出干劲,创造出无愧于新时代的业绩。

四 坚定不移落实全面从严治党的主体责任

党的十九大报告提出了新时代党的建设的总要求和八个方面的重点任务,对推进党的建设新的伟大工程作出了顶层设计和战略部署,丰富和发展了马克思主义建党学说,进一步回答了"建设什么样的党、怎样建设党"这一历史性课题,标志着我们党对执政党建设规律的认识达到新的高度。

新时代党的建设总要求是:坚持和加强党的全面领导,坚持党要管

党、全面从严治党，以加强党的长期执政能力建设、先进性和纯洁性建设为主线，以党的政治建设为统领，以坚定理想信念宗旨为根基，以调动全党积极性、主动性、创造性为着力点，全面推进党的政治建设、思想建设、组织建设、作风建设、纪律建设，把制度建设贯穿其中，深入推进反腐败斗争，不断提高党的建设质量，把党建设成为始终走在时代前列、人民衷心拥护、勇于自我革命、经得起各种风浪考验、朝气蓬勃的马克思主义执政党。

十九大报告第一次把党的政治建设纳入党的建设总体布局，并强调以党的政治建设为统领，把党的政治建设摆在首位，凸显党的政治建设的极端重要性，这也是党的十八大以来全面从严治党的成功经验。几年来，党中央持之以恒推进全面从严治党，在强化党的领导、严肃党内政治生活、强化党内监督、加强党员教育、整顿作风和反腐败斗争等方面采取一系列重大措施，正是着眼于从政治上建设党。实践证明，抓住党的政治建设，就抓住了党的建设的魂和根。

十九大报告指出，"保证全党服从中央，坚持党中央权威和集中统一领导，是党的政治建设的首要任务"。我们要牢固树立政治意识、大局意识、核心意识、看齐意识，严守党的政治纪律和政治规矩，自觉在以习近平同志为核心的党中央集中统一领导下履行职责、开展工作，坚决维护习近平总书记作为党中央的核心、全党的核心的地位，永葆对党忠诚的政治品格。忠诚于共产主义理想和中国特色社会主义信念，忠诚于党的宗旨，始终把人民放在心中最高位置，密切联系群众，忠诚于组织，襟怀坦白，说老实话，做老实事，当老实人，坚守个人干净的为官底线。

所党委要切实发挥主体责任，团结全所党员和全体同志，紧密团结在以习近平同志为核心的党中央周围，贯彻落实院党组的各项部署，锐意进取，埋头苦干，多出优秀科研成果，为构建中国特色哲学社会科学作出贡献。

（作者为中国社会科学院政治学研究所党委书记）

新时代中国政治学发展的两个趋势

房 宁

党的十九大报告提出,"深化马克思主义理论研究和建设,加快构建中国特色哲学社会科学,加强中国特色新型智库建设"。在新时代,面对新形势与新任务,中国政治学界应当担负起历史责任。而担负起历史责任的能力来自政治学研究专业化水平的提升。当前,中国政治学亟须提升政治学研究的专业化程度。

一 新时代中国政治学界肩负的任务

党的十九大报告提出,"世界正处于大发展大变革大调整时期"。在这样的国际形势下,各国相互联系和依存日益加深,中国的发展与进步日益引起世界范围内的广泛关注。在这种情况下,中国需要重新审视和研究西方的理论,需要根据自身的经验重新评判西方政治学理论的价值与功用,摆脱以往对西方政治学理论的盲目性,进而取得真正支配和运用西方理论的能力,去伪存真,洋为中用。

党的十九大报告提出,"中国特色社会主义进入了新时代,这是我国发展新的历史方位"。新时代是决胜全面建成小康社会,进而全面建设社会主义现代化强国的时代。在中国特色社会主义新时代,中国政治学担负着历史重任。如何认识、研究新时代的治国理政规律,提高国家治理体系和治理能力现代化水平?如何推进中国的政治发展,推进中国特色社会主义民主政治建设？如何在实践基础上总结构建中国政治学的理论体系、学科体系、话语体系？这些都是新时代中国政治学界肩负的长期任务。

政治学所是我国重要的政治学专业研究机构，从事大量的关于我国政治建设、政治发展、政治体制改革调查研究，担负大量的政策咨询和理论研究任务。2018年围绕党的十九大也承担了多个中央及有关部委交办的重要研究课题。2011年以来中国社会科学院实施了哲学社会科学创新工程，几年来的实践使我们逐渐意识到创新工程的重要意义之一是社会科学的转型，对于我们来说就是从原来以传承政治文明为主旨的普通政治学研究逐渐转向以研究现实问题、提供战略与政策规划咨询为主要工作的智库研究。这是政治学研究的一次重要转型，也是对中国政治学研究视野、研究领域的一次扩展。若干年的科研实践也促使我们思考政治学的研究对象和研究方法等问题，逐渐意识到我们正在探索和构建新时代的中国政治学，从学术角度看，是在构筑中国政治学理论与学科的基础。

我们在科研实践中逐渐认识到，我国政治学研究现实中出现了两个趋势，或者说，时代与任务对政治学提出两方面的客观要求。我们将其概括为"两化"，即科学化和国际化。这是我们多年来尤其是近年来在科研实践中获得的切实体会。

二 政治学的科学化：必须区分政治哲学与政治科学

政治哲学是关于政治价值观的论述，属于政治意识形态。从方法论的角度看，政治哲学是设定目标去论证，是对历史进程进行抽象和概括并对其中的问题作思辨的、推理的逻辑性解决。

政治科学则是关于政治现象、政治事物间因果联系及相关性的认识，是客观存在可验证的。从方法论角度看，政治科学是在解决实际问题的过程中探索和归纳政治的规律性，从经验事实中抽象出理论。

政治哲学与政治科学既有联系又有区别。从政治学发展史上看，政治哲学和政治科学是政治学发展的两条基本线索与路径。现代政治学中，政治哲学与政治科学是两条或近或远、时远时近的平行线。

为什么要注意区分政治哲学与政治科学？因为这是现实的需要，是发展的需要。当前，中国政治学研究往往忽视政治哲学与政治科学间的差异，经常将两类不同性质的问题混为一谈，由此造成了政治学两类不同性质研究工作的相互干扰。一方面，对于哲学问题、价值问题进行经验性、实证性的研究，通常采取枚举法加以论证，其结果是挂一漏万，根本无法周延地论证问题，更无法从逻辑上证明问题，牵强附会，徒劳无功。之所以是哲学命题，之所以是价值追求，前提是这些命题与观念只是逻辑存在而非现实存在。哲学命题与价值观念的真理性最终只能用实践来证明，而不能依靠同义反复式的逻辑证明。用逻辑推理、用概念证明概念，本身就不是科学的方法，而是在哲学和逻辑中打转。另一方面，中国政治学的许多工作、大量的论文又常常是在给科学问题一个哲学意义上的解释，结果当然是大而化之，泛泛而论。比如，我们经常看到，人们在对某项重要政策进行合理性论证时，不是从实际出发，不是从制度与政策的现实结果的经验事实出发来分析、论证制度与政策的合理性、合规性。从可能性推论现实性，充其量是逻辑推理而非经验证明，这样的推论是缺乏说服力的。诸如此类研究范式上的混淆，不仅浪费了大量学术资源，甚至还干扰影响真正意义上的政治学研究，使中国的政治学研究常常隔膜于现实，无法切入正题，变成自说自话。

方法论上的混淆与缺陷，直接影响了中国政治学社会功能的发挥。政治学是经世致用之学，自身本应在社会政治生活中发挥实际作用。然而，我们往往拘泥于细节，达不到应有的层次高度，构建不出原创性的话语体系；而当实际工作部门需要政治学界研究具体问题、拿出解决方案时，我们则往往是笼而统之、大而化之，提供不了具有实践意义和操作价值的研究成果。政治哲学与政治科学的混淆常常置中国政治学界于尴尬境地。

现实中，政治发展具有两种形态，或者说发展进程中会有两个交替出现的阶段，我们可以形象地将之比喻为"在路口"与"在路上"。"路口"是政治道路的选择阶段；"路上"是政治道路选定后的实践与发展阶段。政治发展"在路口"必定是政治哲学繁荣时期，政治发展"在路上"则是呼唤政治科学的时期。在制度与道路选择的历史当口，需要思想解放，需要各种理论假设，需要哲学思维，即使是后来被实践证明是错误的理论，在当时也具有启发思想、砥砺思维的价值。在历史选择的时刻，注定是没有实践依托的时期，政治哲学可以开启思路，具有不可或缺的历史作用。历史上社会发展变革时代，先进的政治哲学都起到过彪炳史册的伟大作用，如启蒙思想对于法国大革命及美国独立的影响和促进。

历史道路不会总是处于选择状态。当发展方向和前进道路选定后，就要沿着选定的方向、道路探索前进，就要解决前进道路上遇到的一个个问题与阻碍。克服前进道路上的艰难险阻主要不是靠观念，而是要靠经验、靠科学，靠对事物客观发展规律的认识。现在，中国道路、中国理论、中国制度基本确立与建立起来了，当前面临的主要问题是全面贯彻落实，提高国家治理体系和治理能力的现代化水平。

党的十九大报告提出，"深化马克思主义理论研究和建设，加快构建中国特色哲学社会科学，加强中国特色新型智库建设"。在新时代，面对新形势与新任务，中国政治学界应当担负起历史责任，而担负起历史责任的能力来自政治学研究专业化水平的提升。当前，中国政治学亟须提升政治学研究的专业化程度。所谓专业化，是相对于一般化而言的。中国政治学领域现在运用的大量理论属于政治哲学知识，是对方向道路、意识形态、价值观的一般性论述，不能应用于解决具体的问题。具体问题需要运用政治科学知识加以具体研究和解决。政治哲学更多的是在讲理对不对，而政治科学则是要解决事成不成。当前要协调推进"四个全面"战略布局，全面推进我国的现代化事业和政治建设，就必须加强政治科学研究。在现阶段，政治科学应成为我们的主要研究工具，我们要在解决现实政治问题中，发展出中国政治科学，用政治科学推进中国特色社会主义事业的发展。

三 政治学的国际化：必须大力加强比较政治研究

政治学在一定程度上是研究国家的学问。研究国家就不能仅仅研究一个国家。有位国外政治学者说得好：只研究一个国家实际上相当于没有研究过国家。当前，比较研究日益受到国内政治学界的重视，这是件好事。中国的发展离不开世界，也从来没有离开过世界。中国道路、中国制度有其自身的性质和特色，但中国道路、中国制度也具有普遍性，中国的工业化、现代化进程也会遵循世界各国工业化、现代化的一般规律。他国道路、他国经验教训值得我们研究和借鉴。我们现在逐步地认识到，中国与他国的差别，特别是与西方发达国家的区别，有的是国家性质和发展方向上的区别，而有的区别则是发展阶段上的，这意味着他国今天遇到的问题有可能成为中国明天将会遇到的问题。因此，他国的经历与经验可以给中国以启示。

政治学中的比较研究，究竟是在研究什么？怎样研究？比较研究总体上可以有两种类型：一是直接的学习和效仿。二是从对象的实践的经验教训中了解事物发展进程以及内在问题、困难和矛盾，理解事物内在发展规律性，从而获得启示。获得启示是比较研究的主要内容和主要价值，直接的学习和效仿是较少的，直接的学习和效仿需要相同或相似的条件，难度较大。而通过比较研究了解研究对象实践历程以及其中遇到的困难和挫折，是比较研究最大的价值所在。比较研究相对简单和表面化的成果是了解研究对象成功与合理的做法，即了解研究对象的正确性。而失败是成功之母，正确是从大量错误中汲取经验教训的结果，是克服困难、解决问题的结果。只知正确的结果与结论，而不知为获得正确而经历的失误和错误，其认识是肤浅的、低价值的。了解错误比了解正确更重要、更有意义。了解正确和了解错误正是"知其然"和"知其所以然"的关系，即不仅了解了正确的结论，也懂得了正确的结论是如何获得的。这是认识的深化。了解前人的挫折和失败，了解了前人的经验和教训，可以帮助自己在遇到困难和矛盾时尽量避免失误，可以使自己获得化解矛盾和克服困难的启示。

中国政治学研究国际化还有一层含义是科学地认识、评价与借鉴西方政治学。当代中国政治学研究由于起步晚、基础薄弱，大量学术资源来自西方政治学。改革开放40年来，中国政治学界对国外特别是西方国家的政治学理论作了全面系统的介绍，也试图运用西方政治学的方法与理论研究当代中国的政治问题。介绍与运用西方政治学，一方面，给中国政治学研究以学术资源上的支持，开阔了学术视野。但另一方面，大量引进西方政治学带来了负面作用。西方政治学理论产生于西方历史、社会、文化条件与环境中，来自西方政治实践，与中国社会及政治实践有着差异与隔膜，简单运用西方政治学理论于中国，甚至生吞活剥、生搬硬套，既包含了理论上的误读，又必然带来对实践的误导。这种现象曾经一度相当严重，以致影响了中国政治学的本土化，对中国政治学界从本国国情出发研究中国问题，对发展中国政治学产生了妨碍与干扰。

改革开放以来，中国工业化、现代化实现了跨越式发展，在经济社会发展的同时，中国也取得了政治建设、政治发展的巨大进步，形成了中国特色社会主义政治制度，走上了中国特色社会主义民主政治发展道路，中国的国家与社会治理体系不断健全完善，国家治理能力和治理水平不断提高。党的十九大报告提出，"世界正处于大发展大变革大调整时期"。在这样的国际形势下，各国相互联系和依存日益加深，中国的发展与进步日益引起世界范围内的广泛关注。在这种情况下，中国需要重新审视和研究西方的理论，需要根据自身的经验重新评判西方政治学理论的价值与功用，摆脱以往对西方政治学理论的盲目性，进而取得真正支配和运用西方理论的能力，去伪存真，洋为中用。

研究中国、理解中国，把视野局限于国内是无法真正认识中国的。打开眼界走出去，运用比较研究的方法，研究世界各国的道路与制度、经验与教训，可以帮助我们在中国与他国的差异性中发现问题，在重复性中寻找规律，可以帮助我们更好地认识、理解、发展中国。我们要以世界为方法、以中国为目的，以优化中国政治道路、推进中国发展为出发点和落脚点，研究他国政治发展的经验教训，这也是中国发展的后发优势。

（作者为中国社会科学院政治学研究所所长）

加强文化建设
推动民族文化产业快速发展

方　勇

文化是理论的基础、制度的基石。文化层次越高的社会产生的理论水平越高、制度基础越牢。习近平总书记对文化有着特殊的情结，对文化的作用有着特殊的感受，在十九大报告中对加强文化建设提出了更高的要求。习近平总书记在十九大报告中指出："文化是一个国家、一个民族的灵魂。文化兴国运兴，文化强民族强。没有高度的文化自信，没有文化的繁荣兴盛，就没有中华民族伟大复兴。"这一重要论断，深刻阐明了文化建设对于中华民族伟大复兴的重要意义，也深刻阐明了文化建设的时代使命与责任担当。

一　文化的灵魂作用得到高度重视

习近平总书记非常重视文化的作用，把文化建设提高到了前所未有的高度。党的十八大以来，习近平总书记提出了一系列文化建设创新思想，采取了一系列文化建设创新举措，这些创新思想和创新举措都体现在新党章和十九大报告中。

由习近平总书记创立的新时代中国特色社会主义思想在党的十九大会议上被写入了党章，作为全党的指导思想。在党章修改中，体现最明显的是习近平新时代中国特色社会主义思想中的文化建设内容。一是习近平新时代中国特色社会主义思想不仅丰富了中国特色社会主义理论体系，完善了中国特色社会主义制度，同时在党章总纲中最前面的系列理论部分增加了"发展了中国特色社会主义文化"，在党的十八大提出的"坚定道路自信、理论自信、制度自信"基础上增加了"文化自信"，共同写入党章，这充分体现了文化建设在习近平新时代中国特色社会主义思想中的分量和重要性。中国特色社会主义伟大事业，不仅要有完善的理论体系和完备的制度基础，更要有先进文化的支撑，文化层次决定了理论的高度和制度的强度。在党章中明确把发展中国特色社会主义文化作为指导思想，说明以习近平同志为核心的党中央坚持和发展中国特色社会主义制度的信心和决心。二是在党章总纲中"中国共产党领导人民发展社会主义先进文化"一段，增加了"培育和践行社会主义核心价值观"，将"弘扬民族优秀传统文化，繁荣和发展社会主义文化"改成"推动中华优秀传统文化创造性转化、创新性发展，继承革命文化，发展社会主义先进文化，提高国家文化软实力。牢牢掌握意识形态工作领导权，不断巩固马克思主义在意识形态领域的指导地位，巩固全党全国人民团结奋斗的共同思想基础"①。进一步明确了我党加强文化建设的方法和手段，以及要达到的目标。三是在党章中明确了党的建设中也要强化文化建设，在党章总纲中关于"坚持民主集中制"中增加了"发展积极健康的党内政治文化，营造风清气正的良好政治生态"②。党内政治文化积极健康，政治生态就会风清气正，党内政治文化出了问题，政治生态必然受到污染。把党内政治文化建设作为加强和规范党内政治生活，增强党内政治生活的政治性、时代性、原则性、战斗性的长效机制，作为全面从严治党的重要措施。这种做法给其他各领域各行业的改革发展指引了方向。

习近平总书记在党的十九大报告中对文化建设给予了大篇幅、重点阐述。一是总书记在报告中对过去五年成就总结指出："思想文化建设取得重大进展。"在过去的五年中，在习近平总书记的正确领导下，我们党

---

① 《人民日报》2017年10月29日第2版。
② 同上。

加强文化建设，加强对意识形态工作的领导，党的理论创新全面推进，马克思主义在意识形态领域的指导地位更加鲜明，中国特色社会主义和中国梦深入人心，社会主义核心价值观和中华优秀传统文化广泛弘扬，群众性精神文明创建活动扎实开展。公共文化服务水平不断提高，文艺创作持续繁荣，文化事业和文化产业蓬勃发展，互联网建设管理运用不断完善，全民健身和竞技体育全面发展。主旋律更加响亮，正能量更加强劲，文化自信得到彰显，国家文化软实力和中华文化影响力大幅提升，全党全社会思想上的团结统一更加巩固。二是报告中阐述习近平新时代中国特色社会主义思想部分，明确提出要"坚持社会主义核心价值体系"。习近平总书记在报告中强调，文化自信是一个国家、一个民族发展中更基本、更深沉、更持久的力量。必须坚持马克思主义，牢固树立共产主义远大理想和中国特色社会主义共同理想，培育和践行社会主义核心价值观，不断增强意识形态领域主导权和话语权，推动中华优秀传统文化的创造性转化、创新性发展，继承革命文化，发展社会主义先进文化，不忘本来、吸收外来、面向未来，更好构筑中国精神、中国价值、中国力量，为人民提供精神指引。三是习近平总书记深刻阐述了对文化建设的要求，并强调指出要"坚定文化自信，推动社会主义文化繁荣兴盛"，要牢牢掌握意识形态工作领导权，培育和践行社会主义核心价值观，加强思想道德建设，繁荣发展社会主义文艺，推动文化事业和文化产业发展，提高国家文化软实力。

文化建设是党的十九大报告中的亮点，是传承中华民族五千年文明，发展中国特色社会主义事业的核心抓手，我们要按照十九大报告的要求，要在意识形态领域、价值观、道德信仰等方面加大建设力度，在文化事业和文化产业方面，加大改革创新的力度，为新征程领航扬帆。

二 文化产业要在解决新时代主要矛盾的伟大斗争中发挥主导作用

随着中国特色社会主义进入新时代，习近平总书记指出，我国社会主要矛盾已经转化为人民日益增长的美好生活需要和不平衡不充分的发展之间的矛盾。随着人民的需要从物质文化需要发展到美好生活需要，随着中华民族迎来从站起来、富起来到强起来的伟大飞跃，文化建设也要提升至更高层面，肩负更高的使命。新时代人民对美好生活的需求不仅仅局限于物质文化食粮，还对民主、法治、公平、正义、安全、环境等方面提出了要求，还需要层次更高的精神文化食粮，如更好更高质量的广播、电影、电视、图书、文化艺术、文化休闲、旅游等。这就必须按照十九大报告的要求，推进中国特色社会主义伟大事业，必须进行伟大斗争，要应对重大挑战、抵御重大风险、克服重大阻力、解决重大矛盾，努力解决不平衡不充分的发展问题，大力发展文化产业，为广大人民提供更好的精神文化食粮。

第一，要深化文化体制改革。完善文化管理体制，紧紧围绕建设社会主义核心价值体系、社会主义文化强国深化文化体制改革，加快构建把社会效益放在首位、社会效益和经济效益相统一的体制机制。按照政企分开、政事分开原则，推动政府部门由办文化向管文化转变。

第二，要健全现代文化产业体系和市场体系。创新生产经营机制，完善文化经济政策，培育新型文化业态。要完善文化市场准入和退出机制，鼓励各类市场主体公平竞争、优胜劣汰，促进文化资源在全国范围内流动，并向国外延伸拓展。

第三，要对中国优秀传统文化创造性转化、创新性发展。深入挖掘中华优秀传统文化蕴含的思想观念、人文精神、道德规范，结合时代要求继承创新，让中华文化展现出永久魅力和时代风采。文化产业提供精神产品，应该有品质、有品位，应体现精神价值和"以文化人"的独特作用。要繁荣文艺创作，坚持思想精深、艺术精湛、制作精良相统一，加强现实题材创作，不断推出讴歌党、讴歌祖国、讴歌人民、讴歌英雄的精品力作。倡导讲品位、讲格调、讲责任，抵制低俗、庸俗、媚俗。要协调好区域传统文化的传统性与现代性的关系，既不能以消费为导向而牺牲传统文化，也不能为了文化传统而牺牲文化产业的消费效应。要结合现代科技，利用大数据，将文化产业的诸多要素进行有机的市场化配置与整合，从而突破行政区划的阻隔和产业门类的分割，以新兴产业门类和新业态对文化产业进行大解构、大变革、大融合、大转型、大升级，实现国际化生产、交换与消费的整体共赢的文化产业发展大格局。

三 民族文化产业要为促进各民族共同繁荣发展提供支撑

习近平总书记在党的十九大报告中强调，让贫困人口和贫困地区同全国一道进入全面小康社会是我们党的庄严承诺。要实现这个目标，民族地区的繁荣发展是重点难点。

第一，少数民族文化稳步发展。多年来，在国家政策的有力支持下，民族地区经济增长速度不断提高，少数民族群众的生活水平明显提高，少数民族文化稳步发展，扶贫开发成效显著。但我国少数民族地区由于资源环境恶劣，经济发展还面临经济基础薄弱，生产条件差，生活水平低，与发达地区还有很大差距等问题，要解决这些问题，不仅需要国家扶持政策的全面支持，进行外部输血，更需要发展内生动力。要挖掘民族地区的优势资源，将优势资源变成民族地区发展的特色和强项，加强自身造血功能，提高民族群众发展的内生动力和主动性，让民族群众在发展中找到自尊，感到自豪，为民族地区长期繁荣发展打下坚实基础。民族文化是各民族最显著的标志，民族文化是一个特定区域内的民族群众在长期的生活和生产中自发创造的，并为这个民族世世代代所喜爱和传承，凝聚着这个民族的精神和智慧，承载着这个民族文化血脉和情感因素的文化形态。各民族优秀传统文化是各民族最大的优势资源。民族文化是文化产业的创意根基，文化产业是民族文化传承发展的重要路径，因此，民族文化产业是促进民族地区繁荣发展最根本的手段，将在实现中国梦的新征程中大放光彩。

第二，少数民族优秀传统文化面临发展困境。在民族地区调研发现，很多少数民族优秀传统文化面临消失的危险。为什么会消失，是因为随着时代的变迁，社会环境、生活环境等的变化，这些文化失去了活力，失去了影响力。如鄂温克族和鄂伦春族的狩猎文化逐渐消失，桦树皮、兽皮制品等手工艺逐渐衰落，达斡尔等民族的婚姻习俗等都有了很大改变。民族文化要在发展中才能得到更好传承，而传承发展的最好方式是加快民族文化产业发展。要按照党的十九大报告要求，对民族优秀传统文化进行创造性转化、创新性发展，加快民族文化产业发展，让民族文化焕发出活力，提高其影响力。要对各民族文化进行挖掘分析，一要按照时代特点和要求，对那些至今仍有借鉴价值内涵和陈旧表现形式的民族文化加以改造，赋予其新的时代内涵和现代表达形式，以激活其生命力。如西部歌王王洛宾在六盘山脚下创作民歌时留下许多生动的故事，但随着时代的变迁及现代科技的发展，西部歌王王洛宾在六盘山留下的故事失去了传承发展的依托，失去了感召力，因此我们要对这些故事进行挖掘，与现代科技结合，激活其生命力。二要按照时代的新进步新发展，对民族优秀传统文化的内涵加以补充、拓展、完善，增强其影响力和感召力。如西海固人民与缺水抗争的文化，以及在缺水状况下的艰苦传统，在时代的变迁中逐渐消失，而这种文化是教育下一代激励下一代的有效方法。因此，我们要对西海固人民与缺水斗争的文化进行挖掘、补充、拓展和完善，让这种文化传承发扬下去。三要处理好几个关系。必须处理好传统与现代的关系，必须具体分析和仔细剥离，切忌一锅煮和一刀切；必须处理好传承与创新的关系，文化传承与文化创新是内在统一的，传承是基础是前提，创新是方向是生命，两者不可偏废；还要处理好民族文化的内容和形式的关系，形式与内容是分不开的。

第三，要进一步推动民族地区文化产业发展。为了加快民族文化产业发展，从2014年开始，我们组织开展了民族文化产业发展论坛，组织专家学者、企业家、地方官员对民族地区的文化产业发展情况进行分析和研究，并给予指导和帮助，对推进民族地区文化产业发展，促进民族地区的快速发展起到了很大作用，受到民族地区政府的大力欢迎。我们将按照党的十九大报告的精神，以习近平新时代中国特色社会主义思想为指导，加快民族地区文化产业发展。我们将组织出版民族文化产业皮书，并制定民族文化产业指标体系，对民族地区文化产业进行指导提高，推动民族地区文化产业升级提高，促进民族地区长期繁荣发展，为决胜全面建成小康社会，实现社会主义现代化强国，实现中华民族伟大复兴的中国梦做强力支撑。

（作者为中国社会科学院民族学与人类学研究所党委书记）

努力完成以人民为中心发展观的四大社保任务

王延中

习近平总书记在党的十九大报告中强调，必须坚持以人民为中心的发展思想，不断促进人的全面发展、全体人民共同富裕，是我们党的宗旨和我国社会主义国家的性质决定的。学习贯彻习近平新时代中国特色社会主义思想，学习贯彻党的十九大精神，必须结合中国社会主要矛盾的变化和国情实际，实事求是地推进民生建设，重点解决好完善社会保障体系的四大战略任务。

一 坚持在发展中不断完善社会保障体系

习近平总书记在十九大报告中指出，带领人民创造美好生活，让改革发展成果更多更公平地惠及全体人民，朝着实现全体人民共同富裕不断迈进，是我们党始终不渝的奋斗目标。十九大报告明确提出民生"七有"目标，即，幼有所育、学有所教、劳有所得、病有所医、老有所养、住有所居、弱有所扶。其中幼有所育、弱有所扶是在原来"五有"保障基础上新增的两项保障举措，使社会保障和民生改善的范围进一步拓宽，把教育从学校延伸到学前，把帮扶从针对特定人群的低保和救助延伸到整个社会，社会保障体系更加完整。"七有"已经成为我国新时期保障和改善民生、完善社会保障体系的基本内容。

社会保障事业需要物质基础，处理好经济发展与社会保障之间的关系十分重要。十九大报告明确提出坚持在发展中保障和改善民生。没有发展作后盾，发展社会保障、改善和增进民生福祉就无法实现。党和国家对此始终保持清醒的头脑、理性的认识。但是，随着我国社会主要矛盾的转化，我国今天的生产力水平已经大大提高，而发展不平衡不充分的问题日益突出。在这种情况下，把增进民众福祉作为发展的根本目的就十分必要了。因为社会保障体系是保障和改善民生的最后防线。把这个基础平台做大做强，就可以基本上解决最底层人民群众的后顾之忧。我们不能不发展，但也不能只讲发展，而必须把发展与保障和改善民生有机结合起来，政府尤其要多谋民生之利、多解民生之忧，在发展中补齐民生短板、促进社会公平正义，在保障上不断取得新进展，深入开展脱贫攻坚，保证全体人民在共建共享发展中有更多获得感，不断促进人的全面发展和全体人民的共同富裕。

十九大还对社会保障事业发展、保障和改善民生的策略步骤和工作思路进行了清晰的阐述。社会保障内涵十分丰富，"七有"保障每项内容都需要大量人力物力财力；推进社会保障制度改革、完善社会保障体系非一日之功。社会保障要发展，决不能齐头并进、没有重点和抓手。首先要抓住人民最关心最直接最现实的利益问题，既尽力而为，又量力而行，一件事情接着一件事情办，一年接着一年干。只要持之以恒，不断前行，中国社会保障体系将越来越完善，功能和作用将不断发挥。其次要坚守底线、突出重点。不论是"七有"框架，还是每一项具体保障内容，都要树立底线思维，把政府应该尽到的基本责任落实好，确保最后的安全网发挥好兜底作用。最后，要不断完善制度体系、合理引导预期，完善公共服务体系，保障群众基本生活，不断满足人民日益增长的美好生活需要，不断促进社会公平正义，使人民获得感、幸福感、安全感更加充实、更有保障、更可持续。

十九大报告还指出了今后一个时期社会保障体系建设的思路与重点。总目标是按照兜底线、织密网、建机制要求，全面建成覆盖全民、城乡统筹、权责清晰、保障适度、可持续的多层次社会保障体系。社会救助要兜底，社会保险要完善，社会福利要发展，社会服务体系要健全。特意强调住房问题的发展与保障思路,坚持房子是用来住的、不是用来炒的定位,加快建立多主体供给、多渠道保障、租购并举的住房制度,让全体人民住有所居。这不仅指明了未来一个时期我国社会保障的发展任务,而且明确了建设重点,指明了工作路径。

二 动员全部力量坚决打赢脱贫攻坚战

让贫困人口和贫困地区同全国一道进入全面小康社会是我们党的庄严承诺,也是2021年中国共产党成立百年之际必须完成的硬任务。党的十九大报告提出"坚决打赢脱贫攻坚战"的新号角,同时明确提出"重点攻克深度贫困地区脱贫任务"。

毋庸置疑,党的十八大以来特别是2015年中央扶贫开发工作会议以来,我国精准扶贫、精准脱贫工作力度空前加大,效果日益显著。截止到2017年10月底,全国9个省市区的26个贫困县顺利通过国家专项评估检查,并将陆续退出贫困县。这是我国自1986年以来贫困县数量的首次净减少,是扶贫开发工作的一个转折点,也是实现脱贫攻坚贫困县全部摘帽目标的良好起步。但是面对几百个贫困县(2011年832个),特别是集中连片的深度贫困区,在到2020年全面建成小康社会决胜阶段所剩时间无几的情况下,完成农村贫困人口实现脱贫、贫困县全部摘帽的任务依然十分艰巨。

任务固然艰巨但也必须如期完成,这对全党提出了巨大挑战。我们只有发挥自身体制优势,集中力量打歼灭战,把精准扶贫精准脱贫工作放到全党工作的突出位置。中央扶贫开发工作会议对此进行了总体部署,特别是建立了分工明确、责任清晰、任务到人、考核到位的扶贫开发责任制,其效果在实践中已经得到证明,必须继续坚持。十九大报告进一步指出,要动员全党全国全社会力量,坚持精准扶贫、精准脱贫,坚持中央统筹省负总责市县抓落实的工作机制,强化党政一把手负总责的责任制,坚持大扶贫格局,注重扶贫同扶志、扶智相结合,确保做到脱真贫、真脱贫。实践中一些行之有效的脱贫举措比如产业脱贫、就业脱贫、易地搬迁脱贫等,将进一步加大力度,力争发挥更好的扶贫效果。

集中连片贫困地区是扶贫工作的难点,而青藏高原及其边缘区所在的三区（西藏、四省藏区、南疆地区）三州（临夏州、凉山州、怒江州），是我国最大的集中连片贫困区，也是贫困程度最深、脱贫难度最大的深度贫困地区。这个地区贫困不解决，势必拖全国建成小康社会的后腿。十九大报告强调指出，深入实施东西部扶贫协作，重点攻克深度贫困地区脱贫任务，确保贫困县全部摘帽，解决区域性整体贫困。这是给青藏高原深度贫困区各级党委政府下的总攻令，也是给全国其他地区进一步加大扶贫协作的再次动员。

发挥好最低生活保障制度等社会救助制度的兜底保障作用，是实现全面脱贫、全面建成小康社会的最后举措。扶贫攻坚可以解决大部分贫困人口和区域性整体贫困问题，但是社会上总有一定比例、一定数量的人口属于因病因残、因年龄等要素，基本没有或者丧失劳动能力，又没有家庭或亲人予以帮助。对这些贫困人口，就必须发挥好最低生活保障制度等社会救助制度的兜底保障作用。社会保障兜底不是减轻扶贫攻坚压力，而是一个社会常态。同时，随着经济社会发展，最低生活保障、社会救助及社会保障的水平与质量，也必须相应提高，确保全体人民共享发展成果，提升整个社会的总体发展水平和文明程度。当然，社会保障制度也必须按照统筹城乡社会救助体系的总要求，进一步健全完善，管理水平和效率也要相应提高。

三　完善医疗保障体系促进健康中国建设

十九大报告一个鲜明特色就是高度重视健康问题。没有人民健康，就没有全面小康。人民健康是民族昌盛和国家富强的重要标志，党和政府要始终高度重视人民群众的健康问题，把其放在优先发展的战略地位。要按照已经颁布实施的《"健康中国2030"规划纲要》总体部署，结合实际情况进一步完善国民健康政策，为人民群众提供全方位全周期的健康服务，也就是要覆盖每个人从生到死全生命周期，涵盖预防、急病、慢病、康复、养老等公平可及和系统连续的健康服务。

继续深化医药卫生体制改革是确保全面建立中国特色基本医疗卫生制度、医疗保障制度、优质高效医疗卫生服务体系和现代医院管理制度的重要前提。这些年来，我国医改取得了举世瞩目的显著成绩，但是依然存在基层服务能力不强、重医疗轻健康、预防效果不佳、健康产业不健全等问题。十九大报告提出，要进一步加强基层医疗卫生服务体系和全科医生队伍建设，健全药品供应保障制度，坚持预防为主，倡导健康文明生活方式，预防控制重大疾病，坚持中西医并重传承发展中医药事业，支持社会办医发展健康产业。同时进一步深化公立医院改革，全面取消以药养医，让公立医院回归公益性。医院的主要收入不再靠药品加成，而是主要靠服务质量、效率。为此必须完善医院管理制度、健全现代医院治理体系。药品供应保障制度的改革要抓住药品质量安全监管这个根本，管住药品价格这个关键，形成良性竞争、优胜劣汰的药品生产流通秩序，确保人民群众吃得起放心药。大力推进健康服务这个朝阳产业的发展，一方面满足高端需要，另一方面探索出具有中国特点的医药结合新路子。

健全医疗服务与医疗保障进一步有机衔接的健康保障管理与评价体制。医疗保障制度基本实现了全覆盖，但是城乡之间、地区之间、不同群体之间的保障制度差别太大，管理体制机制不匹配、不配套的问题比较突出。在医疗保障方面，要进一步加大政府投入，同时需要改进与完善个人投入机制。同时，针对城乡分隔、重大疾病负担过重的问题，十九大报告提出"完善统一的城乡居民基本医疗保险制度和大病保险制度"，结合完善医疗救助制度，发展商业健康保险，努力建成多层次的医疗保障体系，确保医疗保障体系能够基本满足不断提高的医疗服务需求。

四　应对人口老龄化实现基本养老保险全国统筹

由于庞大的人口基数、经济腾飞的发展阶段以及人均寿命的大幅度提高，加上一段时期十分严格的计划生育政策，使我国成为世界上老龄人口最多、老龄化速度最快、高龄老人规模最大并且增幅最快、少子高龄化趋势最严重的发展中国家。高速的人口老龄化，在中国经济尚处于中等收入初期阶段就已成为客观事实，如何应对这个问题就成为全党全国甚至全世界都普遍关注的重大问题。

面对严峻挑战，十九大明确提出加强人口发展战略研究，实施人口增长与经济社会发展更加协调配合的人口政策与社会政策。同时提出积极应对已经到来的人口老龄化，构建养老、孝老、敬老政策体系和社会环境，推进医养结合，加快老龄事业和产业发展。积极应对老龄化政府要引导，但更需要全社会参与。养老金制度是现代国家为参保人群达到老年阶段基本退出劳动力市场之后为保障晚年生活提供的经济和物质保障。但是，退出劳动力市场并不意味着完全丧失劳动能力，更不是脱离社会离群索居、孤老终生。所有的老年人仍然是社会不可或缺的有机组成部分，也是可以积极发挥作用的重要社会成员。要促使老年人以更加积极的心态面对老年阶段，能够通过家庭、单位、社区、志愿者组织等多种渠道，积极发挥各种作用。特别是低龄阶段的老年人和具有劳动能力、行动能力及各种专业特长的老年人，仍然是全社会需要给予重视的无比珍贵的人力资源和财富，要为其发挥作用提供各种帮助和服务。同时，要继续发挥中国传统的家庭保障职责，提倡尊重家庭成员之间相互保障、子女尽责、老人自助、邻里互助、社会扶助等文化传统，构建传统方式与现代方式相结合、经济服务保障与精神抚慰亲情相结合的老年保障体系，营造有利于这种养老保障体系的社会环境。

目前我国已经建成了世界上覆盖人数最多的养老保障体系和社会保险计划，实现社会保障制度的全覆盖，建立了多层次的社会保险制度。但是，我国社会保险制度仍然存在着应参未参应保未保（比如大部分农民工）、缴费基数不统一不真实、养老待遇差别大、地区负担不均衡等诸多问题，严重影响制度的可持续运行和全国统一公平的市场竞争环境的建立，给经济社会健康发展带来不利影响。十九大报告明确提出要深化改革解决上述问题，一方面全面实施全民参保计划，确保应参尽参、应保尽保；另一方面要完善城镇职工基本养老保险和城乡居民基本养老保险制度，尽快实现基本养老保险全国统筹，切实解决城乡之间、地区之间、人群之间养老保障待遇差别过大、贫富不均、可持续性不强等问题。由于这是涉及几乎每个地区、每个群体甚至每一个人切身利益的重大问题，难度之大可想而知。国家主管部门提出2018年在建立基本养老保险调剂金制度，均衡地区之间由于人口流动导致的抚养比差异过大带来的养老保险负担不均衡的问题，在全国范围内调剂余缺，发挥互助共济作用，促进养老保险可持续发展。这种设想是可行的，但是并不是真正意义上的养老金全国统筹，还必须进一步研究实现全国统筹的具体路径和重大举措。这个问题事关重大，必须目标明确、稳步推进，确保国家基本养老保险制度成为国家社会保障制度的坚实基石。

党的十九大报告对保障和改善民生、建立全面公平可持续的社会保障体系作出了许多新观点、新论断，提出了更宏伟的长远目标和更明确的具体任务，这是习近平新时代中国特色社会主义思想和基本方略的重要组成部分，具有创新性、系统性和完整性，为新时代社会保障事业的发展提供了指导思想、基本目标、顶层设计和总体部署。全党和社会各界要以十九大精神为指引，认真学习领会，各级党政部门要结合实际认真贯彻落实，加大投入、深化改革、明晰职责，确保将新时代民生建设思想落到实处，促进我国社会保障事业迈上新台阶。

（作者为中国社会科学院民族学与人类学研究所所长）

牢记使命担当
开启党的建设新的伟大工程

穆林霞

党的第十九次全国代表大会，是在全面建成小康社会决胜阶段、中国特色社会主义进入新时代的关键时期召开的一次十分重要的大会。习近平总书记在会上作的重要报告，科学分析了当前国际国内形势，深刻阐述了五年来党和国家事业发生的历史性变革，深刻阐述了新时代坚持和发展中国特色社会主义的一系列重大理论和实践问题，既是政治宣言，又是行动纲领。我们要深入学习、认真贯彻，更加自觉、更加坚定地把思想和行动统一到党的十九大精神上来。

一 准确把握新时代要求，以习近平新时代中国特色社会主义思想为行动指南

2017年7月，习近平总书记在省部级主要领导干部"学习习近平总书记重要讲话精神，迎接党的十九大"专题研讨班开班式上发表重要讲话指出："我们党要明确宣示举什么旗、走什么路、以什么样的精神状态、担负什么样的历史使命、实现什么样的奋斗目标。"[1] 习近平总书记

---

[1] 《人民日报》2017年7月28日第1版。

在十九大作的报告，正是对以上一系列重大战略问题给予了回答，为我们提供了科学的理论指导和行动指南。

第一，十九大报告开篇就强调了大会主题是"不忘初心，牢记使命，高举中国特色社会主义伟大旗帜"。旗帜代表方向，旗帜凝聚力量。一个政党、一个国家、一个民族只有确立起正确的旗帜，全党和全国人民才能聚集在这面旗帜下整齐前进。习近平总书记指出："中国特色社会主义，是中国共产党和中国人民团结的旗帜、奋进的旗帜、胜利的旗帜，是当代中国发展进步的根本方向。"[①] 坚定不移高举中国特色社会主义伟大旗帜，就是坚持当代中国发展进步的根本方向。

第二，中国特色社会主义道路是我们党和人民历尽千辛万苦、付出巨大代价探索出来的。它的基本要求是在中国共产党领导下，立足基本国情，以经济建设为中心，坚持四项基本原则，坚持改革开放，解放和发展社会生产力，建设社会主义市场经济、政治、文化、社会、生态文明，促进人的全面发展，逐步实现全体人民共同富裕，建设富强民主文明和谐美丽的社会主义现代化强国。

第三，实现中华民族伟大复兴是近代以来中华民族最伟大的梦想。中国共产党一经成立，就把实现共产主义作为党的最高理想和最终目标，义无反顾地肩负起实现中华民族伟大复兴的历史使命。

第四，从十九大到二十大，是"两个一百年"奋斗目标的历史交汇期。我们既要全面建成小康社会、实现第一个百年奋斗目标，又要乘势而上，开启全面建设社会主义现代化国家新征程，向第二个百年奋斗目标进军。

党的十九大综合分析了国际国内形势和我国的发展条件，提出从2020年到本世纪中叶可以分两个阶段来安排：第一个阶段，从2020年到2035年，在全面建成小康社会的基础上，再奋斗15年，基本实现社会主义现代化；第二个阶段，从2035年到本世纪中叶，在基本实现现代化的基础上，再奋斗15年，把我国建成富强民主文明和谐美丽的社会主义现代化强国。

第五，习近平新时代中国特色社会主义思想内容十分丰富，构成了

[①] 《人民日报》2014年7月2日第14版。

一个系统完整、逻辑严密、相互贯通的思想理论体系。十九大报告用"八个明确"来概括这一重要思想。习近平新时代中国特色社会主义思想，是对马克思列宁主义、毛泽东思想、邓小平理论、"三个代表"重要思想、科学发展观的继承和发展，是马克思主义中国化的最新成果，是党和人民实践经验和集体智慧的结晶，是中国特色社会主义理论体系的重要组成部分，是全党全国人民为实现中华民族伟大复兴而奋斗的行动指南，必须长期坚持并不断发展。

二 把政治建设放在首位，推进全面从严治党向纵深发展

政治建设的基本任务就是保持党的先进性、纯洁性，目标是巩固党的执政地位、厚植党的执政基础，基本要求是永葆共产党人的政治本色。共产党人的政治本色就是政治基因，它源于党的性质、宗旨和奋斗目标。

第一，政治建设是马克思主义政党的本质要求。我们党是中国工人阶级的先锋队，同时是中国人民和中华民族的先锋队，以马克思列宁主义、毛泽东思想、邓小平理论、"三个代表"重要思想、科学发展观、习近平新时代中国特色社会主义思想为行动指南，以全心全意为人民服务为根本宗旨，党的最高理想和最终目标是实现共产主义。这从根本上规定了共产党人政治本色的内涵。

第二，政治建设是实现新时期党肩负的历史使命的需要。96年来，我们党在领导革命、建设、改革的过程中，在推动中华民族伟大复兴的实践探索中，铸就了理想坚定、服务人民、求真务实、开拓创新、勇于担当、清正廉洁、艰苦奋斗等马克思主义政党鲜明的政治本色。这些政治本色，是共产党人政治生命的基因，是党生生不息、发展壮大的本源和根系。

实现中华民族伟大复兴，绝不是轻轻松松、敲锣打鼓就能实现的。要清醒地认识到，我们党面临的执政环境是复杂的，影响党的先进性、弱化党的纯洁性的因素也是复杂的，党内存在的思想不纯、组织不纯、作风不纯等突出问题尚未得到根本解决。要深刻认识党面临的"四大考验"的长期性和复杂性，深刻认识党面临的"四大风险"的尖锐性和严

峻性，必然要求全党特别是党的高级干部，不忘初心，牢记使命，永葆共产党人的政治本色。

第三，政治建设关系中国特色社会主义事业的兴衰成败。中国共产党是中国特色社会主义事业的领导核心。没有中国共产党，就没有新中国，就没有中国特色社会主义进入新时代。习近平总书记在党的群众路线教育实践活动总结大会上的重要讲话中指出："历史使命越光荣，奋斗目标越宏伟，执政环境越复杂，我们就越要增强忧患意识，越要从严治党，做到'为之于未有，治之于未乱'，使我们党永远立于不败之地。全党同志必须在思想上真正明确，党的执政地位和领导地位并不是自然而然就能长期保持下去的，不管党、不抓党就有可能出问题甚至出大问题，结果不只是党的事业不能成功，还有亡党亡国的危险。"① 正是基于这样的忧患意识和强烈的使命担当，我们正风肃纪反腐，全面加强党的领导和党的建设，坚决改变管党治党宽松软的状况。坚持反腐败无禁区、全覆盖、零容忍，坚定不移"打虎""拍蝇""猎狐"，不敢腐的目标初步实现，不能腐的制度越扎越紧，不想腐的堤坝正在构筑，反腐败斗争压倒性态势已经形成并巩固发展。全面从严治党成绩是党的十八大以来最卓著的成就之一。

第四，政治建设是不断提高党执政能力和水平的内在需要。对马克思主义的信仰、对社会主义和共产主义的信念，是共产党人的政治灵魂，是共产党人政治本色的首要内容。在社会思想日益多元多样的情况下，如果理想信念发生动摇，就可能变色变质。当前，坚定理想信念，就是要坚定中国特色社会主义共同理想，增强坚持和发展中国特色社会主义的道路自信、理论自信、制度自信、文化自信。有了这份坚定与忠诚，就能在纷繁复杂的形势面前保持清醒头脑、坚守政治防线，在大是大非面前站稳政治立场、把握正确方向，在利益得失面前强化思想定力，对党的理想、党的事业坚定不移、矢志不渝。弘扬忠诚老实、公道正派、实事求是、清正廉洁等价值观，坚决防止和反对个人主义、分散主义、自由主义、本位主义、好人主义，坚决防止和反对宗派主义、圈子文化、码头文化，坚决反对搞两面派、做两面人。全党同志特别是高级干部要

---

① 《人民日报》2014年10月9日第2版。

加强党性锻炼，不断提高政治觉悟和政治能力，把对党忠诚、为党分忧、为党尽职、为民造福作为根本政治担当，永葆共产党人政治本色。

第五，政治建设放在首位是基于问题导向提出的。王岐山同志指出，政治腐败是最大的腐败，一是结成利益集团，妄图窃取党和国家权力；二是山头主义宗派主义搞非组织活动，破坏党的集中统一。进行具有许多新的历史特点的伟大斗争，重要方面就是，惩治腐败"打虎""拍蝇"冲着利益集团去，防止其攫取政治权力、改变党的性质；严肃党内政治生活冲着山头主义和宗派主义去，消弭政治隐患。夺取反腐败斗争压倒性胜利，要以治标促进治本，以治本巩固治标，持续保持高压态势，强化"不敢"的威慑；全面深化改革，加强制度建设，扎牢"不能"的笼子；坚定理想信念宗旨，弘扬优秀传统文化，选对人用好人，培育"不想"的自觉。

中国特色社会主义进入新时代，我们党一定要有新气象新作为。打铁必须自身硬。党要团结带领人民进行伟大斗争、推进伟大事业、实现伟大梦想，必须毫不动摇坚持和完善党的领导，毫不动摇把党建设得更加坚强有力。

三　牢记使命担当，为繁荣发展哲学社会科学助力

习近平总书记在"5·17"讲话中，对加快构建中国特色哲学社会科学提出了更高、更明确的要求，明确指出了五个方面"迫切需要"哲学社会科学更好地发挥作用。我国哲学社会科学地位更加重要、任务更加繁重。

国家发展和党的事业进入新时代，我院哲学社会科学创新工程也正在打造"升级版"。如何回应党和国家的殷切期待，如何担负起繁荣发展哲学社会科学的重任，如何打造哲学社会科学的升级版？结合深入学习贯彻落实党的十九大精神，特别是结合即将开展的"不忘初心，牢记使命"学习教育活动，是我院党员干部需要认真思考的问题。

我院创新工程实施已经满六年，2018年进入第七个年头，创新工程已经取得了丰硕的科研成果和人才队伍建设成果，尤为可喜的是创建了

以"准入退出"等制度为代表的一系列创新工程制度成果。可以说，实施创新工程后的六年来，我院基本解决了工资收入偏低这一全院干部学者安身立命的基础性问题；同时，在全面从严治党的大背景下，解决了我院内部管理"松散"这一顽疾。但是应该看到，我院有影响力的、高水平的科研成果还不够多或很少，整体人才竞争力还不够强，内部管理还不够高效有序，严管与高效服务形成相互掣肘关系，管理干部队伍思想认识水平、思维理念落后于时代发展的问题都不同程度地存在。这些问题正是我院打造创新工程"升级版"，担当起繁荣发展哲学社会科学五个"迫切需要"任务，应该解决的问题。

进入新时代，打造"升级版"，需要我院干部学者通过深入学习十九大精神，结合贯彻落实"5·17"讲话精神，不断提高思想认识，牢记职责使命，担负起繁荣发展哲学社会科学的任务。

进入新时代，打造"升级版"，需要我院干部学者结合自身的实际，看到发展过程中面临的矛盾运动，勇于面对困难，不断解决矛盾困难，把我院及各研究所建设成党和国家信任的、学界认可的、人民尊重的高端研究机构。

进入新时代，打造"升级版"，需要我院各级党组织及全体党员，认真开展"不忘初心，牢记使命"教育学习活动，保持党的先进性、纯洁性，永葆共产党人的政治本色。级别高的党员领导干部更应该发挥模范带头作用。

（作者为中国社会科学院社会学研究所党委书记）

新时代需要社会学有新作为

陈光金

中国社会发展进入了一个新的时代，有着新的时代特征。习近平总书记在十九大报告中对新时代的特征进行了高度凝练和概括。他指出：经过长期努力，中国特色社会主义进入了新时代，这是我国发展新的历史方位。这个新时代，是承前启后、继往开来、在新的历史条件下继续夺取中国特色社会主义伟大胜利的时代，是决胜全面建成小康社会、进而全面建设社会主义现代化强国的时代，是全国各族人民团结奋斗、不断创造美好生活、逐步实现全体人民共同富裕的时代，是全体中华儿女勠力同心、奋力实现中华民族伟大复兴中国梦的时代，是我国日益走近世界舞台中央、不断为人类作出更大贡献的时代。从这些概括中，我们可以深切地体会到，新的时代将是一个突出地加快推进社会发展、社会建设和社会治理的时代。

一 "两步走"发展战略要求社会学的大发展

十九大政治报告就下一阶段中国社会的发展进行了顶层设计、总体构思和战略谋划。报告指出，在2020年取得决胜全面建成小康社会的目标之后，未来三十年的发展将分两步走，第一个阶段，从2020年到2035年，在全面建成小康社会的基础上，再奋斗15年，基本实现社会主义现代化。第二个阶段，从2035年到本世纪中叶，在基本实现现代化的基础上，再奋斗15年，把我国建成富强民主文明和谐美丽的社会主义现代化强国。

要实现这个新的两步走，要实现社会的现代化，中国社会学将同样会有一个也必须有一个大的发展。这是时代的需要，是人民的需要，是国家的需要，也是我们党的需要。面对伟大的时代发展要求，社会学研究所要振奋精神，也要奋起努力，继续发扬社会学的学科精神，积极投身到这一伟大的时代发展洪流之中，扎实开展对重大现实和理论问题的研究，不断创新学术理论和研究方法，努力构建中国社会学的学科体系、学术体系和话语体系，建设好与社会发展相关的新型智库，为党和国家相关决策建言献策，为解决好发展中的各种社会问题，化解各种可能的社会矛盾，作出我们这个学科应有的贡献。可以说，在这个伟大新时代，社会学大有作为。

二 社会主要矛盾的转化向社会学提出重大课题

十九大报告基于我国经济社会发展的新情况、新特征和新趋势，对新时代我国社会基本矛盾作出了实事求是的新表述，这就是人民日益增长的美好生活需要和不平衡不充分的发展之间的矛盾。这一表述对中国经济社会发展意义深远，对于指导我国哲学社会科学研究意义深远，尤其是对我们社会学学科的发展意义深远。无论是从需求侧看，还是从供给侧也就是不平衡不充分的发展方面看，都有着大量深层次的重大理论和现实问题值得我们去深入研究。

从社会主要矛盾的第一个方面来看，党的十一届六中全会以来的表述一直都是"人民日益增长的物质文化需要"，十九大报告将其改变为"人民日益增长的美好生活需要"。在这里，什么是美好生活，就是一个需要全面和深入研究的课题。十九大报告对此也作了高度概括的描述，"人民美好生活需要日益广泛，不仅对物质文化生活提出了更高要求，而且在民主、法治、公平、正义、安全、环境等方面的要求日益增长"。这是一个极其重要、意义深远的概括，因为它不仅承认人民的物质文化生活需要——这是基本的生存发展需要，更是指出，民主、法治、公平、正义、安全、环境等同样是人民的美好生活需要的组成部分。这意味着，民主、法治、公平、正义、安全、环境等不是外在于人民的美好生活需要的，它们就是人民的美好生活需要，是让人民的生活变得美好的重要因素，对它们的任何危害破坏，都是对人民的美好生活的危害破坏，不仅对人民的美好生活来说是不可接受的，在政治上也是不可接受的。贯彻落实十九大报告关于人民美好生活需要的刻画的精神实质，就是要不断提升人民的物质文化生活水平，不断提升中国社会的民主、法治、公平、正义、安全和环境等方面的发展水平。

从社会主要矛盾的第二个方面来看，把以往的表述"落后的社会生产"修改为"不平衡不充分的发展"，也是完全符合现阶段中国社会生产力发展的实际的。正如十九大报告所指出的，"我国社会生产力水平总体上显著提高，社会生产能力在很多方面进入世界前列，更加突出的问题是发展不平衡不充分，这已经成为满足人民日益增长的美好生活需要的主要制约因素"。发展的不平衡、不充分，表现在许多方面，在国民经济的不同领域之间，在经济发展与社会发展之间，在城乡之间和地区之间，在不同的社会群体和阶层之间，都不同程度地存在着这样那样的发展不平衡和不充分问题。从结果上看，就往往表现为存在于地区之间、城乡之间和不同社会群体和阶层之间的仍然较大的各种差距，包括收入获得差距、财富占有差距、生活消费水平差距、教育机会获得差距、社会保障获得差距、医疗卫生等公共服务获得差距，等等。进一步提升我国社会生产力的发展水平，仍然是我们的中心工作任务，因为要进一步提高人民的物质文化生活水平，就需要更高的社会生产力，就需要把中国经济的蛋糕做得更大。但同时，社会生产力的进一步发展，也要求国民经济和社会的各部门、各领域之间更加平衡，在不断提高社会生产力水平的同时还要不断补齐各种短板，以便通过更加平衡的发展来获得更加充分的发展。在总体社会生产力相对落后的发展阶段，一些地方、一些部门、部分领域的率先发展，的确可以起到带动其他地方、部门和领域发展的作用；但现在的情况已经发生了根本的变化和深刻的变革，发展的不平衡性开始明显地制约这种带动作用的发挥，甚至会抵消这种带动作用，在这种情况下，健康的、平衡的发展必然要比有着短板、带着瘸腿的发展更稳更快，正所谓磨刀不误砍柴工。

应当看到，在现阶段，所谓不平衡、不充分的发展，既广泛存在于经济发展当中，也同样广泛甚至更加广泛地存在于社会发展领域。十九大报告清醒地提到"我们的工作还存在许多不足，也面临不少困难和挑战"，几乎用了一半的文字来分析这样的不足和挑战，"民生领域还有不少短板，脱贫攻坚任务艰巨，城乡区域发展和收入分配差距依然较大，群众在就业、教育、医疗、居住、养老等方面面临不少难题；社会文明水平尚需提高；社会矛盾和问题交织叠加……国家治理体系和治理能力有待加强"（国家治理体系和治理能力中当然包括社会治理体系和治理能力）。

可以看到，加快社会发展和社会建设，是解决发展不平衡、不充分的一个极其重要的方面。十九大报告对社会发展和社会建设的重要性给予了高度的重视。在论述基本方略的"十四个坚持"中，社会建设的重要性达到了事关人的全面发展、全体人民共同富裕、社会和谐稳定、国家长治久安、人民安居乐业的高度。在全面论述"五位一体"的总体布局部分，十九大报告用了七条来论述社会发展和社会建设问题，是条数最多的一个部分。而且，在我们看来，在论述经济建设、政治建设、文化建设和生态文明建设的部分，也有许多内容与社会建设高度相关，或者说需要社会建设的跟进。例如，在经济建设中的乡村振兴方面，社会建设应当是不可缺少的组成部分，乡村振兴不仅体现在经济发展方面，同样体现在社会发展方面，乡村振兴无疑需要乡村社会的振兴。

三 聚焦重大问题，加强科研攻关

加强对美好生活需求和发展的不平衡性与不充分性的研究，都不能缺少社会学学科的参与，甚至可以认为，对它们的研究，正是社会学学科在新时代的主要任务和努力方向。2017年上半年，中国社会科学院组织有关研究所为起草十九大报告建言献策，我所组织了所内几位专家，经过研讨，也提交了关于未来30年中国社会发展需要认真研究解决的几个重大问题的建议。现在看来，我们提出的建议，是符合十九大报告的主要精神的，今后，中国社会学界尤其是我们社会学研究所，确实需要下大功夫去研究这些问题。

（一）继续深化收入分配体制改革，不断缩小城乡之间、地区之间和社会阶层之间的收入差距。

（二）继续实施反贫困战略，实现绝对贫困人口全部稳定脱贫，做好扶持相对贫困人口工作。

（三）就业是民生之本。提高劳动参与率，促进以高校毕业生为重点的青年就业和农村转移劳动力、城镇困难人员、退役军人就业。鼓励老年人就业，施行渐进式延迟退休年龄和弹性退休政策。加强对灵活就业、新就业形态的政策支持。建立适应互联网经济的就业和劳动服务标准，规范互联网经济业态，改进监管模式。

（四）社会建设取得新进步，基本公共服务水平和均等化程度明显提高，教育和医疗卫生事业的发展达到中等收入国家中的较高水平。尤其在教育方面，我们建议，继续促进教育公平，提高各级教育质量。教育事业迅速发展，城乡免费义务教育全面实现，逐步探索十二年制义务教育，推进高等教育向大众化、普及化阶段发展。高等教育的毛入学率在2030年超过40%，2050年超过80%。

（五）社会保障是我国民生事业的重要内容，不仅具有托底的功能，而且承担着让更多的广大人民享受发展成果、促进社会主义社会和谐、有效抵御社会风险、确保社会经济稳定和可持续发展、助力我国和平崛起以及增强我国软实力等重要的功能。

（六）进一步深化社会治理体系改革，不断提高社会治理能力和现代化水平。继续着力保障和改善民生，进一步解放和增强社会活力，到2030年，把中国社会建设成为小康富足、公平正义、活力创新、包容和谐、团结互助的现代社会，初步形成与中高收入国家相适应的、科学有效的现代社会治理体制，建立比较成熟的基层城乡治理体系和基层群众自治机制，实现政府治理和社会自我调节、居民自治的良性互动。

（七）引导社会舆情，形成与现实发展水平相适应的平和社会心态。随着我国进入中等收入国家行列，以及互联网等技术及其应用的普及，人的因素尤其是人们的社会心态将成为未来30年影响我国社会和谐稳定发展的重要因素。要不断提高全民修养，让现代公德观念和法治意识不断内化为每个公民的自觉行为。

我们将不忘初心，秉持理念，继续带领社会学研究所全体科研人员，认真学习领会贯彻十九大精神，加强对这些问题的研究，在学术发展和智库发展两个平台上不断创新，在伟大新时代建功立业。

（作者为中国社会科学院社会学研究所所长）

民生福祉是一切工作的
出发点和落脚点

张 翼

党的十九大报告指出,中国特色社会主义进入新时代我国社会主要矛盾已经转化为人民日益增长的美好生活需要和不平衡不充分的发展之间的矛盾。为解决好这个主要矛盾,我们必须坚持以人民为中心的发展思想,不断促进人的全面发展。报告同时强调:"坚持在发展中保障和改善民生。增进民生福祉是发展的根本目的。必须多谋民生之利、多解民生之忧,在发展中补齐民生短板、促进社会公平正义,在幼有所育、学有所教、劳有所得、病有所医、老有所养、住有所居、弱有所扶上不断取得新进展,深入开展脱贫攻坚,保证全体人民在共建共享发展中有更多获得感,不断促进人的全面发展、全体人民共同富裕。"报告把保障和改善民生作为中国特色社会主义基本方略的重要内容,突出"全体人民",规定了保障和改善民生的普惠性,为进一步做好民生工作指明了方向。

一 坚持以人民为中心的发展思想核心就是关心民生福祉

中国共产党自建立以来的长期奋斗实践说明,什么时候比较好地坚持了以人民为中心的发展思想，什么时候的工作就开展得比较顺利，就能够得到人民群众的支持，就会无往而不胜。什么时候偏离了以人民为中心的发展思想，什么时候的工作就比较艰难，就难以得到人民群众的支持，就会碰到挫折。

要坚持以人民为中心的发展思想，就需要将民生福祉置于极其重要的地位，使之成为一切工作的出发点和落脚点。唯有将工作的出发点和落脚点都置于为民谋福利的核心位置，我们才能与群众建立起鱼水般的密切关系，坚持马克思主义的群众史观。在革命战争年代，我们坚持了这一点，最终夺取了国家政权，成立了中华人民共和国。在和平建设时期，我们也要坚定不移地坚持这一点。改革开放40年来，正是我们党带领人民群众聚精会神搞建设，一心一意谋发展，才使综合国力显著增强，人民生活不断改善，国际地位大幅提升，这样的历史进程和巨大的发展成就，体现了社会主义制度的本质和优越性，也是对"坚持以人民为中心的发展思想"的有力践行。

二 解决人民最关切、最直接、最现实的民生问题

要将民生福祉置于一切工作的出发点和落脚点，就需要从问题意识出发，解决人民最关切、最直接、最现实的民生问题。在公共安全、义务教育、劳动就业服务体系、社会保险制度、社会救助和社会福利体系、城乡基层医疗卫生服务体系、国家基本药物制度、保障性安居工程等方面交出令人民群众满意的答卷。

改革开放以来的快速发展，创造了一个又一个世界奇迹，在将中国转变为世界第二大经济体的同时，也促进了社会结构的快速转型——先从传统农业社会转变为工业社会，接着又向后工业社会转变。生产方式的改变促进了社会生活方式的转型，为广大人民群众生活品质的改善创造了广阔空间。现在，社会大局稳定，九年义务制教育全面贯彻并向十二年免费教育转变，户籍制度改革促进了人口流动与劳动力市场的改进，城镇化水平也提升到2017年年底的58.52%，虽然经济从高速增长转变到中高速增长，但调查失业率长期控制在5%以下，社会保障从无到有形

成了制度性全覆盖，城乡人民群众的居住面积大幅提升，房屋持有率也大幅提高。正因为这样，中国人口的平均预期寿命才从新中国成立之初的35岁提升到2017年年底的76.6岁。

但社会发展造成的结构转型、人口流动和生活品质的提升，也对民生问题的结构性供给形成了新需求。另外，毋庸讳言，与民生相关的基本公共服务在城乡与区域之间还存在重大差距。有些差距是原有制度配置造成的，有些差距是地区发展不平衡造成的，有些差距是社会变迁造成的。全面建成小康社会的一个基本要求，就是推动城乡与区域之间发展差距的缩小。而在影响城乡居民的生活方面，社会安全供给、教育和医疗资源配置等，具有更为重要的影响意义。

一是社会安全方面。伴随人民群众生活水平的提升，各个社会阶层成员开始对社会安全——尤其是社会治安、交通安全、食品安全、生产安全等关切起来。在城市加大了食品安全检查之后，有些假冒伪劣产品流通到农村市场，影响了广大农民的身心健康。在广大农村地区，虽然推进了新农村建设，但塑料薄膜等白色污染、人畜粪便洗浴废水污染、秸秆焚烧污染等问题，还严重影响着居民生活品质的提升。

二是教育方面。教育影响着千家万户子女的成长。城乡之间和区域之间教育差距还比较大。在经过多年学校硬件的建设之后，除某些偏远山区外，乡村在小学与中学的校舍、课桌、操场等方面基本能够满足需要。但在软件配置、任课老师的授课能力上却存在重大区别。一方面，农民工的流动带动了子女的随迁，使流动儿童进入城镇就学，给流入地城镇造成了教育资源压力，使一部分农民工子弟不得不就学于城乡接合部的农民工子弟学校。另一方面，农村小学和初中生源严重不足，教育资源浪费严重。偏远地区优质师资向当地中心城镇流动，剩余的师资大多学历较低、教学能力相对较差。这使偏远山区"麻雀"小学的生源，在完成义务阶段教育之后，很难考入优质高中，由此也降低了贫困家庭子女的大学入学率。

三是医疗方面。医疗资源的硬件设备，在最近几年也有了长足改善。即使是在乡镇医院，住院部的床位数也增加了、医疗检查设备也更新了、医护人员的学历水平也提高了。但乡镇医院与县城医院和当地中心城市医院之间医疗水平的差距，却使治病人数趋于减少。乡镇医院医护人员与县城医院医护人员能力的差距有逐步拉大的可能。东部地区医院的医疗水平，也大大高于中西部地区医院的医疗水平。这就是说，基层医院与县城医院之间医疗水平的差距越大，病人向县城医院流动的可能性也就越大。病人越向县城医院流动，则乡镇医院医生的诊治经验就越不足。这个矛盾不解决，县城医院或当地著名医院的诊治压力就不会降低，由此推而广之，全国著名医院的诊治压力，也不会降低。

四是劳动就业服务方面。虽然近期全国的登记失业率维持在4%左右，但如果将就业脆弱群体——农民工的失业率、停业率等包括在内，则调查失业率会上升到5%左右。近期沿海地区出口导向企业的关停并转迁（关门、停业、合并、转产、迁厂）等，在很大程度上影响了农民工就业的稳定性。在户籍制度的影响下，流动到城镇与城市的农民工，还不能完全分享所在地的基本公共服务。凡此一切，都影响着农民工群体的社会获得感，需要我们通过改革加速落实。

五是社会保险方面。十八大以来的改革，加速了并轨进度。在原有城镇企业职工养老保险可转移、可携带的基础上，推进了机关事业单位养老保险制度的改革，从制度和体制上化解了多轨运行带来的待遇差异，在"一个统一"和"五个同步"下完成了并轨过程。"一个统一"，就是将机关单位和事业单位的养老保险缴费和计发办法与城镇企业职工养老保险基本统一。"五个同步"，就是使机关与事业单位同步改革，职业年金与基本养老保险制度同步建立，养老保险制度改革与完善工资制度同步推进，待遇调整机制与计发办法同步改革，改革在全国范围同步实施。与此同时，也逐渐推进了新农村养老保险与城镇居民养老保险逐步并轨，使农村居民和城镇居民的缴费和计发办法逐渐统一。但需要指出的是，虽然社会保险制度改革完成了制度性并轨，但待遇差距仍然是存在的。机关事业单位养老保险中设计的职业年金和住房公积金，几乎可以让财政经费覆盖的所有机关事业单位工作人员受益，但在城镇企业职工养老保险中，虽然也设计了企业年金的类别，可企业实际缴纳的比重很低，绝大多数企业工作人员难以享受这类待遇。例如，住房公积金，在企业职工中，也只有少数能够享受到。另外，即使是在机关与事业单位工作人员中，职业年金与住房公积金也存在很大差异。教育部所属的重点大学的教职员工，住房公积金相对较高，但普通公务员和一般大学老师的住房公积金则相对较低。对于新农保或享受城镇居民养老保险的老年人来说，他们每月能够领取的养老金仅仅为70元钱，在物价日益攀升的大格局下，老年农民与老年城市居民的生活品质还难以提高。这就是说，我们还需要继续深化改革，关切普通群众的制度性和现实性获得感，不仅在制度设计上有所进取，而且在制度的执行结果上更多照顾到企业职工和基层人员的利益。

六是住房方面。改革开放以来，人民群众的人均住房面积与住房持有率迅速上升。从表1所显示的调查数据看，城乡居民回答说没有住房的只有5.1%，回答说有一套住房的为77.0%，回答说有2套住房的为15.5%，回答说有3套或3套以上住房的为2.4%。

表1　　　　　　　　　　中国居民住房持有状况

	频次	有效百分比（%）	累积百分比（%）
没有住房	503	5.1	5.1
有1套住房	7681	77.0	82.1
有2套住房	1545	15.5	97.6
有3套或3套以上住房	243	2.4	100
总计	997	100	

资料来源：中国社会科学院2015年CSS调查。

但在城镇化与人口流动大趋势下，还应该注意到，绝大多数农民工在流入地还没有住房，而他们在农村的住房却长年空置。不断上升的城市房价，从供给侧限制了农民工的购房需求；农民工工资水平的相对低下，则从需求侧限制了农民工的消费意愿。最近一段时期高涨的房价，对绝大多数大学毕业生来说，都难以仅仅依靠自己的工资去购置住房。要妥善推进中国的城镇化，就必须适应历史发展趋势，解决广大人民群众的住房问题，这应该是当前和未来民生问题的一个主要抓手。

三 以供给侧结构性改革推动完善民生福祉

城乡之间基本民生方面的差距，会严重影响人民群众的社会发展机遇。当前改革的重点，是通过供给侧的结构性改革，满足不同居民的民生需求。而在民生问题中，最影响老百姓改革获得感的几个问题，是食品和药品安全问题、教育资源配置的均等化问题、医疗资源配置的均等化问题。

伴随社会的发展，人民群众对食品安全和药物安全提出了新的要求。但在现实中，农村市场出售的价低质劣商品和药品还很多，甚至有些过期商品仍然被改装出售。这影响了农村居民生活必需品的消费品质，也影响了他们的身体健康。在农村的空心化过程中，乡村卫生所、小商店、供销社等服务设施，已逐渐向城镇与城市转移。这在很大程度上影响着农民消费的可及性。只有从供给侧优化供给，建立起10分钟或15分钟的服务圈，加大对农村商品质量的监督力度，才能缓解人们对食品质量的担忧程度。

总之，要提升广大人民群众的福祉，就必须在社会治理上率先解决关切日常生活的大事，一方面提供质量较高的消费品，另一方面推动城乡与区域基本公共服务的均等化。在当前来看，基本公共服务中存在的问题，有些是"有没有"的问题，但更多的是"结构性短缺"的问题。而结构性短缺问题，只能通过供给侧的结构性改革完成供给，满足乡村和偏远地区人民群众的需求升级，消除供给侧与需求侧之间的错配现象。

（作者为中国社会科学院社会发展战略研究院院长）

不忘初心　牢记使命
坚定弘扬文化自信

赵天晓

党的十九大是在全面建成小康社会决胜阶段、中国特色社会主义进入新时代的关键时期召开的一次十分重要的大会。学习党的十九大精神，要全面准确理解十九大报告，领会习近平新时代中国特色社会主义思想，把握新时代的内涵，坚定树立"四个自信"，为构建中国特色哲学社会科学作出应有的贡献。

一　深入学习理解把握新时代的重要意义

在党的十九大报告中，习近平总书记作出了中国特色社会主义进入新时代的重大政治判断，并且进一步指出，经过长期努力，中国特色社会主义进入了新时代，这是我国发展新的历史方位。这是对党和国家发展历史方位的精辟概括，具有深刻内涵和重大意义。

第一，新时代是以习近平同志为核心的党中央承前启后，继往开来的时代。党的十八大以来，以习近平同志为核心的党中央领导全党、全军和全国各族人民进行伟大斗争，建设伟大工程，推进伟大事业，实现伟大梦想，特别是习近平同志起到了最关键、最重要的掌舵人、领航者的表率作用，彰显出我们党的杰出领袖强大的政治定力、高度的政治清醒和伟大的政治担当。改革开放40年来，中国走过了有些国家用一百多年甚至更长时间走过的现代化历程，创造了人类发展史上的奇迹。经济得到高速发展，国内生产总值跃居世界第二位。民主法治建设取得长足进步。文化影响力显著扩大，教育事业规模位居世界前列，科技创新能力明显增强。人民生活水平大幅度提高，医疗卫生状况和人均寿命，都达到历史最高水平。各项社会保障制度初步建立起来，覆盖全国城乡大部分人群。在党的十八大以来的五年里，以习近平同志为核心的党中央以巨大的政治勇气和强烈的责任担当，提出一系列新理念新思想新战略，出台一系列重大方针政策，推出一系列重大举措，推进一系列重大工作，解决了许多长期想解决而没有解决的难题，办成了许多过去想办而没有办成的大事，取得的成就是全方位的、开创性的，变革是深层次的、根本性的。

第二，新时代是基于我国社会主要矛盾发生转化的高度概括。十九大报告指出，我国社会主要矛盾已经转化为人民日益增长的美好生活需要和不平衡不充分的发展之间的矛盾。从人民的角度看，在总体上实现小康的基础上，美好生活的需要日益广泛，不仅对物质文化生活提出了更高要求，而且对民主、法治、公平、正义、安全、环境等方面的要求日益增长。而从国家发展的状况看，还存在着发展不平衡不充分的问题，难以完全满足人民日益增长的美好生活需要。这一认识，有助于我们更加注重全面均衡的发展，更好地满足人民追求更美好生活的诉求。

新时代蕴含着深刻的"变"与"不变"的辩证法认识论。这里的"变"指的是，我国社会主要矛盾已经由"人民日益增长的物质文化需要同落后的社会生产之间的矛盾"转化为"人民日益增长的美好生活需要和不平衡不充分的发展之间的矛盾"。这里的"不变"指的是，我国仍处于并将长期处于社会主义初级阶段的基本国情没有变，我国是世界最大发展中国家的国际地位没有变。另外，中国共产党的初心不变，"初心"就是党的理想、信念、追求，就是对国家、民族、人民所负的责任，就是不能忘记我们入党的誓词，不能忘记自己作为党员、干部应该做什么。"不忘初心，牢记使命，高举中国特色社会主义伟大旗帜，决胜全面建成小康社会，夺取新时代中国特色社会主义伟大胜利，为实现中华民族伟大复兴的中国梦不懈奋斗。"这是党的十九大的主题，也是以习近平同志为核心的党中央作出的庄严宣示。新时代的"变"与"不变",是我们谋划未来发展的基本依据。

第三,新时代对中国特色社会主义事业具有重要意义。习近平总书记在报告中指出,中国特色社会主义进入新时代,意味着近代以来久经磨难的中华民族迎来了从站起来、富起来到强起来的伟大飞跃,迎来了实现中华民族伟大复兴的光明前景;意味着科学社会主义在21世纪的中国焕发出强大生机活力,在世界上高高举起了中国特色社会主义伟大旗帜;意味着中国特色社会主义道路、理论、制度、文化不断发展,拓展了发展中国家走向现代化的途径,给世界上那些既希望加快发展又希望保持自身独立性的国家和民族提供了全新选择,为解决人类问题贡献了中国智慧和中国方案。这三个"意味着"道出了强起来的时代要义,也道出了中国特色社会主义进入新时代的重大价值和伟大意义。实现从站起来、富起来到强起来的历史性飞跃,是一代代中国人的期盼,也是中国共产党人的历史重任,一代代中国共产党人都在为此努力奋斗。我们要深刻认识到,没有站起来、富起来的伟大奋斗,就不会有强起来的伟大新时代,决不允许任何人、任何势力对我们党的历史、革命历史和新中国历史进行攻击、抹黑、否定。同时,我们也应清醒地看到,虽然中国人民富了起来,但距离强起来还有一定差距。

第四,新时代不仅是对中国发展具有重大意义的新时代,也是中国日益走近世界舞台中央、不断为人类作出更大贡献的新时代。中国特色社会主义的出现与发展,蓬勃的生机和活力,使得世界社会主义运动走出低谷,迎来伟大复兴的新时代。正如习近平总书记所指出的,这个新时代,是承前启后、继往开来,在新的历史条件下继续夺取中国特色社会主义伟大胜利的时代,是全体中华儿女勠力同心、奋力实现中华民族伟大复兴中国梦的时代,是我国日益走近世界舞台中央、不断为人类作出更大贡献的时代。也就是说,中国特色社会主义进入新时代是对正处于大发展大变革大调整时期的当今世界的巨大贡献。

二 牢固树立"四个自信",坚定文化自信

习近平总书记十九大报告中的"三个意味着",特别是新时代"意味

着中国特色社会主义道路、理论、制度、文化不断发展,拓展了发展中国家走向现代化的途径,给世界上那些既希望加快发展又希望保持自身独立性的国家和民族提供了全新选择,为解决人类问题贡献了中国智慧和中国方案",有利于我们更加坚定"四个自信",而文化自信则是四个自信的灵魂。

文化是一个国家、一个民族的灵魂。文化兴、国运兴,文化强、民族强。我们已经从站起来、富起来,发展到了强起来的新的历史阶段,"四个自信"特别是文化自信是需要着重强调的。

第一,中华优秀传统文化是文化自信的底蕴。习近平主席在故宫与特朗普讨论中华文明是唯一没断流的并且历久弥新的文明,就充满了文化自信。而且传统民族文化贯穿始终,与时俱进,在培育和弘扬社会主义核心价值观过程中发挥着基础地位和根本作用。习近平总书记指出:"培育和弘扬社会主义核心价值观必须立足中华优秀传统文化。牢固的核心价值观,都有其固有的根本。抛弃传统、丢掉根本,就等于割断了自己的精神命脉。"[1] 这一论述,着力强调了中华优秀传统文化对于培育和弘扬社会主义核心价值观的基础地位、根本作用。中国的社会主义是建立在中国的现实土壤和历史传统基础上的,社会主义核心价值观绝不可能离开中华优秀传统文化的思想资源。认为后者是前者的基础,体现出我们党高度的民族文化自信,体现了尊重历史传统的正确态度。中国的社会主义必须具有中国特色,中国社会主义的核心价值观也必须具有鲜明的中国文化特色。中华优秀传统文化博大精深,习近平总书记提出要深入挖掘和阐发中华优秀传统文化讲仁爱、重民本、守诚信、崇正义、尚和合、求大同的时代价值,使中华优秀传统文化成为涵养社会主义核心价值观的重要源泉。这可以说是传统美德、政治理念、社会理想、民族精神方面的根本要素,也是中华民族传统核心价值观的集中体现。这是我们文化自信的底气。

第二,新时代的伟大实践是社会主义先进文化建设的源泉。我国社会主要矛盾已经转化为人民日益增长的美好生活需要和不平衡不充分的发展之间的矛盾。而文化发展不平衡不充分是最为突出的领域之

---

[1] 《党委中心组学习参考2015》,红旗出版社2015年版,第80页。

一。因此，文艺生产要以人民为中心，提供丰富的精神食粮，满足人民过上美好生活的新期待。习近平总书记在报告中指出，发展中国特色社会主义文化就是以马克思主义为指导，坚守中华文化立场，立足当代中国现实，结合当今时代条件，发展三个面向的，民族的、科学的、大众的社会主义文化。要坚持为人民服务，为社会主义服务，坚持"双百方针"，坚持创造性转化，创新性发展。不断铸就中华文化新辉煌。这里既强调了传统文化的积淀，又强调了与时俱进的时代要求。

第三，文化走出去是中国特色社会主义新时代"强起来"的重要标志。我们从"站起来"到"富起来"再到新时代的"强起来"，标志是什么，是综合国力，是经济的全面开放，是技术、企业、人员、投资走出去。更重要的是，文化必须走出去。相对中国在经济上的崛起，中国文化在国际社会还未获得与其经济实力相匹配的影响力。撒切尔夫人对于中国和平崛起曾有过评论，大意是中国靠输出产品崛起并不可怕，而西方输出价值观才最有力量。现如今，文化"走出去"已经成为国家战略，依靠中国崛起这个国际经济政治形势，文化"走出去"成为一个真实的实践问题。2002年11月，党的十六大报告中强调："要立足于改革开放和现代化建设的实践，着眼于世界文化发展的前沿，发扬民族文化的优秀传统，汲取世界各民族的长处，在内容和形式上积极创新，不断增强中国特色社会主义文化的吸引力和感召力。"[1] 文化"走出去"正式作为国家"走出去"战略的一个重要组成部分提出来。之后，一系列的重要文件（比如在党的十六届四中全会通过的《中共中央关于加强党的执政能力建设的决定》《国家"十一五"时期文化发展规划纲要》《文化建设"十一五"规划》《文化产业振兴规划》《国民经济和社会发展"十二五"规划纲要》）对于文化"走出去"的内容、途径和渠道以及模式创新进行了更为全面的表述。《国家"十三五"时期文化发展改革规划纲要》提出，"推动中华文化走出去，统筹对外文化交流、传播和贸易，创新方式方法，讲述好中国故事，阐释好中国特色，让全世界都能听到听清听懂中国声音，不断增强中国国际话语权，使当代中国形象在世界上

---

[1]《江泽民文选（第三卷）》，人民出版社2006年版，第559页。

不断树立和闪亮起来"①。党的十七大报告明确指出要提高国家文化软实力，指出"文化越来越成为民族凝聚力和创造力的重要源泉、越来越成为综合国力竞争的重要因素"②，强调了"激发全民族文化创造活力，提高国家文化软实力"③。文化是一个民族的灵魂，既是塑造国家形象中最为核心的部分，亦是提升文化软实力的重要组成部分。当然，切实考察中国文化"走出去"的效果以及存在的不足也是有效提升文化软实力的重要工作。近些年传承与发扬中国传统文化的命题也格外引人注目。传统文化也在助推文化"走出去"，是文化"走出去"的基础组成部分。对于一个民族而言，传统意味着传承与独特的民族身份，而对于国际公众而言，传统文化也是中国的标识之一。一项针对51个国家405位外国意见领袖的问卷调查显示，奥运期间，外国人最想感受的中国国家形象要素中文化要素名列第一，远高于社会、政治和经济要素，占77.8%。文化贸易、文化交流、文化外交是文化"走出去"的几种主要方式。我们看到传统文化在文化交流、文化外交、文化贸易中扮演越来越重要的角色。在文化交流方面，中国政府自2004年开始，系统地在全球推广语言和文化，以设立"孔子学院"和"孔子课堂"的形式对外传播中华语言和文化。根据汉办统计，截至2016年12月31日，全球140个国家（地区）建立512所孔子学院和1073个孔子课堂。再比如，这几年文化部门利用春节等重要节日，举行文化交流活动，在海外形成了春节品牌效应，增进世界对中国的了解。在文化外交方面，文化元素的巧妙运用可以有效展示国家形象以及中华文化的独特魅力。美国总统特朗普访华，游览了故宫三大殿，观赏了珍品文物展、文物修复技艺展示，还在畅音阁观看了《梨园春苗》《美猴王》《贵妃醉酒》精彩剧目。文化因素在这次特朗普的中国之行中意义深远。而2015年，习近平主席访问美国时，在塔科马市向林肯中学赠送了《红楼梦》《唐诗》《宋词》等中国古典书籍作为礼物。在文化贸易方面，唐三彩、青花瓷、彩绣、织锦等传统文化产

---

① 《人民日报》2017年5月8日第1版。
② 《高举中国特色社会主义伟大旗帜　为夺取全面建设小康社会新胜利而奋斗——在中国共产党第十七次全国代表大会上的报告》，人民出版社2007年版，第33页。
③ 同上。

品在海外也有一定的销量。

三 新时代哲学社会科学工作者要不忘初心，牢记使命

十九大报告突出论述了坚定文化自信，推动社会主义文化繁荣兴盛。这是统筹推进"五位一体"总体布局、协调推进"四个全面"战略布局、牢固树立"四个自信"的具体举措。报告突出了牢牢掌握意识形态工作领导权。推进马克思主义中国化时代化大众化，加快构建中国特色哲学社会科学，加强中国特色新型智库建设。这是党中央和新时代对广大哲学社会科学工作者下达的动员令和任务书，使命神圣，责任重大。

报告强调了坚持正确舆论导向，高度重视传播手段建设与创新，提高新闻舆论传播力、引导力、影响力、公信力，加强互联网内容建设，建立网络综合治理体系，营造清朗的网络空间，加强国际传播能力建设，讲好中国故事。这些是对我们新闻学传播学学科建设在新的历史时代的起点上的新要求，是我们当前和今后相当长时期的战略性工作任务。我们必须要学懂弄通做实党的十九大精神，以习近平新时代中国特色社会主义思想为指导，激发创新创造活力，大力营造积极、健康、向上的事业大发展大繁荣的环境，在实现中华民族伟大复兴的中国梦的伟大事业中积极努力贡献力量。

（作者为中国社会科学院新闻与传播研究所党委书记）

搭建"四梁八柱"营造亿万网民的精神家园

唐绪军

党的十九大报告提出了"习近平新时代中国特色社会主义思想",这是对以习近平同志为核心的党中央治国理政新理念新思想新战略的高度概括和凝练,是马克思主义中国化的最新成果,是党和人民实践经验和集体智慧的结晶。习近平总书记在十九大报告中明确提出,要善于运用互联网技术和信息化手段开展工作,为我们加强互联网建设提供了根本遵循。

一 互联网既是联通人民、世界、未来的虚拟世界,也是各种思潮交流交融交锋的主要空间

新时代有许多新特点,互联网的飞速发展和广泛应用就是其中不可忽视的新机遇和新挑战。当今世界,新一轮科技革命正在兴起,以互联网为代表的信息技术广泛应用于社会各个领域,全方位改变着社会生活的方方面面。互联网日益呈现出媒体化、社交化、现实化、移动化的特点,已经成为一个联通人民、联通世界、联通未来的虚拟世界,也成为各种思潮交流交融交锋的主要空间。

放眼国际，国外一些发达国家利用技术优势取得了网络信息传播的先机，凭借其先进的信息基础设施，建立了有影响力的网络信息发布渠道，抢占世界舆论制高点。从发展战略来看，借助数字化转型之机布局海外新媒体终端成为西方媒体的共识，并借此构建新型国际传播网络体系。

从国内看，我国正处于信息革命浪潮中，受到的影响越来越广泛和深刻。据中国互联网络信息中心（CNNIC）发布的第 40 次《中国互联网络发展状况统计报告》，截至 2017 年 6 月，中国网民规模达到 7.51 亿，占全球网民总数的 1/5；互联网普及率为 54.3%，超过全球平均水平 4.6 个百分点。我国已经毫无疑问地成为互联网大国。

正是在这样的时代背景下，十九大报告中 4 次提到了"互联网"。第一次是在总结过去五年成绩时，指出"互联网建设管理运用不断完善"；第二次是在"建设现代化经济体系"部分，指出"加快发展先进制造业，推动互联网、大数据、人工智能和实体经济深度融合"；第三次是在"推动社会主义文化繁荣兴盛"部分，指出"加强互联网内容建设，建立网络综合治理体系，营造清朗的网络空间"；第四次是在"不断提高党的执政能力和领导水平"部分，指出"增强改革创新本领，保持锐意进取的精神风貌，善于结合实际创造性推动工作，善于运用互联网技术和信息化手段开展工作"。细究这 4 处表述，既有对互联网建设管理运用所取得成绩的肯定，又有对所存在问题的直面，还有对进一步会用善用互联网的期待，反映了我们党对互联网这一新时代新技术的准确认识和把握。

二 在全面建设社会主义现代化国家征程中，互联网安全建设刻不容缓

互联网开创了人类相互沟通、交流、传递信息的新方式。然而，互联网绝不仅仅是人类发明的一项新技术，网络传播也绝不仅仅是由于运用一项新技术而改变了传播的方式和传播的形态。互联网这一新技术催生了新媒介和新业态，新媒介和新业态形塑了新文化和新产业，新文化和新产业渗透进社会生活的方方面面，影响着人们的思想、行为和生活方式，从而改变着这个时代，这个世界。

2016年4月19日，习近平总书记在网络安全和信息化工作座谈会上的讲话中明确指出："互联网是一个社会信息大平台，亿万网民在上面获得信息、交流信息，这会对他们的求知途径、思维方式、价值观念产生重要影响，特别是会对他们对国家、对社会、对工作、对人生的看法产生重要影响。"①"我们要本着对社会负责、对人民负责的态度，依法加强网络空间治理，加强网络内容建设，做强网上正面宣传，培育积极健康、向上向善的网络文化，用社会主义核心价值观和人类优秀文明成果滋养人心、滋养社会，做到正能量充沛、主旋律高昂，为广大网民特别是青少年营造一个风清气正的网络空间。"② 因此，互联网内容建设刻不容缓地摆在了党和国家以及全社会的面前。

理论上说，互联网上生成或传递的所有文字、图片和音视频信息都是互联网内容。它有两个基本要件，其一是某种介质符号，其二是具有实质性意义，即介质符号能传达出人们能够理解的实质性意义。据曾任谷歌执行董事长的埃里克·施密特（Eric Schmidt）估计，互联网每两天生成的内容，换算成数据大约为5艾字节（exabytes），这相当于人类自诞生至2003年所创造的所有文明的积累。如此浩如烟海的内容，得益于所有互联网使用者的积极生产。

但是，互联网使用者三教九流，产出的内容也就注定泥沙俱下、纷繁芜杂，诲淫诲盗者有之，坑蒙拐骗者有之，教唆暴恐者有之……因此，互联网内容生产绝不等同于互联网内容建设。建设是有规划、有蓝图的，是按照既定的构想所进行的创造。

党的十九大为我们勾画了全面建设社会主义现代化国家的宏伟蓝图：从十九大到二十大，是"两个一百年"奋斗目标的历史交汇期。我们既要全面建成小康社会、实现第一个百年奋斗目标，又要乘势而上开启全面建设社会主义现代化国家新征程，向第二个百年奋斗目标进军。从2020年到本世纪中叶可以分两个阶段来安排。第一个阶段，从2020年到2035年，在全面建成小康社会的基础上，再奋斗15年，基本实现社会主义现代化。第二个阶段，从2035年到本世纪中叶，在基本实现现代化的

---

① 《在网络安全和信息化工作座谈会上的讲话》，人民出版社2016年版，第6页。
② 同上书，第9页。

基础上，再奋斗15年，把我国建成富强民主文明和谐美丽的社会主义现代化强国。

这一宏伟蓝图中，既有经济建设的目标，也有文化建设的目标。对于我们国家来说，互联网内容建设是文化建设的重要组成部分，就是要以满足人民群众对于优质精神文化产品和良好舆论、信息生态的需求为出发点和落脚点，以社会主义核心价值观为引领，丰富、繁荣网络精神产品及信息服务，凝神聚力，"使全体人民在理想信念、价值理念、道德观念上紧紧团结在一起"。

根据这样的规划和蓝图，互联网内容建设的重点就应该是互联网上生成和公开呈现的新闻舆论、理论宣传、文化表达、知识表述、政务资讯以及与民生相关的各种服务和消费信息。因为，这些信息是绝大多数网民日常上网接触的网络内容的主体部分。其中，很大一部分具有意识形态属性，对网民的思想行为、价值取向以及社会的舆论导向具有广泛而重要的影响。

三 齐心协力，搭建互联网内容建设的"四梁八柱"

习近平总书记指出："在我国，7亿多人上互联网，肯定需要管理，而且这个管理是很复杂、很繁重的。企业要承担企业的责任，党和政府要承担党和政府的责任，哪一边都不能放弃自己的责任。"[1] 互联网内容建设是一项综合性的系统工程，就好比盖一座大楼，需要参与各方各司其职、各负其责。党和政府要负责顶层设计，加强管理；网络企业要承担主体责任，搭建框架；各类媒体要承担主导责任，巩固梁柱；全体网民要各自承担有限责任，添砖加瓦。

既然是盖大楼，"四梁八柱"就是必不可少的。党的十九大提出的习近平新时代中国特色社会主义思想和基本方略，为互联网内容建设的"四梁八柱"提供了根本遵循。这"四梁八柱"可以概括为八项原则和四条路径。

---

[1] 《在网络安全和信息化工作座谈会上的讲话》，人民出版社2016年版，第20页。

第一项原则，坚持以人民为中心。贯彻以人民为中心的发展思想，"把人民对美好生活的向往作为奋斗目标"，以社会主义核心价值观为引领，坚持社会主义先进文化的前进方向，走中国特色互联网内容建设的发展道路。

第二项原则，推进改革创新。"发展是解决我国一切问题的基础和关键"，而改革和创新是引领发展的第一动力。必须把互联网内容建设的改革创新摆在重要位置，不断推进理念创新、技术创新、手段创新、方法创新、业态创新和制度创新，通过改革创新增强网上舆论引导效能，优化网络文化供给，提高政府网站质量，激活网上内生动力，提高网站传播能力和水平，巩固壮大网络主流传播阵地。

第三项原则，尊重传播规律。尊重互联网传播规律，正确处理互联网内容生产与传播过程中创新和继承、权利和义务、管理和服务、普及和提高、主旋律和多样化、社会效益和经济效益的关系。用互联网思维推进互联网内容建设，用鲜活的思想、观点和更有技巧的表达增强传播效果，以内容优势赢得发展优势。

第四项原则，保障繁荣发展。互联网内容的繁荣发展有赖于互联网用户创造性的调动和积极性的发挥，要坚持"双百方针"，坚持"四个有利于"的原则，提供宽松的环境，多一些包容和耐心，鼓励创新思维，保护知识产权。

第五项原则，把握正确导向。坚持"四个自信"，紧紧围绕"五位一体"总体布局和"四个全面"战略布局，沿着社会主义先进文化前进方向，牢牢掌握网上意识形态话语权、管理权、主导权，为党和国家长治久安坚守好网络舆论阵地。

第六项原则，培育向善文化。中华民族有着深厚的文化传统，中华文化是向善向上的文化，体现了中国人几千年来积累的知识智慧和理性思辨。这是我国的独特优势。互联网内容建设要加强对中华优秀传统文化的挖掘和阐发，使中华民族最基本的文化基因与当代文化相适应、与现代社会相协调，"不忘本来、吸收外来、面向未来，更好构筑中国精神、中国价值、中国力量，为人民提供精神指引"。

第七项原则，力行共享共治。互联网内容的建设依靠人民，建设成果由人民共享。要打破各行业各区域之间的内容生产和传播壁垒，支持跨行业、跨区域的内容资源整合和共享，使广大人民群众充分享受网络内容的丰富多样和方便快捷，使全民共同参与互联网内容建设和治理，在共建中共享，在共享中共治。

第八项原则，加强统筹协调。中央网络安全和信息化领导小组，统筹协调互联网内容的建设和管理。负责内容发布的各级主管部门要树立"四个意识"，充分发挥组织协调作用，加强部门、行业、区域间合作，形成统一领导、分工合理、责任明确、运转顺畅的互联网内容建设机制。

基于上述八项原则，互联网内容建设可以通过支持、保障、引导、治理四条途径来实施。

第一条途径是支持。要以充分的支持，为互联网内容的生产与传播提供人力、财力、特殊政策和激励机制的全面支撑，提倡百家争鸣，鼓励百花齐放，为互联网内容的创作者、生产者、传播者发挥聪明才智提供良好条件。尤其要支持主流媒体的转型发展，为它们唱响互联网上的主旋律创造条件。

第二条途径是保障。"全面依法治国是中国特色社会主义的本质要求和重要保障。"互联网内容的建设也不例外。要依法为互联网内容的生产和传播排除不当干扰，为互联网内容的创作者、生产者、传播者、获享者提供行使权利、防控风险、防止侵害的制度保障，让踏实工作、辛勤付出、创新开拓、作出贡献的人才有成就感、获得感。

第三条途径是引导。要以正确的引导，为互联网内容的生产和传播提供政治方向与社会主义意识形态的指引和理性疏导，鼓励和引领参与互联网内容建设的个人和机构各尽所能地用社会主义核心价值观和人类优秀文明成果滋养网络空间、滋养人心、滋养社会。

第四条途径是治理。要以有效的治理，为维护网络空间秩序、革除体制弊端、惩治网络违法犯罪提供健全的履责规范和问责机制，形成政府、企业、社会组织、广大网民共同参与互联网内容建设管理的行动格局与制度体系。这体现的是国家治理体系和治理能力现代化的水平。

总之，"四梁八柱"搭建好了，上下同心，努力建设，互联网必将成为亿万网民的精神家园。

（作者为中国社会科学院新闻与传播研究所所长）

国际研究学部

吸取西方国家反分裂的经验教训 坚决维护祖国统一

陈国平

习近平总书记在党的十九大报告中强调："坚持总体国家安全观。统筹发展和安全，增强忧患意识，做到居安思危，是我们党治国理政的一个重大原则。必须坚持国家利益至上，以人民安全为宗旨，以政治安全为根本，统筹外部安全和内部安全、国土安全和国民安全、传统安全和非传统安全、自身安全和共同安全，完善国家安全制度体系，加强国家安全能力建设，坚决维护国家主权、安全、发展利益"，"我们坚决维护国家主权和领土完整，绝不容忍国家分裂的历史悲剧重演。一切分裂祖国的活动都必将遭到全体中国人坚决反对。我们有坚定的意志、充分的信心、足够的能力挫败任何形式的'台独'分裂图谋。我们绝不允许任何人、任何组织、任何政党、在任何时候、以任何形式、把任何一块中国领土从中国分裂出去！"习近平总书记关于坚决维护祖国主权和领土完整的思想，充分反映了全党全国人民维护祖国统一的愿望，充分表达了全党全国人民坚决维护祖国统一的坚强决心，为我们深入开展反分裂斗争指明了前进方向。

分裂活动是人类历史上非常普遍、长期存在的现象。过去有，现在也有；中国有，外国也有。冷战结束以后，随着民主、人权、民族自决等思潮的兴起，各种分裂活动也如潮涌动，遍及欧洲、北美、中东、北非、亚洲的许多国家。比如，在美国有加州、德州、夏威夷的分裂运动，在加拿大有魁北克地区的独立运动，在英国有苏格兰地区、北爱尔兰的独立运动，在法国有科西嘉的独立运动，在西班牙有巴斯克地区、加泰罗尼亚地区的独立运动，等等。比较而言，西欧、北美这些经济发达、法制完备、民主政治相对成熟的国家，分裂独立势力越来越多地采取了和平、合法的方法来谋求达到分裂独立的目的；而这些国家的中央政府也多采取谈判、赋予民族地区高度自治权及设立单独地方议会、民主公投等温和的方式应对分裂独立势力的诉求。迄今为止，有的国家经过分裂独立势力的冲击，已经四分五裂，有的仍笼罩在战争的炮火之中，而西方这些国家则保持了国家的统一和领土的完整，使分裂独立活动处于总体可控的状态，除俄罗斯外，其他国家也避免了大规模的流血和暴力冲突。西方国家对待分裂独立势力的做法当然难言完美，有经验也有教训，但作为现代主权国家，在反对自己国家分裂的立场和态度方面与我们是一致的。系统考察西方国家反分裂的情况，对于我们深入学习领会、坚决贯彻习近平总书记关于维护国家主权和领土完整的思想大有裨益。

由于不同国家形成历史不同、民族构成不同、国家治理制度不同等方面的原因，西方国家在反分裂方面出台的政策、采取的措施及达到的后果都有差异。但总结起来有以下共同点值得我们思考和借鉴。

一　现代主权国家没有一个不是坚决反对自己国家分裂、坚决维护本国领土完整的

分裂独立运动最主要最普遍的形式是民族分裂运动。民族分裂主义的理论基础是"民族自决"理论，法理依据是国际法上的"民族自决"原则。应当说，民族分裂主义在历史上对于殖民地人民反对殖民统治、实现民族解放具有重要的进步意义，但在现代国家体系已经建立，不存在殖民统治和外国占领的情况下，则已经失去了它的正当性和合法性。加拿大1995年魁北克"独立公投"后，加拿大最高法院在回复加拿大政府的有关咨询时，表达了与此相同的观点。这一咨询意见对于我们理解当今分裂主义的非法性和非道义性具有重要的参考价值。

当代民族分裂主义通常希望实现"一族一国",在建立所谓独立的单一民族国家的过程中缺乏对他者的包容,具有极端性和对其他民族的排斥性,极为容易发展成狭隘的民族主义和暴力恐怖主义,对该国和国际社会而言都是一种破坏性力量。冷战结束以后,以美国为首的西方国家在打着"人权"高于主权、支持"民族自决"的幌子支持某些国家的分裂势力、干涉别国内政的同时,都毫不含糊地维护本国的领土完整。美、英、加、法、西、德这些国家的中央政府和领导人在维护自己国家的统一方面无一不是立场坚定、观点明确、态度鲜明的。由此,我们应当明白,所谓"主权高于治权",所谓"民族自决",不过是以美国为首的部分西方国家为了维护自身的霸权和战略利益,借以干涉别国内政特别是分裂、弱化敌对国家的幌子,千万不能受其蒙蔽。

二 西方国家都在反思是否及如何运用民主公投的方式解决本国的分裂问题

用全民公投的形式解决是否分裂的问题,在西方这些民主政治相对发达的国家自有其必要性和合理性,但其局限性也是显而易见的。加拿大为魁北克的独立问题,前后举行了两次公投。在侥幸避免"分裂危机"之后,加拿大政府前总理克雷蒂安在总结教训时坚定地说:"百分之五十加一票就可以分裂一个国家?这不是民主!"2000年5月,加拿大联邦议会通过"清晰法案"——《公决明确法》,规定今后魁北克省若再就"独立"问题举行公民投票,必须与其他省份进行宪法层面的协商一致并得到联邦政府的批准才能生效。表面上,加拿大政府并没有完全剥夺魁北克分裂的权利,但它通过种种限制条款,使魁北克在事实上很难再通过公民投票的途径达到分裂的目的。苏格兰于2014年9月18日举行了公投,最后结果是55%的选民反对,否决了苏格兰独立。目前英国还没有产生类似加拿大的"清晰法案",苏格兰独立的危险就像达摩克利斯之剑一样高悬在英国反对苏格兰独立的政治家和人民的头上,让他们担惊受怕、寝食难安。有了魁北克和苏格兰独立公投的教训,西方国家对待独立公投的态度起了明显变化。如西班牙的加泰罗尼亚议会通过一项法案,定于2017年10月1日举行独立公投。西班牙政府将此决定视为违法①。可以预见到的结果是，西班牙政府要么根本就不会同意加泰罗尼亚举行独立公投，要么就是像加拿大一样采取种种限制性条件，从事实上使之变得不可能实现。

三　维护国家统一必须强化法制保障

法律是维护国家统一、社会稳定最强有力的武器，在西方这些以法治为重要核心价值观的国家，都十分重视运用法律反对分裂，维护国家统一。比如加拿大，在1995年魁北克独立公投之后，面对国家分裂的危险，加拿大政府采取的最重要的措施就是向联邦最高法院提出法律咨询案，并随后出台了"清晰法案"，试图运用法律手段限制甚至制止独立公投。再比如西班牙，面对加泰罗尼亚的独立公投，中央政府与加泰罗尼亚分裂势力的交锋也主要集中在独立公投是否合法上。美国号称是世界上最崇尚自由的国家，美国的独立宣言明确昭告人民有自由选择政府的权利，但早在1869年美国联邦最高法院就在得克萨斯州诉怀特案的判决中明确"联邦不能分裂"，这就等于是给美国的统一加了一把铁锁，在这把铁锁面前，任何从美国联邦分裂出去的企图都是不可能实现的。俄罗斯在这方面的经验和教训也很深刻。苏联历次宪法中都有关于各个加盟共和国具有主权国家地位、享有自由加入和退出苏联的权利的规定，而这在20世纪80年代末90年代初成为部分加盟共和国从苏联分裂的法律依据。有鉴于此，1993年12月12日，俄罗斯通过的联邦新宪法强调联邦主体未经联邦中央的同意不得改变自身的地位，从宪法的高度根除了联邦主体寻求独立的法律依据。

四　维护国家统一必须夯实 国家认同的基础

增进非主体民族人民对国家的认同，西方国家在这方面采取的最根

---

① 《加泰罗尼亚依科索沃方式寻求独立　西班牙政府反驳》，2014年9月29日，中国网（北京）；《加泰罗尼亚将表决独立公投案　西政府促法院阻拦》，2017年9月7日，环球网。

本的措施是消除民族歧视，实施平等的民族政策。其中，加拿大实施的多元文化政策，是比较成功的例子。多元文化政策的主要内容包括尊重个体权利，鼓励少数民族保持自身的文化，推动民族平等，促进民族之间的相互交流，反对民族歧视，国家通过经济资助、人权委员会、工作平等项目等途径公平地介入社会和文化领域，等等。多元文化政策对魁北克的分裂运动起到了显著的抑制作用。当然，增强少数民族人民对国家的认同，最关键的是要维护好少数民族人民的经济利益，实现少数民族地区与其他地区在经济上的相互依存和均衡发展，提高少数民族人民的生活水平。像西方国家之所以在冷战结束后分裂独立势力重新抬头，支持分裂的人数不断上升，与经济利益上的矛盾没有处理好有很大的关系。有鉴于此，西方国家的中央政府往往将经济手段作为反对分裂独立的重要抓手，通过经济利益的诱导和调整来增强国家的凝聚力和向心力。

五　维护国家统一必须坚决打击恐怖主义活动

西方不少国家曾饱受分裂独立势力实施的恐怖活动之害。这些恐怖主义组织，在英国主要是支持北爱分裂的爱尔兰共和军，在西班牙是"埃塔"〔巴斯克语"巴斯克祖国与自由"（Euskadi Ta Askatasuna，ETA）的缩写〕，在法国是"科西嘉民族解放阵线"（Fronte di Liberazione Naziunale di a Corsica，FLNC），在俄罗斯是车臣反政府武装。对这些恐怖主义组织，西方国家主要是采取以下手段进行打击：一是揭露恐怖活动反人类反社会的本质，占领反恐活动的道义制高点，使恐怖分子成为包括少数民族人民在内的一切人民的公敌。二是采取包括法律的、军事的等一切手段坚决打击恐怖分子。西方国家对恐怖分子都展开过集中清剿，俄罗斯对车臣反政府武装展开军事打击的同时还对其首领直接实施"斩首"行动。三是注意运用策略。如英国政府在坚决打击从事恐怖活动的爱尔兰共和军成员的同时，也同爱尔兰共和军展开政治谈判，并迫使他们正式为30年前制造的"血腥星期天"恐怖事件向遇难者家属道歉，结束了北爱尔兰暴力冲突，实现了历史性的突破。2003年6月，俄罗斯议会杜马根据普京总统的提议发布了大赦令，对车臣地区的叛匪进行"大赦"，达到了对其内部进行分化瓦解的目的。四是开展国际合作打击恐怖主义。这些国家尽力通过包括联合国在内的国际组织，利用双边和多边国际条约，联手打击恐怖主义的分裂独立活动。通过上述几个方面的努力，西方国家的这些恐怖组织或日渐式微，或分崩离析，有的已宣布放弃恐怖主义行动。

六　维护国家统一要合理配置中央与地方治理的权力

在一个多民族国家，中央过分集权和过分放权都有可能催生分裂主义。冷战结束以后，欧洲、北美等发达资本主义国家在中央与地方关系上通常都采取了放权的政治策略，其典型例子就是加拿大之魁北克、英国之苏格兰、西班牙之加泰罗尼亚和巴斯克。这样做的结果，一方面可以起到安抚非主体民族、缓和民族矛盾的作用；另一方面也增加了一些人的分裂意识，同时为分裂的具体运作提供了制度空间。这就提醒我们，放权在何种程度上会缓和民族矛盾，阻碍民族分裂；在何种程度上会削弱民族凝聚力，给民族分裂以精神支持和制度保证，中央政府在确定放权之前对这些问题必须要有清醒的认识。各个国家要根据自身的国情、民情对中央与非主体民族聚居地区在权力的配置上进行合理的安排，并根据时代和环境的变化作出恰当的调整。

回头来看我们国家的反分裂斗争，我们党和人民政府长期以来在反对分裂、维护祖国统一方面始终是立场坚定、头脑清醒的，采取了许多卓有成效的措施解决分裂的问题。特别是2005年3月14日十届全国人大第三次会议通过了《反分裂国家法》，在运用法律武器反对"台独"、维护国家主权和领土完整方面迈出了坚实的步伐。同时，我们应当看到，我国当前面临的反分裂斗争的形势与以往相比更加复杂。比如，最近台湾"立法院"通过"公投法修正案"，大幅降低公投门槛，为"台独"分裂活动打开了方便之门。在这种情况下，在总结我们国家反分裂斗争经验的同时，也有必要更系统地、深入地研究西方国家反对本国分裂势力活动的情况，这样，才能更加自觉地领会、更有成效地贯彻好习近平总书记关于坚决维护国家主权和领土完整的思想，为反分裂活动作出应有的贡献！

（作者为中国社会科学院世界经济与政治研究所党委书记）

新时代呼吁更高水平的开放实践

张宇燕

党的十九大报告指出,"开放带来进步,封闭必然落后"。开放促进经济社会进步,促进国家繁荣发展,这是被古今中外的经济理论和发展实践所证明了的一个深刻道理。我国改革开放以来所取得的巨大发展成就,也得益于对外开放,甚至可以说开放是40年来中国经济社会快速发展的基本经验。党的十八大以来,以习近平同志为核心的党中央提出的新发展理念中就包括开放。提高开放型经济水平,需要实行更加积极主动的开放战略,这一战略至少包含对内、对外两个方向的要求或内容。对内来看,就是要完善对外开放体制机制,以扩大开放促进深化改革,以深化改革促进扩大开放。对外方面,包括参与和引领国际经济合作竞争、引导国际社会共同塑造更加公正合理国际新秩序。

一 开放促进繁荣的理论溯源

马克思主义的三大来源之一是英国古典政治经济学。亚当·斯密作为英国古典政治经济学的重要代表,在其传世之作《国富论》中,着重讨论了一国繁荣发展的逻辑。在他看来,经济发展无非是人均收入的增长,而人均收入增长只有一个来源,那就是劳动生产率的提高。导致劳动生产率提高的根本途径,则在于分工和专业化。

亚当·斯密指出,分工与专业化水平随着市场规模的扩大而提高。

如果把中间环节省略，我们便得到了所谓的"斯密定理"：经济繁荣来自市场规模的扩大。其政策含义便是自由贸易与参与国际分工。在这一过程中，即使没有技术进步，仅仅因为市场中的个人、企业或国家专注于生产自己有"绝对优势"的产品并以之与他人交易并换回自己不擅长生产的产品，便可以获得"贸易的收益"，实现经济增长。

英国古典政治经济学的另一位重要代表大卫·李嘉图随后发展了斯密的理论，指出即使某国在生产两种商品时都没有优势，但只要它生产那些与贸易伙伴相比差距更小的商品并拿来交换，双方同样可以获得福利改进。李嘉图的"比较优势论"强化了自由贸易乃经济繁荣之基本源泉这一理念。英国后来主导全球经济，至少部分原因在于践行了"斯密定理"。

在两千多年前，中国思想家、历史学家也对自由贸易与经济繁荣之间关系作出了精准的描述。《史记·货殖列传》中就有"以所多易所鲜"的句子。《淮南子·齐俗训》更进一步："泽皋织网，陵阪耕田，得以所有易所无，以所工易所拙。"《淮南子》提到的"工拙说"，与斯密所说的分工与专业化之结果完全是一回事。"工"与"拙"不仅包含了来自分工与专业化的"绝对优势"或劣势，也暗示了"比较优势"或劣势，还与专业化生产引发的技术或工艺创新密切相关。中国成语"扬长避短""因地制宜""互通有无"，便是通过"易"（也就是交换）来获得贸易收益与经济发展的三个典型例子。

在此尤为值得一提的是，对现代国际贸易理论作出巨大贡献的瑞典经济学家俄林与赫克歇尔所提出的"要素禀赋说"，与"有无多鲜说"在精神实质上可谓异曲同工。

二 新时代呼吁更高水平的开放实践

开放与繁荣进步的关系不仅是一个可以从理论上论证的命题，更是一个已经并将继续被实践所证明的命题。纵观中国数千年历史，以"淮南子—司马迁定理"作为对内对外经济政策基础的时期，往往都伴随着经济繁荣、百姓富足、社会安定、文化发达。40年改革开放取得的巨大成就也表明，开放是中国经济社会快速发展的基本经验。

党的十八大以来，以习近平同志为核心的党中央系统总结中国特色社会主义建设规律，提出的新发展理念中就包括开放。十八届五中全会上《中共中央关于制定国民经济和社会发展第十三个五年规划的建议》明确指出，"开放是国家繁荣发展的必由之路"[1]。习近平同志还在不同场合强调指出，"以开放促改革、促发展，是我国改革发展的成功实践"[2]，"中国开放的大门不会关闭，只会越开越大"。

中国特色社会主义进入新时代，全面提升开放型经济水平已经成为全面建成小康社会决胜阶段和"两个一百年"奋斗目标的历史交汇期必须实现的任务。

当今中国正在大力推动创新发展、协调发展、绿色发展、开放发展、共享发展，并以此作为实现中华民族伟大复兴中国梦的路径。在这新发展理念之中，开放发展具有明显的系统重要性。作为创新发展基本内容之一的科技创新，既涉及自主研发，也涉及充分运用人类社会创造的先进科学技术成果和有益管理经验。在一个国家间相互依存度达到史无前例之高度的世界里，没有与外部世界的良性互动就不可能有内部的协调发展。当气候变化等全球问题频繁且日益严重地影响人类生存的时候，绿色发展本身就是一个需要世界各国采取共同行动加以应对的议题。

开放发展理念的另一重大价值，体现在中国积极参与全球治理上。全球治理本质上看是一套规范国家和非国家行动体之间博弈的规则体系。现行国际制度总体上是在美国等西方发达国家主导下制定的，因而也就更偏向于维护发达国家的利益。当今各大国综合实力对比正在发生深刻变化，这为中国联合其他新兴国家推动全球治理朝着更加公正合理的方向发展创造了条件。

三 内外兼修的大国开放战略

提高开放型经济水平需要实行更加积极主动的开放战略，这一战略

---

[1]《中国发展新理念：学习贯彻党的十八届五中全会精神》，新华出版社2015年版，第27页。
[2]《人民日报》2015年9月16日第1版。

至少包含对内对外两个方向的要求或内容。

对内来看，就是要完善对外开放体制机制，以扩大开放促进深化改革，以深化改革促进扩大开放。十八届三中全会通过的《中共中央关于全面深化改革若干重大问题的决定》，从顶层设计上就"构建开放型经济新体制"作出了部署。十八届五中全会通过的《中共中央关于制定国民经济和社会发展第十三个五年规划的建议》，将"开放型经济新体制基本形成"列为"十三五"期间实现各方面制度更加成熟更加定型目标的重要内容。

对外方面，旨在提高开放型经济水平的开放战略还应包括参与和引领国际经济合作竞争、引导国际社会共同塑造更加公正合理国际新秩序的重要内容。党的十九大报告也将"推动建设开放型世界经济"作为我国对外开放基本国策的有机组成部分。

共建"一带一路"倡议作为我国对外开放与合作的管总规划和顶层设计，本身就是扩大对外开放的具体战略举措。推进"一带一路"建设，就是在执行新形势下的开放战略。党的十九大报告也提出，要以"一带一路"建设为重点，坚持引进来和走出去并重，遵循共商共建共享原则，加强创新能力开放合作，形成陆海内外联动、东西双向互济的开放格局。

扎实推进"一带一路"建设同样需要实现自身开放体制机制建设与对外经济合作及秩序建构两个层面的协同推进。

四 加强互联互通实现要素充分流动

通过推进"一带一路"建设深化和扩大开放，实现消费与生产要素的充分流动，重点要解决基础设施互联互通问题。

"一带一路"的建设远景之一是打造出一个以立体、网状、协同的方式展开，并且中国在其中扮演重要角色的跨区域生产消费网络。具体来说，其一，应当超越地缘因素，从"一带一路"参与国与中国经贸联系紧密程度，各国要素禀赋与比较优势的匹配程度，以及各国国家治理水平及区域影响力大小等维度，来确定基础设施构建形式、规模及优先顺序。其二，形成各类基础设施之间的联动效应。运输基础设施方面，应当注重公路、铁路、空港、港口、油气管线、信息高速公路等多种方式交叉、并行的基础设施布局，为不同方式的联合运输、不同方向的并行运输预留接口和节点，不至于因为少数节点的阻滞而影响整个网络或其中重要局域的运输效率。其三，注意在岸和离岸金融中心的合理布局和有序建设，不断完善人民币跨国流通的基础设施。其四，注意通关标准、贸易投资便利化措施、货币金融及运输技术标准等软性基础设施的整合，及其与硬基础设施建设的匹配性，特别要注重从中国自身发展经历中总结提炼相关规则和标准，利用规模优势借助技术援助等方式予以推广。

实现"一带一路"消费与生产要素的充分流动，还需要做好重点国家之间的战略对接。在"一带一路"相关国家或地区，并不存在符合新古典经济学标准经济假设的市场，此时，扩大和强化市场型政府的作用十分关键，需要这样的政府通过国际合作来构建基本的市场秩序和规则。这个过程尤其需要发挥中国及地区主要大国的协同作用，需要充分调动相关国家自身战略与"一带一路"对接的积极性。

五 建设贸易强国消除贸易障碍

深化和扩大开放最直接的任务是，对内培育贸易新业态新模式，推进贸易强国建设，对外消除贸易障碍，扩大贸易规模，提升贸易水平。

从建设贸易强国来看，我们以国内高标准自贸试验区发展引领"一带一路"相关园区建设和自贸区合作，取得了一定进展。国务院印发辽宁、浙江、河南、湖北、四川、重庆、陕西7个自由贸易试验区总体方案，形成了"1+3+7"的"雁阵式"开放格局。党中央还决定将赋予自由贸易试验区更大改革自主权，探索建设自由贸易港。此轮推进自贸试验区建设致力于打造高水平高标准的自贸区，以"创新高地""治理高地"身份引领国内及"一带一路"经贸投资规则及治理模式创新，这个思路可谓切中建设贸易强国之肯綮。不仅如此，党的十九大报告还明确提出，我们将实行高水平的贸易和投资自由化便利化政策，全面实行准入前国民待遇加负面清单管理制度，大幅度放宽市场准入，扩大服务业对外开放，保护外商投资合法权益，对我国境内注册企业一视同仁、平等对待。

从扩大对外贸易来看，对"一带一路"建设来说，消除贸易障碍的任务尤为艰巨。贸易全球化是一种"非中性"的进程。也就是说，它在让一部分国家和人群受益的同时，也可能使另一部分国家和人群的利益难以避免地受到损害。这种贸易全球化的"非中性"会使一些国家的既得利益集团考虑到开放贸易的负面影响从而设置障碍，进而影响其国家参与"一带一路"的积极性。

这些既得利益集团及其影响大致可分为两个方面：一方面是指由于开放竞争、外国产品的进入，而造成的工厂倒闭、工人失业或收入下降以及因市场受到影响而导致的当地部分人群的利益受损。这部分受损人群的诉求必然会反映到政府的决策及政府对开放贸易的态度之中。另一方面，既得利益集团本身面对外来竞争者持高度警惕的态度，他们很可能为保护其固化的既得利益而拒绝开放。比如，我们在调研中发现，东南亚的某个国家，其经济规模小于中国，而当地电价却是中国的三倍。尽管该国拥有丰沛的水、煤等自然资源，非常适于投资建厂，但是当中国的电力企业要进驻投资时，受到来自其国内既得利益集团的强大阻力，这种阻挠对其国家的投资与贸易开放发展无疑产生了较大的负面影响。既得利益集团的阻挠是贸易投资畅通的关键性障碍之一，也是未来应重点破除的贸易壁垒。

进一步看，贸易能力不足是贸易障碍存在的重要肇因。贸易能力主要是指一国的出口能力。在"一带一路"的贸易畅通过程中就存在一些国家特别是发展中国家自身贸易能力的不足问题。比如中国对很多"一带一路"参与国存在着不小的贸易顺差，这也让处于比较严重逆差地位的参与国产生贸易保护主义情绪，这种抵触情绪成为贸易开放进一步发展的障碍。贸易能力不足主要由两个原因导致：一是很多国家特别是发展中国家，它们的绝对优势和比较优势由于种种原因并没有得到充分发挥，这就会极大影响它们的出口能力，比如影响当地资源与工业制成品的出口等；二是一些国家的绝对优势和比较优势不明显，这也是造成它们出现巨大贸易赤字，尤其是对中国出现巨额贸易赤字的原因。而这也成为贸易保护主义的主要来源，甚至间接影响双方的贸易政策制定，使整个双边经贸关系的氛围受到负面影响。此外，出口能力弱也造成部分国家外汇严重短缺。这促使当地政府采取了较为严格的外汇管制与资本管制措施，结果极大增加了涉外企业和相关贸易部门的汇兑成本，进而影响了投资企业的发展积极性,也对当地的贸易发展造成损害。

消除贸易障碍,应多措并举、加强协调。首先,针对贸易全球化的"非中性"以及来自贸易国国内既得利益集团的贸易阻碍,各国学界和政府要端正对"得自贸易的收益"的认识,从而有信心和决心克服这一阻碍。其次,贸易国各国政府可以通过设立配套保障机制等制度建设来弥补贸易中利益受损人群的损失,从而降低来自受损人群的阻力。比如,可以建立一些救济或补偿性的机制。最后,不应只就贸易谈贸易,就买卖谈买卖,更应帮助贸易能力不足的国家提高其贸易"造血"能力。最后,对那些由于外汇短缺、汇兑困难而产生的贸易障碍,可以通过加速推动人民币国际化进程来缓解和改善。

六 营造良好环境推进"一带一路"建设

通过"一带一路"建设提升开放经济水平,还必须重视营造良好的制度环境、金融环境、安全环境和舆论环境。

从制度环境看,我们在调研中发现,"一带一路"项目落地国的税收制度、货币制度及汇率风险对"走出去"的中资企业的投资和盈利具有深远影响。改善制度环境,应当发挥好政府和民间组织双重作用。一要通过政策沟通增进互信,消除歧视性;二要由政府推进投资协定谈判,促进贸易投资便利化;三要充分发挥民间组织在技术咨询、风险评估、法律服务等方面的作用。

从金融环境看,资金融通是"一带一路"建设的重要支撑,完善金融环境的着力点有三。一是通过合理的金融机制设计募集足够的资金,二是形成切合"一带一路"实际需要的金融治理模式和金融秩序,三是能够防范金融风险或在风险发生时有效应对处置风险。具体来说,一要更加注重引导商业性股权投资基金和社会资金共同参与"一带一路"重点项目建设;二要超越"华盛顿共识"的金融治理模式,提出与基础设施互联互通进度和效率相联系的更加灵活有效的治理安排;三要加强"一带一路"相关的应对区域性金融风险的机制之间的对接和整合。

从安全环境看,安全在"一带一路"环境保障中具有"一票否决"的地位。维护"一带一路"安全环境应当把握以下原则。首先,"一带一路"建设相关的项目应当给相关区域带来增量安全,而不能制造冲突或加重已有的安全问题。其次,中国在倡导和推进"一带一路"建设时要防止"引火烧身"。再次,提供安全公共产品时应当注重联合国际社会共同参与,引导国际社会共同维护国际安全。最后,夯实自身国家安全能力,是提供"一带一路"安全公共产品的源头活水。

从舆论环境看,调研发现,虽然"一带一路"参与国看到了对接中国"一带一路"倡议的重要性,但是也心存不少疑虑。如果舆论氛围没有营造好,很容易让这种"双赢"的好事变为群起反对的坏事。用外部世界能够听懂的语言阐明"一带一路"倡议符合各国共同利益还需兼顾四个要点。首先,对共同利益的阐述不能脱离对自我利益的阐述。其次,讲清楚中国的自身利益与沿线国家的利益并不矛盾,反而是相互兼容的道理。再次,让"一带一路"参与国明白,实现自身利益离不开中国。最后,要让沿线国家更清晰地看到,参与"一带一路"倡议的成本与收益,以及获益渠道是什么。

"一花独放不是春。"开放具备极为显著的规模效益,只有各国彼此开放、共同开放,才能形成完整广阔的市场空间,更好地发挥市场配置资源的效率,促进分工与专业化,带来强劲和广泛的经济增长。"打铁必须自身硬。"中国作为"一带一路"建设的首倡者,要长期在"一带一路"参与国共同开放进程中牢牢把握主动权,必须在开放型经济体制创新上始终站在前列,夯实提供国际公共产品的能力基础,用制度优势、道义姿态和实实在在的发展业绩赢得沿线国家的认同与支持。

习近平总书记在多个国际场合倡导构建开放型经济,提出要平等参与、充分协商,最大限度增强自由贸易安排的开放性和包容性,提高亚太开放型经济水平、维护多边贸易体制;把促进贸易和投资自由化便利化放在更加突出的位置,重振贸易和投资活力;要有效应对区域贸易协定碎片化现象,倡导开放包容,防止封闭排他,早日建成亚太自由贸易区,把开放型亚太经济水平推向新高度。"一带一路"的扎实推进正在把这些主张逐一落到实处,从而使国际社会对"一带一路"关注转变成认同。有理由相信,随着"一带一路"建设的不断推进,一个高水平、超大规模的新型开放经济合作区将在欧亚大陆乃至世界范围内出现,成为人类命运共同体的梦想照进现实的一缕曙光。

(作者为中国社会科学院世界经济与政治研究所所长)

牢记新思想　把握新时代　明确新任务

李进峰

党的十九大报告从理论和实践上，回答了在新时代"坚持和发展什么样的中国特色社会主义，怎样坚持和发展中国特色社会主义"这个时代的重大课题。报告全面系统总结了党和国家事业发展五年来的伟大成就，明确了中国特色社会主义发展的历史方位，提出了新时代、新思想、新任务、新目标。报告高瞻远瞩、立意深刻，明确了历史方位、主要矛盾、基本方略、战略安排。是当代马克思主义中国化的最新成果，是指导中国特色社会主义事业的纲领性文件。认真学习习近平总书记的报告和十九大精神后，主要有五方面体会。

一　提出新时代的重大政治判断

从理论上，明确作出中国特色社会主义进入新时代的重大政治判断。体现了"一个变，两个不变"的辩证思考。这个新时代主要是从党和国家事业发展的阶段划分的，主要体现在中国社会的主要矛盾已经发生变化，从人民日益增长的物质文化需要同落后的社会生产之间的矛盾，转变为人民日益增长的美好生活需要和不平衡不充分的发展之间的矛盾。同时强调，我国社会主要矛盾变化，没有改变我们对我国社会主义所处历史阶段的判断，即我国仍处于并将长期处于社会主义初级阶段的基本国情没有变，我国是世界上最大的发展中国家的国际地位没有变。

习近平总书记用"三个意味着"阐述新时代，新时代意味着中华民族迎来了从站起来、富起来到强起来的伟大飞跃，迎来了中华民族实现伟大复兴的光明前景；意味着科学社会主义在21世纪的中国焕发出生机活力，在世界上高高举起中国特色社会主义伟大旗帜；意味着中国特色社会主义道路、理论、制度、文化不断发展，为解决人类问题贡献了中国智慧和中国方案。

习近平总书记用"五个是"回答了什么是新时代。新时代是承前启后、继往开来、在新的历史条件下继续夺取中国特色社会主义伟大胜利的时代；是决胜全面建成小康社会，进而全面建设社会主义现代化强国的时代；是全体人民逐步实现共同富裕的时代；是实现中华民族伟大复兴的时代；是我国日益走近世界舞台中央，不断为人类作出更大贡献的时代。

新时代的"新"主要体现在"四个方面"，即过去五年党和国家事业发展取得了历史性变革，我国发展站到新的历史起点上；我们党与时俱进取得重大理论创新，形成习近平新时代中国特色社会主义思想这一马克思主义中国化的最新成果；我国社会主要矛盾发生了变化；我们站在了"两个一百年"的历史交汇点上。例如，新变化主要基于各个领域的新举措新战略。在价值取向上，鲜明指出以人民为中心。在发展动力上，从投资和要素驱动向创新驱动转变。在收入分配上，从一部分人先富起来，向大家共同富裕共享发展成果转变。在制度建设上，由国家管理体制向国家治理能力现代化转变。在社会发展上，由重视重点突破，向注重全面协调发展转变。在对外开放和国际合作上，由回应世界经济危机挑战向更加积极主动作为，提出"一带一路"倡议和构建人类命运共同体目标，推动世界政治经济秩序向更加公平合理转变。

二　形成马克思主义中国化的最新成果

在理论上，形成了习近平新时代中国特色社会主义思想。党的十八大以来，以习近平同志为核心的党中央，坚持以马克思列宁主义、毛泽东思想、邓小平理论、"三个代表"重要思想、科学发展观为指导，结合当代中国发展的历史方位和面临的重大问题，提出了中华民族要实现

"两个一百年"奋斗目标,中华民族伟大复兴的中国梦,提出"五位一体"总体布局和"四个全面"战略布局,提出我国经济发展进入"新常态""新发展理念""一带一路"等一系列新理念新思想新战略,回答了新时代中国特色社会主义在政治、经济、社会、文化、外交、党的建设等领域的重大理论和现实问题。我们党坚持解放思想、实事求是、与时俱进、求真务实,以全新的视野深化对共产党执政规律、社会主义建设规律、人类社会发展规律的"三大规律"认识,进行了艰辛的理论探索,逐步形成了习近平新时代中国特色社会主义思想。这既是党的集体智慧结晶,也是习近平总书记勇于理论创新和实践探索的结果。

在报告中习近平总书记用"八个明确"阐述了这个思想体系。明确新思想的总任务是实现中华民族伟大复兴,到本世纪中叶建设现代化强国;明确必须坚持以人民为中心;明确总体布局是"五位一体",战略布局是"四个全面";明确深化改革的目标是完善和发展中国特色社会主义制度,推进国家治理体系和治理能力现代化;明确依法治国目标是建设法治国家;明确强军目标是建设世界一流军队;明确中国特色大国外交理念是构建新型国际关系,推动构建人类命运共同体;明确中国特色社会主义最本质特征和最大优势是中国共产党领导。

在理论上,习近平总书记对新时代"坚持和发展什么样的中国特色社会主义"给出了明确的答案,就是由"十四个坚持"构成的基本方略。即坚持党对一切工作的领导;坚持以人民为中心;坚持全面深化改革;坚持新发展理念;坚持人民当家作主;坚持全面依法治国;坚持社会主义核心价值体系;坚持在发展中保障和改善民生;坚持人与自然和谐共生;坚持总体国家安全观;坚持党对人民军队的绝对领导;坚持"一国两制"和推进祖国统一;坚持推动构建人类命运共同体;坚持全面从严治党。

在实践上,习近平总书记对新时代"怎样坚持和发展中国特色社会主义"指明了方向。战略安排是分两个阶段实现社会主义现代化。第一阶段,2020—2035年,在全面建成小康社会基础上,再奋斗15年,实现现代化。第二阶段,2035—2050年,在基本实现现代化基础上,再奋斗15年,实现现代化强国目标。

习近平新时代中国特色社会主义思想,是对马克思列宁主义、毛泽东思想、邓小平理论、"三个代表"重要思想、科学发展观的继承、创新和发展,是与马克思主义的精神实质一脉相承的,是当代马克思主义中国化的最新成果。实践证明,中国共产党的领导集体是"一张蓝图绘到底","一届接着一届干",这与美国"总统制"形成鲜明的对照。比如,2017年初,美国总统特朗普上任后,很快就向全世界宣布,取消了上任总统奥巴马努力完成的TPP协定,之后,又宣布退出"巴黎气候变化协定",宣布退出联合国教科文组织等。这充分说明,美国式民主选举出来的总统,前任和后任之间难以实施"连续的战略和规划"。美国总统是为谁服务的?不同党派的总统其服务对象可能是变化的。美国总统首先是为其选举时所代表的利益集团服务的,而不是为广大美国民众服务的。而中国共产党的领导人一代一代的接力棒传递交接,从毛泽东、邓小平、江泽民、胡锦涛,到习近平,党的领导人变化了,但是,中国共产党为人民服务的宗旨永远不会变。

三 全面从严治党防止党内形成利益集团

报告从理论到实践,从政治经济到社会文化,从国内到国外,对中国特色社会主义建设的各领域发展作了全局性、前瞻性部署。能否实现这些战略布局和战略任务,能否办好中国的事情,关键在党。习近平总书记在报告中强调,要把党的政治建设摆在首位。保证全党服从中央,坚持党中央权威和集中统一领导,是党的政治建设的首要任务。我国有8900多万党员,有450多万个基层党组织,404万个基层党支部。全体党员都要敬畏党章、遵守党章,严格执行新形势下党内政治生活若干准则,自觉抵制"商品交换"原则对党内生活的侵蚀,营造风清气正的良好政治生态。

坚持持之以恒正风肃纪、改进工作作风。坚持以上率下,巩固拓展落实中央"八项规定"精神的成果,继续整治"四风"。重点强化政治纪律和组织纪律,带动廉洁纪律、群众纪律、工作纪律和生活纪律严起来。

习近平总书记强调,在反腐败斗争取得压倒性态势基础上,要夺取反腐败斗争压倒性胜利。要坚持"无禁区、全覆盖、零容忍"[①],坚持

---

① 《人民日报》2018年1月12日第1版。

"重遏制、强高压、长震慑",坚持受贿行贿一起抓,坚决防止党内形成利益集团。各级党组织要按照中央统一部署,履行主体责任。每一个党员都要不忘初心、牢记使命,在自己的岗位上努力勤奋工作。下一步,中央将在全党开展"不忘初心、牢记使命"主题教育,推进"两学一做"制度化和常态化。

习近平总书记强调,打铁还需自身硬。要用新时代中国特色社会主义思想武装全体党员。各级党组织要提拔重用那些能够牢固树立"四个意识"、坚决维护党中央权威、全面贯彻落实党的政策、忠诚干净担当的干部。注重培养专业能力强、在基层磨炼、适应时代新要求的干部,注重培养年轻干部。要坚持党管干部原则。把党内党外、国内国外各方面的优秀人才聚集到党和人民的伟大事业、伟大斗争中来。要切实加强党的领导,各级党组织要加强自身建设,确保中央的各项决策部署政令畅通。关于如何加强基层党组织建设。习近平总书记提出"七项新要求",一是党的基层组织是确保党的路线方针政策和决策部署贯彻落实的基础。二是基层党组织要建设成宣传党的主张、贯彻党的决定、领导基层治理、团结动员群众、推动改革发展的坚强战斗堡垒。三是党支部要担负好直接教育党员、管理党员、监督党员和组织群众、宣传群众、凝聚群众的职责,引导党员发挥先锋模范作用。四是坚持"三会一课"制度,推动党的基层组织设置和活动方式创新,要重点解决一些基层党组织"弱化、虚化、边缘化"问题。五是加强基层党组织带头人队伍建设,扩大党内基层民主,推进党务公开。六是畅通党员参与党内事务、监督党的组织和干部,向上级党组织提出意见和建议的渠道。七是增强党员教育管理的针对性和有效性,稳妥有序开展不合格党员组织处置工作。

随着全面从严治党不断深入,常抓不懈、警钟长鸣,从严治党永远在路上。我党的先进性和纯洁性得到保持,党的威信将进一步提高。干群关系进一步融洽,人民群众的利益在各个方面得到保证,人民群众的获得感逐步提高。人民群众对党的各项路线方针政策更加拥护和支持。

四 构建现代化经济体系,重点在实体经济

习近平总书记强调,要贯彻新发展理念,构建现代化经济体系。要

把经济发展的重点放在实体经济上。坚定不移把发展作为执政兴国的第一要务，坚持解放和发展生产力，坚持社会主义市场经济的改革方向，推动经济持续健康发展。近几年，我国经济已经由高速增长阶段转向高质量发展阶段，经济发展进入新常态，我国经济改革正处在"转变发展方式，优化经济结构，转换增长动力"的攻坚期。建设现代化经济体系是我国跨越关口——跨越"中等收入陷阱"的迫切需要和我国发展的战略目标。必须坚持质量第一，效率优先。以供给侧结构性改革为主线，推动经济发展的"三个变革"，即"质量变革、效率变革、动力变革"。重点加快建设"实体经济、科技创新、现代金融、人力资源协同发展"的产业体系。重点构建"三有体制"，即"市场机制有效、微观主体有活力、宏观调控有度"的经济体制，逐步提高我国经济创新力和竞争力。

围绕构建现代化经济体系，重点要推进"六项工作"：一是深化供给侧结构性改革。构建现代化经济体系，必须把发展的重点放在实体经济上，把提高供给体系质量作为主攻方向，增强我国经济质量优势。例如，我国已经制定《中国制造2025》规划，下一步将对重大技术进行改造升级，主要推进"五大工程"，即建设国家制造业创新中心、智能制造、工业强基、绿色制造、高端装备创新。二是持续建设创新型国家。要瞄准世界科技前沿，强化基础研究，实现前瞻性基础研究和引领性原创成果重大突破。三是实施乡村振兴战略。四是实施区域协调发展战略。五是加快完善社会主义市场经济体制。改革的重点是完善产权制度和生产要素市场化配置。以实现"产权有效激励、要素自由流动、价格反应灵活、竞争公平有序、企业优胜劣汰"的改革目标。六是推动形成全面开放新格局。中国开放的大门不会关闭，只会越开越大。以"一带一路"建设为重点，坚持"引进来"与"走出去"并重，遵照"共商共建共享"原则，加强开放合作，形成"陆海内外联动，东西双向互济"的开放新格局。

习近平总书记强调，解放和发展生产力，是社会主义的本质要求，我们要调动全社会的力量，努力实现"更高质量、更有效率、更加公平、更可持续"的发展。

五 加强理论武装，全面从严治所 深化国际问题研究

党的十八大以来，以习近平同志为核心的党中央，放眼世界格局、纵览国际风云，高瞻远瞩，先后提出"亲诚惠容"的周边外交理念，构建新型关系，坚持开放包容合作，摒弃传统的冷战思维，推动新型国际关系理念。提出了既符合中国发展实际又符合世界经济发展潮流的"一带一路"倡议。从亚洲博鳌论坛，到G20峰会，从"金砖国家"会议、"上合组织峰会"，到联合国会议，不断重申"和平合作开放包容"的全球治理新思路和中国方案。受到国际社会，尤其是广大发展中国家和新兴经济体的支持，也得到联合国的重视，中国"一带一路"倡议等议题已经写进联合国宪章。这对我们国际问题研究提出了全新的课题。俄欧亚所应从三个方面重点抓好落实。

第一，落实全面从严治党的总体要求。加强研究所党委中心组理论学习，持续打造"团结、务实、创新、廉洁、民主"的党委领导集体。坚持民主集中制，坚持党委领导下的所长负责制。加强领导班子建设，按照所党委对领导班子的分工安排，切实履行义务、落实责任制担负起分管的责任。加强党委对党支部的管理与指导，充分发挥党支部在推动科研、引领学术、加强管理等方面的战斗堡垒作用。各党支部加强对党员的教育与管理，落实党的十九大提出的基层党支部七项任务。加强全体党员的政治思想建设，把政治纪律挺在前面，坚持"四个意识"，确保中央和院党组的政令畅通，确保所党委的决策执行到位。2018年，全所党员开展"不忘初心、牢记使命"主题教育，党员要学习党章、遵守党章、做合格党员，在各个岗位争做先锋模范。

第二，加强从严从实从细管理研究所。研究所的各项工作要体现"严"字当头，即"各项制度规定要从严执行，各项纪律要求要从实监督，各项管理工作要从细办好"。所领导班子成员要带头执行中央八项规定，在个人事项上报、外事出国、学术交流等方面，严格执行院党组的各项制度和纪律规定。在创新工程、智库建设、学术研究、研究生培养、职称评定、行政管理等方面都要落实院党组的从严从实从细的总要求。

第三，学习党的十九大精神，结合实际重点抓好落实。要在学懂、弄通、做实上下功夫。每个党员和科研人员都要学原文、认认真真学习，结合自己科研工作、管理工作学习。所党委和领导班子将认真研究党的十九大关于国际问题的新论述新思想新观点，结合我所的研究领域对相关问题开展专题研究。如新型国际关系、"一带一路"建设、人类命运共同体等。在创新工程、智库建设、优势学科、重点学科建设等基础上，对创新工程题目做些调整，或再增加几个智库研究课题。充分发挥中央智库和科研机构的学术引领作用，为中国哲学社会科学学科体系、学术体系、话语体系的"三个构建"作出我所应有的贡献，把学习贯彻落实党的十九大精神转化为做好实际工作的持续动力。

（作者为中国社会科学院俄罗斯东欧中亚研究所党委书记）

新时代如何构建稳定均衡的大国关系

孙壮志

习近平总书记在党的十九大报告中,对当今世界形势的发展变化作出了科学的判断,提出要扩大同各国的利益交汇点,推进大国的协调与合作,构建总体稳定、均衡发展的大国关系框架。随着经济实力的迅速增长,中国的国际地位和影响力空前提升,中国与美国、俄罗斯等大国的互动关系,对国际格局和全球治理的影响和作用日益凸显。在中国宣布开启经济建设与全面开放新征程的特殊时刻,如何落实好报告中所强调的推动建设相互尊重、公平正义、合作共赢的新型国际关系,在全球事务中发挥更加具有建设性的作用,凸显大国的责任和担当,首先就要处理好与美国、俄罗斯等大国的竞争与合作关系,为实现"两个一百年"目标营造最佳的外部环境。

一 中国与大国的关系进入稳定发展的新阶段

党的十八大以来,中国全面推进具有自身特色的大国外交,国际影响力、感召力、塑造力进一步提高,与大国的关系也进入一个稳定发展的新阶段。中国、美国、俄罗斯是当今具有全球影响力的大国,相互之间构成了非常重要的三对大国关系,在很大程度上能够决定全球国际关系的未来走向。但这个被国际政治学家称为"大三角"的关系,并不是等距离平行发展的,与冷战时期有了很大不同。其中中俄关系经过20多年的稳步发展,建立起全面战略协作伙伴关系,已经成为新型大国关系的典范,不仅在双边层面相互信赖、互动频繁、交流顺畅,在上海合作组织、金砖机制、20国集团等多边框架内也积极开展合作,两国对很多国际和地区问题都有相同或相似的看法。

由于乌克兰危机的爆发,俄罗斯与美国的关系急转直下,降至冷战结束以来的最低点。美国主导了西方国家对俄的严厉制裁,俄罗斯则认为美国是自己再度崛起的最大障碍。特朗普战胜希拉里成为美国新一届总统,俄罗斯曾对缓和关系寄托很大期望,特朗普本人也毫不掩饰对普京的"好感"。但"通俄门"事件的发酵以及两国深刻的结构性矛盾,不仅没有使两国改善关系成为现实,反而出现了美国延长制裁期限,双方互逐外交官等不和谐音符,经济和政治联系受到全面拖累,短期内看不到双边关系实质性缓和的迹象。

与俄美关系的持续恶化不同,中美关系的走向虽然相对理性,但也经历了大起大落,反映出两国之间存在巨大的利益鸿沟。由于特朗普竞选中的表现,有不少评论者担心,中美关系可能会像以往美国新总统上台初期一样,出现明显的倒退。但事实并非如此,两国领导人很快在美国佛罗里达州的海湖庄园举行首次会晤,为双边关系定下基调,并且针对重大国际问题坦诚交换意见。2017年11月美国总统特朗普首次访华,阵容非常庞大,签署2500多亿美元巨额合同,创造了世界经贸发展史的新纪录。正当许多分析人士认为中美两国会进入"蜜月期"时,形势又出现逆转,美国总统特朗普决定对华启动"301调查",挑起"贸易战",中国从容应对,表现出坚定的自信和明确的态度。

在处理大国关系的过程中,中国的成功经验和基本原则,可以归纳为:一是坚定奉行独立自主的和平外交政策;二是反对干涉别国内政,反对恃强凌弱;三是坚决维护本国的核心利益。可以看出,中美俄三国的关系远远超出了双边的范畴,而且受到国际环境变化的深刻影响。三方都根据本国利益格局的变化不断进行政策调整,有开展合作的需要,但在涉及核心或战略利益层面的问题上,要达成完全的共识也是比较困难的。对此我们要有清醒的认识，正如习近平总书记在十九大报告中所说，中国绝不会以牺牲别国利益为代价来发展自己，也绝不会放弃自己的正当权益。

二 大国之间应建立动态"平衡"的新型关系

应该承认，当前中美俄三国之间在战略利益上有较明显的差异，彼此关系都存在一些不易克服的短板，比如中国与俄罗斯的经济合作，始终无法达到与政治关系相适应的水平，贸易结构不合理，两国国内地区层面也存在合作动力不足的问题；中国和美国之间更是如此，美国对中国的遏制是全方位的，不断在中国的周边"秀肌肉"，鼓动一些国家挑战中国的战略"底线"，不愿意看到中国成为国际事务的主导者。2017年11月特朗普访问中国之前，先到访日本、韩国，都有一些对中国不利甚至敌视的言论，要强化与日、韩的军事同盟关系，毫不掩饰其直接针对中国的意图。

但是，由于国际局势的复杂性，与冷战时期形成两大对立阵营不同，大国的利益相互交织，面临一些共同的威胁和挑战，相互之间有进行协调、共处的空间，彼此的交往也是在多个层次、多个领域同时展开。正如习近平总书记多次对美方强调的，宽广的太平洋足够容纳中美两个大国，分歧和矛盾都有化解的可能。三个大国在地区事务中都曾开展过程度不同的合作，取得了不错的成效。比如美国和俄罗斯在阿富汗等地反恐的问题上，中国和美国在朝鲜半岛的无核化问题上都能够通过对话寻找共识，共同应对所面对的危机。

三国关系的动态变化增加了"平衡"的重要性，美国的综合国力最强，中国强劲的经济增长让美国感受到了竞争的压力，俄罗斯经济则处于徘徊状态，已经跌出了世界前10，但军事力量仍然强大，是唯一能够与美国相抗衡的军事大国。三国各有优势，同时力量对比又处在变动当中，加上其他一些"变量"的存在，如中、俄主导的地区合作，有中亚、南亚一些国家参加；美国也经常拉上西方"盟友"，实现自己的地缘战略目标。各种力量的此消彼长和分化组合，构成了今天国际关系的总基调，每一个大国都要顺应这样一种全新的时代潮流。

在当今的条件下，中美俄三个大国正面发生激烈冲突是难以想象的，进行零和博弈的土壤也日益减少。如果哪个大国要对别国进行贸易、资源或者舆论、信息的围堵，最终也难免会伤及自身。基于这样的现实，中美俄三国应该在尊重差异、承认差异的基础上求合作，求共识，应该把其他国家的发展当成自己的机遇，只有这样才能不被国际社会所孤立。正如习近平总书记在十九大报告中谈到的，没有哪个国家能够独自应对人类面临的各种挑战，也没有哪个国家能够退回到自我封闭的孤岛状态。他在报告中列举了一系列共同的威胁，比如世界面临的不稳定性突出，世界经济增长动能不足，贫富分化日益严重，地区热点问题此起彼伏，恐怖主义、网络安全、重大传染性疾病、气候变化等非传统安全威胁持续蔓延，等等，这些都需要大国之间多沟通、多协调，共同寻找有效应对的办法。

三　以创新思维共同构筑全球治理体系

习近平总书记在报告中说，世界正处于大发展大变革大调整时期，和平与发展依然是时代主题，世界多极化、经济全球化、社会信息化、文化多样化深入发展，全球治理体系和国际秩序变革加速推进，各国相互联系和依存日益加深，国际力量对比更趋平衡，和平发展大势不可逆转。中国领导人对世界格局的变化作出的判断清晰、准确、客观，有很强的说服力，对未来一个时期全球治理体系的构筑，能够发挥重要的引领作用。新的形势下，任何一个大国都不可能独自决定国际合作的走向，也不可能长期把自身的利益凌驾于别国之上。所谓"本国优先"或者奉行保护主义的政策，并不能真正解决本国的发展问题，反而会给全球治理带来不良的影响。在中国领导人看来，作为全球性大国，需要有一种创新的理念和包容的心态，携手共建新型战略关系，不仅能惠及自身，也能够惠及世界。

党的十九大传递出这样一种明确的声音：首先要构筑健康的全球治理体系，大国之间首先要建立新的信任关系，加强各个层面的沟通和交流，争取构建一种稳定的合作框架，避免出现不必要的对抗与恶性竞争；其次是要探索新的合作模式，走对话而不对抗、结伴而不结盟的国与国交往新路，中、俄两个大国冷战时期有过对抗，但能够捐弃前嫌，不仅顺利解决历史遗留的问题，而且不断提升两国关系的水平；再次是要树立新的发展理念，摒弃冷战思维和强权政治的影响，推动世界各国实现开放、包容，创造良好的发展环境；最后是要打造新的互动机制，中美之间和中俄之间之所以能够建立稳定的关系，各种各样的对话与合作机制功不可没，特别是经济和人文领域的合作平台，包括智库之间的交流机制都发挥了特殊作用。

中美俄三国要构建新型战略关系，还应确立长远的合作框架，不能只作眼前或临时的打算，甚至当作达到本国战略目的的一张牌。中俄之间的全面战略协作伙伴关系之所以能够不断升级，原因正是习近平总书记所说的，两国能够坚定支持对方维护本国核心利益，政治互信进一步巩固，是真正相互信赖的战略伙伴，树立了相互尊重、公平正义、合作共赢的新型国际关系的典范。两国不仅在各自的经济发展中相互支持，而且在区域合作方面也能够真诚相待，比如两国领导人签署的"丝绸之路经济带"建设与欧亚经济联盟建设对接的政治声明，寻找习近平主席提出的"一带一路"倡议与普京总统提出的欧亚一体化战略的契合点，共同制定合作规划。正因为如此，中俄关系经受了各种国际风云变幻的考验，进入历史上最好的时期，不会因任何外部的因素或者影响发生动摇。

在对待中美关系的问题上，正如习近平主席所说，中美两国的发展相辅相成、并行不悖，中美各自的成功符合双方共同利益。特朗普总统在与中国领导人的会晤中也充分认可中方的看法，认为美中两国现在比任何时候都有更好的机遇加强双边关系，增进双边合作。说明两国的看法实现了基本一致，释放出一种非常积极的信号。从美国总统访问的过程和取得的成果看，中方体现出了最大的善意和诚意，希望借此建立一种更加稳定、包容的双边关系。同时，中方也乐见美俄关系未来能够改善，彼此能够扩大交流，希望与美国、俄罗斯在多边框架内开展更加紧密的合作，相互促进，共同维护地区乃至世界的和平，承担起促进全球发展的历史责任。

结　语

十八大以来，以习近平同志为核心的党中央提出了一系列新理念新思路新战略，其中外交领域的重要方针政策、合作倡议，同样是习近平新时代中国特色社会主义思想不可或缺的重要组成部分。在十四条"新时代坚持和发展中国特色社会主义基本方略"中，"坚持推动构建人类命运共同体"被列入其中，强调中国始终做世界和平的建设者、全球发展的贡献者、国际秩序的维护者。人类命运共同体的提法，是中国外交的重大理论和思想创新，已被国际社会高度认同，多次被写入联合国文件。要落实这样一个基本方略，离不开与世界上的其他国家、国际组织建立新的伙伴关系，离不开与全球性大国形成稳定的战略互动。

在十九大的报告中，习近平总书记再次呼吁各国人民同心协力，构建人类命运共同体，建设持久和平、普遍安全、共同繁荣、开放包容、清洁美丽的世界，这应该是未来指导如何处理大国关系的点睛之笔，树立一个共同的长期目标，确定一种全新的合作理念，无论是加强和扩大政治互信、经济互利、人文交流等方面，还是在消除新的安全威胁、贸易壁垒、文明隔阂、环境灾难等方面，大国之间都可以找到利益的共同点，拓展合作的领域和空间。习近平总书记围绕人类命运共同体的系统阐释，也为中国继续发挥负责任大国作用，积极参与全球治理体系改革和建设，指出了明确的路径和方向。

（作者为中国社会科学院俄罗斯东欧中亚研究所所长）

学习贯彻党的十九大精神
促进党建工作和科研工作

周云帆

党的十九大是在全面建成小康社会决胜阶段、中国特色社会主义进入新时代的关键时期召开的一次十分重要的大会，也是党领导人民开启全面建设社会主义现代化国家新征程的一次大会，在党的历史上、新中国发展史上和中华民族发展史上，都具有开创性、划时代意义。不忘初心，牢记使命，高举中国特色社会主义伟大旗帜，决胜全面建成小康社会，夺取新时代中国特色社会主义伟大胜利，为实现中华民族伟大复兴的中国梦不懈奋斗。十九大报告是新时代中国特色社会主义的政治宣言和行动纲领，明确宣誓了我们举什么旗、走什么路、以什么样的精神状态、担负什么样的历史使命、实现什么样的奋斗目标。

一 深刻学习领会进入中国特色社会主义新时代的伟大意义

改革开放以来中国特色社会主义在理论上不断丰富发展完善，在实践上不断探索创新前进。

第一，"中国特色社会主义新时代"是我们理解历史性变革，理解中国社会主要矛盾的变化，理解伟大斗争、伟大工程、伟大事业、伟大梦想的一条明晰的线索。十九大报告从十个方面阐述了十八大以来所取得的重大成就,这五年是党和国家发展进程中极不平凡的五年。党中央作出了重要的总结性判断:五年来的成就是全方位的、开创性的,五年来的变革是深层次的、根本性的。以习近平同志为核心的党中央提出了一系列重大举措,推进了一系列重大工作,解决了许多长期想解决而没有解决的难题,办成了许多过去想办而没有办成的大事,推动党和国家事业发生历史性变革。这五年也是我们每一个中国人亲身经历、感同身受的五年。在参观"砥砺奋进的五年"大型成就展中,我和支部的党员同志们都非常直观地感受到我国各项事业的发展,感受到中国人民从站起来到富起来再到强起来的坚定步伐。

经过长期努力,中国特色社会主义进入了新时代,这是对我们新的历史方位的判断。在新的历史方位中,我国社会主要矛盾已经转化为人民日益增长的美好生活需要和不平衡不充分的发展之间的矛盾。一方面,人民美好生活需要日益广泛,不仅对物质文化生活提出了更多样化、更高水平的要求,同时在民主、法治、公平、正义、安全、环境等方面的要求日益增长。另一方面,我国经济社会等发展还表现在区域之间、收入高低之间、社会经济发展水平之间等方面的不平衡,表现在与更发达国家相比较、离更高质量生活要求等方面的不充分。我们必须认识到主要矛盾的变化对党和国家工作提出了许多新要求,要求更多地解决不平衡不充分的问题和矛盾;也必须认识到我国将长期处于社会主义初级阶段的基本国情没有变,我国是世界最大发展中国家的国际地位没有变。

矛盾不是一成不变的,矛盾、主要矛盾以及矛盾的主要方面都是变化的。抓住了主要矛盾以及新时期主要矛盾的变化,我们党担负起自己的历史使命,总结了过去近一百年历史的经验教训和不懈奋斗的艰难历程,继续为实现伟大梦想进行伟大斗争,建设伟大工程,推进伟大事业。

第二,"中国特色社会主义新时代"是习近平新时代中国特色社会主义思想的时代背景和实践基础。习近平新时代中国特色社会主义思想是马克思主义中国化理论新境界,是对马克思列宁主义、毛泽东思想、邓小平理论、"三个代表"重要思想、科学发展观的继承和发展,是马克思主义中国化最新成果,是党和人民实践经验和集体智慧的结晶,是中国特色社会主义理论体系的重要组成部分,是全党全国人民为实现中华民族伟大复兴而奋斗的行动指南，必须长期坚持并不断发展。

中国特色社会主义新的实践呼唤新的理论的指导。理论来自实践，习近平新时代中国特色社会主义思想正是来自中国特色社会主义建设的伟大实践，是对实践的高度总结和提炼，这些思想指导实践并开辟了中国特色社会主义建设实践的新局面，它也将在实践中被不断检验发展。

十九大报告用"八个明确"对新时代中国特色社会主义进行了阐述：明确其总任务是实现社会主义现代化和中华民族伟大复兴；明确主要矛盾并要坚持以人民为中心的发展思想；明确中国特色社会主义建设的总体布局是"五位一体"，战略布局是"四个全面"；明确全面深化改革总目标；明确全面推进依法治国总目标；明确强军目标；明确中国特色大国外交要推动构建新型国际关系，推动构建人类命运共同体；明确中国特色社会主义制度最本质的特征是中国共产党领导，提出党建总要求。这些构成了习近平新时代中国特色社会主义思想的主体部分，我们必须认真领会，学懂弄通。

第三，"中国特色社会主义新时代"是我们理解未来奋斗目标和战略部署的钥匙。新时代、新目标、新起点、新征程。党中央提出基本理论、基本路线，也提出以"十四个坚持"为主要内容的基本方略：坚持党对一切工作的领导；坚持以人民为中心；坚持全面深化改革；坚持新发展理念；坚持人民当家作主；坚持全面依法治国；坚持社会主义核心价值观；坚持在发展中保障和改善民生；坚持人与自然和谐共生；坚持总体国家安全观；坚持党对人民军队的绝对领导；坚持"一国两制"和推进祖国统一；坚持推动构建人类命运共同体；坚持全面从严治党。

从十九大到二十大，是"两个一百年"奋斗目标的历史交汇期，在全面建成小康社会，实现第一个百年奋斗目标后，要乘势而上开启全面建设社会主义现代化国家新征程，向第二个百年奋斗目标进军。

二 拥护党章、遵守党章、贯彻党章、维护党章，推进党的建设伟大工程

修改党章是实现党的指导思想与时俱进的需要，是推进党和国家事

业发展的需要,是推进党的建设新的伟大工程的需要,是落实十九大精神的需要。十九大报告全面总结过去五年工作,分析当前形势,制定未来一个时期党和国家工作的大政方针。十九大所确立的重大理论观点和重大战略思想都写入了党章,有利于我们贯彻落实十九大精神。

十九大对党章总纲部分主要作了九个方面的修改,确定了以习近平新时代中国特色社会主义思想为指导思想;提出了"四个自信";对社会主要矛盾的转变作出判断;提出以人民为中心的思想,以"两个一百年"实现中华民族伟大复兴;提出"五位一体"的总体布局和"四个全面"的战略布局;提出了"四个伟大";坚持党对一切的领导;提出党建总体要求是党要管党、全面从严治党;以政治建设为统领,全面推进思想、组织、作风和纪律建设。

党章修正案的最大亮点和历史性贡献,是把习近平新时代中国特色社会主义思想同马克思列宁主义、毛泽东思想、邓小平理论、"三个代表"重要思想、科学发展观一起确立为我们党的行动指南,要求全党以此统一思想和行动,长期坚持并不断发展。

党章修正案确立中国共产党领导是中国特色社会主义最本质的特征,是中国特色社会主义制度的最大优势。办好中国的事情,关键在党。党政军民学,东西南北中,党是领导一切的。全体党员要牢固树立政治意识、大局意识、核心意识、看齐意识,这"四个意识"是坚持党中央权威和集中统一领导的重要思想基础。对我们每一名党员来说,坚持党中央的权威和集中统一领导就是最大的政治,最重要的大局。

党的十九大立足于党和国家事业全局,提出了新时代党的建设总要求,对全面从严治党作出重大部署。伟大斗争、伟大工程、伟大事业、伟大梦想,紧密相连、相互贯通、相互作用,起决定作用的是党的建设新的伟大工程。推进党的建设新的伟大工程,要以党的政治建设为统领,全面推进政治建设、思想建设、作风建设、纪律建设,把制度建设贯穿其中,深入推进反腐败斗争。

党的十九大报告和党章修正案,第一次把党的政治建设纳入党的建设总体布局,并强调"以党的政治建设为统领","把党的政治建设摆在首位",凸显党的政治建设的极端重要性。这是马克思主义党建理论的重大创新。政治属性是政党的第一位属性,政治建设是政党建设的内在要求。旗帜鲜明讲政治是马克思主义政党的根本要求，坚决维护党中央权威和集中统一领导，是党的政治建设的首要任务。

支部是党在社会基层组织中的战斗堡垒，是党的全部工作和战斗力的基础。党的基层组织是确保党的路线方针政策和决策部署贯彻落实的基础，其基本任务包括执行党的路线任务、组织学习、教育管理监督党员、联系群众等。党的十九大前后，我所各支部按照院党组的要求开展党日活动，进行支部结对共建，组织党员学习十九大精神。支部书记发挥了积极组织作用，广大党员积极参与支部组织的各项活动。

三 研究阐释党的十九大精神，是我院我所的政治任务

学懂弄通做实，就是要把"学"和"做"结合起来，把领会和落实结合起来。作为马克思主义的理论阵地，党中央国务院的思想库智囊团，研究阐述十九大成为我院、我所研究工作的重要部分。院党组要求围绕党的十九大精神，确定一批重大研究选题，组织我院专家学者深入研究，增强学习宣传的理论深度、实践力度、情感温度，增进人们的政治认同、思想认同、情感认同。作为国际问题研究所，要深入领会把握十九大报告中新时代中国外交思想和理念的阐释，将相关问题研究纳入所创新工程项目中。

第一，"维护世界和平与促进共同发展"与"推进现代化建设"以及"完成祖国统一"是我党的三大历史任务。十九大报告精确描述了我国所处的国际环境，以及今后如何发展与世界的关系，提出了明确的目标。过去五年我国的外交工作所取得新的成就，全面推进中国特色大国外交，形成全方位、多层次、立体化的外交布局，为我国发展营造良好外部条件。报告提出要倡导构建人类命运共同体，促进全球治理体系变革。我们的研究要阐释好这些新思想、新理念。

第二，推动构建人类命运共同体是新时代基本方略之一，十九大报告阐述了"坚持和平发展道路，推动构建人类命运共同体"的思想。人类命运共同体具有丰富的内涵（政治、安全、经济、文化、生态等方面）。构建人类命运共同体继承并发展了新中国不同时期的重大外交思想

和政策，也回应了新时代中国与世界关系历史性的变化。中国经济持续增长，与世界交织的广度与深度不断拓展，参与全球事务日益广泛。构建人类命运共同体，就是要建设持久和平、普遍安全、共同繁荣、开放包容、清洁美丽的世界。我们所倡导的新型国际关系应该是相互尊重、公平正义、合作共赢。

第三，中国共产党是为中国人民谋幸福的政党，也是为人类进步事业奋斗的政党。改革开放以来，我国国际影响力、感召力、塑造力进一步提高，为世界和平与发展作出了新的重大贡献。这个新时代，是我国日益走近世界舞台中央，不断为人类作出更大贡献的时代。我们积极发展全球伙伴关系，以中国智慧提供中国方案，向世界上那些既希望加快发展又希望保持自身独立性的国家和民族提供了全新的选择。"一带一路"本着共商共建共享原则，打造国际合作新平台，增添共同发展新动力。

（作者为中国社会科学院欧洲研究所党委书记）

共商共建共享
推动建设人类命运共同体

黄 平

十八大以来，在以习近平同志为核心的党中央领导下，我国全面推进具有中国特色的大国外交，形成了全方位、多层次、立体化的外交布局，为我国的安全和发展营造了良好外部条件，在世界上有目共睹，在国内被各界拍手称道。

一 中国的国际影响力、感召力、塑造力明显提高

党的十九大报告明确指出，我国实施了"一带一路"倡议，还为此专门发起创办了亚洲基础设施投资银行，也设立了丝路基金；举办了首届"一带一路"国际合作高峰论坛、亚太经合组织领导人非正式会议、二十国集团领导人杭州峰会、金砖国家领导人厦门会晤、亚信峰会等重要世界性峰会或多边性会议；倡导了要合力构建人类命运共同体，以此促进全球治理体系的变革，并推动建设相互尊重、公平正义、合作共赢的新型国际关系。五年来，中国的国际影响力、感召力、塑造力得到了明显提高，中国为世界和平与共同发展作出了新的重要贡献。

习近平总书记在十九大报告中，专门辟有一章集中讲"坚持和平发

展道路，推动构建人类命运共同体"。他开宗明义地指出："中国共产党是为中国人民谋幸福的政党，也是为人类进步事业而奋斗的政党。中国共产党始终把为人类作出新的更大的贡献作为自己的使命。"

我们都还清楚地记得毛泽东同志在中华人民共和国成立后曾经明确提出"中国应当对于人类有较大贡献"。[①] 十八大以来，中国人民经过近百年的奋斗、探索、发展，从革命后站起来、改革后富起来，到我们又在以习近平同志为核心的党中央坚强领导下，正在实现强起来的伟大飞跃。

这个伟大飞跃，既意味着中国特色社会主义已经进入了新时代，近代以来久经磨难的中华民族迎来了实现中华民族伟大复兴的光明前景，也意味着科学社会主义在21世纪的中国焕发出强大生机活力，中国特色社会主义的成功实践和不断发展，已经大大拓展了发展中国家走向现代化的途径，给世界上那些既希望加快发展又希望保持自身独立性的后发国家和非西方民族提供了非欧美式发展的全新选择，为解决人类问题贡献出了中国智慧和中国方案。

可以毫不夸张地说，这是自中华人民共和国倡导和平共处五项原则以及20世纪70年代中期明确提出反对霸权也绝不称霸以来，中国对于国际关系和国际秩序最大的贡献，而且，从现在起到2035年至本世纪中叶，中国的这种贡献还将在世界舞台上更加彰显、更有意义、更具说服力和感召力，因为今天我们所处的这个新时代，也恰恰是我国日益走近世界舞台中央、不断为人类的和平与发展作出更大贡献的时代。

二 积极构建新型国际关系

在这个新时代，中国新贡献将突出地体现在我们将更高举起和平、发展、合作、共赢的旗帜，继续恪守维护世界和平、促进共同发展的外交政策宗旨，一方面我们将继续坚定不移在和平共处五项原则基础上发展同各国的友好合作，另一方面我们将加大力度推动建设相互尊重、公平正义、合作共赢的新型国际关系。

[①] 《毛泽东文集》第7卷，人民出版社1999年版，第157页。

环顾今天的世界，全球正处于大发展、大变革、大调整的时期，世界的多极化、经济的全球化、社会的信息化、文化的多样化都在深入发展或转变形式，全球治理体系的完善和国际基本秩序的变革也正在加速推进，各国之间的相互联系和相互依存正日益加深，国际力量对比和国际基本格局正更趋平衡；与此同时，我们也必须要看到，国际关系和国际格局所面临的不稳定性、不确定性也更加突出了，如世界经济增长动能不足，世界层面的贫富分化日益严重，地区热点问题此起彼伏，各种类型的恐怖主义以及网络安全、重大传染性疾病、气候变化等非传统安全威胁都在持续蔓延，不同形式的风险和危机也时有发生。

在这种新形势下，各国各地区更加成为利益交汇、责任分担和命运共同的综合体，我们面临的许多挑战和风险是共同的，我们求发展、求和平的基本诉求是一样的，我们发展与繁荣的机遇也是交汇的。

在今天这个世界上，正如习近平总书记所言，已经"没有哪个国家能够独自应对人类面临的各种挑战，也没有哪个国家能够退回到自我封闭的孤岛"。

三　积极构建人类命运共同体

各国人民同心协力构建人类命运共同体，并不仅仅是一个美好的愿望，更不是我们的一厢情愿。一个持久和平、普遍安全、共同繁荣、开放包容、清洁美丽的世界，恰恰是各国人民共同的利益之所在、责任之所担、命运之所系。

毫无疑问，人类命运共同体，不是一朝一夕就能建设起来的，这里，有几个基本要求是习近平总书记在十九大报告中明确提出来的。

第一，平等协商。坚决摒弃冷战思维和强权政治，坚持走对话而不对抗、结伴而不结盟的国与国交往新路，坚持以对话解决争端、以协商化解分歧，统筹应对传统和非传统安全威胁，反对一切形式的恐怖主义。

第二，同舟共济。促进贸易和投资自由化便利化，推动经济全球化朝着更加开放、包容、普惠、平衡、共赢的方向发展。

第三，文明多样。以文明交流超越文明隔阂、文明互鉴超越文明冲突、文明共存超越文明优越。

第四，环境友好。合作应对气候变化，保护好人类赖以生存的地球家园，还自然以宁静、和谐、美丽。

我国仍处于并将长期处于社会主义初级阶段，我国仍然是世界最大发展中国家。在建设人类命运共同体的过程中，我国将既坚定奉行独立自主的和平外交政策，也将充分尊重各国人民自主选择其发展道路的权利，并且，在此过程中，我国更加积极地维护国际公平正义，包括我们一贯坚持的坚决反对把自己的意志强加于人，反对干涉别国内政，反对恃强凌弱。

今天，日益全球化的世界现实，近代以来的中国历史，我们自己的指导思想、社会制度和核心价值，都决定了中国在国际关系中绝对不会也不可能搞零和游戏和丛林法则，我们绝不会以牺牲别国利益为代价来发展自己，中国的发展不对任何国家构成威胁，今后无论中国发展到什么程度，也永远不称霸，永远不搞扩张；同样，中国也决不会放弃自己的主权、安全和发展等基本的正当权益，决不会吞下任何人试图损害我们核心利益的苦果，更不允许任何人、任何组织、任何政党在任何时候、以任何形式、把任何一块中国领土从中国分裂出去！

一是在中国特色的大国外交方面，我们正积极发展全球伙伴关系，寻求同各个国家和地区的利益交汇点，并积极扩大利益交汇面，这其中既包括推进大国协调和合作，构建总体稳定、均衡发展的大国关系框架；也包括按照亲诚惠容理念和与邻为善、以邻为伴周边外交方针深化同周边国家关系；还特别要秉持正确义利观和真实亲诚理念，加强同发展中国家团结合作；也积极加强同各国政党、政治组织及民间机构的交流合作，推进人大、政协、军队、地方、人民团体和文化、智库等的对外交往与合作，增强互相尊重，建立互相信任。

二是在经济层面的对外开放方面，我们也将按照十九大报告所强调的，继续坚持对外开放的基本国策，坚持打开国门搞建设，特别是要积极促进"一带一路"国际合作，努力实现政策沟通、设施联通、贸易畅通、资金融通、民心相通，打造国际合作新平台，增添共同发展新动力，提升互利共赢的新亮点。其中，尤其是要加大对发展中国家特别是最不发达国家的援助力度，缩小全球性的南北差距和贫富悬殊。

三是在国际规则和世界秩序方面，摆脱零和游戏与丛林法则不仅是我们的坚定立场，也是我们能够贡献给世界的中国方案，尤其是通过秉持共商共建共享的全球治理观这样的中国智慧，来倡导国际关系民主化：既坚持国家不分大小、强弱、贫富一律平等，也一贯支持联合国发挥积极作用，支持扩大发展中国家在国际事务中的代表性和发言权。

依我的初步理解，共商，是指任何国际关系、国际合作、国际交往、国际项目，从一开始起，就坚持国家不分大小、强弱、贫富一律平等，大家的事大家一起商量，共同制定议题、规则、程序；共建，是指在整个国际关系、国际合作、国际交往、国际项目中，都用参与式、包容式的伙伴关系来处理、来实施，而不是某一方面强加于人；共享，则是指无论这些国际关系、国际合作、国际交往、国际项目取得多少成就、获得多少成果，不是由某一家独享，不是仅某一方受益，更不能使其他方受损。

这就是中国作为真正的负责任大国正在努力使国际关系规则更加合理公正中发挥的重要作用，也是中国积极参与全球治理体系的改革和建设，最终走向人类命运共同体在规则制定和议题设置方面的重要贡献。

如果我们按照共商共建共享这样的理念和规则来建设人类命运共同体，那么，中华民族的伟大复兴，中国人民的共同富裕，就将与各国人民的共同发展，世界各地的持久和平，携手并肩，合力并进。

到那时，"太平世界，环球同此凉热"，就将不仅是伟大诗人的伟大情怀。

（作者为中国社会科学院欧洲研究所所长）

以十九大精神为指引
加快构建中国特色哲学社会科学

王 正

党的十九大报告是全党全国人民为实现中华民族伟大复兴而奋斗的行动纲领，也为加快构建中国特色哲学社会科学指明了方向。深刻领会和把握新时代党的建设总要求，高度重视哲学社会科学的意识形态属性，坚持以马克思主义为指导的政治方向，不断加强哲学社会科学研究机构党的基层组织建设，运用"构建人类命运共同体"所蕴含的一系列理念与实践指导新时代国际问题研究，是加快构建中国特色哲学社会科学的必然要求。

一 把握新时代党建总要求，完成新时代新使命

习近平总书记在党的十九大报告中提出的"新时代党的建设总要求"中，在强调坚持和加强党的全面领导，全面从严治党，把党的政治建设摆在首位，坚定理想信念宗旨，全面推进党的各个方面建设的同时，还明确提出了建设一个什么样的党的问题，就是要"把党建设成为始终走在时代前列，人民衷心拥护，勇于自我革命，经得起各种风浪考验，朝气蓬勃的马克思主义执政党"。这是我们党对九十多年来领导武装斗争夺

取全国胜利，领导社会主义革命和建设事业，特别是对过去五年党的建设事业取得历史性成就、发生历史性变革的成功经验的深刻总结，为党的建设和发展指明了正确的目标和方向。

第一，走在时代前列，就是要求全党对习近平新时代中国特色社会主义思想有全面、深刻的理解与认识。深刻领会其精神实质、丰富内涵和历史定位，明确"新时代"的目标与任务，把握"新时代"与过去历史的关系，"新时代"与人民群众的关系，"新时代"与中华民族以及与中华民族伟大复兴的中国梦的关系，以及"新时代"与世界的关系。我们的思想认识一定要聚焦于"新时代"，紧跟"新时代"的步伐，为完成"新时代"提出的各项目标、任务、要求勤奋工作。

第二，人民衷心拥护，就是要"不忘初心，牢记使命"，为人民谋幸福，为民族谋复兴，始终把人民对美好生活的追求与向往作为奋斗目标。作为哲学社会科学工作者，就是要牢固树立起为什么人的理念，坚持为人民做学问，为人民的幸福和民族的发展贡献哲学社会科学工作者的才智，通过我们的学问、学理，为人民的幸福和民族的复兴与发展献计献策。

第三，勇于自我革命是我们党的优良传统。国内革命战争时期同"左"、右倾机会主义路线的斗争，延安整风，新中国成立后开展的"三反"，十一届三中全会后的"拨乱反正"等，都是党勇于自我革命的具体体现。十九大报告在充分肯定过去五年的成就和成绩的同时，还清醒地指出了工作中存在的不足、困难和挑战，并下决心加以解决，强调必须坚定不移全面从严治党，全面加强党的领导和党的政治建设，彻底改变管党治党宽松软的状况，层层落实管党治党政治责任，经常性地照镜子、正衣冠、红脸出汗。开展党的群众路线教育实践活动和"三严三实"专题教育，推进"两学一做"学习教育常态化制度化，加强党性和理想信念教育；不断完善选人用人标准，不断完善党内法规制度体系建设；出台"八项规定"，严禁"四风"，巡视全覆盖；等等，所有这些，都是我们党勇于自我革命的具体实践和鲜活例证。

第四，经得起各种风浪的考验，是对我们党 90 多年发展过程中政治定力的正确判断。我们党的历史发展一直是不平坦的。从党的一大刚开始即遭外国巡捕搜查，到多次"左"、右倾错误路线的干扰破坏，从蒋介石的血腥屠杀到日寇侵华的民族危亡，从新中国成立前夕的"进京赶考"到"文化大革命"，从改革开放"摸着石头过河"到东欧剧变和世界社会主义暂处低潮，党经受住了一次次惊涛骇浪的考验，一步步走了过来。当前跨入"新时代"，同时也经受着考验。我们坚信，在以习近平同志为核心的党中央的正确领导下，我们党一定能够完成新时代的历史使命，团结带领全国人民努力奋斗，建成社会主义现代化强国。

第五，朝气蓬勃是我们党的事业不断发展壮大的具体表现。通过对十九大报告的学习，深刻感受到我们党充满了无限生机和活力。党清醒地对当今的时代特征作出了正确的判断，确定了习近平新时代中国特色社会主义思想为党的指导思想，正确分析了新时代社会主要矛盾的变化，明确了新时代党的历史使命，描绘了全面建成小康社会、夺取新时代中国特色社会主义伟大胜利的宏伟蓝图，进而看到了我们党为实现中华民族伟大复兴的中国梦而不懈奋斗的决心和力量。所有这些，给人们的感觉就是党和党的事业欣欣向荣、朝气蓬勃，砥砺奋进、无往而不胜。

第六，马克思主义执政党，体现了中国共产党坚持以马克思主义为指导的根本宗旨，这也是中国共产党区别于世界各国形形色色非马克思主义执政党的根本标志。习近平新时代中国特色社会主义思想是对马克思列宁主义、毛泽东思想、邓小平理论、"三个代表"重要思想、科学发展观的继承和发展，是马克思主义中国化的最新成果，执政的中国共产党必须长期坚持并不断发展。

二 重视哲学社会科学的意识形态属性，坚持以马克思主义为指导的政治方向

十九大报告讲到哲学社会科学，是在第七部分"坚定文化自信，推动社会主义文化繁荣兴盛"里的"牢牢掌握意识形态工作领导权"这一段之中。细读这部分内容，对哲学社会科学的意识形态属性有了更深刻的认识。意识形态是为政治、政党服务的思想体系，它的核心内容是主导价值观。主流意识形态更是要体现执政阶级和执政党的意志，在各种意识形态中占据主导地位。在我国，这个主流意识形态就是马克思主义。哲学社会科学是我们党在意识形态领域中的重要战线，它的绝大多数学

科都具有鲜明的意识形态属性。习近平总书记在"5·17"讲话中指出："坚持以马克思主义为指导,是当代中国哲学社会科学区别于其他哲学社会科学的根本标志,必须旗帜鲜明加以坚持。"从而明确划分出了中国特色哲学社会科学的意识形态属性界限,为我们正确理解和把握中国特色哲学社会科学的意识形态属性指明了方向。

在中国特色哲学社会科学的意识形态属性这个重大原则问题上,我们必须有清醒的认识,始终把坚持马克思主义、坚持以马克思主义为指导贯穿于哲学社会科学研究的全过程,重点加强以下几方面工作。

一是要坚持正确的政治方向和学术导向,贯彻落实党的基本理论、基本路线和基本方略,坚持四项基本原则,自觉批判和抵制各种错误思潮和理论的影响与干扰,坚决维护以习近平同志为核心的党中央的绝对权威和集中统一领导,在思想上和行动上始终与以习近平同志为核心的党中央保持高度一致。二是要"不忘初心,牢记使命",牢固树立为人民做学问的理念,努力为党的事业和国家发展谋策略,自觉把个人的学术追求同国家和民族发展紧密联系在一起,在为党和人民服务中实现自身价值。三是要坚持围绕中心服务大局的价值取向。围绕中心、服务大局,是哲学社会科学工作的职责所在、价值所在、力量所在,更是中国特色哲学社会科学意识形态属性的内在特征。四是要充分认识哲学社会科学意识形态属性的根本意义所在。我院作为国家级哲学社会科学最高研究机构,拥有全国最完整的学科群和一大批学术造诣深厚的学者,如果在意识形态方面出现问题,指导思想错了,政治方向偏离了轨道,就会使学术研究走上邪路,不但不能发挥党中央国务院思想库智囊团的作用,还可能造成给党和国家帮倒忙、拉倒车的严重后果。

三 加强党的基层组织建设,加快构建中国特色哲学社会科学

我们党历来高度重视基层组织的建设。早在1927年红军的"三湾改编"时就提出了"支部建在连上",1929年的《古田会议决议》明确要求"必须健全连以上各级党的组织",以实现党对军队的绝对领导。我们党90多年的发展历程也充分说明了基层是党的革命之力、执政之基、力

量之源。党的基层组织担负着联系群众、团结群众、服务群众，把党的路线方针政策落实到基层的重要任务，正如习近平总书记在十九大报告中指出的，"党的基层组织是确保党的路线方针政策和决策部署贯彻落实的基础"。基层党组织建设除了政治建设和组织建设外，还包括更丰富的内容。

第一，加强基层党组织建设是推动全面从严治党向基层延伸的具体体现。党的十八大以来，开展党的群众路线教育实践活动、"三严三实"专题教育和"两学一做"学习教育，无一不是把重点放在基层，这样既提高了各级基层党组织管党治党的政治责任意识，也进一步增强了基层广大党员干部的党性观念，坚定了理想信念，为全面从严治党取得重大成效奠定了坚实基础。

第二，加强基层党组织建设是推动加快构建中国特色哲学社会科学事业的必然要求。习近平总书记在"5·17"讲话中提出了加快构建中国特色哲学社会科学的战略任务，而在我院加快构建中国特色哲学社会科学的一系列重大举措中，创新工程成为重中之重的任务。围绕创新工程的实施，我院制定了创新工程的"六大制度"，总结了办院的三条基本经验，提出了"五个'三个一'"的工作总思路和"八个坚定不移"的重要遵循。所有这些的落实，党员干部和党员科研人员起着重要的带头作用。在这个过程中，基层党组织一方面要帮助党员干部和科研人员树立创新工程是一场思想观念的革命的理念，从政治和战略的高度充分认识在当前哲学社会科学面临大发展大变革时期，创新工程和加快构建中国特色哲学社会科学对于推进我院发展的重大意义；另一方面是要统一思想，付诸行动，抓住机遇，乘势而上，推动加快构建中国特色哲学社会科学的各项任务落地见效。

第三，加强基层党组织建设是促进人才队伍发展的必要保障。无论是加快构建中国特色哲学社会科学还是加强建设中国特色新型智库，都必须有一大批优秀的科研人才和一支优秀的管理人才队伍。在基层党组织的建设过程中，要把促进人才队伍的发展放在重要位置，要认真贯彻落实党的知识分子政策，尊重劳动、尊重知识、尊重人才、尊重创造，对广大科研人员和管理人员做到政治上充分信任、思想上主动引导、工作上创造条件、生活上关心照顾，充分调动他们的科研积极性、主动性和服务热情,鼓励他们瞄准国内外学术前沿,努力推出能够代表国家级科研机构研究水准的科研成果。同时还要注重对中青年学者和管理人员的引导与培养,努力打造种类齐全、梯队衔接的西亚非洲研究队伍。

四 构建人类命运共同体为当代国际关系的理论与实践注入全新的内容与理念

"构建人类命运共同体"是习近平新时代中国特色社会主义思想的重要组成部分,同时也是新时代坚持和发展中国特色社会主义的基本方略之一,它的提出为当代国际关系的理论与实践注入了全新的内容与理念。

在现当代的国际关系理论中,从马克思恩格斯的国际分工理论到列宁的帝国主义论,从新现实主义、新自由主义和建构主义到国家利益论、权利论、冲突论,等等,都是当时历史时期的产物,适应了当时世界形势变革与发展的需要,为处理国家、民族间的关系,协调国家、民族间的利益,解决国家、民族间的矛盾提供了必要的依据与准则。六十多年前,中国倡导和平共处五项原则,践行联合国宪章的宗旨和原则,为建立公正合理的新型国际关系作出了贡献。当前,世界正处于大发展大变革大调整时期,和平与发展仍然是时代主题。世界多极化、经济全球化、社会信息化、文化多样化正在深入发展,全球治理体系和国际秩序变革加速推进,经济全球化的程度不断加深,各国相互联系和依存日益紧密,你中有我、我中有你,荣辱与共,同舟共济关系的趋势日趋明显。随着世界各国日益相互依存、更加成为命运共同体,在面对逐渐凸显的全球性重大问题时,各国更需要共同维护和促进世界的和平与发展。与此同时,西方民粹主义、保护主义、逆全球化思潮也在不断上升。在这一大时代背景下,习近平总书记在十九大报告中强调的中国将高举和平、发展、合作、共赢的旗帜,承诺中国无论发展到什么程度,永远不称霸,永远不搞扩张,中国将继续发挥负责任大国的作用,始终做世界和平的建设者、全球发展的贡献者、国际秩序的维护者,以及在 2013 年 3 月访问非洲期间首次提出的"正确义利观"等构建人类命运共同体所蕴含的一系列理念与实践,无疑已经成为一种全新的国际关系范式,为改革完善全球治理体系、推动建立更加公正合理的国际秩序、构建新型国际关系作出了新的贡献。

作为国际问题研究的科研单位，必须深入学习习近平总书记关于构建人类命运共同体的一系列重要论述，全面掌握其内容内涵，准确把握其精神实质，深刻领会其重大意义，将这一新时代充分体现中国智慧和中国方案的最新国际关系理念融入科研工作之中，使之成为构建中国特色国际问题研究的重要理论指引。

（作者为中国社会科学院西亚非洲研究所党委书记）

当代中国最鲜活的马克思主义

王立峰

伟大的时代呼唤伟大的思想,伟大的实践孕育伟大的理论,历史的发展需要伟大的思想来引领。党的十九大报告,庄严地向世人宣告:中国特色社会主义进入了新时代。习近平新时代中国特色社会主义思想应运而生。习近平新时代中国特色社会主义思想高度概括了中国实践、中国经验,社会主义建设和发展规律,凝结了中国智慧、中国精神,是当代马克思主义的最新成果,开辟了马克思主义的新境界。

一 习近平新时代中国特色社会主义思想具有坚实的理论基础

习近平新时代中国特色社会主义思想是以马克思列宁主义、毛泽东思想、邓小平理论、"三个代表"重要思想和科学发展观为理论基础,对我国改革开放四十年的历史性变革,特别是党的十八大以来五年工作的深入总结,结合新的历史时代条件和实践要求,以全新的视野深化对共产党执政规律、社会主义建设规律、人类社会发展规律的认识和艰辛的理论探索;以马克思主义的辩证唯物主义和历史唯物主义的世界观和方法论为基本的思维方法,坚持科学的思想方法和工作方法,以人民幸福和民族复兴为目标,主动适应、把握、引领经济社会发展。

习近平新时代中国特色社会主义思想系统地回答了新时代坚持和发

展中国特色社会主义的总目标、总任务、总体布局、战略布局和发展方向、发展方式、发展动力、战略步骤、外部条件、政治保证等基本问题，并且根据新的实践对经济、政治、法治、科技、文化、教育、民生、民族、宗教、社会、生态文明、国家安全、国防和军队、"一国两制"和祖国统一、统一战线、外交、党的建设等各方面进行理论分析和政策指导，提出了一系列新的重要思想、重要观点、重大判断、重大举措。明确了坚持和发展中国特色社会主义的总任务是实现社会主义现代化和中华民族伟大复兴，提出了在全面建成小康社会的基础上分两步走在本世纪中叶建成富强民主文明和谐美丽的社会主义现代化强国的目标，并且丰富了建设社会主义现代化强国的内涵；明确了新时代我国社会主要矛盾是人民日益增长的美好生活需要和不平衡不充分的发展之间的矛盾，强调必须坚持以人民为中心的发展思想，不断促进人的全面发展、全体人民共同富裕；明确了中国特色社会主义事业总体布局是"五位一体"、战略布局是"四个全面"，强调坚定道路自信、理论自信、制度自信、文化自信；明确了全面深化改革总目标是完善和发展中国特色社会主义制度、推进国家治理体系和治理能力现代化，这是新时代中国特色社会主义发展的根本动力和体制制度保障；明确了全面推进依法治国总目标是建设中国特色社会主义法治体系、建设社会主义法治国家，这是新时代中国特色社会主义发展的法治保障和治理方式；明确了党在新时代的强军目标是建设一支听党指挥、能打胜仗、作风优良的人民军队，把人民军队建设成为世界一流军队，这是新时代中国特色社会主义发展和全面建设社会主义现代化强国的重要基石；明确了中国特色大国外交要推动构建新型国际关系，推动构建人类命运共同体，创造和引领中国特色社会主义发展的外部条件；明确了中国特色社会主义最本质的特征是中国共产党领导，中国特色社会主义制度的最大优势是中国共产党领导，党是最高政治领导力量，提出新时代党的建设总要求，突出政治建设在党的建设中的重要地位，这是新时代中国特色社会主义发展的根本政治保证，等等。明确回答了我们党在新时代举什么旗、走什么路、以什么样的精神状态、担负什么样的历史使命、实现什么样的奋斗目标等重大理论和实践问题，是对马克思列宁主义、毛泽东思想、邓小平理论、"三个代表"重要思想、科学发展观的继承和发展，是马克思主义中国化的最新成果，是党和人民实践经验和集体智慧的结晶，是中国特色社会主义理论体系的重要组成部分，是全党全国各族人民为实现中华民族伟大复兴而奋斗的行动指南，为更好地坚持和发展中国特色社会主义奠定了思想基础。把习近平新时代中国特色社会主义思想写在党的旗帜上，确立为党必须长期坚持的指导思想，实现了党的指导思想又一次与时俱进和创新发展。

二 习近平新时代中国特色社会主义思想具有坚实的实践基础

我国改革开放经过了四十年的发展，取得了社会主义现代化建设的历史性成就。但是，必须清醒认识到，我们的工作还存在许多不足，面临不少困难和挑战，也积累了一系列问题，主要是：发展不平衡不充分的一些突出问题尚未解决，发展质量和效益还不高，创新能力不够强，实体经济水平有待提高，生态环境保护任重道远；民生领域还有不少短板，脱贫攻坚任务艰巨，城乡区域发展和收入分配差距依然较大，群众在就业、教育、医疗、居住、养老等方面面临不少难题；社会文明水平尚需提高；社会矛盾和问题交织叠加，全面依法治国任务依然繁重，国家治理体系和治理能力有待加强；意识形态领域斗争依然复杂，国家安全面临新情况；一些改革部署和重大政策措施需要进一步落实；党的建设方面还存在不少薄弱环节。在党的十八大以来不平凡的五年里，以习近平同志为核心的党中央，不忘初心，以时代为坐标的问题导向，以实践为基础的创新思维，以人民为中心的价值取向，以民族为特色的话语体系，以世界发展史、中华民族发展史、社会主义发展史、中国革命和建设发展史，特别是新中国发展史等历史长河为背景，以中国特色社会主义伟大实践为前提，以社会发展客观规律为依据，以人民群众历史主体为力量，以非凡的政治智慧、顽强的意志品质，科学把握当今世界和中国发展的大势，以巨大的政治勇气和强烈的责任担当，深入工厂、农村、机关学校、部队等各个领域调查研究，以中国的具体实际出发，从理论和实践的结合上，围绕回答新时代坚持和发展什么样的中国特色社会主义、怎样坚持和发展中国特色社会主义这个重大时代课题，进行艰辛理论探索，举旗定向、谋篇布局、攻坚克难、砥砺奋进，出台一系列重大方针政策，推出一系列重大举措，深化一系列重大改革，有效应对国际国内诸多风险和挑战，解决了许多长期想解决而没有解决的难题，办成了许多过去想办而没有办成的大事，取得全方位、开创性的历史性成就，党和国家事业发生了深层次、根本性的历史性变革，使中国特色社会主义进入新时代。习近平新时代中国特色社会主义思想充分体现了历史逻辑、实践逻辑和理论逻辑的高度统一，显示出当代中国马克思主义的强大生命力，展现了当代中国共产党人所坚持的科学指导思想的强大真理力量。

三 习近平新时代中国特色社会主义思想科学地反映了新时代的社会发展规律

建党九十多年来，我们党在革命、建设和改革的历史进程中，团结带领全国各族人民历经千难万险，付出巨大牺牲，以鲜血和生命为代价探索出的基本规律是：要实现中华民族伟大的解放和复兴，必须推翻压在中国人民头上的帝国主义、封建主义、官僚资本主义三座大山，实现民族独立、人民解放、国家统一、社会稳定；必须建立符合我国实际的先进社会制度；必须合乎时代潮流、顺应民意，勇于改革开放，让党和人民事业始终充满奋勇前进的强大动力，使中华民族从站起来、富起来到强起来。正是对这些社会实践规律的认识，让我们党紧紧依靠人民攻克了一个又一个看似不可能攻克的难关，创造了一个又一个彪炳史册的人间奇迹，为中华民族作出了伟大的历史贡献。习近平新时代中国特色社会主义思想根据新时代新征程面临的新形势新任务，深刻认识新时代我国社会主要矛盾是人民日益增长的美好生活需要和不平衡不充分的发展之间的矛盾，确定坚持和发展中国特色社会主义的总任务是实现社会主义现代化和中华民族伟大复兴，提出了在全面建成小康社会的基础上分两步走在本世纪中叶建成富强民主文明和谐美丽的社会主义现代化强国，总体布局是"五位一体"、战略布局是"四个全面"。在国际上推动构建新型国际关系和人类命运共同体。十九大报告还强调，坚持和发展中国特色社会主义必须坚持党对一切工作的领导；坚持以人民为中心；

坚持全面深化改革；坚持新发展理念；坚持人民当家作主；坚持全面依法治国；坚持社会主义核心价值体系；坚持在发展中保障和改善民生；坚持人与自然和谐共生；坚持总体国家安全观；坚持党对人民军队的绝对领导；坚持"一国两制"和推进祖国统一；坚持推动构建人类命运共同体；坚持全面从严治党。这是对改革开放四十年，特别是党的十八大以来五年经验的深入总结和客观规律的认识，也是对党的基本纲领、基本经验、基本要求和治国理政的总结和升华，是对新时代中国特色社会主义发展规律的科学概括。

四 坚持用习近平新时代中国特色社会主义思想武装头脑指导实践推动工作

深入学习贯彻党的十九大精神，重点是要深入学习贯彻习近平新时代中国特色社会主义思想，深刻领会习近平新时代中国特色社会主义思想的丰富内涵、精神实质、重大意义和历史地位，认真组织好党的十九大精神的宣传教育和学习培训。坚持把政治建设摆在首位，用习近平新时代中国特色社会主义思想指导党的建设各项工作，武装干部职工头脑，推动干部职工创造力、凝聚力、战斗力的提高，使干部职工融入我们党进行伟大斗争、建设伟大工程、推进伟大事业、实现伟大梦想的任务和使命中来，进一步解放思想、实事求是、与时俱进、求真务实，攻坚克难，发挥党员模范带头作用，凝聚起干部职工创业的强大力量，以全局性、战略性、前瞻性的思维，加强科学研究，突出抓重点、补短板、强弱项，研究解决改革发展中的问题，更加自觉地为实现新时代党的历史使命不懈奋斗，不断推出新的科研成果，为党和国家决策提供智力支持，为实现"两个一百年"奋斗目标作出贡献。

(作者为中国社会科学院拉丁美洲研究所党委书记)

践行新发展理念
跨越"中等收入陷阱"

王灵桂

党的十九大报告明确提出，坚持和平发展道路，推动构建人类命运共同体。报告中多处谈及全球治理问题，为中国在国际舞台上展现大国风范、承担大国责任、发挥大国作用指明了方向，提供了中国参与全球治理的中国方案和中国智慧。

一 历史的选择是跨越陷阱的基石

十八大以来，中国实现了历史性变革。生态环境治理明显加强，环境状况得到改善；引导应对气候变化国际合作，成为全球生态文明建设的重要参与者、贡献者、引领者。实施共建"一带一路"倡议，发起创办亚洲基础设施投资银行，设立丝路基金，举办首届"一带一路"国际合作高峰论坛、亚太经合组织领导人非正式会议、二十国集团领导人杭州峰会、金砖国家领导人厦门会晤、亚信峰会。倡导构建人类命运共同体，促进全球治理体系变革。进一步提高中国的国际影响力、感召力、塑造力，为世界和平与发展作出新的重大贡献。中国特色社会主义道路、理论、制度、文化不断发展，拓展了发展中国家走向现代化的途径，给世界上那些既希望加快发展又希望保持自身独立性的国家和民族提供了全新选择，为解决人类问题贡献了中国智慧和中国方案。过去的五年，是中国日益走近世界舞台中央、不断为人类作出更大贡献的时代。

在过去五年里，中国已经具有相当的国际影响力、感召力、塑造力。未来的岁月里，中国新的更大的国际影响力、感召力、塑造力将表现和体现在什么地方？将如何表现和体现？纵观世界各国，尤其是发展中国家的发展过程，可以说普遍面临着如何实现可持续性发展，以跨越"中等收入陷阱"的重大挑战。

面对这一难题和挑战，十九大立足中国自身国情和发展实际，以"沧海横流显砥柱，万山磅礴看主峰"的豪迈气概，为在五千年文明的画卷中铺展耀眼夺目的"两个一百年"奋斗目标，用独具特色的"中国智慧"，提出了治愈发展病的"中国药方"，绘就了贡献世界和平的"中国方案"。这将成为中国未来更大国际影响力、感召力、塑造力的源泉，也将为世界发展、国际和平、人类幸福打造一条成功之路。

世界银行在2007年主题报告《东亚复兴：关于经济增长的观点》一文中首次提出关于"中等收入陷阱"（middle-income trap）的警示，报告中指出，"中等收入国家受到低收入国家低工资竞争者在制造业和高收入国家创新在快速技术变革行业的双重挤压"，"比起较富或较穷的国家来，中等收入国家的增长会相对较慢"。后来，"中等收入陷阱"这个概念被用来类比拉丁美洲以及若干亚洲经济体的困境：一些前期增长迅速的低收入国家在进入中等收入水平后，经济增长会陷入长期的停滞或回落，在经历了较长的时间后仍不能进一步发展为高收入国家。如巴西、阿根廷、墨西哥、智利、菲律宾以及中东多国便是陷入"中等收入陷阱"的典型例子。大野健一根据亚洲和拉美经济体发展历史经验，认为经济体可以通过外资引进、规模扩张、技术吸收和技术创新的方式完成五个阶段的产业赶超，但是很多经济体由于无法提升其人力资本，无法完成技术吸收进入第三阶段，这种"天花板"现象就是"中等收入陷阱"。

亚洲开发银行则将"中等收入陷阱"定义为"无法与低收入、低工资经济体在出口制造端竞争，并与发达国家在高技术创新端竞争，这些国家无法及时从廉价的劳动力和资本的资源驱动型增长转变为生产力驱动型增长"。经济合作与发展组织将"中等收入陷阱"描述为：达到（中等）收入水平，（一些）国家将面临一系列新挑战，导致低增长而陷入所谓的"中等收入陷阱"。国际货币基金组织把"中等收入陷阱"定义为"高速增长经济体停滞在中等收入水平,并无法跨入高收入国家行列的现象",其本质是"增长放缓的一种特殊情况,即突然性巨大且持续的波动背离于条件收敛下预期的增长路径"。虽然有关"中等收入陷阱"的概念并不统一,但其基本含义是描述一个经济体从中等收入向高等收入迈进的过程中,容易出现经济增长的停滞和徘徊的现象。因此"中等收入陷阱"问题在本质上是一个经济增长及其动力的问题,从中长期增长来看,经济增长速度回落,增长缺乏新的动力。"中等收入陷阱"的提法在学界研究中一直存在争议,但也正是反复、激烈的学术争论,使这个概念成为社会普遍知晓的一个经济学概念。

同样,"中等收入陷阱"在中国也引起了决策者的高度重视。自改革开放以来,中国从一个人均国民总收入低于 200 美元的贫穷农业国成长为世界上最大的最具活力的制造业中心。2010 年中国人均国民总收入达到 4300 美元,按照世界银行定义的标准,中国进入中等收入国家行列;后又经过五年中高速增长成为中等偏上收入国家。中国在近一代人的时间内,几乎取得了西方国家几百年的工业成就,但也在极短时间内积累了西方国家经历过的腐败、环境污染、产能过剩等诸多问题,同时也面临着老龄化和人口红利消失等压力,经济增速开始放缓。一个很自然的问题就是,中国会不会也像绝大多数的中等收入国家那样掉入"中等收入陷阱"?如何采取措施以尽量避免这种情况发生?这些问题不仅在业界和经济学界被广泛提及,而且在政策界也备受关注,因而进入"新常态"后中国能否跨越"中等收入陷阱"成为一个重要的经济学问题。时任财政部部长楼继伟在 2015 年清华大学举行的"清华中国经济高层讲坛"上表示,现在中国关键的任务是要跨过"中等收入陷阱",由于中国太快进入老龄化社会,在未来的 5—10 年内有 50% 以上的可能性会滑入"中等收入陷阱"。要实现 6.5%—7% 的经济增长速度,就要求我国在未来的 5—7 年的时间里,做好全方位改革,解决市场中仍然存在的扭曲。许小年 2017 年 5 月 5 日在深圳创新发展研究院的演讲中也认为,经过改革开放,中国的经济发展正处于一个很关键的转型期。

二 习近平新时代中国特色社会主义思想是跨越陷阱的指针

在近年来的学术讨论中,"中等收入陷阱"似乎成为发展中国家走向繁荣和富强的魔咒和难以逾越的"天堑"。作为世界上最大的发展中国家,中国似乎也将成为"中等收入陷阱"的"猎物"而难以脱身。但是,在习近平总书记带领下,中国近五年来的发展成效已经把"陷阱"变为通途。党的十八大以来,以习近平同志为核心的党中央高度重视"中等收入陷阱"可能带来的风险,围绕什么是中国梦、怎样实现中国梦等重大问题,在实践中面对生产力与生产关系、经济基础与上层建筑、国内经济与国际经济的深刻调整和变革等矛盾,审时度势,深入思考和把握中国经济社会发展的历史方位,提出了"创新、协调、绿色、开放、共享"的新发展理念;以习近平同志为核心的党中央将改革开放看作"伟大觉醒""活力之源""重要法宝"和"必由之路";习近平总书记亲自担任中央全面深化改革领导小组组长,既挂帅又亲征,重要工作亲自部署,重大问题亲自过问,重要环节亲自协调。在这种坚韧努力下,各领域"四梁八柱"性质的改革主体框架基本确立起来,改革局面在奋力前行中积厚成势,全面深化改革使国家治理体系和治理能力现代化水平全面提升,人民群众的获得感显著增强,中国特色社会主义制度的优越性进一步彰显。

也正是如此,在党的十九大报告中,习近平总书记提出了贯彻新发展理念,建设现代化经济体系的新时代规划。他指出,既要决胜全面建成小康社会、实现第一个百年奋斗目标,又要乘势而上向第二个百年奋斗目标进军,开启全面建设社会主义现代化强国新征程。习近平总书记指出,从现在到2020年,是全面建成小康社会决胜期。要按照十六大、十七大、十八大提出的全面建成小康社会各项要求,紧扣我国社会主要矛盾变化,统筹推进经济建设、政治建设、文化建设、社会建设、生态文明建设,坚定实施科教兴国战略、人才强国战略、创新驱动发展战略、乡村振兴战略、区域协调发展战略、可持续发展战略、军民融合发展战略,突出抓重点、补短板、强弱项,特别是要坚决打好防范化解重大风险、精准脱贫、污染防治的攻坚战，使全面建成小康社会得到人民认可、经得起历史检验。

从十九大到二十大，是"两个一百年"奋斗目标的历史交汇期。我们既要全面建成小康社会、实现第一个百年奋斗目标，又要乘势而上开启全面建设社会主义现代化国家新征程，向第二个百年奋斗目标进军。为此，在综合分析国际国内形势和我国发展条件的基础上，习近平总书记在十九大报告中指出，从2020年到本世纪中叶可以分两个阶段来安排。

第一个阶段，从2020年到2035年，在全面建成小康社会的基础上，再奋斗15年，基本实现社会主义现代化。到那时，我国经济实力、科技实力将大幅跃升，跻身创新型国家前列；人民平等参与、平等发展权利得到充分保障，法治国家、法治政府、法治社会基本建成，各方面制度更加完善，国家治理体系和治理能力现代化基本实现；社会文明程度达到新的高度，国家文化软实力显著增强，中华文化影响更加广泛深入；人民生活更为宽裕，中等收入群体比例明显提高，城乡区域发展差距和居民生活水平差距显著缩小，基本公共服务均等化基本实现，全体人民共同富裕迈出坚实步伐；现代社会治理格局基本形成，社会充满活力又和谐有序；生态环境根本好转，美丽中国目标基本实现。

第二个阶段，从2035年到本世纪中叶，在基本实现现代化的基础上，再奋斗15年，把我国建成富强民主文明和谐美丽的社会主义现代化强国。到那时，我国物质文明、政治文明、精神文明、社会文明、生态文明将全面提升，实现国家治理体系和治理能力现代化，成为综合国力和国际影响力领先的国家，全体人民共同富裕基本实现，我国人民将享有更加幸福安康的生活，中华民族将以更加昂扬的姿态屹立于世界民族之林。

三 真抓实干是将"陷阱"变为通途的保障

将"陷阱"变为通途，不能坐而论道，不能等天上掉馅饼，不能夸夸其谈。为此，习近平总书记强调，从全面建成小康社会到基本实现现代化，再到全面建成社会主义现代化强国，是新时代中国特色社会主义发展的战略安排。我们要坚忍不拔、锲而不舍，奋力谱写社会主义现代化新征程的壮丽篇章；要贯彻新发展理念，建设现代化经济体系；必须坚定不移把发展作为党执政兴国的第一要务，坚持解放和发展社会生产力，坚持社会主义市场经济改革方向，推动经济持续健康发展；必须坚持质量第一、效益优先，以供给侧结构性改革为主线，推动经济发展质量变革、效率变革、动力变革，提高全要素生产率，着力加快建设实体经济、科技创新、现代金融、人力资源协同发展的产业体系，着力构建市场机制有效、微观主体有活力、宏观调控有度的经济体制，不断增强我国经济创新力和竞争力；必须把发展经济的着力点放在实体经济上，把提高供给体系质量作为主攻方向，显著增强我国经济质量优势；要瞄准世界科技前沿，强化基础研究，实现前瞻性基础研究、引领性原创成果重大突破；必须始终把解决好"三农"问题作为全党工作重中之重，坚持农业农村优先发展，巩固和完善农村基本经营制度，保持土地承包关系稳定并长久不变；加大力度支持革命老区、民族地区、边疆地区、贫困地区加快发展，强化举措推进西部大开发形成新格局，深化改革加快东北等老工业基地振兴，发挥优势推动中部地区崛起，创新引领率先实现东部地区优化发展，建立更加有效的区域协调发展新机制；加快完善社会主义市场经济体制，必须以完善产权制度和要素市场化配置为重点，实现产权有效激励、要素自由流动、价格反应灵活、竞争公平有序、企业优胜劣汰；要以"一带一路"建设为重点，坚持"引进来"和"走出去"并重，遵循共商共建共享原则，加强创新能力开放合作，形成陆海内外联动、东西双向互济的开放格局。

习近平总书记在党的十九大报告中强调，"解放和发展社会生产力，是社会主义的本质要求。我们要激发全社会创造力和发展活力，努力实现更高质量、更有效率、更加公平、更可持续的发展"。党的十八大以来的丰硕成绩，党的十九大描绘的宏伟发展蓝图，使中国这艘巨轮增强了劈风斩浪的动力。我们相信，在这种气吞山河的宏大气魄面前，在中国共产党团结带领人民苦干加巧干的务实奋斗面前，挑战将变机遇、"陷阱"将变通途，国外某些学术界的预测将会永远停留在纸上。这将是中国之幸运，也将作为榜样和例证，给发展中国家人民带来希冀和光明。

（作者为中国社会科学院亚太与全球战略研究院党委书记）

人类命运共同体理念为全球治理改革指明方向

李向阳

中国不仅是人类命运共同体理念的倡导者，更是这一理念的践行者。十八大以来，以习近平同志为核心的党中央所推出的一系列对外开放政策充分体现了这一理念，为全球治理的改革提供了一个新的路径。党的十九大报告再次突出强调人类命运共同体理念，充分彰显了新时代中国特色社会主义对全球人类发展的深刻思考。

一　构建人类命运共同体实现共赢共享

2017年1月18日，习近平主席在日内瓦万国宫出席"共商共筑人类命运共同体"高级别会议，并发表题为"共同构建人类命运共同体"的主旨演讲。

习近平主席在演讲中指出，人类正处在大发展大变革大调整时期，也正处在一个挑战层出不穷、风险日益增多的时代。回首过去一百多年的历史，全人类的共同愿望，就是和平与发展。宇宙只有一个地球，人类共有一个家园。让和平的薪火代代相传，让发展的动力源源不断，让文明的光芒熠熠生辉，是各国人民的期待，也是我们这一代政治家应有的担当。中国方案是：构建人类命运共同体，实现共赢共享。

习近平总书记强调，纵观近代以来的历史，建立公正合理的国际秩序是人类孜孜以求的目标。主权平等是数百年来国与国规范彼此关系最重要的准则，也是联合国及所有机构、组织共同遵循的首要原则。主权平等，真谛在于国家不分大小、强弱、贫富，主权和尊严必须得到尊重，内政不容干涉，都有权自主选择社会制度和发展道路。各国平等参与决策，构成了完善全球治理的重要力量。新形势下，我们要坚持主权平等，推动各国权利平等、机会平等、规则平等。

习近平总书记指出，历史和现实给我们的启迪是，沟通协商是化解分歧的有效之策，政治谈判是解决冲突的根本之道。各国和国际司法机构有责任维护国际法治权威，应该确保国际法平等统一适用，不能搞双重标准，不能"合则用、不合则弃"，真正做到"无偏无党，王道荡荡"。我们要推进国际关系民主化。世界命运应该由各国共同掌握，国际规则应该由各国共同书写，全球事务应该由各国共同治理，发展成果应该由各国共同分享。

2008年国际金融危机爆发之后，席卷发达国家的"占领（华尔街）运动"预示了反全球化运动的兴起。而以英国退欧和特朗普当选美国总统为标志，反全球化运动进入了一个加速发展阶段。特朗普总统在竞选期间震耳欲聋的"美国优先"口号开始成为美国的对外政策："买美国货，雇美国人。"回顾冷战结束以来近三十年的发展历程，经济全球化从来没有像今天这样受到如此大的挑战，可以说当前经济全球化正在步入十字路口。与此相对应，以美国为主的西方大国对待全球治理的立场也在发生重大转变。当特朗普总统强调"每个国家都有权以自己的利益为先"时，全球治理的基础也就变得岌岌可危了。

面对西方国家反全球化的浪潮和日趋脆弱的全球治理体系，习近平主席关于人类命运共同体的理念向国际社会传递出一个清晰的信号：经济全球化符合人类的共同利益，不能因少数国家和群体的反对而走回头路；合作共赢、共同发展应是全球治理改革的基本方向。

二 全球治理的固有难题与面临的新挑战

简单地说，全球治理是指在特定的规范、规则约束下，为解决全球性问题,不同行为主体互动而形成的机制。全球治理是为解决全球性问题而派生出来的,而全球性问题又是经济全球化不断深化的后果,比如贸易投资自由化问题、移民问题、气候变化与环境保护问题、国际运输通道安全问题,等等。因而,全球治理与经济全球化密切相关,没有经济全球化的发展,也就没有对全球治理的需求。当然,并非所有的全球性问题都源于经济全球化,也有当前困扰欧洲国家的中东难民问题、恐怖主义问题等。

全球治理的一个突出特征是它的公共产品属性。全球性问题事关所有国家的利益,因而全球治理的提供者通常并不能独占全球治理所带来的收益。这就必然会引发全球治理中的供需失衡:一方面全球性问题越来越多;另一方面全球治理供给不足。这种失衡也被形象地称为"全球治理赤字"。如何消除这种赤字是其第一大难题。

全球治理的另一个特征是规则的非中性。作为全球治理的核心构件,国际规则对不同国家的影响是存在差异的。"规则面前,人人平等"在现实中并不成立。以温室气体减排规则为例,倘若要求发达国家与发展中国家执行统一的减排标准,很多发展中国家经济将难以承受。基于规则的非中性特征,每个国家都希望主导规则的制定,服务于自身的利益。由此带来的后果是,全球治理长期以来一直由少数发达国家所主导,没有体现广大发展中国家的诉求与全球经济格局的变化。如何推动全球治理的民主化是其第二大难题。

全球治理的第三大难题,也是受诟病最多的,要属它的"发展缺位"。无论是应对全球性问题还是民主化,全球治理最终是要促进各国的共同发展。然而,从现实中我们看到,现有的全球治理体系没能保证所有国家,尤其是最不发达国家获得发展的机遇;同时也没能保证所有参与经济全球化的群体获得收益。国际层面与国内层面的基尼系数持续攀升就是"发展缺位"的后果,也是当前很多国家反全球化的主要根源。

除了全球治理这些固有的难题之外,目前席卷西方国家的反全球化浪潮为全球治理带来了一系列新的挑战。其一,反全球化浪潮本身动摇了全球治理的基础。当所有国家都奉行孤立主义和保护主义时,全球治理也就失去了存在的意义。其二,大国拒绝提供公共产品削弱了全球治理的功效。在国际层面,解决公共产品的供给不足难题需要大国作出更多的努力。这是对所谓负责任大国的基本要求。然而作为全球治理的主导者，美国新政府不仅威胁要退出多边贸易体系，而且还要退出现有的区域经济合作机制，或对现有的区域合作机制重新谈判。其三，少数大国奉行以邻为壑的对外政策，如果最终导致大国之间的经济、安全冲突，全球治理就有陷入瘫痪的风险。

总之，全球治理所面临的挑战是前所未有的。大国正在失去应对的动力，而小国缺乏应对的能力。在这种背景下，中国的立场就具有特殊的意义。

三 人类命运共同体理念是中国向世界提供的一项重要公共产品

自党的十八大以来，习近平总书记关于人类命运共同体理念经历了一个不断发展和完善的过程：从最初的双边层面的命运共同体（如中巴命运共同体、中国—东盟命运共同体等），到区域层面的周边命运共同体、亚洲命运共同体，最终形成了在全球层面的人类命运共同体。一方面这适应了中国和平崛起或和平发展的要求，另一方面这也是经济全球化时代中国向世界提供的核心理念。面对西方国家反全球化浪潮的抬头与全球治理危机，这一理念正在得到越来越多国家的认同。

人类命运共同体理念首先是对数百年来国际关系领域所积累的公认原则的继承，比如平等与主权原则、人道主义原则、联合国宪章所确定的宗旨与原则、五项基本原则，等等。以此为基础，人类命运共同体理念又被赋予了适应时代发展的新内涵，这突出表现为以下三个方面。

第一，合作与共赢是命运共同体的核心。伴随经济全球化的发展，全球性问题越来越多，而解决全球化问题的根本出路就是合作。合作与共赢是一个硬币的两个方面：合作的目的是实现共赢；共赢又是合作的基础。这是"我为人人，人人为我"理念的具体体现。正如习近平总书记所强调的，我们应该倡导在追求本国利益时兼顾他国合理关切，在谋求本国发展中促进各国共同发展，建立更加平等均衡的新型全球发展伙伴关系。相反，某些国家的政治家们则把经济全球化的收益分配看成是零和博弈：外国的收益即是本国的损失；本国的贸易赤字、对外投资等同于就业机会丧失；外国产业的壮大等同于本国产业衰落。其结果必然是选择放弃合作，否定经济全球化，甚至要与外部世界构建起无形与有形的"隔离墙"。在这种意义上，以合作共赢为核心的命运共同体理念是应对反全球化的良药，也是推动全球治理的前提条件。

第二，责任与利益共担是命运共同体的基本原则。命运共同体是责任共同体与利益共同体的有机结合。责任的共担与利益的共享并不意味着所有国家的责任和利益都是平等分配的。大国与小国、发达国家与发展中国家之间不仅利益诉求存在差异，而且承担国际责任的能力也存在差异。当今全球治理面临的一大难题便是责任与利益的失衡，这突出表现为发达国家主导全球规则的制定，利用规则的非中性谋取自身的利益；而众多发展中国家没有能力，也没有机会参与其中。当发展中国家要求改革全球治理中的民主化问题时，某些发达国家的心态出现了失衡，试图推脱大国应尽的义务。以全球气候变化协定谈判为例，经过多年的努力，在业已达成的《巴黎协定》中，"共同但有区别的责任"原则最终得到了贯彻。然而，特朗普政府却认为美国承担的责任与所获得的利益不符，不仅要求取消对发展中国家的补贴，而且要放开对化石能源产业发展的限制。再比如，特朗普政府在鼓励制造业回流的同时，却要明确阻止本国企业（甚至是在美的外国企业）对外投资。这表明，美国既要继续充当全球经济的霸主（"让美国再次强大"），又要拒绝成为一个负责任的大国：为国际社会提供公共产品。因此，如何兼顾不同类型国家的利益诉求和参与全球治理的能力，把责任和利益共担落到实处已经成为全球治理改革的紧迫任务。

第三，包容与可持续发展是命运共同体的目标。发展是一个综合性指标，它并不等同于单一的经济增长。除了经济增长外，发展还包括民众的教育、医疗、养老、社会保障、相对公平的收入分配、环境的可持续，等等。作为最突出的全球性问题，发展也是全球治理的最大"缺位"。在发展中国家，这一问题主要体现为贫困、疾病、环境恶化等；在发达国家，它更多表现为收入分配不均；而在全球层面，发展问题表现为许多发展中国家没有获得发展的机会。命运共同体理念强调包容与可持续发展目标适应了所有国家的诉求，构成了所有国家的最大公约数。

面对经济全球化与全球治理改革失去方向的困境，命运共同体理念体现了中国作为负责任大国的担当，也是中国向世界提供的一项重要的公共产品。

四 中国正以实际行动践行人类命运共同体理念

中国不仅是人类命运共同体理念的倡导者，更是这一理念的践行者。十八大以来，以习近平同志为核心的党中央所推出的一系列对外开放政策充分体现了这一理念，为全球治理的改革提供了一个新的路径。

第一，中国以实际行动在应对反全球化浪潮，为经济全球化注入新动力。在多边层面，中国一直是世界贸易组织的坚定支持者，即使面对某些发达国家单方面拒绝履行在中国"入世"时作出的承诺，如市场经济地位，中国也没有改变支持多边贸易体制的基本立场，更不会动辄威胁退出世界贸易组织或对相关国家发动贸易战。在区域层面，中国倡导具有开放性的区域经济一体化合作机制。在亚太经合组织的2014年北京峰会和2016年利马峰会上，习近平主席关于构建亚太自由贸易区的倡议都在为经济全球化注入新的动力。相比之下，中国推动单方面的对外开放更凸显了对经济全球化的积极态度。十八大之后，中国先后分三次批准设立11个自由贸易试验区，其核心目标就是要探索中国全方位对外开放的模式，待积累经验之后推广到全国其他地区。同时，中国正在积极调整原有以投资和出口为主导的经济发展模式，促进全球经济的"再平衡"。在2017年5月召开的"一带一路"国际合作论坛上，习近平总书记承诺，从2018年开始中国将举办进口博览会。这表明，中国不再追求以出口为导向的贸易发展模式。因此，在反全球化的背景下，这一系列举措使得越来越多的国家把经济全球化的希望寄托在中国身上。

第二，以自身的发展经验填补全球治理的"发展缺位"。改革开放40年的发展历程证明，中国成功地探索出一条后进国家追赶发达国家的模式。这种发展的经验正在以"一带一路"为载体扩散到更多的国家。作为一种新型的区域经济合作机制，"一带一路"最突出的特征便是它的发展导向。这与现有区域经济合作机制呈现出的规则导向形成了鲜明的反差。"一带一路"的发展导向不仅体现在开放性、互联互通、多元化的合作机制之上，而且更突出地体现为责任共同体、利益共同体之上的命运共同体。这是一项具有中国特色，但又适应广大发展中国家需求的区域经济合作模式。

第三，中国向国际社会提供了更多的制度性公共产品。制度性公共产品是全球治理的核心内容。除了"一带一路"，中国所倡导创办的亚投行、与其他金砖国家一道创办的新发展银行等正在成为新型的制度性公共产品，得到了越来越多国家的认同，与现有的世界银行、亚洲开发银行形成了互补。以亚投行为例，成员不仅包括发展中国家，而且吸引了许多发达国家的参与。在现有 57 个成员基础上，近期还将有 25 个国家加入进来。除了提供经济金融领域的公共产品，中国还在改变以往的做法，开始在安全领域提供制度性公共产品，最受瞩目的是亚信会议。这是一个涵盖 26 个成员方、12 个观察员（国家或国际组织）的地区性安全合作平台。在 2014 年的上海峰会上，习近平主席提出了"共同、综合、合作、可持续"的亚洲新安全观。这是命运共同体理念在安全领域的具体体现，同时也标志着亚信会议步入一个新的发展阶段。

第四，中国在推动全球治理的民主化进程。众多发展中国家无法参与全球治理是其突出的弊端。中国与一批新兴经济体的集体崛起正在改变全球治理由少数国家主导的局面，全球治理的民主化进程获得了重大进展。2010 年国际货币基金组织以扩大新兴经济体投票权改革的方案在被拖延了多年后终于在不久前得到了实施；中国积极推动发展中国家在 20 国集团中的作用，2016 年利用举办杭州峰会的机会，邀请了史上最多的发展中国家参加；2017 年 9 月在厦门举行的金砖国家峰会上，作为东道国，中国倡导并首次推动了"金砖＋"机制。此外，中国支持并完成了上海合作组织的扩容。这对于推进全球治理民主化进程都发挥了积极的作用。

第五，中国在发挥负责任大国的作用。作为一个负责任的大国，中国为推动全球治理改革发挥了表率作用。在全球气候变化谈判中，中国关于碳排放峰值等一系列承诺为 2015 年的《巴黎协定》达成发挥了至关重要的作用。在"一带一路"倡议中，习近平主席关于秉承正确的"义利观"的主张更是体现了中国的担当。按照"义利观"的要求，中国与沿途国家的合作中要坚持"以义为先，义利并举""不急功近利，不搞短期行为""既要重视投资利益,更要赢得好名声、好口碑"等。这充分展示了中国的担当,与某些大国强调本国利益优先的做法形成了鲜明的反差。

(作者为中国社会科学院亚太与全球战略研究院院长)

再学《矛盾论》 理解新矛盾

吴白乙

毛泽东同志发表的《矛盾论》《实践论》，深刻阐述了马克思主义认识论和唯物辩证法的理论原理，联系中国革命的具体实际，鲜明地提出"一切从实际出发""对具体矛盾进行具体分析""分清主要矛盾和次要矛盾""做好矛盾转化工作"等一系列重要结论，不仅为纠正党内长期存在的教条主义、主观主义思想倾向和错误路线起到正本清源的指导作用，而且也为即将来临的全民族抗战进行了理论准备。习近平总书记要求党的高级干部反复精读毛泽东同志著作，尤其是"两论"，其意义在于为学习和理解党的十九大提出的新判断、新思想、新方略发出动员令，吹响集结号。

一 抓住主要矛盾是我们党长期实践经验的总结

中国共产党是高度重视理论建设和理论指导的党。长期以来，党始终注重理论与实践的统一，根据国情的变化进行不懈的探索，取得了重大的突破和成功。其中最重要的一条经验是认识、区别不同历史时期的主要和次要矛盾，善于抓住主要矛盾，确定主要任务，制定相应的战略和政策，保持理论上的自信和清醒，保持在复杂实践过程中的战略定力，从而带领人民从胜利走向胜利。

《矛盾论》指出,"新过程的发生是旧的统一和组成此统一的对立成分让位于新的统一和组成此统一的对立成分,于是新过程就代替旧过程而发生。新过程又包含着新矛盾,开始它自己的矛盾发展史……矛盾是普遍存在的,矛盾存在于一切事物发展的过程中,矛盾贯穿于每一件事物发展过程的始终……研究任何过程,如果是存在着的两个以上矛盾的复杂过程的话,就要用全力找出它的主要矛盾。捉住了这个主要矛盾,一切问题就迎刃而解了"。辩证唯物主义的认识论看到矛盾存在于历史发展的全过程,旧的矛盾解决,意味着新的不平衡的出现,促使人们设法应对,构成其进步的根本动力。我国经济社会的快速发展一方面有效解决既有主要矛盾,另一方面为新的主要矛盾产生准备了前提。当新的主要矛盾产生并为人们所认识之后,又迫使人们对事物的本质和发展规律进行再探索,找到解决之道,使我国经济社会发展步入更高阶段。实践深刻昭示,只有立足实际、实事求是,准确判断社会主要矛盾,才能制定正确政策,采取正确行动,推动党和国家事业沿着正确轨道向前发展。

二 我国社会主要矛盾的调整与变化

新中国成立以来,国民经济和收入实现了阶段性增长,党对社会主要矛盾的判断也经历了以下重大调整和变化。

第一,需求间的一维矛盾。1956年党的八大指出,生产资料私有制的社会主义改造基本完成以后,国内的主要矛盾已经不再是工人阶级和资产阶级之间的矛盾,而是人民对于经济文化迅速发展的需要同当前经济文化不能满足人民需要的状况之间的矛盾。此时的主要矛盾聚焦于人民对于建立先进的工业国的需求同摆脱落后农业国需求之间的矛盾。

第二,需求—供给间的二维矛盾。1981年党的十一届六中全会通过的《关于建国以来党的若干历史问题的决议》,将我国社会的主要矛盾表述为:"在社会主义改造基本完成以后,我国所要解决的主要矛盾,是人民日益增长的物质文化需要同落后的社会生产之间的矛盾。"随后,党的十二大、十三大明确了这一提法,并将其载入党章,确定为我国社会主义初级阶段的主要矛盾。党的十八大也沿用了这一判断。

第三,需求—分配—供给间的三维矛盾。党的十九大指出,中国特色社会主义进入新时代，我国社会主要矛盾已经转化为人民日益增长的美好生活需要和不平衡不充分的发展之间的矛盾。这一重大判断是对当下国情和变动的矛盾作出的科学的界定，体现了中国共产党人对我国社会主义所处的新的历史阶段的清醒认识，对实现党和国家工作相应转变的清晰预见，对未来发展以"推动人的全面发展、社会全面进步"为目标的准确定位，因而是一个重大的理论突破和创新。

三　我国社会主要矛盾的新变化是关系全局的历史性变化

主要矛盾的主体正由"人民日益增长的物质文化需要"转变为"人民日益增长的美好生活需要"。伴随着国民经济良好发展，城乡居民的收入水平也实现提升。在数量上，不论城镇居民可支配收入还是农村居民纯收入均实现显著增长，其中城镇居民可支配收入分别在2005年、2011年以及2015年突破10000元、20000元以及30000元大关，而农村居民纯收入也从新中国成立后的不足100元提升至当前的万元以上。从结构上来看，我国城乡居民食品支出总额占个人消费支出总额的比重（即恩格尔系数）持续降低[①]，这意味着居民消费重心正在从满足正常生活需要向多元化精神消费转变。

"落后生产力"已不是中国的现实，主要矛盾的客体变为"不平衡、不充分的发展"，二者互为因果。改革开放以来，通过积极引入外资，我国借助丰裕的人口红利，大力发展生产力，得以在不到40年的时间内总体实现小康社会的战略目标。2010年中国以近40万亿元经济总量超越日本，跃居世界第二大经济体，经济总量占全球份额的15%，对全球经济增长的贡献率超过30%，成为世界经济增长的首要引擎。

同时，作为一个发展中大国，我国仍然面临诸多的发展短板，不平衡、不充分的发展是制约人民日益增长的美好生活需要的主要因素。"不

---

① 联合国根据恩格尔系数，在20世纪70年代对世界各国的生活水平作了一个划分标准，即一个国家平均家庭恩格尔系数大于60%为贫穷；50%—60%为温饱；40%—50%为小康；30%—40%为相对富裕；20%—30%为富足；20%以下为极其富裕。

平衡",指的是发展和分配布局的差距所带来的矛盾。必须看到,尽管在总体实现小康之后,人民日益增长的物质文化需要矛盾得到基本解决,但人民对美好生活的需要日益广泛,不仅对物质文化生活提出了更高要求,而且在民主、法治、公平、正义、安全、环境等方面的要求日益增长。例如,传统的经济"二元结构"并未完全改变,城乡居民收入差距仍有所扩大,贫困人口仍有4300万之多,需要举全国之力来确保"全面建成小康社会,一个不能少;共同富裕路上,一个不能掉队"的庄严承诺得以实现。[①]

从区域发展格局来看,东部沿海地区在过去40年的改革开放过程中区位优势突出,基础设施便利化、产业现代化、城乡一体化和公共服务便利化已经跃升到较高水平,而广大中西部地区发展相对滞后,资金、技术、人才等要素供给相对不足,历史欠账较多,社会保障能力较弱,区域发展差距明显。更为重要的是,40年的发展模式还造成我国资源环境承载力临近警戒线。粗放的发展方式曾帮助我们实现快速积累,同时带来资源利用效率低下,能耗和碳排放居高不下,生态环境遭到严重破坏等问题。这些问题不仅危及人民健康,也影响到百姓生活质量。党的十八届五中全会提出并在党的十九大进一步加以确认的"创新、协同、绿色、开放、共享"新发展理念,正是针对新的经济社会发展主要矛盾,力图通过自上而下的制度设计和体系监管,推动全党和全社会转变旧的发展理念和发展方式,从根本上摆脱传统的路径依赖,将人民对良好生态环境的需要放在未来发展规划的中心地位。

"不充分"指的是供给端的动态变化,人们对美好生活的需要体现为对高质量的、全方位的经济、社会和文化的综合发展需求。进入小康社会之后,百姓基本衣食住行问题得到解决,扩大优质增量供给,实现供需动态平衡就成为新的矛盾焦点。例如,当下人们已经不再满足于一般生活用品的充分供给,社会的物质供给必须面向大众的个性化、多元化、高端化的需求。尽管我国社会生产力水平总体上显著提高,有200多种工业产品产量位居世界第一,但是仍然处于全球产业价值链的中低端,面

---

① 习近平:《新时代要有新气象更要有新作为 中国人民生活一定会一年更比一年好》,《人民日报》2017年10月26日第2版。

临第二产业疲弱与第三产业乏力、传统行业与金融部门间资源错配、大型国企与中小微企业发展不均衡等一系列结构性矛盾。为此，我们必须以供给侧结构性改革为主线，把提高现代化供给体系质量作为主攻方向，加快建设制造强国，大力发展先进制造业，推动互联网、大数据、人工智能和实体经济深度融合，在中高端消费、创新引领、绿色低碳、共享经济、现代供应链、人力资本服务等领域培育新增长点、形成新动能，进而带动经济发展质量变革、效率变革、动力变革，提供全要素生产率，实现实体经济、科技创新、现代金融、人力资源协同发展。

总之，我国社会主要矛盾的变化是关系全局的历史性变化。党的十九大正确地回应这一重大现实问题，从而为确立习近平新时代中国特色社会主义思想提供理论依据和行动纲领。认清发展中的主要矛盾，才能全面统筹推进经济建设、政治建设、文化建设、社会建设、生态文明建设，坚持以人民为中心的发展思想，对促进人的全面发展、全体人民共同富裕的总目标、总任务、总体布局、战略布局和发展方向、发展方式、发展动力、战略步骤、外部条件、政治保证等作出系统性安排，落实坚持和发展新时代中国特色社会主义的十四条基本方略。

四　加快全面深化改革，大力提升发展质量和效益

党的十九大对我国社会主要矛盾的最新界定，更使我们清晰地综合分析国际国内形势及自身发展条件，对于未来三十年的奋斗目标作出理性、有序和紧凑的规划。从十九大到二十大，是实现阶段转换、乘势而上的历史交汇期，既要全面建成小康社会，实现第一个百年奋斗目标，又要开启全面建设社会主义现代化强国新征程，向第二个百年奋斗目标进军。为此，党的十九大报告给出了每个阶段需要实现的具体指标，即到2035年时，"我国经济实力、科技实力将大幅跃升，跻身创新型国家前列；人民平等参与、平等发展权利得到充分保障，法治国家、法治政府、法治社会基本建成，各方面制度更加完善，国家治理体系和治理能力现代化基本实现；社会文明程度达到新的高度，国家文化软实力显著增强，中华文化影响更加广泛深入；人民生活更为宽裕，中等收入群体

比例明显提高，城乡区域发展差距和居民生活水平差距显著缩小，基本公共服务均等化基本实现，全体人民共同富裕迈出坚实步伐；现代社会治理格局基本形成，社会充满活力又和谐有序；生态环境根本好转，美丽中国目标基本实现"。到 2050 年时，"我国物质文明、政治文明、精神文明、社会文明、生态文明将全面提升，实现国家治理体系和治理能力现代化，成为综合国力和国际影响力领先的国家，全体人民共同富裕基本实现，我国人民将享有更加幸福安康的生活，中华民族将以更加昂扬的姿态屹立于世界民族之林"。

"慎思明辨，笃行致远"。美好的未来始于足下，中国共产党人要更加坚定不移地按照党的十九大作出的战略部署，"撸起袖子加油干"，着力解决好发展不平衡不充分问题，加快全面深化改革的步伐，大力提升发展质量和效益，更好地满足人民在经济、政治、文化、社会、生态等方面日益增长的需要，才能书写好解决新时代中国发展主要矛盾的历史性答卷，才能不负初心，创造新的光荣，走近伟大梦想，实现更大辉煌。

（作者为中国社会科学院美国研究所所长）

"构筑人类命运共同体"
是新时代的最强音

高 洪

习近平总书记在中国共产党第十九次全国代表大会上的报告中着重强调了"构筑人类命运共同体"的思想。这一思想是习近平新时代中国特色社会主义思想的重要内容,既是将马克思主义普遍真理与中国社会发展的具体实践相结合的良好典范,更是对马克思主义的创新发展。同时,推动"构筑人类命运共同体"也是指导中国逐步走近世界舞台中央的大国外交思想的指导纲领,值得从事国际问题研究的专家、学者深入学习并在具体的科研工作中遵循和践行。

一 "人类命运共同体"思想的马克思主义渊源

研读马克思主义经典著作是为了学习观察人类社会发展变化运动的科学方法。马克思观察研究社会历史现象有两个突出特征,一是从发展的而不是静止的观点看待一切,总是注重各种现象的历史性,追溯其历史生成和发展的过程;二是以联系的而不是孤立的观点看待一切,将它们作为一个整体的不同部分不同方面不同环节来展开分析。诚如很多马克思主义哲学研究工作者所指出的那样:"从哲学上看,'人类命运共同体'理念与马克思社会有机体思想有着内在联系,后者是前者的理论基础和方法论根据。"①

早在党的十八大报告中,习近平总书记就正式提出"倡导人类命运共同体意识"这一概念。此后,习近平总书记以马克思主义理论为指导,在党内外、国内外多个场合深刻诠释"命运共同体",向世界传递对于人类文明走向的中国判断。作为中国的外交实践,习近平总书记坚持走中国特色大国外交之路,为中华民族实现伟大复兴,为我们共同生活的世界更加美好,努力打造人类命运共同体。在全球动荡不定的今天,世界面对"人类从哪里来、现在在哪里、将到哪里去"的焦灼提问,期待着中国领导人从"人类命运共同体"的高度作出深刻阐释。2017年元旦,习近平主席发表的新年贺词:"我真诚希望,国际社会携起手来,秉持人类命运共同体的理念,把我们这个星球建设得更加和平、更加繁荣。"促使"人类命运共同体"概念迅速传遍全球视野。

今天,党的十九大报告中更是掷地有声地提出:"人与自然是生命共同体,人类必须尊重自然、顺应自然、保护自然。人类只有遵循自然规律才能有效防止在开发利用自然上走弯路,人类对大自然的伤害最终会伤及人类自身,这是无法抗拒的规律。"作为习近平总书记治国理政思想的重要组成部分的"人类命运共同体"思想科学地反映出当今世界和平、发展、合作、共赢的时代潮流,其重要意义和目的在于达到双赢、多赢、共赢目的,符合全球化价值链的历史发展过程。因此,"人类命运共同体"包含了合作共赢、互利互惠,平等相待、互商互谅,包容互鉴、和衷共济的科学内涵。从马克思真正的共同体思想看,"人类命运共同体"与其在致思思路、实现路径及最终目标和价值取向上都是相似的,是马克思主义中国化的最新思想成果。

---

① 毕文锐、马俊峰:《"人类命运共同体"的理论基础》,引自光明网理论版,http://theory.gmw.cn/2017-02/23/content_23800528.htm。

二 中国共产党人始终关注世界发展与人类共同命运

回顾党的历史，关注世界局势发展变化与人类命运历来是中国共产党人远大的政治理想和四海一家的宽广胸怀。早在1921年中国共产党建立前后，毛泽东同志就曾指出："中国问题本来是世界的问题，然从事中国改造不着眼及于世界改造，则所改造必为狭义，必碍于世界。"① 即便是在风云激荡的革命战争年代，实现共产主义远大理想始终是共产党人矢志不渝的坚定信念。所以，在长征即将胜利到达陕北之时，党的领袖毛泽东面对横亘在眼前的茫茫昆仑上的皑皑白雪这个自然界的困难和长征途中需要克服的"敌人"，就以铜琶铁板的豪迈气势讴歌道："安得倚天抽宝剑，把汝裁为三截？一截遗欧，一截赠美，一截还东国。太平世界，环球同此凉热。"用中国共产党人高远且充满革命浪漫主义色彩的诗句，将天下大同的政治图景融于自己的革命理想当中。

作为党的新一代领袖，习近平总书记特别强调："我们有责任写出中华民族新史诗。"2017年开年首访，习近平总书记在联合国日内瓦总部发表题为"共同构建人类命运共同体"的主旨演讲时就运用"海纳百川，有容乃大""和羹之美，在于合异"等古典诗文名句，阐发中国共产党人推动中国社会发展和改造世界的宽广胸襟。他还多次在不同场合告诫全党"不畏浮云遮望眼，只缘身在最高层"，用"天行健，君子以自强不息""天下兴亡，匹夫有责""德不孤，必有邻"等古人智慧的结晶，概括中国共产党人对世界发展与人类命运的高度关注和参与方式。

三 "人类命运共同体"蕴含全球治理的中国智慧

众所周知，"人类命运共同体"包含全球治理的中国智慧。诚如当代

---

① 引自《关于新民学会的宗旨——史料札三则》，http://www.voc.com.cn/Topic/article/201105/201105041119272571_3.html。

著名哲学家、和合思想推动者张立文先生的论述："人类命运共同体是人类的精神价值世界，是真善美的艺术理想世界，它蕴含在世界各文明思想之中。在中国人的精神世界里，自古以来，人类命运共同体理念就引领着中华民族对价值理想世界（天下）的憧憬和永恒价值的追求。"[1]

正因为如此，瞩望中国一路走来取得的辉煌成就，国际社会中有越来越多的学者和智库开始着力研究中国，试图破解"中国成功的密码"，越来越多的外国政要将目光聚焦东方，聚焦中国共产党的领袖，试图从中汲取经验。[2] 究其原因，是中国共产党正在以中国智慧推动构筑"人类命运共同体"，正在为世界提供一系列富有建设性的公共产品，为"共商、共建、共享"的全球治理理念注入新动力。

今天，习近平总书记在十九大报告中指出："世界正处于大发展大变革大调整时期，和平与发展仍然是时代主题。世界多极化、经济全球化、社会信息化、文化多样化深入发展，全球治理体系和国际秩序变革加速推进，各国相互联系和依存日益加深，国际力量对比更趋平衡，和平发展大势不可逆转。同时，世界面临的不稳定性不确定性突出，世界经济增长动能不足，贫富分化日益严重，地区热点问题此起彼伏，恐怖主义、网络安全、重大传染性疾病、气候变化等非传统安全威胁持续蔓延，人类面临许多共同挑战。"中国呼吁各国人民同心协力，构建人类命运共同体，建设持久和平、普遍安全、共同繁荣、开放包容、清洁美丽的世界。要相互尊重、平等协商，坚决摒弃冷战思维和强权政治，走对话而不对抗、结伴而不结盟的国与国交往新路。中国共产党人坚持主张"同舟共济，尊重世界文明多样性，以文明交流超越文明隔阂、文明互鉴超越文明冲突、坚持环境友好，合作应对气候变化，保护好人类赖以生存的地球家园"，恰恰是富有智慧和合理可行的中国全球治理方案。

---

[1] 张立文：《中华传统文化与人类命运共同体》，转引自中国社会科学网，http://sky.cssn.cn/bk/bkpd_qklm/bkpd_bkwz/201711/t20171106_3695249_1.shtml。

[2] 据统计，《习近平谈治国理政》至今已在上百个国家和地区发行620多万册，引起国际社会强烈反响。秘鲁总统库琴斯基甚至直言："中国发展代表着世界的未来。"

四 以"人类命运共同体"思想
　　处理新时代中日关系

习近平总书记在十九大报告中再次强调了构建人类命运共同体的重要战略思想，要求我们在新的战略机遇期发挥中国智慧，拿出中国方案，构筑起面向未来的外交格局。按照这一总体要求和部署，我国的对日外交，应当着眼于"营造有利于实现中华民族伟大复兴"的长远目标；准确认识日本"既想从中国的发展中赚取利益，又不肯轻易对中国主导亚太局势并走向世界舞台中心服软"的两面性特征；发挥中国在大国博弈的力量对比关系上越来越明显的"势能优势"，积极主动地把控中日关系，使之服从我国外交大格局的调整安排。

2017年春季以后，中日关系出现了趋稳、向好的新迹象。这是过去几年里，中日关系本身以及中美关系、日美关系乃至全世界发生了许多从量到质的变化的结果。其中最主要的有三条：第一，中国克服经济下行压力，在政治外交、经济社会、科技、金融，乃至"一带一路"合作诸多领域成功取得了创新发展。第二，日本的发展速度比不上中国，无论是增幅还是绝对数量的比较都是如此。而日本在外交上试图孤立、围堵中国的一系列手段都是很不成功的，无论是自由繁荣之弧，还是价值观外交、俯瞰地球仪外交中所搞的丑化和扼制中国的种种努力都未能收到其预期效果。第三，美国自身变化以及中美力量对比也在变化，中美关系的调整逐步打碎了日本"联美制华"的幻想。结果是，中国发展道路越来越成功，尽管日本新政府中仍有人不希望看到中国对自己的超越，但今后逐步接受中国成功发展这一客观现实，并随之逐步增强对华两面性中的合作的一面，已经是一种历史的必然。

过去几年里，支撑安倍以往对华政策的日本国内舆论是各种版本的"中国崩溃论"和"中国威胁论"。如果说前者是某些日本政要的真心期待，后者则是与中国较量的舆论武器——鼓噪"中国威胁论"既可以在国际范围抹黑中国，又可以为自己的强军战略寻求立论的依据。不过，最近一个时期，日本舆论界对中国的报道评价正在急剧变化。一方面

"中国崩溃论"本身开始崩溃,同时"中国威胁论"开始变种为"中国霸权论"和"中国傲慢论"。如果说中国崩溃论在中国成功发展面前不攻自破,"中国威胁论"的变种则是由于日本各界精英认为安倍此前所持的"与中国为敌"的外交战略是一种很不明智的做法。因为一个国家对另一个国家是否是"威胁",与是否拥有强大的军事力量并无直接关系,关键在于双方之间的"敌友判别"。

目前,日本舆论界对国际格局的看法有了新的变化。有的人认为世界正朝着中美两极化的方向发展,也有人认为世界正朝着多极化方向发展,但两者立论有一个共同的结论:世界将出现"去美国中心化"和"去美国霸权化"的改变。在此背景下,2017年入夏以来,日本主流媒体开始在对华报道中出现"中国大面积智能手机移动支付""中国官民并举大规模推进科技创新""中国的维稳经费在GDP占比0.62%,而日本的全国警察预算也达到0.67%"之类的"真实的中国"的"正面报道"。十九大召开后,日本舆论界主张同中国携手同行的声音也在逐渐上扬。

对中国来讲,处理好中日关系是坚持和平发展道路,推动构建人类命运共同体的一个组成部分。就目前而言,一方面坚持四个政治文件原则立场,坚持中日关系的原点在1972年的基本精神。强调2014年达成的四点原则共识的重要性,强调当前需要增加政治互信,双方相向而行,求同存异,共同寻求和平、合作、繁荣的发展道路。另一方面,需要保持战略定力,尤其是清醒、清晰、清楚的基本思路。须知,中日之间的结构性矛盾还将持续存在,而且这一时期中的安倍政府的对华两面战略不大可能发生根本转变。但同时需要看到,中日结构性矛盾着的历史过程不是一成不变的过程,而是一个中国实力从量的积累走向质的变化的根本性改变过程。

今天的中国既容得下日本的参与,把得住经济合作的主动权与主导权,也无须惧怕日本某些势力在背后捣乱破坏。因为,中日间的时和势已在我方,我们有实力基础上的信心,中国的和平崛起是任何国家和力量都阻挡不了的历史潮流。在认清局势、增强自信的前提下,欢迎来自日本的合作,积极寻求共同发展。换言之,对于邻国日本,中国同样是要"不忘初心,坚持原则",继续高举和平、发展、合作、共赢的旗帜,恪守维护世界和平、促进共同发展的外交政策宗旨，推动建设相互尊重、公平正义、合作共赢的新型国际关系。

(作者时任中国社会科学院日本研究所党委书记)

马克思主义
研究学部

坚定不移全面从严治党
不断提高党的执政能力和领导水平

邓纯东

习近平总书记在十九大报告中，作出了"中国特色社会主义进入新时代"的科学论断。"打铁必须自身硬"，在由"站起来""富起来"走向"强起来"的新时代，实现党要管党、从严治党的新作为，比任何时候都更为关键。全面加强新时代党的建设新的伟大工程，必须贯彻落实好新时代党的建设总要求，必须坚定不移全面从严治党，不断提高党的执政能力和领导水平，真正把党建设成为始终走在时代前列、人民衷心拥护、勇于自我革命、经得起各种风浪考验、朝气蓬勃的马克思主义执政党。

一 新时代党的全面建设必须以习近平新时代中国特色社会主义思想为指导

党的指导思想，是世界观、方法论，是指导我们党全部活动的理论体系，是指导党的政治建设、思想建设、组织建设、作风建设、纪律建设、制度建设的理论基础，对党的建设起着最终指导作用。

马克思主义与中国实践相结合，有两次"飞跃"。第一次"飞跃"产生了毛泽东思想；第二次"飞跃"则产生了中国特色社会主义理论体系。

这两次飞跃，分别回答了中国为什么要革命、为谁革命、靠谁来革命、怎样进行革命等重大问题；回答了什么是社会主义、怎样建设社会主义，建设什么样的党、怎样建设党，实现什么样的发展、怎样发展的问题。

"新时代"应该有"新理论"。这个新理论就是习近平新时代中国特色社会主义思想。以习近平同志为主要代表的中国共产党人，进行着划时代的理论创新、实践创新，创立了习近平新时代中国特色社会主义思想。习近平新时代中国特色社会主义思想，站在历史和时代高度，紧紧抓住坚持和发展中国特色社会主义这条主线，科学判断中国特色社会主义进入新时代，提出了新时代我国社会的主要矛盾，阐明了基本方略，描绘了宏伟蓝图，体现为民宗旨，强化从严治党要求，是我们党迈进新时代、开启新征程、续写新篇章的政治宣言和行动指南。

习近平新时代中国特色社会主义思想，是马克思主义中国化的最新成果，是中国特色社会主义理论体系的重要组成部分，是被实践证明了的科学真理，是进行伟大斗争、建设伟大工程、推进伟大事业、实现伟大梦想的行动指南，是中国共产党人新时代的精神支柱和力量源泉，是我们党必须长期坚持的指导思想。习近平新时代中国特色社会主义思想系统回答了"新时代坚持和发展什么样的中国特色社会主义、怎样坚持和发展中国特色社会主义"这个重大问题。

习近平新时代中国特色社会主义思想包含了关于坚持党的领导、加强党的建设的丰富内容。他明确指出，中国特色社会主义最本质的特征是中国共产党领导，中国特色社会主义制度的最大优势是中国共产党领导，党是最高政治领导力量；提出新时代党的建设总要求，突出政治建设在党的建设中的重要地位。我们必须坚持以习近平新时代中国特色社会主义思想作为全面加强党的建设伟大工程的行动指南，把我们党锻造成为坚持和发展中国特色社会主义的坚强领导核心，领导中华民族早日实现伟大复兴。

二 必须完善党的领导体制机制，努力坚持"党领导一切"

全面从严治党的核心目标是实现和保证党的领导。党的十九大报告深刻提出"没有中国共产党的领导，民族复兴必然是空想"；"伟大斗争、伟大工程、伟大事业、伟大梦想，紧密联系、相互贯通、相互作用，其中起决定性作用的是党的建设新的伟大工程"等思想，从而将坚持党的领导提升到了一个前所未有的战略高度。

一方面，在当代中国，党政军民学，东西南北中，党是领导一切的。中国共产党领导是中国特色社会主义制度的最大优势，是我们战胜各种风险挑战、实现"两个一百年"奋斗目标、实现中华民族伟大复兴中国梦的根本保证。加强党的领导关键是坚持党中央集中统一领导。党中央集中统一领导要实现制度化、规范化。全党要增强政治意识、大局意识、核心意识、看齐意识，不断加强和改善党的领导，更好发挥党总揽全局、协调各方的领导核心作用，确保党始终成为中国特色社会主义事业的坚强领导核心。

在处理"四个伟大"的关系时，推进伟大工程，要结合伟大斗争、伟大事业、伟大梦想的实践来进行，确保党在世界形势深刻变化的历史进程中始终走在时代前列，在应对国内外各种风险和考验的历史进程中始终成为全国人民的主心骨，在坚持和发展中国特色社会主义的历史进程中始终成为坚强领导核心。全党要更加自觉地坚持党的领导和我国社会主义制度，坚决反对一切削弱、歪曲、否定党的领导和我国社会主义制度的言行。

另一方面，全面加强新时代党的建设新的伟大工程，要在落实"四个全面"战略布局中全面提高党的领导水平和执政能力。在"四个全面"中，全面从严治党具有特殊重要的地位和作用，它为其他三个"全面"提供坚强的领导力量。其他三个"全面"，既对从严治党提出了新的更高的标准要求，同时也要靠全面从严治党来保障、来支撑。党开启了改革开放的伟大事业，并将其推向全面深化改革的新阶段，只有坚持全面从严治党，党才能真正成为改革的方向引领者、顶层设计者和组织推动者，始终保持改革的正确方向，并从系统性、整体性、协同性上把握改革全局，集中全党全社会智慧，调动一切积极因素，攻坚克难，实现改革目标。

三 突出强调党的政治建设和纪律建设

在党的建设布局方面,党的十九大强调,一方面,以党的政治建设为统领,"旗帜鲜明讲政治是我们党作为马克思主义政党的根本要求。党的政治建设是党的根本性建设,决定党的建设方向和效果"。另一方面,要加强党的纪律建设,"重点强化政治纪律和组织纪律,带动廉洁纪律、群众纪律、工作纪律、生活纪律严起来"。

新时代加强党的政治建设和纪律建设,必须保证全党服从中央、坚持党中央权威和集中统一领导。全党要坚定执行党的政治路线,严格遵守政治纪律和政治规矩,在政治立场、政治方向、政治原则、政治道路上同党中央保持高度一致。为此,全党要牢固树立"四个意识",特别是核心意识。五年来,以习近平同志为核心的党中央统筹推进"五位一体"总体布局,协调推进"四个全面"战略布局,提出了一系列新理念新思想新战略,开拓了一系列"创新",实现了一系列"不可能",党和国家面貌焕然一新,党和国家事业取得了历史性成就、发生了历史性变革,得到全党全军全国各族人民及全世界的称赞。中国特色社会主义之所以取得举世瞩目的成就,最重要、最关键的是,我们党有了习近平总书记这个核心,有了以习近平同志为核心的党中央的坚强领导。只有增强"四个意识",自觉在思想上政治上行动上同以习近平同志为核心的党中央保持高度一致,才能使我们党更加团结统一、坚强有力,始终成为中国特色社会主义事业的坚强领导核心。因此,我们党聚焦于把党建设得更加坚强有力,明确提出了习近平同志在全党的核心地位,要求全党不断增强"四个意识",强调对党绝对忠诚,确保全党与以习近平同志为核心的党中央保持高度一致。

新时代加强党的政治建设和纪律建设,必须坚持党的基本路线。坚持党的基本路线,需要对新时代社会主要矛盾有准确把握。党的十一届六中全会提出了社会主义初级阶段主要矛盾是"人民日益增长的物质文化需要同落后的社会生产之间的矛盾"。现在,中国的发展已经发生了历史性变革,"美好生活"不仅包括吃饱穿暖等"物质"需求,还有法治、公平、正义、安全、环境等"非物质"的需求。当前,我国社会生产力水平总体上显著提高，更加突出的问题是发展不平衡不充分。因此，新时代的社会主要矛盾已经转化为人民日益增长的美好生活需要和不平衡不充分的发展之间的矛盾。在此基础上，我们围绕坚持党的基本路线强调三点：其一，坚持建设现代化经济体系，以经济建设为中心，坚持改革开放。现在谈发展，除了经济领域，还拓展到了社会等领域。其二，四项基本原则是立国之本，是我们党和国家生存发展的政治基石。在新的形势下，坚持四项基本原则始终是中国特色社会主义的保证。其三，保证基本路线贯彻必须加强和做好意识形态工作，要进行必要的舆论斗争，确保马克思主义的指导地位。由于种种原因，一些社会思潮不断冲击党的基本路线，冲击党的领导和以四项基本原则为核心的底线。所以保证基本路线的贯彻，必须要以加强意识形态工作为保证，必须提高党员干部意识形态的鉴别能力。

新时代加强党的政治建设和纪律建设，还必须要尊崇党章，加强和规范党内政治生活，营造风清气正的良好政治生态；完善和落实民主集中制的各项制度；弘扬忠诚老实、公道正派、实事求是、清正廉洁等价值观，坚决反对搞两面派、做两面人。全党同志特别是高级干部要加强党性锻炼，不断提高政治觉悟和政治能力，把对党忠诚、为党分忧、为党尽职、为民造福作为根本政治担当，永葆共产党人政治本色。

四　要不断完善新时代党的建设总体布局

全面落实十九大报告提出的以"一条主线、五个建设"为主要内容的党的建设总体布局，必须在三个方面下大力气。

第一，始终坚持党要管党、全面从严治党。十八大以来党要管党、全面从严治党的特征体现得极为鲜明、集中，广大党员干部和人民群众的感受也尤为深切和强烈。一是与过往的若干时期比较，党中央真正将党要管党、从严治党问题摆上日程、凸显出来，而且赋予其"全面从严"的鲜明时代特色，许多要求真正落到了实处、见到了成效；二是全面从严治党的要害是"治"。从全党的认识和工作来看，认真落实"两个责任、一岗双责"已成为对各级党组织和党员领导干部抓党建的重要要求，全面从严治党形成了真抓实干的态势，可谓主体追求强烈、主观努力不懈;三是从全党和全国人民的殷切期望看,十八大以来全面从严治党成效显著,赢得了党心民心。全面从严治党"形成了反腐败斗争压倒性态势,党内政治生活气象更新,全党理想信念更加坚定、党性更加坚强,党自我净化、自我完善、自我革新、自我提高能力显著提高,党的执政基础和群众基础更加巩固,为党和国家各项事业发展提供了坚强政治保证"。[1]

第二,要牢牢把握党的建设主线。一方面,党的建设始终服务于治国理政的理论与实践,全面增强执政本领。十八大以来,无论是"五位一体"总体布局,还是"四个全面"战略布局;无论是坚持"四个自信",还是强调坚持和发展中国特色社会主义这一主题,都体现了以习近平同志为核心的党中央围绕治国理政加强党的领导、党的建设的态度和决心。习近平总书记在十九大报告中强调,领导十三亿多人的社会主义大国,我们党既要政治过硬,也要本领高强,特别是要增强政治领导本领、改革创新本领、科学发展本领、依法执政本领、群众工作本领、狠抓落实本领和驾驭风险本领,牢牢把握工作主动权。

另一方面,处理好全面从严治党与保持发展党的先进性、纯洁性的关系,增强党的"四自"能力。首先,党的先进性、纯洁性建设是党的执政能力建设的基础和根本,先进性、纯洁性建设直接关系到党的执政能力、执政水平和执政地位,离开了先进性、纯洁性,党就不会有创造力、凝聚力、战斗力,也就失去了执政的资格和条件。保持党的先进性、纯洁性,是使党能够始终成为建设中国特色社会主义事业的坚强领导核心的根本要求。其次,能否保持共产党员的先进性、纯洁性,直接影响着党的执政基础。开展党的先进性、纯洁性建设,就是要通过全面推进党的建设,充分发挥党的领导作用、充分发挥基层党组织的战斗堡垒作用和广大党员的先锋模范作用,始终走在时代前列,不断提高执政能力、巩固执政地位、完成执政使命。最后,保持党的先进性、纯洁性,要靠把党的各个方面建设落到实处,充分调动全党的积极性、主动性、创造性。

---

[1] 温红彦等:《坚决打赢反腐败这场正义之战——党的十八大以来反腐败斗争成就述评》,《人民日报》2017年9月18日第1版。

第三，全面从严治党，基础在全面，关键在严。十八大以来，以习近平同志为核心的党中央高度强调党要管党、全面从严治党，全面从严治党取得显著成效。全面加强新时代党的建设新的伟大工程，必须结合十八大以来管党治党的经验来进行。除前所述及的政治建设、纪律建设以外，还要大力加强以下几个方面的建设。

一是坚定理想信念是加强党的建设最根本的要求，目的是解决好"总开关"问题。全面加强新时代党的建设新的伟大工程，要用新时代中国特色社会主义思想武装全党。思想建设是党的基础性建设。要以坚定理想信念宗旨为根基，把坚定理想信念作为党的思想建设的首要任务，教育引导全党牢记党的宗旨，挺起共产党人的精神脊梁，解决好世界观、人生观、价值观这个"总开关"问题，自觉做共产主义远大理想和中国特色社会主义共同理想的坚定信仰者和忠实实践者。

二是大力加强党的组织建设，一方面，把"抓好关键少数"作为重点来抓，从严治吏；另一方面，强化党的基层组织，健全党的基层组织体系，充分发挥基层党组织的战斗堡垒作用。全面加强新时代党的建设新的伟大工程，党的干部是党和国家事业的中坚力量。要坚持党管干部原则，坚持德才兼备、以德为先，坚持五湖四海、任人唯贤，坚持事业为上、公道正派，把好干部标准落到实处。同时，党的基层组织是确保党的路线方针政策和决策部署贯彻落实的基础。要以提升组织力为重点，突出政治功能，把基层党组织建设成为宣传党的主张、贯彻党的决定、领导基层治理、团结动员群众、推动改革发展的坚强战斗堡垒。

三是以作风建设作为全面从严治党的切入点，在认真执行"八项规定"基础上，一系列相关的规章制度相继出台，以抓铁有痕、踏石留印的态度抓党的作风建设。事实证明，"八项规定"整肃了陋习，开启了新风，极大促进了全党的作风转变。全面加强新时代党的建设新的伟大工程，加强作风建设，必须紧紧围绕保持党同人民群众的血肉联系，增强群众观念和群众感情，不断厚植党执政的群众基础。

四是以零容忍态度惩治腐败，在思想认识上、反腐败措施上、政治策略上都采取了一系列举措，反腐力度空前加大。全面加强新时代党的建设新的伟大工程，只有以反腐败永远在路上的坚韧和执着，深化标本兼治，保证干部清正、政府清廉、政治清明，才能跳出历史周期率，确保党和国家长治久安。全党强化不敢腐的震慑，扎牢不能腐的笼子，增强不想腐的自觉，通过不懈努力换来海晏河清、朗朗乾坤。构建党统一指挥、全面覆盖、权威高效的监督体系，增强监督合力。

五是注重党内法规制度建设，以法治思维和法治方式治党管党。全面加强新时代党的建设新的伟大工程，要把制度建设贯穿到党的建设的各个方面。特别是要完善和落实民主集中制的各项制度，坚持民主基础上的集中和集中指导下的民主相结合，既充分发扬民主，又善于集中统一。

五　坚持以人民为中心的价值追求

习近平总书记指出："人民是历史的创造者，是决定党和国家前途命运的根本力量。""一个政党，一个政权，其前途命运取决于人心向背。"十八大以来，我们党在树立群众观念、改进党的作风、反腐倡廉方面的成绩可圈可点，赢得了人民群众的信任，党与人民群众的联系得到了加强，党的执政基础进一步巩固。

为密切党与人民群众的血肉联系，在党的建设价值取向上，习近平总书记强调"以人民为中心"。首先，"以人民为中心"的理论基础是马克思主义唯物史观，习近平总书记反复强调人民的历史主体地位。其次，实现国家富强、民族振兴、人民幸福是"以人民为中心"的价值追求。在十八大后中外记者见面会上，习近平总书记强调："人民对美好生活的向往，就是我们的奋斗目标。"再次，坚持"以人民为中心"的发展思想，指明了发展的目的、意义。最后，善做群众工作，是"以人民为中心"的重要保证。以习近平同志为核心的党中央始终强调，全党必须提高做群众工作的能力，引领群众听党话、跟党走。突出"以人民为中心"，表达了习近平总书记心系人民的情感，构成了其党建思想浓墨重彩的底色。

十八大以来全面从严治党的经验启示我们，全面加强新时代党的建设新的伟大工程必须以人民为中心，必须坚持人民主体地位，坚持立党为公、执政为民，践行全心全意为人民服务的根本宗旨，把党的群众路线贯彻到治国理政的全部活动之中，把人民对美好生活的向往作为奋斗目标，依靠人民创造历史伟业。明确这一点，对于我们全面加强新时代党的建设新的伟大工程无疑是至关重要的。

（作者为中国社会科学院马克思主义研究院党委书记、院长）

全面落实新时代党的建设总要求

张星星

党的十九大报告把坚持党的领导、加强党的建设贯穿全篇内容，系统总结了十八大以来全面从严治党取得的显著成效和成功经验，深刻分析了党的建设面临的考验和风险，着眼于中国特色社会主义进入新时代的历史方位，立足于对党的建设规律和长期执政规律的深刻认识，明确提出和阐述了新时代党的建设总要求。新时代党的建设总要求规定了坚持党的领导、加强党的建设的根本原则、指导方针、工作主线、总体布局、基本要求和基本目标，是中国特色社会主义新时代党的建设的根本遵循，是习近平新时代中国特色社会主义思想的重要组成部分。

一 坚持和加强党的全面领导

中国共产党作为中华人民共和国的执政党和中国社会主义事业的领导核心，是历史的选择、人民的选择，是坚持和发展中国特色社会主义的根本保证。1945年，毛泽东同志在党的七大时指出："三次革命的经验，尤其是抗日战争的经验，给了我们和中国人民这样一种信心：没有中国共产党的努力，没有中国共产党人做中国人民的中流砥柱，中国的独立和解放是不可能的，中国的工业化和农业近代化也是不可能的。"[1]

---

[1] 《毛泽东选集》第3卷，人民出版社1991年版，第1097—1098页。

新中国成立后，毛泽东同志又指出："中国共产党是全中国人民的领导核心。没有这样一个核心，社会主义事业就不能胜利。"① 在改革开放新时期，邓小平同志把坚持党的领导作为四项基本原则的重要内容，指出："我们人民的团结，社会的安定，民主的发展，国家的统一，都要靠党的领导。坚持四项基本原则的核心，就是坚持党的领导。"② 中国革命、建设和改革的历史经验充分证明，没有中国共产党的领导，就没有新中国，就没有中国特色社会主义。

十八大以来，以习近平同志为核心的党中央把全面从严治党提到"四个全面"战略布局的高度，努力克服党的领导弱化、组织涣散、纪律松弛、腐败现象蔓延等问题，其根本目的就是加强党的领导，确保党在发展中国特色社会主义的历史进程中始终成为坚强的领导核心。在党的十九大报告中，新时代中国特色社会主义的基本方略第一条就强调："坚持党对一切工作的领导。"大会通过新修订的《中国共产党章程》明确规定："中国共产党的领导是中国特色社会主义最本质的特征，是中国特色社会主义制度的最大优势。党政军民学，东西南北中，党是领导一切的。"

二 把党的政治建设摆在首位

党的政治建设是党的根本性建设，决定党的建设方向和效果。1939年，毛泽东同志在《〈共产党人〉发刊词》中指出："党的建设过程，党的布尔什维克化的过程，是这样同党的政治路线密切地联系着……这一论断，很明显地，已经被十八年党的历史所证明了。"③ 党在政治上的成熟、坚强和集中统一，为党在革命、建设、改革历程中团结带领中国人民不断取得新的胜利奠定了坚实的政治基础。

党的十九大报告把党的政治建设提到新的高度，强调要"把党的政治建设摆在首位"，"以党的政治建设为统领"。加强党的政治建设的首要

---

① 《毛泽东选集》第 7 卷，人民出版社 1999 年版，第 303 页。
② 《邓小平文选》第 2 卷，人民出版社 1994 年版，第 342 页。
③ 《毛泽东选集》第 2 卷，人民出版社 1991 年版，第 605 页。

任务，就是要坚决维护党中央权威和集中统一领导，保证全党服从中央。全党要坚定执行党的政治路线，在政治立场、政治方向、政治原则、政治道路上同党中央保持高度一致。同时，要严肃党内政治生活，全面净化党内政治生态。要以党章为准绳，严格执行《关于新形势下党内政治生活的若干准则》等党内法规，增强党内政治生活的政治性、时代性、原则性、战斗性，发展积极健康的党内政治文化，营造风清气正的良好政治生态。在党内生活和党的工作中，要弘扬忠诚老实、公道正派、实事求是、清正廉洁等价值观，坚决防止和反对个人主义、分散主义、自由主义、本位主义、好人主义，坚决防止和反对宗派主义、圈子文化、码头文化，坚决反对搞两面派、做两面人。在党的政治建设中，党员领导干部特别是高级干部发挥着重要作用。要加强党性锻炼，不断提高政治觉悟和政治能力，把对党忠诚、为党分忧、为党尽职、为民造福作为根本政治担当，永葆共产党人政治本色。

三 用习近平新时代中国特色社会主义思想武装全党

党的十八大以来，党中央围绕坚持和发展什么样的中国特色社会主义、怎样坚持和发展中国特色社会主义这个重大时代课题，进行了艰辛的理论探索，在全党全国人民具有许多新的历史特点的伟大斗争基础上，对新时代坚持和发展中国特色社会主义的总目标、总任务、总体布局、战略布局和发展方向、发展方式、发展动力、战略步骤、外部条件、政治保证等基本问题，取得了一系列重大理论创新成果，形成了习近平新时代中国特色社会主义思想。

党的十九大的重要历史贡献，就是深刻阐述了习近平新时代中国特色社会主义思想的精神实质和丰富内涵，把习近平新时代中国特色社会主义思想同马克思列宁主义、毛泽东思想、邓小平理论、"三个代表"重要思想、科学发展观一道写入党的章程，确立为党的行动指南，确立为我们党必须长期坚持的指导思想，实现了党的指导思想又一次与时俱进。习近平新时代中国特色社会主义思想，是对马克思列宁主义、毛泽东思想、邓小平理论、"三个代表"重要思想、科学发展观的继承和发展，是马克思主义中国化的最新成果,是党和人民实践经验和集体智慧的结晶,是中国特色社会主义理论体系的重要组成部分。党的十九大报告用"八个明确"概括了这一思想的主要内容,提出了在新时代坚持和发展中国特色社会主义的十四条基本方略。学习宣传贯彻党的十九大精神,最重要的就是深入学习领会习近平新时代中国特色社会主义思想,用习近平新时代中国特色社会主义思想武装头脑、指导实践、推动工作,使之成为引领党和国家各项事业发展的强大思想武器和行动指南。

四 思想建党和制度治党同向发力

思想建设是党的基础性建设。把党的思想建设放在各项建设的首位,强调首先和着重从思想上建党,是毛泽东建党思想最核心的内容。土地革命战争时期,毛泽东同志即以"纠正党内的错误思想"为总纲,从加强思想建设入手,创造性地解决了在农村环境中、在以农民为主要成分的情况下,保持党的无产阶级先进性问题。特别是经过延安整风,在确立正确的思想路线基础上,使全党达到高度的集中统一。在改革开放新时期,邓小平同志深刻总结了党的建设历史经验,提出:"领导制度、组织制度问题更带有根本性、全局性、稳定性和长期性。这种制度问题,关系到党和国家是否改变颜色,必须引起全党的高度重视。"[①] 由此,制度建设成为党的建设的一项重要内容,为加强和改善党的领导提供了重要保证。

党的十八大以来,习近平总书记继承和发扬党的建设优良传统,提出新形势下坚持从严治党必须"坚持思想建党和制度治党紧密结合"。党的十八届六中全会正式把"坚持思想建党和制度治党紧密结合"写进《关于新形势下党内政治生活的若干准则》,使之成为推进全面从严治党的重要遵循。党的十九大报告强调,要继续推进全面从严治党,必须"思想建党和制度治党同向发力,统筹推进党的各项建设";思想建设是党的基础性建设,要把坚定理想信念宗旨作为党的思想建设的首要任务;把制度建设贯穿于党的政治建设、思想建设、组织建设、作风建设、纪

---

① 《邓小平文选》第 2 卷,人民出版社 1994 年版,第 333 页。

律建设各方面,把党内法规制度建设作为事关党长期执政和国家长治久安的重大战略任务,加快构建以党章为根本的党内法规制度体系。

五 把党的纪律建设挺在前面

以严格的纪律确保党的高度集中统一,是中国共产党建设的一条重要经验。毛泽东同志曾指出:"加强纪律性,革命无不胜。"① 邓小平同志在改革开放新时期也曾强调:"改革党和国家的领导制度,不是要削弱党的领导,涣散党的纪律,而正是为了坚持和加强党的领导,坚持和加强党的纪律。在中国这样的大国,要把几亿人口的思想和力量统一起来建设社会主义,没有一个由具有高度觉悟性、纪律性和自我牺牲精神的党员组成的能够真正代表和团结人民群众的党,没有这样一个党的统一领导,是不可能设想的,那就只会四分五裂,一事无成。这是全国各族人民在长期的奋斗实践中深刻认识到的真理。"②

党的十八大以来,党中央把加强纪律建设作为全面从严治党的治本之策,把守纪律、讲规矩摆上重要位置,努力强化党的纪律的刚性约束,特别是强化政治纪律对全党政治方向、政治立场、政治言论、政治行为方面的刚性约束,努力营造守纪律、讲规矩的氛围。2015年10月,中共中央印发《中国共产党纪律处分条例》,明确规定了党的政治纪律、组织纪律、廉洁纪律、群众纪律、工作纪律、生活纪律,并围绕党纪要求,开列负面清单,划出了党组织和党员不可触碰的底线。各级党委加强监督检查,对违反纪律的行为予以严肃处理。党的十九大报告首次把纪律建设单独列入党的建设总体布局,并写入新时代党的建设总要求,对进一步加强党的纪律建设、严明党的纪律,具有十分重要的意义。

六 全面从严治党永远在路上

党的十八大以来,党中央把全面从严治党提到"四个全面"战略布

---

① 《毛泽东著作专题摘编》,中央文献出版社2003年版,第2017页。
② 《邓小平文选》第2卷,人民出版社1994年版,第341—342页。

局的高度，全面加强党的领导和党的建设，取得全方位的显著成效。党的十九大报告告诫全党，全面从严治党永远在路上。要清醒地认识到党所面临的复杂执政环境，影响党的先进性、弱化党的纯洁性的因素是复杂的，党内存在的思想不纯、组织不纯、作风不纯等突出问题尚未得到根本解决。要深刻认识党面临的执政考验、改革开放考验、市场经济考验、外部环境考验的长期性和复杂性，深刻认识党面临的精神懈怠危险、能力不足危险、脱离群众危险、消极腐败危险的尖锐性和严峻性，坚持问题导向，保持战略定力，推动全面从严治党向纵深发展。

全面从严治党不仅是党长期执政的根本要求，也是实现中华民族伟大复兴的根本保证。我们党要团结带领人民进行伟大斗争、推进伟大事业、实现伟大梦想，起决定性作用的是切实抓好党的建设新的伟大工程。在全面从严治党这个问题上，我们不能有差不多了，该松口气、歇歇脚的想法，不能有打好一仗就一劳永逸的想法，不能有初见成效就见好就收的想法。必须持之以恒、善作善成，把管党治党的螺丝拧得更紧，把全面从严治党的思路举措搞得更加科学、更加严密、更加有效，不断提高党的建设质量，努力增强党的执政本领。

党的十九大报告指出："中国特色社会主义进入新时代，我们党一定要有新气象新作为。打铁必须自身硬。党要团结带领人民进行伟大斗争、推进伟大事业、实现伟大梦想，必须毫不动摇坚持和完善党的领导，毫不动摇把党建设得更加坚强有力。"我们要以新时代党的建设总要求为根本遵循，坚定不移推进全面从严治党，把总要求的各项方针举措全面落实到党的建设各方面和全过程。

（作者为中国社会科学院当代中国研究所副所长）

引领新时代指导新实践的
21世纪中国马克思主义

姜　辉

伟大的时代产生伟大的理论，伟大的实践孕育伟大的思想。习近平新时代中国特色社会主义思想，继承并弘扬了马克思主义与时俱进的理论品格，立足并升华了中国特色社会主义的伟大实践，形成了21世纪马克思主义中国化最新成果，成为引领新时代指导新实践的行动指南。

"一切划时代体系的真正内容都是由于产生这些体系的那个时期的需要而形成起来的。"坚持和发展中国特色社会主义的过程，就是不断回答时代提出新课题的过程，就是不断深化对中国特色社会主义规律认识的过程。改革开放以来，几代共产党人接续探索。邓小平同志为中国特色社会主义确定了基本思路和基本原则，以江泽民同志为核心的党的领导集体、以胡锦涛同志为总书记的党的领导集体在这篇大文章上都写下了精彩篇章，在不同时期接续回答了"建设什么样的社会主义、怎样建设社会主义""建设一个什么样的党、怎样建设这个党""实现什么样的发展、怎样发展"等一系列时代课题，从而不断推进中国特色社会主义理论体系的形成和发展。党的十八大以来，国内外形势变化和我国各项事业发展，又为当代中国共产党人提出了一个重大时代课题，这就是必须从理论和实践结合上系统回答新时代"坚持和发展什么样的中国特色社会主义、怎样坚持和发展中国特色社会主义"。以习近平同志为核心的党中央，围绕这个重大时代课题，坚持以马克思列宁主义、毛泽东思想、邓小平理论、"三个代表"重要思想、科学发展观为指导，紧密结合新的时代条件和实践要求，进行艰辛理论探索，取得重大理论创新成果，形成了习近平新时代中国特色社会主义思想，使我们党对社会主义的认识、对中国特色社会主义规律的把握，达到了一个前所未有的新的高度，从而极大丰富发展了中国特色社会主义理论体系，实现了党的指导思想的与时俱进，形成了21世纪中国马克思主义最新理论形态，是马克思主义中国化的一次新的历史飞跃，为发展21世纪马克思主义、当代中国马克思主义作出了原创性贡献。

习近平总书记明确指出："要深刻学习领会中国特色社会主义进入新时代的新论断，深刻学习领会我国社会主要矛盾发生变化的新特点，深刻学习领会分两步走全面建设社会主义现代化国家的新目标，深刻学习领会党的建设的新要求。"这"四个新"，是深入学习贯彻习近平新时代中国特色主义思想的核心要义。

一　确定了我国发展新的历史方位

作出中国特色社会主义进入新时代的重大政治判断，关系到党和国家事业的长远发展，关系到中华民族的前途命运。它的重大意义，同党的十一届三中全会作出把党的工作重心转移到社会主义现代化建设上来、开启改革开放新的历史时期一样，影响巨大而深远。进入中国特色社会主义新时代，开启了建设社会主义现代化强国的新的历史时期。

作出这个重大判断最直接、最现实的依据，就是党的十八大以来党和国家取得的全方位的、开创性的历史性成就，发生的深层次的、根本性的历史性变革。在这不平凡的五年，我们党以巨大的理论勇气，提出了一系列新理念新思想新战略，解决了许多长期想解决而没有解决的难题，办成了许多过去想办而没有办成的大事。党的面貌、国家的面貌、人民的面貌、军队的面貌、中华民族的面貌发生了前所未有的变化，中华民族正以崭新姿态屹立于世界的东方。

中国特色社会主义新时代的本质特征、伟大意义，集中体现在十九大报告阐述的"五个时代"和"三个意味着"上，既深刻影响当代中国，也广泛影响当代世界。从中华民族发展史上看,迎来了从站起来、富起来到强起来的历史飞跃,走进建设社会主义现代化强国的新时代;从世界社会主义发展史看,中国特色社会主义使科学社会主义在21世纪的中国焕发出强大生机活力,成为21世纪世界社会主义新发展的引领旗帜;从人类社会发展历史上看,开辟了一条现代化新路,为广大发展中国家提供了全新选择,为解决人类问题贡献了中国智慧和中国方案,不断为人类作出更大贡献。

二 为新时代促改革、谋发展指明了方向

历史和实践都表明,能否正确认识和把握社会主要矛盾,关系到党和国家事业发展的全局,关系到党的工作重心、指导方针和主要任务的确定,关系到党的基本路线和方针政策的落实。毛泽东同志曾说,在研究和解决问题的时候,"要用全力找出它的主要矛盾",因为"捉住了这个主要矛盾,一切问题就迎刃而解了"。习近平总书记在十九大报告中指出:"我国社会主要矛盾的变化是关系全局的历史性变化。"进入中国特色社会主义新时代,我们党果敢、正确、及时地提出了我国社会主要矛盾的转变,从"人民日益增长的物质文化需要同落后的社会生产之间的矛盾",转变为"人民日益增长的美好生活需要和不平衡不充分的发展之间的矛盾",是中国特色社会主义新时代的重大特征,对新时代各项事业的发展具有决定性、全局性的影响。

从1981年党的十一届六中全会提出社会主要矛盾到现在已经过去了37年,以往关于社会主要矛盾的判断和遵循,对于改革开放以来我们党制定正确的路线方针政策发挥了统领作用,历史作用是巨大的,但它已不能准确反映改革开放40年来我国的国情特点和经济社会发展的巨大变化,不能准确反映当前我国生产力发展的实际状况和水平。40年来天翻地覆的变化,让社会矛盾的两个方面都发生很大改变,都有了新的内涵。"人民日益增长的物质文化需要"的判断及表述,主要是反映改革开放之初人民群众面对物质产品短缺、精神生活匮乏而提出来的要求,而在总体上实现小康、不久将全面建成小康社会的今天,人民美好生活需要日益广泛,不仅对物质文化生活提出了更高要求,而且在民主、法治、公

平、正义、安全、环境等方面的要求日益增长。"落后的社会生产"的判断及表述，也主要反映改革开放初期的我国生产力的状况，而经过40年改革开放，我国的社会生产水平取得了历史性巨大发展和飞跃，在很多领域已接近世界先进水平。从整体上看，当前我国是世界上第二大经济体，经济增长率、对世界的经济贡献都是位居前列。可以说，我国的社会生产已基本摆脱了落后状况，正在向世界上中等发达国家水平迈进。所以说，十九大关于我国社会主要矛盾变化新特点的表述，正是我们党坚持解放思想、实事求是思想路线的新成果。

社会主义主要矛盾的变化，对党和国家工作提出了许多新要求。我们要在继续推动发展的基础上，着力解决好发展不平衡不充分问题，大力提升发展质量和效益，更好满足人民在经济、政治、文化、社会、生态等方面日益增长的需要，更好推动人的全面发展、社会全面进步。当然，我们既要看到社会主要矛盾的变化，也要看到原来三个"没有变"中还有两个"没有变"，即我国仍处于并将长期处于社会主义初级阶段的基本国情没有变，我国是世界最大发展中国家的国际地位没有变。全党要牢牢把握社会主义初级阶段这个基本国情，牢牢立足社会主义初级阶段这个最大实际，牢牢坚持党的基本路线这个党和国家的生命线、人民的幸福线。

三 为社会主义现代化强国绘出明晰的时间表和路线图

我们党在不同历史时期，总是根据人民意愿和事业发展需要，提出富有感召力的奋斗目标，团结带领人民为之奋斗。改革开放40年来，我们党注重根据时代形势和条件的变化、具体国情变化和发展水平的变化，因时而变、顺时而谋，在不同时期都制定出适应时代、符合客观实际的发展目标。党的十二大提出分两个十年"两步走"的目标，十三大提出"三步走"的目标，实现从温饱到总体小康的转变；党的十五大新的"三步走"战略步骤，确定了"两个一百年"发展目标，提出21世纪中叶基本实现现代化。今天，中国特色社会主义进入新时代，党的十九大顺应新时代新变化新要求，又提出了到本世纪中叶建设社主义现代化强国的新目标。新的"两步走"是：第一个阶段，从2020年到2035年，在全面建成小康社会的基础上，再奋斗15年，基本实现社会主义现代化；第二个阶段，从2035年到本世纪中叶，在基本实现现代化的基础上，再奋斗15年，把我国建成富强民主文明和谐美丽的社会主义现代化强国。从全面建成小康社会到基本实现现代化，再到全面建成社会主义现代化强国，是我国社会主义现代化建设的又一个新"三步走"战略。

新目标之"新"，一是"基本实现社会主义现代化"的时间提前了15年，从原来的21世纪中叶提前到2035年。这是我国综合国力的集中体现，是对我国发展道路的高度自信，也是对我们发展潜力和发展速度的正确判断和充分考量。二是社会主义现代化国家的内涵更加丰富，增加了"美丽"，这是对党的十八大以来建设"美丽中国"实践经验的提炼升华，也与中国特色社会主义"五位一体"战略布局融合同步，体现了伟大事业与伟大梦想的有机统一。三是更加注重发展质量，不仅仅有数量指标，而且更注重质的提升；不仅是让广大群众有物质收入的增加，而且是让人民有更多的实实在在获得感。全体人民共同富裕、人的全面发展、创造美好生活，等等，这一系列新的具体目标，表明我们党进一步深化了对社会主义现代化建设规律的认识。

四　提出党的建设的新要求，为实现中华民族伟大复兴的中国梦提供坚强政治保证

十九大报告明确指出，中国特色社会主义进入新时代，我们党一定要有新气象新作为。报告既全面总结和充分吸收了十八大以来全面从严治党的经验，又根据新时代新使命提出了新举措新要求，并提出了"两个毫不动摇"的坚定决心，即必须毫不动摇坚持和完善党的领导，毫不动摇把党建设得更加坚强有力。

新时代党的建设总要求明确提出了党的建设基本方针、方向、目标、

布局、主线、统领、着力点、主要任务。坚持和加强党的全面领导，坚持党要管党、全面从严治党，是基本原则和方向；加强党的长期执政能力建设、先进性和纯洁性建设，是主线；以党的政治建设为统领，以坚定理想信念宗旨为根基，以调动全党积极性、主动性、创造性为着力点，是具体路径；全面推进党的政治建设、思想建设、组织建设、作风建设、纪律建设，把制度建设贯穿其中，深入推进反腐败斗争，不断提高党的建设质量，是新的党建格局和主要任务；把党建设成为始终走在时代前列、人民衷心拥护、勇于自我革命、经得起各种风浪考验、朝气蓬勃的马克思主义执政党，是党的建设总目标。根据总要求，还提出了新时代加强党的建设的八项主要任务。党的建设总要求的提出，是对马克思主义党建学说的丰富和发展，是新时代推进党的建设新的伟大工程的根本遵循。

新要求新任务之所以"新"，体现在许多方面和环节，主要有：一是提出以习近平新时代中国特色社会主义思想武装全党，这表明党的理论创新每前进一步，理论武装就跟进一步；二是在"四个伟大"紧密联系、相互贯通、相互作用的有机统一中，突出强调党的建设新的伟大工程是起决定性作用的；三是提出了"六大建设"为主要内容的新格局，更突出强调制度建设的全局性、根本性，贯穿到其他五个建设之中；四是明确提出要坚持和加强党的"全面领导"，这与中国特色社会主义基本方略第一条"坚定党对一切工作的领导"相辅相成；五是把政治建设摆在首位，体现了其根本性、方向性的作用，也强调了旗帜鲜明讲政治是马克思主义政党的根本要求，是共产党员的政治本色；六是强调党的"长期执政能力建设"，与应对长期执政考验相适应，这是保证党和国家长治久安的根本要求。

习近平新时代中国特色社会主义思想是一个逻辑严密、系统完整的科学理论体系，其精神实质和丰富内涵，集中体现在新时代坚持和发展中国特色社会主义的"八个明确"和十四条基本方略中。在当代中国，坚持习近平新时代中国特色社会主义思想，就是真正坚持马克思主义；实现社会主义现代化和中华民族伟大复兴，必须长期坚持和不断发展这一科学理论。全党全国人民一定在以习近平同志为核心的党中央的坚强领导下，在以习近平新时代中国特色社会主义思想正确指引下，夺取新时代中国特色社会主义伟大胜利、圆满实现中华民族伟大复兴的中国梦，让 21 世纪中国马克思主义展现出更强大、更有说服力的真理力量。

（作者为中国社会科学院中国特色社会主义理论体系研究中心主任，习近平新时代中国特色社会主义思想研究中心执行主任，信息情报研究院党委书记）

中国新时代与世界社会主义的未来

张树华

中国共产党十九大堪称是2017年世界最具影响力的政治事件。以新时代、新思想等关键词为标志，中国共产党十九大取得了一系列具有里程碑意义的政治成果和思想成果，必将对未来30年中国的发展和国际政治进程产生深远的影响。

一　国际舆论的反差与学界叙事的转向

中国共产党十九大召开和美国总统特朗普访华前后，在一个月左右的时间里西方大国的主流媒体先后推出封面重磅文章，惊叹"中国成功""中国赢了"。欧美媒体竞相对"十九大胜利召开下的中国"进行了高密集度的报道，他们眼中的"中国谜题"正在以"中国崛起""中国模式""中国赢了"等舆论评价和叙事方式渐续展开。法国第二大报《世界报》打出"中国，强国崛起"的醒目汉字。德语世界老牌政论性杂志《明镜》周刊以"醒来！"为封面文章标题，对中国崛起的现状进行了多方位评述。美国《时代》周刊刊出封面文章"中国赢了"，认为中国的政治与经济体系有更好的应对能力。《明镜》周刊则认为，中国的崛起正在改变世界，称"中国的政治和经济实力、军备和科学发展程度使其迅速跻身世界大国之列，这种发展态势是西方国家经历冷战争夺领袖地位之后再也没有见到过的"。一时间，西方传统强势话语媒体对中国舆论腔调出现强烈的"反差":从此前的"蔑视、无视、敌视"转为"惊叹、认可、尊敬"。

与此同时,另一个强烈的"反差"是:在认可、称赞中国成就的同时,近年来西方媒体和学术精英表现出对西方制度尤其是西方政治的强烈反思或激烈批评。近些年我们不仅看到了美国政治哲学家弗朗西斯·福山的学术思想和逻辑观点的嬗变。另一位顽固的、西方民主及民主化浪潮研究和宣传的旗手拉里·戴蒙德也惊呼,民主在逆转,民主国家在缩减,一些国家的民主岌岌可危,而西方自由民主质量下降。① 这位美国斯坦福大学胡佛研究所的高级研究员、《民主》杂志主编认为,自 1999 年以来,民主崩溃的步伐趋快,尤其从 2006 年开始,民主的衰退变得越发显著。与此同时,全球权力架构因中国的崛起和俄罗斯的出击而发生重要变化。此外,关于美国民主绩效之差的批评之声也不绝于耳,不断有新的民调显示西方民众对民主政体自豪感在降低,政治不信任感和悲观论调在不断上升。

面对西方政治乱局,《金融时报》近期连续刊文称,"全球民主大衰退""英美民主政体遭遇危机"、呼吁做空"全球民主"②。可见,西方模式陷入了多重困境,这为国际学术界提供了鲜活的反面素材和绝佳的历史机遇。

二 世界大调整与中国新时代

西方舆论前所未有的大反转凸显了世界政治潮流的浪卷翻涌,也预示着新的时代即将开启。回首 20 多年前,冷战结束,西方政治精英以"历史即将终结"的狂妄论调将西方民主升华为人类政治发展的标杆与模板,对世界社会主义力量进行大肆围堵,不断挤占和压制社会主义的政治空间。在后冷战时代的艰难探索中,世界社会主义仅剩下几座"孤

---

① [美] 拉里·戴蒙德:《民主因何而退潮?》,倪春纳、钟茜韵译,《国外社会科学》2012 年第 1 期。

② [美] 爱德华·卢斯:《财富寡头在做空美国民主》,观察者网,http://www.guancha.cn/Edward-Luce/2014_05_22_231608.shtml;[英] 吉迪恩·拉赫曼:《全球民主大衰退》,FT 中文网,http://www.ftchinese.com/story/001068867?page=rest。

岛"。然而,"实践是检验真理的唯一标准",大浪淘沙,方显英雄本色。政治模式的优劣与政治发展的实效唯有在政治实践中得到验证。坚实的发展成就奠定了中国崛起的基础,中国崛起的影响力成为世界政治潮流转向与新时代开启的强大动力。

日出东方,中国这些年飞速发展的成就冲击着西方的认知,挑战了独尊一统的西方思想体系和学术体系。法国媒体《世界报》认为中国的成就极具象征意义,甚至称"我们已经进入了中国世纪"。与此同时,西方政界的认知也在发生变化。特朗普总统访华前夕,白宫办公厅主任约翰·凯利对福克斯新闻网表示,中国的政府体系看来适用于服务中国人民,中国强大了可能也不是我们的敌人。包括凯利在内的西方政要和舆论精英指出,当今世界越来越多的发展中国家看好和模仿中国模式,这是国际上过去几十年历史上不可想象的现象。① 可见,西方之乱、中国之治使得西方学术界和思想界开始反思。冷战后30年来世界政治进程的反转、中西政治图景的强烈反差给人以深刻启示。

三 中国特色社会主义进入新时代标志着科学社会主义在中国焕发强大生机

十九大报告指出,中国特色社会主义进入了新时代。这是中国共产党基于世情、国情、党情作出的科学判断。中国特色社会主义进入新时代,这一判断向世界宣告,中国共产党人带领中国人民坚定探索的中国特色社会主义道路取得伟大成功,中华民族正在以崭新姿态屹立于世界东方。

20世纪80年代末90年代初,东欧剧变和苏联解体,原东欧社会主义国家改旗易帜,科学社会主义实践出现严重曲折。一些西方国家宣称共产主义就此失败,自由民主制度成为"人类意识形态发展的终点","最后一种统治形式"。

中国共产党人凭着坚定的马克思主义信念,以大无畏的政治勇气,

---

① 参见[美]托马斯·巴克《发展模式是软实力的源泉》,《参考消息》2017年11月20日。

顶住压力，不走封闭僵化的老路，也不走改旗易帜的邪路。坚持走自己的路、建设中国特色社会主义的伟大政治抉择。中国特色社会主义进入新时代，不仅在中华人民共和国发展史上、中华民族发展史上有重大意义，在世界社会主义发展史上、人类社会发展史上也具有重大意义。

四 中国特色社会主义进入新时代标志着西方资本主义模式一统天下的格局被打破

美国彭博社发表一篇题为"厌倦资本主义？"的文章称，在纽约进行了一场关于是否应放弃资本主义等议题的辩论，轰动全城。该文还称，调查显示美国的年轻人更倾向于社会主义而不是资本主义。2017年是伟大的十月革命胜利100周年。20世纪社会主义制度的实践，曾在客观上推动了西方资本主义自我改良。现如今，社会主义成为当下美国一种"政治身份和文化"，日益吸引着美国群众。其中一个重要原因就是以全球金融危机为标志的西方资本主义的衰落。

2008年国际金融危机爆发以来，世界政治格局中传统意义上的西方政治阵营出现衰退，200多年来流行甚广的西式民主"一元论"走向式微。

20世纪90年代之前，占世界人口10%的国家生产并占有了70%的GDP，这种状况延续了200多年。2001年开始，新兴经济体对全球GDP增长的贡献超过了发达经济体，这是一个划时代的事件。2012年，新兴经济体对全球GDP总量的贡献超过50%，更从根本上改变了世界格局。据世界银行统计，2016年新兴经济体和发展中国家占全球GDP的比重近60%，而发达经济体已经退到40%左右。中国在2016年对全球GDP增量的贡献是33%。应当说，正是这种天翻地覆的变化，引起了国际学术界对全球化的思考，也促使政治学界深入思考和探究经济变化后的政治动因。

与国际经济潮涨潮落类似，2016年可以看作是世界政治的"分水岭"。在这一年，一些标志性的政治事件使得世界政治图景发生了历史性的变化：西方政治阵营出现分裂、核心价值受到质疑、政治思潮极化、政治力量分化、政治对立增加。世界政治舞台力量的天平开始向中、俄等非西方世界倾斜，中国政治优势逐渐彰显。近 30 年来国际历史进程的大反转与当今世界政治图景的大反差令人深思。

五 新时代中国特色社会主义鼓舞着非西方世界的探索和发展

中国作为最大的发展中国家和最大的社会主义国家，走出了一条具有中国特色的社会主义现代化发展道路。中国特色社会主义道路不仅给中国带来了巨大成功，而且也给其他发展中国家探索自己的道路提供了有益的经验借鉴。

中国特色社会主义进入新时代，拓展了发展中国家走向现代化的途径，给世界上那些既希望加快发展又希望保持自身独立性的国家和民族提供了全新选择，为解决人类问题贡献了中国智慧和中国方案。

中国的成功引起世界广泛瞩目，发展中国家更是投以羡慕和期待的目光，许多国家希望从中汲取有助于自身发展的秘籍良方。埃塞俄比亚总理海尔·马里亚姆表示，中国特色社会主义进入新时代，这一点可以从中国经济、政治、军事等发展中看得出来，中国的发展模式值得全世界学习。他的话道出了许多发展中国家的心声。

六 新时代中国特色社会主义开辟了当代世界社会主义发展的新纪元

这意味着科学社会主义在中国焕发强大生机活力，意味着社会主义在世界上的影响越来越大。中国特色社会主义进入新时代，意味着科学社会主义在 21 世纪的中国焕发出强大生机活力，在世界上高高举起了社会主义的伟大旗帜。

中国特色社会主义不仅守住了社会主义的强大阵地，经济增量达到世界第二，解决了世界上约 1/4 人口的温饱问题，而且成为世界社会主义的中流砥柱。

中国作为社会主义国家步入国际舞台的中心，本身就是对世界社主义力量的巨大鼓舞，对国际共产主义运动的突出贡献。

七　新时代的中国将为人类社会和平与发展作出更大贡献

中国特色社会主义进入新时代，意味着中国日益走近世界舞台中央，意味着世界和平发展力量的增强，中国将为人类进步事业作出更大贡献。习近平总书记在党的十九大报告中讲到，中国共产党是为中国人民谋幸福的政党，也是为人类进步事业而奋斗的政党，这体现了中国共产党作为无产阶级政党的国际主义立场和中华民族以天下为己任的崇高情怀。

长期以来，中国在致力于维护自身安全与发展的同时，积极为世界和平发展贡献智慧和力量。面对国际形势的大发展大变革大调整和世界各国要和平、谋发展的共同需要，中国积极参与解决国际地区热点问题，引导全球治理，积极提出中国倡议和中国方案，国际影响力、感召力、塑造力进一步提高。十九大报告明确指出中国特色大国外交要推动构建新型国际关系，把推动构建人类命运共同体纳入习近平新时代中国特色社会主义思想之中，并阐明了其具体内涵，即"相互尊重、公平正义、合作共赢"的新型国际关系和"持久和平、普遍安全、共同繁荣、开放包容、清洁美丽"的世界。

中国新时代的外交理念站在人类历史发展进程的高度，超越国家和社会制度的异同，反映世界各国共同利益和普遍期待，得到国际社会的广泛欢迎和支持，已被多次写入联合国文件。可以期待，伴随着中国国际影响力的不断提升和中国特色大国外交的不断推进，构建人类命运共同体由理念到实践，必将不断开花结果，造福中国人民，造福世界人民。

（作者为中国社会科学院信息情报研究院院长）

国际评价发展趋势与对策

李传章

党的十九大报告明确指出，要"深化马克思主义理论研究和建设，加快构建中国特色哲学社会科学，加强中国特色新型智库建设"。近年来，习近平总书记极为重视智库建设，提出要尽快建立科学权威、公开透明的哲学社会科学评价体系等要求，下面重点对当前全球智库的评价功能及对策等进行分析研究。

一 当前全球智库评价化功能基本特点

智库在国家治理体系中发挥着越来越重要的作用，世界各国对智库建设也越来越重视。与此同时，智库的评价化功能也在不断发展，呈现出以下特点。

一是纸媒智库评价化功能明显。20世纪80年代以来，美英等西方国家的纸媒向智库化转移，参与国际各类评价成为其主要功能之一。《福布斯》（1917年创立）是美国的商业杂志，它利用其数据优势和发行优势，在向智库化发展的同时，迅速膨胀了其评价功能，最具代表性的是发布福布斯榜，如全球亿万富豪榜、世界领袖排行榜、世界500强品牌排行榜、中国名人榜等。英国《经济学人》（1843年创刊）逐步走向智库化，其国际评价功能更为明显，主要表现是创立了著名的购买力平价说理论，发明和发布巨无霸指数，这一理论和指数对分析和把握世界经济和各国经济实力对比变化起到了重要作用。前不久，它还对世界140个主要城市宜居情况进行综合评价。

二是智库评价趋向全球化。第二次世界大战结束以来，西方资本主义经历了从垄断资本主义向国家垄断资本主义，再到国际垄断资本主义的转变。与此相适应，蓬勃发展的西方智库也把关注点和视角对准世界经济政治等各领域，在全球范围内制定各类评价标准和组织评价成为其重要功能，它们控制和掌握了国际各领域的标准制定权、评价权和话语权，具有很强的影响力和穿透力。美国评级机构（属于高端智库类别）的全球化评价功能最强、影响也最大。比如，标普近年来加大了对各国金融的评级力度，其影响渗透到世界各地。2017年4月，标普下调我国地方融资平台评级，9月又将我国长期主权信用评级下调，对我国造成不良影响。2017年5月，穆迪下调我国主权信用评级，9月又将英国评级下调。高盛集团是美国一家投资银行，其评价触角伸到世界各个角落，2017年5月，它对新西兰、加拿大等全球10国房地产进行评价，发布风险评估报告，以引领世界房地产市场发展。

三是智库评价领域多元化。西方国家智库不仅对全球经济进行评价，而且扩展到国际政治、科技、文化等各领域。比如，美国传统基金会每年通过发布经济自由度指数，以影响全球各地的投资，2017年《经济自由度指数》报告指出，中国香港连续23年获评为全球最自由的经济体。再如，国际非政府组织——透明国际自1995年以来，每年以清廉指数名义发布腐败程度评估报告，2017年对马来西亚和罗马尼亚等国的评价，引起了不小的政治震荡。再比如，澳大利亚智库——经济与和平研究所每年发布全球和平指数报告，2017年6月发布的全球和平指数排名，美国由于特朗普上台带来政治两极化等因素，其排名下降11位，从2016年的第103位降至2017年的第114位，是下降幅度最大的国家。

四是智库评价功能政治化。西方智库的评价功能政治化趋势增强，日益具有国家性、阶级性和意识形态特点。美英等国的智库从本质上来说都是为本国政府和垄断资本主义服务的，这一特点隐蔽性很强，容易被智库的所谓"独立性"所迷惑。从其各类标准体系、指标体系的制定，到组织评价和发布报告，主观认定、动机明显，"为我服务"的目的毫不含糊。比如，美国三大评级机构掌握各国信贷评级生死大权。针对标普和穆迪近年纷纷调低中国主权债务信贷评级,有国际评论家就指出,标普其实并不标准,其运作模式绝对"有利益冲突之嫌",它们"放生欧美等发达国家,却为难金砖五国等新兴市场国家"。近年来穆迪对俄罗斯、巴西先后降低评级,标普则将南非的主权债务评为"垃圾级"。它们频频降低发展中国家的评级,是从维护西方国家利益出发的。

再比如,世界经济论坛2017年9月27日公布"2017—2018年度全球137个经济体竞争力最新排名"。报告用所谓基础条件、效能提升和创新成熟度三个层面的12项指标来衡量全球经济体的竞争力。美国从第3位升至第2位,继续在发达经济体中名列前茅,新加坡排名第3位,中国香港从第9位升至第6位,日本则降至第9位,比2016年下降一位,中国台湾列第15位,中国上升至第27位。国际国内不少网民对这些指标体系和评价结果持有强烈异议,认为这是一个很有争议的排名,世界经济论坛是一个为发达经济体服务的机构。

二 把握国际评价发展趋势,抢占国际评价制高点

打造具有国际影响力、有中国特色的智库,需要及时掌握国际评价发展趋势,不断增强智库评价话语权。

一是加快理论创新,创立有中国特色的国际评价学。习近平总书记在2016年"5·17"讲话中明确指出:"发挥我国哲学社会科学作用,要注意加强话语体系建设。在解读中国实践、构建中国理论上,我们应该最有发言权,但实际上我国哲学社会科学在国际上的声音还比较小,还处于有理说不出、说了传不开的境地。要善于提炼标识性概念,打造易于为国际社会所理解和接受的新概念、新范畴、新表述,引导国际学术界展开研究和讨论。这项工作要从学科建设做起,每个学科都要构建成体系的学科理论和概念。"[①] 当务之急,我们要分析研究国内外评价领域新现象新特点,总结提炼出新概念、新范畴和新规律,尽快创立有中国特色的国际评价学,构建评价学理论体系,包括评价学研究对象、方法、

---

① 习近平:《在哲学社会科学工作座谈会上的讲话》,2016年5月17日。

原则、基本概念、范畴、国际国内评价规律等,以指导我国评价事业的发展。要按照"5·17"讲话的要求,"加强国内外智库交流,聚焦国际社会共同关注的问题,推出并牵头组织研究项目,增强我国哲学社会科学研究的国际影响力"。这是加快中国特色新型智库建设的重要任务之一。首批国家高端智库建设试点单位中的10家综合性研究机构等,其在评价学研究方面已作出了一些努力,还应加大研究力度,率先实现理论突破。

二是加快实践创新,强化智库的国际评价功能。西方智库除了研究功能以外,特别注重发挥评价功能,它们通过制定标准体系、组织评价和发布报告,在全球治理体系中形成了垄断地位,借此发号施令,其评价权成为西方国家软实力的重要标志和维护其国际经济政治秩序的犀利武器。国际竞争说到底是各类标准体系的竞争,谁掌握了标准体系的制定权,谁就掌握了话语权。这是一种"金牌权益",谁拥有这种权益,谁就会拥有巨大的经济政治商业等权益。近期美国标普、穆迪等多次发布评估报告,对我国和部分地区及企业进行信用评级下调,损坏了我国权益,国内有关部门和专家也及时站出来进行反驳,但是话语权和影响力较小,其原因就是我们智库评价功能存在缺失。

促使智库转型、积极发挥评价功能应成为我国智库的重要职责。习近平总书记在"5·17"讲话和"5·30"讲话中先后就加强评价工作提出要求,"要建立科学权威、公开透明的哲学社会科学成果评价体系","要改革科技评价制度,建立以科技创新质量、贡献、绩效为导向的分类评价体系,正确评价科技创新成果的科学价值、技术价值、经济价值、社会价值、文化价值",前者要求评价要科学权威、公开透明,后者强调了评价类别和多层次、多元的价值评价。这是我们制定标准体系、组织评价所遵循的原则和方法。国家首批高端智库试点机构中,依托大学和科研机构有12家专业型智库,依托大型国有企业智库和基础较好的社会智库有3家,这类智库应学习借鉴西方智库突出评价功能的做法,加强实践创新,研究制定各类标准体系,组织评价和发布引领报告。

三是打破西方智库国际评价垄断权,抢占制高点。要充分认识抢占国际评价制高点的意义。习近平总书记在2017年"7·26"省部级主要领导干部学习班的讲话中和党的十九大报告提出了"三个意味着",指出"中国特色社会主义进入新时代,意味着近代以来久经磨难的中华民族迎来了从站起来、富起来到强起来的伟大飞跃,迎来了实现中华民族伟大复兴的光明前景;意味着科学社会主义在二十一世纪的中国焕发出强大生机活力,在世界上高高举起了中国特色社会主义伟大旗帜;意味着中国特色社会主义道路、理论、制度、文化不断发展,拓展了发展中国家走向现代化的途径,给世界上那些既希望加快发展又希望保持自身独立性的国家和民族提供了全新选择,为解决人类问题贡献了中国智慧和中国方案"。奋力抢占国际评价制高点应成为我国智库发展的重要职责,要积极提出国际评价领域的"中国方案",参与全球治理,从而维护我国的各种权益。

要制定自己的评价指标体系。近年来,国内一些智库和机构正在制定标准体系,并组织评价,形成了一定的影响力。比如,中国社会科学院中国社会科学评价研究院创立了全球智库评价体系,于2015年11月对全球智库进行评价并发布报告,2017年11月发布了《中国智库综合评价研究报告(2017)》。中国科学院中国科技战略咨询研究院,于2016年11月发布了《2016研究前沿报告》,评估了各国在自然科学和社会科学领域百余个前沿的贡献和潜在发展水平。有的还研究发布了经济创新、绿色发展、企业风险、社会矛盾等领域的评价和指数报告等,如国家统计局发布的我国经济新动能发展指数、中国绿色发展指数,商务部发布的中国购物中心发展指数,科技部等发布的高新区创新能力评价报告,大公国际资信评估有限公司发布的企业信用评级报告,北京市信访研究中心发布的社会矛盾指数报告,万事达卡财新BBD发布的中国新经济指数报告等。

为了实现抢占国际评价制高点的目的,需要加快国家高端智库建设试点单位队伍扩容和促进社会智库发展,并强化评价功能。要在2015年公布的首批25家智库基础上,缩短批次审批时间,重点布局在有关财政、金融、科技、贸易等机构、双一流大学和国企等单位,提前实现100家高端智库建设试点单位目标,并创造条件,促进各类社会智库和咨询机构健康发展。

三　结　语

国际评价领域的发展趋势和国内评价领域的发展现状为创立有中国特色的国际评价学提供了典型案例和实践素材，党的十九大报告和"5·17"讲话精神为其提供了理论基础和支撑，报告指出："实践没有止境，理论创新也没有止境。世界每时每刻都在发生变化，中国也每时每刻都在发生变化，我们必须在理论上跟上时代，不断认识规律，不断推进理论创新、实践创新、制度创新、文化创新以及其他各方面创新。"为此，要认真分析全球智库的评价功能，把握国际评价发展趋势，不断认识国际评价规律，尽快建立国际评价学理论体系。

（作者为中国社会科学院中国社会科学评价研究院临时党委书记）

中国新时代的新思考

荆林波

党的十九大会议上，习近平总书记代表第十八届中央委员会所作的报告明确指出，经过长期努力，中国特色社会主义进入了新时代，这是我国发展新的历史方位，这是关系全局的重大判断，宣示着中国特色社会主义进入了一个新的阶段。通过学习十九大精神，结合自身实际和本职工作，谈一下对新时代的新思考。

一　新时代为哲学社会科学发展提出新要求

习近平总书记在十九大报告中提到：中国特色社会主义进入新时代，意味着近代以来久经磨难的中华民族迎来了从站起来、富起来到强起来的伟大飞跃，迎来了实现中华民族伟大复兴的光明前景；意味着科学社会主义在二十一世纪的中国焕发出强大生机活力，在世界上高高举起了中国特色社会主义伟大旗帜；意味着中国特色社会主义道路、理论、制度、文化不断发展，拓展了发展中国家走向现代化的途径，给世界上那些既希望加快发展又希望保持自身独立性的国家和民族提供了全新选择，为解决人类问题贡献了中国智慧和中国方案。中国共产党人的初心和使命，就是为中国人民谋幸福，为中华民族谋复兴。这个初心和使命是激励中国共产党人不断前进的根本动力。国内外形势正在发生深刻复杂的变化，我国发展仍处于重要战略机遇期，我们必须创新发展。"创新"在十九大报告全文中被提及了 59 次，我想在这个新时代，我们理论界要各个角度、多视角地来解读这个新时代，我们的学科如何在新时代更好地发展。

一是关注新的社会主要矛盾的转变。我国社会主要矛盾已经转化为人民日益增长的美好生活需要和不平衡不充分的发展之间的矛盾。这个提法的变化是革命性的，它意味着我们工作的重心为此将发生重大的变化。抓住了社会主要矛盾，才能把握好新时代的方位，才能保证我们的工作方针正确。

二是关注人民的全方位的需要。在十九大报告里面，"新时代"出现了35次，"改革"出现了69次，"变"出现了34次，"人民"出现了203次，所以这个新时代的主题是什么？不管怎么变，怎么改革，最后必然人民要获得最大的福利，执政为民，充分显示了我党对人民的关注程度，我党的一切工作的中心都要围绕人民的美好生活需要。而人民美好生活需要日益广泛，不仅对物质文化生活提出了更高要求，而且在民主、法治、公平、正义、安全、环境等方面的要求日益增长。比如，人民对惩治腐败的渴求，铲除政治腐败和经济腐败相互交织的利益集团，为此，十八大以来，全国纪检监察机关共立案审查省军级以上党员干部及其他中管干部440人，纪律处分厅局级干部8900余人，县处级干部6.3万余人。这不仅极大地增强了人民对政府和党的信心，纯洁了党的队伍，而且提升了我党在全球的地位。

三是关注城乡的不平衡。城乡区域发展失衡，城乡之间发展不协调，一直以来是我国的一个重要问题。20世纪90年代末以来，针对区域经济发展差距扩大带来的突出矛盾和问题，我国先后实施了"西部大开发""东北振兴"及"中部崛起"等战略，区域经济发展不平衡问题有所改善，但是，城乡之间的发展不平衡问题仍然没有得到很好解决，主要体现在城乡基础设施投入不平衡、城乡公共服务体系不均等，更重要的是城乡居民收入不平衡。根据国家统计局的数据，截止到2016年，按常住地分，城镇居民人均可支配收入33616元，城镇居民人均可支配收入中位数31554元，农村居民人均可支配收入12363元，农村居民人均可支配收入中位数11149元，而贫困地区农村居民人均可支配收入8452元，从数据来看，城乡的人均收入仍然有较大的差距。我国稳定解决了十几亿人的温饱问题，但是仍然面临着艰巨的扶贫工程。2013年习近平总书记首次提出"精准扶贫"的重要思想，十九大报告中指出："要动员全党全国全社会力量，坚持精准扶贫，精准脱贫，确保到2020年我国现行标准下农村贫困人口实现脱贫。"总体上实现小康，不久将全面建成小康社会。按每人每年2300元（2010年不变价）的农村贫困标准计算，2016年农村贫困人口4335万人，比2012年减少5564万人；贫困发生率下降到4.5%，比2012年下降5.7个百分点。2017年再减贫1000万人以上，5年年均减贫1300万人，这是前所未有的，在国际上，我国的扶贫经验同样值得推广。

四是关注经济增长与均衡发展失衡。尤其体现在资源与环境的约束日益趋紧，可持续发展的压力较大。过去30年，我们取得了高达两位数的经济增长速度，但是，我们的经济增长主要是依靠外延式的发展模式，依赖大投入、粗放式，而在一定程度上牺牲了环境，本身这种依靠大量消耗资源支撑发展的方式是难以为继的，甚至引起了国际上对中国的各种议论。我国在获得众多"中国制造"第一的时候，化学需氧量（COD）和二氧化硫的排放量也处在世界第一。城市缺水、水质性缺水问题较为突出；灰霾天气增多、城市酸雨污染严重，环境质量状况令人担忧；土地资源开发强度过高，供需矛盾日益尖锐。因此，我们必须在经济增长动力的转换上做文章，推进节能减排，强化绿色发展。只有在"均衡"上做足文章，在"全面发展"上加大力度，扩大发展的新动力源泉，提高发展的质量水平，我国经济才能实现真正意义上的"二次腾飞"。

五是关注经济建设与其他建设的平衡。党的十八大报告对推进中国特色社会主义事业作出"五位一体"总体布局，即经济建设、政治建设、文化建设、社会建设、生态文明建设。客观地评价，我们不难发现，经济建设无疑是我们过去投入比较大的领域，在社会主义初级阶段，也应该如此。正如习近平总书记所指出的：民生领域还有不少短板，脱贫攻坚任务艰巨，城乡区域发展和收入分配差距依然较大，群众在就业、教育、医疗、居住、养老等方面面临不少难题。比如，截止到2016年年末，我国60周岁及以上人口为2.3086亿人，占总人口比重高达16.7%，我国已经步入老龄化国家，而且面临着部分人群"未富先老"的双重问题。又如，我国医疗卫生机构床位在总量上近年有了长足进步，目前拥有747

万张，其中医院 575 万张，乡镇卫生院 123 万张，但是在就医环境、优质医疗资源的配置、医疗与药品价格、医患关系等方面，仍然存在着许多不足。再比如，在教育方面，大中城市人们热切关注的子女入托、入学问题，优质的中小学资源如何公平分配的问题，更重要的是大家纠结于如何正确对待应试教育与素质教育，而这些不足与问题正是下一步必须准备付出更为艰巨、更为艰苦的努力去争取克服和解决的。

二　新动能为激发经济增长活力增添新助力

中国经济增长的变化、经济结构的优化，最重要的是经济发展动能转化。十九大报告中对新动能的表述有了很多的亮点。比如，"加快建设制造强国，加快发展先进制造业，推动互联网、大数据、人工智能和实体经济深度融合，在中高端消费、引领、绿色低碳、共享经济、现代供应链、人力资本服务等领域培育新增长点、形成新动能。支持传统产业优化升级，加快发展现代服务业，瞄准国际标准提高水平"。我们理解，新动能是新产业、新业态、新模式。根据国家统计局对"三新"进行的初步测算，2015 年，"三新"经济增加值相当于全国 GDP 的 14.8%。如今，我们社会的主要矛盾发生了变化，已经转化为人民日益增长的美好生活需要和不平衡不充分的发展之间的矛盾。在城乡居民收入不断提高以后，中高端的消费必然成为推动消费增长的一个重要来源。我们过去所说的我国有四大发明，现在大家都称中国的"新四大发明"是高铁、网购、支付宝以及共享单车，这里面也涉及了众多的新业态。在产业创新、引导发展方面，根据不完全统计，我国目前大约有 90 家独角兽企业，数量堪比美国，并且极有可能在最近几年实现超越。全球市值最大的高科技公司中国有 4 家，紧追美国，在万众瞩目的新创新领域：人工智能、云计算、移动互联网、大数据、虚拟现实技术等领域，中国也拥有迎头赶上的势头。这得益于我国在过去五年积极推进的"双创"，取得了硕果。2016 年 3 月，全国"两会"上，中国提出到 2020 年，全社会研发经费投入强度达到 2.5%，科技进步对经济增长的贡献率达到 60%，迈进创新型国家和人才强国行列。创新型国家科技进步的贡献率普遍高达 70% 以上，美国和德国甚至高达 80%。虽然中国几年后才能达到 60%，却已显示出追赶世界领先国家的坚定信念。然而，这个 60% 的贡献率水平，意味着未来五年中国经济增长将从传统的依赖资源、人力，转向更多地依靠科技进步。

三 新格局为构建人类命运共同体提供新支撑

十九大提出，要"推动形成全面开放新格局"。从 2016 年 6 月 24 日英国脱欧公投，到 2016 年 11 月美国总统大选，英美两国的举动引发了全世界的热议。特别是，特朗普上台以后采取了许多逆全球化的操作，给全球自由贸易带来不小的冲击与影响。中国作为一个负责任的大国，坚持对外开放，积极倡导"一带一路"，推动成立亚洲基础设施投资银行，扩大跨境电子贸易，特别是人类命运共同体的提法获得了全世界的认同，"构建人类命运共同体"理念首次被写入联合国决议中。十九大报告明确指出，坚持和平发展道路，推动构建人类命运共同体。中国秉持"共商共建共享的全球治理观"，这种治理观念打破过去大国垄断治理的理念；倡导国际关系民主化，坚持国家不分大小、强弱、贫富，一律平等，这有利于我国团结广大多数国家，支持联合国发挥积极作用，支持扩大发展中国家在国际事务中的代表性和发言权。这需要我们避免两个问题，一个就是"修昔底德陷阱"，这是在国力发生变化的时候，避免发生大国之间的战争，类似第一次世界大战和第二次世界大战。第二个是"金德伯格陷阱"，作为一个负责任的大国，要在合理范围内承担国际事务上的责任。

四 新党章为党确立了新的指导思想

新党章确立了党的新指导思想。中国共产党第十九次全国代表大会审议并一致通过第十八届中央委员会提出的《中国共产党章程（修正案）》，大会一致同意，在党章中把习近平新时代中国特色社会主义思想同马克思列宁主义、毛泽东思想、邓小平理论、"三个代表"重要思想、科学发展观一道确立为党的行动指南。回顾中国共产党的历史，可以说，一直以来就与时俱进，把先进的科学的理论作为自己的指导思想。1921年中共一大就把"马克思列宁主义"作为党的指导思想；1945年中共七大将"毛泽东思想"确立为党的指导思想并写进党章；1997年中共十五大将"邓小平理论"确立为党的指导思想并写进党章；2002年中共十六大将"三个代表"重要思想确立为党的指导思想并写进党章；2007年中共十七大将"科学发展观"写进党章；2012年中共十八大将"科学发展观"确立为党的指导思想。2017年10月中共十九大将"习近平新时代中国特色社会主义思想"确立为党的指导思想并写入党章。习近平新时代中国特色社会主义思想是对马克思列宁主义、毛泽东思想、邓小平理论、"三个代表"重要思想、科学发展观的继承和发展，是马克思主义中国化最新成果。党的十八大以来，以习近平同志为核心的党中央在经济建设、政治建设、文化建设、社会建设、生态文明建设方面提出一系列新理念新思想新战略，并且取得了巨大的成就，这是党和人民实践经验和集体智慧的结晶，是中国特色社会主义理论体系的重要组成部分，是全党全国人民为实现中华民族伟大复兴而奋斗的行动指南，必须长期坚持并不断发展。可以预见，十九大把习近平新时代中国特色社会主义思想作为党的新指导思想而载入史册，这将在我党的历史上留下重要的标志，也将为我党的理论建设开启新的历史篇章。

五　新理论带动新发展

十九大报告中提到，要"深化马克思主义理论研究和建设，加快构建中国特色哲学社会科学，加强中国特色新型智库建设"。这也对应了中国社会科学院的三个定位：马克思主义理论的坚强阵地，哲学社会科学的最高殿堂，党中央和国务院的智库。当前，我们对哲学社会科学的研究，面临一个很大的困境，就是缺乏数据。在大数据时代，谁掌握了数据，谁就掌握了核心武器。而如今，我们科研人员苦于没有数据，数据拥有者与使用者存在着信息的不对称，而且即使是国家统计局也有许多数据的缺失。按照国家统计局对新产业、新业态、新模式进行的初步测算，2015年，"三新"经济增加值相当于全国GDP的14.8%，沿海地区的比重还要高一些，比如上海、广东、深圳等。2015年，全国经济新动能发展指数为129%，2016年正在统计之中，肯定又会有所提高。现在，还有一个问题，平台公司掌握了大量的数据，而国家统计局按照传统的城调大队方式所采集的数据，越来越难以让人信服了。过去我们依赖抽样调查，现在是全样本调查；过去我们追求因果关系，现在则是要注重关联关系。还有一个问题是：我们每个学者现在面临的评价体系，是非常难的。我们一直以来，依赖影响因子作为期刊评价的主要方法，而且，许多科研机构、高校甚至学术同行越来越依赖于期刊影响因子来评判一篇论文甚至作者本身的科研水平，这也就是通常所说的"以刊评文""以刊评人"的评价怪象。影响因子深受诟病的另一个主要原因，要从其算法本身的局限性说起。期刊影响因子是计算期刊前两年的被引数量与发表论文数量的比例，因此，首先，期刊影响因子的高低并不能代表单篇论文质量或创新性的高低，即"以刊评文"存在逻辑上的错误嫌疑。其次，期刊的影响因子也不宜跨学科比较。影响因子高低取决于所属学科的发展情况，学科越不成熟，越需要相互印证，所以引用就多，影响因子就高。但是不同学科其文献更新速度、学科发展情况存在差异，靠单一影响因子来进行期刊评价甚至跨学科的期刊评价，就会有失公允。20世纪60年代，美国情报学家加菲尔德对期刊文献的引文进行了大规模统计分析，得出了大量被引用文献集中在少数期刊上，而少量被引用文献散布在大量期刊中的结论，亦即从引文角度证实了核心期刊的存在。随后加菲尔德相继开发了SCI、SSCI和A&HCI数据库，并在此基础上，通过统计多个指标的客观数据，每年发布一次《期刊引证报告》（JCR），2017年4月27日，也就是加菲尔德去世后两个月，《自然》杂志签署了《旧金山宣言》，"建议科研资助机构、研究机构等有关各方，在资助、任命和晋升的考量中，停止使用基于期刊的指标，如期刊影响因子，评估要基于研究本身的价值而不是发表该研究的期刊"。还有一个就是中国特色新型智库的建设，我们在2015年发布《全球智库评价研究报告（2015）》，就是要占领智库评价的阵地，防止评价的误导。我们在2017年11月10日发布《中国智库综合研究AMI研究报告（2017）》，这与我们的《中国人文社会科学期刊评价报告（2014）》一脉相承，都是按照综合评价AMI——吸引力、管理力和影响力进行系统的评价。

十九大报告博大精深，需要我们继续深入学习，不断挖掘。我们必须在习近平新时代中国特色社会主义思想指引下，消除不平衡，走向均衡发展，用创新激活各种不充分发展的因素，砥砺奋进、攻坚克难，必将取得更多的跨越式发展，实现中华民族从站起来、富起来到强起来的历史性飞跃，发出中国声音，唱响新时代的主旋律。

（作者为中国社会科学院中国社会科学评价研究院院长）

中央纪委国家监委驻院纪检监察组

前所未有的发展思想新境界

胡乐生

一 学习党的十九大精神是一次严肃的党性锻炼和党内政治生活洗礼

党的十九大召开期间，我正在中央党校中青一班学习，全程收看了大会盛况。大会胜利闭幕后，中央党校把学习十九大精神作为第一堂党课、第一堂政治必修课，连续安排了多场专题讲座，请党的十九大代表和有关领导同志解读十九大精神。

现在回味起来，会议的盛况细节仍然历历在目、令人难忘。习近平总书记作报告时，会场多达70多次的掌声，反映了全党对习近平总书记作为党中央核心和全党核心的衷心拥戴，反映了全党对过去五年历史性变革的充分肯定，反映了全党对党中央大政方针的拥护；大会朴素的会风彰显了五年来全面从严治党的成效，反映我们党内部治理的实效；习近平总书记在大会期间与代表深入交流，认真倾听基层意见，平易近人的作风，彰显了人民领袖与普通党员之间的深情厚谊。回顾党的十九大盛况，学习党的十九大精神，本身就是一次党性锻炼和党内政治生活洗礼，令人受益终身。

党的十九大是在全面建成小康社会决胜阶段、中国特色社会主义事业发展进入新时代的关键时期，召开的一次十分重要的大会；是一次在新的历史起点上，开启党和国家事业发展新征程的大会；是一次不忘初心、牢记使命、高举旗帜、团结奋进的大会。习近平总书记的报告，深刻回答了新时代坚持和发展中国特色社会主义一系列重大理论和实践问题，描绘了决胜全面建成小康社会、夺取新时代中国特色社会主义伟大胜利的宏伟蓝图，进一步指明了党和国家事业的前进方向，是我们党团结带领全国各族人民，在新时代坚持和发展中国特色社会主义的政治宣言和行动纲领，是马克思主义的纲领性文献。大会通过的《中国共产党章程（修正案）》将习近平新时代中国特色社会主义思想确立为我们党必须长期坚持的指导思想，充分体现了党的十八大以来党的理论创新、实践创新、制度创新成果，对推进党的事业和党的建设，必将更好发挥规范和指导作用。党的十九届一中全会选举产生了以习近平同志为核心的新一届中央领导集体，一批经验丰富、德才兼备、奋发有为的同志进入中央领导机构，充分显示出中国特色社会主义事业蓬勃兴旺、充满活力。

二 发展中国特色社会主义的新思想"前所未有"

党的十九大报告处处亮点，字字珠玑，带着问题、结合实际工作学习思考，常有拨云见日、醍醐灌顶之感。党的十九大开启了中国特色社会主义思想理论新境界，有关发展的新思想，体现为以下五个"前所未有"。

第一，党的十九大确立了习近平新时代中国特色社会主义思想这一攸关发展的重大理论成果，创新性、前瞻性、战略性和指导性前所未有。一是作出中国特色社会主义进入新时代的历史性重大判断、对新时代中国特色社会主义的"三个意味着"的阐述、对新时代社会主要矛盾的揭示完全符合我国的发展实际。二是提出了一系列原创性论述。党的十九大进一步阐明新时代党的历史使命，对实现伟大梦想、进行伟大斗争、建设伟大工程、推进伟大事业内在必然联系作了系统论述，用"八个明确"对新时代中国特色社会主义思想内涵作了全面阐释，用"十四个坚持"对新时代中国特色社会主义建设的基本方略作了充分论述。这些原创思想都是马克思主义中国化的最新成果，充分显示出以习近平同志为核心的党中央对全党、对国家、对中华民族、对科学社会主义、对人类发展的历史担当。三是对政治、经济、文化等领域的发展方略的提炼与归纳总结，完全符合实际，符合发展的客观规律。比如，对当前风险最大、普通民众最为关注的金融市场、资本市场进行了专门论述，特别指出要"深化金融体制改革，增强金融服务实体经济能力，提高直接融资比重，促进多层次资本市场健康发展"，"健全金融监管体系，守住不发生系统性金融风险的底线"。这是对金融市场、资本市场发展根本目标、根本举措、根本保障的简要精辟论述，是金融市场和资本市场规范有序发展的根本遵循。

第二，党的十九大对社会主要矛盾的判断彰显的政治勇气、理论勇气和实践勇气前所未有。党的十九大报告提出："我国社会主要矛盾已经转化为人民日益增长的美好生活需要和不平衡不充分的发展之间的矛盾。"首先，它是以极大的政治勇气，实事求是地肯定了40年改革开放所取得的发展成就，确认当前一系列矛盾的根本原因在于发展的不充分、不均衡。作出这一判断，既是对五年来中国发展历史性成就和历史性变革的深刻总结，也是对改革发展成果的历史回应，更是对人民期盼和向往的回应。其次，这一判断体现了中国特色社会主义新时代的特征，抓住了我国进入新时代发展的关键和牛鼻子，更加符合当前经济社会发展的阶段性特征，更加符合广大人民群众的利益诉求和实际需要，更加符合中国特色社会主义的本质要求，更加有利于实现"两个一百年"奋斗目标和中华民族伟大复兴的中国梦，体现了极大的理论勇气。再次，这一判断对新时代发展提出了新要求，为我们指明了发展的根本路径和方向，体现了极大的实践勇气。只要我们在新征程上，坚定不移贯彻落实党的基本理论、基本路线、基本方略，就一定能够把国家强盛、民族复兴的伟大梦想变成美好现实。

第三，党的十九大所传递出的推动发展坚定自信前所未有。从党的十九大报告，到习近平总书记在大会结束后率领新当选的中央政治局常委会见中外媒体时的讲话，无不显示并向世人传递一种强烈的推动新发展的坚定自信。这种向着新征程新目标开拓奋进的执着精神，这份对中国特色社会主义理论、道路、制度、文化和党的领导力、凝聚力的坚定自信，感染、鼓舞每一个人。过去五年的探索实践和辉煌成就，让我们更加坚信,在共产党的领导下,中国正走在一条通往国家富强、民族复兴的大路上。这份信心,源于习近平新时代中国特色社会主义思想的确立,源于过去五年来各方面卓有成效的工作,特别是推进国家治理体系和治理能力现代化改革和制度建构,带有根本性、长期性,为未来新背景下的新发展奠定了坚实基础;特别是全面从严治党,为未来新背景下执政党的自身建设找到了治本之策,将使我们党持续保持和不断加强凝聚力、感召力,为完成光荣使命提供了坚强保证。

第四,党的十九大带给每一个共产党人坚守发展使命的责任感前所未有。党的十九大号召广大共产党人不忘初心,这份初心就是为广大人民谋福祉,为中华民族谋复兴。不忘初心、牢记使命,既关乎党的内在凝聚力,也关乎我们作为执政党外在的感召力。早期中国共产党人闹革命,风雨如晦、环境险恶,敢于牺牲自己就是因为有强大的理想信念作支撑,在一切困难和危险面前,能够做到勇往直前、万死不辞。也正因如此,党才得到人民的拥戴与支持,才最终取得了革命的胜利。作为执政党,我们今天所处环境与当年革命年代全然不同,具体任务也不同。在"站起来""富起来"之后,我们又迎来"强起来"的全新挑战。"四大考验"是长期复杂的,"四大危险"也是尖锐严峻的,因此必须始终不忘初心,自觉坚守使命担当。

第五,党的十九大为中国特色社会主义新发展所确立的鲜明导向前所未有。一是需要导向。新时代社会主要矛盾的转变,要求我们在推动决胜全面建成小康社会工作过程中,始终坚持"人民需要"导向。二是发展导向,强调"发展是解决我国一切问题的基础和关键","必须坚定不移贯彻创新、协调、绿色、开放、共享的发展理念","提出乡村振兴战略","要坚持农业农村优先发展"。三是为民导向,反复强调"坚持以人民为中心",明确要求"必须始终把人民利益摆在至高无上的地位,让改革发展成果更多更公平惠及全体人民,朝着实现全体人民共同富裕不断迈进"。这些论述,开辟了马克思主义人民观的新境界。四是绿色导向,报告强调,"必须树立和践行绿水青山就是金山银山的理念","像对待生命一样对待生态环境,统筹山水林田湖草系统治理,实行最严格的生态环境保护制度,形成绿色发展方式和生活方式"。这实际上是发展观的一场深刻革命,必将让中华大地走进生态文明新时代,实现天更蓝、山更绿、水更清、环境更优美。五是实干导向,报告指出,"中华民族伟大复兴,绝不是轻轻松松、敲锣打鼓就能实现的。全党必须准备付出更为艰巨、更为艰苦的努力"。为此报告强调要加强作风建设,全面增强八个方面的执政本领,号召全党做坚定者、奋进者、搏击者,树立实干兴邦的正确导向。

三 在学懂、弄通、做实上下功夫

习近平新时代中国特色社会主义思想和党的十九大精神博大精深、内涵丰富、理论深刻,需要深入学习、思考、实践,真正在学懂、弄通、做实上下足功夫。

一是全面准确学习领会党的十九大精神,努力掌握精髓要义。要结合前段时间对马克思主义基本原理的学习,站在科学社会主义理论发展的历史高度,深刻领会习近平新时代中国特色社会主义思想所贯穿的辩证唯物主义和历史唯物主义思想,深入领会党的十九大提出的新理念、新论断,明确的新任务、新举措,努力掌握党的十九大精神的政治意义、历史意义、理论意义、实践意义,真正做到融会贯通,学出更坚定的信仰,学出更强烈的担当,学出更纯粹的忠诚和觉悟。

二是自觉运用习近平新时代中国特色社会主义思想武装头脑、指导工作实践。努力做到学以用、知以行的统一,紧密结合实际把中国特色社会主义基本方略转化为指导实践的工作思路、工作举措和具体行动。要结合中国社会科学院的实际,运用习近平总书记全面从严治党思想指导日常监督执纪问责工作,在不断提高工作科学性、严密性和有效性上下功夫,推动中国社会科学院全面从严治党各项工作取得新的成效。

三是坚持问题导向,不断提高政治能力和领导水平。要切实加强自身政治能力建设,提升政治能力,努力把握习近平新时代中国特色社会主义思想的科学内涵、精神实质和核心要义,筑牢理想信念,锤炼忠诚的政治品德,坚定正确的政治方向,始终在思想上、政治上、行动上与以习近平同志为核心的党中央保持高度一致。要不断增强工作本领,加强对业务工作专业知识的学习,提高专业化水平,既要政治过硬,也要本领高强,掌握科学思维方法,提高工作的科学性、预见性、主动性和创造性，确保驻院纪检组监督执纪问责各项工作按照党的十九大精神的部署顺利推进。

（作者为中央纪委国家监委驻中国社会科学院纪检监察组副组长）

职能部门

21世纪中国马克思主义宣言

方 军

党的十九大系统地阐述了习近平新时代中国特色社会主义思想，将它确立为全党的指导思想并写入党章。这是十九大的最大特色和贡献，十九大将以此为标志，载入中国共产党的发展史册、中华民族的发展史册、世界社会主义的发展史册、马克思主义的发展史册。

马克思主义创始人曾经指出："一切划时代的体系的真正的内容都是由于产生这些体系的那个时期的需要而形成起来的。"[1] 作为习近平新时代中国特色社会主义思想的集大成之作，如同习近平总书记的其他著作一样，十九大报告不像通常的教科书那样，提出一般的定义，作出一般的解释。习近平新时代中国特色社会主义思想，归根到底是为了回答和解决当代中国发展的重大实践问题。由于当代中国与世界的广泛而紧密的联系，由于中国在当今世界上的日益广泛而深刻的影响，由于中国对马克思主义、社会主义发展的重大意义，因而，对中国发展的实践问题的解答，不能不具有世界性意义，不能不对21世纪马克思主义、社会主义理论上的新发展，产生广泛而深刻的影响。

习近平新时代中国特色社会主义思想以解决当代中国发展实际问题为根本目的，同时也在总结历史、继承前贤的基础上，提出了一系列马克思主义新的思想和论断。马克思主义不是封闭的僵化的教条，而是开

---

[1] 《马克思恩格斯全集》第3卷，人民出版社1960年版，第544页。

放的科学理论,本来就应该随着实践发展而发展、随着时代变化而不断丰富,习近平总书记对此作出了新时代马克思主义思想家的重要贡献。

一 中国版社会主义现代化

习近平总书记在十九大报告中郑重宣告:"经过长期努力,中国特色社会主义进入了新时代。"这是一个重大的政治判断,也是一个重大的理论判断。

这个新时代,是承前启后、继往开来、在新的历史条件下继续夺取中国特色社会主义伟大胜利的时代,是决胜全面建成小康社会、进而全面建设社会主义现代化强国的时代,是全国各族人民团结奋斗、不断创造美好生活、逐步实现全体人民共同富裕的时代,是全体中华儿女勠力同心、奋力实现中华民族伟大复兴中国梦的时代,是我国日益走近世界舞台中央、不断为人类作出重大贡献的时代。概而言之,这是中国版社会主义现代化大踏步向我们走来、中华民族伟大复兴的中国梦渐趋变成现实的新时代。

现代化,是近代以来世界各国的普遍追求。建设现代化强国,实现中华民族的伟大复兴,是近代以来中华民族最伟大的梦想。而由于中国的特殊国情,对现代化强国之路的探寻,不能不具有特殊的意义,不能不显示其特别的紧迫性,中华民族复兴因此而走过了特别复杂、曲折和艰难的历程。

1840年鸦片战争后,中国逐步沦为半殖民地半封建社会,灾难深重的中华民族不仅不能跟上时代前进的步伐,而且面临亡国灭种的危险。为救亡图存、实现民族复兴,走上现代化强国之路,无数仁人志士进行了千辛万苦的探索,提出了各式各样的方案,其中不乏搞资本主义的尝试,但都归于失败。1894年,孙中山创建兴中会,第一次喊出了"振兴中华"的口号,并领导辛亥革命推翻了清王朝,但辛亥革命未能改变旧中国的社会性质和中国人民的悲惨命运。

十月革命一声炮响,给中国送来了马克思列宁主义。中国的先进分子从十月革命的成功,从马克思列宁主义的科学真理中看到了救国救民、解决中国问题的出路。在马克思列宁主义与中国工人运动结合的斗争中,

1921年，中国共产党诞生，这是开天辟地的大事变。从此，中国人民谋求民族独立、人民解放和国家富强、人民幸福的斗争就有了主心骨，中国人民就从精神上由被动转为主动。以毛泽东同志为主要代表的中国共产党人团结带领人民找到了一条以农村包围城市、武装夺取政权的正确革命道路，经过28年浴血奋斗，取得了新民主主义革命的胜利，1949年成立了中华人民共和国，进而完成社会主义革命，建立起社会主义基本制度，完成了中华民族有史以来最为广泛而深刻的社会变革，实现了中华民族从被欺凌、被压迫到彻底站起来的伟大飞跃。

进入改革开放新时期，以邓小平同志为主要代表的中国共产党人团结带领人民进行改革开放新的伟大革命，革除了阻碍党、国家和民族发展的封闭僵化的思想和体制障碍，成功地开辟了中国特色社会主义道路，极大地解放和发展了社会生产力，人民生活显著改善，中国大踏步赶上时代，中国特色社会主义焕发出勃勃生机，实现了中华民族从站起来到富起来的伟大飞跃。

进入新世纪新阶段，特别是党的十八大以来，面对世情党情国情的深刻变化，以习近平同志为核心的党中央团结带领人民创造性地坚持和发展中国特色社会主义，明确实现社会主义现代化和中华民族伟大复兴的总任务，制定实施"两个一百年"的奋斗纲领，即在全面建成小康社会的基础上，分两步走在本世纪中叶建成富强民主文明和谐美丽的社会主义现代化强国，统筹推进"五位一体"总体布局，协调推进"四个全面"战略布局，提出并实施"新发展理念"，我国经济实力、科技实力、国防实力、综合国力进入并稳居世界前列，实现了中华民族从富起来到强起来的伟大飞跃。

以经济发展为例。2016年，中国GDP达74万亿元，按不变价计算为2012年的1.32倍，占世界经济总量的14.8%，比2012年提高3.4个百分点，稳居世界第二位。2013—2016年，中国GDP年均增长7.2%，高于同期世界2.6%和发展中经济体4%的年均增长水平，中国对世界经济增长的年均贡献率达到30%左右，超过美国、欧元区和日本贡献率的总和，居世界第一位。回顾1978年，中国经济占世界经济的比重仅为1.76%，居世界第十位。任何不抱偏见的人都不得不承认，中国的发展的确进入了一个新时代。

即使撇开同期世界经济复苏乏力的外部因素，单就中国经济内部而论，考虑到这样一个发展成就，是在中国经济进入新常态下取得的，它就显得更加弥足珍贵：经济结构不断优化，2016年第三产业增加值占GDP比重为51.6%，比2012年提高6.3个百分点。消费取代投资、进出口成为经济增长主动力，2013—2016年，最终消费对经济增长的年均贡献率为55%，高于资本形成贡献率8.5个百分点。人民生活显著改善，2012—2016年，全国居民人均可支配收入年均增长7.4%，高于同期GDP增长速度；2016年农村贫困人口比2012年减少6000万人以上，贫困发生率从10.2%降到4%以下；城镇新增就业年均1300万人以上；高等教育毛入学率从2013年的34.5%提高到2016年的42.7%。城乡协调发展，2016年末常住人口城镇化率为57.35%，比2012年末提高4.78%。

在党的十八大闭幕不久，习近平总书记就用明白晓畅、特色浓郁的话语——"中国梦"，来概括实现社会主义现代化、实现中华民族伟大复兴的宏伟目标。"中国梦"一经提出，迅即将所有中华儿女凝聚起来。在这一伟大梦想的感召下，党领导人民取得了全方位、开创性的历史性成就，中国社会实现了深层次、根本性的历史性变革。历史性成就、历史性变革，雄辩地证明：新时代，中华民族比历史上任何时期更接近、更有信心和能力实现中华民族伟大复兴的目标。

中国版社会主义现代化，不仅在中华民族发展史上具有重大意义，而且在马克思主义发展史上具有重大意义，进而对人类文明的进步和发展产生重大影响。

中国版社会主义现代化，是中国的，又是社会主义的，是社会主义基本原则、现代化价值追求与当代中国实际的有机结合。

中国版社会主义现代化，首先是中国的。在960多万平方公里的广袤大地上，在一个原本经济极端落后的东方大国，13亿多中国人民共同迈进工业化、现代化，共同建设富强民主文明和谐美丽的社会主义现代化强国，共同享有现代化的成果与荣光，这在人类社会发展史上是从未有过的。迄今为止，成功的现代化国家皆为发达资本主义国家，他们的道路、理论、制度、文化和具体的现代化指标，在国际社会和思想理论界成为一种普遍的模式、标准和定义，甚至成为一种教条，似乎现代化就应该是那样的道路、理论、制度和模式,也只能采取那样的道路、理论、制度和模式,否则,既不是"现代国家",更遑论"现代化"了。无论是箱根模型、列维模型,还是英克尔斯现代人模型、布莱克标准,无不以西方发达国家为根据、为蓝本、为圭臬,以至于这种理念被联合国等国际组织所遵奉。例如1974年5月1日的联合国大会通过的决议(后称《联合国宣言》)中强调:"所有国家,不论其经济及社会制度,在公正合理、主权平等、互相依赖、共同受益与合作的基础上,同心协力,抓紧工作,以建立'新的国际经济秩序'。这一新秩序将纠正不平等现象,改变现存的不公正状况,使消除发达国家与发展中国家间日益拉大的差距成为可能。"对此,已有一些学者提出,按照这种主张,世界上只存在一种发展形式,只有一条通向现代化的道路,它还要求这样的价值观前提,即发达国家的现有发展水平及其相应的社会形态,应被欠发达国家树为模式,并当作一个目标加以接受。①

中国版社会主义现代化只能独立自主地选择符合本国国情的道路、理论、制度和模式,别国的经验、现代化文明成果可以借鉴,但绝不能照搬。换言之,中国版社会主义现代化不是西方现代化模式的"翻版",而是具有鲜明中国特色、中国风格、中国气派,同时符合时代进步趋势的现代化。两个显而易见的事实是:其一,中国的现代化不是以侵略、扩张、转嫁危机与矛盾于他国,牺牲他国利益为前提的。与此相对照的是,西方老牌发达资本主义国家实现工业化、现代化过程中无一例外地都有过掠夺侵略他国的历史。2008年,美国发生金融危机,更是首先将危机向他国、向全世界转移。与之相反,中国奉行的是和平发展、平等合作、互利共赢,摒弃"零和博弈"思维,在实现现代化的进程中,构建人类命运共同体。其二,中国的现代化,不是以牺牲多数人为代价的现代化,而是全体中国人民共同富裕、共建共享的现代化,而西方资本主义国家的现代化则普遍走过了以牺牲多数人为代价的"资本原始积累"阶段和道路。

因此,中国版社会主义既是中国的,同时也必然是社会主义的。马

---

① 参见[美]亨廷顿等《现代化——理论与历史经验的再探讨》,罗荣渠主编,上海译文出版社1993年版,第76—77页。

克思主义创始人科学地揭示了社会主义、共产主义代替资本主义的历史必然性，但囿于时代条件的限制，社会主义社会究竟是什么样子，如何建设社会主义，他们只是提供了最一般的设想和原则，至于在社会主义制度框架下实现现代化，则基本没有涉及。毕竟马克思恩格斯当年所设想的社会主义，作为共产主义的第一阶段或者说初级阶段，是在高度发达的资本主义文明成果基础上，而且是在数个乃至十几个发达资本主义国家，打破其资本主义私有制和国家机器同时进行革命才能成功的。马克思1881年在答复俄国女革命家查苏利奇关于俄国农村公社的问题时设想，俄国农村公社有可能不通过"资本主义制度的卡夫丁峡谷"，即"不通过资本主义生产的一切可怕的波折而吸收它的一切肯定的成就"①。但马克思恩格斯仍是以西方无产阶级革命的胜利，即"东西方革命互为信号"作为前提的，在他们共同署名的《〈共产党宣言〉1882年俄文版序言》中说："假如俄国革命将成为西方无产阶级革命的信号而双方相互补充的话，那么现今的俄国土地公有制便能成为共产主义发展的起点。"②迄今为止，"东西方革命互为信号"的情形从未出现，但"不通过资本主义制度的卡夫丁峡谷"而走上社会主义道路、走向现代化，却已有成功的范例，中国版社会主义现代化就是生动的实践。

概括上面的分析，打破在现代化道路、理论、制度和标准上的"西方中心主义"教条，在坚持科学社会主义基本原则的基础上，在前任领导人关于中国社会主义现代化探索的基础上，明确系统地提出中国版社会主义现代化的思想和方略，这是习近平总书记对马克思主义的科学社会主义理论武库的一个极其重要的贡献。不特如此，中国版社会主义现代化大大拓展了发展中国家实现现代化的途径，给世界上那些既渴望走向现代化又渴望保持自身独立性的国家和民族，提供了有别于西方模式的全新选择，为解决人类问题贡献了中国理论、中国智慧和中国方案，因而具有重大的世界意义。

---

① 参见《马克思恩格斯全集》第19卷，人民出版社1963年版，第431、437页。
② 《马克思恩格斯选集》第1卷，人民出版社2012年版，第379页。

二　新时代社会主要矛盾

十九大报告郑重宣告:"中国特色社会主义进入新时代,我国社会主要矛盾已经转化为人民日益增长的美好生活需要和不平衡不充分的发展之间的矛盾。"这是一个重大的政治判断,也是一个重大的理论判断。

马克思恩格斯创立的唯物史观,科学地揭示了人类社会的基本矛盾——生产力与生产关系之间的矛盾、经济基础与上层建筑之间的矛盾——其矛盾运动是人类社会变革发展的根本动力;揭示了这种基本矛盾在资本主义社会中的具体表现,即资本主义社会的主要矛盾——生产的社会化和生产资料的资本主义私人占有之间的矛盾,这一矛盾在资本主义制度下又是不可克服的,进而科学地揭示了社会主义、共产主义代替资本主义的历史必然性。至于在社会主义、共产主义社会中有无矛盾以及矛盾的具体表现形式,马克思恩格斯没有论述,时代也没有给他们提出这样的任务。列宁由于领导苏联社会主义建设的时间短暂,对此也没有论述。斯大林一度认为社会主义社会中没有生产力与生产关系等方面的矛盾,1938年在《论辩证唯物主义和历史唯物主义》中断定,苏联社会主义社会的生产关系"完全适合"生产力的增长,直到1952年,在《苏联社会主义经济问题》中才勉强承认社会主义制度下生产力与生产关系之间存在矛盾。

新中国成立后,以毛泽东为代表的中国共产党人开始探索适合中国国情的社会主义建设道路。1956年,党的八大报告提出:"我们国内的主要矛盾,已经是人民对于建立先进的工业国的要求同落后的农业国的现实之间的矛盾,已经是人民对于经济文化迅速发展的需要同当前经济文化不能满足人民需要的状况之间的矛盾。"1957年,毛泽东在《关于正确处理人民内部矛盾的问题》中指出,社会主义改造基本完成后,社会主义制度的建立,"并不是说在我们的社会里已经没有任何的矛盾了"[①]。他还明确宣布:"革命时期的大规模的疾风暴雨式的群众阶级斗争基本结束",正确处理人民内部矛盾成为我国政治生活的主题。但是,八大关于

---

① 《毛泽东文集》第7卷,人民出版社1999年版,第204页。

我国社会主要矛盾的判断，及由此制定的路线、方针并未得到很好的贯彻和保持，毛泽东不久即重申社会主义和资本主义之间谁胜谁负的问题还未真正解决，无产阶级和资产阶级之间的矛盾还尖锐存在，阶级斗争还将激烈，进而演变为"以阶级斗争为纲"和"文化大革命"，对社会主义社会主要矛盾的认识和实践出现重大曲折和失误。1981 年，党的十一届六中全会通过的《关于建国以来党的若干历史问题的决议》恢复并进一步规范了党的八大关于我国社会主要矛盾的表述："在社会主义改造基本完成以后，我国所要解决的主要矛盾，是人民日益增长的物质文化需要同落后的社会生产之间的矛盾。"此后，党的十三大、十四大、十五大、十六大、十七大、十八大均重申这一判断。

从党的八大至今，60 多年过去了，中国经济社会已发生翻天覆地的变化。一方面，党领导人民已稳定解决了十几亿人的温饱问题，总体上实现了小康，不久将全面建成小康社会。2016 年中国人均 GDP 达 8869.999 美元，进入中等收入国家行列，中国居民恩格尔系数为 30.1%，接近联合国划分的 20%—30% 的富足标准。与此同时，人民对美好生活的需要日益广泛，不仅对物质文化生活提出了更高的要求，而且在民主、法治、公平、正义、安全、环境等方面的要求日益增长，期盼有更好的教育、更稳定的工作、更满意的收入、更可靠的社会保障、更高水平的医疗卫生服务、更舒适的居住条件、更安全的社会环境、更优美的自然环境，等等。这一切，当然不是"日益增长的物质文化生活需要"所能涵括的。另一方面，中国经济已稳居世界第二位，社会生产水平和社会生产能力在很多方面进入世界前列，也已经不能简单地说"落后的社会生产"了。例如，从 2010 年始，中国制造业稳居世界第一，世界 500 余种主要工业品中，中国有 220 余种工业品产量居世界第一位；2017 年世界 500 强企业中，中国企业为 109 家，而 1995 年，仅为 2 家。2016 年中国高速公路总里程突破 13 万千米，高速铁路达 2.2 万千米以上，高速公路网、高速铁路网全球最大；光纤通信网、电网全球最大，互联网人数 7.31 亿人，互联网普及率达 53.2%，移动用户 13.2 亿人，移动电话普及率达每百人 96.2 部。与此同时，发展不平衡不充分的问题日益凸显。例如，2016 年 GDP 总量东部、中部、西部的比例大致为 3∶1∶1，城镇化率东部、中部、西部分别为 65.94%、52.77%、50.19%；2016 年全国居民收入基尼系数为0.465，城乡居民收入倍差2.72，收入差距依然较大。再如，我国虽然是制造业大国，但在全球产业链中大多仍然处于中低端，工业企业创新能力不足，核心竞争力亟待提高，还不是制造业强国。凡此种种，说明发展不平衡不充分的问题已经愈益成为满足人民日益增长的美好生活需要的主要制约因素。换言之，人民日益增长的美好生活需要和不平衡不充分的发展之间的矛盾，已经在事实上取代"人民日益增长的物质文化生活需要同落后的社会生产之间的矛盾"，而成为我国社会的主要矛盾，这是一个重大的关系全局的历史性变化，也是中国特色社会主义进入新时代的重要根据和标志。提出这一历史性判断，不仅是重大的实践创新，而且是重大的理论创新。

我国社会主要矛盾的新变化是否意味着我国所处社会主义初级阶段的基本国情发生变化呢？否！十九大报告明确："我国仍处于并将长期处于社会主义初级阶段的基本国情没有变，我国是世界上最大发展中国家的国际化地位没有变。"

我国社会主要矛盾的新变化是否意味着党的基本路线发生变化了呢？否！十九大报告强调：全党要牢牢坚持党的基本路线这个党和国家的生命线、人民的幸福线，领导和团结全国各族人民，以经济建设为中心，坚持四项基本原则，坚持改革开放，自力更生，艰苦创业，为把我国建设成为富强民主文明和谐美丽的社会主义现代化强国而奋斗。

我国社会主要矛盾的新变化是否意味着发展作为第一要务的地位和作用发生变化了呢？否！十九大报告申明：发展仍然是解决我国一切问题的基础和关键，发展必须是科学发展，必须坚定不移地贯彻创新、协调、绿色、开放、共享的新发展理念。

但是，我国社会主要矛盾的重大变化终究对党和国家事业提出了许多新的更高的要求，要在继续推动发展的基础上，着力解决好发展不平衡不充分问题，大力提升发展质量和效益，更好地满足人民日益增长的美好生活需要，更好地推动人的全面发展、社会全面进步。

因此，关于我国社会主要矛盾新变化的判断，不是对原有提法的否定，而是对我国社会主要矛盾变化实际的合乎历史逻辑的发展。时代条件变了，我国社会主要矛盾的内涵、外延和运动方式、解决方式也理所当然地发生变化，内涵更丰富，外延更广泛，方式更多样，处理起来更复杂，更考验社会主义建设者的智慧。因而，不存在改变党在社会主义初级阶段的基本路线的问题，反而要求我们更加全面、更加自觉、更加坚定地坚持党的基本路线。

在不变的历史阶段和基本国情中敏锐地把握社会主要矛盾的重大变化，在宏阔的历史视野中深刻洞悉党和国家发展所处的历史方位，进而制定科学的行动纲领，这就是历史的辩证法，就是马克思主义政党的领袖人物的担当和作为，也是习近平总书记对马克思主义关于社会矛盾运动学说的重大贡献。

三　不忘老祖宗，又要谱新篇

十九大报告郑重宣告："时代是思想之母，实践是理论之源。只要我们善于聆听时代声音，勇于坚持真理、修正错误，二十一世纪中国的马克思主义一定能够展现出更强大、更有说服力的真理力量！"这是新时代以习近平总书记为主要代表的中国共产党人，对马克思主义创始人及其伟大学生的崇高敬礼。

对于一个马克思主义政党来说，理论上的成熟从来都是政治上成熟的根本前提。理论上成熟的显著标志，是党能够创造性地将马克思主义基本原理与时代特征和本国实际结合起来，形成正确的理论，制定科学的纲领，指导实践的发展。而为了实现这种结合，就不能不同时进行两个方面相互融合、相互促进的伟大斗争：一方面，同借口时代条件变化、国情特殊而否定马克思主义基本原理、否定马克思主义指导地位的各种反马克思主义思潮和倾向，做坚决的斗争，捍卫马克思主义；另一方面，为了真正地、更好地捍卫马克思主义，坚持马克思主义，又必须运用马克思主义立场、观点和方法，创造性地解决时代和实践提出的各种新问题，并作出真正有说服力的回答，以明确实践的新任务和发展方向，进而指导新的实践，这就不能不对马克思主义理论甚至基本原理有所发展、有所创新、有所突破，而不能固守马克思主义经典作家说过什么、没说过什么，不能固守他们书本上的个别观点和词句。正如列宁所指出的："现在必须弄清一个不容置辩的真理，这就是马克思主义者必须考虑生动的实际生活，必须考虑现实的确切事实，而不应当抱住昨天的理论不放，因为这种理论和任何理论一样，至多只能指出基本的、一般的东西，只能大体上概括实际生活中的复杂情况。'我的朋友，理论是灰色的，而生活之树是常青的。'"① 因此，坚持马克思主义与发展马克思主义具有内在的一致性，坚守二者的有机统一，才是对马克思主义的科学态度，也就是习近平总书记反复强调的：不忘老祖宗，又要谱新篇。

马克思主义170年的发展历程以及中国共产党97年的发展历程都表明，马克思主义基本原理是否要同各国具体实际和时代特征相结合，以及怎样实现这种结合，始终是摆在各国共产党人面前的根本问题。在革命时期，以毛泽东同志为主要代表的中国共产党人，为了运用马列主义指导中国革命取得胜利，曾经以极大的理论勇气和思想力量，反对党内存在的教条主义。毛泽东同志尖锐地指出："我们的教条主义者是懒汉，他们拒绝对于具体事物做任何艰苦的研究工作，他们把一般真理看成是凭空出现的东西，把它变成为人们所不能够捉摸的纯粹抽象的公式。"② 他大声疾呼："成为伟大中华民族的一部分而和这个民族血肉相关的共产党员，离开中国特点来谈马克思主义，只是抽象的空洞的马克思主义。因此，使马克思主义在中国具体化，使之在其每一表现中带着必须有的中国的特性，即是说，按照中国的特点应用它，成为全党亟待了解并亟须解决的问题。洋八股必须废止，空洞抽象的调头必须少唱，教条主义必须休息，而代之以新鲜活泼的、为中国老百姓所喜闻乐见的中国作风和中国气派。"③ 正是由于克服了教条主义，毛泽东同志带领党和人民成功地走出了一条中国特色的革命道路，夺取了新民主主义革命和社会主义革命的伟大胜利，创立了毛泽东思想，这是马克思主义基本原理与中国实际相结合的第一次伟大飞跃。

改革开放新时期，以邓小平同志为主要代表的中国共产党人，以巨大的理论勇气和思想力量，拨乱反正，重新确立了党的实事求是的思想路线，推动全党全国的思想解放，坚决克服思想僵化的教条主义。邓小平强调："我们现在所干的事业是一项新事业，马克思没有讲过，我们的

---

① 《列宁全集》第29卷，人民出版社1988年版，第139页。
② 《毛泽东选集》第1卷，人民出版社1991年版，第310页。
③ 《毛泽东选集》第2卷，人民出版社1991年版，第534页。

前人没有做过，其他社会主义国家也没有干过，所以，没有现成的经验可学。我们只能在干中学，在实践中摸索。"① 正是由于解放思想、实事求是，开动脑筋，大胆探索，邓小平带领党和人民成功地开辟了建设中国特色社会主义的道路，创立了邓小平理论，这是马克思主义基本原理与中国实际相结合的第二次伟大飞跃。

新世纪新阶段，以习近平同志为主要代表的中国共产党人，以巨大的理论勇气和思想力量，排除两个方面的干扰：既不走封闭僵化的老路，也不走改旗易帜的邪路，系统回答了新时代坚持和发展什么样的中国特色社会主义，怎样坚持和发展中国特色社会主义这一重大时代课题。习近平总书记指出："实践没有止境，理论创新也没有止境。世界每时每刻都在发生变化，中国也每时每刻都在发生变化，我们必须在理论上跟上时代，不断认识规律，不断推进理论创新、实践创新、制度创新、文化创新以及其他各方面创新。"正是由于果敢地推进理论和实践的双重探索，以全新的视野深化对共产党执政规律、社会主义建设规律、人类社会发展规律的认识，习近平总书记带领党和人民成功地走向了中国特色社会主义的新时代，创立了习近平新时代中国特色社会主义思想，这是马克思主义基本原理与时代特征和中国实际相结合的第三次伟大飞跃。

马克思主义诞生后170年间，社会主义理想、科学社会主义理论在世界上广大的地域内成为现实。历史已经并将继续证明，马克思主义基本原理、科学社会主义基本理论是经得起实践检验的，是站得住的。但是，有两个必须注意的历史现象：其一是社会主义制度并不像马克思主义创始人所设想的那样，首先在资本主义最发达的国家中诞生，它诞生的地方倒是在资本主义欠发达甚至很不发达的国家。特别如中国这样的半殖民地半封建的东方大国，中国共产党领导人民经过艰苦卓绝的探索奋斗，不仅成功地完成了新民主主义革命和社会主义革命，建立了社会主义制度，而且成功地走上了中国特色社会主义的光明大道，社会主义在当代中国展现出强大的生命力和广阔的发展前景。总结这方面的历史经验，对于马克思主义、科学社会主义的发展，是十分重要的，是我国理论界的重大责任。其二是社会主义制度在一些国家中建立起来以后没有能够

---

① 《邓小平文选》第3卷，人民出版社1993年版，第258—259页。

长期巩固。20世纪90年代初，苏联解体，东欧剧变，社会主义制度在这些国家中解体，这是共产主义运动历史上所遭遇到的最大失败。总结这方面的历史教训，对于马克思主义、科学社会主义的发展，也是十分重要的，同样是我国理论界的重大责任。这一方面的教训表明，社会主义是有可能被颠覆和逆转的。社会主义制度的建立是很不容易的，而社会主义制度的巩固，通过改革实现社会主义的自我完善、制度成型乃至成熟，更为艰难、更为复杂、更具挑战性。这也正如习近平总书记反复告诫全党的那样，必须避免犯根本的颠覆性错误，必须保持忧患意识，毫不动摇地坚持和发展中国特色社会主义。他指出："坚持和发展中国特色社会主义是一篇大文章，邓小平同志为它确定了基本思路和基本原则，以江泽民同志为核心的党的第三代中央领导集体、以胡锦涛同志为总书记的党中央在这篇大文章上都写下了精彩的篇章。现在，我们这一代共产党人的任务，就是继续把这篇大文章写下去。"[1]

为更好地在新时代坚持和发展中国特色社会主义，习近平总书记强调必须坚持党对一切工作的领导，准备进行具有许多新的历史特点的伟大斗争，不断推进伟大事业，建设伟大工程，实现伟大梦想，其中起决定性作用的是党的建设新的伟大工程，而为了推进伟大工程，就必须全面从严治党，把党建设得更加坚强有力；必须坚持以人民为中心，坚持人民主体地位，把人民对美好生活的向往作为奋斗目标，依靠人民创造历史伟业；必须坚持全面深化改革，坚持和完善中国特色社会主义制度，不断推进国家治理体系和治理能力现代化，坚决破除一切不合时宜的思想观念和体制机制弊端，构建系统完备、科学规范、运行有效的制度体系，充分发挥社会主义制度的优越性。十九大报告中概括了"八个明确"基本思想和"十四个坚持"基本方略，构成了思想完备、内容丰富、逻辑严密的科学体系——习近平新时代中国特色社会主义思想。这一思想，是对马克思列宁主义、毛泽东思想、邓小平理论、"三个代表"重要思想、科学发展观的继承和发展，是中国特色社会主义理论体系的重要组成部分，是马克思主义中国化最新成果，是21世纪中国马克思主义的标志性理论成果。

---

[1] 《习近平谈治国理政》，外文出版社2014年版，第23页。

1887年，恩格斯在致弗洛伦斯·凯利－威士涅威茨基夫人的信中说："我们的理论是发展着的理论，而不是必须背得烂熟并机械地加以重复的教条。"[①] 130多年后的今天，马克思主义创始人的这一伟大真理，在他们的中国学生手里，得到了最好的实践和阐发，21世纪中国的马克思主义，已经并将进一步展现出更加灿烂的发展前景。

（作者为中国社会科学院办公厅主任）

[①] 《马克思恩格斯选集》第4卷，人民出版社1995年版，第681页。

党的十九大报告话语创新及其基本原则[*]

马 援

党的十九大报告，是指导新时代中国特色社会主义建设的重要纲领性文件。这一报告纵观历史、展望未来，浓缩了中国共产党治国理政的经验与启示，描绘了从现在起到本世纪中叶中国发展的宏伟蓝图。同时，该报告也是一篇富有创新精神的、生动的马克思主义理论成果，报告中一系列新理念、新思想、新论断、新探索，展现了马克思主义与时俱进的理论品格，展现了当代中国共产党人恢宏的历史气概和时代担当。从话语分析的角度，我们可以总结体会其背后所蕴含的思想与理论原则。

一 报告的话语创新遵循立足中国、面向世界，坚持民族性与世界性相统一的原则

十九大报告32000多字，"中国"一词出现了194次，"国家"一词出现了115次，这其中包含着非常丰富的话语信息，展示了习近平总书记

---

[*] 本文系国家社科基金重大项目"加快构建以马克思主义为指导的中国特色哲学社会科学研究"（2016MZD010）子课题"以马克思主义为指导的中国特色哲学社会科学话语体系研究"阶段性成果。课题组成员：马援、谭扬芳、刘普等。

对国家、民族和人民深厚的家国情怀，展示了对中国特色社会主义道路、理论、制度、文化的深厚自信和历史担当。

以十九大报告的主题为例："不忘初心，牢记使命，高举中国特色社会主义伟大旗帜，决胜全面建成小康社会，夺取新时代中国特色社会主义伟大胜利，为实现中华民族伟大复兴的中国梦不懈奋斗。"其中"不忘初心"中的"初心"一词出自《搜神记》卷十五"既不契於初心，生死永诀"。"不忘初心，方得始终"这句话是解读自《华严经》的部分经文。在佛门中，最看重的就是这份初心。十九大报告汲取了传统文化的智慧和元素，使报告主题变得通俗易懂，晓畅清晰，这一表述，使我们追寻和实现中华民族伟大复兴中国梦的光辉事业具有深厚的历史底蕴、鲜明的文化气息，虽然言简意赅，但更能团结和凝聚党心、民心。

十九大报告分析了我国和世界发展面临的一系列重大问题，绘制了中国面向新时代的一系列宏伟蓝图，同时也构建了体现中国立场、彰显中国智慧、蕴含中国价值的时代话语体系。比如报告对当前国内外形势发生深刻复杂变化的分析，对我国发展仍处于重要战略机遇期的判断，直面难题，切中要害，不回避矛盾，又富于创新精神，展现了高度的理论性、实践性。报告分析指出了我国发展面临的七大领域的若干重大问题：第一是发展不平衡不充分的一些突出问题尚未解决。主要有发展质量和效益还不高，创新能力不够强，实体经济水平有待提高，生态环境保护任重道远四大问题。第二是民生领域还有不少短板。主要有脱贫攻坚任务艰巨，城乡区域发展和收入分配差距依然较大，群众在就业、教育、医疗、居住、养老等方面面临不少难题。第三是社会文明水平尚需提高。第四是社会矛盾和问题交织叠加，全面依法治国任务依然繁重，国家治理体系和治理能力有待加强。第五是意识形态领域斗争依然复杂，国家安全面临新情况。第六是一些改革部署和重大政策措施落实不得力，需要进一步落实。第七是党的建设方面还存在不少薄弱环节。上述问题都是事关长远、事关全局的重大问题，从这些问题表述中蕴含的价值关切、科学精神、实践勇气，从中国特色、中国立场、中华文化的语言特色中展现出鲜明的民族性。

与此同时，十九大报告也体现了高度的开放性和世界性，报告话语体现了民族性与世界性的高度统一。习近平总书记多次强调，要以宽广视野观察世界，以积极主动的姿态了解世界，以比天空更宽阔的胸怀对待不同文明，大胆吸收人类社会一切话语成果的精华。在十九大报告中，"世界"一词出现了39次，"国际"一词出现了27次，从一个侧面展示出报告所具有的全球视角和国际精神。报告特别提出，中国特色社会主义进入新时代，意味着科学社会主义在21世纪的中国焕发出强大生机活力，在世界上高高举起了中国特色社会主义伟大旗帜；意味着中国特色社会主义道路、理论、制度、文化不断发展，拓展了发展中国家走向现代化的途径，给世界上那些既希望加快发展又希望保持自身独立性的国家和民族提供了全新选择，为解决人类问题贡献了中国智慧和中国方案，这一论断，正是站在全球视角和人类发展的高度得出的科学结论。

坚持民族性与世界性相统一的原则生动体现在报告表述当中，也深刻地体现在中国特色社会主义建设的实践当中，十九大报告正是对我国波澜壮阔的改革发展实践的生动总结。十八大以来，随着我国发起实施共建"一带一路"倡议，发起创办亚洲基础设施投资银行，设立丝路基金，举办首届"一带一路"国际合作高峰论坛、亚太经合组织领导人非正式会议、二十国集团领导人杭州峰会、金砖国家领导人厦门会晤、亚信峰会，等等，都相继提出了一系列具有中国特色的新话语、新理念，这也表明，越是提出具有民族性的话语体系，越是能更好地去解释中国的和世界性的问题；越是从全世界着眼汲取各国有益的、积极的话语，越是能把中国实践总结好、阐释好，越是能为解决世界性问题宣传中国方案和中国智慧。随着全面推进中国特色大国外交，倡导构建人类命运共同体，形成全方位、多层次、立体化的外交布局，促进全球治理体系变革，我国外交话语的国际影响力、感召力、塑造力进一步提高，为世界和平与发展作出新的重大贡献，这些成绩的取得都是在国际话语创新上坚持民族性与世界性相统一原则的生动体现。

二 报告的话语创新遵循了挖掘历史、把握当代，坚持继承性与创新性相统一的原则

习近平总书记指出，对于前人创造的一切优秀话语体系，我们都要

研究借鉴,既不能采取不加分析地把历史文化话语当作僵死不变的模板、生搬硬套、简单延续,也不能不加分析地把历史文化话语弃如敝屣、完全否定。

"历史"一词是报告的高频词,在报告中出现了44次,诸如"历史观""历史使命""历史方位""历史阶段""历史特点""历史条件""历史进程""历史选择""历史伟业""历史检验""历史逻辑""历史文化""历史进步""历史起点""历史遗留""历史责任""历史事实""历史悲剧""历史大势""历史车轮""历史底蕴""历史任务""历史的创造者""历史交汇期""历史周期率""历史性变革""历史性成就""历史性突破""历史性会晤""历史性变化"等等。比如,报告在阐述"新时代中国共产党的历史使命"部分,即层层递进,生动阐述了当代中国共产党人的使命及其渊源。第一,报告回顾了中华民族五千多年的文明历史,继承灿烂的中华文明。第二,报告回顾了鸦片战争后,中国陷入内忧外患的黑暗境地,中国人民经历了战乱频仍、山河破碎、民不聊生的深重苦难的历史,继承无数仁人志士不屈不挠、前仆后继的斗争精神。第三,报告回顾了一百多年来马克思主义在中国的发生发展史。十月革命一声炮响,给中国送来了马克思列宁主义。中国先进分子从马克思列宁主义的科学真理中看到了解决中国问题的出路。在近代以后中国社会的剧烈运动中,在中国人民反抗封建统治和外来侵略的激烈斗争中,在马克思列宁主义同中国工人运动的结合过程中,1921年中国共产党应运而生。第四,报告回顾了中国共产党成立后,新民主主义革命胜利的历史,继承农村包围城市、武装夺取政权的正确革命道路。第五,报告回顾了1949年建立了中华人民共和国,实现了中国从几千年封建专制统治向人民民主专政的伟大飞跃的历史,继承社会主义基本制度,推进社会主义建设。第六,报告回顾了我们党团结带领人民进行改革开放新的伟大革命的历史,继承中国特色社会主义道路。第七,报告回顾了五年来的历史性变革。五年来,我们党以巨大的政治勇气和强烈的责任担当,提出一系列新理念新思想新战略,出台一系列重大方针政策,推出一系列重大举措,推进一系列重大工作,解决了许多长期想解决而没有解决的难题,办成了许多过去想办而没有办成的大事,推动党和国家事业发生历史性变革。最后,报告总结了96年来,我们党攻克了一个又一个看似不可攻克的难关,创造了一个又一个彪炳史册的人间奇迹的历史,继承实现中华民族伟大复兴的历史使命。以上七个层次的表述,由远及近,由古及今,使我们理解今天党的事业和使命更加具有历史感。

对历史传承的强调并不否认对创新性的重视。习近平总书记指出,理论的生命力在于创新。理论创新可大可小,揭示一条规律是创新,提出一种学说是创新,阐明一个道理是创新,创造一种解决问题的办法也是创新。报告的话语创新很好地践行了习近平总书记的话语创新需要把握当代,坚持创新性原则。

"新"字是十九大报告的"字眼",在文中出现了174次,一个"新"字贯穿整个报告。"创新"在全文中出现59次,"创新驱动""创新活力""创新推进""创新局面",等等。"新时代"在全文中出现36次。其他还有"新常态""新局面""新体制""新格局""新形势""新动能""新进展""新时期""新情况""新选择""新姿态""新要求""新胜利""新征程""新成果""新理念""新思想""新战略""新安全观""新兴产业""新增长点""新发展理念"等词语也多次出现。这意味着,我们党和国家进入了新时代,开启了新征程,人民的幸福之路也将越走越宽、越走越美。摘要言之,第一,报告提出了表述新思想的话语:新时代中国特色社会主义思想。全党要深刻领会新时代中国特色社会主义思想的精神实质和丰富内涵,在各项工作中全面准确贯彻落实。第二,报告提出了表述新的历史方位的新话语:经过长期努力,中国特色社会主义进入了新时代,这是我国发展新的历史方位。第三,报告提出了表述新时代新的主要矛盾的新话语:中国特色社会主义进入新时代,我国社会主要矛盾已经转化为人民日益增长的美好生活需要和不平衡不充分的发展之间的矛盾。第四,报告提出了表述新征程新阶段的新话语:从十九大到二十大,是"两个一百年"奋斗目标的历史交汇期。我们既要全面建成小康社会、实现第一个百年奋斗目标,又要乘势而上开启全面建设社会主义现代化国家新征程,向第二个百年奋斗目标进军。第一个阶段,从2020年到2035年,在全面建成小康社会的基础上,再奋斗15年,基本实现社会主义现代化。第二个阶段,从2035年到本世纪中叶,在基本实现现代化的基础上,再奋斗15年,把我国建成富强民主文明和谐美丽的社会主义现代化强国。第五,报告提出了表述七大新战略的新话语：坚定实施科教兴国战略、人才强国战略、创新驱动发展战略、乡村振兴战略、区域协调发展战略、可持续发展战略、军民融合发展战略。

由此看出，报告在坚持历史文化传承的基础上，对时代问题、时代任务、时代思想的表述又不拘泥传统，而是大胆创新，推陈出新，使报告成为一篇振奋人心的动员令。坚持继承性与创新性相统一的原则，可以在报告"坚定文化自信，推动社会主义文化繁荣兴盛"一节得到很完整的表述：中国特色社会主义文化，源自于中华民族五千多年文明历史所孕育的中华优秀传统文化，熔铸于党领导人民在革命、建设、改革中创造的革命文化和社会主义先进文化，根植于中国特色社会主义伟大实践。要坚持为人民服务、为社会主义服务，坚持百花齐放、百家争鸣，坚持创造性转化、创新性发展，不断铸就中华文化新辉煌。

三 报告的话语创新遵循了追求真理、以人民为中心，坚持科学性与价值性相统一的原则

巴甫洛夫曾说，事实是"科学家的空气"，没有事实为基础的话语是虚构的。话语创新要以一定的事实为依据，揭示事实背后隐含的规律。

十九大报告坚持真理，坚持科学性原则，特别体现在对"规律"的强调：我们党在从理论和实践结合上系统回答新时代坚持和发展什么样的中国特色社会主义、怎样坚持和发展中国特色社会主义这个重大时代课题时，紧密结合新的时代条件和实践要求，以全新的视野深化对共产党执政规律、社会主义建设规律、人类社会发展规律的认识，进行艰辛理论探索，取得重大理论创新成果，形成了新时代中国特色社会主义思想。

在十九大报告中，"人民"二字一共出现了203次，直抵人心，激发共鸣。报告为人民发声，为党的意识形态建设提供话语支撑的价值取向，讲大众听得懂的、听得进的、传得开的话语。报告指出，明确新时代我国社会主要矛盾是人民日益增长的美好生活需要和不平衡不充分的发展之间的矛盾，必须坚持以人民为中心的发展思想，不断促进人的全面发

展、全体人民共同富裕。报告强调，坚持以人民为中心。人民是历史的创造者，是决定党和国家前途命运的根本力量。必须坚持人民主体地位，坚持立党为公、执政为民，践行全心全意为人民服务的根本宗旨，把党的群众路线贯彻到治国理政全部活动之中，把人民对美好生活的向往作为奋斗目标，依靠人民创造历史伟业。

坚持科学性与价值性相统一是十九大报告的鲜明特征，讲真问题，想实办法，以人民为宗旨，为党、国家和民族事业而奋斗，这一精神贯穿报告始终。报告对共产党执政规律、社会主义建设规律和人类社会发展规律的认识，讲出中国特色社会主义理论体系的内在逻辑性和科学性，准确表达出追求真理、以人民为中心的中国声音，显示出强大的真理力量和价值力量。

四 报告的话语创新遵循了格物致知、立足现实，坚持理论性与实践性相统一的原则

话语体系建设是思想表达活动，是科学理论和社会实践的科学解释和理性解读，不是封闭的文字游戏、概念推演和空泛的套话，必须有严谨的理论论证和理论表述。"理论"一词在报告中出现了26次。诸如"理论武装""理论研究""理论体系""理论自信""理论分析""理论探索""理论创新""理论逻辑""理论现代化"，等等。

十九大报告最重要的理论成果是"明确"论证和表达了"习近平新时代中国特色社会主义思想"的丰富内涵。第一要明确总任务。坚持和发展中国特色社会主义，总任务是实现社会主义现代化和中华民族伟大复兴，在全面建成小康社会的基础上，分两步走在本世纪中叶建成富强民主文明和谐美丽的社会主义现代化强国。第二要明确新时代的主要矛盾。新时代我国社会主要矛盾是人民日益增长的美好生活需要和不平衡不充分的发展之间的矛盾，必须坚持以人民为中心的发展思想，不断促进人的全面发展、全体人民共同富裕。第三要明确总体布局和战略布局并坚持"四个自信"。中国特色社会主义事业总体布局是"五位一体"、战略布局是"四个全面"，强调坚定道路自信、理论自信、制度自信、文

化自信。第四要明确全面深化改革总目标。完善和发展中国特色社会主义制度、推进国家治理体系和治理能力现代化是全面深化改革总目标。第五要明确全面推进依法治国总目标。建设中国特色社会主义法治体系、建设社会主义法治国家是全面推进依法治国总目标。第六要明确党在新时代的强军目标。建设一支听党指挥、能打胜仗、作风优良的人民军队，把人民军队建设成为世界一流军队是党在新时代的强军目标。第七要明确中国特色大国外交的目标。要推动构建新型国际关系，推动构建人类命运共同体。第八要明确中国特色社会主义最本质的特征和制度的最大优势。中国共产党领导是中国特色社会主义最本质的特征和中国特色社会主义制度的最大优势。党是最高政治领导力量，提出新时代党的建设总要求，突出政治建设在党的建设中的重要地位。

习近平总书记指出，时代是思想之母，实践是理论之源。理论创新必须根植于中国实践，根植于中国人民，真正提炼出反映中国特色社会主义本质的，表达人民群众心声的，易学、易懂、易记、易传、管用的，体现中国特色哲学社会科学理论、观点、概念、范畴的话语体系。只要我们善于聆听时代声音，勇于坚持真理、修正错误，21世纪中国的马克思主义一定能够展现出更强大、更有说服力的真理力量！

习近平新时代中国特色社会主义思想即体现出其鲜明的实践色彩。"实践"一词在报告中出现了24次。"实践经验""实践创新""实践逻辑""实践养成""实践考验""实践活动""实践要求""实践创造""勇于实践""生动实践""伟大实践""新的实践""实践没有止境""依法治国实践""实践是理论之源"，等等。正是有生动的、丰富的、大众的中国特色社会主义实践，为新时代中国特色社会主义思想的形成提供了坚实的土壤。

理论的力量是无穷的。十九大报告以其强大的理论力量、坚定的使命担当、深广的历史情怀、鲜明的话语风格，征服了人心，凝聚了力量，成为团结动员全党全国人民开启新时代征程的强大动员令，其话语影响也传遍世界，成为世界认识中国、展望未来的一个新窗口。2017年11月16日，来自世界31个国家和国际组织的智库学者、前政要与中国高端智库专家聚首北京，对报告的世界影响发表了自己的看法。与会人士认为，中共十九大确立了习近平新时代中国特色社会主义思想的指导地位，作出中国特色社会主义进入新时代的重要论断，对中国发展具有全局性、根本性的重大意义，也将对世界产生重要影响。一个发展进步的中国，将产生更广泛、更强大的辐射效应，让更多国家搭乘中国发展的快车。构建人类命运共同体的理念主张，契合世界各国的长远利益和各国人民的普遍诉求，为全球治理贡献了中国智慧。中共十九大提出夺取新时代中国特色社会主义伟大胜利，建设一个富强民主文明和谐美丽的中国。未来的几十年里，中国也将在世界发展进程中扮演更加重要的角色。中共十九大的召开，不仅仅使中国迎来了一个新时代，也开启了一个全球的新时代。①

（作者为中国社会科学院科研局局长）

---

① http：//world. huanqiu. com/article/2017－11/11383076. html.

认清新使命　树立新理念　展示新形象

高京斋

深入学习习近平新时代中国特色社会主义思想，学习贯彻党的十九大精神，是全党全国当前和今后一个时期的首要政治任务。作为组织人事部门，既要带头学习贯彻党的十九大精神，努力掌握党的十九大精神的精髓要义，在学懂、弄通上下功夫，又要把学习贯彻党的十九大精神与我们当前正在做的工作结合起来，引导广大组织人事干部进一步认清新使命、树立新理念、展示新形象，更加坚定地维护习近平总书记的核心地位，更加坚定地维护党中央权威和集中统一领导，更加坚定地贯彻党中央的决策部署，确保党的十九大精神落到实处。

一　全面准确理解和把握党的十九大精神，认清组织人事部门的新使命

党的十九大内容极为丰富和深刻，在治国理政一系列重大理论和实践问题上实现了历史性突破，取得了具有划时代意义的丰硕成果，需要我们从战略上、全局上深入理解，切实把思想和行动统一到党的十九大精神上来，把智慧和力量凝聚到实现党的十九大确定的各项任务上来。

第一，要深刻理解十九大的核心要义。学习领会十九大精神，掌握其中的核心要义，需要我们在全面学习理解的基础上深入把握好"三个新"：一是新时代，即大会对我国发展新的历史方位作出了科学论断，提

出中国特色社会主义进入了新时代。这一科学判断,反映了我们党对当今中国发展大势的清醒认识和正确把握,为实现新的历史使命提供了时代坐标和科学依据。二是新指南,即大会系统阐述了习近平新时代中国特色社会主义思想的历史地位和基本内涵,并写入党章、正式确立这一重要思想为党和国家事业发展的指导思想。这是党的十九大最具核心意义的理论成果,也是大会最根本、最重要的历史贡献。三是新战略,即大会作出在全面建成小康社会的基础上分两步走,在本世纪中叶建成富强民主文明和谐美丽的社会主义现代化强国的战略安排。应当看到,高度重视国家发展战略的谋划和实施,是我们党的一个优良传统和基本经验。我们党在 20 世纪五六十年代便提出了"两步走"战略,改革开放后又提出了"三步走"战略,都有力支撑推动了国家的发展进步和现代化进程。我认为,这"三个新"具有根本性、方向性、创新性的特点,贯穿了整个报告的思想脉络。把握好这"三个新",就容易理解大会制定的宏伟蓝图,就容易理解大会所作的各方面决策部署,就能更好地掌握大会提出的新思想新观点新举措,就能以顺应历史大势的主动精神去履行新时代党的历史使命。

第二,要始终牢记共产党人的初心和使命。中国共产党人的初心和使命是什么?十九大报告中有明确表述——"为中国人民谋幸福,为中华民族谋复兴"。这个"二为"方针就是我们的初心和使命。这个初心和使命是激励中国共产党人不断前进的根本动力。事实上,中国共产党自 1921 年成立以来,就义无反顾地肩负起了实现中华民族伟大复兴的历史使命,就把坚持"人民利益高于一切"鲜明地写在自己的旗帜上,把全心全意为人民服务作为根本宗旨。1925 年,毛泽东同志在《政治周报》发刊词中便写下了"为了使中华民族得到解放,为了实现人民的统治,为了使人民得到经济的幸福"。这就是建党初期中国共产党人的初心和使命。改革开放四十年来,中国共产党始终践行为人民服务的宗旨观念,围绕人民群众物质文化需要开展了大规模的生产能力建设,取得了举世瞩目的历史性成就,社会生产力、综合国力显著提高,各项社会事业加快发展,人民生活明显改善。这些成就充分显示了中国特色社会主义的优越性,彰显了中国共产党坚持以人民为中心的发展思想。在十九大报告中,"人民"二字出现了 203 次。可见人民在我们党和国家心目中的地位。因此，任何时候我们都需要把人民的利益放在第一位，始终同人民心连心、同呼吸、共命运，这也是中国共产党永远保持生机与活力的根本所在。

第三，要切实认清组织人事部门的责任担当。党的十九大提出了"建设高素质专业化干部队伍"的新目标，这是中国特色社会主义进入新时代后党赋予我们组织人事部门的新使命。对干部工作，报告突出强调了高素质和专业化：强调"高素质"，首要的就是政治素质，要提拔重用牢固树立"四个意识"、坚定"四个自信"、坚决维护党中央权威、全面贯彻执行党的理论和路线方针政策、忠诚干净担当的干部；强调"专业化"，是因为随着改革开放和社会主义现代化建设不断向前推进，各项工作对专业化提出了越来越高的要求，必须注重干部专业知识、专业能力、专业作风、专业精神的培养，帮助干部增强学习本领、政治领导本领、改革创新本领、科学发展本领、依法执政本领、群众工作本领、狠抓落实本领、驾驭风险本领。对人才工作，强调要"坚持党管人才原则，聚天下英才而用之，加快建设人才强国"。对中国社会科学院来说，我们从事的是哲学社会科学研究，是党的意识形态重镇，对干部政治素质、专业素养有更高的要求，因此强调高素质和专业化，具有更强的针对性和实践意义，我们必须牢记使命，锐意进取，勇于担当，以建设高素质专业化干部队伍为着力点，不断开创组织人事工作新局面。

二　顺应中国特色社会主义新时代发展需要，树立组织人事工作的新理念

习近平总书记在党的十九大报告中指出："中国特色社会主义进入了新时代。"这是对我国发展新的历史方位的科学判断。新时代需要有新作为，新作为呼唤新理念。因此，我们的组织人事工作必须顺应时代发展的潮流和趋势，不断转变思路，更新观念。

第一，要进一步树立大人才观。国以才立，业以才兴。党的十九大报告指出，"人才是实现民族振兴、赢得国际竞争主动的战略资源"。这是对人才工作的新定位，是人才工作地位和作用的新论断，凸显了抓好人才工作的重要性。报告把人才工作提到了民族振兴的高度，与中国共

产党的初心与使命直接联系起来，赋予了人才工作更加崇高的使命和更加重要的任务，充分体现了以习近平同志为核心的党中央对人才的高度重视和深远谋划。报告提出"更加积极、更加开放、更加有效的人才政策""努力形成人人渴望成才、人人努力成才、人人皆可成才、人人尽展其才的良好局面"，指明了人才工作应坚持的原则、目标和路径，体现了我们党的大人才观，体现了以人民为中心的工作导向，有利于调动各方面人才的积极性。就中国社会科学院来说，人才是科研创新的动力，也是强院兴院之本。树立大人才观，需要我们进一步开阔视野，拓宽思路，完善制度机制。当前看，我院引进高端人才有些困难，而且自己培养的人才流失问题仍然存在，我认为根本的原因还是人才制度有需要改革和完善的地方。因此，我们有必要对过去的制度进行归纳梳理，看以是否真的有利于人才的引进和培养、有利于人才潜力的挖掘和发挥、有利于人才事业的可持续发展，作为人才制度评价的标准。在认真分析研究、反复调研论证的基础上，建立一套更加科学的人才使用、评价、激励、服务机制。要重点研究成熟型人才引进办法，以引进博士后、高校教学科研骨干等成熟型人才为主，把"刚性引才"与"柔性引才"结合起来，努力引进一批学科带头人，推动学科均衡发展；持续抓好挂职实践锻炼，充分利用双向交流、挂职锻炼、国情调研等多种途径，让干部学者"接地气"，丰富人才实践经验，促进研究成果与社会实践密切结合；深入推进职称制度改革，坚持和完善以同行学术评价为主的评价机制，突出品德、能力和业绩评价，加大外聘评审专家比例，注重发挥"小同行评议"作用，进一步提升职称评聘的科学性；加快完善高层次人才选拔制度，进一步完善两级学术评议、党组（党委）把关、符合我院实际的人才选拔机制，努力打造我国哲学社会科学人才高地；不断深化专家联系服务工作，以加强思想联系为重点，以重要专家活动为载体，在政治上关心，事业上支持，生活上关爱，推动专家联系服务工作科学化、制度化、品牌化，让广大专家学者切身感受组织的温暖，增进对中国社会科学院的认同感和归属感，营造一种暖心留人的环境。

第二，要进一步完善选人用人机制。一是坚持事业为上、公道正派。这是党对组织工作的根本要求，是坚持正确用人导向的源头保证。所谓事业为上，就是要从党的事业出发选拔干部，选用那些真正有事业心、能干事创业的干部,像习近平总书记强调的,"坚持党的原则第一、党的事业第一、人民利益第一,敢于旗帜鲜明,敢于较真碰硬,对工作任劳任怨、尽心竭力、善始善终、善作善成"的干部。所谓公道正派,就是选人用人要讲党性、讲原则,不讲关系,不徇私情。毛泽东同志说过:"在干部政策上要坚持正派的公道的作风,反对不正派的不公道的作风,借此巩固党的统一团结。"① 实践告诉我们,一个地方、一个单位,组织人事部门公道正派用人,投机钻营者就无机可乘,搞歪门邪道的人就难有市场,单位风气就好,干部干劲就足,事业就能蒸蒸日上。二是突出政治标准。中国共产党作为马克思主义政党,历来把政治标准作为选人用人的首要标准。突出政治标准,在当前有着更加重要的意义,是进一步树立正确选人用人导向、建设高素质执政骨干队伍、夺取新时代中国特色社会主义伟大胜利的迫切需要。党的十九大报告明确指出:坚持正确选人用人导向,匡正选人用人风气,突出政治标准,提拔重用牢固树立"四个意识"和"四个自信"、坚决维护党中央权威、全面贯彻执行党的理论和路线方针政策、忠诚干净担当的干部,选优配强各级领导班子。因此,我们在具体工作中应把握好"五看":一看政治忠诚,是否牢固树立"四个意识";二看政治定力,是否坚定"四个自信";三看政治担当,是否坚持原则、敢于斗争;四看政治能力,是否善于从政治上观察和处理问题;五看政治自律,是否严格遵守党的政治纪律和政治规矩。三是改进考察办法。要重视和加强经常性考察,通过日常考察,掌握了解干部的综合表现,防止"现用急找",努力让考察工作更深入、更全面、更客观。个别谈话调研,要深入细致,考察组找干部直接谈话,要保证谈话时间、提高谈话质量,该问的要问到位,应该了解的要了解透;确定考察对象,要在个别谈话调研、会议推荐、二次谈话听取意见基础上,结合平时考核、年度考核、民主生活会等组织掌握的情况,综合考虑干部一贯表现和工作,不能简单以票的多少来排序和衡量;深入考察,要抓住是否有影响使用的问题,重视干部重要行为特征、重视能说明问题的事例、重视知情人提供的重要信息,适当延伸考察范围,深入了解群众观点、群众口碑。

---

① 《毛泽东选集》第2卷,人民出版社1991年版,第527页。

第三，要进一步增强服务科研的意识。近两年，各级政府都在持续推进简政放权、放管结合、优化服务，中国社会科学院也不应该例外。平常我们总把"加强管理、强化管理"之类的话挂在嘴边，可实际工作中许多该管理的事情并没有管好；还有的同志老是抱怨群众工作不好做，专家学者和干部不好管。究其原因是我们只看到了自己"管理者"的身份，忽视了"服务者"的身份。管理本质上就是服务，管理是为了更好地服务，寓管理于服务中是处理好管理与服务的关系、做好群众工作的关键所在。对于组织人事干部来说，管理与服务并不是对立的，关键在于理念的转变，核心在于是不是真心为了群众，如果用服务的理念去做管理的事情，专家学者和干部职工自然就欢迎。新形势下，我国哲学社会科学地位更加重要、任务更加繁重。中国社会科学院作为哲学社会科学研究的最高殿堂，中心工作就是科研，因此出创新成果、为党和国家提对策建议是我们的本分，也是我们存在的价值体现。人事教育局是事关发展的核心部门、是服务全院的重要部门、是各级关注的敏感部门，所有工作都涉及广大专家学者和干部职工的切身利益，这就要求我们在实际工作中，必须牢固树立为科研工作服务的思想，让为专家学者和干部职工服务的思想更加牢固地根植于心、固化于制、外化于形。无论是制定出台人事制度，还是日常抓工作落实，一定要先看一看我们要出台的这个政策、要做的这项工作，是不是有利于推动科研工作发展，是不是有利于维护专家学者和干部职工的切身利益。

三 不断加强人事教育局自身建设，展示组织人事干部的新形象

"打铁必须自身硬。"组织人事部门作为选干部管干部、选人才用人才的重要职能部门，必须进一步坚定理想信念，提升能力素质，端正服务态度，持续改进作风，促进人事教育局全面建设，努力把人事教育局打造成以人为本的"干部之家"、热情温暖的"学者之家"、和谐向上的"组工之家"。

第一，要把思想政治建设摆在首位。坚持用习近平新时代中国特色社会主义思想武装头脑，深入理解和把握习近平新时代中国特色社会主

义思想的科学体系、精神实质、实践要求，加强社会主义核心价值观教育，引导广大党员干部树立"四个自信"，强化"四个意识"，时刻保持思想上的清醒、理论上的坚定、行动上的自觉，进一步提高思想理论水平和党性修养。结合深入推进"两学一做"学习教育，引导全体党员干部当好"中国人""共产党人"和"组工人"：一是做堂堂正正的"中国人"。通过组织学习中国历史和优秀传统文化，现场观摩历史古迹和文物，感悟中华文化的博大精深，增强文化自信心和民族自豪感，引导大家争做中华优秀传统文化的忠实继承者、弘扬者和建设者。二是做全心全意为人民服务的"共产党人"。组织学习党章党规，学习马克思主义经典著作，学习党的十九大精神，学习习近平新时代中国特色社会主义思想，组织参观党性教育基地，重温入党誓词、强化党性修养、坚守入党初心、牢记职责使命。三是做公道正派的"组工人"。组织学习中央关于组织人事工作的政策规定，学习全国组织部长会议精神，邀请经验丰富的组工领导作报告，组织现场观摩中央组织部部史馆，了解"组工人"的奋斗历史，学习"组工人"的优秀品质，进一步强化责任感和使命感。

第二，要把提升综合素质作为重点。十九大报告提出要"建设高素质专业化干部队伍"，作为组织人事部门干部，我们首先要把提高自身素质作为一项重要而紧迫的工作来抓。按照"伏案能写、上台能讲、遇事能办"的要求，采取专题讲座、体会交流、岗位锻炼等方法，着重提高"三种能力"。一是公文写作能力。以"才思讲坛"的形式，每年邀请有关专家进行公文写作讲座，鼓励大家结合本职工作撰写理论文章，每年年底进行优秀公文评选，对评选出的优秀公文和优秀理论文章给予一定的物质奖励。二是语言表达能力。积极为大家创造个人上台演讲或表达自己思想的机会。定期组织学习体会交流，每名同志轮流在大会上发言；适时组织小型演讲活动，每名同志轮流准备内容与大家分享；每年结合年度工作总结听取全局人员工作汇报。三是组织协调能力。邀请机关工作经验丰富的领导作报告，注重发挥年长同志的传帮带作用，组织年轻同志参与全局大型活动，让大家在实践中经受锻炼，提高素质。

第三，要把改进工作作风作为根本。"感人心者，莫先乎情。"组织人事工作是与"人"打交道的工作，我们出台的每一项政策，提出的每一个要求，都与全院干部职工的切身利益息息相关，因此，要求我们不仅要牢固树立服务意识，还要注意在工作中把握好"三个度"：一是态度。要牢固树立组织人事干部就是为专家学者和干部职工服务的思想。面对专家学者和干部职工的来信来访或电话咨询，要少说"不"，多想怎么办，坚决杜绝工作中"生冷硬"行为和"衙门作风"。二是速度。办事要快，不能拖延。只要是政策范围内的事，说了就办，能马上办的立刻就办。不能马上办的，要有一个时间表，并说明原因。比如面对专家学者的咨询，我们了解政策规定，能够立即答复的，马上就要答复；不了解情况的，要了解清楚或请示有关领导后及时给予回复，不能一拖了之。三是程度。要注重服务效果。工作中我们经常遇到一些问题，也许在一个政策里行不通，但在另一个政策中就可行。这就需要我们把政策用尽、办法想全，在解决涉及全院同志的切身利益的问题时"政策上就高不就低"。要多一些深入院属单位调查研究、少一些闭门造车，多一些思考改进、少一些按部就班，多一些改革创新、少一些因循守旧，切实以坚定的信念、过硬的素质、扎实的作风赢得广大专家学者和干部职工的理解支持。

（作者为中国社会科学院人事教育局副局长）

努力提升中国学术的
国际话语权和影响力

王 镭

党的十九大报告指出，中国特色社会主义进入了新时代，这是"我国日益走近世界舞台中央、不断为人类作出更大贡献的时代"。新时代、新征程，我院对外学术交流事业方兴未艾、前景广阔。在院党组领导下，我院对外交流工作求真务实、开拓进取，将开启新阶段、迈上新台阶，为中国特色新型智库建设，为提升中国学术的国际话语权和影响力，为增强国家软实力作出新的更大贡献。

习近平总书记在十九大报告中指出，要"讲好中国故事，展现真实、立体、全面的中国，提高国家文化软实力"。在哲学社会科学工作座谈会上的讲话中，他强调，增强文化软实力、提高我国在国际上的话语权，迫切需要哲学社会科学更好发挥作用。

在哲学社会科学对外交流工作领域，学习贯彻十九大精神，就是要充分发挥我院学术研究和对外交流资源优势，聚焦讲好中国故事，提升国家软实力。结合我院实际，当前和今后一个时期，要着力做好以下几方面工作。

一是深入开展十九大对外宣传工作。我院和中国国际经济交流中心于2017年11月16日在京共同主办"中共十九大：中国发展和世界意义"国际智库研讨会。中共中央政治局委员、中宣部部长黄坤明同志出席并致辞，外交部、国家发展和改革委员会、中央文献研究室、中国社会科学院、中国国际经济交流中心领导作主旨演讲，3位国外前政要和来自美国、英国、法国、德国、日本、巴基斯坦、越南、巴西、阿根廷、南非、肯尼亚等31个国家及国际组织的50余位外方代表与会，中外媒体集中深入报道，中央电视台《新闻联播》发播消息。12月上旬，在华举办以"中非合作新征程、新前景"为主题的中非高端智库论坛。通过一系列中外高端智库交流活动，宣介十九大精神，阐释十九大对中国发展和推动中外合作共赢的重大意义。

二是全力办好中国中东欧研究院。2017年4月24日，时任中共中央政治局委员、中宣部部长刘奇葆同志和时任中国社会科学院院长王伟光同志在匈牙利布达佩斯为"中国中东欧研究院"揭牌。"中国中东欧研究院"是中国第一家在欧洲独立注册的智库，是中国智库"走出去"跨出的重要一步。我院正在积极推进研究院各项工作，依托研究院平台，密切和提升与中东欧国家的智库交流。11月20日，配合"16+1"国家总理峰会，在布达佩斯举办"中国中东欧智库媒体论坛"，同时发布《16国如何看"16+1"合作》《16国如何看"一带一路"建设》等联合研究系列报告；11月下旬，召开研究院国际学术委员会会议，聘任研究院国际学术委员、研究员，并围绕"16+1合作""一带一路"建设等方面议题支持开展合作课题研究。

三是积极开展香港中国学术研究院工作。2017年6月完成了在香港注册设立"香港中国学术研究院"。研究院旨在充分发挥我院学术殿堂和高端智库优势，通过开展各类学术研究与交流活动，增进港人对中华历史文化和国家发展的了解认识，团结爱国爱港力量，为准确执行"一国两制"大局服务。9月18日，研究院在港举办"'一带一路'与香港发展新机遇"研讨会，200余位来自香港和内地的政、商、学界人士出席；同期还在港举办了"文明·古都·丝路考古文物图片展"，以考古遗迹、经典文物图片，集中反映中华文明起源、古代都城以及丝绸之路历史风貌。会议和展览获得圆满成功和好评。12月，研究院在京举办中国历史系列讲座，香港中文大学、香港理工大学、香港科技大学等选派学生来京参加讲座活动。2018年，研究院将继续在港举办各类学术研讨会，支持开展内港两地专题合作研究，推动内地优秀人文社科成果在港出版发行，并通过组织讲座、展览、研讨会、夏令营等多种形式，加强香港青年学生对中国古代史、近代史、当代史以及中国传统文化的了解、认知和认同。

四是推出中国非洲研究院交流合作项目。2017年3月，我院时任院长王伟光率团访问肯尼亚，与肯教育部部长、外交部常务副部长等会晤，并与当地大学、智库进行广泛交流。肯方表达了加强中肯、中非之间学术和智库交流的强烈愿望。为此，我院计划设立中国非洲研究院，并得到我国商务部和驻外使馆的支持。设立中国非洲研究院对加强对非研究、促进中非合作具有重要意义；同时将搭建起一个在非讲好中国故事、中非友好合作故事的重要平台。我院已于2017年9月推出中非合作研究资助计划，经评审，对由中非学者共同申请的"中非经贸关系可持续发展研究""中国南非青年社会发展参与比较研究""中国埃塞俄比亚农村发展比较研究""中国人在非洲、非洲人在中国"等联合研究课题给予资助。2018年，将在非洲国家举办"'一带一路'建设与非洲"智库研讨会、中国经济社会发展专题报告会，继续资助中非学者围绕中非合作开展专题调研、联合研究等。

五是积极探索在海外设立中国研究中心。习近平总书记在哲学社会科学工作座谈会上指出，要支持和鼓励建立海外中国学术研究中心，推动海外中国学研究。我院对外学术交流覆盖广、层次高，在各个学科领域与从事中国问题研究的专家学者保持着长期学术联系和交往。为此，我院积极筹建海外"中国研究中心"，使其与海外孔子学院、中国文化中心等，共同成为增强中外人文交流的有效渠道。2017年，我院先后在法国、加拿大与波尔多政治学院、蒙特利尔大学共同设立了中国研究中心。目前，我院在美国、日本、埃及、英国、德国、芬兰、波兰、白俄罗斯、阿根廷等十余个国家，已与有良好合作基础的科研学术机构达成共建"中国研究中心"的合作意向。计划在未来2—3年内，设立10—15个海外中国研究中心，初步形成中外合作建设、合作运行的海外中国研究中心网络，使其成为对外阐释传播中国思想理念与核心价值、中国发展道路与发展经验的重要平台，形成一条以学术交流为特色、以中国研究为载体的对外工作新路径。

六是加强与重要国际组织的合作。国际组织是全球治理的重要平台，是我院开展多边合作的重要舞台和增强影响力的重要渠道。我院将重点加强与联合国教科文组织、世界经济论坛、经济合作与发展组织、国际红十字与红新月联合会、世界科学联盟、泛美开发银行等重要国际组织的合作。支持我院专家学者在国际组织任职履职，充分利用国际组织多边平台，阐释中国理念、中国主张、中国方案。

七是加大开展对外培训工作力度。十九大报告指出，中国特色社会主义进入新时代，"中国特色社会主义道路、理论、制度、文化不断发展，拓展了发展中国家走向现代化路径，给世界上那些既希望加快发展又希望保持自身独立性的国家和民族提供了全新选择，为解决人类问题贡献了中国智慧和中国方案"。在我院的对外交往中，周边及发展中国家越来越多地向我院提出，希望为其培训青年学者以及专业人才。加大开展对外培训工作力度，是新时代对外交流工作中的重要方式和任务。近年来，我院举办"周边及发展中国家青年学者研修项目""非洲总统顾问培训班"等，在对外培训方面积累了经验。为配合"一带一路"建设的推进，我院于2017年4月设立"丝绸之路研究院"，以面向沿线国家开展培训为主要工作方式，同时围绕"一带一路"建设中的热点问题举办专题研讨会和开展合作研究等。我院将以此为平台为"一带一路"建设提供人才和智力支持。

八是深化横向合作形成"走出去"合力。重点加强与中国图书对外推广计划、海外中国学术图书馆项目等的合作；与海外中国文化中心、孔子学院等联合举办高水准的学术交流活动。与文化部合作，继续共同举办青年汉学家研讨班、海外知名汉学家座谈会等，加强与促进海外汉学研究主流媒体、新兴媒体合作，以报刊专栏及多种新媒体传播方式，加强我院重大科研成果、重要学术理论观点的对外宣介，借助媒体力量，提升我院智库的国际影响力。

（作者为中国社会科学院国际合作局局长）

找准定位、开拓创新
实现新时代财务工作新作为

曲永义

习近平总书记在十九大报告中指出,"中国特色社会主义进入了新时代",这是对我国发展新的历史方位的科学判断。从这一新的历史方位出发,深入学习领会和贯彻党的十九大精神,必须深刻把握新时代的新特征、新矛盾、新任务和新要求。财务基建计划局,必须坚持以十九大精神和习近平新时代中国特色社会主义思想为行动指南,结合各项工作的新特点、新任务、新要求、新矛盾和新实践,找准定位,开拓创新、奋发图强。

一 深刻学习领会党的十九大精神和习近平新时代中国特色社会主义思想

学习贯彻党的十九大精神和习近平新时代中国特色社会主义思想,是当前和今后一个时期财务基建计划局的首要政治任务。我们要按照《中共中央关于认真学习宣传贯彻党的十九大精神的决定》的部署和院党组的要求,切实在学懂弄通和认真贯彻落实上下功夫,用党的十九大精神和习近平新时代中国特色社会主义思想武装头脑、指导实践、推动工作。要通过学习，深刻领会党的十九大的主题，深刻领会习近平新时代中国特色社会主义思想的历史地位和丰富内涵，深刻领会党的十八大以来党和国家事业发生的历史性变革，深刻领会中国特色社会主义进入了新时代，深刻领会我国社会主要矛盾的变化，深刻领会新时代中国共产党的历史使命，深刻领会实现第一个百年奋斗目标和向第二个百年奋斗目标进军的任务要求，深刻领会社会主义经济建设、政治建设、文化建设、社会建设、生态文明建设等方面的重大部署，深刻领会国防和军队建设、港澳台工作、外交工作的重大部署，深刻领会坚定不移全面从严治党的重大部署，不断增强学习贯彻党的十九大精神的政治自觉、思想自觉和行动自觉。

习近平新时代中国特色社会主义思想是一个系统完备、逻辑严密、内在统一、相互贯通的科学理论体系，我们要充分认识习近平新时代中国特色社会主义思想重大而深远的政治意义、理论意义、实践意义和时代意义。党的十九大最重要的理论成果，是把习近平新时代中国特色社会主义思想确立为全党必须长期坚持的指导思想。十九大报告用"八个明确"概括了习近平新时代中国特色社会主义思想的主要内容，提出新时代坚持和发展中国特色社会主义的基本方略，并概括为"十四个坚持"。习近平新时代中国特色社会主义思想是对马克思列宁主义、毛泽东思想、邓小平理论、"三个代表"重要思想、科学发展观的继承和发展，是马克思主义中国化的最新成果；是对中国特色社会主义进入新时代后新的实践经验的科学概括；是全党全国人民为实现中华民族伟大复兴而奋斗的行动指南。习近平新时代中国特色社会主义思想，从理论和实践结合上系统回答了新时代坚持和发展什么样的中国特色社会主义、怎样坚持和发展中国特色社会主义这个重大时代课题，回答了新时代坚持和发展中国特色社会主义的总目标、总任务、总体布局、战略布局和发展方向、发展方式、发展动力、战略步骤、外部条件、政治保证等基本问题，并且根据新的实践对经济、政治、法治、科技、文化、教育、民生、民族、宗教、社会、生态文明、国家安全、国防和军队、"一国两制"和祖国统一、统一战线、外交、党的建设等方面作出理论分析和政策指导，我们要深刻学习领会习近平新时代中国特色社会主义思想的精神实质、核心要义、思想精髓、丰富内涵，在习近平新时代中国特色社会主义思想的战略指引下，构建系统完备、科学规范、运行有效的财务、结算、资产、房产等制度体系，提升改革创新、统筹谋划、科学发展的能力水平，研讨推进新时代财计局各项工作改革创新发展的思路、规划和举措。

二 把学习贯彻党的十九大精神转化为提高工作质量和工作水平的强大动力

深入学习贯彻党的十九大精神，用习近平新时代中国特色社会主义思想武装头脑，首先要求我们深刻学习领会其历史地位、丰富内涵、科学体系、精神实质、实践要求，领悟蕴含其中的新理念、新论断、新观点、新要求，努力把零散的感性理解上升为系统的理性认识，不断提高自己的思想理论水平、政治政策水平和工作能力水平。我们一定要把学习贯彻党的十九大精神和习近平新时代中国特色社会主义思想，转化为改善工作质量和提高工作水平的强大动力，认真对照中央和院党组要求，查找差距不足，切实抓重点、补短板、强弱项，全面增强保障、管理与服务工作本领。

一是要牢固树立"四个意识"。无论从事什么工作，讲政治是根本要求，不仅要有政治态度，更要有政治能力。我们要始终强化政治意识、大局意识、核心意识、看齐意识，自觉在思想上政治上行动上与以习近平同志为核心的党中央保持高度一致，坚决维护党中央的权威和集中统一领导，要以政治建设统领财计局保障、管理与服务等各项工作，善于从政治上谋划、部署、推动工作，实现政治建设对业务工作的引领、促进和提高。

二是要强化统筹能力。财计局工作职能宽、任务重、工作繁杂，必须提升战略思维能力，强化统筹能力，谋划整体成效。要提高统筹规划能力，突出"计划"在财计局各项工作中的地位，需要精心制定各项工作的总体规划和专项规划，对工作作出统筹思考和规划，统一部署和安排；要努力提升统筹整合能力，集中整合我院财务、房产、资产的运行保障需求，形成规模供给，发挥整体效应，实现保障水平更高层次、更高质量、更高效率的提升；要提升统筹协调能力，善于协调各方，把上下左右的力量都调动起来、运用起来、聚焦起来，整体推进各项工作改革创新发展。

三是要锤炼专业能力。要善于根据各项工作自身特点和规律，用专业的保障机制、管理方式、运营模式做实体制机制，努力打造懂管理、懂业务、懂技术的人才队伍。工作中要注重培养、巩固和提高专业能力、专业精神，掌握学习创新、依法工作、狠抓落实、驾驭风险等本领，增强干部队伍适应新时代中国特色社会主义发展要求的能力。要加强教育培训，按照岗位特点和业务需要，开展精准化培训，提高谋划发展、推动发展的能力。

四是要提高抓落实能力。要严格执行中央决策部署和党组决定，按照"一分部署，九分落实"要求，把各项工作任务落到实处。要把中央政策、党组要求和我院发展实际结合起来，广泛听取各方意见，全面掌握实际情况，认真分析潜在矛盾，提出科学合理的措施办法。要注重发挥绩效考评作用，求实求准，确保政策真正落地见效。

五是要增强理论研究能力。理论是实践的先导、行动的指南。我们要在相关理论研究上跟上新时代，发挥好理论的引领作用，不断认识工作规律，推进实践创新、制度创新、文化创新。要善于利用各种研究资源，充分发挥我院智库等平台优势，聚集力量，推动我院财务管理、房产管理、资产管理等相关工作的理论研究跨越式发展。特别是要围绕影响、制约中国社会科学院财务、房产、资产工作发展的深层次矛盾和前瞻性问题进行深入研究，提出切实可行的工作思路和举措，展示财计局各项工作的新气象和新作为。

三 认真开展调查研究，谋划新时代改革创新发展新作为

调查研究是谋事之基、成事之道。我们要以党的十九大精神和习近平新时代中国特色社会主义思想为指导，聚焦制约改革创新发展的体制、机制、能力、效能等方面的重点难点问题，提出解决问题的思路举措和创新发展的对策建议，把党的十九大精神贯彻落实到财计局改革创新发展的各领域各环节。

一是要把握新矛盾。新时代我国社会主要矛盾已经转化为人民日益增长的美好生活需要和不平衡不充分的发展之间的矛盾。认识新矛盾，把握新矛盾，是立足新时代开启新征程的重要起点，是担当新使命贯彻新理念的关键路径。要结合我院实际，围绕发展不平衡、不充分在财计局工作各领域的表现，深入开展调查研究，聚焦科研经费、办公用房、资产管理等基础要素，展开全面的清理清查，摸清底数推进制度化、规范化、标准化建设，提升保障能力和水平，提高保障质量和效率，为我院的创新工程和科研工作服好务，为我院高效运转和事业加快发展做好保障。

二是要贯彻新理念。要坚定不移地把创新、协调、绿色、开放、共享的发展理念贯穿在财计局的各项工作当中，努力实现工作质量变革、效率变革、动力变革，实现各项工作更高质量、更有效率、更加平衡、更可持续的发展。要围绕落实"善于运用互联网技术和信息化手段开展工作"要求，推动管理方式方法创新，全力做好全院财务管理服务平台建设，推进"互联网＋财务、房产、资产"深度融合，打造智慧管理机制；有针对性地加强指导，推进各项工作的定额和标准化建设，推进工作的规范化；充分发挥市场在服务保障资源配置中的决定性作用，推进有关服务工作的社会化进程；落实"共建共享发展"要求，研究建立不同单位间服务保障资源调剂、共享的机制办法。

三是要明确新目标。要将我院的财务、资产与房产等管理工作，提升到国家治理体系和治理能力现代化的高度去认识、去定位、去推进，针对各项工作中的短板和弱项，持续研究探索推进工作的思路理念、内在要求、基本规律和实现途径，建设现代化的管理保障和服务机制。要坚持依纪、依规、依法保障，将纪律挺在前面，研究运用法治思维和法治方式推进管理保障机制工作改革创新发展，探索制定规范各项工作的基础性制度，形成较为完善的制度体系。要加强运行经费管理，严控运行成本；完善国有资产管理，提升资产管理绩效；弘扬"工匠精神"，推进精细化管理。

四是要担当新任务。要按照党的十九大提出的新任务新要求，围绕巩固拓展创新工程与科研强院、人才强院、管理强院战略，保障我院各项工作高效运行，引领节约型单位建设等开展调查研究，按照财计局工作职责，研究提出提升工作质量效率、实现保障高效运转和创新发展的思路和举措；聚焦创建节约型单位，研究建立立体式、全方位的厉行节约反对浪费制度体系，健全长效常态管理机制。

四 全心全意做好管理与服务保障工作

习近平总书记在新一届中央政治局第一次集体学习时强调，"领导干部不仅要有担当的宽肩膀，还得有成事的真本领"。中国社会科学院作为党中央国务院的思想库、智囊团，马克思主义的坚强阵地，承担着繁荣和发展我国哲学社会科学的重要历史使命，财计局作为中国社会科学院财务保障管理与服务的部门，担当着不可或缺的角色。随着我院科研任务的不断加重，财务保障管理与服务工作越来越重要。建设"世界一流、中国第一"的强院，保障管理与服务工作也必须做到一流。我们一定要提高思想认识、强化使命担当，积极筹措、合理安排、合规使用各项科研及管理经费；要努力改善办公环境，改进办院条件，加强基础设施建设；要不断改善科研人员住房和生活条件，不断提高财计局在我院财务、房产、资产等方面的保障能力和服务水平。

一是要用心学习。要按照"学习型组织"建设的要求，引导大家"认认真真地、与时俱进地学习、持之以恒地学习"，以理论提高认识，以理论把握规律，以理论指导实践；要全面学习做好本职工作所必需的专业知识，干一行专一行，干一行精一行，干一行成一行；要坚持问题导向，"求解性思维"，真正做到学用结合、学以致用，提高工作的系统性、预见性和创造性。

二是要热心工作。习近平总书记指出，"敬业是一种美德，乐业是一种境界"。热心于岗位工作，首先每个同志要担当好自己的工作角色，定好自己的位，站好自己的岗，忠诚于自己的职业；其次要求每个同志都有良好的职业操守，勤勉敬业，恪尽职守，驰而不息，久久为功，努力在平凡的岗位上作出不平凡的成绩，在不同的岗位上都能作出令组织放心、同志们满意的成绩。

三是要公心办事。习近平总书记指出："作为党的干部，就是要讲大公无私、公私分明、先公后私、公而忘私，只有一心为公、事事出于公心，才能坦荡做人；谨慎用权，才能光明正大、堂堂正正。"① 要做到"公心"，首先，要牢固树立权责意识，树立有权必有责、用权受监督、违法要追究的法治思维，做到红线不能触碰、程序不能违反、权限不能突破。其次，要坚持用制度管事管人，最大限度地减少工作中的自由裁量权。再次，要充分发挥监督的作用，将经费安排、房产分配资产采购等工作置于阳光之下。

四是要凝心聚力。人心齐，泰山移。习近平总书记指出："团结就是力量，团结出凝聚力、出战斗力，也出干部，讲团结是讲政治、顾大局的表现。"财计局的各项工作都需要团队协作，打造一个好团队，关键是齐心协力。必须要坚持民主集中制，用好批评与自我批评的思想武器，把"蒜轴"和"蒜瓣"凝聚起来，各司其职、各负其责、各展其才，团结一心干事业、齐心协力谋发展，形成整体工作合力。

在实际工作中，我们应重点从以下三个方面发力。一是全方位完善各项规章制度。构建系统完备、科学规范、运行有效的制度体系。用制度推动工作，用制度约束人，从根本上、源头上解决工作绩效和工作作风问题。二是要创新服务工作思路，拓宽服务渠道，提高服务水平，居安思危，思大势、思人心、思己过，适应新形势下全院各项工作对财计局工作的新要求。三是加强队伍建设。要抓队伍、强素质，选准用好干部，加快建设高素质管理干部队伍。在日常工作中，应经常了解服务对象的具体需求，切实把有关人员的每项合理要求当作大事急事去办，把全院同志的满意与不满意作为衡量各项工作好坏的重要标准去推动各项工作的开展。

五　以党建工作为抓手，增强自我净化能力

十九大报告指出："中国特色社会主义进入新时代，我们党一定要有新气象新作为。""新时代中国特色社会主义最本质的特征是中国共产党领导，新时代中国特色社会主义制度的最大优势是中国共产党领导，党是最高政治领导力量。""党政军民学，东西南北中，党是领导一切的。"

---

① 2014年1月14日在十八届中央纪委三次全会上的讲话。

财计局要牢牢把握新时代党的建设总要求，以党建工作为抓手，抓组织、严制度，健全长效管理机制，研究制定经费使用、办公用房分配、资产配置等工作监督机制，坚决把党风廉政建设和反腐败斗争贯穿到工作的每个环节之中。

打铁必须自身硬。财计局是全院财务、资产、房产管理的职能部门，是容易发生腐败问题的敏感部门。我们要根据工作特点，以加强党的长期执政能力建设、先进性和纯洁性建设的高度，以思想建设为统领，以坚定理想信念宗旨为根基，以调动全体党员积极性、主动性、创造性为着力点，以建立长效机制和规范化科学化为目标，进一步规范工作程序，明确工作职责和党风廉政建设责任，全面推进思想建设、组织建设、作风建设、纪律建设，把制度建设贯穿其中，不断提高党的建设质量。

习近平总书记告诫我们："在全面从严治党这个问题上，我们不能有差不多了，该松口气、歇歇脚的想法，不能有打好一仗就一劳永逸的想法，不能有初见成效就见好就收的想法。"我们要切实把思想和行动统一到十九大精神上来，要把坚定理想信念作为思想建设的首要任务，正确引导和传递"向上、向好、向善"的正能量，要求财计局的党员干部，特别是领导干部带头遵守八项规定，要严字当头、刀刃向内、严格自律，砥砺品德操守，清清白白做人、干干净净做事，永葆清廉本色。

（作者为中国社会科学院财务基建计划局局长）

深入学习贯彻党的十九大精神
推动新时代离退休干部工作新发展

刘 红

党的十九大承前启后、继往开来，开启了建设中国特色社会主义的新时代。习近平总书记作的报告博大精深、与时俱进，体现了党的理论创新成果，对丰富和发展 21 世纪的马克思主义作出了重大贡献。认真研读党的十九大报告，马克思主义立场、观点、方法充盈其间，贯穿始终，注重初衷与目标的辩证统一，注重继承与创新的逻辑关系，注重理论与实际的紧密结合，为我们的工作指明了方向，照亮了道路。

一 十九大报告充分体现了马克思主义立场、观点、方法

马克思主义立场、观点、方法，是马克思主义科学理论体系的精髓所在。我们所说的真学、真懂、真信、真用马克思主义，说到底就是要掌握和运用马克思主义立场、观点、方法研究和解决中国的实际问题，指导我们的具体工作，这是中国共产党人的传家宝。这一传家宝被以习近平同志为核心的新一代领导集体发扬光大。

马克思主义立场、观点、方法相互依存、内在统一，立场是基础，观点是核心，方法是灵魂。马克思主义的立场，就是以无产阶级和人民

大众的利益为出发点和落脚点，坚持为无产阶级和人民大众谋利益。在中国共产党的历史中，我们可以清楚地看到一条一脉相承又与时俱进的思想主线：始终站在人民大众的立场上，一切为了人民、一切相信人民、一切依靠人民，全心全意为人民谋幸福。马克思主义的观点，首先最根本的是辩证唯物主义和历史唯物主义的世界观，其次是马克思主义在各个学科中自成体系的观点，比如政治、经济、社会、文化等各个方面。马克思主义的方法，就是与辩证唯物主义和历史唯物主义世界观相统一的方法论。唯物辩证法是马克思主义的根本方法，其中国化就是实事求是、一切从实际出发、具体问题具体分析的方法。

十九大报告多次强调我们党坚持以人民为中心的发展思想，始终坚持马克思主义的基本立场，始终与人民同呼吸、共命运、心连心，始终把人民对美好生活的向往作为奋斗目标。在这样的人民立场的基础上，报告通篇闪耀着马克思主义世界观和方法论的光辉。中国特色社会主义进入新时代的新论断，以及习近平新时代中国特色社会主义思想，是十九大报告最为显著的理论创新。它们共同的特点，就是坚持和运用了马克思主义唯物辩证法。

十九大报告从实际出发，结合过去五年中国经济社会发展的基本情况，总结经验、发现问题，准确把握当前我们所处的时代特征，作出中国特色社会主义进入新时代的新论断。新时代面临新的问题，即坚持和发展什么样的中国特色社会主义，如何坚持和发展中国特色社会主义的问题。在这个问题上，我们的选择是实现人的全面发展，实现共同富裕。过去所说的社会主要矛盾，即人民不断增长的物质文化需要同落后的社会生产之间的矛盾，已经不能够涵盖，或者说，不能够准确表述当前的社会状况。中国特色社会主义进入新时代，我国社会主要矛盾已经转化为人民日益增长的美好生活需要和不平衡不充分的发展之间的矛盾。由此，我们的发展目标和工作要求必然随之发生变化。因此，十九大报告中提出的新时代、新矛盾、新目标和新要求，都是基于中国特色社会主义实践基础之上的，及时地、准确地反映了当前我国经济社会发展的现状和问题。

十九大报告中提出的习近平新时代中国特色社会主义思想已经写入党章，与马列主义、毛泽东思想、邓小平理论、"三个代表"重要思想和科学发展观并列，成为党的指导思想和行动指南。这一重大的理论创新，是在继承党全部理论成果的基础上，又一次把马克思主义基本原理与中国的实际情况相结合，形成的对中国社会主义建设事业的规律性认识；是在党和人民实践经验的基础上，经过以习近平同志为核心的党中央归纳总结而形成的集体智慧的结晶，正确运用了马克思主义辩证唯物主义的世界观和方法论，体现了我们党为人民谋幸福、为民族谋复兴的初心和使命。

二 新时代离退休干部工作的新特点、新要求

学习党的十九大精神和马克思主义立场、观点、方法，是为了更好地指导我们的工作。作为一名一线的离退休干部工作者，我们首先要把握新时代离退休干部工作的新特点、新要求。

第一，准确把握离退休干部工作的新定位。以习近平同志为核心的党中央站在党和国家工作全局的战略高度，把离退休干部工作融入治国理政的新理念、新思想、新战略之中，指导离退休干部事业进入一个新的发展阶段。党的十九大为离退休干部工作指明了目标方向。在十八大提出"全面做好离退休干部工作"的基础上，十九大报告把"认真做好离退休干部工作"作为加强党的建设的重要内容，重点进行了强调和部署。不仅充分体现了以习近平同志为核心的党中央对广大离退休干部的深厚感情和对离退休干部工作的高度重视，而且进一步明确了离退休干部工作的党建属性，为做好新时代离退休干部工作指明了方向。习近平总书记就离退休干部工作多次发表重要讲话，作出重要指示。他指出，老干部工作是非常重要的工作，在我们党的工作中具有特殊重要的地位，承载着党中央关心爱护广大老同志的重要任务，是党的建设的特色，一定要坚持做好老干部工作。他还指出，老干部是党执政兴国的重要资源，是党和国家的宝贵财富，是推进中国特色社会主义伟大事业的重要力量，强调广大老干部要珍惜光荣历史，不忘革命初心，永葆政治本色，做全面从严治党的坚定支持者和模范践行者。这些重要论述为做好新时代离退休干部工作提供了重要遵循。为了贯彻落实习近平总书记的指示精神，中央办公厅、国务院办公厅于2016年初联合印发了《关于进一步加强和

改进离退休干部工作的意见》，为离退休干部工作提供了有力指导。文件提出，离退休干部工作是党的组织工作和人事工作的重要组成部分，承载着党中央关心爱护广大离退休干部的重要任务，具有特殊重要的地位，并对加强和创新离退休干部党组织建设作出了明确规定，为做好新时代离退休干部工作提供了指导。我们要不断提高政治站位，切实把我院离退休干部工作放到推进新的伟大工程、夺取中国特色社会事业伟大胜利的工作大局中去思考、去谋划、去推进，更加突出党建特色，更加突出从严治党要求，更加用心用情做好离退休干部工作。

第二，准确把握新时代离退休干部工作的内涵和要求。党的十九大给离退休干部工作注入了新的时代内涵，提出了新的工作要求。我们必须牢固树立"抓好离退休干部工作就要着实抓好离退休干部党建工作"的理念，用离退休干部党建工作的成效来推进离退休干部工作转型发展、科学发展。

做好离退休干部党建工作有利于推进政治建设、思想建设、组织建设。广大离退休干部是老年群体的关键少数，他们经历了长期革命斗争的洗礼，对党怀有深厚感情，对党的事业无比忠诚。通过各级党组织把离退休干部党员教育引导好，可以充分发挥他们的模范带头作用，引领带动广大社会老年人不断增强"四个意识"，自觉在思想上政治上行动上与以习近平同志为核心的党中央保持高度一致。

做好离退休干部党建工作有利于落实离退休干部的政治待遇和生活待遇。两项待遇是保证离退休干部队伍稳定的基础。发挥党的组织优势，通过组织体系和组织力量，加强党内关怀，能够更好地落实离退休干部的各项待遇，能够更好地为他们办实事做好事解难事，使他们真正老有所养、老有所医、老有所教、老有所学、老有所为、老有所乐。

做好离退休干部党建工作有利于发挥老同志优势作用。离退休干部党组织是联系和服务群众的桥梁和纽带，是离退休干部发挥政治优势、经验优势、威望优势、学术优势的重要平台，在教育引导、团结凝聚离退休干部方面有着不可替代的独特作用。做好离退休干部党建工作，能够鼓励引导广大离退休干部继续发挥优势作用，为党和人民事业增添正能量，从而汇聚起同心共筑中国梦的磅礴力量。

做好离退休干部党建工作有利于满足老同志多方面的需求。随着我院离休干部整体进入"双高期",退休干部迅速增加,老同志的养老需求、精神文化需求等个性化需求不断增多,离退休干部工作面临着更加复杂多样的局面。此时更需要充分发挥离退休干部党支部的作用,做到管理与服务并重,把思想政治工作摆到重要位置。

第三,离退休干部工作要对社会老龄工作起到引领和示范作用。随着我国人口老龄化的快速发展,老年人在居家养老、医疗、精神文化生活等各方面的需求都对全社会提出了新课题、新要求。十九大报告中指出,要积极应对人口老龄化,构建养老、孝老、敬老政策体系和社会环境。相对于社会保障体系和环境来说,离退休干部工作已经在管理和服务老同志方面积累了一定的经验,熟悉老年群体的需求和特点,在党内形成了尊老敬老爱老的良好氛围。因此,在全社会积极应对人口老龄化的过程中,离退休干部工作应该走在社会的前列,发挥引领和示范作用。

三 进一步做好离退休干部工作

学习十九大报告,开阔了我们的思路和视野,明确了下一步的工作方向和目标,促使我们总结和思考:在新时代如何落实好十九大报告中提到的"认真做好老干部工作"的要求。

第一,坚持以老同志为中心的工作立场。老同志是我们开展一切工作的中心和对象,坚持以老同志为中心的工作立场,是坚持马克思主义人民立场的具体表现。时任院长王伟光在参加2017年全院工作会议的老同志代表讨论时指出:始终如一地像对待自己的父母一样重视、尊重、爱护、帮扶、依靠老同志,是坚持和贯彻马克思主义人民立场、落实马克思主义群众观和群众路线的必然要求。能否做好离退休干部工作,是检验我们是否做到真学、真懂、真信、真用马克思主义的一个重要标尺。伟光院长的指示,充分体现了一个马克思主义者的人民情怀和对老同志的真挚感情。因此,我们在工作中要牢固树立以老同志为中心的立场,要对老同志始终怀有深厚的感情。这也是离退休干部工作的重要特点和重要工作方法。实践证明,在为老同志服务、与老同志沟通时有没有感情基础,工作效果的差别是很大的。带着深厚的感情工作,是对每一位离退休干部工作者的基本要求。

第二，始终树立全局观、大局观，把离退休干部工作放在全院工作乃至全社会积极应对老龄化的大局中去考虑、去谋划。要准确把握离退休干部工作与老龄工作的关系。离退休干部工作对老龄工作有引领、带动作用，老龄工作又有效地支撑和补充了离退休干部工作。做好新时代离退休干部工作，一方面要引领全社会在践行社会主义核心价值观的过程中大力弘扬孝亲敬老的传统美德，积极看待老年人和老年生活，看到老年群体蕴藏的正能量，充分发挥老年人对化解社会矛盾、维护社会和谐稳定的经验优势和威望优势；另一方面要扩大视野，充分了解社会基本养老政策和体系的发展建设情况，依靠社会养老服务和养老体系的不断完善，让老同志居家日常照料等问题得到有效解决。

离退休干部工作不是中心，但是影响中心。具体到我院来说，在职人员在一线作战，老同志是我们稳定的大后方。后方不稳，势必分散一线的注意力，牵扯一线的精力。因此，在离退休干部工作中，我们不仅要脚踏实地地做好具体的本职工作，而且要从实施哲学社会科学创新工程、构建中国特色哲学社会科学的大局的高度，去改进、完善我们的工作。离退休干部工作要为全院工作大局提供助力，而不是制造障碍，要顺势而为、紧跟时代，而不是安于现状、故步自封。在这个过程中，我们要积极了解我院中心工作的进展，把握改革的方向；充分调研兄弟单位的工作实践，不断开阔视野和思路；同时，我们也要做好老同志的思想工作，引导他们跟上新的时代。

第三，加强学习、武装自己，提高做好离退休干部工作的能力。离退休干部工作千头万绪，涉及老同志的政治待遇、生活待遇、精神文化生活、学术需求、养老服务等方面。在工作中，我们要善于学习，善于总结，善于谋划，善于抓主要矛盾。首先，要加强理论学习，要联系实际学习理论，研究经典著作中蕴藏的世界观、方法论，总结工作实践中的经验教训，指导我们改进工作，提高水平；其次，除了做好年度工作计划以外，对重点工作要做好长期和中期规划，制定长远目标并明确各阶段的任务和步骤，抓好阶段衔接；最后，抓好新时代离退休干部工作的主要方面，以党建工作推进离退休干部工作，抓重点带一片。比如政治纪律、组织纪律问题，居家养老问题，如何更有效地发挥老同志正能量的问题等,都是新时代离退休干部工作面临的新课题,是工作中的难点,应该着力加以解决。

(作者为中国社会科学院离退休干部工作局局长)

新时代中国特色社会主义的理论华章

崔建民

党的十九大站在时代和全局的高度，着眼新时代坚持和发展中国特色社会主义，顺应全党全国人民的共同意愿，郑重提出习近平新时代中国特色社会主义思想。这是党的十九大的最重要历史贡献，实现了党的指导思想的又一次与时俱进。这对于我们党团结带领全国各族人民决胜全面建成小康社会、夺取新时代中国特色社会主义伟大胜利，实现中华民族伟大复兴的中国梦，具有重大而深远的意义。

一 新时代坚持和发展中国特色社会主义伟大实践的理论升华

实践是思想的真理。党的十八大以来，以习近平同志为核心的党中央，站在时代发展的新高度，把握社会主要矛盾发生的新变化，担当中国共产党的新使命，推动党和国家事业发生历史性变革，迎来中华民族从站起来、富起来到强起来的伟大飞跃。习近平新时代中国特色社会主义思想，既是对新时代中国特色社会主义的伟大实践的深刻总结和理论升华，也是新时代坚持和发展中国特色社会主义的思想纲领和行动指南。

第一，习近平新时代中国特色社会主义思想形成的逻辑起点。党的十九大报告明确宣告，经过长期努力，中国特色社会主义进入了新时代，这是我国发展新的历史方位。这一重大政治判断，准确反映了中国特色社会主义在长期建设中取得的历史性成就、党和国家事业发生的历史性变革，准确反映了党的十八大以来取得的全方位、开创性成就和深层次、根本性变革。改革开放以来，我们党团结带领全国各族人民，以一往无前的进取精神和波澜壮阔的创新实践，取得了举世瞩目的建设成就，成功地走过了发达国家上百年才能完成的发展历程。特别是党的十八大以来，以习近平同志为核心的党中央，以非凡的政治智慧、顽强的意志品质、强烈的历史担当，提出一系列新理念新思想新战略，出台一系列重大方针政策，推出一系列重大举措，推进一系列重大工作，解决了许多长期想解决而没有解决的难题，办成了许多过去想办而没有办成的大事，推动党和国家事业发生历史性变革。中国特色社会主义进入新时代，使中国特色社会主义站在更高的历史方位，从新的历史起点和时代条件出发，创新理论、谋划发展，不断开创中国特色社会主义新局面，成为习近平新时代中国特色社会主义思想的逻辑起点。

第二，习近平新时代中国特色社会主义思想形成的重要现实依据。党的十九大报告鲜明指出，我国社会主要矛盾已经转化为"人民日益增长的美好生活需要和不平衡不充分的发展之间的矛盾"。这是以习近平同志为核心的党中央站在时代发展的高度，深刻把握中国的基本国情，敏锐洞察社会主要矛盾发生的深刻变化，作出的重大科学论断，为制定党和国家大政方针和长远战略提供了重要现实依据，为习近平新时代中国特色社会主义思想提供了重要理论前提。改革开放以来，我国稳定解决了十几亿人的温饱问题，总体实现小康，人民群众的生活水平、精神面貌发生了前所未有的变化。人民群众在解决温饱问题和进入小康社会以后，不仅对物质文化生活提出了更高要求，而且在民主、法治、公平、正义、安全、环境等方面的要求日益增长；与此同时，我国社会生产力和生产方式通过改革发展取得了明显进步，但发展不平衡不充分的问题凸显出来，成为满足人民日益增长的美好生活需要的主要制约因素。我国社会主要矛盾发生转化，必然要求大力解放和发展社会生产力，从而实现更高质量、更有效率、更加公平、更可持续的发展，更好推动人的全面发展、社会全面进步，这既指出了新时代中国特色社会主义发展的主要任务，也为形成习近平新时代中国特色社会主义思想提供了重要现实依据和理论前提。

第三，习近平新时代中国特色社会主义思想的动力源泉。党的十九大报告明确指出，实现中华民族伟大复兴是近代以来中华民族最伟大的梦想，中国共产党一经成立，就义无反顾肩负起实现中华民族伟大复兴的历史使命。今天，我们比历史上任何时期都更接近、更有信心和能力实现中华民族伟大复兴的目标，"行百里者半九十"，实现伟大梦想，必须进行伟大斗争，建设伟大工程、推进伟大事业。这深刻回答了什么是新时代中国共产党的历史使命、怎样实现新时代中国共产党的历史使命这一重大理论和实践问题。伟大斗争，伟大工程，伟大事业，伟大梦想，紧密联系、相互贯通、相互作用。只有进行具有许多新的历史特点的伟大斗争，做到"五个更加自觉"，才能为实现伟大梦想排除一切困难和障碍；只有深入推进党的建设新的伟大工程，不断增强党的政治领导力、思想引领力、群众组织力、社会号召力，才能为实现伟大梦想提供坚强政治保证；只有始终坚持和发展中国特色社会主义，更加自觉地增强道路自信、理论自信、制度自信、文化自信，才能为实现伟大梦想提供唯一正确道路。担当实现中华民族伟大复兴中国梦的历史使命，既是一代代中国共产党人前进的根本动力，也是中国共产党能够摆脱以往一切政治力量追求自身特殊利益的局限，不断从胜利走向胜利的关键，成为习近平新时代中国特色社会主义思想的不竭动力源泉。

二 马克思主义中国化在历史交汇期的新飞跃

思想是时代问题的理论应答。十八大以来，国内外形势变化和我国各项事业发展都给我们提出了一个重大时代课题，这就是必须从理论和实践结合上系统回答新时代坚持和发展什么样的中国特色社会主义、怎样坚持和发展中国特色社会主义。以习近平同志为核心的党中央，立足时代和全局高度，着眼中国特色社会主义事业长远发展，深刻回答了新的重大时代课题，形成了系统完备、逻辑严密的科学理论体系，实现了历史交汇期马克思主义中国化的新飞跃。

第一，深刻回答了新的重大时代课题。中国共产党带领全国人民实现中华民族伟大复兴的进程中，中国历史的每一次重大飞跃，都伴随着我们党的理论飞跃；每一次党的理论飞跃，都要回答根本性、标志性的重大时代课题。在"两个一百年"的历史交汇期，面对新时代、新矛盾、新使命、新征程，以习近平同志为核心的党中央，坚持以马克思列宁主义、毛泽东思想、邓小平理论、"三个代表"重要思想、科学发展观为指导，坚持解放思想、实事求是、与时俱进、求真务实，坚持辩证唯物主义和历史唯物主义，紧密结合新的时代条件和实践要求，紧紧围绕新时代坚持和发展什么样的中国特色社会主义、怎样坚持和发展中国特色社会主义，以全新的视野深化对共产党执政规律、社会主义建设规律、人类社会发展规律的认识，进行艰辛理论探索，取得重大理论创新成果，形成了习近平新时代中国特色社会主义思想，实现了马克思主义中国化的新飞跃，成为21世纪马克思主义最具创新特色、最具时代价值、最具指导意义的重大理论成果。

第二，形成了系统完备、逻辑严密的理论体系。习近平新时代中国特色社会主义思想，以新的历史站位、宏阔视野、战略眼光，反映了时代发展变化的丰富内涵，以逻辑严密、系统完整、相互贯通的思想体系回应了坚持和发展中国特色社会主义的实践要求，为新时代推进党和国家事业提供了指南。党的十九大报告深刻阐述了坚持和发展中国特色社会主义的总目标、总任务、总体布局、战略布局和发展方向、发展方式、发展动力、战略步骤、外部条件、政治保证等基本问题，形成了中华民族伟大复兴思想、建设社会主义现代化强国思想、新社会主要矛盾思想、以人民为中心的发展思想、总体布局和战略布局思想、坚定"四个自信"思想、全面深化改革思想、全面依法治国思想、新时代强军思想、中国特色大国外交思想、加强党的领导思想，报告将其概括为"八个明确"，这构成了习近平新时代中国特色社会主义思想的基本内容。报告还根据新的实践对经济、政治、法治、科技、文化、教育、民生、民族、宗教、社会、生态文明、国家安全、国防和军队、"一国两制"和祖国统一、统一战线、外交、党的建设等各方面作出理论分析和政策指导，全面探索和阐述了各个领域的理论和实践问题，使其成为习近平新时代中国特色社会主义思想不可分割的组成部分。习近平新时代中国特色社会主义思想内涵丰富、博大精深，构成了逻辑严密、系统完备的科学理论体系。

第三，续写了21世纪马克思主义、当代中国马克思主义的光辉篇章。习近平新时代中国特色社会主义思想贯穿改革发展稳定、内政外交国防、治党治国治军各个领域，实现了马克思主义基本原理与中国具体实际相结合的新飞跃，是 21 世纪的马克思主义，是马克思主义中国化的最新成果，开辟了马克思主义中国化的新境界。习近平新时代中国特色社会主义思想把中国特色社会主义和实现社会主义现代化、实现中华民族伟大复兴有机贯通起来，深刻回答了新时代坚持和发展中国特色社会主义的一系列重大问题，为中国特色社会主义注入了新的科学内涵，进一步彰显了新时代中国特色社会主义的蓬勃生机和活力，开辟了中国特色社会主义新境界。在这一思想的指引下，我们党团结带领全国各族人民推动党和国家事业取得全方位、开创性成就，发生了深层次、根本性变革，我国经济实力、综合国力和人民生活水平迈上了新台阶，党的面貌、国家的面貌、人民的面貌、军队的面貌、中华民族的面貌发生了前所未有的变化，开辟了党治国理政新境界。在这一思想指引下，我们党以坚强的决心、空前的力度，推进全面从严治党，管党治党实现从宽松软到严紧硬的深刻转变，党内政治生活气象更新，党内政治生态明显好转，党的创造力、凝聚力、战斗力和领导力、号召力显著增强，党在革命性锻造中更加坚强，焕发出新的强大生机活力，开辟了管党治党新境界。

三 实现中华民族伟大复兴"中国梦"的行动指南

党的十九大报告明确"两步走"战略安排，描绘了我国现代化建设的宏伟蓝图；作出我国经济社会发展重大战略部署，制定了实现社会主义现代化强国的任务书；提出全面加强和改善党的领导的重大政治要求，为夺取新时代中国特色社会主义伟大胜利提供根本保证，这为完成新时代党的历史使命，实现中华民族伟大复兴中国梦提供了切实可行的行动指南。

第一，描绘了新时代中国特色社会主义的宏伟蓝图。在不同发展阶段，根据国际国内形势和我国发展条件，提出相应战略目标引领事业发展，是我们党执政的重要经验。党的十九大报告在对决胜全面建成小康社会作出战略部署的同时，明确了两步走全面建设社会主义现代化国家的新目标：在2020年到2035年，在全面建成小康社会的基础上，再奋斗15年，基本实现社会主义现代化；从2035年到本世纪中叶，在基本实现现代化的基础上，再奋斗15年，把我国建成富强民主文明和谐美丽的社会主义现代化强国。两步走战略安排，既是对"三步走"战略安排的深化与推进，更是对今后30年我国发展宏伟蓝图的战略规划。战略安排的每一阶段，都有相应的经济社会、科技发展、国家治理的要求和人民生活水平的标准，层层递进，不断累积，最后实现社会主义现代化强国目标。这对于凝聚全党全国人民力量，共同迈向实现中华民族伟大复兴"中国梦"新征程，具有重大指导意义。

第二，制定了实现社会主义现代化强国的任务书。党的十九大报告按照中国特色社会主义事业"五位一体"总体布局，对经济建设、政治建设、文化建设、社会建设、生态文明建设作出全面部署，勾勒了新时代推进中国特色社会主义事业的路线图，制定了推动人的全面发展、社会全面进步的任务书。各项战略部署通过顶层设计解决人与自然、人与社会、经济发展与生态保护的矛盾，注重人口再生产、物质再生产和生态再生产的整体性、系统性和全局性，注重现代化经济体系、民主政治、先进文化、社会治理、生态文明建设的一致性、融合性和协同性，体现了社会主义的本质要求和发展规律，反映了社会结构相互依存、相互制约、相互促进的辩证关系。各项战略部署既有战略目标，也有原则要求，更有政策安排和举措方法，清晰勾画了新时代中国特色社会主义发展路径，深刻体现了党对未来30年发展的战略性、前瞻性、系统性思考。

第三，明确了党是最高政治领导力量。打铁必须自身硬，党要团结带领人民进行伟大斗争、推进伟大事业、实现伟大梦想，必须毫不动摇坚持和完善党的领导，毫不动摇把党建设得更加坚强有力。党的十九大报告把坚持和加强党的领导贯穿始终，旗帜鲜明指出，"中国特色社会主义最本质的特征是中国共产党领导，中国特色社会主义制度的最大优势是中国共产党领导，党是最高政治领导力量"，要着力提高党把方向、谋大局、定政策、促改革的能力和定力，增强全党思想上统一、政治上团结、行动上一致，这为新时代坚持和发展中国特色社会主义、实现"两个一百年"奋斗目标,提供了坚强政治保证和组织保证。历史和现实反复证明,党的领导是做好党和国家各项工作的基本遵循,是我国政治稳定、经济发展、民族团结、社会有序的根本保证。我们党我们国家之所以能够经受国内外严峻挑战,没有出现一些社会主义国家那样改旗易帜、社会动荡、发展停滞的现象,并且能够推动中国特色社会主义取得举世瞩目的成就,就是因为我们始终坚持和完善党的领导。当前,坚持和加强党的领导,首要任务是坚决维护以习近平同志为核心的党中央权威和集中统一领导,确保我们党团结带领人民有效应对重大挑战、抵御重大风险、克服重大阻力、解决重大矛盾,不断从胜利走向新的胜利。

四 构建人类命运共同体、开辟人类更加美好发展前景的中国方案

党的十九大报告明确指出,中国共产党是为中国人民谋幸福的政党,也是为人类进步事业而奋斗的政党,中国共产党始终把为人类作出新的更大的贡献作为自己的使命,这深刻指出了习近平中国特色社会主义思想的全球眼光和世界意义。

第一,贡献了解决人类问题的中国方案。党的十九大报告明确指出,中国特色社会主义道路、理论、制度、文化不断发展,拓展了发展中国家走向现代化的途径,给世界上那些既希望加快发展又希望保持自身独立性的国家和民族提供了全新选择,为解决人类问题贡献了中国智慧和中国方案。当今西方存在各种"民主乱象","贵族政治""金钱政治"屡见不鲜,议而不决、决而不行、效率低下屡被诟病,政党与政党、集团与集团之间相互倾轧、相互攻击、相互拆台屡见其端,政党首脑以所谓"投票民主"来推卸政治责任、历史责任现象屡有发生。"中国现象"越来越成为国际社会关注的焦点,中国发展越来越为人类作出更大的贡献。剑桥大学发展研究中心主任彼得·诺兰指出,"中国找到自己的发展道路,同时也是在为全球性的可持续发展找到一条道路";习近平新时代中国特色社会主义思想所提供的"中国方案",已经成为推动世界格局向着人类文明进步方向发展的最大积极因素,中国已成为重塑世界文明格局的主导力量。

第二,提出了构建新的更加合理的国际体系和秩序的中国主张。党的

十九大报告明确提出，要构建人类命运共同体，建设持久和平、普遍安全、共同繁荣、开放包容、清洁美丽的世界，这深刻回答了"建设一个什么样的世界、如何建设这个世界"等关乎人类前途命运的重大课题，提出了构建新的更加公正合理的国际体系和秩序的中国主张。以习近平同志为核心的党中央，站在人类历史发展的高度，以大国领袖的责任担当，深入思考关乎人类前途命运的重大课题，深入阐述推动构建人类命运共同体的理念，受到国际社会的高度评价和热烈响应，产生日益广泛而深远的国际影响。构建人类命运共同体，顺应了历史潮流，回应了时代要求，凝聚了各国共识，为人类社会实现共同发展、持续繁荣、长治久安绘制了蓝图，对中国的和平发展、世界的繁荣进步都具有重大和深远的意义。

第三，勾画了共商共建共享全球治理理念的中国行动。党的十九大报告强调，要以"一带一路"建设为重点，遵循共商共建共享原则，努力实现政策沟通、设施联通、贸易畅通、资金融通、民心相通，打造国际合作新平台，增添共同发展新动力。"一带一路"建设，不仅打开了各国友好交往的新窗口，更书写了人类发展进步的新篇章。当前，世界经济增长需要新动力，发展需要更加普惠平衡，贫富差距鸿沟有待弥合，和平赤字、发展赤字、治理赤字，是摆在全人类面前的严峻挑战。"一带一路"建设通过战略对接、经济融合、发展联动，寻求共同利益，共同参与建设、共享世界发展成果，为践行共商共建共享全球治理理念、构建以合作共赢为核心的新型国际关系提供了最好的范例。"一带一路"建设努力构建不同文明相互理解、相互包容、相互亲和的发展格局，为构建人类命运共同体提供了坚实的基础。

伟大的时代、伟大的实践，孕育和形成了习近平新时代中国特色社会主义思想。在新时代的新实践中，习近平新时代中国特色社会主义思想必定是引领这个新时代胜利前进的伟大旗帜。我们要认真学习领会习近平新时代中国特色社会主义思想，紧密团结在以习近平同志为核心的党中央周围，高举中国特色社会主义伟大旗帜、锐意进取、埋头苦干，为决胜全面建成小康社会，夺取新时代中国特色社会主义伟大胜利、实现中华民族伟大复兴的中国梦、实现人民对美好生活的向往而继续奋斗！

(作者为中国社会科学院直属机关党委常务副书记)

全面从严治党的四重考量[*]

王晓霞

习近平总书记所作的党的十九大报告,充分肯定了党的十八大以来全面从严治党取得的卓著成效,对深入推进全面从严治党作出了新部署、提出了新要求,是新形势下加强和改善党的领导、提高党的执政能力和领导水平的思想指南和行动纲领,是推动全面从严治党向纵深发展的根本遵循,为推进党的建设新的伟大工程指明了方向。

一 全面从严治党是厚植党执政基础的政治考量

民心是最大的政治。民心民意是定国安邦的重要基础,人心向背是政权兴衰的决定性因素。回顾中国共产党波澜壮阔的发展历程,其中最宝贵的经验就是把全心全意为人民服务作为党的宗旨,始终保持与人民群众的血肉联系。

第一,大会主题深刻蕴含了为人民服务的宗旨。党的十九大报告"不忘初心,牢记使命"的主题深刻蕴含着中国共产党"为了谁、依靠谁、我是谁"的宗旨问题。报告指出,"中国共产党人的初心和使命,就是为中国人民谋幸福,为中华民族谋复兴。这个初心和使命是激励中国

---

[*] 本文发表于《中国社会科学报》2018年4月3日。

共产党人不断前进的根本动力。全党同志一定要永远与人民同呼吸、共命运、心连心，永远把人民对美好生活的向往作为奋斗目标，以永不懈怠的精神状态和一往无前的奋斗姿态，继续朝着实现中华民族伟大复兴的宏伟目标奋勇前进"。

第二，全面从严治党赢得了民心民意。改革开放以来，特别是党的十八大以来，在以习近平同志为核心的党中央的坚强领导下，我国经济社会发展取得巨大成就、人民生活持续改善，生活质量不断提升。同时从作风建设破题，着力解决损害群众利益的突出问题，通过扎紧制度笼子、完善监督格局、高压惩治腐败，将反腐败斗争不断向纵深推进。五年来，全面从严治党的力度前所未有，成效世界瞩目，百姓的获得感显著提升。有的老百姓讲，十八大以来"公车私用谁也不敢了""送礼才能办事的现象越来越少了""吃、拿、卡、要基本杜绝了""一些部门过去存在的门难进、脸难看、事难办的现象消失了"，百姓深恶痛绝的"四风"问题以及违纪违法攫取利益问题得到有效遏制，政治生态得到净化，党在人民群众心目中的形象大大提升，党执政的群众基础、社会根基不断得到巩固和加强。

第三，全面从严治党净化了政治生态。党的十九大报告高度评价了党的十八大以来全面从严治党尤其是形成反腐败斗争压倒性态势方面取得的卓著成效。报告指出，"坚持反腐败无禁区、全覆盖、零容忍，坚定不移'打虎'、'拍蝇'、'猎狐'，不敢腐的目标初步实现，不能腐的笼子越扎越牢，不想腐的堤坝正在构筑，反腐败斗争压倒性态势已经形成并巩固发展"。报告还进一步肯定了全面从严治党对于巩固党的执政基础的重要价值。"五年来，我们勇于面对党面临的重大风险考验和党内存在的突出问题，以顽强意志品质正风肃纪、反腐惩恶，消除了党和国家内部存在的严重隐患，党内政治生活气象更新，党内政治生态明显好转，党的创造力、凝聚力、战斗力显著增强，党的团结统一更加巩固，党群关系明显改善，党在革命性锻造中更加坚强，焕发出新的强大生机活力，为党和国家事业发展提供了坚强政治保证。"

二 全面从严治党是保障全面建成小康社会的战略考量

在为人民谋幸福、为民族谋复兴的使命的指引下，我们党不断调整目标追求和战略部署。全面建成小康社会，是我们党继解决人民温饱问题、人民生活总体上达到小康水平的基础上提出的新部署。

第一，全面建成小康社会是党向人民作出的庄严承诺。十九大报告对从全面建成小康社会到基本实现现代化，再到全面建成社会主义现代化强国，作出了明确的战略安排，进一步指明了党和国家事业的前进方向。为了稳步推进这一战略安排，十九大报告同时指出，党要团结带领人民进行伟大斗争、推进伟大事业、实现伟大梦想，必须毫不动摇坚持和完善党的领导，毫不动摇把党建设得更加坚强有力。

第二，决胜全面建成小康社会，关键在于加强和改善党的领导。党的建设必须服从和服务于党所领导的伟大事业，这是我们党加强自身建设的基本经验。全面建成小康社会是当前我们党最大的政治任务，也是全国人民现阶段的共同理想和目标追求。实现这一奋斗目标，迫切需要推进全面从严治党：一方面，要把是否有利于全面建成小康社会作为衡量和检验党的建设成效的重要标准，坚持"五位一体"总体布局和"四个全面"战略布局，以明确的问题导向，积极回应当前经济社会发展中存在的突出问题、改革攻坚和加快转变发展方式面临的难点问题、干部群众普遍关注的热点问题；另一方面，也要找准党的建设与全面建成小康社会的结合点，坚持从严治吏，建设高素质的领导干部队伍，为实现全面建成小康社会提供坚强保证。

第三，决胜全面建成小康社会，需要全面从严治党向基层延伸。在精准扶贫、脱贫攻坚战实施过程中，扶贫资金的廉洁使用、基层干部的廉洁用权和良好作风，关系到贫困人口如期脱贫、迈向小康、奔向富裕目标的有效实现。基层党组织的作风建设状况、党员先锋模范作用的发挥和基层腐败治理效果，也影响着基层群众对扶贫攻坚战略部署和全面建成小康社会的信心。坚定不移推进全面从严治党，尤其是全面从严治党在基层延伸，通过思想建党和制度治党同向发力，统筹推进党的各项建设，严肃党内政治生活，坚决纠正各种不正之风，以零容忍态度惩治腐败，为全面建成小康社会提供了坚强的政治、组织和纪律保障。

三 全面从严治党是深刻把握执政党建设规律的历史考量

善于认识和把握规律，是我们党实事求是思想路线的重要体现。全面从严治党，是我们党深刻把握执政党建设规律的历史考量。

第一，坚持探索和把握党的建设规律，是我们党一贯的优良传统。中国共产党执政与自身建设，既要始终遵循人类社会发展和政党政治发展的一般规律，又要充分考虑无产阶级政党的特殊性，自觉把握共产党的执政规律和自身建设规律。我们党在90多年的历史发展中，之所以能够不断成长并走向成熟，领导人民从胜利走向胜利，就是因为始终坚持探索革命和建设条件下党的建设规律，并自觉遵循规律办事。我们党注重尊重规律、注重把握规律，这集中体现在始终成为坚强的领导核心，体现在通过全面从严治党，不断提高党的领导能力和水平。

第二，全面从严治党，旨在解决长期执政条件下自我监督问题。我们党在长期执政的环境中，面对的严峻挑战是权力容易被侵蚀、党的干部脱离群众，而如何跳出"其兴也勃焉，其亡也忽焉"的历史周期率是必须作答的考题。实践证明，我们党在长期的革命和建设中积累了丰富的全面从严治党经验，并掌握了一些规律，但客观事物是不断向前发展的。中国特色社会主义进入新时代，党要团结带领人民进行伟大斗争、推进伟大事业、实现伟大梦想，一定会面临许多新情况、新问题。我们必须在立足于党的性质、宗旨与历史使命的基础上，坚持以习近平新时代中国特色社会主义思想为指引，积极探索全面从严治党规律，不断深化对全面从严治党规律的认识。对此，十九大报告深刻指出：人民群众最痛恨腐败现象，腐败是我们党面临的最大威胁。只有以反腐败永远在路上的坚韧和执着，深化标本兼治，保证干部清正、政府清廉、政治清明，才能跳出历史周期率，确保党和国家长治久安。

第三，全面从严治党，必须把握好管党治党自身的规律性。习近平总书记指出："从严治党有其自身规律，对我们这样一个老党大党来说，从严治党更有其自身规律。我们党在长期实践中,不断总结自己正反两方面经验,也积极借鉴国外执政党建设的经验教训,深刻认识到了一些从严治党规律,这些都要继续运用好。"党的十八大以来,我们党在深入推进全面从严治党、加强党的建设方面进行了全方位探索和积极实践,取得了许多成功经验和显著成果。如明确党的"六大纪律",坚持巡视监督全覆盖,运用监督执纪"四种形态",完善了纪检机关双重领导体制、全面派驻机制,注重管好"关键少数"、用好通报曝光,注重严管厚爱、抓早抓小,等等,这些都充分体现了我们党对新时代推进马克思主义执政党建设规律认识的深化。

四 全面从严治党是探索解决自身存在问题的现实考量

全面从严治党,既是我们党面临"四大风险""四大考验"的必然选择,也是探索解决自身存在问题的现实考量,是一场生死攸关的"自我革命"。

第一,敢于直面问题是我们党在革命和建设中形成的优良品质。十九大报告对我们党面临的不利环境和自身存在的问题作了客观的分析。"全党要清醒认识到,我们党面临的执政环境是复杂的,影响党的先进性、弱化党的纯洁性的因素也是复杂的,党内存在的思想不纯、组织不纯、作风不纯等突出问题尚未得到根本解决。"

第二,全面从严治党是改进管党治党方法的迫切要求。十九大报告指出,"勇于自我革命,从严管党治党,是我们党最鲜明的品格"。我们应当看到,当前,一些表面的浅层次的问题,如乱作为、不作为问题得到了比较好的解决;但一些深层次的问题,如促进干部为官大有作为的问题并没有得到很好的解决。一些解决得比较好的问题如"四风"问题,主要是通过高压惩治予以遏制的,一旦放松,随时可能反弹。另外,从管党治党的方法层面来看,过去主要是严惩震慑,以治标为主,但不能停留在这个层次,必须走向标本兼治,重在治本,最终通过完善制度、提高思想觉悟和行为自觉来解决深层问题。正是在此背景下,党中央提出了推动全面从严治党向纵深发展的明确要求。

第三，全面从严治党是实现执政党自我净化的迫切要求。任何公权力都面临被腐蚀的危险，执政党永远会面对与腐败的斗争。中央纪委向党的十九大提交的工作报告指出，"我们一党长期执政，实现自我净化是很大的挑战，能否以自我革命的勇气，实现监督全覆盖，形成发现问题、纠正偏差的有效机制，直接关乎党的执政能力和治理水平"。十九大期间，习近平总书记参加贵州省代表团讨论，在提到全面从严治党时提出了"三个不能有"和"三个更加"。他指出："在全面从严治党这个问题上，我们不能有差不多了，该松口气、歇歇脚的想法，不能有打好一仗就一劳永逸的想法，不能有初见成效就见好就收的想法。"习近平总书记还指出："要把管党治党的螺丝拧得更紧，把全面从严治党的思路举措搞得更加科学、更加严密、更加有效。"习近平总书记的讲话彰显了加强党的长期执政能力建设、巩固反腐败斗争压倒性态势、夺取压倒性胜利的坚定信心。

全面从严治党永远在路上，我们要认真贯彻十九大精神，"一刻不停歇地推动全面从严治党向纵深发展""不松劲、不停步、再出发"，以永远在路上的定力，以坚如磐石的决心，以扎扎实实的行动，在深入推进党的建设新的伟大工程中贡献力量，为实现"两个一百年"奋斗目标，实现中华民族伟大复兴的中国梦而不懈奋斗！

（作者为中国社会科学院直属机关纪委书记）

创新方法、联系实际
努力提高基建工作的品质

吕令华

党的十九大是在全面建成小康社会决胜阶段、中国特色社会主义发展关键时期召开的一次十分重要的大会，是全党全国各族人民政治生活中的头等大事。习近平总书记所作的报告大气磅礴、高屋建瓴、催人奋进、发人深省，是具有里程碑意义的历史性报告，既闪耀着理论光辉，又充满了实践品质，必将在新的历史阶段为党和国家事业发展起到重要的指导作用。深入学习宣传贯彻党的十九大精神，是当前和今后一个时期我院的首要政治任务。根据《关于做好学习宣传贯彻党的十九大精神有关工作的通知》，基建办组织全办同志认真学习了十九大报告，体会如下。

一是认真学习贯彻落实党的十九大精神。习近平总书记所作的报告显示了中国共产党不忘初心、砥砺奋进，永远根植于人民群众、为人民造福的执政宗旨。中国共产党人的初心和使命就是为中国人民谋幸福，为中华民族谋复兴。这个初心和使命是激励中国共产党人不断前进的根本动力。"不忘初心、继续前进"，体现了马克思主义的历史观和实践观；体现了理论上的清醒和政治上的坚定；体现了对历史经验与历史规律的深刻把握；体现了足够的底气和自信；体现了崇高的使命意识和责任担当。"强调'不忘初心、继续前进'，具有重要的理论思想意义和现实行动意义,要在充分的道路、理论、制度和文化自信自觉基础上,保持建党初心,继续推动马克思主义及其中国化理论与实践的发展,以实际行动积极推进'五位一体'总体布局,协调推进'四个全面'战略布局,早日实现'两个一百年'的宏伟蓝图。"马克思主义指导、共产主义与社会主义理想、全心全意为人民服务可谓"初心";"四个自信"是"继续前进"的精神力量;全面建成小康社会是"继续前进"的近期目标;全面深化改革是"继续前进"的具体路径;人民主体是"继续前进"的依靠力量;走和平发展道路、保持党的先进性和纯洁性是"继续前进"的重要保障。"八个明确"是以习近平同志为核心的党中央治国理政新理念新思想新战略的进一步总结和概括。作为共产党员,要时刻牢记历史使命,在自己的工作岗位中兢兢业业、勤勤恳恳、不求回报、无私奉献,全身心地投入。认真学习党章、党规,尊崇党章,遵守党规,认真学习习近平总书记系列重要讲话精神、十九大报告,进一步增强政治意识、大局意识、核心意识、看齐意识,坚定理想信念、保持对党忠诚、树立清风正气、勇于担当作为,充分发挥先锋模范作用。在基建办的工作中,要牢记把人民的福祉放在第一位,习近平总书记曾在不同场合指出,"群众利益无小事"。群众的一桩桩"小事",是构成国家、集体"大事"的"细胞"。所以,在工作中要把人民的利益放在首位,多做实事、好事、善事,努力把提高人民的福祉放在首位。在工作中践行优秀共产党员的优良传统和作风,牢记使命,不忘为党和人民服务终生的信念和追求。

二是要将思想统一到十九大的精神上。习近平总书记的报告提出了一系列的新思想、新判断、新理念和新要求,要深入掌握报告的思想精髓,领会报告的精神实质,把思想和认识切实统一到党的十九大精神上来,特别是要深刻把握习近平新时代中国特色社会主义思想,深刻认识这一重大思想的历史地位、丰富内涵、精神实质和实践要求,深入领会新时代坚持和发展中国特色社会主义十四条基本方略,切实增强政治意识、大局意识、核心意识、看齐意识,牢固树立中国特色社会主义道路自信、理论自信、制度自信、文化自信,真正把习近平新时代中国特色社会主义思想这一马克思主义中国化最新成果作为思想武器和行动指南。在思想上政治上行动上同以习近平同志为核心的党中央保持高度一致,更加紧密地团结在以习近平同志为核心的党中央周围,衷心拥护中国共产党领导，坚定走中国特色社会主义道路的自觉性和自豪感，高举中国特色社会主义伟大旗帜，牢固树立中国特色社会主义共同理想信念，确保头脑清醒，方向明确，步伐坚定。党的十九大是在全面建成小康社会决胜阶段、中国特色社会主义发展关键时期召开的一次十分重要的大会，是全党全国各族人民政治生活中的头等大事。深入学习宣传贯彻党的十九大精神，是当前和今后一个时期每一名共产党员的首要政治任务，也要在工作中认真消化、吸收十九大报告的精神实质。党的十九大作出了实现"两个一百年"奋斗目标的战略安排，为新时代中国特色社会主义发展揭开了新的壮丽篇章。提出"两个阶段"发展目标，到2035年基本实现社会主义现代化，到本世纪中叶建成富强民主文明和谐美丽的社会主义现代化强国，比"三步走"发展战略整整提前了15年，鼓舞人心、催人奋进。学习贯彻党的十九大精神，就是要准确把握我们党对新时代中国特色社会主义发展作出的新的战略安排，统筹推进各项工作，抓重点、补短板、强弱项，打赢攻坚战；就是要坚定不移地把发展作为第一要务，贯彻新发展理念，在转变发展方式、优化经济结构、转换增长动力上大力攻关，增强经济创新力和竞争力，为实现"两个一百年"奋斗目标奠定坚实的物质基础；就是要着力提高保障和改善民生水平，加强和创新社会治理，让改革发展成果更多更公平地惠及人民群众，进一步增强人民群众的获得感、幸福感、安全感。十九大报告中提出的一系列新的思想说明了目前我国已经进入了经济、社会发展的历史新阶段。继续深入学习十九大精神，认真研讨十九大报告中的新思想、新观点、新论断，尤其要把握好报告的主题和灵魂，进一步提高认识，统一思想，把自己的思想和行动统一到十九大精神上来。要采取"紧扣主题、分层实施、联系实际、强化落实、加强监督"等手段提高学习效果，做到保质保量地完成学习任务，提升自身修养。新的思想针对新的历史发展阶段的经济、社会状况提出了基本战略目标和解决新问题的灵丹妙药，要求基建办的每一名同志在工作中紧紧贯彻习近平新时代中国特色社会主义思想，还要用发展的眼光、宏观战略的眼光看问题。

三是要将精力集中到十九大精神的学习贯彻上。坚持自我教育、自我管理、自我提高，把认真学习贯彻党的十九大精神作为当前和今后一个时期的首要政治任务，把学习作为一种常态，作为提升自我综合素质的一种重要途径，认真学、系统学，原原本本地学好报告的原文，认真学习、深入贯彻党的十九大所确定的各项战略方针政策，深入扎实地学习好、领会好、贯彻好、落实好。坚持用习近平新时代中国特色社会主义思想武装头脑、指导实践，用党的科学理论构筑起强大精神支柱，不断巩固对中国特色社会主义道路的认同、对全面建成小康社会奋斗目标的认同和对社会主义核心价值观的认同。学习贯彻十九大精神，要大力发扬理论联系实际的学风。这是学习和贯彻十九大精神的根本保证，只有学以致用，坚持用十九大精神指导实践，同时在实践中不断加深对十九大精神的理解，才能真正把十九大精神落到实处。在深入学习上求"精"，在理论研究上求"实"，在学用结合上求"广"。要按照十九大精神的要求，坚持科学发展观，以创新的理论和方法，联系实际，努力提高基建工作的品质。在基建办的工作中要认真、深入思考如何抓住中国社会科学院基建工作发展的关键阶段努力提高基建工作的品质，如何构建和打造一支基建业务能力过硬的团队，如何积极推动基建办党建工作，使之成为一线基建工作者学习贯彻遵守党章、学习习近平新时代中国特色社会主义思想、学习十九大精神的重要窗口，深入研究，思考新时期基本项目建设工作发展的战略目标和总体规划，在基建工作中坚持强烈的问题意识、鲜明的目标导向和全面的战略举措。同时，在工作中要坚决反对那种脱离实际，墨守成规，浅尝辄止，急功近利的浮躁心理，要大力倡导增强机遇意识、创新意识、发展意识、大局意识、责任意识、忧患意识。通过学习，将宣传基本项目建设工作与党建工作需要相结合，与基建办人员管理工作中遇到的热点、难点相结合。十九大报告提出，"发展要有新思路，改革要有新突破，开放要有新局面，各项工作要有新举措"，深化改革要做到"三个坚决"，即"一切妨碍发展的观念都要坚决冲破，一切束缚发展的做法和规定都要改变，一切影响发展的体制弊端都要坚持革除"。作为基建工作者，要认真研究新时代社会主义市场经济条件下经济发展的新规律和国家经济未来发展的宏观规划和战略目标，从历史发展的长远眼光了解基本建设项目工作对社会的重要性，不畏艰险，解放思想，实事求是，与时俱进，开创进取。

四是要将行动聚焦到十九大精神的要求落实上。贯彻落实十九大报告精神，归根到底要体现在行动上，体现在实践中，要继续把学习贯彻十九大精神作为当前和今后一个时期的头等大事抓紧抓好。党的十九大精神特别是习近平总书记作的报告，博大精深、意义深远，要学习好、领会好、贯彻好，必须花更多的时间，下更大的功夫。继续深入学习十九大精神，认真研讨十九大报告中的新思想、新观点、新论断，尤其要把握好报告的主题和灵魂，进一步提高认识，统一思想，把自己的思想和行动统一到十九大精神上来，统一到十九大报告的重要思想上来。要采取"紧扣主题、分层实施、联系实际、强化落实、加强监督"等手段提高学习效果，做到保质保量地完成学习任务，提升自身修养。在基建办实际工作的开展中，严格要求自己，加强作风建设，巩固拓展落实中央"八项规定"的精神成果，强化政治纪律和组织纪律，带动廉洁纪律、群众纪律、工作纪律、生活纪律严起来。始终坚持党的领导。学习贯彻党的十九大精神，就是要深刻领会新时代坚持党对一切工作领导的重大意义，把党的政治建设摆在首位，牢固树立"四个意识"，坚定"四个自信"，坚决维护以习近平同志为核心的党中央权威和党的集中统一领导；就是要牢记新时代党的历史使命，深刻认识"四大考验"的长期性和复杂性、"四种危险"的尖锐性和严峻性，按照新时代党的建设新要求，推动全面从严治党向纵深发展，作出共产党员应有的努力和贡献。

（作者为中国社会科学院基建工作办公室副主任）

直属单位、代管单位

新时代背景下中国高等教育事业的发展要求和总体趋势

张政文

十九大报告提出的新成就、新时代、新矛盾,以及与之相适应的新思想、新目标和新部署为我们在新时代背景下推动高等教育发展提出了新要求。正如习近平总书记在党的十九大工作报告中指出,优先发展教育事业。建设教育强国是中华民族伟大复兴的基础工程,必须把教育事业放在优先位置,加快教育现代化,办好人民满意的教育。加快一流大学和一流学科建设,实现高等教育内涵式发展。这就是新时代中国特色社会主义高等教育的宏伟目标和总体要求,可以高度概括为"不忘办好人民满意教育的初心,牢记创建双一流大学的使命"。

一 不忘初心,坚守中国特色社会主义高等教育事业的人民性,一切以人民为中心办社会主义大学

人民性是包括高等教育事业在内的中国特色社会主义事业的根本属性。在全面建成小康社会的决胜阶段和实现中国梦的关键时期,回到教育事业的根本去深刻认识、理解和践行人民性,对于创建世界一流大学,推动实现从教育大国到教育强国的历史性跨越具有重要意义。在全国高

校思想政治工作会议上，习近平总书记强调我国高等教育应该做好"四个服务"，即为人民服务，为中国共产党治国理政服务，为巩固和发展中国特色社会主义制度服务，为改革开放和社会主义现代化建设服务。"四个服务"的核心是让人民满意，这正是中国大学应该坚持的办学方向，也是中国大学在争创世界一流过程中不可迷失的方向，是中国特色社会主义大学的显著标志。

《共产党宣言》指出，"每个人的自由发展是一切人的自由发展的条件"①。人的解放、自由和全面发展是马克思主义理论体系的根本思想、真正主题和始终如一的目标。也就是说，"人民性"，其实就是指对个体社会性和精神性需要的适应与满足，是对人的社会属性和社会关系、社会性需要和精神需要、社会素质和能力素质的全面发展。鉴于当前我国社会的主要矛盾已经是"人民日益增长的美好生活需要和不平衡不充分的发展之间的矛盾"，我们更应认识到解决主要矛盾、实现人的全面发展与社会的全面发展相统一、相互促进、和谐发展，一个重要的因素就在于教育。教育事业既承担着立德树人、促进人的全面发展的根本任务，更肩负着为经济社会发展提供有力人才支撑和智力支持的重任。因此，认真学习领会十九大报告对教育提出的新任务，立足于人民群众对更加平衡更加充分教育的新需求，任务十分紧迫。

从高等教育看，主要聚焦于五大新任务，这些任务个个都体现了新时代新阶段的新特征。一是立德树人根本任务聚焦于"落实"，要求坚持社会主义的办学方向和为人民服务的办学宗旨，进一步牢固确立人才培养在高校的中心地位，以人为本、德育为先，实现全员、全过程、全方位育人。二是素质教育聚焦于"发展"，始终坚持把促进学生德智体美全面发展作为学校一切工作的出发点和落脚点，实现学生的思想道德素质、科学专业素质、文化素质、身心素质全面提高，创新精神、实践能力和社会责任感明显增强。三是教育公平聚焦于"推进"，要求科学配置资源，着力补齐短板，完善制度设计，切实保障全体受教育者的机会公平、规则公平和过程公平。四是一流大学和一流学科建设聚焦于"加快"，要求大力推动一批高校和学科进入国际前列，引领中国高等教育实力的整

---

① 《马克思恩格斯选集》第1卷，人民出版社1995年版，第294页。

体提升，增强中国高等教育的国际竞争力、影响力和塑造力。五是高等教育内涵式发展聚焦于"实现"，要求以提升质量为核心，统筹高等教育结构、规模、质量、效益协调发展，实现高校治理体系和治理能力现代化。

以上的任务，集中体现了新时代以人民为中心的发展理念，是党和人民赋予高等教育沉甸甸的时代使命，责任重大、任务艰巨，召唤和期待着我们坚定教育自信，扎根中国大地，办好中国特色、世界水平的高等教育，实现一次"质"的飞跃。

二 牢记使命，聚焦"两个一百年"的奋斗目标，实现"双一流"大学建设目标

办人民满意的高等教育是建设双一流大学的初心，而建设双一流大学则是办人民满意的高等教育的主要途径，二者相辅相成、相互联系。"双一流"大学建设是我国经历了"211"工程建设和"985"工程建设后，在新时代条件下对我国高等教育发展的再一次战略部署和总体安排，是在中国的世界一流大学建设经历了集结、整队、布局及初步建设后的冲锋和决战。2015年11月5日，国务院公布的《统筹推进世界一流大学和一流学科建设总体方案》指出，坚持以中国特色、世界一流为核心，以立德树人为根本，以支撑创新驱动发展战略、服务经济社会发展为导向，加快建成一批世界一流大学和一流学科，提升我国高等教育综合实力和国际竞争力。该方案总体目标是，到2020年，若干所大学和若干学科进入世界一流学科前列；到2030年，更多的大学和学科进入世界一流行列，若干所大学进入世界一流大学前列，一批学科进入世界一流学科前列，高等教育整体实力显著提升；到本世纪中叶，一流大学和一流学科的数量和实力进入世界前列，基本建成高等教育强国。

可见，国家启动"双一流"大学建设既是党中央、国务院在新历史时期为提升教育综合实力和国际竞争力、增强国家核心竞争力而作出的重大战略决策，也是实现"两个一百年"伟大目标的重要组成，承载了加速实现民族复兴的艰巨使命，也是走中国特色发展道路的生动体现。深入理解"双一流"大学建设实质必须从以下几点着眼。

一是处理好中国特色、世界一流的关系。首先，中国的世界一流大学是具有中国特色的社会主义大学。我们是中国共产党领导下的社会主义国家，党的领导是建设好中国的世界一流大学的思想引领、精神动力与组织保证，这既是国体与政体的基本要求，更是形成共同理想、汇聚办学力量、加速推进世界一流大学建设的独特优势。因此在建设世界一流大学的征程中，要始终高举中国特色社会主义的伟大旗帜，坚持中国特色社会主义的办学方向，坚持党对高校的绝对领导。坚持用中国特色社会主义理论武装师生头脑，坚持和完善党委领导下的校长负责制，培养中国特色社会主义的可靠接班人。其次，中国的世界一流大学是在解决中国发展问题的大学。当前新时代、新矛盾和新任务为一流大学建设提供了最好的发展条件与实践平台。中国的世界一流大学必须以解决中国的问题为中心，贴近中国发展的现实需求，融入实现"两个一百年"目标的历史征程，在大学崛起中助推大国崛起，在大国崛起中实现大学崛起。最后，中国的世界一流大学是体现中国风格的大学。大学是一个民族历史与性格的集中彰显，具有鲜明的民族个性与文化性格。中国几千年来文化积淀、改革开放以来的文化创新深刻影响与塑造着中国世界一流大学的"文化品格"。中国的世界一流大学要有一流大学的文化担当，要在传承民族优秀文化、捍卫社会理想与真理、推动文化创新、加速文化走出去等方面发挥引领与核心作用。传承与发扬先进文化成为中国的世界一流大学最鲜明的精神标识与历史责任。中国的世界一流大学，只有具有鲜明的中国文化基因，才能真正屹立于世界文化之林。

二是必须坚定立德树人这一根本任务，培养中国特色社会主义合格建设者和可靠接班人。在2016年召开的全国高校思想政治工作会议上，习近平总书记强调高校思想政治工作关系高校培养什么样的人、如何培养人以及为谁培养人这个根本问题，指出高等教育肩负着培养德智体美全面发展的社会主义事业建设者和接班人的重大政治任务，必须坚持正确政治方向。世界一流大学拥有一些共性特征，如一流的学科、一流的学生、一流的教师、一流的科研成果、一流的办学条件，等等，但是根本标准要看是否培养出了胸怀祖国、放眼世界，具备优秀道德品质和综合素质的人才。在所有基本要素中，德居于基础性的地位，决定着一个人的人生走向和作用的发挥。因此，双一流大学建设就要培养具有坚定的理想信念，胸怀共产主义远大理想，坚定中国特色社会主义共同理想，以社会主义核心价值观为标尺，德智体美全面发展的社会主义建设者和接班人，培养有理想、有本领、有担当的一流人才。

三是明确"以支撑创新驱动发展、服务经济社会为导向"的基本要求。党的十八大以来，中央作出了"四个全面"的部署，明确了经济社会发展的一系列重大战略，深入推进经济、科技、教育等领域的改革，"一带一路""京津冀协同发展""互联网＋"等战略部署均离不开一流大学和一流学科的支撑。双一流大学建设基于对我国经济社会发展水平的判断，提出了"三阶段"的建设目标，与国家总体战略要求和"两个一百年"的目标相一致。在创建世界一流大学的过程中，大学应主动把国家目标作为发展牵引，围绕服务国家一流大学建设的路径设计，找准自身在服务国家战略、区域发展战略中的定位，明确支撑服务的结合点，把自身优势与世界一流大学的发展经验结合起来，把握人才培养、学科发展、科技创新、社会服务、文化引领的发展方向和改革思路，走出一条与经济社会发展更加紧密结合的中国特色世界一流大学建设之路。

三 十九大精神指引下建设中国社会科学院大学的基本目标和主要任务

十九大精神和新时代中国特色社会主义高等教育发展的新趋势、新使命和新要求也昭示了中国社会科学院大学今后一个阶段的发展目标和努力方向：以习近平新时代中国特色社会主义思想为指引，按照党的十九大的整体部署，加快一流大学和一流学科建设，真正把学生培养成为共产主义接班人和中国特色社会主义的建设者，按照中国特色世界一流的要求将中国社会科学院大学建成马克思主义理论和哲学社会科学高层次人才培养基地。概括而言，也是不忘初心、牢记使命。不忘初心，就是不忘党中央成立中国社会科学院大学的战略考量，一切以人民为中心，一切以中国特色社会主义事业发展为中心，为进一步加强马克思主义和党的意识形态坚强阵地、中国哲学社会科学最高殿堂、中国特色综合性国家级高端智库建设，加快构建中国特色哲学社会科学提供人才支持和智力保障；牢记使命就是要牢记习近平总书记"办好中国的世界一流大学，必须有中国特色"和"扎根中国大地办大学"的指示精神，将习近平新时代中国特色社会主义思想融入立德树人全过程，融入"双一流"建设全过程，与办学的根本指导思想实现有机融合，把"两个一百年"奋斗目标与中国社会科学院大学发展紧密融合，自觉服务党和国家工作大局，为繁荣发展哲学社会科学事业、加快构建中国特色哲学社会科学作出新的历史性贡献。为此，今后工作我们必须做到高站位思考、高起点谋划、高标准建设，重点聚焦以下主要任务。

一是要高举中国特色社会主义伟大旗帜，以习近平新时代中国特色社会主义思想为指导，贯彻落实十九大精神。

二是要牢记中国社会科学院大学坚持以培养共产主义接班人和中国特色社会主义建设者为根本任务。

三是要加快人才培养模式改革，提高人才培养质量。在传承传统人才培养优势的基础上，推动从以专业教育为中心的培养模式向以学生学习成长为中心的培养模式转变。

四是要主动适应国家战略发展需求，优化学科专业结构，围绕建设具有全球影响力的智库创新中心，加强布局建设一批中国特色、世界水平的一流学科专业，发挥好思想库和智囊团作用。

五是要加强师资队伍建设，建设一支具有马克思主义理论素养、坚持社会主义方向、学术造诣深厚、教书育人典范、年龄结构合理的一流师资队伍。

六是要以改革高校体制机制、建立现代大学制度为重点，创建现代大学治理体系，加强制度建设，妥善处理好大学、学科和教授三者的关系，建立起系统科学的党委领导、校长负责、教授治学、民主管理的治理结构。

（作者为中国社会科学院研究生院党委书记）

深入学习十九大报告
进一步做好能源研究

黄晓勇

十九大报告明确提出，"近代以来久经磨难的中华民族迎来了从站起来、富起来到强起来的伟大飞跃，迎来了实现中华民族伟大复兴的光明前景；意味着科学社会主义在 21 世纪的中国焕发出强大生机与活力，在世界上高高举起了中国特色社会主义伟大旗帜；意味着中国特色社会主义道路、理论、制度、文化不断发展，拓展了发展中国家走向现代化的途径，给世界上那些既希望加快发展又希望保持自身独立性的国家和民族提供了全新选择，为解决人类问题贡献了中国智慧和中国方案"。

十九大报告全面总结了五年来的发展成就，让我们感到十分振奋。报告中一些新提法、新观点和新论断也为新时代中国的发展指明了方向。作为一名社科领域的学者，我为有幸参与这一发展进程感到自豪与骄傲，也希望能继续为此献计献策，为中国发展和人类问题解决的中国方案贡献自己的一分力量。

一 指明了我国能源业发展新方向，我国能源发展进入新时代

十九大报告提出，中国特色社会主义进入新时代，我国社会主要矛

盾已经转化为人民日益增长的美好生活需要和不平衡不充分的发展之间的矛盾。

我国稳定解决了十几亿人的温饱问题，总体上实现小康，不久将全面建成小康社会，人民美好生活需要日益广泛，不仅对物质文化生活提出了更高要求，而且在安全、环境等方面的要求日益增长，生态环境问题已成为满足人民日益增长的美好生活需要的重要制约。

十九大报告要求，坚持新发展理念。发展是解决我国一切问题的基础和关键，发展必须是科学发展，必须坚定不移贯彻创新、协调、绿色、开放、共享的发展理念。十九大报告提出，坚持人与自然和谐共生。建设生态文明是中华民族永续发展的千年大计。必须树立和践行绿水青山就是金山银山的理念，坚持节约资源和保护环境的基本国策，像对待生命一样对待生态环境。这些论断和表述都为中国能源行业和生态环境保护提供了指引。

中国发展进入新时代，能源行业的发展也将在环境压力下进入一个新时代，绿色、低碳将成为我国能源行业发展的关键词。随着我国能源生产能力的提高、进口渠道的多元化，我国能源供给保障能力日益提高，能源供给安全得到了较好保障。能源供应出现阶段性宽松，我国能源行业发展不平衡、不协调、综合效率不高等问题逐步显现。

能源生产方面的问题，突出表现为煤炭产能过剩、系统调节能力与可再生能源发展不相适应等。能源消费结构问题也非常突出，以煤为主、少油少气，不仅化石能源占比过高，而且化石能源内部结构十分不合理。不合理的能源结构对我国的生态环境带来了沉重压力。

解决好这些问题是一项长期任务，主要途径是优化能源结构。对此，我国需要有效化解煤炭、煤电等过剩产能，加快补上能源发展的短板，深入推进煤电超低排放和节能改造，严格控制煤电投产规模等手段，解决行业发展不平衡不充分的问题。

二 能源发展新时代，能源行业的新使命和新目标

在能源发展新时代，能源行业应按照十九大报告精神和能源发展

"十三五"规划等，推进能源生产和消费革命，构建清洁低碳、安全高效的现代能源体系。

优化能源结构，实现清洁低碳发展是推动我国能源革命的本质要求，是我国经济社会转型发展的迫切需要。根据规划，到2020年我国非化石能源消费比重提高到15%以上，天然气消费比重力争达到10%，煤炭消费比重降低到58%以下。要实现上述目标，我们要继续推进非化石能源规模化发展。做好规模、布局、通道和市场的衔接，规划建设一批水电、核电重大项目，稳步发展风电、太阳能等可再生能源。同时，扩大天然气消费市场、提高天然气消费比重。此外，做好化石能源，特别是煤炭的清洁高效利用。

在能源安全高效发展方面，一方面我们要建立安全的能源体系，确保能源供给、运输和消费的安全；另一方面要着力推进能源行业的体制机制改革，使市场发挥资源配置的决定性作用，进一步降低能耗、提高能源行业运行效率。

三 新能源和传统能源在能源发展新时代的竞争与交替

在新发展理念的指引下，我国能源结构调整的进程必然进一步提速。人类对能源的利用必将随着生产力水平和科技水平的提升而向着清洁化、高密度转型，这是一个不可逆的过程，新能源对传统能源的替代也是必然趋势。从长远看，油气作为不可再生能源，被新能源所替代几乎是不可避免的。

但是，能源结构的转型是一个由各种促成要素集合、发展的过程。尽管近些年太阳能、风能等可再生能源快速增长，但BP统计显示，2015年，化石能源仍然是支撑全球发展的主要能源：提供了大约60%的新增能源，并且到2035年，化石能源供应仍将占全球能源供应的80%。总之，新能源对传统化石能源的完全替代需要一个漫长的过程，不可能一蹴而就，亦不能操之过急。

在能源替代过程中，随着风能、太阳能发电成本的降低，的确会给煤炭、石油等传统化石能源带来巨大挑战。一些固有的利益格局可能会被打破，传统化石能源行业必须作出应对。这对一些企业而言，或许面临短期的阵痛。但更大的机遇在于，在能源结构优化和消费总量刚性增长的过程中，会出现更多的改革红利和市场机会，能源行业得以转型，企业可以获得更多更公平公正的市场环境。当然，更重要的是国家层面的科学判断与制度、法规等的顶层设计。

在能源新时代，油气行业在较长时间内还有较好的发展前景。就石油行业的前景而言，尽管近些年石油在全球一次能源消费的比重呈下降态势，但依然保持约1/3的比重，而且这一下降趋势较为缓慢。石油在交通、化工等领域还有着广泛的应用，其需要存在较强的刚性。石油行业仍存在较大的发展空间和机会。

天然气则具有更大的发展空间与应用前景。在化石能源继续将在较长时间占据全球能源结构主导地位的情况下，天然气作为优质、高效、清洁的低碳能源，可与核能及可再生能源等低排放能源形成良性互补，是能源供应清洁化、低碳化转型的现实选择。尽管近年我国天然气消费增长较快，但占一次能源消费的比例仍仅为6%左右，为全球平均水平的1/4。未来中国与全球天然气的利用都有着较为广阔的前景，我国油气企业应进一步加大天然气的开发供应。

尽管如此，油气企业仍应当居安思危，要对未来能源替代的大势保持高度警醒。一方面要通过技术、管理等手段降低油气开发成本，进一步提高油气的经济性；另一方面也要加大对新能源开发和利用技术的研发，适时对自身的业务结构作出调整，以适应未来全球能源结构的调整。此外，在我国推进油气体制改革的背景下，油气企业还要做好应对体制变革的准备。

四　关于能源新时代的一些发展建议

在能源新时代，无论油气行业和新能源行业都要贯彻落实习近平总书记就推动能源生产和消费革命提出的要求。第一，推动能源消费革命，抑制不合理能源消费。坚决控制能源消费总量，有效落实节能优先方针。能源的消费贯穿于能源生产、运输和消费的全过程，能源行业自身要坚持节约优先原则，大力提高能源利用效率。第二，推动能源供给革命，建立多元供应体系。立足国内多元供应保安全，大力推进煤炭清洁高效利用，着力发展非煤能源，形成煤、油、气、核、新能源、可再生能源多轮驱动的能源供应体系，同步加强能源输配网络和储备设施建设。第三，推动能源技术革命，带动产业升级。以绿色低碳为方向，分类推动技术创新、产业创新、商业模式创新，并同其他领域高新技术紧密结合，把能源技术及其关联产业培育成带动我国产业升级的新增长点。第四，推动能源体制革命，打通能源发展快车道。坚定不移推进改革，还原能源商品属性，构建有效竞争的市场结构和市场体系，形成主要由市场决定能源价格的机制，转变政府对能源的监管方式。第五，全方位加强国际合作，实现开放条件下能源安全。在主要立足国内的前提条件下，在能源生产和消费革命所涉及的各个方面加强国际合作，有效利用国际资源。

五 关于未来前景的一点展望

按照十九大报告的精神，推进绿色发展，建立清洁低碳、安全高效的能源体系。加快建立绿色生产和消费的法律制度和政策导向，建立健全绿色低碳循环发展的经济体系。构建市场导向的绿色技术创新体系，发展绿色金融，壮大节能环保产业、清洁生产产业、清洁能源产业。推进资源全面节约和循环利用，实施国家节水行动，降低能耗、物耗，实现生产系统和生活系统循环链接。倡导简约适度、绿色低碳的生活方式，反对奢侈浪费和不合理消费，开展创建节约型机关、绿色家庭、绿色学校、绿色社区和绿色出行等行动。

（作者为中国社会科学院研究生院院长）

学习贯彻落实党的十九大精神
扎实做好我院文献资源和信息化工作

王 岚

党的十九大是在全面建成小康社会决胜阶段、中国特色社会主义进入新时代的关键时期召开的一次十分重要的大会。大会对新时代推进中国特色社会主义伟大事业和党的建设新的伟大工程作出了全面部署，是我们党团结带领全国各族人民在新时代坚持和发展中国特色社会主义的政治宣言和行动纲领，是马克思主义的纲领性文献。《中国共产党章程（修正案）》将习近平新时代中国特色社会主义思想写入党章，确立为我们党必须长期坚持的指导思想，充分体现了党的十九大报告确立的重大理论观点和重大战略思想，对推进党的事业和党的建设必将更好地发挥规范和指导作用。

一 深入学习领会习近平新时代中国特色社会主义思想

党的十九大高举中国特色社会主义伟大旗帜，以马克思列宁主义、毛泽东思想、邓小平理论、"三个代表"重要思想、科学发展观、习近平新时代中国特色社会主义思想为指导，分析了国际国内形势发展变化，回顾和总结了过去五年的工作和历史性变革，作出了中国特色社会主义进入了新时代、我国社会主要矛盾已经转化为人民日益增长的美好生活需要和不平衡不充分的发展之间的矛盾等重大政治论断,深刻阐述了新时代中国共产党的历史使命,确立了习近平新时代中国特色社会主义思想的历史地位,提出了新时代坚持和发展中国特色社会主义的基本方略,确定了决胜全面建成小康社会、开启全面建设社会主义现代化国家新征程的目标。

作为党员领导干部要深入学习领会把握十八大以来党和国家事业取得的历史性成就、发生的历史性变革,进一步加深对"习近平同志成为党中央的核心、全党的核心,是在新的伟大斗争实践中形成的,赢得了全党全军全国各族人民衷心拥护"这个重要论断的理解,进而发自内心地增强"四个意识",坚定"四个自信",做到"四个服从",始终在思想上、政治上、行动上同以习近平同志为核心的党中央保持高度一致。

要深入学习领会把握"习近平新时代中国特色社会主义思想"这个马克思主义中国化最新理论成果,坚定地把习近平新时代中国特色社会主义思想作为武装头脑的锐利思想武器。要深刻领会其时代背景、历史地位、科学体系、精神实质和实践要求;坚定地把习近平新时代中国特色社会主义思想作为指导实践、推动工作的根本行动指南,体现到开展工作的各个方面;坚定地把习近平新时代中国特色社会主义思想作为规范行为、修身立德的最高行为准则,做到时时处处事事立得住、行得正、过得硬。

二 以习近平新时代中国特色社会主义思想作为行动指南,推动各项工作创新发展

学习宣传贯彻党的十九大精神是图书馆当前和今后一个时期的首要政治任务,对于一名党员领导干部来说,要真正做到学有所得、学以致用,切实让党的十九大精神、让习近平新时代中国特色社会主义思想入脑入心,切实把思想和行动统一到党的十九大精神上来,更好地履职尽责、担当作为。

第一,抓好学习领会,在学懂弄通做实上下功夫。党的十九大提出

了许多新理念、新论断，确定了许多新任务、新举措，需要通过学习来准确领会。必须坚持全面准确，认真研读党的十九大报告和党章，学习习近平总书记在党的十九届一中全会上的重要讲话精神，做到逐字逐句学原文、深刻透彻悟原理。要理论联系实际、从实际出发、从自身出发，结合自己本职工作，保持高度的使命感和责任感，真正学深学透，入脑入心。在学习的基础上注重思考解读，做到学有所思、思有所得。

第二，抓好贯彻落实，推动各项工作创新发展。对于党员干部来说，学习贯彻党的十九大精神，更重要的就是要当好"落实者"，要以习近平新时代中国特色社会主义思想作为自身工作行动指南，强化思想、更新理念，推动工作迈上新台阶，在做好本职工作的基础上，谋划好下一步工作，把学习贯彻十九大精神与推动各项工作的创新发展结合起来，切实用十九大精神开阔视野、打开思路，把学习成果转化为推动各项工作创新发展的强大动力。

第三，落实全面从严治党主体责任。作为党委书记，要按照党的十九大对加快构建中国特色哲学社会科学的新要求，对今后的工作进行全面梳理。提高站位，科学谋划工作思路、重点任务，切实以十九大精神为指引，开拓进取、苦干实干，在工作中作表率，以党建为抓手，推动我院文献资源和信息化工作不断向前迈进，开创图书馆发展的新局面，为构建中国特色哲学社会科学作出自己的努力和贡献。

三　加快推进国家哲学社会科学文献中心建设

图书馆以为繁荣发展我院的哲学社会科学研究提供可靠的文献信息资源保障为宗旨，承担着文献资源服务的职责，责任重大。我们要把党的十九大精神、习近平总书记重要讲话精神作为哲学社会科学文献资源建设的总依据和总指南，全面贯彻落实到各项工作之中。

下面，就落实十九大对中国特色哲学社会科学及其信息化建设提出的新目标新任务新要求，结合实际工作，谈谈下一步工作思路。思路集中表现为以下四点，即"规划先行、弯道超车、紧抓重点、保障安全"。

一是落实"5·17"重要讲话和十九大报告精神，做好信息化建设顶层规划。习近平总书记在"5·17"重要讲话中对哲学社会科学信息化建设作出重要指示，就是要以互联网和大数据等先进技术为手段，以图书文献、网络、数据库建设为基础，以国家哲学社会科学文献中心建设为突破口，最终形成方便快捷、资源共享的哲学社会科学研究信息化平台。这些要求为图书馆信息化建设提出了指导性意见，也为我们做好顶层规划指明了方向。

信息化建设涉及图书馆的方方面面，需要规划先行，科学设计。十九大报告有关"创新是引领发展的第一动力""瞄准世界科技前沿，强化基础研究""加强应用基础研究，拓展实施国家重大科技项目。突出关键共性技术、前沿引领技术、现代工程技术、颠覆性技术创新"等内容表明，在制定规划时要关注技术创新、关注关键共性技术突破、关注前沿技术在哲学社会科学领域的应用，要将创新贯穿于规划的整体思路中，以创新带动图书馆信息化水平提升。

在制定规划过程中要重点分析图书馆信息化建设中面对的主要矛盾，并给出对策。十九大报告明确了我国社会主要矛盾已经转化为"人民日益增长的美好生活需要和不平衡不充分的发展之间的矛盾"，联系到图书馆发展，也要弄清楚当下主要矛盾是什么，与以往相比发生了哪些变化，解决措施需要进行哪些调整。未来发展思路是什么，这也是规划展开论述的切入点。

我们要通过学习十九大报告，掌握习近平新时代中国特色社会主义思想的精髓，学以致用，制定科学可行、前景广阔的发展路线图，使图书馆信息化建设笃行致远。

二是契合信息技术发展，实现图书馆信息化建设的跨越发展和"弯道超车"。信息技术发展日新月异，许多新概念、新技术、新手段不断出现，给我们的建设发展提供了新思路和新途径。例如，大数据技术可以整合海量数据资源，汇聚哲学社会科学多学科知识，挖掘社会科学与自然科学的关联关系，满足大数据时代特殊要求。而互联网技术打破了图书馆原有的用户界限、资料信息界限和技术界限，极大拉近了图书馆馆员与科研人员和普通读者之间的距离，实现资料数字化、服务智能化、管理网络化。

目前，我们图书馆信息化建设与其他国家级图书馆相比还有一定差距,还不能全面满足将中国社会科学院建成具有国际影响力的世界知名智库的要求。为缩短与国内外先进水平的差距,实现"弯道超车",必须打破亦步亦趋跟着走的传统发展思路,要在哲学社会科学领域实现原创性技术突破,开展带有本领域特色的信息技术研究,在哲学社会科学领域数据深度挖掘与综合应用、跨学科数据情报融合与分析、海量数据库建设、社科资源云计算等方面出高水平研究成果,走有自身特点的信息化建设之路。

建设中,我们可以结合综合集成实验室建设,以综合集成方法为指导,综合运用仿真建模、大数据、云计算等各类信息技术,打造高水平的"国家哲学社会科学综合集成研究和管理平台",为实现图书馆信息化建设的跨越式发展打下坚实基础。

三是围绕建设重点,继续抓好以"一库一网一平台"为依托的国家哲学社会科学文献中心建设。习近平总书记提出建设"国家哲学社会科学文献中心",高瞻远瞩,必将促进中国特色哲学社会科学的构建,促进中国特色哲学社会科学的创新发展。国家哲学社会科学文献中心既是我馆信息化建设的中心,也是未来发展的突破口。

经过一年来的建设,国家哲学社会科学文献中心已取得阶段性成果。文献中心签约期刊近2000种,科研成果入库总量达到14万篇,完成了1000册外文图书数字化加工及20万拍古籍图像的扫描加工,上线文献数据超过1600万条;门户网站功能进一步完善,注册用户近70万人,机构用户1000多家,点击量超过1亿次,检索次数近1500万次,文献下载量超过1000万篇,是国内建设时间最短,发展速度最快,影响力最大的开放获取平台。

下一步,图书馆要在已经取得的成果基础上加快推进国家哲学社会科学文献中心资源扩充及门户网站(二期)建设,围绕文献中心建设打造哲学社会科学数据资源系列产品,提高文献中心的数据承载量、用户使用量、科研应用量。同时,加大推介力度,提升"国家哲学社会科学文献中心"的国内外知名度,让更多哲学社会科学研究人员从中获益。

抓好国家哲学社会科学文献中心建设这个重点,以点带面,实现图书馆快速、可持续发展,为建设中国特色新型智库提供支撑,为加快构建中国特色哲学社会科学提供保障。

四是保障中国社会科学院网络安全、数据安全，有力支撑信息化建设。网络安全、数据安全是图书馆信息化建设的基础和重要内容。按照十九大报告中阐述的要"统筹发展和安全，增强忧患意识，做到居安思危"的国家安全理念，在网络安全和网站运维中，要树立运维人员的危机意识和忧患意识，要把居安思危的理念融入日常工作中去，从部门领导到全体人员，再到服务厂商都重视起来，要把查缺补漏做在前面，把措施预案做在前面，这样才能做到有备无患。

在技术上也要跟踪国内外网络安全、数据安全技术发展，重点在防火墙、病毒防护、入侵检测、安全扫描、认证和数字签名等网络安全技术和数据备份、异地容灾和存取控制等数据安全技术上开展技术跟踪和项目研究，突破网络主动防御、网络协同防御、数据主动防护等技术难题，用好"天眼""鹰眼"等第三方网络监测防护平台，为图书馆信息化建设提供有力的安全保障，为中国社会科学院互联网安全、数据安全树立坚固盾牌。

不忘初心，牢记使命。新时代，新的历史使命，我们将切实肩负起更多的责任与担当，在今后的工作中我们将以十九大精神为指引，按照院党组的统一部署，在馆党委的团结带领下，勤奋进取，加快国家哲学社会科学文献中心建设，扎实推进图书馆各项工作的创新发展。

（作者为中国社会科学院图书馆党委书记、馆长）

理解新时代　迎接新挑战

王利民

2017年10月召开的中国共产党十九大是中国发展史上具有重大历史意义的大会，大会最重大的成果是确立了习近平新时代中国特色社会主义思想为我们党的指导思想。新时代繁荣中国特色哲学社会科学必须以习近平新时代中国特色社会主义思想为指导。

一　习近平新时代中国特色社会主义思想的历史地位

习近平新时代中国特色社会主义思想，是对马克思列宁主义、毛泽东思想、邓小平理论、"三个代表"重要思想、科学发展观的继承和发展，是马克思主义中国化最新成果，是党和人民实践经验和集体智慧的结晶，是中国特色社会主义理论体系的重要组成部分，是全党全国人民为实现中华民族伟大复兴而奋斗的行动指南。

马克思主义中国化和中国化马克思主义是马克思主义与中国实际相结合过程中不可分割的两个方面，两者相互影响，相得益彰。十月革命一声炮响给中国送来了马克思列宁主义。马克思主义与中国革命和建设实际相结合充满艰辛，是一个不断实践，不断指导，不断结合，不断探索，不断创新的过程。在这个结合过程中，马克思主义不断得到传播、学习、消化，并指导实际，可谓马克思主义不断中国化。不仅如此，这个过程还可分成若干阶段，每个阶段，都有自己特定时代主题、主要矛盾、主要任务。到了新阶段，就是要取得新的成功实践，实现新的历史飞跃也可谓马克思主义中国化进入新阶段、新境界。中国这个结合过程的另一方面，就是一个不断产生新的理论成果——新的中国化马克思主义的过程。中国化马克思主义的产生，表明成功的实践孕育了正确的理论，正确的理论又指导实践获得成功。不仅如此，中国化马克思主义又对马克思主义的理论宝库增添了原创性贡献，丰富发展了马克思主义。中国化马克思主义的不断发展，如同列宁主义一样，赋予了马克思主义以新的时代内涵实现了马克思主义不断时代化，使马克思主义能够不断聆听时代声音，回应时代的挑战，指明时代发展方向，并指导时代实践前行。

社会主义救中国；改革开放发展中国、发展社会主义、发展马克思主义；中国特色社会主义引领改革开放沿着正确方向前行；中国特色社会主义的成功实践使曾经遭遇巨大历史挫折向世界社会主义运动迎来了难得的发展机遇；习近平新时代中国特色社会主义思想指引新时代中国特色社会主义继续前进；新时代中国特色社会主义道路不仅是新世纪实现中国现代化和完成中华民族伟大复兴之路，也构成21世纪社会主义运动主流。

马克思主义与中国实际相结合，曾产生了两大历史性飞跃，结出了两大理论硕果即毛泽东思想和中国特色社会主义理论体系。习近平新时代中国特色社会主义思想是马克思主义与中国实际相结合产生的又一次历史性飞跃，不仅是中国特色社会主义理论体系的重要组成部分，是当代中国的马克思主义，而且对中国特色社会主义和马克思主义的发展都具有划时代意义。它是新时代中国特色社会主义建设的指针，是中国本世纪中叶前建成社会主义现代化强国的基本遵循，是21世纪中国马克思主义最重要的代表；它全面丰富发展了马克思主义哲学，政治经济学、科学社会主义、共产党执政和党建理论、国家理论治理，也是21世纪马克思主义的重要组成部分；新时代中国特色社会主义是当代世界社会主义运动最重要的组成部分，引领着世界社会主义运动的前进方向，习近平新时代中国特色社会主义思想为世界社会主义运动贡献了时代的智慧，使科学社会主义——马克思主义在21世纪焕发出更加灿烂的真理光芒。

习近平新时代中国特色社会主义思想的产生代表马克思主义时代化进入了新阶段。

二 新时代的主要矛盾和习近平新时代中国特色社会主义思想的实践意义

当今历史仍处于资本主义向社会主义过渡时期。资本主义社会的基本矛盾没有改变，变化的只是其表现形式。各国人民要求合作共赢，构建新型国际关系的愿望十分强烈。人类社会前进的方向没有改变。无产阶级如何在落后国家夺取政权和建设社会主义、实现现代化在经典著作中找不到现成答案。马克思主义与中国现代化建设相结合产生了中国特色社会主义。中国特色社会主义道路、理论、制度共同统一于中国特色社会主义实践，构成了当代中国现代化建设的壮丽画卷。中国特色社会主义道路和当代中国现代化道路是中国道路一体的两面。中国特色社会主义的成功实践确立了当代中国特色社会主义在当前世界社会主义运动中的主导地位，并推动着全世界进步事业和全人类事业的发展。

经过艰辛摸索，遭遇巨大挫折，奋起拨乱反正，我们党在十一届三中全会提出以经济建设为中心，进行改革开放。不久又提出改革开放和现代化过程中必须坚持四项基本原则。为了使改革开放更加具有坚实理论基础和现实基础，十一届六中全会作出社会主义制度仍处于初级阶段的判断，借鉴八大决议，提出在社会主义改造基本完成以后，主要矛盾是人民日益增长的物质文化需要同落后的社会生产之间的矛盾。特别是如何借鉴各国发展经验赶上时代实现中国现代化，中国改革开放总设计师邓小平同志在党的十二大提出走自己的路、建设中国特色社会主义。

党的十三大报告正式提出建设有中国特色的社会主义的首要问题是正确认识我国社会现在所处的历史阶段，指出当代中国仍处于社会主义初级阶段，它是制定路线和政策的根本依据。十八大更把初级阶段作为中国特色社会主义的总依据。初级阶段长达百年，涵盖从20世纪50年代生产资料私有制的社会主义改造基本完成，到21世纪中叶实现社会主义现代化这段特定阶段。其间主要矛盾，是人民日益增长的物质文化需要同落后的社会生产之间的矛盾。在初级阶段实行"一个中心、两个基本点"的基本路线。由此建设（经由小康社会）现代化强国，初级阶段、主要矛盾、基本路线构成了一套相对完整的中国特色社会主义理论。

中国特色社会主义是四十年来我们党的全部理论和实践主题，形成了中国特色社会主义道路、理论、制度。党的十三大早就指出，社会主义初级阶段是很长的历史发展过程。我们对这个阶段的状况、矛盾、演变及其规律的认识，在许多方面还知之不多，知之不深。现在经过长期努力，中国特色社会主义进入了新时代，这是我国发展新的历史方位。新时代的主题就是，中华民族要实现以富起来到强起来的历史性飞跃。以富起来到强起来阶段，我国社会主要矛盾已经转化为人民日益增长的美好生活需要和不平衡不充分的发展之间的矛盾。当代中国人民美好生活需要日益广泛，在生活水平小康达到了标准后，不仅对物质文化生活提出了更高要求，而且在民主、法治、公平、正义、安全、环境等方面的要求日益增长。同时，我国社会生产力水平总体上显著提高，社会生产能力在很多方面进入世界前列，更加突出的问题是发展不平衡不充分，这已经成为满足人民日益增长的美好生活需要的主要制约因素。

十九大报告提出我国社会主要矛盾的变化是关系全局的历史性变化，对党和国家工作提出了许多新要求。我们要在继续推动发展的基础上，着力解决好发展不平衡不充分的问题，大力提升发展质量和效益，更好满足人民在经济、政治、文化、社会、生态等方面日益增长的需要，更好推动人的全面发展、社会全面进步。

在当代中国主要矛盾中，生产力是主要方面，如物质文化和安全、环境，当然它们也涉及生产关系；即使关涉生产关系，如民主、法治、公平、正义等，也是由生产力决定的；不能脱离生产力的发展来谈论人民在经济、政治、文化、社会、生态等方面日益增长的需要。在发展不平衡不充分方面，近期看不平衡为第一位矛盾，不充分为第二位矛盾；长期看不充分为第一位矛盾，不平衡为第二位矛盾。无论是不平衡还是不充分，都既涉及生产力又涉及生产关系，并且以生产力为主。

十九大报告提出，我国社会主要矛盾的变化，没有改变对我国社会主义所处历史阶段的判断，我国仍处于并将长期处于社会主义初级阶段的基本国情没有变，我国是世界最大发展中国家的国际地位没有变。必须坚持党的基本路线这个党和国家的生命线、人民的幸福线。这就是说，在新时代主要矛盾变了，但初级阶段和基本路线没有变，奋斗目标更完善了，即建设成为富强民主文明和谐美丽的社会主义现代化强国。习近平新时代中国特色社会主义思想坚持了中国特色社会主义基本路线、基本依据和奋斗目标，又与时俱进地发展了中国特色社会主义理论，特别是历史方位说、主要矛盾说、时代主题说等方面，既具有理论创新意义，也有重大实践指导意义。习近平新时代中国特色社会主义思想是新时代指导我们进行伟大斗争，解决重要矛盾，实现中华民族由站起来、富起来到强起来的伟大飞跃的指导思想。

三　奋发有为，以习近平新时代中国特色社会主义思想为指导迎接新时代挑战

党的十八大以来中国特色社会主义进入了新时代。这五年来，我们党在以习近平同志为核心的党中央的领导下，举旗定向，反腐败、消杂音、立权威，坚持党领导一切，坚持全面深化改革，以巨大的政治勇气和强烈的责任担当，提出一系列新理念新思想新战略，出台一系列重大方针政策，推出一系列重大举措，推进一系列重大工作，解决了许多长期想解决而没有解决的难题，办成了许多过去想办而没有办成的大事，推动党和国家事业发生历史性变革。

尤其是党在革命性锻造中更加坚强，消除了党和国家内部存在的严重隐患，克服了党的建设过程中宽松软，扭转了意识形态领域一度被动状态，把走弯的道扳直了，端正了前进方向，同时以党的自我革命带动社会革命。这五年加强了党对意识形态工作的领导，马克思主义在意识形态领域的指导地位更加鲜明，全党全社会思想上的团结统一更加巩固。

意识形态决定文化前进方向和发展道路。我们必须以习近平新时代中国特色社会主义思想为指引，推进马克思主义中国化时代化大众化，深化马克思主义理论研究和建设，加快构建中国特色哲学社会科学，加强中国特色新型智库建设。坚持正确舆论导向，高度重视传播手段建设和创新，提高新闻舆论传播力、引导力、影响力、公信力。加强互联网

内容建设，建立现代学术传播平台。落实意识形态工作责任制。按照十九大精神注意区分政治原则问题、思想认识问题、学术观点问题，旗帜鲜明地反对和抵制各种错误观点。

（作者为中国社会科学院中国社会科学杂志社常务副总编辑）

新时代中国共产党人的历史新坐标

蔡 林

党的十九大是当前和今后一个时期党和国家事业的总设计、总方向，为新时代中国共产党人立起了新的历史坐标，为中国特色社会主义事业提供了新的战略指引。学习贯彻党的十九大精神是我们当前的重要政治任务。

一 不忘初心、牢记使命，是共产党人前进的根本动力

党的十九大报告的主题是：不忘初心，牢记使命，高举中国特色社会主义伟大旗帜，决胜全面建成小康社会，夺取新时代中国特色社会主义伟大胜利，为实现中华民族伟大复兴的中国梦不懈奋斗。习近平总书记在报告中指出，中国共产党人的初心和使命，就是为中国人民谋幸福，为中华民族谋复兴。这个初心和使命是激励中国共产党人不断前进的根本动力。

不忘初心，方得始终。在艰苦卓绝的革命战争年代，毛泽东、周恩来、刘少奇、陈云等老一辈无产阶级革命家为党的革命事业抛头颅、洒热血，鞠躬尽瘁死而后已，谱写了一部又一部的革命英雄史诗；在社会主义建设新时期，杨善洲、李保国、廖俊波等一批优秀共产党员忧党忧国忧民，自觉为党为国为民担当奉献，是一代代共产党人的精神丰碑。

虽然处于不同的革命年代、不同的时代背景,但永恒不变的就是他们身上都肩负着共产党人永不褪色的初心和使命。

第一,厚植共产党人的初心和使命,要坚定理想信念。习近平总书记曾说:"理想信念就是共产党人精神上的'钙',没有理想信念,理想信念不坚定,精神上就会'缺钙',就会得'软骨病'。"[①] 从某种意义上来说,共产党人的初心、使命和理想信念是相互影响、一脉相承的,一个没有理想信念和理想信念不坚定的共产党人又何谈初心和使命。要把理想信念教育作为一生的"必修课",不断加强对马列主义、习近平新时代中国特色社会主义思想和十九大精神的学习,增强"学习补钙"的思想自觉和行动自觉,拧紧人生观、世界观、价值观这个"总开关",矢志不渝地坚定对马克思主义的信仰,对共产主义和社会主义的信念,对党和人民的忠诚。

第二,厚植共产党人的初心和使命,要涵养家国情怀。家是最小的国,国是千万家,每个人的生命体验都与家国紧密相连。在中国近代史上,无数仁人志士、革命先烈"舍小家、为大家"的家国情怀令天地动容,教万人敬仰,历经沧桑,早已成为中华民族的文化底色和集体认同。现阶段,面对脱贫攻坚的"硬骨头"和社会发展的"拦路虎",我们就要坚决摒弃"置身事外""各人自扫门前雪,不管他人瓦上霜"的错误思想,强化责任担当意识,把个人理想、个人追求与党和国家的前途命运紧密相连,根植于经济社会发展的全局、大局当中去,以时不我待、只争朝夕的责任感和紧迫感积极作为、奋发有为,在奉献社会的过程中彰显人生价值。

第三,厚植共产党人的初心和使命,要增强为民意识。《尚书》有云:"民为邦本,本固邦宁。"习近平总书记在十九大报告中指出:"人民是历史的创造者,是决定党和国家前途命运的根本力量。必须坚持人民主体地位,践行全心全意为人民服务的根本宗旨,把人民对美好生活的向往作为奋斗目标,依靠人民创造历史伟业。"作为人民群众"主心骨"

[①] 习近平:《紧紧围绕坚持和发展中国特色社会主义 学习宣传贯彻党的十八大精神》,2012年11月17日。这是中共中央总书记习近平在十八届中共中央政治局第一次集体学习时的讲话。

的党员干部，要有"俯首甘为孺子牛"的公仆意识，常怀为民之心，常修为政之德，常问群众安危冷暖，始终把想群众之所想、急群众之所急、增进人民福祉、为人民谋福利作为从政为官的"座右铭"和一切工作的出发点和落脚点，始终和群众想到一起、干在一起，唇齿相依、荣辱与共。

二 中国特色社会主义进入新时代，是我国发展新的历史方位

九十七载风雨兼程，艰苦卓绝，浙江嘉兴南湖游船上的星星之火，给饱受磨难的旧中国带来了希望，改革开放的举世创举，让中国走向小康富足。从任人宰割到独立自强，从一穷二白到经济大国，从工业基础薄弱到启动中国制造……不到百年的时间里，我们完成了一次次华丽转身。一百年的艰难求索，我们终于可以向世界宣告：中国共产党是国家和人民的利益所在、幸福所在，中国将进入繁荣富强的新时代。

第一，新时代，紧盯目标，持续奋斗不懈怠。当前我们正处在实现第一个百年奋斗目标，向第二个百年奋斗目标迈进的关键节点，宏伟目标激励人心，历史重任催人奋进。担负什么样的历史使命，实现什么样的奋斗目标，如何走好新长征路，如何实现中华民族的伟大复兴，是我们面临的新考题。我们要更加紧密地团结在以习近平同志为核心的党中央周围，紧紧扭住"两个一百年"奋斗目标，一茬接着一茬干，一棒接着一棒跑，为实现中华民族伟大复兴的中国梦不懈奋斗。我们终将决胜全面建成小康社会，开启全面建设社会主义现代化国家新征程。

第二，新时代，从严治党，抓紧抓实固根本。中国特色社会主义进入新时代，我国社会主要矛盾已经转化为人民日益增长的美好生活需要和不平衡不充分的发展之间的矛盾。如何化解矛盾，是对党和国家的工作，尤其是对党的建设和党员干部提出的新要求。建党伊始多少英勇党员慷慨赴死，建设发展中多少党员不畏艰险，改革创新时多少年轻党员敢拼敢闯。今天，这支8900多万党员的队伍，正是中国未来发展进步最值得依靠的力量。全面从严治党是党在新时代的使命，是完成伟大奋斗目标的保障，打铁必须自身硬，党要团结带领人民群众实现伟大梦想，

必须毫不动摇坚持和完善党的领导,毫不动摇把党建设得更加坚强有力。

第三,新时代,牢记使命,心系群众解民忧。我们必须认识到,每一名党员都是一扇"窗",群众通过我们来认识和评价我们所在的党组织。我们的一言一行,都直接关系到群众对党组织的信任,特别是窗口单位的党员和服务一线的党员,与群众直接接触,关乎群众切身利益,只有牢记使命,才能将自身的行为和党组织的形象联系在一起,才会怀着"为人民服务"之心,尽职尽责,为党分忧。

第四,新时代,担当奉献,攻坚克难展风采。在社会主义现代化建设过程中,具体到每一名党员,在日常履职过程中,总会遇到这样那样的困难。面对困难,是迎难而上,还是临阵退缩,考验党员干部担当。党员的使命感,体现在时刻想着党的事业,想着群众的长远利益,有了这种使命感,就能将个人得失放在一边,冲破现实的种种艰难困苦,攻坚克难,把党的事业不断推向前进。正如习近平总书记所说:要永远把人民对美好生活的向往作为奋斗目标,以永不懈怠的精神状态和一往无前的奋斗姿态奋勇前进。有了这样的奋斗目标,才能有勇气和毅力去战胜前进道路上的一切困难,才能体现作为共产党人的风范。

三 做"有党""有民""有责""有戒"新党员

新时代、新气象、新作为,作为新时代的新党员,要做到"有党""有民""有责""有戒"。

第一,心中有党。邓小平早就说过:在中国这样一个大国,没有中国共产党的领导,是不可想象的,那就只会四分五裂,一事无成。这是全国各族人民在长期的奋斗实践中深刻认识到的真理。[①] 党是我们建设中国特色社会主义事业的领导核心,心中有党,是一个党员干部必须具备的基本条件。因此,做新时代"四有"共产党员,要始终心中有党:信仰党,把党作为政治追求和人生信仰,放在心中最高的位置,对党的信仰任何时候、任何情况都不动摇、不淡忘、不背弃;热爱党,要像爱自

---

① 《邓小平文选》第3卷,人民出版社1993年版,第341—342页。

己的亲人一样爱党，像保护自己的生命一样保护党，自觉维护党中央的权威，爱护党的形象；忠诚党，听党的话，跟党走，终生追随于党，永不叛党。

第二，心中有民。宋代杨万里云："国之命，如人之命。人之命在元气，国之命在人心。"① 这表明人民群众对于国家的重要性。我们党的根本宗旨就是全心全意为人民服务。因此，做新时代"四有"共产党员，要始终心中有民：坚定理想信念，把奋斗目标与人民群众的利益紧密结合起来，把党的各项方针、政策贯彻到群众路线的实践中，把为人民服务、为社会主义服务根植于自觉的思想和行动中；做好本职工作，在工作中保持清廉本色，从讲党性、讲廉洁、讲修养、讲奉献的思想观念出发，真正做到情为民所系、权为民所用、利为民所谋，把群众利益谋划好、发展好、维护好。

第三，心中有责。"责权法定，有权就有责。"大凡成就一番事业的人都是有责任感的人，一个没有、缺乏责任心的人是难有作为的。做新时代"四有"共产党员，要始终心中有责：认真履责，认真研究自身岗位职责职能，积极开拓创新，在岗位上尽心尽责；勇于负责，抱着对党负责、对人民负责、对事业负责的态度，做到在困难时候挺得住，在关键时刻站得出，在危难时刻豁得出，承担应有的责任；忠实守责，把岗位职责当作自己的责任田，守土有责，职责范围内的事要尽心尽力做好；竭力尽责，不忘记入党的誓言，为党和人民的事业随时准备牺牲，不辱使命，不负重托。

第四，心中有戒。古人说："矩不正，不可为方；规不正，不可为圆。"党员干部如果无视纪律、不讲规矩、不守底线，必然"踩雷""触电"，甚至滑向腐败堕落的深渊。反之，如果脑中有一把"戒尺"，心中要有一盏"红绿灯"，中规中矩，就不会闯红线、触底线、越雷线。因此，做新时代"四有"共产党员，要始终心中有戒：守党章，把党章作为一条红线，认真履行好党员的权利、义务和责任；守纪律讲规矩，遵守国家法律、党内法规；守住做人、为官的底线，牢记"温水煮青蛙"的道理，关键要守住细节，管住生活小节，抵得住诱惑，耐得住寂寞；

---

① （南宋）杨万里：《壬辰轮对第一札子》。

做到有戒不妄为、不乱为、不胡为。

党的十八大以来，在以习近平同志为核心的党中央坚强领导下，我们走过了砥砺奋进的五年，通过努力奋斗取得了伟大成就。回望昨天，是为了更好地展望未来。站在承前启后、继往开来的新的历史起点上，我们只有继续全面加强党的领导，切实增强党的创造力、凝聚力、战斗力和领导力、感召力，不忘初心、牢记使命，以崭新的姿态，昂首迈向中国特色社会主义的新时代，为实现中华民族伟大复兴中国梦而不懈奋斗！

（作者为中国社会科学院服务中心副主任）

新时代中国共产党的自我革命
与破解历史周期率

赵剑英

1945年，黄炎培先生在延安窑洞与毛泽东同志谈到"朝代更替、循环往复"这一话题时，发出了著名的"黄炎培之问"：中国共产党能不能跳出历史上"其兴也勃焉，其亡也忽焉"的周期率？进入新时代，中国共产党以自我革命的巨大政治勇气和强烈的使命担当推进全面从严治党管党，旨在破解一党长期执政可能面临的历史周期率困境，保持中国共产党长盛不衰、永葆活力。

一 新时代自我革命命题的
提出及其文化渊源

党的十八大以来，习近平总书记多次强调中国共产党必须进行"自我革命"。在庆祝中国共产党成立95周年大会上，习近平总书记指出："全党要以自我革命的政治勇气，着力解决党自身存在的突出问题。"在2016年底中共中央政治局民主生活会上，他强调："中央政治局要在开展批评和自我批评方面为全党作表率，做勇于自我革命的战士。"在2017年2月13日召开的省部级主要领导干部学习贯彻十八届六中全会精神专题研讨班开班式上，习近平总书记深入系统地阐释了我们党以人民利益为中心的自我革命精神,他强调:"勇于自我革命,是我们党最鲜明的品格,也是我们党最大的优势。……要兴党强党,就必须以勇于自我革命精神打造和锤炼自己。"党的十九大报告再次强调:"勇于自我革命,从严管党治党,是我们党最鲜明的品格。"习近平总书记在十九届中共中央政治局常委同中外记者见面会上的讲话中又强调:"实践充分证明,中国共产党能够带领人民进行伟大的社会革命,也能够进行伟大的自我革命。"2018年1月5日,习近平总书记在学习贯彻党的十九大精神研讨班开班式上的讲话中指出:"要把新时代坚持和发展中国特色社会主义这场伟大社会革命进行好,我们党必须勇于进行自我革命,把党建设得更加坚强有力。勇于自我革命,从严管党治党,是我们党最鲜明的品格,全面从严治党永远在路上。"

把勇于自我革命从一般性的表述上升为党的"最鲜明的品格"和"最大的优势"表明,自我革命已成为中国共产党党建理论的一个重要范畴,成为中国共产党自身建设和发展的一个基本的观点和方法。

自我革命具有深厚的文化渊源,它一方面源自中国共产党的革命文化,另一方面源自中华传统文化。

革命文化渊源方面。中国共产党是以马克思主义为指导的政党,自我革命体现了唯物辩证法的精髓。马克思认为:"辩证法在对现存事物的肯定的理解中同时包含对现存事物的否定的理解,即对现存事物的必然灭亡的理解;辩证法对每一种既成的形式都是从不断的运动中,因而也是从它的暂时性方面去理解;辩证法不崇拜任何东西,按其本质来说,它是批判的和革命的。"[①] 辩证的否定观是唯物辩证法的一个核心观点,辩证否定的实质是"扬弃",即新事物对旧事物既批判又继承,既克服其消极因素又保留其积极因素。辩证否定是事物自身的自我扬弃,即自己否定自己,自己发展自己。自我扬弃是事物发展的内在动力,也是最根本的动力。自我革命就是自我扬弃,就是勇于"坚持真理,修正错误"。勇于自我革命是一个真正的马克思主义政党建设和发展的根本途径,也成为其鲜明的政治品格和崇高的精神品质。革命年代,中国共产党之所以能领导中国人民取得新民主主义革命的胜利,推翻压在中国人民头上

---

① 《马克思恩格斯全集》第44卷,人民出版社2001年版,第22页。

的帝国主义、封建主义和官僚资本主义三座大山，除了具有对待敌人不怕牺牲、浴血奋战的革命精神外，更重要的是具有自我革命精神即批评与自我批评精神，如延安整风运动。通过批评与自我批评，查找问题及其根源，批判"左"倾教条主义和经验主义错误，使中国共产党在思想上形成了空前的大团结，大大提高了党的凝聚力和战斗力。可以说，自我革命精神是对敌革命精神的前提，是中国共产党作为马克思主义政党的本质属性和内在要求。

中华优秀传统文化渊源方面。中国共产党是中华优秀传统文化的继承者。自省是中国传统文化中非常重要的修养方法，它强调要经常性反省自我的思想认识和言论行动，审视其是非，辨识其善恶，改正错误，弥补不足，不断提高自己的道德修养与人生境界。中华文化中的自省传统可谓源远流长，博大精深。孔子曰："内省不疚，夫何忧何惧？""见贤思齐焉，见不贤而内省也。""吾日三省吾身"；如孟子曰："行有不得者，皆反求诸己"；荀子曰："君子博学而日参省乎己，则知明而行无过矣。"宋代理学集大成者朱熹有句名言："日省其身，有则改之，无则加勉。"明代心学集大成者王阳明曾言："学须反己。若徒责人，只见得人不是，不见自己非。若能反己，方见自己有许多未尽处，奚暇责人？"晚清名臣曾国藩以自省闻名，每天坚持写日记进行自我反思，他说："惟正己可以化人，惟尽己可以服人。"读起来朗朗上口的《弟子规》教育学生："见人恶，即内省，有则改，无加警。"懂得自省，是大智；敢于自省，则是大勇，自省就是在自我解剖、自我否定过程中实现精神境界的提升、自我的进步。中国共产党勇于自我革命的精神鲜明地继承和弘扬了自省的文化传统。

二 新时代中国共产党为什么要进行自我革命

新时代中国共产党的自我革命是由我们党所面临的复杂的执政环境和自身突出的问题所决定的。党的十八大以来，党中央深刻洞察党内长期存在的突出问题如党的领导弱化、党的建设缺失、全面从严治党不力，党的观念淡漠、组织涣散、纪律松弛等，清醒地认识到党所面临的执政考验、改革开放考验、市场经济考验、外部环境考验等"四大考验",以及党所面临的精神懈怠危险、能力不足危险、脱离群众危险、消极腐败危险等"四大危险"。习近平总书记在《关于〈关于新形势下党内政治生活的若干准则〉和〈中国共产党党内监督条例〉的说明》中指出:"在长期实践中,党内政治生活状况总体是好的,但一个时期以来,在一些党员、干部包括高级干部中,理想信念不坚定、对党不忠诚、纪律松弛、脱离群众、独断专行、弄虚作假、慵懒无为,个人主义、分散主义、自由主义、好人主义、宗派主义、山头主义、拜金主义不同程度存在,形式主义、官僚主义、享乐主义和奢靡之风问题突出,任人唯亲、跑官要官、买官卖官、拉票贿选现象屡禁不止,滥用权力、贪污受贿、腐化堕落、违法乱纪等现象滋生蔓延。"十九大报告也指出:"党内存在的思想不纯、组织不纯、作风不纯等突出问题尚未得到根本解决。"这些问题严重损坏了党的政治生态,严重腐蚀了党的机体,严重损害了党在人民群众中的形象,以及党和人民群众的密切联系。脱离了人民群众,党就是无本之木、无水之鱼。党的机体是否健康关系到人心向背问题,直接关系到党和国家的生死存亡,十九大报告指出:"一个政党,一个政权,其前途命运取决于人心向背。人民群众反对什么、痛恨什么,我们就要坚决防范和纠正什么。"如果我党不全面从严治党,实现自我革命,就会腐化变质,动摇执政根基,甚至将走向自我灭亡。唯有不断进行自我革命,改进和提升党的执政能力,中国共产党才能够永远立于不败之地。为此,全党要更加自觉地坚定党性原则,勇于直面问题,敢于刮骨疗毒,消除一切损害党的先进性和纯洁性的因素,清除一切侵蚀党的健康肌体的病毒,不断增强党的政治领导力、思想引领力、群众组织力、社会号召力,确保中国共产党永葆旺盛生命力和强大战斗力。

新时代中国共产党推进自我革命亦是由其在建设社会主义现代化强国和中华民族伟大复兴的征程中的领导地位所决定的。党的十九大报告精辟地指出:"历史已经并将继续证明,没有中国共产党的领导,民族复兴必然是空想。我们党要始终成为时代先锋、民族脊梁,始终成为马克思主义执政党,自身必须始终过硬。"党政军民学,东西南北中,党是领导一切的。中国共产党的领导是中国特色社会主义最本质的特征,是中国特色社会主义制度的最大优势。坚持党的领导是当代中国的最高政治原则，是实现中华民族伟大复兴的关键所在，没有中国共产党坚强有力的领导，中华民族将是一盘散沙。正如习近平总书记讲的："中华民族伟大复兴，绝不是轻轻松松、敲锣打鼓就能实现的。全党必须准备付出更为艰巨、更为艰苦的努力。"实现中华民族复兴的伟大梦想，必须进行具有许多新的历史特点的伟大斗争，必须深入推进党的建设新的伟大工程，必须推进中国特色社会主义的伟大事业，其中伟大工程是决定性的。十九大报告指出："伟大斗争，伟大工程，伟大事业，伟大梦想，紧密联系、相互贯通、相互作用，其中起决定性作用的是党的建设新的伟大工程。推进伟大工程，要结合伟大斗争、伟大事业、伟大梦想的实践来进行，确保党在世界形势深刻变化的历史进程中始终走在时代前列，在应对国内外各种风险和考验的历史进程中始终成为全国人民的主心骨，在坚持和发展中国特色社会主义的历史进程中始终成为坚强领导核心。"因此，党的机体是否健康关系到中国特色社会主义伟大事业的成败，关系到带领人民群众完成中华民族伟大复兴的历史使命的成败。

中国共产党只有直面问题，以巨大的政治勇气进行自我革命，不断提高自我净化、自我完善、自我革新、自我提高的能力，保持和发展党的先进性和纯洁性，才能使党在革命性锻造中变得更加健康坚强，不断增强创造力、凝聚力和战斗力，焕发新的强大生机活力，为党和国家的事业发展提供坚强的政治保证。

三　新时代中国共产党是如何进行自我革命的

党的十八大以来，中国共产党新一届中央集体提出"打铁还需自身硬"，以猛药去疴、重典治乱、刮骨疗伤的决心勇气，推动全面从严治党向纵深发展，"打虎""拍蝇"雷霆万钧，正风肃纪驰而不息，形成了反腐败斗争压倒性态势，党心民心为之一振，党风政风为之一新。党的十九大报告指出："我们勇于面对党面临的重大风险考验和党内存在的突出问题，以顽强意志品质正风肃纪、反腐惩恶，消除了党和国家内部存在的严重隐患，党内政治生活气象更新，党内政治生态明显好转，党的创造力、凝聚力、战斗力显著增强，党的团结统一更加巩固，党群关系明显改善，党在革命性锻造中更加坚强，焕发出新的强大生机活力，为党和国家事业发展提供了坚强政治保证。"党的十九大报告又指出："打铁必须自身硬。""只有以反腐败永远在路上的坚韧和执着，深化标本兼治，保证干部清正、政府清廉、政治清明，才能跳出历史周期率，确保党和国家长治久安。"这几句话既表明我们党在新时代以全面从严治党为载体的自我革命的坚定决心，也表明自我革命将是一个长期性常态化的过程，它包含三个着力点：一是治标；二是治本；三是"永远在路上"。

治标主要体现在反腐败斗争上。2013年习近平总书记在研究中央巡视工作规划时指出，"反腐败斗争形势依然严峻复杂"。党中央从治标入手，为治本赢得时间，五年来，440多名省军级以上党员干部及其他中管干部、8000多名厅局级干部、6.3万多名县处级干部严重违纪违法受到惩处，反腐败力度史无前例，腐败蔓延势头得到明显遏制，形成了反腐败斗争的压倒性态势并巩固发展。十九大报告指出："要坚持无禁区、全覆盖、零容忍，坚持重遏制、强高压、长震慑，坚持受贿行贿一起查，坚决防止党内形成利益集团。"五年来波澜壮阔的实践充分证明，把全面从严治党摆上战略布局英明正确，在实现伟大复兴的关键时刻，校正了党和国家事业前进的航向，使党经历了革命性锻造。五年来，党中央以"得罪千百人，不负十三亿"的使命担当，正风肃纪反腐，挽狂澜于既倒，逆转了多年形成的"四风"惯性。

治本主要体现在从严治党的制度建设上。党的十八大以来，中国共产党不断总结在加强自身建设方面的经验和教训，及时把行之有效的做法用制度的形式固定下来。五年来，中央共出台或修订80多部党内法规，超过现有党内法规的40%，全面从严治党逐步实现有规可循、有据可依。比如，2012年12月4日，习近平总书记主持召开中共中央政治局会议，审议通过了中央政治局关于改进工作作风、密切联系群众的"八项规定"。2017年10月27日，十九届中共中央政治局召开会议，审议《中共中央政治局贯彻落实中央八项规定的实施细则》，使改进工作作风有了更加规范的依据。十八届中央纪委三次全会指出，各级党委（党组）要切实担负党风廉政建设主体责任，纪委（纪检组）要承担监督责任。2015年，修订《中国共产党廉洁自律准则》，为党员和党员领导干部树立了一个看得见、够得着的高标准，展现了共产党人的高尚道德追求；修订《中国共产党纪律处分条例》，实现问责工作的制度化、程序化。修订《党政领导干部选拔任用工作条例》和印发《关于防止干部"带病提拔"的意见》，严格干部选拔任用。十八届六中全会通过《关于新形势下党内政治生活的若干准则》，将十八大以来的新做法新经验固化为党内法规，成为未来党内政治生活的基本遵循。

制度建设的关键是构建对执政党权力运行的有效监督的体制机制。王岐山同志指出：全面从严治党，最终目的是要解决一党长期执政条件下自我监督问题，跳出"其兴也勃焉，其亡也忽焉"的历史周期率（《党的十九大报告辅导读本》）。建立完善的自我监督体系是党自我革命的最为关键的一环，也是全面从严治党的重要着力点。党的十八大以来，以习近平同志为核心的党中央建立和完善了一系列制度，着力加强对权力运行的制约和监督，让权力在阳光下运行，把权力关进制度的笼子。十八届六中全会通过《中国共产党党内监督条例》，对中国共产党自我监督做了重大创新。如明确提出："党内监督没有禁区、没有例外。信任不能代替监督。"强化民主集中制基础上的"三种监督"："党内监督必须贯彻民主集中制，依规依纪进行，强化自上而下的组织监督，改进自下而上的民主监督，发挥同级相互监督作用。"构建完整严密的六大党内监督体系，即在党中央统一领导下，建立"党委（党组）全面监督，纪律检查机关专责监督，党的工作部门职能监督，党的基层组织日常监督，党员民主监督的党内监督体系"。改革纪委监督体制，"强化上级纪委对下级纪委的领导，纪委发现同级党委主要领导干部的问题，可以直接向上级纪委报告"……进一步加强巡视工作："巡视是党内监督的重要方式。中央和省、自治区、直辖市党委一届任期内，对所管理的地方、部门、企事业单位党组织全面巡视。"把巡视工作作为党内监督的战略性制度安排。2015年8月3日，中共中央颁布实施修订的《中国共产党巡视工作条例》。

十九大报告对完善监督体系和改革监督机制作出了进一步规划与设计，首先是对深化国家监察体制改革作出重大决策部署。报告指出："深化国家监察体制改革，将试点工作在全国推开，组建国家、省、市、县监察委员会，同党的纪律检查机关合署办公，实现对所有行使公权力的公职人员监察全覆盖。制定国家监察法，依法赋予监察委员会职责权限和调查手段，用留置取代'两规'措施。"2017年10月29日，中共中央办公厅印发《关于在全国各地推开国家监察体制改革试点方案》，部署在全国范围内深化国家监察体制改革的探索实践，在总结北京市、山西省、浙江省改革试点工作经验基础上，在全国各地推开改革试点，完成省、市、县三级监察委员会组建工作，实现对所有行使公权力的公职人员监察全覆盖。

十九大报告还强调将党的自我监督与国家监督、人民监督相结合，构建完善的监督体系："构建党统一指挥、全面覆盖、权威高效的监督体系，把党内监督同国家机关监督、民主监督、司法监督、群众监督、舆论监督贯通起来，增强监督合力。"十九大的这些部署将对中国的政治体制和权力运行机制产生深刻的变革和极为深远的影响，特别是对一党执政条件下权力的科学有效的监督将走出实质性和具有历史性意义的步伐。在此基础上，中国共产党将走出一条崭新的执政党权力的自我监督之路，走出一条崭新的人类制度文明之路，为探索国家治理文明、人类发展之路提供中国智慧和中国方案。

"永远在路上"具有十分丰富的内涵。全面从严治党永远在路上，宣示了中国共产党的自我革命不是一个历史阶段的运动，它没有终点，贯穿于中国共产党的历史、现在和未来。作为中国共产党的一个基本的立场、观点和方法，自我革命是管长远的，是要长期坚持的。"永远在路上"内涵丰富、意义重大。首先"永远在路上"要牢记自己的起点，这一起点就是将为中国人民谋幸福、为中华民族谋复兴作为初心和使命，这一"初心"和"使命"始终是激励我们奋勇前行的强大动力。其次，"永远在路上"，意味着全面从严治党要不断深入。正如十九大报告指出："我们将以更大的决心、更大的勇气、更大的气力，推动全面从严治党向纵深发展。"最后，"永远在路上"表明了全面从严治党的常态化、长期性、复杂性。全面从严治党不可能一蹴而就，更不会一劳永逸，管党治党宽松软不是一两天形成的，从宽松软走向严紧硬也绝非一日之功，需要经历一个砥砺淬炼的过程。党的十八大以来，全面从严治党虽然成效卓著，但仍然任重道远；反腐败斗争压倒性态势已经形成并巩固发展，但形势依然严峻复杂。因此，全面从严治党要注重日常，抓在经常，要常抓不懈、锲而不舍，对于党内的突出问题，必须反复抓、抓反复，不能有喘口气、歇歇脚的念头。

中国共产党是一个长期一党执政的党，与西方多党制和三权分立的政治制度截然不同。西方相互制约的做法更侧重"他律"，而中国更强调自律，自己认识自己的不足，自己监督自己，自己发展自己，这既遵循了马克思主义批判的革命的辩证法，也符合中国自省的历史文化传统，更是在开创政党制度和国家治理没有走过的新路。中国共产党的伟大不在于不犯错误，而在于从不讳疾忌医，敢于直面问题，勇于自我革命，具有极强的自我修复能力。正如习近平总书记指出："我们党为什么能够在现代中国各种政治力量的反复较量中脱颖而出？为什么能够始终走在时代前列、成为中国人民和中华民族的主心骨？根本原因就在于始终保持了承认并改正错误的勇气，一次次拿起手术刀来革除自身的病症、解决自身的问题。"这种能力既是我们党区别于世界上其他政党的显著标志，也是我们党长盛不衰的重要原因所在。党的十八大以来，中国共产党勇于自我革命，从自己的党情和我国国情出发寻求破解长期一党执政历史周期率困境的钥匙，在风云变幻的国际形势中经受住了考验，以长盛不衰的形象屹立于世界政党之林，为政党制度的发展与完善作出了中国的贡献。

（作者为中国社会科学院中国社会科学出版社社长）

不忘初心、牢记使命
努力担当繁荣发展中国学术出版的崇高使命

谢寿光

2017年10月18日，举世瞩目的党的十九大隆重开幕，习近平总书记代表第十八届中央委员会向大会作报告。报告回顾和总结了过去五年的工作和历史性变革，作出了中国特色社会主义从党的十八大起进入了新时代、我国社会主要矛盾已经转化为人民日益增长的美好生活需要和不平衡不充分的发展之间的矛盾等重大论断，深刻阐明新时代中国共产党的历史使命，确立了习近平新时代中国特色社会主义思想的历史地位，提出了新时代坚持和发展中国特色社会主义的基本方略，确定了决胜全面建成小康社会、开启全面建设社会主义现代化国家新征程的目标，对新时代推进中国特色社会主义伟大事业和党的建设新的伟大工程作出了全面部署。

一 深入把握新时代的丰富内涵

党的十九大报告指出："经过长期努力，中国特色社会主义进入了新时代，这是我国发展新的历史方位。"这一重大政治论断是报告的一大亮点，贯穿报告全篇。党的十八大以来，形成了以习近平同志为核心的党中央的卓越领导集体，形成了习近平新时代中国特色社会主义思想。党的十九大报告明确提出中国特色社会主义进入新时代,这个新时代,它不是按照传统意义上的社会形态来划分,也不是按照历史长周期的定义来划分,它是具有中国自身特色的新时代。习近平在阐述新时代中国共产党的历史使命时说,实现中华民族伟大复兴是近代以来中华民族最伟大的梦想。从中国共产党成立到中华人民共和国成立,中国共产党领导全国各族人民用 28 年的时间推翻了压在中国人民头上的帝国主义、封建主义、官僚资本主义三座大山,实现民族独立、人民解放、国家统一、社会稳定,中华民族真正站起来了。中华人民共和国成立后,我们顺利地进行了社会主义改造,完成了从新民主主义到社会主义的过渡,确立了社会主义基本制度,发展了社会主义的经济、政治和文化。从 1978 年党的十一届三中全会实行改革开放以来,经过全党全国各族人民 40 年的建设探索,实现了从站起来到富起来的伟大飞跃。党的十九大报告指出,从十九大到二十大,是"两个一百年"奋斗目标的交汇期。我们既要全面建成小康社会、实现第一个百年奋斗目标,又要乘势而上开启全面建设社会主义现代化国家新征程,向第二个百年奋斗目标进军。从 2020 年到 2035 年,在全面建成小康社会的基础上,再奋斗 15 年,基本实现社会主义现代化。从 2035 年到本世纪中叶,在基本实现现代化的基础上,再奋斗 15 年,把我国建设成富强民主文明和谐美丽的社会主义现代化强国。习近平总书记在十九大报告中分析了十八大以来的五年各个方面、各个领域发生的变化,通过中国目前所处的经济实力、政治地位等综合情况,作出了具有丰富内涵的新时代判断。这些都是根据中国自身的判断所提出来的,是具有中国特色社会主义特点的,是中国共产党领导中国人民建设具有中国特色伟大事业的时代。

  对于新时代的内涵,还可以从另外一个视角来把握,那就是信息技术的发展所带来的互联网、大数据时代。以互联网、大数据运用为标志的新时代为我们的生活和生产带来了翻天覆地的变化,也在不断改变着我们对这个世界的感知和认知。从出版行业来看,大数据和互联网技术的出现及应用,逐步改变了人们对知识的消费方式,新的知识消费习惯正在逐步形成,相应的,知识生产与传播的方式也开始发生变革。纸质图书的阅读量和使用量在不断下降,知识生产方式的转变与数字阅读技术的大力发展,已经影响到学术出版的整体布局以及日常知识生产和流通的各个环节。放眼当下，我们无时无刻不在感受新时代变革给我们带来的震撼，同样也对这样一个全新的时代展开了无限想象空间。

二 领会党的十九大精神的基本要义

党的十九大内容极为丰富和深刻，在治国理政一系列重大理论和实践问题上实现了历史性突破，取得了具有划时代意义的丰硕成果，需要从战略全局上一步步加深理解。学习领会党的十九大精神，需要从以下几个方面着重把握。

第一，党的十九大报告是习近平新时代中国特色社会主义思想最完整、最全面、最系统、最准确的表述。习近平总书记用14条基本方略，3.2万多字，提出了一系列具有开创性意义的新理念新思想新战略，为习近平新时代中国特色社会主义思想的创立发挥了决定性作用、作出了决定性贡献。

第二，中国社会主要矛盾已发生变化。中国特色社会主义进入新时代，我国社会主要矛盾从人民日益增长的物质文化需要同落后的社会生产之间的矛盾转化为人民日益增长的美好生活需要和不平衡不充分的发展之间的矛盾。如何理解不平衡不充分？首先是经济与社会发展的不平衡。随着我国社会生产力水平总体上显著提高，经济发展水平已进入世界前列，人民美好生活需要日益广泛，不仅对物质文化生活提出了更高要求，而且对精神文化生活，尤其是社会发展等民生领域提出了更高的需求。主要表现为经济、社会发展的不协调。其次是社会供给，特别是公共产品的供给不充分。比如，医疗、教育还存在很大的缺口，城乡区域发展、中东西部地区发展不平衡，与国际整体发展水平相比较，我国还存在很大的差距和可以提升的空间。所以，在理解当下社会主要矛盾变化的着力点和工作重点上，不再以把GDP作为衡量经济发展的唯一指标，应该逐步在五大建设的协调发展、均衡发展上下功夫。

第三，关于中国基本国情的准确表述。对于我国基本国情的认识，我们需要注意以下两点。一是，我国社会主要矛盾的变化没有改变我们对我国社会主义所处历史阶段的判断，我国仍处于并将长期处于社会主义初级阶段的基本国情没有变。这一点和不平衡不充分的发展完全是呼应的。二是，虽然我国作为全球第二大经济体，我国的发展很大程度上决定着全球经济的命运，但是我国作为世界最大的发展中国家的国际地位没有变。还要坚持发展是第一要务，要认识到我们今天所遇到的诸多困难、问题和矛盾。

第四，坚持党对一切工作的领导。党政军民学，东西南北中，党是领导一切的。习近平总书记在党的十九大报告中把"坚持党对一切工作的领导"作为新时代坚持和发展中国特色社会主义基本方略中的第一条。在谈到新时代党的建设时，习近平总书记指出，要把党的政治建设摆在首位。党的政治建设是党的根本性建设，决定党的建设方向和效果。保证全党服从中央，坚持党中央权威和集中统一领导，是党的政治建设的首要任务。这是对我们党历史经验的深刻总结，也是在新时代新征程中必须牢牢把握的根本方略。

第五，坚持以人民为中心的发展思想。考虑问题、思考问题的一切落脚点和出发点，就是要以人民为中心。落实到出版社的层面就是要以员工为中心，在社科文献平台上建立人人平等、共享发展成果的体制机制。结合社科文献社训"用心、专业、创新、共享"，实现互利共赢的良好局面。要不断探寻所有员工利益、权益的最大公约数，搭建和谐共享的创业平台，建设全体社科文献人的美好家园。

三 以学术出版的视角，从党的十九大报告中发掘出版选题

作为专业学术出版者，要用出版人的职业眼光挖掘发现党的十九大报告中的新选题，为专业学术研究搭建服务平台并提供强有力的支撑。可以从党的十九大报告中提炼九个大的方面的出版选题。一是关于中国特色社会主义发展道路、中国经验的分析总结。结合中国改革开放40周年，可以尝试从全国区域范围和全球化视角来总结中国道路、中国模式、中国经验。二是对习近平新时代中国特色社会主义时代特征的总结、研究。三是围绕"两个一百年的中国梦"，以及全面建设社会主义现代化国家"两步走"战略的角度考虑选题。四是关于中国社会主要矛盾的深入研究。五是精准扶贫。六是深入推进"一带一路"建设发展的具体实施

措施及取得的阶段性成效。七是区域发展。八是构建人类命运共同体。九是党的建设。

四 以党的十九大精神为指引,开创社会科学文献出版社改革创新融合发展新局面

第一,社会科学文献出版社作为中国社会科学院直属学术出版机构,要根据中国社会科学院的定位积极贯彻党的十九大精神,努力担当起繁荣发展中国学术出版的崇高使命。

第二,不忘初心,始终坚持专业化,把社科文献打造成高端的人文社会科学专业出版机构、专业知识服务商。进一步做大做强出版社,积极带领全社员工砥砺前行,为社科文献成为百年专业学术出版机构奠定丰厚的底蕴。

第三,坚持融合发展道路,完善融合发展平台。要逐步加快技术创新、内容创新、管理创新和商业模式创新,推动纸质出版与数字出版在内容、渠道、平台、经营、管理等方面的深度融合。加快各项标准、制度规范等内部交易机制的完善,助力融合发展平台建设,逐步建立大数据背景下的知识共享平台,真正把社会科学文献出版社打造成国内一流、国际知名的人文社会科学专业知识服务强社、名社、智慧型出版社。

(作者为中国社会科学院社会科学文献出版社社长)

以学促干　不断开创工作新局面

冯　林

前段通过组织并与公司党员同志一起观看十九大开幕式直播，通读、选读、精读十九大报告，特别是参加院学习传达贯彻十九大精神会议、专题培训班，聆听党代表畅谈学习体会、院领导解读十九大精神，对党的十九大精神有了较为深入的理解，下面结合工作谈点学习体会。

一　十九大报告是激动人心、令人鼓舞的报告

习近平总书记在报告中指出，"十八大以来的五年，是党和国家发展进程中极不平凡的五年。我们坚持稳中求进工作总基调，迎难而上，开拓进取，取得了改革开放和社会主义现代化建设的历史性成就"，并从经济建设、全面深化改革、民主法制建设、思想文化建设、人民生活、生态文明建设、强军兴军、港澳台工作、全方位外交布局、全面从严治党九个方面总结回顾了我们党带领全国各族人民取得的重大成就。这五年取得的成就是全方位的、根本性的，举不胜举。看到这些成就和巨大的变化，看到"党的面貌、国家的面貌、人民的面貌、军队的面貌、中华民族的面貌发生了前所未有的变化，中华民族正以崭新姿态屹立于世界的东方"感到振奋人心、提振士气、无比自豪。

二 十九大报告是敢于正视不足、敢于担当的报告

十九大报告在总结五年发展成就的同时，准确判断和认真总结我国经济社会发展的现状及形势，指出：我们的工作还存在许多不足，也面临不少困难和挑战。主要是：发展不平衡不充分的一些突出问题尚未解决，发展质量和效益还不高，创新能力还不强，社会矛盾和问题交织叠加，全面依法治国任务依然繁重，意识形态斗争依然复杂，一些改革部署和重大政策措施需进一步落实，党的建设方面还存在不少薄弱环节等八个方面的问题及不足。体现了我们党是坚持真理、求真务实，敢于面对问题、决不回避矛盾和困难的伟大的政党。

三 十九大报告是明确方向、催人奋进的报告

学习十九大报告，就要深刻领会新时代中国特色社会主义的奋斗目标和战略部署。一是明确了时代特色。那就是党的十九大"是在全面建成小康社会决胜阶段、中国特色社会主义进入新时代的关键时期召开的一次十分重要的大会"。二是深刻领会了大会的主题是"不忘初心，牢记使命，高举中国特色社会主义伟大旗帜，决胜全面建成小康社会，夺取新时代中国特色社会主义伟大胜利，为实现中华民族伟大复兴的中国梦不懈奋斗"，这是实现中华民族伟大复兴和建设社会主义现代化强国的动员令。三是深刻领会了我国社会主要矛盾的变化。"中国特色社会主义进入新时代，我国社会主要矛盾已经转化为人民日益增长的美好生活需要和不平衡不充分的发展之间的矛盾"。四是明确了新时代中国特色社会主义的基本方略。习近平总书记在十九大报告中高度概括了"十四个坚持"，指出"十四个坚持"是新时代中国特色社会主义的基本方略，是习近平新时代中国特色社会主义思想的具体体现。五是明确了对实现"两个一百年"奋斗目标作出战略规划和部署的认识。从党的十九大到党的二十大这五年是"两个一百年"奋斗目标的历史交汇期。报告明确了实

现第一个百年目标的战略重点、描绘了全面建成小康社会的宏伟蓝图，也对实现第二个百年目标进行了新的战略谋划，作出了全面建设社会主义现代化国家分"两步走"的战略安排，并且在战略安排的第一阶段，对经济社会、科技成果、国家治理要求和人民生活水平的标准都提出了新的目标。"两步走"的意义在于完整勾画了我国社会主义现代化建设的时间表、路线图。

四 十九大报告是举措具体、求真务实的报告

党的十九大报告不仅全面系统、客观实际地总结了党的十八大以来取得的伟大成绩，而且还明确提出了习近平新时代中国特色社会主义思想；不仅提出了从全面建成小康社会到基本实现现代化，再到全面建成社会主义现代化强国的"两个一百年"奋斗目标，而且提出了两个阶段、原则要求、具体举措。比如报告第五部分"贯彻新发展理念，建设现代化经济体系"，从"深化供给侧结构性改革、加快建设创新型国家、实施乡村振兴战略、实施区域协调发展战略、加快完善社会主义市场经济体制、推动形成全面开放新格局"六个方面来推动经济持续健康发展。而且就"加快完善社会主义市场经济体制"，又提出"深化国有企业改革、深化商事制度改革、深化投融资体制改革、深化金融体制改革"四个方面具体要求。再比如报告第九部分"加快生态文明体制改革，建设美丽中国"，从"推进绿色发展、着力解决突出环境问题、加大生态系统保护力度、改革生态环境监管体制"几个具体方面要求，推动形成人与自然和谐发展现代化建设新格局；等等，这些具体内容、具体要求、具体举措是实现中华民族伟大复兴的中国梦基本方略，是我们工作的指南。

五 学以致用、以学促干，用十九大精神指引人文公司工作开创新局面

学懂弄通做实十九大精神和习近平新时代中国特色社会主义思想，就是要按照十九大报告明确的目标、任务、要求，坚持问题导向，对号

入座，主动检查我们自身存在的问题，深入分析问题原因，解放思想，改革创新，盘活资源，拓展市场，砥砺前行，脚踏实地，为公司发展壮大，为哲学社会科学事业作出我们应有的贡献。

第一，从十九大报告列举的"我们的工作还存在许多不足，也面临不少的困难和挑战"中，找到公司存在的困难和挑战。应该充分肯定的是，近几年来，在院党组的正确领导下，通过大家的辛勤工作，为院科研工作作出了重大贡献。公司上缴任务逐年增加，特别是近两年实现了历史性突破，完成2000万元的上缴任务，院领导也给予了充分肯定，这一方面是靠我们有效管理、敬业奉献、努力付出得来的，另一方面也体现了我们对讲政治、顾大局、作贡献的高度政治自觉。随着哲学社会科学事业的发展，院党组对我们寄予的期望和全院职工对美好生活的向往，越来越要求我们不能满足现状，更应该找到自身发展中的不足，努力前行，以不辜负院党组对我们寄予的厚望。

第二，公司单位和单位之间、行业与行业（服务和服务，服务和经营，经营和经营）之间发展不平衡、不充分。服务经营管理水平、发展质量和效益不高问题仍然存在，院党组、院领导对于我们的贡献率与院交给我们这么多经营资产应有贡献率及要求，与科研工作及科研工作者需求存在不小差距。

第三，改革意识、创新能力不强。由于种种因素，未能深刻领会把握发展是第一要务、创新是第一动力的实质内涵，未能紧跟改革创新新时代的步伐。我们仍有闲置的国字头企业；我们有的企业还没有发挥应有作用，满足于内部资源，满足于内部服务，市场开拓意识淡漠；在现有体制下探索经营管理模式、降低经营成本做得也不够，一方面靠"施舍"过日子的现状没有改变，另一方面，绩效管理存在薄弱环节，有守摊子、易满足、差不多的思想，缺乏大眼光、大方向、大战略、大奋进，只求过得去，不思更多进取的现象仍然存在。

第四，"民生领域还有不少短板"，职工生活待遇不高问题仍然突出。一方面仍存在吃大锅饭现象，干好干差一个样的问题没有很好地解决。另一方面，我们的职工待遇与职工的能力素质、工作付出及贡献率不相符、不满意的地方比较突出，致使职工积极性不能彰显，也不断出现了人才流失问题。

第五，党的建设方面还存在不少薄弱环节。党的组织作用发挥不够，重视行政工作、经营工作，忽视组织建设的问题存在，基层党组织的战斗堡垒作用、党员队伍及党员领导干部的先锋模范作用仍不强，群众工作不力、企业文化欠缺，懒政现象突出，廉政风险（分散办公、分散经营、权力集中、政策把握、岗位交流少等）仍然存在，履行主体责任、监督责任还有缺位，信任代替监督问题依然存在。

存在问题、不足的原因是多方面的。有"铁饭碗""大锅饭"体制机制方面的弊端，没有走到被"逼上梁山"的境地；领导班子引领新知识、新经验、新技能不够，破除陈旧固化的思想观念勇气不足，缺乏开拓进取、改革创新的精神、能力；服务科研、服务科研工作者、服务职工的方向感、紧迫感、责任感还不是很强；党的建设对经营工作方向引领的重要作用认识不足，等等。

第六，在学习十九大报告中找到答案并努力加以解决。公司是否要解决大家原来长期想解决而没有解决的难题，想办过去想办而没有办成的大事？谋事责任在领导、付诸行动靠大家。要求我们在学习十九大报告中找到答案并努力加以解决。

我们要团结带领大家"有效应对重大挑战、抵御重大风险、克服重大阻力、解决重大矛盾。必须进行具有许多新的历史特点的伟大斗争、伟大实践，任何贪图享受、消极懈怠、回避矛盾的思想和行为都是错误的"。

要坚持全面深化改革。坚决破除一切不合时宜的思想观念和体制机制弊端，突破利益固化的藩篱，破除一切顽瘴痼疾，构建系统完备、科学规范、运行有效的制度体系，更加自觉地投身改革创新时代潮流，建立科学规范的企业管理制度，在体制机制不变的情况下，是否迎来和树立起主动作为、奋力向前的精神状态，通过主动作为争取我们应有的地位。

我们要增强学习本领，营造善于学习、勇于实践的浓厚氛围，善于运用科学管理知识、网络信息化手段创造性推动工作，提高科学发展水平。

不断增强党的政治领导力、思想引领力、群众组织力、社会号召力，提高把方向、谋大局、促改革的能力和定力，切实履行全面从严治党的主体责任和监督责任，尊崇党章，严格执行中央"八项规定"精神，严格执行党的纪律，严格党内政治生活，自觉接受群众监督，树立正风正气，做遵纪守法的模范。按照中央纪委驻院纪检组邓中华组长关于"严格按党章党规严格要求自己，不要想钻政策空子、不要心存侥幸"的要求管好自己，带好队伍。

"历史车轮滚滚向前，时代潮流浩浩荡荡。"历史只会眷顾坚定者、奋进者、搏击者，而不会等待犹豫者、懈怠者、畏难者，让我们"以时不我待、只争朝夕的精神奋力走好新时代长征路"。锐意进取，埋头苦干，为中国哲学社会科学事业、为决胜全面建成小康社会、夺取新时代中国特色社会主义、实现中华民族伟大复兴的中国梦贡献自己的力量。

（作者为中国社会科学院人文公司总经理）

迈着自信步伐走进新时代的中国方志文化

冀祥德

文化是一个国家、一个民族的灵魂。文化自信是一个国家、一个民族发展中更基本、更深沉、更持久的力量。以习近平同志为核心的党中央从对世情、国情、党情和历史经验教训的深刻把握中，不断深化对中国优秀传统文化、中国特色社会主义文化的认识，首次提出并深刻阐释了"文化自信"，为推动社会主义文化繁荣兴盛、建设社会主义文化强国提供了根本遵循。

一 地方志是中华优秀传统文化的"根"与"魂"

在新的世界形势与国际背景下，要决胜全面建成小康社会，建成富强、文明、民主、和谐、美丽的社会主义现代化强国，实现中华民族伟大复兴的中国梦，文化自信的提出是必然要求。习近平总书记站在时代和全局的高度，在党的十九大报告中深刻阐释了文化和文化建设的地位和作用，深刻阐明了在新时代以什么样的立场和态度对待文化、用什么样的思路和举措发展文化、朝着什么样的方向和目标推进文化建设等重大问题，明确指出了中国特色社会主义已经进入新时代，要坚定文化自信，坚持创造性转化、创新性发展，不断铸就中华文化新辉煌，加强以我为主的中外人文交流，在历史进步中实现文化进步。习近平总书记的重要论述，极大提振了我们做好地方志文化的信心。

地方志作为中华民族特有的文化基因，是中华优秀传统文化的"根"与"魂"，不仅在璀璨的中华文化中独树一帜，而且在世界文化中也占据独特位置。我们要结合地方志工作实际，认真学习贯彻党的十九大精神，进一步坚定文化自信，把握新时代新要求，增强责任感使命感，保持高度政治自觉，树立方志文化自信，不断铸就中华文化新辉煌，为进行伟大斗争、建设伟大工程、推进伟大事业、实现伟大梦想提供坚强思想保证和强大精神力量。

地方志作为传承中华文化的重要载体，全面系统地记载一定区域内自然、政治、经济、文化和社会的历史与现状。在历经2000多年、绵延不断的方志编修中，培育形成的方志文化更是博大精深、历久弥新、独具特色、灿烂辉煌，是中华民族优秀的文化瑰宝，是中华文化的重要代表。正如著名英国科学家李约瑟所说，要研究人类文明，就必须研究中国的地方志；要研究中国文化，就必须研究中国的地方志。可以说，方志文化体现了中华文化的本质特征和根本属性，是中华文化的重要代表，是中华文化的丰富滋养。

二　方志文化自信的生成基础是方志的特殊属性和功能

盛世修志，志载盛世。在强化中华文化自信的大背景下，方志文化自信的提出当是时代必然。方志文化自信的提出不是无源之水、无根之木，而是有其坚实的生成基础，以地方志海量文献为物质保障，以呈现中华优秀传统文化、革命文化和社会主义先进文化为主要内容，根植于方志自身的特殊属性。

方志的民族性。审视世界不同文明的源流演变，只有中国，建立了专门机构，并以官修的方式，志书的形式，把中华民族文化的产生、发展状况客观而真实地记录下来，并一代一代传承下去，从而推动中华文化的发展。美国芝加哥大学教授亚力托指出："自宋以来，方志在形式上和内涵上的一致性是惊人的。至于西方，根本没有长期一致的文体，即使一国中的一致性也没有……而方志的形式则千年未变。"① 方志文化是中华民族特有的文化，是典型的具有民族性的文化。

方志的地域性。方志，所记都有一定的空间位置，明确的地域范围，无论记事、记人、记物，都离不开一方之地。清嘉庆《上海县志修例》规定，修志"皆以地断，以一地为限"，新方志编纂也大都恪守"越境不书"的原则，正如仓修良所说："地方性可以说是地方志主要的特征。因为方志从他产生之日起，就是以专门记载某一地区史实为职能的一种著作。"② 方志特定的记事空间范围决定了其鲜明的地域性特征。同时，方志分门别类、全面系统地记载中华民族千型百态、千差万别的地域文化，成为地域文化的重要载体。

方志的包容性。方志文化在几千年的发展过程中，不断适应时代发展的需要，常变常新。梁启超指出，方志"内容门类之区分，由繁而日趋于简，其所叙述范围，则由俭而日扩于丰，此方志进化之大凡也"③。体例体裁上，由图经、政记、人物传、风土记、古迹、谱牒、文征七类"分地记载之著作"，至"隋唐以后，则糅合诸类斟酌损益以为体例也"；至宋，方志定型；至元明，体例逐渐规范化；至清，体例成熟。内容上，从地理、历史、文学的交融，逐渐到荟萃地理学、考古学、政治学、经济学、教育学、社会学、文艺学、自然科学等各类学科知识，不断发展壮大，逐渐涵盖自然、人文等百科各业，充分体现了"方志兼容适应规律"，也凸显了方志兼容并蓄的包容性。同时，方志文化能容纳，吸收多元文化，与区域内的农业文化、商业文化、生态文化、民俗文化、饮食文化、戏曲文化等单一文化相比较，就呈现出多元化、全方位、综合性的特点。正是方志的包容性，才使其不仅有旺盛的生命力，而且独放异彩。

方志的功能性。地方志编纂之所以能绵延数千年而不绝，最重要的

---

① 转引自仓修良《编修方志是中华文化中一个优良的传统》，《仓修良探方志》，华东师范大学出版社2005年版，第83—84页。
② 仓修良：《方志学通论》，齐鲁书社1990年版，第78页。
③ 梁启超：《说方志》，《梁启超全集》（第14卷），北京出版社1999年版，第4279页。

原因就是方志有现实的实用价值，"故夫方志者，非直一洲一邑文献之寄而已。民之荣瘁，国之污隆，於兹系焉"。东晋常璩在所撰的《华阳国志》中指出，"夫书契有五善：达道义，章法式，通古今，表功勋，而后旌贤能"，可见自古到今，历代方志学者编撰志书的目的就是"经世致用"。屠呦呦从东晋葛洪编著的史志书籍——《肘后备急方》看到："青蒿一握，以水二升渍，绞取汁，尽服之"，从而获得灵感，提出了抗疟疾单体"青蒿素"，获得了诺贝尔奖。据不完全统计，从我国翻译海外汉学研究著作中，近60年来就有孔飞力等20多位美国学者出版了专著，使用了旧志（不含新志）550余种。中外知名学者大规模使用方志，凸显了方志"存史、资政、教化"的功能价值。在中华民族伟大复兴的征程中，方志在规划编制、旅游开发、环境治理、人口控制、历史文化遗产发掘保护等各方面切实发挥了"参谋""资治"的作用。

方志的资料性。地方志是通过特定的体例体裁，按照存真求实、横排竖写、述而不论、详今略古、详新略旧等编纂原则，记载一定区域内的建置疆域、自然环境、历史沿革、职官典制、社会经济、风土人情、文化艺术、政治军事，等等，是"一方之百科全书"，"一方之通史"，"博物之书"。"他凡郡之所有，事无巨细，莫不皆然。""志之为体，当详于史。"正如陈桥驿所言："方志的可贵在于资料，方志的生命力也在于资料。"① 据不完全统计，仅宋元以来历代保存下来的旧志就有8000余种，10多万卷，约占全国现存古籍的1/10；新编地方志工作大规模开展以来，全国首轮、二轮修志共出版三级地方志书8200余部，行业志、部门志、专业志约2.4万部，地情书1万余部，等等，形成我国有史以来最大的社会科学成果群。地方志海量文献蕴含着资料的广度、深度都是其他文献所无法比拟的。所以说，方志的第一属性就是其资料性，它决定和影响方志文化的其他属性。

方志的权威性。"志属信史"，方志学者"调集数百家谱牒，经极详慎之去取别择，而得其经纬脉络……常人所不注意者，字字皆呕心血铸成……征引之书，不下四五百种"，"其间一事一物，皆酌考众书、厘正讹谬，然后落笔"，"识足以断凡例，明足以决去取，公足以绝请托"，确

---

① 陈桥驿：《陈桥驿方志论文集·序》，杭州大学出版社1997年版，第4页。

保志书的可用性、可信性。同时,方志的"官修"传统,志书的"官书"性质,确保了方志的权威性。隋唐时期,国家统一,国力强大,国运昌盛,确立史志官修制度,打开了官修志书的新局面。宋代创置九域图志局,"命所在州郡,编纂图经",设立了中央地方志机构。明清时期编修地方志逐渐形成制度,朝廷多次颁布诏令,对志书编修作出规定,清雍正六年(1728),颁布修志上谕,要求各省编修通志,"务期考据详明,采摭精当,既无阙略,亦无冒滥,以成完善之书",书编好后报送一统志馆,以便增辑成书。民国时期,虽然战乱不断,但政府也多次颁布修志政令,管理修志事宜。新中国成立后,先后出台规范性文件,公布《地方志工作条例》,发布《全国地方志事业发展规划纲要(2015—2020年)》,明确建立由党委领导、政府主持、负责地方志工作的机构组织实施、社会各界广泛参与的工作体制,提出依法治志,从而确保了地方志的权威性。而志书的权威性,决定了其可以作为评判历史事件的依据,可以帮助重现历史,确定位置,划定标识,体现了志书证据性的特征。可以说,方志的功能性源于其权威性。正因如此,方志文化有了不同于其他文化特殊的价值和功能。

三 新时代走向世界的中国方志文化

民族性、地域性、包容性、功能性、资料性、权威性彼此交融,相互作用形成了方志文化自身的特殊属性和独特魅力,成为推动中华文化繁荣发展取之不尽、用之不竭的资料宝库、知识宝库、智慧宝库,在中华文化、中华优秀传统文化中具有独特地位和作用;成为世界历史文化长河中最灿烂的、不可替代的文化瑰宝,在世界文化之林也占有独特位置和功能,具有不可替代的价值和影响力;成为方志文化自信的来源与基础,在经济全球化带来政治、文化等因素的全球化后,走出去已经势在必行。正如鲁迅所说:"有地方色彩的,倒容易成为世界的。"①

习近平总书记在十九大报告中强调,要"加强中外人文交流,以我为主、兼收并蓄",要"推进国际传播能力建设,讲好中国故事,展现真

---

① 鲁迅:《致陈烟桥》,《鲁迅全集》第13卷,人民文学出版社2005年版,第81页。

实、立体、全面的中国，提高国家文化软实力"。方志人要用实际行动坚定不移地贯彻落实习近平新时代中国特色社会主义思想，不忘初心，牢记使命，汇聚力量，勠力同心，共同推动方志文化以其独特的载体形式和丰富的人文内涵走向世界，讲好中国方志故事，与各国人民分享中国方志文化这一世界文化宝库中独特的中国智慧、中国经验、中国制度。

在中华文化走出去过程中，方志文化作为中华文化中最独特、最有价值的代表，应该也必须有所作为，发挥引领作用，当好领头羊，率先走向世界舞台。要凝聚方志力量，讲好方志故事，让更多体现方志文化特色、具有竞争力的方志文化产品走向国际市场，向世界推介更多具有中国特色、凸显中国精神、蕴含中国智慧的方志文化，推动中华文化走向世界。

在中华文化走出去并且走近世界舞台后，方志文化作为世界文化中最有根基、最有借鉴意义的代表，应该也必须勇敢担当，要站在世界文化的中央。通过扎根中国传统文化，融通各种资源，不断推进方志文化繁荣发展，充分体现党的理论创新成果的核心思想、关键话语。通过普及方志文化，更好地服务社会、服务大众，构建有方志魅力、中国魅力的有力话语体系，弘扬中华优秀传统文化，传播当代中国价值观念，切实提升国际话语权，使方志文化影响世界，使中国的理论、制度和文化影响世界。

（作者为中国地方志指导小组秘书长，中国地方志指导小组办公室党组书记）

后　　记

　　历史长河中，总有一些重大事件，作为历史的刻度，标定着人类思考与前行的方向。习近平新时代中国特色社会主义思想，作为历史的刻度，引领中华民族站在思想的高峰，向着伟大复兴的"中国梦"坚定前行。

　　中国社会科学院作为党和国家的思想库、智囊团，作为改革开放新时代的阐释者、研究者、宣传者，深入学习习近平新时代中国特色社会主义思想，既是责无旁贷的政治责任，更是义不容辞的政治任务。院党组明确提出，要以习近平新时代中国特色社会主义思想为指导，加快构建新时代的中国特色哲学社会科学。院党组坚持以上率下，深学笃用、力学笃行；院属各单位充分利用党委理论学习中心组学习平台，认真学习、深入思考，切实把习近平新时代中国特色社会主义思想落实到学科体系、学术体系、话语体系建设中，积极繁荣中国学术、发展中国理论、传播中国思想。

　　院长、党组书记谢伏瞻，副院长、党组副书记王京清对本书政治方向、选题策划等提出指导性意见。院党组成员不吝赐稿，并对本书提出宝贵修改意见。在院党组的示范带动和直接督促下，我院学习习近平新时代中国特色社会主义思想取得丰硕成果。

　　院直属机关党委常务副书记崔建民对本书进行了通稿审定。院直属机关纪委书记王晓霞提出了修改意见。直属机关党委宣传处闫小娜、余忠剑、陈贤、孙晓琦进行了认真的编辑、审核、校对。

　　本书编印中粗疏、错漏之处，敬请批评指正。